ASPECTOS POLÊMICOS SOBRE A NOVA LEI DE LICITAÇÕES E CONTRATOS ADMINISTRATIVOS

LEI Nº 14.133/2021

MARCELO HARGER
Coordenador

ASPECTOS POLÊMICOS SOBRE A NOVA LEI DE LICITAÇÕES E CONTRATOS ADMINISTRATIVOS

LEI Nº 14.133/2021

Belo Horizonte

2022

© 2022 Editora Fórum Ltda.

É proibida a reprodução total ou parcial desta obra, por qualquer meio eletrônico, inclusive por processos xerográficos, sem autorização expressa do Editor.

Conselho Editorial

Adilson Abreu Dallari	Floriano de Azevedo Marques Neto
Alécia Paolucci Nogueira Bicalho	Gustavo Justino de Oliveira
Alexandre Coutinho Pagliarini	Inês Virgínia Prado Soares
André Ramos Tavares	Jorge Ulisses Jacoby Fernandes
Carlos Ayres Britto	Juarez Freitas
Carlos Mário da Silva Velloso	Luciano Ferraz
Cármen Lúcia Antunes Rocha	Lúcio Delfino
Cesar Augusto Guimarães Pereira	Marcia Carla Pereira Ribeiro
Clovis Beznos	Márcio Cammarosano
Cristiana Fortini	Marcos Ehrhardt Jr.
Dinorá Adelaide Musetti Grotti	Maria Sylvia Zanella Di Pietro
Diogo de Figueiredo Moreira Neto (*in memoriam*)	Ney José de Freitas
Egon Bockmann Moreira	Oswaldo Othon de Pontes Saraiva Filho
Emerson Gabardo	Paulo Modesto
Fabrício Motta	Romeu Felipe Bacellar Filho
Fernando Rossi	Sérgio Guerra
Flávio Henrique Unes Pereira	Walber de Moura Agra

CONHECIMENTO JURÍDICO

Luís Cláudio Rodrigues Ferreira
Presidente e Editor

Coordenação editorial: Leonardo Eustáquio Siqueira Araújo
Aline Sobreira de Oliveira

Rua Paulo Ribeiro Bastos, 211 – Jardim Atlântico – CEP 31710-430
Belo Horizonte – Minas Gerais – Tel.: (31) 2121.4900
www.editoraforum.com.br – editoraforum@editoraforum.com.br

Técnica. Empenho. Zelo. Esses foram alguns dos cuidados aplicados na edição desta obra. No entanto, podem ocorrer erros de impressão, digitação ou mesmo restar alguma dúvida conceitual. Caso se constate algo assim, solicitamos a gentileza de nos comunicar através do *e-mail* editorial@editoraforum.com.br para que possamos esclarecer, no que couber. A sua contribuição é muito importante para mantermos a excelência editorial. A Editora Fórum agradece a sua contribuição.

Dados Internacionais de Catalogação na Publicação (CIP) de acordo com ISBD

A839	Aspectos polêmicos sobre a nova Lei de Licitações e Contratos Administrativos: Lei nº 14.133/2021 / coordenado por Marcelo Harger. - Belo Horizonte : Fórum, 2022. 408p. ; 17cm x 24cm
	Inclui bibliografia. ISBN: 978-65-5518-461-7
	1. Direito Administrativo. 2. Licitação. 3. Dispensa. 4. Inexigibilidade. 5. Pregão. 6. Concorrência. 7. Concurso. 8. Diálogo Competitivo. I. Harger, Marcelo. II. Título.
	CDD 341.3
2022-2479	CDU 342.9

Elaborado por Odílio Hilario Moreira Junior - CRB-8/9949

Informação bibliográfica deste livro, conforme a NBR 6023:2018 da Associação Brasileira de Normas Técnicas (ABNT):

HARGER, Marcelo (Coord.). *Aspectos polêmicos sobre a nova Lei de Licitações e Contratos Administrativos*: Lei nº 14.133/2021. Belo Horizonte: Fórum, 2022. 408p. ISBN 978-65-5518-461-7.

SUMÁRIO

APRESENTAÇÃO
Marcelo Harger 13

A REGRA DE PUBLICIDADE, AUDIÊNCIAS E CONSULTAS PÚBLICAS NA LEI DE LICITAÇÕES
Pedro Niebuhr 15
1   A regra de publicidade no artigo 13 da Lei nº 14.133/2021 15
1.1   Sigilo de informações imprescindíveis à segurança da sociedade e do Estado 17
1.2   Sigilo das propostas 18
1.3   Orçamento sigiloso 19
2   Audiências e consultas públicas no artigo 21 da Lei nº 14.133/21 21
2.1   Consulta pública 22
2.2   Audiência pública 23
2.3   Os direitos dos particulares que colaboram com a Administração a título
de participação popular 24
       Referências 24

A MODELIZAÇÃO DAS LICITAÇÕES DE OBRAS E SERVIÇOS DE ENGENHARIA
Marlo Froelich Friedrich 27
       Referências 30

OS BENS DE QUALIDADE COMUM (ART. 20)
Hewerstton Humenhuk 33
1   A discussão relativa aos itens de qualidade comum já existente 33
2   Acerca das principais controvérsias vislumbradas 34
2.1   O princípio da proporcionalidade e a eficiência na contratação 34
2.2   Do mínimo necessário e da vedação de aquisição de itens luxuosos 35
3   O objetivo da norma 35
4   A medida garantidora do princípio da igualdade 35
5   A problemática da diferenciação entre o comum e o luxo 36
5.1   A utilização de conceito jurídico indeterminado 36
5.2   A existência de conceito jurídico indeterminado na classificação dos artigos de luxo 37
5.3   Solução sugerida para a controvérsia 38
6   A sistemática de valoração e adequação 39
6.1   As situações excepcionais decorrentes de relacionamentos internacionais 39
6.2   A cautela na valoração da excepcionalidade 39
7   A necessidade de regulamentação estabelecida pelo §1º 40
8   A necessidade de regulamentação no prazo estabelecido para utilização do
diploma (§2º) 41
       Referências 41

O TERMO DE REFERÊNCIA
Anderson Sant'ana Pedra 43
       Termo de Referência 43

Princípio do planejamento 44
Estudo Técnico Preliminar e Termo de Referência 45
Elementos do Termo de Referência.. 46
Informações do Termo de Referência 47
Importância do Termo de Referência... 47
Competência para a elaboração do Termo de Referência 48
Terceirização da elaboração do Termo de Referência.............................. 48
Cautelas na elaboração do Termo de Referência...................................... 49
Padronização de minutas de Termos de Referência 50
Referências 50

O PARECER JURÍDICO

Álvaro do Canto Capagio, Noel Antonio Baratieri.. 51
1   O parecer e sua natureza jurídica.. 51
2   Competência para edição 53
3   Efeitos do parecer 55
4   Forma legal 58
5   Responsabilidade do parecerista... 59
     Referências... 64

MEIOS EXTRAJUDICIAIS DE RESOLUÇÃO DE DISPUTAS NA LEI Nº 14.133/2021

Cesar Pereira, Leonardo F. Souza.. 67
1   Introdução 67
2   Objeto 70
3   Autorização geral (*caput* do art. 151) 71
3.1   Arbitragem 71
3.2   Mediação e Conciliação 73
3.3   Comitês de Resolução de Disputas 74
3.4   Extinção do Contrato Administrativo (art. 138, inc. II e III)......... 76
3.5   Outros meios adequados de resolução de controvérsias.............. 76
4   Arbitrabilidade objetiva e âmbito material (parágrafo único do art. 151) 77
5   Publicidade e natureza da arbitragem (art. 152) 78
6   Aditamento de contratos (art. 153) 80
7   O processo de escolha dos árbitros e membros de *dispute board* (art. 154)..... 81
7.1   Escopo do art. 154... 81
7.2   Critérios do art. 154.. 83
8   Conclusão 84
     Referências... 85

O EDITAL DA LICITAÇÃO: ASPECTOS GERAIS

Edgar Guimarães, Ricardo Sampaio.. 89
1   A natureza jurídica e a finalidade do edital de licitação............... 89
1.1   A importância do edital e seu caráter vinculativo......................... 91
1.2   Regras a serem observadas na elaboração do edital 91
2   Base documental para elaboração do edital 92
2.1   Documento de oficialização da demanda.. 93
2.2   Estudo técnico preliminar 94
2.3   Análise de riscos 95
2.4   Termo de referência ou projeto básico.. 96
3   Estrutura e conteúdo mínimo do edital 98
3.1   Preâmbulo, corpo e anexos 98
3.2   Cláusulas editalícias.. 99

4	A função social da licitação e o edital	101
5	A obrigação de o contratado implementar programa de integridade	103
6	A previsão de condições para assegurar a celeridade das contratações	104
7	Previsão acerca do reajuste contratual	105
8	A utilização de minutas-padrão de editais	110
9	Controle prévio de legalidade	111
10	Autoridade signatária	112
11	Publicidade	113
11.1	Meios de divulgação	114
11.2	Prazos mínimos	115
12	Impugnação e pedido de esclarecimento	117
13	Conclusões	118
	Referências	119

LICITAÇÃO PARA CONTRATAÇÃO DE OBRAS E SERVIÇOS DE ENGENHARIA SEGUNDO A LEI FEDERAL Nº 14.133/2021

Bernardo Wildi Lins 121

1	Introdução	121
2	Conceito de obra e de serviço de engenharia segundo a Lei Federal nº 14.133/21	122
3	Regimes de contratação pública de obras e serviços de engenharia	125
4	Licitação pública para a contratação de obras e serviços de engenharia	131
4.1	Fase preparatória	132
4.2	Apresentação e análise das propostas	135
4.3	Exame do cumprimento dos requisitos de habilitação e definição da vencedora	138
5	Síntese Conclusiva	139
	Referências	140

INOVAÇÕES EM RELAÇÃO ÀS LICITAÇÕES INTERNACIONAIS E À PARTICIPAÇÃO DE ESTRANGEIROS NA LEI Nº 14.133/2021

Rafael Wallbach Schwind 143

1	Introdução	143
2	A criação de um conceito de "licitação internacional"	144
2.1	O local de realização da licitação internacional	144
2.2	Admissão da participação de estrangeiros	144
2.3	A questão da autorização para funcionamento no Brasil	145
2.4	A possibilidade de cotação de preços em moeda estrangeira	147
2.5	Execução total ou parcial do objeto no exterior	147
2.6	A superação de entendimentos anteriores	148
3	A apresentação de documentos pelos licitantes estrangeiros	148
3.1	A aplicação da lei do domicílio da pessoa jurídica	148
3.2	A tradução dos documentos produzidos no exterior	149
3.3	A apresentação de documentos "equivalentes"	150
3.4	A apresentação de atestados e "outros documentos hábeis"	152
3.5	A questão do registro perante a entidade profissional competente	152
3.6	O abrandamento das exigências e a necessidade de o licitante estrangeiro demonstrar a sua qualificação	153
4	Licitações com financiamento internacional	153
4.1	Primeiro pressuposto: existência de recursos de origem estrangeira	154
4.2	Segundo pressuposto: condição essencial imposta pelo organismo internacional para o repasse dos recursos	155
4.3	Terceiro pressuposto: compatibilização com os princípios constitucionais em vigor	155
4.4	Quarto pressuposto: indicação no contrato de empréstimo ou doação	156

4.5	Quinto pressuposto: parecer favorável do órgão jurídico do contratante do financiamento antes da celebração do contrato	156
4.6	Necessidade de comprovação dos pressupostos	157
5	Encerramento	158
	Referências	158

DOCUMENTOS DE HABILITAÇÃO: BREVES CONSIDERAÇÕES

Luciano Elias Reis 159

1	A fase de habilitação e seu sentido na licitação	159
2	Contexto da habilitação na Lei	160
3	Diferenças mais evidentes entre a Lei nº 14.133 e a Lei nº 8.666 sob o viés da habilitação	160
4	Interpretação restritiva como regra para avaliação dos documentos a serem exigidos na habilitação	161
5	Interpretação restritiva para a exigência dos documentos de habilitação não se confunde com a exigência de todos os documentos previstos na lei	163
6	Cautelas e regras de interpretação na exigência dos documentos de habilitação	165
6.1	Declaração de atendimento aos requisitos de habilitação	166
6.2	Documentos de habilitação somente do licitante vencedor	166
6.3	Documentos de regularidade fiscal somente após o julgamento das propostas	167
6.4	Declaração de que cumpre com as exigências sociais para a reserva de cargos para pessoa com deficiência e para reabilitado da Previdência Social	167
6.5	Declaração de a proposta sopesar e conter todos os custos diretos e indiretos para a execução do objeto	168
6.6	Empresas recém-criadas ou criadas no exercício anterior ao da licitação	168
6.7	Habilitação por meio de processo eletrônico	169
7	Limite à análise documental e juntada de documentos *a posteriori*	169
8	Qualificação técnica	174
8.1	Atestados de capacidade técnica	175
8.2	Limite temporal do atestado	176
8.3	Objetos estranhos a obras e serviços de engenharia: único atestado	177
8.4	Atestados de serviços contínuos, inclusive aqueles com dedicação exclusiva de mão de obra	178
8.5	Relação dos compromissos assumidos	178
8.6	Prova do atendimento de requisitos previstos em lei especial	178
8.7	Exigência de visto no atestado de capacidade técnica	178
8.8	Sociedade empresária estrangeira e registro perante a entidade profissional competente no Brasil	180
8.9	Atestados relativos a potencial subcontratado	180
8.10	Capacidade técnica em consórcio	180
9	Qualificação econômico-financeira	181
9.1	Documentos passíveis de serem solicitados	182
10	Habilitação fiscal social e trabalhista	183
10.1	Habilitação fiscal	183
10.2	Exigência possível de regularidade fiscal e a inexigência do impossível	184
10.3	Habilitação social e trabalhista	184
	Referências	184

A IMPUGNAÇÃO E OS RECURSOS ADMINISTRATIVOS NA NOVA LEI DE LICITAÇÕES

Felipe Boselli 187

1	A contagem dos prazos na Nova Lei de Licitações	187

2	As impugnações na Nova Lei de Licitações	189
2.1	A resposta à impugnação ou ao pedido de esclarecimento	190
2.2	A não resposta da impugnação dentro do prazo legal	190
3	Os recursos administrativos na Nova Lei de Licitações	191
3.1	Recurso quanto ao julgamento das propostas e da habilitação ou inabilitação de licitante	192
3.2	O prazo do recurso administrativo	192
3.3	As contrarrazões	193
3.4	Invalidação apenas de ato inaproveitável	193
3.4.1	Vistas ao processo	193
4	O encerramento do processo licitatório	194
4.1	O saneamento de irregularidades	194
4.2	A revogação do processo licitatório	195
4.3	A anulação da licitação	195
4.4	A adjudicação e homologação	196
4.5	O encerramento da contratação direta e dos procedimentos auxiliares	197

O SISTEMA DE REGISTRO E PREÇOS NA LEI Nº 14.133/21

Cristiana Fortini, Tatiana Camarão 199

1	Introdução	199
2	Objetos e uso do Sistema de Registro de Preços	200
3	Aspectos do procedimento licitatório e o SRP	201
3.1	Intenção do Sistema de Registro de Preços e adesões à ata	203
3.2	Preços diversos e a possibilidade de se oferecer proposta para quantitativos inferiores	206
3.4	Modalidades e critério de julgamento	207
3.5	Alteração de preços registrados e cancelamento da Ata	207
	Referências	208

O PROCESSO DE CONTRATAÇÃO DIRETA E A INEXIGIBILIDADE DE LICITAÇÃO: COMO *FAZER A COISA CERTA* COM OS ATALHOS LEGAIS?

Ana Cristina Moraes Warpechowski, Sabrina Nunes Iocken 211

1	Introdução	211
2	Teoria geral das contratações diretas na NLLC	215
2.1	A instrumentalização do processo de contratação direta	216
2.2	Os novos sistemas como mecanismos de aprendizagem social	224
3	A inexigibilidade de licitação	226
3.1	O contrato de fornecimento (art. 15 da LC nº 182/21) da solução resultante do Contrato Público de Solução Inovadora (CPSI)	229
4	Responsabilidade solidária pelo dano causado ao erário	231
5	Considerações finais	233
	Referências	234

SINGULARIDADE À PARTE: A CONTRATAÇÃO DE NOTÓRIOS ESPECIALIZADOS PELA ADMINISTRAÇÃO PÚBLICA NA LEI Nº 14.133/21

Luciano Ferraz 237

1	Controvérsia sobre contratação direta pela Administração Pública	237
2	Precedentes do Supremo Tribunal Federal sobre contratação direta pela Administração Pública	238
3	Lei nº 14.039/20 e presunção de singularidade na contratação de advocacia e contabilidade pela Administração Pública	241
4	Lei nº 14.133/21 e exclusão da singularidade do art. 74, III	244

5	Superior Tribunal de Justiça e o art. 74, III da Lei nº 14.133/21	247
	Referências	248

OS NOVOS CONTORNOS DO INSTITUTO DA DISPENSA DE LICITAÇÃO NO ÂMBITO DA LEI Nº 14.133/2021

Adriana da Costa Ricardo Schier, Giulia de Rossi Andrade 251

1	Ainda uma introdução necessária: as parcerias do Poder Público com os particulares no ambiente das licitações públicas e a dispensa de licitação	251
2	Do processo de contratação direta	255
2.1	Documento de formalização da demanda	256
2.2	Estimativa de despesa	257
2.3	Parecer jurídico e pareceres técnicos	259
2.4	Demonstração da compatibilidade da previsão de recursos orçamentários com o compromisso a ser assumido	260
2.5	Habilitação e qualificação mínima	260
2.6	Razão da escolha do contratado	261
2.7	Justificativa de preço	261
2.8	Autorização da autoridade competente	262
2.9	Publicação da autorização da contratação direta	262
3	Do instituto da dispensa na nova Lei	263
4	Das hipóteses de dispensa previstas no artigo 75	266
4.1	Dispensa em razão do baixo valor	266
4.2	Dispensa em razão de licitação deserta ou fracassada	270
4.3	Dispensa em razão da inclusão da contratação de obras em Acordo Internacional	271
4.4	Dispensa em razão de produtos para pesquisa e desenvolvimento	273
4.5	Dispensa em razão de fomento ao desenvolvimento na dimensão social	274
4.6	Dispensa em razão de emergência ou de calamidade pública	276
5	Considerações finais	278
	Referências	279

QUALIDADE DO PRODUTO OU SERVIÇO: MEIOS DE AFERIÇÃO E OPÇÃO LEGISLATIVA QUE SE CONTRAPÕE À BUSCA APENAS PELO MENOR PREÇO (ART. 42)

Luiz Fernando Biasi Staskowian 283

1	A evolução legislativa na aferição da qualidade dos bens e serviços adquiridos via licitação	283
1.1	Qualidade x preço: um impasse solucionável?	284
1.2	A opção legislativa por produtos de maior qualidade	285
2	Os instrumentos disponíveis ao Poder Público para exigir e obter qualidade	287
2.1	Atestado da ABNT ou do INMETRO	288
2.2	Declaração de atendimento satisfatório emitida por outro órgão ou ente federativo	289
2.3	Certificação por entidade oficial ou credenciada e aspecto ambiental	289
2.4	Certificação do CONMETRO	290
2.5	Oferta de protótipos e exigências de amostras	290
3	Conclusão	291
	Referências	291

ALTERAÇÃO DOS CONTRATOS ADMINISTRATIVOS E DE SEUS PREÇOS NA LEI FEDERAL Nº 14.133/2021

Vladimir da Rocha França 293

1	Introdução	293
2	Alteração do contrato administrativo como negócio jurídico e como direito subjetivo	296

3	Alteração unilateral do contrato administrativo	299
4	Alteração consensual do contrato administrativo	303
5	Alteração judicial e alteração arbitral do contrato administrativo	306
6	Alteração dos preços no contrato administrativo	308
7	Sobre os registros no contrato administrativo	309
8	Considerações finais	310
	Referências	310

ASPECTOS GERAIS DA FISCALIZAÇÃO DE CONTRATOS NA NOVA LEI DE LICITAÇÕES

Flaviana V. Paim		313
	Introdução	313
	Da designação dos fiscais de contratos	314
	Do modelo de gestão contratual e a divisão de tarefas e atribuições	316
	Da contratação de Terceiros para o acompanhamento	317
	Da capacitação dos fiscais e gestores de contratos e o auxílio pelos órgãos de assessoramento jurídico e de controle interno	318
	Da manutenção do preposto	319
	Da responsabilidade subsidiária e solidária da Administração Pública	319
	A Fiscalização do cumprimento de regras relativas à inclusão de políticas públicas de inclusão nos contratos administrativos	323
	Conclusão	325
	Referências	325

CONTROLE DAS LICITAÇÕES E CONTRATOS ADMINISTRATIVOS

Antônio Flávio de Oliveira, Fabrício Motta		327
1	Introdução	327
2	O controle da execução orçamentária	329
3	O controle nas contratações públicas	329
3.1	As linhas de defesa	330
3.2	Critérios na atuação dos órgãos de controle	331
4	A consulta administrativa	332
5	Os atos de controle e o direito de defesa do gestor público	334
6	Atos de controle	335
7	Ações incumbidas ao gestor público diante da suspensão de atos	336
8	A suspensão cautelar de processo licitatório pelos Tribunais de Contas	337
9	As Súmulas do TCU e o Veto ao art. 172	337
10	A capacitação de servidores	338
	Conclusão	339
	Referências	340

RESPONSABILIZAÇÃO ADMINISTRATIVA POR INFRAÇÕES IMPUTÁVEIS A LICITANTES E CONTRATADOS À LUZ DA LEI Nº 14.133/2021 (NLLCA)

Daniel Ferreira		341
1	Explicação prévia	341
2	Infrações e sanções administrativas: panorama geral	343
2.1	(Importância e utilidade) do conceito estratificado de infração administrativa e das causas de justificação	344
2.2	Infrator e responsável pela infração (pessoa física ou pessoa jurídica) perante a Administração Pública	349
2.3	Regime jurídico-administrativo sancionador	349
3	Infrações e sanções no âmbito da NLLCA	354

3.1	Condutas infracionais de licitantes e contratados	354
3.2	Sanções imponíveis a licitantes e contratados	363
3.3	Dosimetria do sancionamento (art. 156)	368
4	Processo Administrativo de Responsabilização (de apuração de infrações e aplicação de sanções – PAR) e prescrição	374
5	Desconsideração da personalidade jurídica de licitantes e contratados	377
6	O Cadastro Nacional de Empresas Inidôneas e Suspensas (CEIS) e o Cadastro Nacional de Empresas Punidas (CNPE)	378
7	Reabilitação do licitante ou contratado	379
	Referências	380

DOS CRIMES EM LICITAÇÕES E CONTRATOS ADMINISTRATIVOS

Luis Irapuan Campelo Bessa Neto 383

1	Bem jurídico-penal tutelado	383
2	Frustração do caráter competitivo de licitação	386
3	Modificação ou pagamento irregular em contrato administrativo	390
4	Violação de sigilo em licitação	393
5	Fraude em licitação ou contrato	396
6	Impedimento indevido	400
7	Pena de multa	403
	Referências	404

SOBRE OS AUTORES 405

APRESENTAÇÃO

A nova lei de licitações (Lei nº 14.133/2021) foi publicada em 1º de abril de 2021. Ela, no entanto, não revogou imediatamente a lei anterior (Lei nº 8.666/1993), que permanece válida até 1º de abril de 2023. Tampouco revogou a Lei do Pregão (Lei nº 10.520/2002) e a do Regime diferenciado de contratação – RDC (Lei nº 12.462/2011), que ficam sujeitas ao mesmo período de validade já mencionado.

O legislador previu a coexistência de regimes licitatórios diversos durante o período de dois anos e conferiu à Administração Pública o direito de optar qual o regime jurídico que pretende seguir durante esse período, sendo vedada a combinação de regimes.

Até o presente momento, de um modo geral, a Administração Pública brasileira tem optado pelo regime antigo. É natural que assim o faça. Embora a Lei nº 8.666/1993 seja passível de muitas críticas, grande parte das discussões acerca de sua aplicabilidade já estava encerrada, pois, afinal de contas, já estava em vigor há praticamente 30 anos.

É natural que o Administrador Público tenha medo da nova legislação. Todos se lembram da enxurrada de ações judiciais que foram propostas durante a vigência da Lei nº 8.666/1993 e da quantidade de licitações que foram anuladas e de servidores públicos que acabaram punidos.

Muitas dessas anulações e punições, no entanto, se deram por divergências interpretativas acerca da lei, sem que houvesse qualquer maldade ou má intenção por parte dos agentes públicos.

O legislador, portanto, foi sábio ao prever um período de transição de dois anos para que se realize uma mudança paulatina e a Administração Pública e aqueles que com ela negociam possam se capacitar, se adequar e principalmente aprender como utilizar a nova lei.

O principal objetivo da nova lei é o de modernizar a Administração Pública, agilizando, otimizando e tornando mais transparente o processo licitatório brasileiro. Além disso, busca reduzir os custos do processo licitatório ao estabelecer que os meios eletrônicos de licitação passam a ser a regra. As licitações presenciais necessitam de justificativa.

Há, no entanto, quem critique a nova lei afirmando que já nasce defasada e impede as inovações que pretende fomentar. Outra crítica é a de que a lei é muito extensa e cria um modelo licitatório irreal que será de difícil aplicação, especialmente por Municípios.

É certo que muitos debates acontecerão até que as interpretações acerca da nova lei de licitações estabilizem-se em definitivo. É nesse contexto que surge a presente obra, escrita por juristas extremamente qualificados e que abordam sem temor temas que geram dificuldades para os intérpretes.

Tenho certeza de que todos gostarão do trabalho que tive a honra de coordenar.

Marcelo Harger
Advogado em Santa Catarina. Pós-graduado em Processo Civil pela Pontifícia Universidade Católica do Paraná PUC-PR. MBA em Gestão Empresarial pela Fundação Getúlio Vargas. Mestre e doutor em Direito Público pela Pontifícia Universidade Católica de São Paulo PUC-SP. Presidente do Instituto de Direito Administrativo de Santa Catarina – IDASC.

A REGRA DE PUBLICIDADE, AUDIÊNCIAS E CONSULTAS PÚBLICAS NA LEI DE LICITAÇÕES

PEDRO NIEBUHR

1 A regra de publicidade no artigo 13 da Lei nº 14.133/2021

A publicidade dos atos administrativos, legítimo pressuposto republicano,[1] já era alçada a princípio básico de licitação pública na sistemática da Lei nº 8.666/93 (artigo 3º). O §3º do mesmo artigo 3º dizia, em complemento, que "a licitação não será sigilosa, sendo públicos e acessíveis ao público os atos de seu procedimento, salvo quanto ao conteúdo das propostas, até a respectiva abertura".

As referidas disposições impunham, fundamentalmente, o dever de transparência[2] do gestor nas contratações públicas com a precípua finalidade de viabilizar o

---

[1] NIEBUHR, Joel de Menezes. *Licitação Pública e Contrato Administrativo*. 4. ed. Belo Horizonte: Fórum, 2015. p. 60.

[2] "Consagra-se nisto o dever administrativo de manter plena transparência em seus comportamentos. Não pode haver em um Estado Democrático de Direito, no qual o poder reside no povo (art. 1º, parágrafo único, da Constituição), ocultamento aos administrados dos assuntos que a todos interessam, e muito menos em relação aos sujeitos individualmente afetados por alguma medida" (MELLO, Celso Antônio Bandeira de. *Curso de Direito Administrativo*. 33. ed. São Paulo: Malheiros, 2016. p. 117).

controle (inclusive social) e, com isso, evitar desvios. Uma limitação[3] que funciona como espécie de garantia dos administrados face o Poder Público, contrapartida exigida de quem dispõe de uma série de privilégios.[4]

É fato que as referidas previsões contidas no artigo 3º da Lei nº 8.666/93 não encerraram todas as possíveis controvérsias jurídicas derivadas do desenvolvimento normativo e da aplicação prática do princípio da publicidade em licitações. Prova disso era a controvertida previsão do chamamento de interessados na modalidade convite: na sistemática da Lei nº 8.666/93[5] dispensava-se a publicação (do resumo) da carta-convite na imprensa oficial ou em jornais, substituindo-lhe pela divulgação em quadro de avisos e pelo envio de carta a apenas três potenciais interessados, o que para muitos desenhava uma sistemática violadora da publicidade.[6]

A despeito de eventuais dificuldades em seus desdobramentos concretos, desde sempre era possível deduzir um conteúdo mínimo das disposições do artigo 3º da Lei nº 8.666/93 acerca da publicidade: em essência, a licitação deveria ser pública e seus atos e documentos acessíveis ao público. A única ressalva na Lei nº 8.666/93 era atinente ao conteúdo das propostas, cujos envelopes, nos termos do §1º do artigo 43, deveriam ser abertos somente em momento oportuno (na etapa de julgamento), em local público e observando determinadas formalidades. O sigilo das propostas era reputado, na Lei nº 8.666/93, condição de competitividade e pressuposto de lisura do procedimento, elementos tão importantes a ponto, inclusive, de seu artigo 94 tipificar como ilícito penal o ato de "devassar o sigilo de proposta apresentada em procedimento licitatório, ou proporcionar a terceiro o ensejo de devassá-lo".

De todo modo, vencida a etapa de julgamento das propostas, toda documentação em tese deveria ser publicizada a qualquer interessado.

O artigo 13 da Lei nº 14.133/21 mantém, basicamente, a mesma noção geral veiculada no artigo 3º da Lei nº 8.666/93 (no sentido de que a publicidade é a regra), acrescendo duas relevantes novidades. Além de ressalvar o sigilo das propostas até sua

---

[3] "Portanto, só se justifica o sigilo quando for indispensável. Não basta que seja mais cômodo, ou que torne menos oneroso o desempenho da atividade. É evidentemente mais doce e agradável o poder que se exerce sem as aporrinhações dos administrados, no acolhedor silêncio dos gabinetes. Ocorre, porém, que mesmo à custa do maior ônus para o administrador, o Estado de Direito prefere fazer transparente o exercício do poder" (SUNDFELD, Carlos Ari. *Ato administrativo inválido*. São Paulo: Revista dos Tribunais, 1990. p. 104-105).

[4] "O Direito Administrativo, como Direito próprio e específico das Administrações Públicas, está formado, assim, por um equilíbrio (complexo, por óbvio, mas possível) entre privilégios e garantias" (ENTERRÍA, Eduardo García de; FERNÁNDEZ, Tomás-Ramón. *Curso de Direito Administrativo*. v. I. São Paulo: Revista dos Tribunais: 2014. p. 68)
"O foco está centrado na Administração Pública, que dispõe de prerrogativas excepcionais (que lhe são inerentes, indispensáveis), as quais são compensadas por sujeições também excepcionais, tolhendo sua liberdade de atuação" (DALLARI, Adilson Abreu. Os poderes administrativos e as relações jurídico-administrativas. *Revista Trimestral de Direito Público*, v. 24, p. 63-74, 1999).

[5] "Art. 22 (...) §3º Convite é a modalidade de licitação entre interessados do ramo pertinente ao seu objeto, cadastrados ou não, escolhidos e convidados em número mínimo de 3 (três) pela unidade administrativa, a qual afixará, em local apropriado, cópia do instrumento convocatório e o estenderá aos demais cadastrados na correspondente especialidade que manifestarem seu interesse com antecedência de até 24 (vinte e quatro) horas da apresentação das propostas".

[6] "Para ser claro e direto, o convite é inconstitucional porque ofende, ao menos, aos princípios da publicidade e da isonomia. Ofende o princípio da publicidade porque a legislação não exige a publicação da carta-convite em jornal impresso, prescrevendo que ela seja apenas fixada em quadro de avisos, o que não é suficiente para atender ao princípio em comento" (NIEBUHR, Joel de Menezes. *Licitação Pública e Contrato Administrativo*. 4. ed. Belo Horizonte: Fórum, 2015. p. 60).

abertura, como já fazia o §3º do artigo 3º da Lei nº 8.666/93, excepcionou-se da regra geral a publicidade de "informações cujo sigilo seja imprescindível à segurança da sociedade e do Estado". Previu-se, em complemento, o sigilo temporário do orçamento da Administração. Eis a redação do dispositivo:

> Art. 13. Os atos praticados no processo licitatório são públicos, ressalvadas as hipóteses de informações cujo sigilo seja imprescindível à segurança da sociedade e do Estado, na forma da lei.
> Parágrafo único. A publicidade será diferida:
> I – quanto ao conteúdo das propostas, até a respectiva abertura;
> II – quanto ao orçamento da Administração, nos termos do art. 24 desta Lei.

1.1 Sigilo de informações imprescindíveis à segurança da sociedade e do Estado

A ressalva quanto às "informações cujo sigilo seja imprescindível à segurança da sociedade e do Estado" não é uma novidade na ordem jurídica inaugurada pelo *caput* do artigo 13 da Lei nº 14.133/21. Ela está prevista na parte final do inciso XXXIII do artigo 5º da Constituição Federal no que toca ao acesso da população às informações de posse da Administração Pública, nos seguintes termos: "todos têm direito a receber dos órgãos públicos informações de seu interesse particular, ou de interesse coletivo ou geral, que serão prestadas no prazo da lei, sob pena de responsabilidade, ressalvadas aquelas cujo sigilo seja imprescindível à segurança da sociedade e do Estado".

O inciso XXXIII do artigo 5º da Constituição Federal é regulamentado pela Lei nº 12.527/11 (Lei de Acesso à Informação) que, por sua vez, conceitua justamente o que são as informações cujo sigilo é considerado imprescindível à segurança da sociedade e do Estado (referida no *caput* do artigo 13 da Lei nº 14.133/21):

> Art. 23. São consideradas imprescindíveis à segurança da sociedade ou do Estado e, portanto, passíveis de classificação as informações cuja divulgação ou acesso irrestrito possam:
> I – pôr em risco a defesa e a soberania nacionais ou a integridade do território nacional;
> II – prejudicar ou pôr em risco a condução de negociações ou as relações internacionais do País, ou as que tenham sido fornecidas em caráter sigiloso por outros Estados e organismos internacionais;
> III – pôr em risco a vida, a segurança ou a saúde da população;
> IV – oferecer elevado risco à estabilidade financeira, econômica ou monetária do País;
> V – prejudicar ou causar risco a planos ou operações estratégicos das Forças Armadas;
> VI – prejudicar ou causar risco a projetos de pesquisa e desenvolvimento científico ou tecnológico, assim como a sistemas, bens, instalações ou áreas de interesse estratégico nacional;
> VII – pôr em risco a segurança de instituições ou de altas autoridades nacionais ou estrangeiras e seus familiares; ou
> VIII – comprometer atividades de inteligência, bem como de investigação ou fiscalização em andamento, relacionadas com a prevenção ou repressão de infrações.

Como se observa, as situações potencialmente comprometedoras da segurança da sociedade e do Estado referidas no *caput* do artigo 13 da Lei nº 14.133/21 são mais amplas e diversificadas que os assuntos de "segurança nacional" em sua acepção clássica, isto é, aqueles atinentes à soberania país, à defesa interna/externa,[7] conceito já tradicionalmente manejado na Lei nº 8.666/93 (inciso IX do artigo 24).

Em outras palavras, a segurança da sociedade e do Estado referida no *caput* do artigo 13 da Lei nº 14.133/21 diz respeito não só às informações de segurança nacional na sua acepção clássica (de defesa interna e externa que justifica também a contratação direta por dispensa) mas também às informações de caráter negocial, político, institucional, científico, de segurança pública/autoridades, de inteligência etc., arroladas no artigo 23 da Lei nº 12.527/11.

Vale dizer que não basta que os assuntos em questão tenham o caráter negocial, político, institucional, científico, de segurança pública/autoridades, de inteligência etc. referidos nos incisos do artigo 23 da Lei nº 12.527/11. A informação cogitada deve colocar em risco, prejudicar, comprometer àqueles assuntos.

Se a publicidade de informações relativas àqueles temas – de soberania ou do território nacional, de negociações ou relações internacionais do país, da vida/segurança/saúde da população, de estabilidade financeira/econômica/ monetária do país, de planos ou operações estratégicos das Forças Armadas, de projetos de pesquisa e desenvolvimento científico ou tecnológico, de instituições ou de altas autoridades nacionais ou estrangeiras e seus familiares ou de atividades de inteligência – não lhes prejudicar, colocar em risco ou comprometer, as informações podem e devem ser publicizadas.

Em suma, deve haver justificativa suficiente e bastante para o sigilo. Convém que o tratamento excepcional seja restrito, também, à informação de fato sigilosa, a não ser que essa circunstância (a natureza da informação) determine, de forma necessária, a extensão do tratamento sigiloso a outros elementos do procedimento.

1.2 Sigilo das propostas

O §3º do artigo 3º da Lei nº 8.666/93 estatuía que "a licitação não será sigilosa, sendo públicos e acessíveis ao público os atos de seu procedimento, salvo quanto ao conteúdo das propostas, até a respectiva abertura". Agora, o inciso I do parágrafo único do artigo 13 da Lei nº 14.133/21 diz que "a publicidade será diferida: quanto ao conteúdo das propostas, até a respectiva abertura".

A alteração é apenas de estilo redacional. Ambos os dispositivos – o §3º do artigo 3º da Lei nº 8.666/93 e o inciso I do parágrafo único do artigo 13 da Lei nº 14.133/21 – exprimem o mesmo conteúdo e consagram o princípio do sigilo das propostas.

---

[7] Aliás, para não comprometer a segurança nacional nesses casos, de defesa interna e externa, o inciso VI do artigo 75 da Lei nº 14.133/21 já prevê a possibilidade de contratação direta, sem licitação, como também o fazia o inciso IX do artigo 24 da Lei nº 8.666/93, o que permite afastar, também, o dever de publicidade: "Art. 75. É dispensável a licitação: (...) VI – para contratação que possa acarretar comprometimento da segurança nacional, nos casos estabelecidos pelo Ministro de Estado da Defesa, mediante demanda dos comandos das Forças Armadas ou dos demais ministérios".

A ideia é que, a bem da competitividade, os licitantes não tenham acesso às propostas dos demais concorrentes: "O sigilo das propostas visa evitar o comprometimento da moralidade e da isonomia do certame. O conhecimento do conteúdo de uma proposta poderia conduzir a benefício indevido em favor de terceiro".[8]

Considerando que o conteúdo é, essencialmente, o mesmo, ao inciso I do parágrafo único do artigo 13 da Lei nº 14.133/21 aplica-se todo entendimento consolidado a respeito, por exemplo, da ausência de violação à regra do sigilo das propostas no procedimento de lances orais. Marçal Justen Filho explica o raciocínio:

> A Lei 14.133/2021 admite, no art. 56, o modo de disputa aberta, em que os licitantes apresentam propostas por meio de lances públicos e sucessivos. Não existe obstáculo jurídico à eliminação do sigilo das propostas relativamente a licitações conduzidas sob modo aberto. Todos os licitantes dispõem da faculdade, em fase posterior à apresentação das propostas, de formular lances, que definirão o vencedor do certame.
>
> A divulgação pública do valor das propostas, antes da formulação dos lances, não acarretará prejuízo à seriedade da disputa. Aliás, permitirá ampliar a competição e fornecerá oportunidade para controle mais efetivo da seriedade das propostas.
>
> Em outras palavras, a função de controle inerente à publicidade é plenamente compatível com a divulgação prévia e antecipada do valor das propostas apresentadas à Administração no modo aberto. O que não se pode admitir, com é evidente, é a divulgação restrita a apenas alguns privilegiados.[9]

Remanescem, contudo, controvérsias jurídicas relevantes, como, por exemplo, a decorrente da participação, em certame, de empresas de um mesmo conglomerado ou com sócios em comum (situação que, em tese, permitir-lhes-ia concorrer conhecendo, antecipadamente, suas propostas de forma mútua). Aliás, sobre o assunto, remete-se o leitor ao artigo a "Apresentação de propostas por empresas pertencentes a um mesmo grupo econômico", de Adilson de Abreu Dallari.[10]

1.3 Orçamento sigiloso

Na sistemática da Lei nº 8.666/93, o orçamento deveria, obrigatoriamente, ser publicizado no lançamento do edital, como anexo.[11] Na Lei nº 12.462/11 (Regime Diferenciado de Contratação), a publicidade do orçamento foi postergada ao encerramento da licitação, com exceção das licitações julgadas na modalidade maior desconto, em que ainda deveria constar como anexo do edital.[12] Na Lei nº 13.303/16 (Lei das

---

[8] JUSTEN FILHO, Marçal. *Comentários à Lei de Licitações e Contratações Administrativas*. São Paulo: Thomson Reuters, 2021. p. 275.

[9] JUSTEN FILHO, Marçal. *Comentários à Lei de Licitações e Contratações Administrativas*. São Paulo: Thomson Reuters, 2021. p. 276.

[10] DALLARI, Adilson Abreu. Apresentação de propostas por empresas pertencentes a um mesmo grupo econômico. *ILC nº 100/Junho/2002*, seção Doutrina, p. 442.

[11] Art. II – orçamento estimado em planilhas de quantitativos e preços unitários;
§2º Constituem anexos do edital, dele fazendo parte integrante:

[12] Art. 6º Observado o disposto no §3º, o orçamento previamente estimado para a contratação será tornado público apenas e imediatamente após o encerramento da licitação, sem prejuízo da divulgação do detalhamento dos quantitativos e das demais informações necessárias para a elaboração das propostas.

Estatais), o orçamento sigiloso passou a ser a regra expressa, repetindo-se a ressalva quanto às licitações julgadas pelo maior desconto.[13]

Na Lei nº 14.133/21, o sigilo no orçamento passou a ser uma possibilidade. Leia-se a disciplina veiculada no artigo 24:

> Art. 24. Desde que justificado, o orçamento estimado da contratação poderá ter caráter sigiloso, sem prejuízo da divulgação do detalhamento dos quantitativos e das demais informações necessárias para a elaboração das propostas, e, nesse caso:
>
> I – o sigilo não prevalecerá para os órgãos de controle interno e externo;
>
> II – (VETADO).
>
> Parágrafo único. Na hipótese de licitação em que for adotado o critério de julgamento por maior desconto, o preço estimado ou o máximo aceitável constará do edital da licitação.

Como se observa, o inciso II do artigo 13 da Lei nº 14.133/21 sincroniza o sigilo do orçamento previsto no artigo 24 à regra de publicidade. A sutiliza é que, como o artigo 13 da Lei nº 14.133/21 apenas difere a publicidade do orçamento, a norma impõe que ele seja tornado público em algum momento. Isso deve ocorrer, pelo menos, após o encerramento da licitação (como prevê, expressamente, o artigo 6º da Lei nº 12.462/11, do Regime Diferenciado de Contratação).

Ademais, a propósito do orçamento sigiloso, retomamos os comentários feitos em coautoria com Joel de Menezes Niebuhr, na obra "Licitações e Contratos das Estatais":

> O art. 34 da Lei nº 13.303/16192 exige, em regra, o orçamento sigiloso. No entanto, o dispositivo faculta à estatal, mediante justificativa, dar publicidade ao orçamento. Em complemento, os §§1º e 2º do art. 34 a Lei nº 13.303/16 prescrevem que o valor orçado deve ser divulgado quando adotados os critérios de julgamento por maior desconto e de melhor técnica, quando, na verdade, se divulga o valor do prêmio ou da remuneração. De todo modo, o orçamento sigiloso deve ser sempre disponibilizado para os órgãos de controle, conforme o §3º do art. 34 da Lei nº 13.303/16. Como anota Gustavo Henrique Carvalho Schiefler:
>
> 'O anunciado propósito maior do orçamento sigiloso é de evitar que os licitantes conheçam os valores contratuais estimados pela empresa estatal e, com base nessa informação, apresentem propostas menos vantajosas na licitação. Ou seja, há o receio de que os licitantes

---

§1º Nas hipóteses em que for adotado o critério de julgamento por maior desconto, a informação de que trata o *caput* deste artigo constará do instrumento convocatório.

§2º No caso de julgamento por melhor técnica, o valor do prêmio ou da remuneração será incluído no instrumento convocatório.

§3º Se não constar do instrumento convocatório, a informação referida no caput deste artigo possuirá caráter sigiloso e será disponibilizada estrita e permanentemente aos órgãos de controle externo e interno.

[13] Art. 34. O valor estimado do contrato a ser celebrado pela empresa pública ou pela sociedade de economia mista será sigiloso, facultando-se à contratante, mediante justificação na fase de preparação prevista no inciso I do art. 51 desta Lei, conferir publicidade ao valor estimado do objeto da licitação, sem prejuízo da divulgação do detalhamento dos quantitativos e das demais informações necessárias para a elaboração das propostas (*Vide* Lei nº 14.002, de 2020).

§1º Na hipótese em que for adotado o critério de julgamento por maior desconto, a informação de que trata o *caput* deste artigo constará do instrumento convocatório.

§2º No caso de julgamento por melhor técnica, o valor do prêmio ou da remuneração será incluído no instrumento convocatório.

§3º A informação relativa ao valor estimado do objeto da licitação, ainda que tenha caráter sigiloso, será disponibilizada a órgãos de controle externo e interno, devendo a empresa pública ou a sociedade de economia mista registrar em documento formal sua disponibilização aos órgãos de controle, sempre que solicitado.

inflarão suas propostas caso conheçam o valor estimado para o contrato. Parte-se do pressuposto de que os licitantes tomariam por base o preço estimado e, dessa sorte, não apresentariam os preços mais competitivos'.

As normas que determinam o sigilo do orçamento costumam ter as suas constitucionalidades questionadas. Um dos principais argumentos é que o sigilo afrontaria o princípio da publicidade. A tese da inconstitucionalidade não é procedente, porque o princípio da publicidade deve ser ponderado com os outros princípios diante da realidade e, sob esse prisma, o princípio da publicidade não é absoluto, ele pode e deve ceder em face de outros princípios, a depender do caso. Assim, é legítimo e constitucional prescrever o sigilo em casos excepcionais, em que haja justificativa para o interesse público. Aqui, a depender da situação, a justificativa mira os princípios da competitividade, da eficiência e da economicidade. Quer-se ampliar a competição e conferir instrumentos para que a estatal firme contratos mais vantajosos.

Gustavo Henrique Carvalho Schiefler aponta, ainda em tom de crítica ao orçamento sigiloso, dúvidas quanto à eficácia do objetivo proposto. Isso porque, na maioria dos casos, a Administração Pública não se socorre exclusivamente a potenciais agentes privados para orçar os valores dos futuros contratos, mas recorre preferencialmente à coleta de preços de contratos anteriormente celebrados com outros órgãos e entidades da própria Administração Pública, estes sempre publicizados. O autor diz que o objetivo do orçamento sigiloso não será atingido porque a estimativa dos valores da contratação sempre será, ainda que por meios indiretos, conhecida pelos particulares. Em complemento, para Schiefler há também grave contradição no uso do orçamento sigiloso como critério norteador da etapa de julgamento das propostas, haja vista que, para "revelar os critérios de aceitabilidade de preços, para evitar o sobrepreço e para avaliar a exequibilidade, então, necessariamente, o preço máximo deve ser identificado". A par dessas constatações, o sigilo dos orçamentos ainda inviabilizaria eventual controle pelos próprios licitantes e o controle social, indo contra, justamente, o propósito de evitar sobrepreço e superfaturamento. Soma-se, por fim, a sempre presente possibilidade de vazamento seletivo das informações do orçamento e a inexistência de prazo máximo, estipulado em lei, para o levantamento do sigilo como problemas da medida.

De fato, melhor seria que todos os atos praticados durante o curso do processo de licitação, inclusive o orçamento, sejam públicos, disponibilizados a todos, para que todos sejam tratados com igualdade. Sem embargo, não se pode negar os dispositivos legais que prescrevem o orçamento sigiloso nem forçar o reconhecimento de uma inconstitucionalidade inexistente.

Nas hipóteses de orçamento sigiloso, a estatal deve ter algumas precauções, sobretudo para evitar o vazamento do valor orçado, adotando medidas de governança nesse sentido.[14]

2 Audiências e consultas públicas no artigo 21 da Lei nº 14.133/21

A fim de dar ampla concretude à transparência e participação popular em processos licitatórios, a Lei nº 14.133/21 previu a faculdade de a autoridade competente convocar audiências e/ou submeter editais a consultas públicas nos seguintes termos:

> Art. 21. A Administração poderá convocar, com antecedência mínima de 8 (oito) dias úteis, audiência pública, presencial ou a distância, na forma eletrônica, sobre licitação

---

[14] NIEBUHR, Joel de Menezes; NIEBUHR, Pedro de Menezes. *Licitações e Contratos das Estatais*. Belo Horizonte: Fórum, 2018. p. 148-150.

que pretenda realizar, com disponibilização prévia de informações pertinentes, inclusive de estudo técnico preliminar e elementos do edital de licitação, e com possibilidade de manifestação de todos os interessados.

Parágrafo único. A Administração também poderá submeter a licitação a prévia consulta pública, mediante a disponibilização de seus elementos a todos os interessados, que poderão formular sugestões no prazo fixado.

Os dispositivos estabelecem os requisitos de cada modalidade de participação popular. O mais importante, parece-nos, é a opção do artigo 21 da Lei nº 14.133/21 em prever a discricionariedade de a autoridade administrativa optar pela adoção das referidas ferramentas, e não sua obrigatoriedade. Isso é claro no uso das expressões "poderá convocar" e "poderá submeter".

Ademais, é importante ter em mente a distinção entre ambas as ferramentas de participação popular. Em alusão à disciplina prevista na Lei nº 9.784/99, já tivemos oportunidade de discorrer sobre o referido na coletânea "Processo Administrativo Brasileiro", coordenada pelos Professores Eurico Bittencourt Neto e Thiago Marrara. Por ser o tratamento da Lei nº 14.133/21 totalmente compatível com o regime da Lei nº 9.784/99 nesse aspecto, reproduzimos o raciocínio a seguir.[15]

Assim como na Lei nº 14.133/21, são duas as modalidades de participação popular (objetiva) previstas na Lei nº 9.784/99: a consulta pública e a audiência pública. Em comum está o fato de que ambas são consideradas, para efeito da Lei, como instrumento de instrução processual (ambas versadas no Capítulo X da Lei nº 9.784/99, "Da Instrução").

O fato de a consulta e da audiência pública serem previstas, na Lei nº 9.784/99, como ferramenta de instrução processual tem efeitos concretos e materiais relevantes. Ressalta seu papel instrumental à solução administrativa final. As consultas e audiências públicas, enquanto instrumentos previstos na Lei nº 9.784/99, não devem servir para deliberar, em sentido vinculativo, sobre a futura decisão administrativa. Elas servem à construção da decisão, mas as discussões nelas travadas não devem ter aptidão para substitui-la. Nisso a consulta e audiência se distinguem, em essência, de outras formas de participação popular, como o plebiscito, o referendo e os conselhos administrativos.

Afora a diferença metodológica e procedimental entre a consulta e audiência pública, elas compartilham pelo menos de uma mesma regra comum, na Lei nº 9.784/99. O resultado dos trabalhos deve, necessariamente, ser publicizado.[16]

2.1 Consulta pública

A consulta pública é disciplinada pelo artigo 31 da Lei nº 9.784/99 nos seguintes termos:

Art. 31. Quando a matéria do processo envolver assunto de interesse geral, o órgão competente poderá, mediante despacho motivado, abrir período de consulta pública

---

[15] BITENCOURT NETO, Eurico; MARRARA, Thiago. *Processo administrativo brasileiro*: estudos em homenagem aos 20 anos da Lei Federal de Processo Administrativo. Belo Horizonte: Fórum, 2020. p. 256.

[16] "Art. 34. Os resultados da consulta e audiência pública e de outros meios de participação de administrados deverão ser apresentados com a indicação do procedimento adotado."

para manifestação de terceiros, antes da decisão do pedido, se não houver prejuízo para a parte interessada.

§1º A abertura da consulta pública será objeto de divulgação pelos meios oficiais, a fim de que pessoas físicas ou jurídicas possam examinar os autos, fixando-se prazo para oferecimento de alegações escritas.

§2º O comparecimento à consulta pública não confere, por si, a condição de interessado do processo, mas confere o direito de obter da Administração resposta fundamentada, que poderá ser comum a todas as alegações substancialmente iguais.

Em essência, a consulta pública envolve a disponibilização do assunto tratado no processo administrativo perante a população para colheita de manifestações, críticas e sugestões. Essas manifestações devem ser escritas e conferem, ao participante, o direito à uma resposta fundamentada por parte da Administração Pública. A depender do assunto em discussão e da amplitude da consulta, a resposta individualizada pode ser extremamente dificultosa.

É de se admitir, nesses casos, a possibilidade de a Administração apresentar respostas uniformes, com mesma fundamentação, para manifestações de idêntico ou similar teor. Essa possibilidade consta, expressamente, na parte final do §2º do artigo 31 da Lei nº 9.784/99, que admite que a resposta "poderá ser comum a todas as alegações substancialmente iguais".

Na consulta pública não há, portanto, reunião, exposição ou debates orais sobre o assunto tratado no processo administrativo.

2.2 Audiência pública

A audiência pública é regulada pelo artigo 32 da Lei nº 9.784/99, assim vazado:

> Art. 32. Antes da tomada de decisão, a juízo da autoridade, diante da relevância da questão, poderá ser realizada audiência pública para debates sobre a matéria do processo.

O dispositivo deixa clara a distinção entre a finalidade e metodologia da audiência pública em relação à consulta. A audiência presta-se ao debate da matéria do processo. O debate, oral, se sucede em um encontro, uma reunião pública.

A decisão pela realização da audiência pública, também na forma da Lei nº 9.784/99, é resultado de uma avaliação discricionária da autoridade decisória. A opção, não vinculada, da Lei nº 9.784/99 é expressa pelas locuções "a juízo da autoridade" e "poderá".

Cumpre reiterar que o propósito da audiência pública não é, na Lei nº 9.784/99 (e de modo geral, nos demais casos), deliberar sobre o assunto colocado à discussão, pelo menos não de modo vinculativo à decisão administrativa. Isso não impede que os participantes, eventualmente, externem seu posicionamento sobre os temas tratados, inclusive em votações. A ressalva, que deve ser contundente, é no sentido de que os participantes em audiência pública não possuem legitimidade representativa para falar em nome dos não presentes, tampouco legitimidade institucional para suplantar competências que, pela Constituição Federal ou pela legislação ordinária, são reservadas ao

Poder Executivo. Se esta for a intenção e a opção – submeter à aprovação da população dada solução – o caminho deveria ser pelas ferramentas de participação democrática direta, o referendo e o plebiscito.

2.3 Os direitos dos particulares que colaboram com a Administração a título de participação popular

Os particulares que participam em processos administrativos através dos mecanismos de participação popular não possuem, nessa qualidade, as mesmas prerrogativas e deveres dos legitimados previstos no artigo 9º da Lei nº 9.784/99. Isso foi expressamente ressalvado pelo §2º do artigo 31 da Lei nº 9.784/99, nos seguintes termos: "O comparecimento à consulta pública não confere, por si, a condição de interessado do processo, mas confere o direito de obter da Administração resposta fundamentada (...)". Ainda que o dispositivo faça menção à consulta pública, a mesma lógica aplica-se à audiência pública.

Os particulares têm o direito, inclusive como condição para uma participação útil, de ter acesso prévio às informações tratadas no processo administrativo; a participação deve ser informada. Os particulares têm, por óbvio, o direito de se manifestar nos termos eventualmente definidos em lei, no regulamento administrativo ou na própria norma de organização da consulta/audiência.

No caso da consulta, os particulares têm direito à resposta escrita fundamentada pela Administração Pública. Essa obrigação inexiste na audiência pública, até porque nessa a intenção é que a dinâmica se suceda em debates orais.

Os particulares também têm o direito de que o resultado geral, tanto da consulta quanto da audiência, seja publicizado. Esse resultado pode relatar a dinâmica da consulta/audiência, sintetizar as contribuições, sumariar o posicionamento da Administração e, eventualmente, indicar em que medida a consulta/audiência influiu na tomada de decisão.

Referências

BITENCOURT NETO, Eurico; MARRARA, Thiago. *Processo administrativo brasileiro*: estudos em homenagem aos 20 anos da Lei Federal de Processo Administrativo. Belo Horizonte: Fórum, 2020.

DALLARI, Adilson Abreu. Apresentação de propostas por empresas pertencentes a um mesmo grupo econômico. *ILC nº 100/Junho/2002*, seção Doutrina, p. 442.

DALLARI, Adilson Abreu. Os poderes administrativos e as relações jurídico-administrativas. *Revista Trimestral de Direito Público*, v. 24, p. 63-74, 1999.

ENTERRÍA, Eduardo García de; FERNÁNDEZ, Tomás-Ramón. *Curso de Direito Administrativo*. v. I. São Paulo: Revista dos Tribunais: 2014.

JUSTEN FILHO, Marçal. *Comentários à Lei de Licitações e Contratações Administrativas*. São Paulo: Thomson Reuters, 2021.

MELLO, Celso Antônio Bandeira de. *Curso de Direito Administrativo*. 33. ed. São Paulo: Malheiros, 2016.

NIEBUHR, Joel de Menezes. *Licitação Pública e Contrato Administrativo*. 4. ed. Belo Horizonte: Fórum, 2015.

NIEBUHR, Joel de Menezes; NIEBUHR, Pedro de Menezes. *Licitações e Contratos das Estatais*. Belo Horizonte: Fórum, 2018.

SUNDFELD, Carlos Ari. *Ato administrativo inválido*. São Paulo: Revista dos Tribunais, 1990.

Informação bibliográfica deste texto, conforme a NBR 6023:2018 da Associação Brasileira de Normas Técnicas (ABNT):

NIEBUHR, Pedro. A regra de publicidade, audiências e consultas públicas na Lei de Licitações. *In*: HARGER; Marcelo (Coord.). *Aspectos polêmicos sobre a nova lei de licitações e contratos administrativos*: Lei nº 14.133/2021. Belo Horizonte: Fórum, 2022. p. 15-25. ISBN 978-65-5518-461-7.

A MODELIZAÇÃO DAS LICITAÇÕES DE OBRAS E SERVIÇOS DE ENGENHARIA

MARLO FROELICH FRIEDRICH

O artigo 19, §3º da Lei nº 14.133 tem por finalidade sanar essa deficiência, através da adoção do BIM. Referido artigo diz o seguinte, em sua totalidade:

Art. 19. Os órgãos da Administração com competências regulamentares relativas às atividades de administração de materiais, de obras e serviços e de licitações e contratos deverão:

I – instituir instrumentos que permitam, preferencialmente, a centralização dos procedimentos de aquisição e contratação de bens e serviços;

II – criar catálogo eletrônico de padronização de compras, serviços e obras, admitida a adoção do catálogo do Poder Executivo federal por todos os entes federativos;

III – instituir sistema informatizado de acompanhamento de obras, inclusive com recursos de imagem e vídeo;

IV – instituir, com auxílio dos órgãos de assessoramento jurídico e de controle interno, modelos de minutas de editais, de termos de referência, de contratos padronizados e de outros documentos, admitida a adoção das minutas do Poder Executivo federal por todos os entes federativos;

V – promover a adoção gradativa de tecnologias e processos integrados que permitam a criação, a utilização e a atualização de modelos digitais de obras e serviços de engenharia.

§1º O catálogo referido no inciso II do caput deste artigo poderá ser utilizado em licitações cujo critério de julgamento seja o de menor preço ou o de maior desconto e conterá toda a documentação e os procedimentos próprios da fase interna de licitações, assim como as especificações dos respectivos objetos, conforme disposto em regulamento.

§2º A não utilização do catálogo eletrônico de padronização de que trata o inciso II do caput ou dos modelos de minutas de que trata o inciso IV do caput deste artigo deverá ser justificada por escrito e anexada ao respectivo processo licitatório.

§3º Nas licitações de obras e serviços de engenharia e arquitetura, sempre que adequada ao objeto da licitação, será preferencialmente adotada a Modelagem da Informação da Construção (*Building Information Modelling* – BIM) ou tecnologias e processos integrados similares ou mais avançados que venham a substituí-la. (grifos no original)

Interessa-nos especificamente a norma veiculada no parágrafo 3º, acima.

Ela, a rigor, não segue os princípios da Lei Complementar 95, sobre a confecção das leis, especialmente quanto aos aspectos lógicos previstos em seu artigo 11.

É que o parágrafo 3º acima não se restringe ao mesmo conteúdo do *caput* do artigo 19, tendo âmbito de aplicação e destinatários mais amplos, e especialmente porque não é um seu mero complemento.

No entanto, isso não impede a sua compreensão, eis que a matéria, se realmente não está totalmente contida na norma veiculada no *caput*, é relacionada com o objeto do artigo e assim faz algum sentido, ao menos, que esteja ali colocada; se sua inserção como parágrafo não é perfeita, sua localização no corpo da lei como um todo faz sentido.

O maior problema fica por conta de seu aparente tom de sugestão, ao dizer que a Modelagem de Informação da Construção deve ser utilizada preferencialmente, o que não faz sentido em uma norma de direito público, como são as normas referentes à licitação e contratos públicos.

Tais normas têm por função determinar à Administração Pública o comportamento esperado, especialmente em situações como a de escolha de contratantes para a execução de obras ou prestação de serviços.

Assim, devem-se afastar quaisquer interpretações que venham a lhe emprestar caráter de facultatividade.

Antes de se passar à análise da norma, cumpre esclarecer do que se trata a referida Modelagem da Informação da Construção, ou *Building Information Modelling* – BIM, podendo ser escrita também *Building Information Modeling* (com apenas um "l"), a preferir-se a grafia americana em vez da britânica.

Conforme Pedro A. Herrera (*Building Information Modeling, Guía Práctica de Adopción*, p. 16, edição Kindle, em tradução livre), a BIM é um "método para gerar e administrar toda informação necessária para a construção através do uso de modelos em três dimensões e elementos paramétricos aos quais se pode agregar informação real para quantificar e realizar diferentes tipos de análises coordenando todo o projeto".

Ainda, conforme o mesmo autor, o acrônimo serve para identificar tanto um modelo em si (*Building Information Model*) quanto o processo de criação, administração e utilização dos modelos de informação digital (*idem*, p. 17).

A BIM está normatizada, em sentido amplo do termo, como norma técnica, ou de padronização, principalmente, na ISO 19650, que foi baseada na norma inglesa PAS 1192.

No Brasil, a ABNT tem feito estudos sobre o tema, através da Comissão de Estudo Especial de Modelagem de Informação da Construção, CEE 134, e editado normas técnicas ou padrões a respeito do assunto.

No âmbito normativo *stricto sensu* interno, o Decreto nº 10.306 traz a seguinte definição:

II – Building Information Modelling – BIM ou Modelagem da Informação da Construção – conjunto de tecnologias e processos integrados que permite a criação, a utilização e a atualização de modelos digitais de uma construção, de modo colaborativo, que sirva a todos os participantes do empreendimento, em qualquer etapa do ciclo de vida da construção;

E, em seguida, define assim o ciclo de vida da construção:

III – ciclo de vida da construção - conjunto das etapas de um empreendimento que abrange:
a) o programa de necessidades;
b) a elaboração dos projetos de arquitetura e engenharia em seus diversos níveis de desenvolvimento ou detalhamento;
c) a execução da obra;
d) o comissionamento; e
e) as atividades de gerenciamento do uso e de manutenção do empreendimento após a sua construção;

Definida o que é a BIM, podemos passar à análise do que diz a lei de licitações a respeito de sua utilização.

Conforme o parágrafo em comento, nos casos de licitações, seja para a contratação de obras, que conforme o artigo 6º são atividades estabelecidas por lei como privativas de arquitetos e engenheiros, seja nos casos de contratação de serviços de engenharia e de arquitetura, sempre que a *Building Information Modelling* for adequada ao objeto da licitação, ela deve ser adotada, preferencialmente.

É nesse advérbio, justamente, que reside o problema mencionado, eis que preferencialmente não implica em obrigatoriedade.

É que, na primeira parte da norma, tratou-se dos casos de utilização da BIM utilizando-se do advérbio 'sempre', que denota invariabilidade de tratamento: "§3º Nas licitações de obras e serviços de engenharia e arquitetura, sempre que adequada ao objeto da licitação (…)".

A redação desse início da norma parece implicar em um tratamento uniforme para todos os casos em que seja possível se utilizar da Modelagem da Informação da Construção, mesmo porque não faria sentido pretender utilizar-se do método quando não fosse possível ou quando fosse inadequado.

No entanto, a finalização da oração segue com o advérbio "preferencialmente", que denota uma possível diversidade de tratamento, preferência significa escolher de uma ou outra forma, preferindo uma, mas não como obrigação.

Entretanto, preferir uma tecnologia a outra significar dar primazia a uma em detrimento de outra, de forma que, ainda que o administrador possa deixar de se utilizar da BIM, deve justificar a sua escolha por alguma razão plausível; ou seja, a lei determinou qual é a sua preferência, e, se por alguma razão essa não for a melhor escolha, deve estar devidamente justificada na licitação.

Algumas palavras devem ser ditas sobre a utilização da BIM, em seu histórico legislativo. No âmbito federal, em 05 de junho de 2017 foi instituído o "Comitê Estratégico de Implementação do *Building Information Modelling*".

Em 17 de maio de 2018, através do Decreto nº 9.377, foi instituída a "Estratégia Nacional de Disseminação do *Building Information Modelling*".

Referido Decreto foi revogado em 23 de agosto de 2019 pelo Decreto nº 9.983, de 22 de agosto de 2019, que atualmente dispõe sobre essa estratégia.

A Lei de Licitações nº 14.133 está em compasso com tal estratégia, no âmbito do governo federal.

O Decreto nº 10.306, de 02 de abril de 2020, estabeleceu o seguinte, em seu artigo 1º:

> Art. 1º Este Decreto estabelece a utilização do *Building Information Modelling - BIM* ou Modelagem da Informação da Construção na execução direta ou indireta de obras e serviços de engenharia, realizada pelos órgãos e pelas entidades da administração pública federal, no âmbito da Estratégia Nacional de Disseminação do *Building Information Modelling* – Estratégia *BIM* BR, instituída pelo Decreto nº 9.983, de 22 de agosto de 2019. Parágrafo único. O *BIM* será implementado de forma gradual, obedecidas as fases estabelecidas no art. 4º. (grifos no original)

No entanto, a nova lei adiantou as previsões de prazos do decreto ao determinar que, sempre que adequada, a BIM terá preferência sobre as outras formas de administração da informação, sem prever qualquer prazo para os casos de licitação.

Assim, se aquelas entidades precisarem se utilizar de licitações, naqueles casos ali previstos, deverão estar aptas à utilização do modelo, eis que tanto a contratante quanto o eventual contratado precisam usar o método.

Por fim, apesar de ser desnecessário que a lei diga, em todas as letras, que uma vez suplantado um método técnico por outro melhor, o novo método pode ser utilizado, o fato é que nossa história jurídica infelizmente tem exemplos de apego à letra da lei.

Na prática, a própria possibilidade de justificar a adoção de outro método é uma cláusula de escape para a escolha do método mais avançado, eis que o direito sempre deve caminhar para a frente.

Mas, de toda forma, a lei contém a fórmula que facilita ao Administrador Público a suplantação da BIM em caso de novas tecnologias, ao deixar explícito que a utilização preferencial é da Bim ou de "tecnologias e processos integrados similares ou mais avançados que venham a substituí-la", evitando-se um engessamento retrógrado e indesejável.

Desse modo, o legislador deixou claro que existe uma necessidade de utilização de métodos modernos, e de técnicas, que possibilitem o acompanhamento real dos objetos de licitação, o que cumpre anseios de segurança e eficiência nas licitações especificadas na lei.

Referências

CARVALHO, Matheus; OLIVEIRA, João Paulo; ROCHA Paulo Germano. *Nova Lei de Licitações Comentada*. Salvador: Editora Jus Podivm, 2021.

JUSTEN FILHO, Marçal. *Comentários à Lei de Licitações e Contratações Administrativas*: Lei 14.133/2021. São Paulo: Thomson Reuters Brasil, 2021.

HERRERA, Pedro A. *Building Information Modeling, Guía Práctica de Adopción*. p. 16, edição Kindle.

DI PIETRO, Maria Sylvia Zanella *et al*. *Licitações e contratos administrativos*: inovações da Lei 14.133/21. 1. ed. Rio de Janeiro: Forense, 2021. Edição Kindle.

Informação bibliográfica deste texto, conforme a NBR 6023:2018 da Associação Brasileira de Normas Técnicas (ABNT):

FRIEDRICH, Marlo Froelich. A modelização das licitações de obras e serviços de engenharia. *In*: HARGER; Marcelo (Coord.). *Aspectos polêmicos sobre a nova lei de licitações e contratos administrativos*: Lei nº 14.133/2021. Belo Horizonte: Fórum, 2022. p. 27-31. ISBN 978-65-5518-461-7.

OS BENS DE QUALIDADE COMUM (ART. 20)

HEWERSTTON HUMENHUK

Art. 20. Os itens de consumo adquiridos para suprir as demandas das estruturas da Administração Pública deverão ser de qualidade comum, não superior à necessária para cumprir as finalidades às quais se destinam, vedada a aquisição de artigos de luxo.
§1º Os Poderes Executivo, Legislativo e Judiciário definirão em regulamento os limites para o enquadramento dos bens de consumo nas categorias comum e luxo.
§2º A partir de 180 (cento e oitenta) dias contados da promulgação desta Lei, novas compras de bens de consumo só poderão ser efetivadas com a edição, pela autoridade competente, do regulamento a que se refere o §1º deste artigo.
§3º (VETADO)

1 A discussão relativa aos itens de qualidade comum já existente

A discussão acerca da conceituação e diferenciação dos bens de qualidade comum não é nova. Desde a elaboração da Lei nº 10.520/2002, que trata da criação e regulamentação da modalidade pregão, a matéria é debatida sob a nomenclatura "bens e serviços comuns", e a sua conceituação indeterminada tem gerado uma enxurrada de demandas e sanções.

Não por acaso, a matéria já foi exaustivamente enfrentada pelo Tribunal de Contas da União em diversas decisões,[1] o qual firmou os entendimentos de que bem comum é aquele que pode ter seus padrões de desempenho e qualidade objetivamente definidos pelo edital, por meio de especificações usuais no mercado, e de que o conceito de bem comum não está necessariamente ligado a sua complexidade.

Ainda que os bens objetos da licitação possam sugerir certa complexidade, não há óbices para que sejam enquadrados como bens comuns, eis que pautados em especificações usuais de mercado e detentores de padrões objetivamente definidos no edital. Logo, bem comum é aquele para o qual é possível definir padrões de desempenho ou qualidade, segundo especificações usuais no mercado, e que também não precisa ser padronizado nem ter suas características definidas em normas técnicas.

Dessa forma, muito embora haja diversas decisões balizadoras do tema, considerando as peculiaridades da nova legislação, a matéria deverá ser analisada com cautela, a fim de que o gestor não seja pego de surpresa com a fixação dos novos entendimentos.

2 Acerca das principais controvérsias vislumbradas

O novo texto legal cria, em relação aos itens de consumo, uma diferenciação entre bens comuns e bens de luxo. Inicialmente, tal norma seria prescindível, entretanto, a sua execução apresenta dissensão considerável.

2.1 O princípio da proporcionalidade e a eficiência na contratação

Como o Estado Constitucional pressupõe o caráter normativo e vinculante da Constituição, o aparato estatal encontra-se fundado nos seus preceitos fundamentais e deve manter uma atuação diligente, proporcional, programada e controlada.[2] Nesse sentido, alicerçado no princípio constitucional da eficiência, o princípio da proporcionalidade[3] é fonte balizadora da atividade administrativa, prevalecendo inclusive nas escolhas realizadas no momento da contratação e aquisição de bens de qualidade comum pelo poder público. Logo, extrai-se do texto legal a impossibilidade de a Administração Pública realizar aquisições não adequadas ao interesse público e às necessidades mínimas pertinentes para a consecução de suas finalidades precípuas.

---

[1]   A propósito, as decisões do Tribunal de Contas da União nos Acórdãos nº 1287/2008, nº 188/2010 e nº 313/2004.

[2]   HUMENHUK, Hewerstton. *Responsabilidade civil do Estado Constitucional por omissão e a efetividade dos direitos fundamentais*. Porto Alegre: Livraria do Advogado, 2016. p. 15.

[3]   O princípio da proporcionalidade, também descrito como proibição do excesso, originariamente foi concebido como limitação do Poder Executivo, na medida em que é considerado como forma de restrição administrativa da liberdade individual. Espraiou-se no direito administrativo como princípio geral do poder de polícia, alcançando posteriormente status de princípio constitucional (CANOTILHO, José Joaquim Gomes. *Direito Constitucional e Teoria da Constituição*. 3. ed. Coimbra: Almedina, 1999. p. 266-267).

2.2 Do mínimo necessário e da vedação de aquisição de itens luxuosos

A aplicação dos princípios da proporcionalidade e da eficiência resulta no impedimento de aquisição de itens de qualidade superior ao mínimo necessário para o atendimento integral dos interesses do poder público. Destarte, a compra de produtos classificados como "de luxo" é barrada juridicamente pela novel legislação. Isso porque, de modo geral, tais itens detêm comumente o valor de aquisição notoriamente mais elevado que os itens determinados como "comuns" e podem, em tese, possuir padrão de desempenho e qualidade superior.

Observa-se que a intenção do legislador em fixar expressamente tal vedação merece louvor, visto que, frente às recorrentes discussões enfrentadas nos últimos anos, a medida servirá para afastar abusos, excessos e questionamentos no processo de aquisição, além de balizar a estratégia de planejamento do gestor público nas contratações públicas.

3 O objetivo da norma

Vislumbra-se que a norma imposta objetiva dispor, de maneira expressa, acerca da impossibilidade de utilização individual e pessoal dos produtos adquiridos pelo poder público, em homenagem aos princípios expostos no artigo 37 da Constituição Federal de 1988. Desse modo, evita-se, pelo menos em tese, que o agente usufrua da coisa pública de maneira abusiva, impedindo que os gestores mal intencionados escolham os artigos "de luxo" que serão adquiridos visando ao benefício próprio ou ocasionando a malversação dos recursos públicos.

Por outro lado, a legislação não restringe a contratação, por exemplo, de bens que se apresentem com as qualidades mínimas necessárias à atividade administrativa, tendo em vista que, respeitadas a razoabilidade e a coerência, permite que o gestor escolha conforme a conveniência da Administração Pública, sem que haja abuso da discricionariedade.

4 A medida garantidora do princípio da igualdade

A limitação imposta pelo legislador decorre, diretamente, do princípio da isonomia, insculpido no artigo 37 da Constituição Federal de 1988. O referido tema objetiva colocar governantes e governados no mesmo patamar, afastando a velha e odiosa prática do abuso de poder e a fruição indevida de recursos públicos para aquisição de artigos luxuosos. A referida medida impede que o gestor público se beneficie do posicionamento fora de alcance do cidadão comum e garante que não ocorrerão excessos do poder atribuído diante do cargo ocupado.

5 A problemática da diferenciação entre o comum e o luxo

Notório é que a efetiva utilização do novo diploma enfrenta uma dificuldade inicial decorrente da menção à diferenciação dos produtos que são considerados artigos de luxo dos bens considerados de qualidade comum.

Tal desafio deverá ser enfrentado com fundamento na constante incisiva motivação das contratações públicas, com vistas à definição de critérios objetivos que permitam diferenciar os bens comuns de necessidade precípua da Administração Pública, os quais visam cumprir as finalidades a que se destinam, dos bens e artigos considerados notoriamente excessivos, caracterizados como de luxo.

Há que se ter muito cuidado no exercício da discricionariedade administrativa[4] para criação dos parâmetros de definição dos objetos a serem licitados, uma vez que a norma em questão pode criar uma zona cinzenta entre o que são bens com qualidade comum e bens considerados de luxo.

5.1 A utilização de conceito jurídico indeterminado

Observa-se que o legislador optou por utilizar conceitos jurídicos indeterminados na redação da norma. Tal instituto é vislumbrado quando o diploma estabelece uma classificação aberta de determinada ferramenta, não estabelecendo de maneira exata de que forma será aplicada e nem diferenciando os itens classificados.

Os conceitos jurídicos indeterminados possuem, em seu conteúdo e extensão, características incertas, na medida em que não é possível definir um sentido objetivo e preciso. Escreve Luiza Barros Roza que, "do ponto de vista estrutural, possuem uma zona de certeza quanto ao seu significado, habitualmente chamada de núcleo conceitual. Essa zona qualifica o campo dentro do conceito em que se tem uma noção clara e precisa do seu significado".

Nesse sentido, pode-se considerar que há um campo de certeza positiva, em que não restam dúvidas quanto à efetiva aplicação do conceito. Entretanto, sempre haverá um espaço para a certeza negativa, qualificada pelo campo em que ninguém duvida da impossibilidade de aplicação do conceito. Contudo, adverte a autora que, "entre as zonas de certeza positiva e negativa, vigora um espaço de dúvidas quanto à aplicação ou não do conceito. Tal espaço é chamado de zona de incerteza ou halo conceitual".[5]

O conceito jurídico indeterminado permite que o intérprete aplique o instituto conforme a demanda do interesse público. A grande dificuldade encontra-se na

---

[4] Segundo Juarez Freitas, "o Estado da discricionariedade legítima requer (ao mesmo tempo, suscita) o protagonismo da sociedade amadurecida e do agente público que defende a dignidade de todos" (FREITAS, Juarez. *Discricionariedade Administrativa e o Direito Fundamental à Boa Administração Pública*. São Paulo: Malheiros, 2007. p. 19).

[5] ROZAS, Luiza Barros. *Conceitos Jurídicos Indeterminados e Discricionariedade Administrativa*. 2006. Disponível em: https://jus.com.br/artigos/8715/conceitos-juridicos-indeterminados-e-discricionariedade-administrativa. Acesso em: 16 ago. 2021.

margem de discricionariedade de sua aplicação.[6] Irene Patrícia Nohara alerta que "o conceito jurídico indeterminado pode ou não conferir discricionariedade, e o critério para essa verificação não se pauta na natureza do conceito, mas na sua disciplina legal concretizada, ou seja, aliada à aptidão que os fatos possuem para comprovar a realidade normatizada".[7]

Quando a redação do texto legal faz menção a conceitos indeterminados, como quis o legislador na disposição do artigo 20 da Lei de Licitações e Contratos, não há permissão ou impedimento acerca da eventual utilização da discricionariedade. Cabe, pois, ao intérprete da norma ponderar no caso concreto de que forma tal questão deverá ser dirimida. Portanto, os conceitos jurídicos indeterminados devem ser utilizados de maneira cautelosa, a fim de não ensejarem flexibilizações indevidas por parte do sujeito mal intencionado.

5.2 A existência de conceito jurídico indeterminado na classificação dos artigos de luxo

Notadamente quis o legislador indicar que a expressão "artigos de luxo" trata-se de um conceito jurídico indeterminado. Há uma vasta maioria de itens normalmente adquiridos pelo poder público que são automaticamente classificados na categoria de bens de qualidade comum, quais sejam, aqueles que atendem a uma finalidade mínima exigida. Outros bens e produtos, diante de suas características e peculiaridades, não podem ser classificados dessa forma e, em decorrência da conceituação trazida pelo texto, podem enquadrar-se como objetos de luxo. Nessa classificação incluem-se, por exemplo, alimentos, bebidas e veículos de alto padrão, os quais são assim conceituados por não se mostrarem essenciais à consecução dos fins públicos.

Outro fator diferenciador acerca dos referidos itens se dá em razão do próprio preço, sendo que aqueles acessíveis à população em geral serão, de proêmio, considerados comuns, e aqueles de elevado vulto frente aos seus pares, objetos de luxo, notoriamente pelo alto padrão de desempenho e qualidade.

Entretanto, ainda que haja balizamento para a diferenciação de diversos bens, muitos dos itens não podem ser avaliados de maneira simples, porquanto detêm características e atributos que demandam uma avaliação mais aprofundada por parte do gestor público. Portanto, no momento em que o sujeito se depara com a dificuldade de diferenciação, constata-se a problemática do conceito jurídico indeterminado.

---

[6] No ordenamento jurídico administrativo-constitucional brasileiro, predomina a clara distinção entre a legalidade e o mérito para definir a discricionariedade, fruto de inspiração na doutrina italiana (*Vide*: ALESSI, Renato. *Diritto Amministrativo*. Milão: Dott. A. Giuffrè Editore, 1949. p. 135-136). Durante muito tempo, tais influências foram designadas a partir das lições preliminares de Meirelles e Seabra Fagundes. Esse, com propriedade, aduz que o mérito administrativo pressupõe a possibilidade de optar em diferentes razões a escolha entre uma ou outra decisão administrativa. É feita uma distinção clara entre a atividade vinculada e discricionária, em que a vinculação não deixa margem de liberdade conferida pela lei para prática de tal ato (*accertamento*), ao passo que na discricionariedade há possibilidade de ser conferida uma valoração (*apprezzamento*) amparada nesse mérito administrativo (MEIRELLES, Hely Lopes. *Direito administrativo brasileiro*. 23. ed. São Paulo: Malheiros, 1998. p. 103; e SEABRA FAGUNDES, Miguel. *O controle dos atos administrativos pelo Poder Judiciário*. 5. ed. rev. e atual. Rio de Janeiro: Forense, 1979. p. 146).

[7] NOHARA, Irene Patrícia. *O motivo no ato administrativo*. São Paulo: Atlas, 2004. p. 78.

Essa zona cinzenta que gera razoável incerteza entre a zona de certeza positiva e negativa para definição de objetos considerados de luxo, como explica Marçal Justen Filho,[8] enseja uma enorme gama de bens cujo enquadramento é difícil.

5.3 Solução sugerida para a controvérsia

A intenção do legislador efetivamente cria uma obrigação legal no sentido de adquirir bens cuja qualidade possa ser auferida como comum, excluindo, portanto, a aquisição de artigos considerados de luxo. Por certo, muitas vezes, não será tarefa fácil o enquadramento de determinados bens tidos como comuns, na medida em que somente assim serão qualificados se auferidos por critérios objetivos, isto é, que não sejam considerados superiores para a finalidade a que se destinam.

O melhor filtro para fixação desses parâmetros é pela aplicação da proporcionalidade na ponderação de valores e na exposição de motivos utilizada pelo intérprete da norma, porquanto a Administração Pública não poderá adquirir bens que ultrapassem o mínimo necessário para atingir o resultado pretendido com a contratação.

Se, por exemplo, o poder público necessita adquirir um veículo, deverá considerar somente as características mínimas necessárias para o desempenho da atividade a ser desenvolvida, não podendo, por óbvio, utilizar motivos infundados ao resultado que se pretende. A intenção do legislador é proibir a contratação que tenha margem de dúvida quanto ao bem ser ou não de luxo. E, no caso de uma aquisição de veículo, sabe-se que a linha tênue entre o que é minimamente necessário e luxo poderá ocasionar dúvidas. Portanto, a ampla motivação que relacione a finalidade do bem ao que minimamente é necessário para a atividade administrativa será essencial.

A mesma regra vale para aquisição de tantos outros bens de qualidade comum de que cotidianamente o poder público necessita. Havendo dúvida se aquele bem comum a ser adquirido ultrapassa o mínimo necessário para o desempenho da finalidade pretendida, a melhor opção é não contratar.

Destarte, o Tribunal de Contas da União, em recente acórdão nº 1895/2021 do plenário, analisando caso ainda sob a égide da Lei nº 10.520/2002, já se manifestou que a previsão de itens de luxo, sem a devida justificativa acerca da necessidade e incompatíveis com a finalidade da contratação, contrariam os princípios da economicidade e da moralidade administrativa e a jurisprudência da referida Corte de Contas.[9]

Desse modo, em razão da vedação expressa extraída da norma, por aplicação da proporcionalidade, o agente não deverá promover a aquisição do objeto quando houver margem de dúvida quanto a ser ou não um bem ou artigo de luxo, sob pena de incidir na conduta proibida pela nova legislação.

---

[8]   JUSTEN FILHO, Marçal. *Comentários à Lei de Licitações e Contratações Administrativas*: Lei 14.133/2021. São Paulo: Thomson Reuters Brasil, 2021. p. 369.

[9]   O presente caso oriundo do Processo nº TC 014.311/2021-6 analisou representação em que o objeto do certame seria o registro de preços via pregão eletrônico para aquisições de refeições a serem servidas em baixelas, travessas e talheres de prata e em taças de cristal para o Ministério do Desenvolvimento Regional, prevendo notoriamente itens considerados de luxo, sem a devida justificativa acerca da sua necessidade e totalmente incompatíveis com a finalidade pretendida. BRASIL. Tribunal de Contas da União. *Acórdão nº 1895/2021*, Plenário, Rel. Min. Marcos Bemquerer Costa. Disponível em: http://www.tcu.gov.br. Acesso em: 25 ago. 2021.

6 A sistemática de valoração e adequação

Por outro lado, a análise da situação com base na incidente proporcionalidade pode se dar de maneira mais específica. Há diversos casos em que, em decorrência de suas próprias peculiaridades, se mostra imprescindível promover adequação do texto ao caso concreto. Tal situação é evidenciada, por exemplo, quando da ocorrência de situações muito singulares decorrentes das normas de padrões internacionais da representação nas relações exteriores do Estado brasileiro.

6.1 As situações excepcionais decorrentes de relacionamentos internacionais

A adequação do texto legal ao caso concreto pode ser exemplificada em casos de diplomacia e relacionamento internacional. Notório é o fato de que há inúmeras normas de etiqueta que devem ser observadas pela autoridade brasileira frente aos sujeitos internacionais.[10]

Nesse caso, vislumbrada a excepcionalidade do caso em análise, permite-se que o agente flexibilize a norma, a fim de obter um resultado alinhado com o interesse público, desde que haja considerável motivação e cautela para evitar abusos ou desvios de finalidade.

6.2 A cautela na valoração da excepcionalidade

Ainda que exista margem de flexibilização no texto legal, é pertinente destacar que tal medida deve ser utilizada com muita cautela. A excepcionalidade existente nos casos determinados não pode ser invocada de maneira recorrente, a fim de não se exceder a margem de liberalidade e generalizar as contratações de bens em contrariedade à norma.

A título de exemplificação, o entendimento apresentado pelo Tribunal de Contas da União no acórdão nº 2.924/2019, de lavra do Ministro Benjamin Zymler:

> 57. Como afirmado, o nível de sofisticação exigida dos pratos e bebidas está sujeito a algum grau de discricionariedade. No caso em tela, as definições efetuadas, ao seguirem critérios do Ministério das Relações Exteriores e considerando o número restrito de altas autoridades a que se destinam, estão dentro de uma zona de indefinição que não permite a este Tribunal fazer um juízo de certeza positiva ou negativa sobre a escolha. Trata-se, pois, de uma zona cinzenta, em que cabe reconhecer que o administrador agiu dentro de uma certa margem de liberdade necessária para o atendimento do interesse público.
> 58. No exercício dessa margem de liberdade, por certo, o gestor deve avaliar as consequências econômicas de suas escolhas, o que não ocorreu no caso concreto.

---

[10] JUSTEN FILHO, Marçal. *Comentários à Lei de Licitações e Contratações Administrativas*: Lei 14.133/2021. São Paulo: Thomson Reuters Brasil, 2021. p. 369.

No caso em tela, a Corte de Contas da União, após avaliar as peculiaridades e ponderar sobre essa 'zona cinzenta' justamente acerca da valorização a partir dos graus de certeza positiva ou negativa sobre a escolha, entendeu que o gestor deveria ter conduzido a situação de maneira diversa, motivando o ato de maneira suficiente a afastar a infração ao texto legal anterior.

7 A necessidade de regulamentação estabelecida pelo §1º

Extrai-se da legislação que o §1º do artigo 20 prevê a necessidade de elaboração de regulamento para dispor sobre a matéria.

Essa determinação expressa para que os regulamentos sejam editados em todas as esferas governamentais se traduz na impossibilidade de que um Poder interfira e retire a autonomia do outro. Tal previsão estabelece que cada usuário da norma deverá fixar os pontos de observação para a tomada de decisão, demonstrando que o gestor poderá utilizar a discricionariedade no manejo do procedimento, ficando, entretanto, adstrito ao espírito da norma.

A fim de ilustrar a forma de manejo dos regulamentos, é pertinente frisar que, em âmbito federal, o Ministério da Economia iniciou procedimento de consulta pública para a elaboração do texto da portaria que regerá a matéria, destacando os artigos 3º e 4º da minuta do regulamento:

> (...)
> *Definições*
> Art. 3º Para os fins desta Portaria, considera-se:
> I – artigo de qualidade comum: bem de consumo que detém baixa ou moderada elasticidade-renda de demanda, em função da renda do indivíduo em uma sociedade;
> II – artigo de luxo: bem de consumo ostentatório que detém alta elasticidade-renda de demanda, em função da renda do indivíduo em uma sociedade; e
> III – elasticidade-renda de demanda: razão entre a variação percentual da quantidade demandada e a variação percentual da renda média dos consumidores.
> *Classificação de artigo de luxo*
> Art. 4º Na classificação de um artigo como sendo de luxo, o órgão ou a entidade deverá considerar:
> I – relatividade cultural: distinta percepção sobre o artigo, em função da cultura local, desde que haja impacto no preço do artigo;
> II – relatividade econômica: variáveis econômicas que incidem sobre o preço do artigo, especialmente a facilidade/dificuldade logística regional ou local de acesso ao bem; e
> III – relatividade temporal: mudança das variáveis mercadológicas do artigo ao longo do tempo, em função de evolução tecnológica, tendências sociais, alterações de disponibilidade no mercado e modificações no processo de suprimento logístico. (grifos no original)

Frente ao texto da minuta do regulamento, denota-se o parâmetro adotado para atender ao comando do §1º do artigo 20, devendo, por óbvio, cada esfera governamental criar seu mecanismo de classificação de acordo com as suas peculiaridades.

8 A necessidade de regulamentação no prazo estabelecido para utilização do diploma (§2º)

Por fim, acerca da necessidade de edição de regulamentos, observa-se que o §2º do artigo 20 exige que os documentos sejam elaborados no prazo de 180 dias, a fim de que o ente público possa efetuar as contratações com fundamento na nova legislação. Frisa-se que caso o órgão não edite a norma no referido prazo, ficará sujeito a possíveis sanções, as quais ainda não foram suficientemente esclarecidas e colocam em risco o próprio gestor.

Referências

ALESSI, Renato. *Diritto Amministrativo*. Milão: Dott. A. Giuffrè Editore, 1949.

BRASIL. Tribunal de Contas da União. *Acórdão nº 313/2004*, Plenário. Disponível em:

http://www.tcu.gov.br. Acesso em: 18 ago. 2021.

BRASIL. Tribunal de Contas da União. *Acórdão nº 1.287/2008*, Plenário. Disponível em: http://www.tcu.gov. br. Acesso em: 18 ago. 2021.

BRASIL. Tribunal de Contas da União. *Acórdão nº 313/2010*, Plenário. Disponível em: http://www.tcu.gov. br. Acesso em: 18 ago. 2021.

BRASIL. Tribunal de Contas da União. *Acórdão nº 2.924/2019*, Plenário. Disponível em: http://www.tcu.gov. br. Acesso em: 18 ago. 2021.

BRASIL. Tribunal de Contas da União. *Acórdão nº 1895/2021*, Plenário. Disponível em: http://www.tcu.gov. br. Acesso em: 25 ago. 2021.

CANOTILHO, José Joaquim Gomes. *Direito Constitucional e Teoria da Constituição*. 3. ed. Coimbra: Almedina, 1999.

FREITAS, Juarez. *Discricionariedade Administrativa e o Direito Fundamental à Boa Administração Pública*. São Paulo: Malheiros, 2007.

HUMENHUK, Hewerstton. *Responsabilidade civil do Estado Constitucional por omissão e a efetividade dos direitos fundamentais*. Porto Alegre: Livraria do Advogado, 2016.

JUSTEN FILHO, Marçal. *Comentários à Lei de Licitações e Contratações Administrativas*: Lei 14.133/2021. São Paulo: Thomson Reuters Brasil, 2021.

MEIRELLES, Hely Lopes. Direito administrativo brasileiro. 23. ed. São Paulo: Malheiros, 1998.

NOHARA, Irene Patrícia. *O motivo no ato administrativo*. São Paulo: Atlas, 2004.

ROZAS, Luiza Barros. *Conceitos Jurídicos Indeterminados e Discricionariedade Administrativa*. 2006. Disponível em: https://jus.com.br/artigos/8715/conceitos-juridicos-indeterminados-e-discricionariedade-administrativa. Acesso em: 16 ago. 2021.

SEABRA FAGUNDES, Miguel. *O controle dos atos administrativos pelo Poder Judiciário*. 5. ed. rev. e atual. Rio de Janeiro: Forense, 1979.

Informação bibliográfica deste texto, conforme a NBR 6023:2018 da Associação Brasileira de Normas Técnicas (ABNT):

HUMENHUK, Hewerstton. Os bens de qualidade comum (art. 20). *In*: HARGER; Marcelo (Coord.). *Aspectos polêmicos sobre a nova lei de licitações e contratos administrativos*: Lei nº 14.133/2021. Belo Horizonte: Fórum, 2022. p. 33-41. ISBN 978-65-5518-461-7.

O TERMO DE REFERÊNCIA

ANDERSON SANT'ANA PEDRA

Termo de Referência

O Termo de Referência (TR) é tratado no art. 40, §2º e no art. 6º, *caput*, inc. XXIII, ambos da Lei nº 14.133/2021 (Nova Lei de Licitações e Contratos Administrativos (NLLCA)) e se presta para definir o objeto da contratação de forma clara, precisa e suficiente para atender a *necessidade administrativa*, bem como para balizar o perfil do contratante por meio da qualificação que deverá ser observada para a celebração do contrato.

Por *necessidade administrativa* deve-se entender o problema a ser resolvido, a carência a ser amparada. Identificar com precisão essa *necessidade administrativa* ("problema") é indispensável para a elaboração ótima do TR ("solução") e é por essa identificação que todo o processo de contratação pública deve ser iniciado.

Aliás, um dos aspectos essenciais do planejamento da contratação pública é definir com clareza e precisão, o "problema" (necessidade administrativa) e elaborar a melhor "solução" (termo de referência)[1] a partir daquilo que o mercado oferece e das possibilidades (financeiras, sociais e/ou políticas) que a Administração Pública dispõe.

---

[1]   MENDES, Renato Geraldo. *O processo de contratação pública*. Curitiba: Zênite, 2012. p. 93-94.

É importante ainda consignar que esse "problema" pertence à Administração enquanto a "solução" será encontrada, em regra, no mercado, ofertada pelos particulares a partir daquilo que restou decidido no Estudo Técnico Preliminar e definido pelo Termo de Referência.

Tem-se então que o Termo de Referência[2] é um dos documentos (artefatos do planejamento) que deve instruir a fase preparatória (planejamento) de qualquer processo de contratação de bens ou serviços, seja ele realizado mediante licitação, independentemente da modalidade, ou contratação direta,[3] sendo imprescindível para a integridade da contratação e, principalmente, para permitir a análise da lisura de uma eventual contratação por dispensa ou inexigibilidade de licitação.

Nos termos do art. 25, §3º da NLLCA, o TR é um dos anexos indispensáveis ao edital e deverá ser divulgado na mesma data e pelo mesmo sítio eletrônico, sem necessidade de registro ou identificação para acesso.

Princípio do planejamento

O art. 5º da NLLCA trouxe explicitamente o *princípio do planejamento*, demonstrando assim toda a preocupação existente com essa fase preparatória inicial da contratação.

A importância do *planejamento* é creditada ao fato incontroverso de que, com a sua adoção, evita-se desperdícios de tempo e de recursos, além de contribuir significativamente para a consecução da melhor contratação, mas sempre tendo o cuidado de não compreender o planejamento como um fim em si mesmo.

Por meio de um planejamento adequado busca-se o equilíbrio entre os meios e os fins, entre os recursos financeiros disponíveis e os objetivos a serem alcançados; entre a *necessidade administrativa* instalada e as soluções disponíveis no mercado.

O planejamento, aceito como um processo para se tornar eficiente, eficaz e efetivo exige sistematização, organização, previsão e decisão. "Planejar é decidir no presente as ações que serão executadas no futuro para realizar propósitos preestabelecidos".[4]

O planejamento adequado nas contratações públicas contribui ainda para evitar as contratações diretas em razão de "urgências fabricadas" e permite uma atuação da Administração durante o processo de contratação de forma mais cautelosa, sem necessidades de atropelos.

O planejamento ganhou atenção especial com a fase preparatória do processo licitatório nos termos do art. 18 da NLLCA, destacando, dentre outros, a necessidade de: *i*) a descrição da necessidade da contratação fundamentada em *estudo técnico preliminar* que caracterize o interesse público envolvido; *ii*) a definição do objeto para o atendimento da necessidade, por meio de *termo de referência*, anteprojeto, projeto básico ou projeto executivo, conforme o caso; *iii*) a definição das condições de execução e pagamento, das garantias exigidas e ofertadas e das condições de recebimento; *iv*) compatibilização

---

[2] Resguardadas as devidas proporções, o TR assemelha-se ao *projeto básico* (PB).

[3] O procedimento da contratação direta afasta a necessidade de uma *fase competitiva*, mas não prescinde de uma *fase preparatória* com todos os documentos e informações que lhe são próprios. Conferir: art. 72, inc. I da NLLCA.

[4] MATIAS PEREIRA, José. *Curso de planejamento governamental*. São Paulo: Atlas, 2012. p. 2-3.

com o plano de contratações anual e com as leis orçamentárias; e, *v*) abordar todas as considerações técnicas, mercadológicas e de gestão que podem interferir na contratação.

Estudo Técnico Preliminar e Termo de Referência

Qualquer contratação deve desenvolver-se observando as seguintes perspectivas: *i*) a existência de uma *necessidade administrativa* a ser satisfeita ("problema a ser resolvido"); *ii*) a precisa identificação e a delimitação dessa necessidade; *iii*) a verificação das soluções disponíveis pelo mercado; *iv*) a identificação da melhor solução (objeto) para a satisfação da necessidade; *v*) análise da equivalência ótima entre a necessidade administrativa, o objeto a ser cumprido e a remuneração respectiva; *vi*) a especificação clara, precisa e suficiente desse objeto; *vii*) a avaliação da viabilidade técnica, socioeconômica, política e ambiental da contratação; e, *viii*) a qualificação do pretenso contratado.

Nessa perspectiva, a NLLCA dá um colorido diferente para a fase preparatória (art. 18 e segs.) da contratação, destacando alguns artefatos que irão caracterizar o planejamento e as perspectivas acima elencadas, como o Estudo Técnico Preliminar (ETP) e o Termo de Referência (TR) que deverão abordar todas as considerações técnicas, mercadológicas e de gestão que podem interferir na contratação.

Trata-se o Estudo Técnico Preliminar (ETP) de um documento constitutivo da primeira etapa do planejamento de uma contratação, antecedente, e que deve descrever de forma fundamentada a *necessidade administrativa* que caracteriza o interesse público envolvido, cotejando a necessidade da Administração Pública com as alternativas que o mercado oferece,[5] sem olvidar da análise dos riscos que possam comprometer o sucesso da contratação e a boa execução contratual.

Nos termos do art. 18, §1º da NLLCA o ETP deverá "evidenciar o problema a ser resolvido e a sua melhor solução, de modo a permitir a avaliação da viabilidade técnica e econômica da contratação" além da análise do mercado, devendo conter ainda diversos elementos conforme exige os parágrafos do mesmo dispositivo normativo, constituindo--se, assim, na primeira etapa do planejamento da contratação que descreve o interesse público envolvido e a melhor solução, servindo de supedâneo para a elaboração do TR.

O ETP objetiva permitir uma reflexão mais aprofundada pela Administração quanto à definição do objeto da contratação levando em conta: *i*) as soluções disponibilizadas pelo mercado; *ii*) o plano de contratação anual; *iii*) a economia de escala; *iv*) a disponibilidade orçamentária e financeira; *v*) as perspectivas quanto à sustentabilidade em todas as suas facetas; e, *vi*) questões técnicas pertinentes, para fins de um atingimento ótimo do interesse público por meio da necessidade instalada no seio da Administração.

Uma vez verificada a melhor opção para atender a necessidade da Administração por meio do ETP é o momento de elaborar o Termo de Referência.

---

[5] Exemplificando: a Administração Pública tem como necessidade permitir o deslocamento terrestre de alguns de seus agentes públicos para o exercício de suas funções: policiais, fiscais, agentes políticos etc. A necessidade é o deslocamento e o mercado oferece algumas possibilidades: locação com e sem motorista; aquisição; aplicativos; transporte coletivo etc. O ETP analisará qual alternativa disponível no mercado melhor atende o interesse público e com a definição ter-se-á o *objeto* da contratação que será descrito de forma detalhada e técnica no Termo de Referência.

Como se nota, a NLLCA, na sua estruturação e em diversas passagens, demonstra uma salutar preocupação com o planejamento das contratações públicas, competindo à gestão superior de cada Administração o papel de implementar um planejamento adequado para as contratações públicas.[6]

A partir dessa interface com o ETP, o TR servirá como documento que consolidará as informações e os elementos necessários e suficientes à definição e ao dimensionamento qualitativo-quantitativo do objeto da contratação[7] e também do balizamento da qualificação, principalmente técnica, que deverá revestir o contratado.

Elementos do Termo de Referência

Nos termos do art. 6º, *caput*, inc. XXIII da NLLCA, o Termo de Referência deve conter os seguintes parâmetros e elementos descritivos: a) definição do objeto, incluídos sua natureza, os quantitativos, o prazo do contrato e, se for o caso, a possibilidade de sua prorrogação; b) fundamentação da contratação, que consiste na referência aos estudos técnicos preliminares correspondentes ou, quando não for possível divulgar esses estudos, no extrato das partes que não contiverem informações sigilosas; c) descrição da solução como um todo, considerando todo o ciclo de vida do objeto; d) requisitos da contratação; e) modelo de execução do objeto, que consiste na definição de como o contrato deverá produzir os resultados pretendidos desde o seu início até o seu encerramento; f) modelo de gestão do contrato, que descreve como a execução do objeto será acompanhada e fiscalizada pelo órgão ou entidade; g) critérios de medição e de pagamento; h) forma e critérios de seleção do fornecedor; i) estimativas do valor da contratação, acompanhadas dos preços unitários referenciais, das memórias de cálculo e dos documentos que lhe dão suporte, com os parâmetros utilizados para a obtenção dos preços e para os respectivos cálculos, que devem constar de documento separado e classificado; j) adequação orçamentária.

Nos termos da Súmula nº 177 do Tribunal de Contas da União, a "definição precisa e suficiente do objeto licitado constitui regra indispensável da competição, até mesmo como pressuposto do postulado de igualdade entre os licitantes, do qual é subsidiário o princípio da publicidade, que envolve o conhecimento, pelos concorrentes potenciais das condições básicas da licitação", constituindo, na hipótese particular da licitação para compra, a quantidade demandada uma das especificações mínimas e essenciais à definição do objeto da licitação.

Registra-se que de longa data o TCU começou a apontar em seu julgado a necessidade de que os Termos de Referência atendessem a um conteúdo mínimo obrigatório, sob pena de caracterização de irregularidade administrativa.[8]

---

[6] Registra-se a importância do Plano de Contratações Anual (PCA) que tem o objetivo de racionalizar as contratações, garantir o alinhamento com o seu planejamento estratégico e subsidiar a elaboração das respectivas leis orçamentárias (art. 12, *caput*, inc. VII e §1º).

[7] AMORIM, Victor Aguiar Jardim de. *Licitações e contratos administrativos*: teoria e jurisprudência. 4. ed. Brasília: Senado Federal, 2022. p. 73.

[8] Nesse sentido: TCU, Plenário, Acórdãos nºs 1.558/2003; 2.471/2008 e 3.291/2014; dentre outros.

Informações do Termo de Referência

Além dos elementos e parâmetros elencados pelo inc. XXIII do *caput* do art. 6º da NLLCA e apresentados no subtópico anterior, o TR deverá conter as seguintes informações (art. 40, §1º): *i*) especificação do produto, preferencialmente conforme catálogo eletrônico de padronização, observados os requisitos de qualidade, rendimento, compatibilidade, durabilidade e segurança; *ii*) indicação dos locais de entrega dos produtos e das regras para recebimentos provisório e definitivo, quando for o caso; e; *iii*) especificação da garantia exigida e das condições de manutenção e assistência técnica, quando for o caso.

Deve ainda o TR considerar e contemplar, quando for o caso: *i*) a definição dos métodos e condições para a execução do serviço; *ii*) a estratégia (forma, local, prazo e horário) para a entrega do produto; *iii*) prazo de execução do contrato; *iv*) o custo de eventual manutenção do objeto; *v*) as condições de pagamento; *vi*) garantias ofertadas pela Administração; *vii*) as infrações administrativas com as indispensáveis especificações detalhadas; *viii*) os critérios para a aplicação e a fixação das sanções, e; *ix*) os parâmetros para uma contratação sustentável.

O TR deverá descrever com cuidado os padrões mínimos de qualidade do produto ou do serviço que se pretenda contratar a fim de impedir a contratação de fornecedores e/ou produtos/serviços que não satisfaçam o interesse público.

Importância do Termo de Referência

Em qualquer contratação, quanto melhor for a especificação do objeto (bem ou serviço) a ser contratado na fase preparatória (planejamento), maior será a chance de garantir a satisfação da necessidade instalada (interesse público) e menores serão os problemas verificados durante a execução contratual.

A elaboração de um bom TR é fundamental para a concreção de uma boa contratação, já que assegura a qualidade do objeto ou, no mínimo, a possibilidade de se exigir do particular contratado a entrega ou execução de um objeto de qualidade, sob pena de aplicação de sanções, já que o fornecedor estará obrigado ao fiel cumprimento daquilo que foi descrito pelo TR – o que tende a resguardar uma execução contratual satisfatória ao interesse público.

Registra-se ainda que quando a fase de habilitação é posterior à fase de propostas a devida e cuidadosa especificação do objeto no TR é fundamental, pois se prestará como mecanismo de contenção para eventual contratação de um objeto de qualidade duvidosa por um licitante cuja qualificação (habilitação) sequer foi auferida pela Administração.[9]

O TR deve ser elaborado com muita responsabilidade, não podendo ser um mero documento com conteúdo superficial e/ou generalista apenas para atender uma formalidade normativa. Sua confecção deve levar em conta a importância desenhada pelo legislador para a fase preparatória da contratação, o compromisso que deve ter

---

[9] No mesmo sentido: TORRES, Ronny Charles Lopes de. *Lei de licitações públicas comentadas*. 12. ed. São Paulo: JusPodivm, 2021. p. 226.

com a necessidade específica da Administração Pública e a certeza das consequências desastrosas que um comportamento desidioso pode causar ao interesse público.

Competência para a elaboração do Termo de Referência

É importante que a regulamentação orgânica de cada órgão ou entidade, nos termos do art. 8º, §3º da NLLCA, fixe a competência de cada órgão interno ou agente responsável pela elaboração de cada um dos artefatos de planejamento (ETP, TR, projeto básico, análise de riscos e pesquisas de preços) a partir de uma gestão por competências,[10] podendo tal mister recair sobre um Setor Técnico específico notadamente por ser a elaboração do TR uma "atividade complexa".[11]

Contudo, comumente, o Setor Requisitante que estartar a pretensão contratual será o responsável pela elaboração do TR e por razões óbvias: são os agentes que integram o Setor Requisitante que detêm a *expertise* sobre o objeto que se pretende contratar caso inexistente um Setor Técnico para tanto. Contudo, nada obsta que outros agentes públicos, principalmente os responsáveis pelo acompanhamento da execução contratual, possam ser convidados ou convocados a colaborar na elaboração do TR, já que, por ser um documento complexo, multifacetado e importantíssimo para uma contratação eficiente, entendemos que esse não pode ser construído hermeticamente por um único agente ou Setor, privando o TR de uma oxigenação dialógica com todos os demais setores envolvidos com o objeto a ser contratado (requisitante, destinatário do objeto e também o responsável pela fiscalização).

Os elementos e as informações necessárias ao TR e que nele serão condensadas encontram-se, em geral, difusas na Administração, "não encontráveis ou detectáveis por um único setor de uma estrutura administrativa",[12] por isso a importância de uma construção coletiva e multissetorial do TR, mas sempre capitaneada ou por um Setor Técnico específico ou pelo Setor Requisitante, a depender da definição na respectiva regulamentação orgânica.

Terceirização da elaboração do Termo de Referência

É possível terceirizar a elaboração do TR quando a Administração, por restrições de recursos humanos, não tenha condições técnicas ou temporais de elaborá-lo com o zelo que o mesmo exige. Assim, a elaboração do TR, que é a prestação de um "serviço", pode ser também contratada por licitação ou até mesmo diretamente, caso preencha os requisitos para uma contratação direta.

---

[10] Deve ainda a Administração buscar homenagear o princípio da segregação de funções, ao fixar as competências do processo de contratação em sua regulamentação orgânica.

[11] CAMARÃO, Tatiana; CHRISPIM, Anna Carla Duarte; SANTANA, Jair Eduardo. *Termo de referência*. 6. ed. Belo Horizonte: Fórum, 2020. p. 169. E ainda: "E a complexidade de tal mister se encontrará ligada à singeleza ou não do objeto que estiver em questão." (*Ibidem*, p. 169).

[12] CAMARÃO, Tatiana; CHRISPIM, Anna Carla Duarte; SANTANA, Jair Eduardo. *Termo de referência*. 6. ed. Belo Horizonte: Fórum, 2020. p. 171.

Situação muito comum é a contratação terceirizada de um TR quando a Administração Pública tem uma necessidade muito peculiar e que exige um conhecimento técnico específico não encontrado na equipe que integra sua estrutura de pessoal.

Outra situação que enseja a terceirização da elaboração do TR é quando a Administração, mesmo com pessoal qualificado, passa por um momento de excesso de demanda incapaz de ser atendida no devido tempo.

Por fim, cabe registrar que na contratação de terceiros para a elaboração do TR, o profissional ou empresa que vier a ser contratada poderá ter que guardar os dados e as informações que tiver acesso e também aquelas que produzir – dever de confidencialidade – o que deverá estar previsto, ser for o caso, em cláusula contratual.

Cautelas na elaboração do Termo de Referência

Além do conteúdo do TR, que deverá estar em consonância com o que restou definido pelo ETP, não se pode olvidar que a Administração Pública é balizada, dentre outros, pelo princípio da impessoalidade, da motivação e da proporcionalidade. Sendo assim, cada uma das exigências e detalhes trazidos no TR devem ser erguidos considerando os princípios publicistas sem qualquer tipo de favorecimento e devem estar devidamente fundamentados a partir de critérios técnicos (impessoais e objetivos).[13]

Nessa senda, especificações, condições ou exigências que sejam desproporcionais, excessivas ou desnecessárias, sem a devida motivação, atentam contra o princípio da impessoalidade e não se sustentam num exame de legitimidade, já que restringem ilegitimamente o universo de pretensos proponentes ou até mesmo conduz a uma indevida contratação direta caso não se verifique uma justificativa tecnicamente adequada para cada uma das condições, restrições ou exigências trazidas no TR para o objeto que se pretende contratar.

Exigências excessivas ou supérfluas podem conduzir a contratação antieconômica, pois a Administração estará pagando mais do que o necessário para a solução da sua necessidade.

De igual modo o TR não pode trazer condições e informações insuficientes que não garanta o mínimo indispensável para a melhor contratação, colocando em xeque o princípio da eficiência, uma vez que a satisfação da *necessidade administrativa* poderá estar comprometida.

Além da dimensão *qualitativa* da *necessidade administrativa* que deve ecoar no TR, deve-se ter muita cautela na verificação da dimensão *quantitativa* da *necessidade administrativa*, a fim de evitar os aditivos contratuais durante a execução contratual para calibrar a quantidade contratada a real necessidade administrativa.

Por fim, objetivando homenagear uma lógica procedimental, deve-se consignar que o TR é um documento da fase de planejamento que irá influenciar fases e decisões posteriores como, por exemplo, a elaboração da minuta do edital e do contrato. Contudo,

---

[13] Quando se está diante de exigências que conduzirão a um fornecedor exclusivo, o ônus argumentativo para legitimar cada uma dessas exigências contidas no TR aumenta significativamente e deve ser cumprido, a exaustão, pela Administração, a fim de afastar qualquer dúvida sobre eventual direcionamento ilegítimo da contratação direta.

nada obsta que circunstâncias supervenientes possam reconduzir o procedimento da contratação para eventuais retificações ou até mesmo a elaboração de um novo TR.

Apesar de o vínculo entre o TR e o ETP, bem como da possibilidade de revisitação do ETP em decorrência de circunstâncias supervenientes, também é possível que um TR se desassocie do ETP em algumas questões, desde que seja apresentada justificativas técnicas compatíveis com as novéis circunstâncias apresentadas ou que essa desassociação seja decorrente de um amadurecimento decisório lastreada em motivação consistente e que esteja em harmonia com a necessidade administrativa.

Apesar de o TR estar atrelado ao ETP, não implica concluir que questões decididas no ETP não possam ser revolvidas pelo TR, principalmente quando alterações quantitativas ou qualitativas são exigidas, ou ainda quando ocorre substancial alteração no contexto orçamentário-financeiro.

Padronização de minutas de Termos de Referência

O art. 19, inc. IV da NLLCA prescreve que a Administração Pública deverá instituir, com auxílio dos órgãos de assessoramento jurídico e de controle interno, modelos de minutas de editais, de termos de referência, de contratos padronizados e de outros documentos.

Referências

AMORIM, Victor Aguiar Jardim de. *Licitações e contratos administrativos*: teoria e jurisprudência. 4. ed. Brasília: Senado Federal, 2022.

CAMARÃO, Tatiana; CHRISPIM, Anna Carla Duarte; SANTANA, Jair Eduardo. *Termo de referência. 6. ed.* Belo Horizonte: Fórum, 2020.

MATIAS PEREIRA, José. *Curso de planejamento governamental*. São Paulo: Atlas, 2012.

MENDES, Renato Geraldo. *O processo de contratação pública*. Curitiba: Zênite, 2012.

TORRES, Ronny Charles Lopes de. *Lei de licitações públicas comentadas*. 12. ed. São Paulo: JusPodivm, 2021.

Informação bibliográfica deste texto, conforme a NBR 6023:2018 da Associação Brasileira de Normas Técnicas (ABNT):

PEDRA, Anderson Sant'Ana. O Termo de Referência. *In*: HARGER; Marcelo (Coord.). *Aspectos polêmicos sobre a nova lei de licitações e contratos administrativos*: Lei nº 14.133/2021. Belo Horizonte: Fórum, 2022. p. 43-50. ISBN 978-65-5518-461-7.

O PARECER JURÍDICO

ÁLVARO DO CANTO CAPAGIO
NOEL ANTONIO BARATIERI

1 O parecer e sua natureza jurídica

O parecer é um documento emitido por especialista em determinado campo do saber, que pressupõe destacado nível de conhecimento e experiência para sua elaboração. Em forma de parecer, assinalam-se elementos informativos e opinativos com o fim de subsidiar a tomada de decisão pelo consulente.

Quando emitido por agente público, em procedimento de caráter oficial, o parecer tem natureza jurídica de ato administrativo enunciativo, destinado a emitir opiniões ou conclusões sobre determinada matéria técnica. Nisso reside a peculiaridade da peça: a tecnicalidade de seu conteúdo.

Referido ato administrativo[1] comporta distintas feições quanto à sua emissão: facultativa ou obrigatória. Pareceres *facultativos* são aqueles em que o consulente, para

---

[1] A doutrina não tem posicionamento uníssono quanto à categorização do parecer como ato administrativo. Por todos, mencione-se a clássica obra de Hely Lopes Meirelles, em que o jurista afirma: "O parecer tem caráter meramente opinativo, não vinculando a Administração ou os particulares à sua motivação ou conclusões,

seu esclarecimento, conforto ou segurança, solicita manifestação do órgão de consultoria jurídica; pareceres *obrigatórios* são aqueles em que, mesmo quando o interessado tem total domínio técnico da matéria, a manifestação do órgão jurídico é imprescindível para a validade do processo ou do ato administrativo que se pretende editar.

O parecer jurídico em procedimento licitatório é típico exemplo de ato obrigatório, por força do art. 53, *caput*, da Lei nº 14.133/2021, que traz o seguinte comando: "Ao final da fase preparatória, o processo licitatório seguirá para o órgão de assessoramento jurídico da Administração, que realizará controle prévio de legalidade mediante análise jurídica da contratação".

Portanto, a Lei nº 14.133/2021 mantém a lógica do art. 38 da Lei nº 8.666/1993, caracterizando-se o parecer jurídico como *ato administrativo enunciativo obrigatório*.

Questão peculiar concerne à validade do negócio jurídico formado pela Administração quando concluído o procedimento licitatório sem a edição de parecer ou quando realizada a manifestação jurídica posteriormente à publicação do ato convocatório, ao invés de precedê-lo.

Exatamente em virtude de seu caráter opinativo, com vistas ao controle prévio de legalidade, a ausência de parecer não é suficiente para configurar a nulidade da licitação. Obviamente, a ausência de parecer jurídico não é mero erro procedimental, mas consiste em falha inolvidável que, conquanto não macule a validade do certame, enseja a apuração de responsabilidade dos agentes públicos que deixarem de cumprir as formalidades legais.[2]

Ainda que se considere, em sede doutrinária, que a ausência de parecer jurídico provoque vício insanável, há de se considerar a nova moldura legal afeta à declaração de nulidade, insculpida pela Lei nº 14.133/2021.

Há três planos considerados para a imputação jurídica: existência, validade e eficácia. A nulidade representa vício de validade do ato ou negócio jurídico. A validade depende da observância do procedimento licitatório e da regra de competência estabelecida pela norma jurídica. A invalidade pode gerar a anulabilidade ou a nulidade do contrato.

A decisão que proclama a nulidade absoluta é declaratória, enquanto a decisão que afirma a nulidade relativa é constitutiva. O negócio anulável produz efeitos até sua anulação, que é ato declaratório unilateral, operando efeitos retroativos (*ex tunc*).[3] Sobre essa matéria, o art. 59, *caput*, da Lei nº 8.666/1993 contém regra clara: "a declaração de nulidade do contrato administrativo opera retroativamente impedindo os efeitos jurídicos que ele, ordinariamente, deveria produzir, além de desconstituir os já produzidos".

O art. 147 da Lei nº 14.133/2021 inova sensivelmente a disciplina atinente à nulidade do contrato administrativo e seus efeitos. O art. 147 da lei dispõe que, se

---

salvo se aprovado por ato subsequente. Já, então, o que subsiste como ato administrativo não é o parecer, mas, sim, o ato de sua aprovação, que poderá revestir a modalidade normativa, ordinatória, negocial ou punitiva". (MEIRELLES, Hely Lopes. *Direito administrativo brasileiro*. 26. ed. São Paulo: Malheiros, 2001. p. 219). Com a devida vênia, discordamos do saudoso mestre, por considerarmos que, ainda que desprovido o parecer de caráter vinculante, disso não resulta a inexistência de efeitos jurídicos. O parecer estabelece balizadas à atuação do administrador, sendo imperiosa a justificação quando da tomada de decisão que contrarie seus termos, sob pena de responsabilização.

[2] Nesse sentido: JUSTEN FILHO, Marçal. *Comentários à lei de licitações e contratações administrativas*. São Paulo: Revista dos Tribunais, 2021.

[3] GOMES, Orlando. *Introdução ao direito civil*. 3. ed. Rio de Janeiro: Forense, 1971.

constatada irregularidade no procedimento licitatório ou na execução contratual, não sendo possível o saneamento, a decisão sobre a suspensão da execução ou anulação do contrato somente deve acontecer se corresponder ao interesse público, avaliando-se aspectos como: impactos econômicos e financeiros; riscos sociais e ambientais; custo da deterioração das parcelas executadas ou despesas para sua preservação; custo de desmobilização; demissões de trabalhadores; custo de nova licitação.

O ato administrativo ilegal não pode ser tomado como legal pelo agente público, mas, em certas situações, seus efeitos podem ser convalidados e aceitos pelo ordenamento jurídico. Dessarte, o ato não será acolhido pelo sistema jurídico, porém seus efeitos serão.

O art. 147 da Lei nº 14.133/2021, ao dispor que "a declaração de nulidade do contrato administrativo requererá análise prévia do interesse público envolvido", norteia-se pela aceitação dos efeitos dos atos nulos de igual modo aos anuláveis, desde que manifesto o interesse público.

Porém, a redação da lei peca no que tange ao instituto jurídico aplicável. Se o ato é nulo, não resta qualquer escolha entre declarar sua nulidade ou não, porque o ato nulo não encontra guarida no ordenamento jurídico. Está-se a tratar, em verdade, da convalidação de seus efeitos.

2 Competência para edição

O parecer jurídico é ato ínsito à atividade de consultoria jurídica e, por isso, privativo de advogado, consoante o art. 1º, II, da Lei nº 8.906/1994 (Estatuto da Advocacia). A observância da cláusula legal em comento é de fácil percepção na estrutura do Poder Executivo, máxime em razão da norma contida no art. 131, *in fine*, da Constituição da República, que atribui à Advocacia-Geral da União (AGU) as atividades de consultoria e assessoramento jurídico do Poder Executivo.[4] Por simetria, da leitura do art. 132 da Lei Maior depreende-se o mesmo feixe de atribuições às Procuradorias dos Estados e do Distrito Federal.

Logo, a AGU representa a União judicial e extrajudicialmente, e exerce as atividades de consultoria e assessoramento jurídico ao Poder Executivo Federal (art. 1º, parágrafo único, da Lei Complementar nº 73/93). Cabe enfatizar que o mencionado órgão presta atividade consultiva apenas ao Poder Executivo Federal, enquanto na atuação contenciosa representa todos os Poderes da União e instituições autônomas.

É cediço que nos órgãos do Poder Judiciário Federal as atividades de consultoria e assessoramento jurídico são desempenhadas por servidores do quadro de pessoal dos tribunais, bacharéis em Direito, investidos em funções de assessoramento jurídico. Portanto, esses assessores jurídicos são bacharéis em Direito, mas não inscritos nos quadros da Ordem dos Advogados do Brasil (OAB). Aliás, o art. 28, IV, do Estatuto

---

[4] Eis o texto do art. 131, *caput*, da CRFB/88: "A Advocacia-Geral da União é a instituição que, diretamente ou através de órgão vinculado, representa a União, judicial e extrajudicialmente, cabendo-lhe, nos termos da lei complementar que dispuser sobre sua organização e funcionamento, as atividades de consultoria e assessoramento jurídico do Poder Executivo".

da Advocacia, institui cláusula de impedimento desses servidores, vedando-lhes o exercício da advocacia.

Semelhante arranjo institucional ocorre no Poder Legislativo. Consoante atribuições dispostas no art. 31 do Regulamento Administrativo do Senado Federal, a consultoria e assessoramento jurídico compete aos advogados do Senado Federal. Quanto à Câmara dos Deputados, porém, não existe o cargo de advogado, de maneira que o órgão adota a mesma solução empregada pelo Poder Judiciário: nomeação de bacharéis em Direito para o exercício de funções de assessoramento jurídico.

Referidas configurações refletem-se nos Estados da Federação, em que a atividade de consultoria e assessoramento jurídico dos Tribunais de Justiça compete a servidores bacharéis em Direito, reservando-se às Procuradorias dos Estados a representação em juízo dos órgãos integrantes de todos os poderes estaduais e de órgãos autônomos.

Esse modelo de atribuições traduz-se em nítida ofensa ao Estatuto da Advocacia, haja vista que a atividade de consultoria e assessoramento jurídico requer como pressuposto de competência a inscrição nos quadros da OAB, para o que não basta o título de bacharel em Direito.

A repartição de competências disposta nos arts. 131 e 132 da Constituição da República não consiste em vedação – não se trata de interpretação a *contrario sensu* – aos outros poderes da República e órgãos autônomos que lhes impeçam de instituir, por iniciativa de lei, cargo privativo de advogado para atuação em sede consultiva, reservando-se aos órgãos de advocacia pública previstos na Lei Maior a representação judicial e extrajudicial de todos os Poderes.

Saliente-se que as prerrogativas constitucionais e estatutárias do advogado não se estendem aos bacharéis em Direito – não inscritos na OAB – exercentes de funções de assessoramento jurídico, razão pela qual coexistem profissionais a desempenhar as mesmas atribuições, porém regidos por normas de competência e de responsabilidade distintas, revelando-se o anacronismo da inexistência de quadros de advocacia consultiva na estrutura administrativa dos poderes Legislativo e Judiciário.

A questão em comento ganha peculiar expressão quando observado o comando do art. 10, *caput*, da Lei nº 14.133/2021, que assegura aos agentes públicos que atuem em licitações e contratos administrativos a representação judicial ou extrajudicial pela advocacia pública, nas esferas administrativa, controladora ou judicial, desde que o ato tenha sido praticado em estrita observância ao conteúdo do parecer jurídico.

Na esfera federal, a representação judicial de agentes públicos é regulamentada pela Portaria nº 428/2019, do Advogado-Geral da União, cujo art. 2º, *caput*, dispõe que a representação "em juízo somente ocorrerá mediante solicitação do interessado e desde que o fato questionado tenha ocorrido no exercício de suas atribuições constitucionais, legais ou regulamentares", demonstrando-se o interesse público da pessoa política, órgão ou entidade pertinente.

Consequentemente, o órgão de consultoria e assessoramento jurídico da União tem a prerrogativa de indeferir o pedido de representação judicial se, de modo fundamentado, entender pela inexistência de interesse público. A regra tabulada no art. 10 da Lei nº 14.133/2021, porém, eleva o direito de representação judicial à categoria de direito público subjetivo, uma vez que, presente requisito legal de admissibilidade – ato administrativo em conformidade com parecer jurídico – impõe-se a representação por advogado público.

A despeito da distorção da forma de investidura de pareceristas não pertencentes ao Poder Executivo, traduzir-se-ia em malferimento ao princípio da isonomia assegurar representação pela advocacia pública aos agentes públicos que tomarem decisão amparada em parecer jurídico assinado por advogado e não fazê-lo em relação ao agente público que agir conforme parecer elaborado por assessor jurídico não integrante dos quadros da advocacia, pois sequer lhe restaria outra escolha, enquanto adstrito ao arranjo institucional em que inserido.

3 Efeitos do parecer

Quando facultativo, o parecer independe de previsão legal e não vincula o ato do consulente. Quando obrigatório, a compulsoriedade reside na edição do parecer, não na concordância do agente público investido de competência para a prática do ato com a manifestação jurídica.

Logo, quando a lei dispõe sobre a necessária submissão de processo ou ato administrativo ao exame do órgão de consultoria e assessoramento jurídico, está-se a dizer de parecer obrigatório. Materializado o parecer, a autoridade pode seguir as orientações ou editar ato em sentido distinto, se discordar de seu teor.

Situações há em que o parecer tem efeito vinculante, a exemplo do que trata o §1º do art. 40 da Lei Complementar nº 73/93. Eis o seu teor: "O parecer aprovado e publicado juntamente com o despacho presidencial vincula a Administração Federal, cujos órgãos e entidades ficam obrigados a lhe dar fiel cumprimento". O parecer aprovado segundo essas condições é comumente denominado parecer normativo.

Com muita pertinência, Di Pietro esclarece que, na verdade, o parecer não possui efeito normativo, dado que é ato essencialmente opinativo, de maneira que a força normativa decorre não do parecer, mas do despacho da autoridade prevista em lei, almejando-se a uniformidade de atuação na esfera administrativa, evitando-se consultas sobre questões repetitivas, em prol da economicidade processual e segurança jurídica.[5]

Não havendo ato administrativo que torne vinculante o parecer nem explícita disposição legal nesse sentido, a hipótese é de não vinculação de seu conteúdo, mesmo quando obrigatória a manifestação jurídica. É o que ocorre sob a égide da Lei nº 14.133/2021, conclusão que se reforça a partir das razões do veto ao §2º do art. 53 da Lei,[6] esclarecendo-se que, na forma em que foi redigido, "o dispositivo desestimula o gestor a tomar medidas não chanceladas pela assessoria jurídica, mesmo que convicto da correção e melhor eficiência dessas medidas, o que pode coibir avanços e inovações".

O raciocínio a nortear o veto presidencial funda-se na circunstância de que em determinadas situações o gestor público terá fundamentos não considerados pelo órgão de consultoria e assessoramento jurídico, de modo que o caráter vinculante do parecer engessaria a atuação da autoridade administrativa.

---

[5] DI PIETRO, Maria Sylvia Zanella. *Direito administrativo*. 34. ed. Rio de Janeiro: Forense, 2021.

[6] Eis o teor do §2º do art. 53 da Lei nº 14.133/2021, vetado pelo Presidente da República: "O parecer jurídico que desaprovar a continuidade da contratação, no todo ou em parte, poderá ser motivadamente rejeitado pela autoridade máxima do órgão ou entidade, hipótese em que esta passará a responder pessoal e exclusivamente pelas irregularidades que, em razão desse fato, lhe forem eventualmente imputadas".

A despeito da não vinculação do parecer jurídico, espera-se que a autoridade administrativa lhe preste deferência, posto que a atuação do órgão de consultoria e assessoramento jurídico visa ao controle de legalidade do procedimento licitatório. Nesse ponto, convém realçar a jurisprudência do Tribunal de Contas da União (TCU), reafirmada em recente decisão, ao apontar como "erro grosseiro, nos termos do art. 28 da Lei de Introdução às Normas do Direito Brasileiro (LINDB), a decisão do gestor que desconsidera, sem a devida motivação, o parecer da consultoria jurídica".[7]

Portanto, o exame da justificativa colacionada pelo gestor, quando discordante do parecer jurídico, deve pautar-se nas premissas em que sustentada sua decisão, sua conveniência em relação ao objeto da licitação e razões de prevalência sobre o parecer. A motivação é da essência do ato, requisito imprescindível para sua validade, constituindo--se na pedra angular do exercício das competências administrativas.[8]

Na moldura da Lei nº 14.133/2021, o *staff* jurídico compõe a segunda linha de defesa das contratações públicas. Embora essas práticas de controle já sejam efetuadas sob a vigência da Lei nº 8.666/1993, o novel diploma lhe confere singular relevância, na forma do art. 169, II, que proclama práticas contínuas e permanentes de gestão de riscos e de controle preventivo, obrigação incumbida, no âmbito da segunda linha de defesa, às unidades de assessoramento jurídico e de controle interno.

Logo, não se pode olvidar que, embora o parecer jurídico não tenha caráter vinculante, a discordância da autoridade competente lhe insere em zona de vulnerabilidade, cabendo considerar que "o administrador deve ter consciência dos riscos que assume quando não acolhe, justificadamente, as orientações exaradas pela assessoria jurídica".[9]

Conquanto a existência de parecer – quando esse recomendar solução antijurídica – não seja suficiente para afastar a responsabilização do tomador de decisão, pode ser considerado como circunstância atenuante na dosimetria da pena.[10]

A questão alcança máxima importância em tempos de acentuada casuística disfuncional das atividades de controle, causadora de insegurança jurídica e "pânico em qualquer gestor minimamente preocupado com seu patrimônio, sua honra e manutenção do pleno exercício dos seus direitos políticos fundamentais",[11] a implicar estratégias de fuga da responsabilização de agentes públicos.

O ponto de equilíbrio situa-se na superação da tradicional técnica de análise baseada na edição de parecer quando madura a fase preparatória da licitação, passando-se a integrar a atividade de assessoramento jurídico desde os atos iniciais de engendramento do certame. A atividade de consultoria mormente exaure-se a partir da assinatura de parecer, enquanto a assessoria requer do advogado a atuação contínua junto aos agentes incumbidos da preparação e realização dos procedimentos licitatórios.

---

[7] BRASIL. Tribunal de Contas da União. Representação. *Acórdão nº 2.599/2021*. Rel. Min. Bruno Dantas. Plenário. Brasília, DF, 27 out. 2021.

[8] MELLO, Celso Antônio Bandeira de. *Discricionariedade e controle jurisdicional*. 2. ed. São Paulo: Malheiros, 2017.

[9] DOTTI, Marinês Restelatto. A responsabilidade do gestor público decorrente da atuação da fiscalização do contrato e do acatamento de opiniões técnicas emitidas nos processos de contratação. *In*: MAFFINI, Rafael; RAMOS, Rafael. (Coords.). *Nova LINDB*: consequencialismo, deferência judicial, motivação e responsabilidade do gestor público. Rio de Janeiro: Lumen Juris, 2020. p. 256.

[10] BRASIL. Tribunal de Contas da União. Denúncia. *Acórdão nº 724/2021*. Rel. Min. Bruno Dantas. Plenário. Brasília, DF, 31 mar. 2021.

[11] SANTOS, Rodrigo Valgas dos. *Direito Administrativo do medo*: risco e fuga da responsabilização dos agentes públicos. 1. ed. São Paulo: Thomson Reuters Brasil, 2020. p. 163.

Dessarte, é salutar que a atividade de consultoria jurídica – vindicada para resposta a casos pontuais – ceda lugar ao assessoramento jurídico, mediante a participação do órgão jurídico durante a preparação da licitação para que, por meio de interações recíprocas, os profissionais do Direito compreendam as demandas técnicas, e o corpo técnico entenda as limitações jurídicas que eventualmente sejam obstáculos para a satisfação das pretensões da Administração.

É desejável, pois, que os integrantes da segunda linha de defesa trabalhem em "cooperação com os gestores responsáveis pelas licitações e contratações, com vistas à constatação prematura de falhas ou oportunidades de melhoria, tal como a coleta de informações para a formação de uma visão de riscos propícia ao funcionamento e atividades desenvolvidas pelo órgão ou entidade".[12]

O art. 8º, §3º, da Lei nº 14.133/2021, obriga a Administração a disciplinar em regulamento a possibilidade de apoio dos órgãos de assessoramento jurídico e de controle interno aos agentes de contratação, comissões de contratação, fiscais e gestores de contratos, o que contribui para o saneamento tempestivo de vícios, logo que percebidos, evitando-se o transcurso de certame contaminado por atos inválidos.

Frequentemente, procedimentos licitatórios transcorrem desde a origem permeados por vícios insanáveis e nesse estado tramitam até o exame do órgão jurídico, identificando-se tardiamente irregularidades que poderiam ser sanadas logo que ocorridas, realidade que afronta os princípios da eficiência, do planejamento, da celeridade e da economicidade, gravados no art. 5º da Lei nº 14.133/2021.

Principalmente em casos que requeiram capacidade de inovação dos administradores, a segurança oferecida pelo órgão de assessoramento jurídico revela-se como elemento essencial para a atuação administrativa, principalmente quando se considera que a observância da manifestação jurídica é condição para a defesa do gestor pela advocacia pública nas esferas administrativa, controladora e judicial, na forma do art. 10, *caput*, da Lei nº 14.133/2021.

A iniciativa do gestor com vistas à inovação requer o apoio da unidade de assessoramento jurídico, de sorte que os desafios, por serem enfrentados pela Administração, demandam não apenas a capacitação dos agentes de contratação mas também dos assessores jurídicos, que devem ter formação compatível com as atribuições desempenhadas.

Principalmente em licitações de alta complexidade, como nas hipóteses de contratação de serviços especiais de engenharia e licitações promovidas mediante a modalidade diálogo-competitivo, requer-se adequado grau de conhecimento e experiência tanto dos administradores quanto dos assessores jurídicos.

O espírito da nova Lei orienta-se pela superação das práticas ineficientes e atuações estanques, a fim de que os agentes da Administração – respeitando-se o princípio da segregação de funções – trabalhem de modo integrado, em busca do alcance do horizonte comum, que é o interesse público.

---

[12] CAPAGIO, Álvaro do Canto; COUTO, Reinaldo. *Nova Lei de Licitações e Contratos Administrativos*. 1. ed. São Paulo: SaraivaJur, 2021. p. 169.

4 Forma legal

A Lei nº 14.133/2021 dá nova feição ao parecer jurídico, estabelecendo pressupostos que devem ser observados na manifestação do órgão de assessoramento jurídico. Na forma do art. 53, §1º, II, da Lei, o parecer deve ser redigido "em linguagem simples e compreensível e de forma clara e objetiva, com apreciação de todos os elementos indispensáveis à contratação e com exposição dos pressupostos de fato e de direito levados em consideração na análise jurídica".

O advogado deve lembrar que comumente o destinatário de seu texto é desprovido de formação jurídica, razão porque o emprego de brocardos jurídicos e linguagem excessivamente rebuscada podem comprometer a principal finalidade do parecer: orientar o consulente quanto à adequada decisão.

Outrossim, enquanto ato formal, o parecer integra o procedimento licitatório e, por isso, destina-se ao exame dos órgãos de controle, das partes interessadas e de qualquer pessoa, independentemente de interesse direto na contratação, pois se trata de negócio público. Enquanto elemento de motivação, o parecer deve ser alicerce do espírito democrático da função administrativa, retratando-se dever jurídico e político, social e cultural, com o fim de explicar ao indivíduo as razões da escolha administrativa.[13]

O advogado parecerista deve apreciar todos os elementos indispensáveis à contratação, o que requer a análise dos pressupostos elencados no art. 18 da Lei nº 14.133/2021, que incluem o estudo técnico preliminar e a análise de riscos.

A Lei nº 14.133/2021 tem conteúdo de maior tecnicalidade do que a Lei nº 8.666/1993. O novo diploma prestigia ferramentas de gestão de processos e de riscos, com vistas ao planejamento, aperfeiçoamento e melhoria das contratações públicas, e para o exame desses requisitos legais exige-se suficiente nível de qualificação não apenas dos gestores, mas dos advogados públicos. Por essa razão, o art. 7º da Lei dispõe sobre critérios de formação e qualificação profissional de agentes públicos para atuação em licitações e contratos e, no §2º, ressalta que esses requisitos estendem-se aos quadros dos órgãos de assessoramento jurídico e de controle interno da Administração.

Obviamente, não se pode exigir que o advogado se torne economista ou engenheiro, mas é extremamente salutar romper a histórica barreira da dogmática jurídica, pois o Direito frequentemente não cuida de questões endógenas, mas de fatos inerentes a outras áreas de conhecimento cujos reflexos jurídicos mereçam apreciação. É preciso, pois, que o advogado parecerista tenha familiaridade com os instrumentos de governança e controle instituídos pela lei, a fim de exercer a contento seu múnus público de controle de legalidade do certame.

Outrossim, o parecer deve explicitar os pressupostos de fato e de direito levados em consideração na análise jurídica. Significa dizer, quer-se a fundamentação da opinião segundo a base positivada pelo art. 20 da LINDB, afastando-se de abstrações inócuas, perfazendo-se a demonstração de proporcionalidade das medidas recomendadas.

A proporcionalidade é a relação equilibrada entre causa e consequência, respeitada quando coexistentes os seguintes pressupostos: (i) a medida levar à realização

---

[13] GORDILLO, Agustín. *Tratado de derecho administrativo y obras selectas*: Parte general. 1. ed. Buenos Aires: Fundación de Derecho Administrativo, 2017.

da finalidade (exame da adequação); (ii) a medida ser a menos restritiva aos direitos envolvidos dentre aquelas que poderiam ser utilizadas para atingir a finalidade (exame da necessidade) e; (iii) a finalidade pública ser valorosa o bastante para justificar eventual restrição (exame da proporcionalidade em sentido estrito).[14]

O exame de adequação consiste em determinar a relação empírica entre meio e fim, isto é, aferir se efetivamente o meio eleito para a promoção do bem jurídico tem a capacidade de realizar o fim pretendido. O exame da necessidade funda-se no sentido de cotejar a relação de adequação dos meios possíveis e, dentre as medidas viáveis, qual apresenta menor restrição ao administrado, promovendo-se o mesmo fim. O exame da proporcionalidade em sentido estrito perfaz-se na ponderação entre os benefícios colimados pela norma e as restrições impostas ao administrado e o conjunto de fatores que o circundam.

As escolhas demonstradas no procedimento licitatório, portanto, devem ser idôneas para a satisfação das necessidades da Administração e consideradas a menos restritivas dentre as opções existentes, de modo a resultar em efetivo benefício quando da contratação, justificando-se os custos e restrições justificados no certame.

Se atendido esse propósito, o certame estará de acordo com o princípio da legalidade, cuja análise encontra no advogado público importantíssimo centro de competência, principalmente quando da elaboração de parecer jurídico.

5 Responsabilidade do parecerista

A responsabilidade do parecerista é tema deveras controverso. Comumente, as Cortes de Contas conferem ampla interpretação à possibilidade de controle dos atos emanados por assessores jurídicos em temas de licitações e contratos administrativos e, consequentemente, sua responsabilização, pacificando-se a linha de entendimento contida no seguinte enunciado do Tribunal de Contas da União (TCU): "Os assessores jurídicos, ao emitirem pareceres, desprovidos de fundamentação adequada, favoráveis a contratações manifestamente ilegais, assumem responsabilidade solidária pela irregularidade".[15]

Dessarte, a jurisprudência do TCU consolidou-se há bastante tempo no sentido de admitir a responsabilidade solidária do parecerista, quando editado o parecer em descompasso com os ditames legais. Alguns pontos, porém, merecem cuidadosa análise, a exemplo do contido no seguinte excerto:

> o parecer jurídico que não esteja fundamentado em razoável interpretação da lei, contenha grave ofensa à ordem pública ou deixe de considerar jurisprudência pacificada pode, em

---

[14] ÁVILA, Humberto. *Teoria dos Princípios da definição à aplicação dos princípios jurídicos.* 20. ed. São Paulo: Malheiros, 2021.

[15] BRASIL. Tribunal de Contas da União. Representação. *Acórdão nº 994/2006.* Rel. Min. Ubiratan Aguiar. Plenário. Brasília, DF, 21 jun. 2006.

tese, ensejar a responsabilização de seu autor, se o ato concorrer para eventual irregularidade praticada pelo gestor que nele se embasou.[16]

No mesmo sentido, caminham as Cortes de Contas estaduais, tendo-se, por exemplo, recente decisão do Tribunal de Contas do Estado do Paraná, na qual afirma que "ainda que o parecer jurídico não seja obrigatório, o fato é que existe responsabilidade técnica do parecerista ao concluir pela legalidade do certame, quando esse contraria a lei, a doutrina e a jurisprudência".[17]

Não cabe recusa do parecerista à prestação de esclarecimentos às Cortes de Contas, posição sedimentada pelo Supremo Tribunal Federal, sintetizada na seguinte ementa, decorrente de decisão que, conquanto pertinente ao regime jurídico da Lei nº 8.666/1993, preserva os mesmos pressupostos em relação à Lei nº 14.133/2021, dado que o novel diploma atribui o mesmo caráter de não vinculação ao parecer:

> ADVOGADO PÚBLICO – RESPONSABILIDADE – ARTIGO 38 DA LEI Nº 8.666/93 – TRIBUNAL DE CONTAS DA UNIÃO – ESCLARECIMENTOS. Prevendo o artigo 38 da Lei nº 8.666/93 que a manifestação da assessoria jurídica quanto a editais de licitação, contratos, acordos, convênios e ajustes não se limita a simples opinião, alcançando a aprovação, ou não, descabe a recusa à convocação do Tribunal de Contas da União para serem prestados esclarecimentos.[18]

Todavia, na apreciação dos atos editados pelo parecerista, importa compreender, no que toca às fontes do Direito, que o legislador não se adstringe aos conceitos doutrinários e entendimentos jurisprudenciais, de modo que a Constituição lhe permite irromper interpretações consolidadas entre os juristas e pacificadas nos tribunais. As normas constitucionais, somente elas, balizam a atuação do legislador para a criação do Direito.

Enquanto fontes do Direito, doutrina e jurisprudência têm natureza secundária. Salvo as súmulas vinculantes, instituídas pela Emenda Constitucional nº 45/2004, a jurisprudência é indicativa, consiste em reiteradas decisões de tribunais proferidas em casos concretos, que podem servir de balizamento para casos futuros.

Impor ao parecerista a imprescindível observância da doutrina e jurisprudência para a elaboração de parecer traduz-se na atribuição de força cogente a essas fontes do Direito, atributo que lhes carece, mesmo porque ambas as fontes comportam posições várias e, por isso, servem de auxílio à interpretação do Direito.

Em caso emblemático, o Min. Carlos Velloso, do Supremo Tribunal Federal (STF) concluiu que "o autor do parecer, que emitiu opinião não vinculante, opinião a qual não está o administrador vinculado, não pode ser responsabilizado solidariamente com o administrador, ressalvado, entretanto, o parecer emitido com evidente má-fé, oferecido, por exemplo, perante administrador inapto". No julgamento do mesmo caso, o Min.

---

[16] BRASIL. Tribunal de Contas da União. Representação. *Acórdão nº 13.375/2020*. Rel. Min. Benjamin. Zymler. Primeira Câmara. Brasília, DF, 24 nov. 2020.

[17] BRASIL. Tribunal de Contas do Estado do Paraná. Embargos de Declaração. *Acórdão nº 3.230/2021*. Rel. Consel. Nestor Baptista. Plenário. Curitiba, PR, 22 nov. 2021.

[18] BRASIL. Supremo Tribunal Federal. *Mandado de Segurança nº 24.584*. Rel. Min. Marco Aurélio. Plenário. Brasília, DF, 9 ago. 2007.

Nelson Jobim afirmou: "só faltava o Tribunal de Contas também envolver os eventuais doutrinadores que embasaram o parecer dos advogados. E isso está perto. No momento em que se fala de 'doutrina pertinente', a impertinente pratica o ato de improbidade".[19]

Mesmo doutrinadores de elevado escol não raro adotam posições diversas ou conflitantes, sendo poucas as matérias jurídicas em que há unanimidade. Por conseguinte, eleger qual seja a doutrina acertada é providência que visa a adstringir o parecerista não à doutrina abalizada para o tratamento da questão de direito, mas à linha de entendimento de preferência dos órgãos de controle.

Nessa esteira, convém destacar o seguinte teor, em que o STF, de maneira clarividente, esclarece os limites da responsabilização do parecerista:

> EMENTA: AGRAVO INTERNO EM MANDADO DE SEGURANÇA. ACÓRDÃO TRIBUNAL DE CONTAS DA UNIÃO. TOMADA DE CONTAS ESPECIAL. RESPONSABILIDADE. PARECER TÉCNICO-JURÍDICO. ART. 38, PARÁGRAFO ÚNICO, DA LEI 8666/93. AUSÊNCIA DE COMPROVAÇÃO DE DOLO, ERRO GRAVE INESCUSÁVEL OU CULPA EM SENTIDO AMPLO. AGRAVO REGIMENTAL DESPROVIDO.
>
> (…) O erro grave ou grosseiro do parecerista público define a extensão da responsabilidade, porquanto uma interpretação ampliativa desses conceitos pode gerar indevidamente a responsabilidade solidária do profissional pelas decisões gerenciais ou políticas do administrador público.
>
> (…) A responsabilidade do parecerista deve ser proporcional ao seu efetivo poder de decisão na formação do ato administrativo, porquanto a assessoria jurídica da Administração, em razão do caráter eminentemente técnico-jurídico da função, dispõe das minutas tão somente no formato que lhes são demandadas pelo administrador.
>
> (…) A diversidade de interpretações possíveis diante de um mesmo quadro fundamenta a garantia constitucional da inviolabilidade do advogado, que assegura ao parecerista a *liberdade de se manifestar com base em outras fontes e argumentos jurídicos, ainda que prevaleça no âmbito do órgão de controle entendimento diverso.*[20] (grifado)

A redação do projeto de lei aprovado pelo Congresso Nacional, previamente à sanção da Lei nº 14.133/2021, continha a seguinte norma, no §6º do art. 53: "O membro da advocacia pública será civil e regressivamente responsável quando agir com dolo ou fraude na elaboração do parecer jurídico de que trata este artigo".

As razões do veto presidencial elencam que o advogado, público ou privado, tem sua responsabilização profissional tratada por diversas disposições legais – como o Estatuto da Advocacia e o Código de Processo Civil – e que o dispositivo não fazia menção a eventual responsabilização administrativa ou mesmo penal do advogado, ensejando-se incerteza jurídica.

O art. 32, *caput*, do Estatuto da Advocacia delimita a responsabilidade subjetiva do advogado, nos seguintes termos: "O advogado é responsável pelos atos que, no exercício profissional, praticar com dolo ou culpa". Ao tratar da responsabilidade civil do advogado público, o art. 184 do CPC dispõe que "o membro da Advocacia Pública

---

[19] Supremo Tribunal Federal. Mandado de Segurança n. 24073. Rel. Min. Carlos Velloso. Plenário. Brasília, DF, 6 nov. 2002.

[20] BRASIL. Supremo Tribunal Federal. *Agravo Regimental em Mandado de Segurança nº 35.196*. Rel. Min. Luiz Fux. Primeira Turma. Brasília, DF, 12 nov. 2019.

será civil e regressivamente responsável quando agir com dolo ou fraude no exercício de suas funções".

Parcela da doutrina considera que a norma insculpida pelo CPC tem caráter especial, a prevalecer, no que concerne ao advogado público, sobre a disposição contida no Estatuto da Advocacia. Consequentemente, o advogado público, quer em atuação judicial quer no exercício de consultoria jurídica, seria responsabilizado quando do cometimento de dolo ou fraude, não se admitindo a cominação de pena por culpa grave, em que se enquadrariam as hipóteses de erro grosseiro e inescusável.[21]

Ora, as normas do CPC atinentes à responsabilidade do advogado público delimitam-se a esse ramo instrumental, admitindo-se sua aplicação supletiva e subsidiária a processos administrativos quando da ausência de normas a regular o direito em questão. Evidentemente, não se trata de ausência de norma legal sobre a responsabilidade do advogado, eis que sua responsabilidade exsurge quando atua com dolo ou culpa, na forma do art. 32, *caput*, do Estatuto da Advocacia.

A atuação do advogado público na elaboração de parecer tem natureza consultiva, no bojo de processo administrativo, não pertinente à esfera contenciosa e, consequentemente, não cabe invocar normas supletivas gravadas no diploma processual civil. Logo, o advogado público é responsável quando agir com *dolo ou culpa* na elaboração de parecer jurídico em processo licitatório.

Em recente acórdão, o Superior Tribunal de Justiça (STJ) ratifica a possibilidade de responsabilização do parecerista por dolo ou culpa, em caso no qual discutida a possibilidade de o Tribunal de Contas do Estado de Santa Catarina exigir esclarecimentos do profissional de advocacia e apurar responsabilidades. Eis a ementa:

> PROCESSUAL CIVIL E ADMINISTRATIVO. AGRAVO INTERNO NO RECURSO EM MANDADO DE SEGURANÇA. NOTÍCIA DE IRREGULARIDADES EM PROCEDIMENTO LICITATÓRIO. ABERTURA DE TOMADA DE CONTAS ESPECIAL PELO TCE/SC. INDICAÇÃO DO PROCURADOR DO MUNICÍPIO PARA FIGURAR NO POLO PASSIVO DO PROCESSO ADMINISTRATIVO EM VIRTUDE DO PARECER EXARADO. ORDEM DE CITAÇÃO. DISCUSSÃO QUANTO A EVENTUAL RESPONSABILIDADE SOLIDÁRIA DO PARECERISTA POR EVENTUAL DANO AO ERÁRIO. POSSIBILIDADE DE O TCE/SC EXIGIR ESCLARECIMENTOS E APURAR EVENTUAIS IRREGULARIDADES. IMPETRANTE QUE NÃO PODE SE FURTAR À CONVOCAÇÃO DO TRIBUNAL DE CONTAS.
> (…) A possibilidade de responsabilização do parecerista quando há *dolo ou culpa* é reconhecida pelo Supremo Tribunal Federal.[22] (grifado)

Por conseguinte, a jurisprudência dos tribunais de superposição perfila-se ao comando normativo do Estatuto da Advocacia, no sentido de atribuir a responsabilidade do advogado pela emissão de parecer quando há dolo ou culpa.

Alguma dúvida poderia existir, porém, no que tange às modalidades de culpa – imprudência, negligência ou imperícia –, e suas espécies: inconsciente, consciente,

---

[21] OTÍLIO, Roney Raimundo Leão. A limitação da responsabilidade do advogado público aos casos de dolo ou fraude no novo Código de Processo Civil e sua aplicação a processos administrativos. *Fórum Administrativo*, Belo Horizonte, v. 16, n. 179, p. 77-83, jan. 2016.

[22] Superior Tribunal de Justiça. Agravo Interno no Recurso em Mandado de Segurança n. 63323. Rel. Min. Herman Benjamin. Segunda Turma. Brasília, DF, 1º jun. 2021.

própria, imprópria, mediata ou indireta. Com efeito, há de se realçar que há "em todas essas hipóteses uma predominante nota comum: omissão do dever de precaução ou diligência, a que se está adstrito, na medida ordinária, para não ocasionar a lesão de bens ou interesses alheios".[23]

Esses critérios, oriundos do Direito Penal, servem ao intérprete da lei na medida em que o *jus puniendi*, embora dividido em ramos epistemológicos que colimam proteger bens jurídicos específicos, firma-se em base ontológica unitária, formada por princípios de direito sancionador, colmatando-se a uniformidade das normas jurídicas punitivas do direito público.[24]

Questão peculiar, porém, refere-se ao grau de culpa, sabendo-se que o Direito Penal Brasileiro não internaliza a ideia de sua gradação para fins de subsunção do fato ao tipo sancionador, o que repercutiria tão somente em circunstâncias judiciais consideradas na dosimetria da pena, razão porque seria plausível inferir: qual a gravidade suficiente do conteúdo de parecer editado por advogado, quando esse age com culpa, para que emane sua responsabilidade?

A Lei de Introdução às normas do Direito Brasileiro (LINDB), com a natureza de cânone hermenêutico interpretativo própria da *lex legum*, informa ao intérprete o alcance da lei, quando configurada a culpa do parecerista, na forma do art. 28, incluído pela Lei nº 13.655/2018. Eis a norma: "O agente público responderá pessoalmente por suas decisões ou opiniões técnicas em caso de dolo ou erro grosseiro".

Admita-se haver erro grosseiro quando o parecerista incorrer em culpa inescusável no exercício de seu mister, por exemplo, manifestando-se pela edição de ato administrativo de cassação de licença com fundamento em lei revogada. Nesse caso, não "se trata de violar a probidade, por divergência de interpretações com o seu controlador, mas de atuar com menoscabo e com desídia para com a função pública".[25]

Nesse sentido, aponta a jurisprudência do STJ, ao asseverar que "para haver a responsabilidade do advogado parecerista é necessária a demonstração de indícios mínimos de que teria sido redigido com erro grosseiro ou má-fé".[26]

Tem-se a culpa do parecerista, pois, quando presente dolo ou erro grosseiro. Semelhante interpretação deve incidir sobre os pareceristas não inscritos nos quadros da OAB. Nesse caso, a responsabilidade desses profissionais cinge-se ao art. 28 da LINDB e diplomas estatutários e disciplinares regentes de seus cargos públicos, não havendo que se invocar a cláusula de responsabilidade contida no Estatuto da Advocacia, porquanto não haveria qualquer razão jurídica de equiparação entre advogados e profissionais que não ostentem essa qualidade.

---

[23] HUNGRIA, Nélson; FRAGOSO, Heleno Cláudio. *Comentários ao Código Penal*. Rio de Janeiro: Forense, 1978. p. 185.

[24] *DEZAN*, Sandro Lúcio. *Uma teoria do direito público sancionador*: fundamentos da unidade do sistema punitivo. Rio de Janeiro: Lumen Juris, 2021.

[25] MARQUES NETO, Floriano de Azevedo; FREITAS, Rafael Véras de. *Comentários à lei n. 13.655/2018*. Belo Horizonte: Fórum, 2019. p. 137.

[26] BRASIL. Superior Tribunal de Justiça. Agravo Interno no Agravo em Recurso Especial nº 1318886/MS. Rel. Min. Og Fernandes. Segunda Turma. Brasília, DF, 06 ago. 2019.

Referências

ÁVILA, Humberto. *Teoria dos Princípios da definição à aplicação dos princípios jurídicos*. 20. ed. São Paulo: Malheiros, 2021.

BRASIL. Superior Tribunal de Justiça. *Agravo Interno no Agravo em Recurso Especial nº 1318886/MS*. Rel. Min. Og Fernandes. Segunda Turma. Brasília, DF, 6 ago. 2019.

BRASIL. Supremo Tribunal Federal. *Agravo Regimental em Mandado de Segurança nº 35.196*. Rel. Min. Luiz Fux. Primeira Turma. Brasília, DF, 12 nov. 2019.

BRASIL. Supremo Tribunal Federal. *Mandado de Segurança nº 24.584*. Rel. Min. Marco Aurélio. Plenário. Brasília, DF, 9 ago. 2007.

BRASIL. Tribunal de Contas da União. Denúncia. *Acórdão nº 724/2021*. Rel. Min. Bruno Dantas. Plenário. Brasília, DF, 31 mar. 2021.

BRASIL. Tribunal de Contas da União. Representação. *Acórdão nº 2.599/2021*. Rel. Min. Bruno Dantas. Plenário. Brasília, DF, 27 out. 2021.

BRASIL. Tribunal de Contas do Estado do Paraná. Embargos de Declaração. *Acórdão nº 3.230/2021*. Rel. Consel. Nestor Baptista. Plenário. Curitiba, PR, 22 nov. 2021.

BRASIL. Tribunal de Contas da União. Representação. *Acórdão nº 13.375/2020*. Rel. Min. Benjamin. Zymler. Primeira Câmara. Brasília, DF, 24 nov. 2020.

CAPAGIO, Álvaro do Canto; COUTO, Reinaldo. *Nova Lei de Licitações e Contratos Administrativos*. 1. ed. São Paulo: Saraiva Jur, 2021.

DEZAN, Sandro Lúcio. Uma teoria do direito público sancionador: fundamentos da unidade do sistema punitivo. Rio de Janeiro: Lumen Juris, 2021.

DI PIETRO, Maria Sylvia Zanella. *Direito administrativo*. 34. ed. Rio de Janeiro: Forense, 2021.

DOTTI, Marinês Restelatto. A responsabilidade do gestor público decorrente da atuação da fiscalização do contrato e do acatamento de opiniões técnicas emitidas nos processos de contratação. *In:* MAFFINI, Rafael; RAMOS, Rafael. (Coords.). *Nova LINDB*: consequencialismo, deferência judicial, motivação e responsabilidade do gestor público. Rio de Janeiro: Lumen Juris, 2020.

GOMES, Orlando. *Introdução ao direito civil*. 3. ed. Rio de Janeiro: Forense, 1971.

GORDILLO, Agustín. *Tratado de derecho administrativo y obras selectas*: Parte general. 1. ed. Buenos Aires: Fundación de Derecho Administrativo, 2017.

HUNGRIA, Nélson; FRAGOSO, Heleno Cláudio. *Comentários ao Código Penal*. Rio de Janeiro: Forense, 1978.

JUSTEN FILHO, Marçal. *Comentários à lei de licitações e contratações administrativas*. São Paulo: Revista dos Tribunais, 2021.

MARQUES NETO, Floriano de Azevedo; FREITAS, Rafael Véras de. *Comentários à lei n. 13.655/2018*. Belo Horizonte: Fórum, 2019.

MEIRELLES, Hely Lopes. *Direito administrativo brasileiro*. 26. ed. São Paulo: Malheiros, 2001.

MELLO, Celso Antônio Bandeira de. *Discricionariedade e controle jurisdicional*. 2. ed. São Paulo: Malheiros, 2017.

OTÍLIO, Roney Raimundo Leão. A limitação da responsabilidade do advogado público aos casos de dolo ou fraude no novo Código de Processo Civil e sua aplicação a processos administrativos. *Fórum Administrativo*, Belo Horizonte, v. 16, n. 179, p. 77-83, jan. 2016.

SANTOS, Rodrigo Valgas dos. *Direito Administrativo do medo*: risco e fuga da responsabilização dos agentes públicos. 1. ed. São Paulo: Thomson Reuters Brasil, 2020.

Informação bibliográfica deste texto, conforme a NBR 6023:2018 da Associação Brasileira de Normas Técnicas (ABNT):

CAPAGIO, Álvaro do Canto; BARATIERI, Noel Antonio. O parecer jurídico. *In*: HARGER; Marcelo (Coord.). *Aspectos polêmicos sobre a nova lei de licitações e contratos administrativos*: Lei nº 14.133/2021. Belo Horizonte: Fórum, 2022. p. 51-65. ISBN 978-65-5518-461-7.

MEIOS EXTRAJUDICIAIS DE RESOLUÇÃO DE DISPUTAS NA LEI Nº 14.133/2021

CESAR PEREIRA

LEONARDO F. SOUZA

1 Introdução

A Lei de Licitações e Contratos Administrativos (Lei nº 14.133, de 2021) inovou em um aspecto importante para o desenvolvimento dos meios extrajudiciais de resolução de controvérsias nos contratos administrativos. Pela primeira vez, há um capítulo dedicado à resolução de conflitos ("Capítulo XII: Dos Meios Alternativos de Resolução de Controvérsias").

O tratamento dos meios extrajudiciais de resolução de conflitos na própria legislação de compras públicas é conhecido na prática internacional. A parte 33.214 da FAR – *Federal Acquisition Regulations* trata exatamente de "ADR – *alternative dispute resolution*", com expressa alusão à arbitragem.[1]

---

[1] Disponível em https://www.acquisition.gov/far/part-33#FAR_33_214.
33.214 Alternative dispute resolution (ADR).

Isso amplia a visibilidade dessa opção contratual e ressalta a sua importância para a eficiência das contratações públicas. Afinal, para emprestar a expressão de Rafael Maffini,[2] a Lei de Licitações e Contratos Administrativos transmite ao tema a sua própria "monumentalidade".

O Capítulo XII da Lei nº 14.133 altera muito pouco o regime preexistente da resolução de controvérsias com a Administração Pública. Mas a Lei nº 14.133 tem duas grandes virtudes que não podem ser ignoradas.

Primeiro, não erra. Não produz confusões conceituais nem prejudica a evolução normativa, jurisprudencial e doutrinária que a resolução de disputas com a Administração Pública teve gradualmente desde a década de 1990 no Brasil. Nada no Capítulo XII da Lei nº 14.133 é incompatível com o regime preexistente ou produz qualquer perplexidade no intérprete.

Segundo, dá ao tema da adoção, pela Administração, dos meios extrajudiciais de resolução de controvérsias uma capilaridade antes inexistente. A Lei de Licitações e Contratos Administrativos é o diploma de consulta e aplicação diária pelos agentes públicos encarregados das contratações administrativas. É o guia que orienta a sua conduta prática. A presença dos meios extrajudiciais de resolução em um capítulo específico da lei reflete o reconhecimento, pelo legislador, da possibilidade e importância concreta da sua utilização pelas autoridades encarregadas da contratação. Com isso, a Lei de Licitações e Contratos Administrativos alinha-se às previsões principiológicas do Código de Processo Civil: o Estado, sempre que possível, promoverá a solução consensual e os meios extrajudiciais de resolução de conflitos (art. 3º, §§2º e 3º, do CPC) e garantirá a opção pelo juízo arbitral (art. 42 do CPC).

(a) The objective of using ADR procedures is to increase the opportunity for relatively inexpensive and expeditious resolution of issues in controversy. Essential elements of ADR include-

(1) Existence of an issue in controversy ;

(2) A voluntary election by both parties to participate in the ADR process;

(3) An agreement on alternative procedures and terms to be used in lieu of formal litigation; and

(4) Participation in the process by officials of both parties who have the authority to resolve the issue in controversy .

(b) If the contracting officer rejects a contractor's request for ADR proceedings, the contracting officer shall provide the contractor a written explanation citing one or more of the conditions in 5 U.S.C.572(b) or such other specific reasons that ADR procedures are inappropriate for the resolution of the dispute. In any case where a contractor rejects a request of an agency for ADR proceedings, the contractor shall inform the agency in writing of the contractor's specific reasons for rejecting the request.

(c) ADR procedures may be used at any time that the contracting officer has authority to resolve the issue in controversy . If a claim has been submitted, ADR procedures may be applied to all or a portion of the claim . When ADR procedures are used subsequent to the issuance of a contracting officer 's final decision, their use does not alter any of the time limitations or procedural requirements for filing an appeal of the contracting officer 's final decision and does not constitute a reconsideration of the final decision.

(d) When appropriate, a neutral person may be used to facilitate resolution of the issue in controversy using the procedures chosen by the parties.

(e) The confidentiality of ADR proceedings shall be protected consistent with 5 U.S.C.574.

(f)

(1) A solicitation shall not require arbitration as a condition of award, unless arbitration is otherwise required by law. Contracting officers should have flexibility to select the appropriate ADR procedure to resolve the issues in controversy as they arise.

(2) An agreement to use arbitration shall be in writing and shall specify a maximum award that may be issued by the arbitrator, as well as any other conditions limiting the range of possible outcomes.

(g) Binding arbitration, as an ADR procedure, may be agreed to only as specified in agency guidelines. Such guidelines shall provide advice on the appropriate use of binding arbitration and when an agency has authority to settle an issue in controversy through binding arbitration.

[2] Em exposições orais não ainda traduzidas em textos publicados, até onde é de conhecimento dos autores.

Trata-se de fenômeno similar ao que ocorreu quando a previsão de arbitragem foi veiculada na Lei de PPPs (Lei nº 11.079), em 2004, e introduzida logo depois na Lei de Concessões por meio da Lei nº 11.196, em 2005. Em poucos anos, a opção pela arbitragem nas concessões e PPPs se conhecida dos entes públicos e se disseminou nas contratações, tornando-se praticamente a regra geral em muitos setores. A Lei nº 14.133 incorpora essa história de sucesso dos contratos de delegação e a estende aos contratos de colaboração por ela diretamente regulados.

A previsão legal expressa e ampla (não setorial)[3] de arbitragem nos litígios envolvendo a Administração Pública não é nova. Em 2015, o art. 1º da Lei nº 9.307 (Lei de Arbitragem) foi alterado[4] para confirmar a possibilidade de a Administração Pública participar de procedimentos arbitrais. Embora sem grande impacto prático na época, já havia referência à arbitragem inclusive no Decreto-Lei nº 2.300, que antedeu a Lei nº 8.666 como diploma regulador das licitações e contratos administrativos no Brasil.[5]

A jurisprudência do STJ, autorizando o uso de arbitragem para resolver conflitos em contratos públicos, consolidou-se desde pelo menos 2005, portanto antes das reformas de 2015.[6]

No período entre a primeira decisão do STJ e a edição da Lei nº 14.133, a evolução do instituto foi marcada por julgados, decretos e leis federais, estaduais e até atos municipais.[7] Essa maratona de passos curtos encontrou seu ápice histórico em 2021, quando o principal diploma do direito administrativo contratual confirmou a legitimidade e utilidade de métodos como mediação, arbitragem, conciliação e *dispute boards*.

---

[3]   O uso setorial já era previsto em leis desde os anos 1990 ou até antes. Nesse sentido, "Muitas das leis setoriais da segunda metade dos anos 1990 – portos, energia elétrica, transportes – continham referências expressas à possibilidade de arbitragem nos contratos entre o poder concedente e os concessionários. Essa evolução se acelerou com a previsão de arbitragem na Lei de PPPs (Lei 11.079, de 2004) e na Lei de Concessões (Lei 8.987, de 1995, alterada em 2005). Pouco depois o Superior Tribunal de Justiça (STJ) iniciou uma série de decisões favoráveis à arbitragem em contratos com a Administração Pública. Essa evolução culminou com a reforma da Lei 9.307 promovida em 2015 pela Lei 13.129" (PEREIRA, Cesar. Arbitragem e Administração. *Enciclopédia Jurídica da PUC-SP*, n. pag. Print, 2017).

[4]   ZAKIA, José Victor Palazzi. Um Panorama Geral Da Reforma Da Lei de Arbitragem: o que mudou com a Lei Ordinária nº 13.129/2015. *Revista Brasileira de Arbitragem*, Ano XIII, n. 51, jul/ago. 2016.

[5]   O Decreto-Lei nº 2.300, de 1986, continha proibição específica no art. 45, parágrafo único para utilização da arbitragem em contratos administrativos com partes estrangeiras, enquanto o Decreto-Lei nº 2.348, de 1987, alterou-o para autorizar a utilização do instituto nesses casos. Há dois precedentes do TJDFT, julgados em 1999 e 2008, que aplicaram a contrario a redação originária do Decreto-Lei nº 2.300 para entender que a arbitragem com partes nacionais era autorizada se não era proibida (TJDFT, MS, 1998 00 2 003066-9, Rel. Des. NANCY ANDRIGHI, Conselho Especial, j. 18.05.1999 e TJDFT, Apelação 20010110027042APC, Rel Des. TEÓFILO CAETANO, 2ª Turma Cível, j. 13.08.2008). No julgamento do MS, a Rel. Des. Nancy Andrighi argumentou que "Pelo art. 54, da Lei nº 8.666/93, os contratos administrativos regem-se pelas suas cláusulas e preceitos de direito público, aplicando-se-lhes supletivamente os princípios da teoria geral dos contratos e as disposições de direito privado, o que vem reforçar a possibilidade de adoção do juízo arbitral para dirimir questões contratuais". No julgamento da apelação, o Des. Teófilo Caetano fundamentou seu voto no sentido de que "Afigura-se legítima, válida e eficaz a inserção de convenção de arbitragem, desde que prevista pelo edital que regula o correspondente certame licitatório, como forma de resolução dos conflitos originários de contrato administrativo derivado de concorrência pública internacional regida pela primitiva lei das licitações – Decreto-lei nº 2.300/86 – e celebrado com pessoa jurídica brasileira e sediada no país, cujo preço fora financiado por recursos oriundos de empréstimo fomentado por organismo internacional, ainda que concertado o ajuste antes da edição da Lei de Arbitragem – Lei nº 9.307/96".

[6]   PEREIRA, Cesar. A Arbitragem e os contratos da Administração Pública. *Revista Brasileira de Arbitragem*, v. 14, Edição indefinida, p. 230-234, 2017.

[7]   ACCIOLY, *João Pedro. Arbitragem e Administração Pública: um panorama global. Revista Digital De Direito Administrativo*, v. 5, n. 1, p. 1-31, jan. 2018. Disponível em: https://www.revistas.usp.br/rdda/article/view/138002. Acesso em: 12 ago. 2022.

O Brasil mais uma vez se posiciona no mercado doméstico como contratante moderno e, no mercado internacional, como jurisdição amigável a métodos usados em negócios entre entidades de países distintos.[8]

Essa visão positiva predomina entre os comentários acerca dos dispositivos da Lei nº 14.133 que regulam os métodos extrajudiciais para solução de conflitos.[9]

Cabe entender em que medida tais dispositivos podem conduzir a mudanças efetivas nas contratações públicas. O legislador pode ter sido conservador ou inovador. Os comentários existentes refletem essa dualidade.[10]

Além disso, o capítulo em análise trouxe termos que, até o momento, podem ou não encapsular novos parâmetros para a entrada do Poder Público nesses procedimentos. O art. 154, por exemplo, determina que o critério de escolha de terceiros "observará critérios isonômicos, técnicos e transparentes", condição não antes fraseada desta forma em lei. Resta dizer exatamente o que isso significa, se um padrão igual ou distinto àquele já adotado antes da Lei nº 14.133.

Portanto, os próximos capítulos serão um *tour d'horizon* dos arts. 151 a 154 da Lei nº 14.133, introduzindo a matéria regulada para, em seguida, questionar até que ponto ela cristaliza a forma como já se pensava sobre resolução de conflitos em contratos públicos ou se tem a pretensão de redesenhar a dinâmica existente.

2 Objeto

Os artigos objeto desses comentários são aqueles do capítulo sétimo da Lei nº 14.133:

> CAPÍTULO XII
> DOS MEIOS ALTERNATIVOS DE RESOLUÇÃO DE CONTROVÉRSIAS
> Art. 151. Nas contratações regidas por esta Lei, poderão ser utilizados meios alternativos de prevenção e resolução de controvérsias, notadamente a conciliação, a mediação, o comitê de resolução de disputas e a arbitragem.

---

[8] MONTEIRO, Andre Luis; RODRIGUES, Marco Antonio. Arbitration and Public Contracts in Brazil: The New Government Procurement Act. *Kluwer Arbitration Blog*, may 7, 2021.

[9] MONTEIRO, Andre Luis; RODRIGUES, Marco Antonio. Arbitration and Public Contracts in Brazil: The New Government Procurement Act. *Kluwer Arbitration Blog*, may 7, 2021.

[10] CARVALHO, Guilherme. As Medidas Conciliatórias Da Nova Lei de Licitações. *Consultor Jurídico*, 30 abr. 2021. Disponível em: https://repositorio.ufsc.br/bitstream/handle/123456789/222976/As%20medidas%20conciliat%C3%B3rias%20da%20nova%20Lei%20de%20Licita%C3%A7%C3%B5es%20-%20Guilherme%20Carvalho%20-%20Conjur.pdf?sequence=1&isAllowed=y. Acesso em: 12 ago. 2022; FORTINI, Cristiana. Dispute Boards: na nova Lei de Licitações e em leis municipais. *Consultor Jurídico*, 24 jun. 2021. Disponível em: https://www.conjur.com.br/2021-jun-24/interesse-publico-dispute-boards-lei-licitacoes-leis-municipais#:~:text=Os%20%E2%80%9Cdispute%20boards%E2%80%9D%2C%20denomina%C3%A7%C3%A3o,problemas%20nascidos%20da%20rela%C3%A7%C3%A3o%20contratual. Acesso em: 12 ago. 2022; AVES, Roberta; REIS, Luciano Elias. A consolidação da arbitragem nos contratos administrativos com a nova lei de licitações: efetividade ou risco ao interesse público? *Soluções Autorais*, Ano 4, out. 2021. Disponível em: https://rcl.adv.br/site/wp-content/uploads/2021/10/43-SLC-Outubro-2021-Solu%C3%A7%C3%B5es-Autorais-5.pdf. Acesso em: 12 ago. 2022; BUENO, Júlio César. Os dispute boards na nova lei de licitações e contratos administrativos. *Portal Migalhas*, abr. 2021. Disponível em: https://www.migalhas.com.br/depeso/342966/dispute-boards-na-nova-lei-de-licitacoes-e-contratos-administrativos. Acesso em: 12 ago. 2022.

Parágrafo único. Será aplicado o disposto no caput deste artigo às controvérsias relacionadas a direitos patrimoniais disponíveis, como as questões relacionadas ao restabelecimento do equilíbrio econômico-financeiro do contrato, ao inadimplemento de obrigações contratuais por quaisquer das partes e ao cálculo de indenizações.

Art. 152. A arbitragem será sempre de direito e observará o princípio da publicidade.

Art. 153. Os contratos poderão ser aditados para permitir a adoção dos meios alternativos de resolução de controvérsias.

Art. 154. O processo de escolha dos árbitros, dos colegiados arbitrais e dos comitês de resolução de disputas observará critérios isonômicos, técnicos e transparentes.

De passagem, o estudo também trata de alguns aspectos do art. 138 da Lei nº 14.133, que esclarece os efeitos dos meios extrajudiciais de resolução de conflitos em relação à extinção dos contratos administrativos.

Em síntese, o capítulo prevê meios extrajudiciais ("alternativos") de resolução de conflitos em contratos públicos (art. 151, *caput*), especifica os tipos de controvérsias que estariam sujeitas a esses meios, com rol exemplificativo (art. 151, parágrafo único), estabelece regras mínimas procedimentais para arbitragens (art. 152); prevê o aditamento de contratos para adotar os meios extrajudiciais ali contemplados (art. 153) e, por último, traz princípios para o processo de escolha de árbitros e integrantes de *dispute boards* em alguns procedimentos extrajudiciais (art. 154).

3 Autorização geral (*caput* do art. 151)

A Lei nº 8.666 não prevê, proíbe ou menciona a utilização da arbitragem ou de qualquer outro meio não judicial para solucionar disputas de contratos administrativos. Ao contrário da legislação revogada, Decreto-Lei nº 2.300/1986, não trata do tema para nenhum fim.

3.1 Arbitragem

A ausência de regulamentação não impediu a participação do Poder Público em arbitragens baseadas em cláusulas compromissórias contratuais ou em compromissos arbitrais específicos. A base legal foi sempre o próprio art. 1º da Lei nº 9.307, conjugado com as previsões setoriais específicas quando fosse o caso.[11]

Pensando no cenário internacional, arbitragens com Estados não eram novidade para o Brasil. Entre 1869 e 1872, o Barão de Itajubá, por exemplo, foi um dos árbitros do procedimento arbitral entre Estados Unidos da América e Reino Unido conhecido como *Alabama Claims*.[12] Foi o maior procedimento arbitral de todos os tempos em termos

---

[11] PEREIRA, Cesar; SCHWIND, Rafael Wallbach (Coord.). *Direito Portuário Brasileiro*. 3. ed. Belo Horizonte: Fórum, 2020. p. 605-621; PEREIRA, Cesar. Desapropriação e Arbitram: Lei 13.867. *Informativo Justen, Pereira Oliveira & Talamini*, 2019.

[12] BRENT, Richard. The Alabama Claims Tribunal: The British Perspective. *International History Review*, 31 mar. 2021. Disponível em: https://www.tandfonline.com/doi/abs/10.1080/07075332.2021.1898439?tab=permissions& scroll=top. Acesso em: 12 ago. 2022.

financeiros[13] e provavelmente o mais importante também em termos históricos,[14] já que moldou a forma como a arbitragem funcionou a partir daquele momento.[15] Nos anos 1990, o Brasil assinou 14 tratados de proteção de investimento que continham provisões de arbitragem entre o Estado brasileiro e partes privadas estrangeiras,[16] sem nunca os ratificar.

No direito interno a situação era outra. Apesar de as previsões legislativas sobre arbitragem no Brasil Imperial passando pela arbitragem compulsória para matérias comerciais no Código Comercial de 1850, a tendência até ali é que conflitos com entes públicos ficassem restritos ao judiciário. Seguindo o entendimento do Decreto-Lei nº 2.300/1987 de que ficaria vedada a instituição de juízo arbitral em contratos administrativos, o professor Hely Lopes Meirelles explicou o pensamento da época em parecer de 08 de novembro de 1989, contido na obra Estudos e Pareceres v. XI:

> Daí porque o juízo arbitral não se presta à solução de pendencias oriundas de contratos regidos pelo Direito Público, uma vez que a administração não pode abdicar dos seus privilégios relacionados com a constituição formalização e condução do ajuste administrativo.[17]

A arbitragem, contudo, não existiu no mundo real até o julgamento da SEC 5206-7 pelo STF que confirmou, em 12 de dezembro de 2001, a constitucionalidade da Lei de Arbitragem.[18] Ainda assim, na mesma época, o Projeto de Emenda Constitucional nº 29, posteriormente EC nº 45/2004, tentou proibir a participação de entes do Poder Público em procedimentos arbitrais.[19] Em 2003, o TCU, por meio do Acórdão nº 587/2003 de relatoria do Ministro Adylson Motta, determinou que o DNIT suprimisse cláusula de arbitragem inserida em contratos de infraestrutura, repetindo esse posicionamento no acórdão nº 906/2003, de relatoria do Ministro Lincoln Magalhães da Rocha.

O *ethos* permaneceu constante até que, anos depois, o Superior Tribunal de Justiça, em acórdão publicado em 14 de setembro de 2006, no julgamento do Recurso Especial 612.439, com origem no Rio Grande do Sul, estipulou como válidas e eficazes cláusulas de arbitragem firmadas por sociedades de economia mista,[20] sendo o primeiro caso a permitir a participação de entes públicos.[21] O julgamento foi seguido de vários outros

---

[13] JOHNSON JR., O Thomas; GIMBLETT, Jonathan. From Gunboats to BITs: The Evolution of Modern International Investment Law. *Yearbook on International Investment Law & Policy 2010-2011*, v. 649, 2011.

[14] *ibid.*

[15] FRANKE, Ulf; MAGNUSSON, Annett; DAHLQUIST CULLBORG, Joel. *Arbitrating for Peace*: How Arbitration Made a Difference. Alphen aan den Rijn: Wolters Kluwer, 2016.

[16] MORAES, Henrique Choer; HEES, Felipe. *Breaking the BIT Mold*: Brazil's Pioneering Approach to Investment Agreements. 112 AJIL Unbound 197, 2018. Disponível em: https://www.cambridge.org/core/article/breaking-the-bit-mold-brazils-pioneering-approach-to-investment-agreements/5ED7690A4775619CEA584743D1E-02FE2. Acesso em: 12 ago. 2022.

[17] MEIRELLES, hely Lopes. *Estudos e pareceres de direito público*. São Paulo: Editora Revista dos Tribunais, 1991.

[18] PEREIRA, Cesar. A Arbitragem e os contratos da Administração Pública. *Revista Brasileira de Arbitragem*, v. 14, Edição indefinida, p. 230-234, 2017.

[19] TIBURCIO, Carmem. A arbitragem envolvendo a Administração Pública. *RFD – Revista da Faculdade de Direito da UERJ*, n. 18, 2010. Disponível em: https://www.e-publicacoes.uerj.br/index.php/rfduerj/article/view/1353. Acesso em: 12 ago. 2022.

[20] BRASIL. STJ. *REsp 612.439/RS*, rel. Min. João Otávio Noronha, DJ 14.09.2006.

[21] ACCIOLY, João Pedro. Arbitragem e Administração Pública: um panorama global. *Revista Digital De Direito Administrativo*, v. 5, n. 1, p. 1-31, jan. 2018. Disponível em: https://www.revistas.usp.br/rdda/article/view/138002. Acesso em: 12 ago. 2022.

semelhantes[22] que acabaram por criar a tendência, na jurisprudência do STJ entre 2006 e 2015, de que meios extrajudiciais de resolução de conflitos seriam opções apropriadas para contratos públicos, focando em arbitragem.[23] Nesse período, a Lei de Arbitragem era recente, a Lei de Mediação, lançada apenas em 2015, inexistente e outros meios, como conciliação e *dispute boards*, possuíam baixa capilaridade no mercado.

A reforma legislativa de 2015 à Lei de arbitragem inseriu a autorização expressa para que a Administração Pública utilizasse a arbitragem:

> Lei 9.307/96
> Art. 1º As pessoas capazes de contratar poderão valer-se da arbitragem para dirimir litígios relativos a direitos patrimoniais disponíveis.
> §1º A Administração Pública direta e indireta poderá utilizar-se da arbitragem para dirimir conflitos relativos a direitos patrimoniais disponíveis. (Incluído pela Lei nº 13.129, de 2015)

Portanto, pelo menos em relação à arbitragem, o art. 151 da Lei nº 14.133 apenas reitera o que já era previsto na Lei nº 9.307.

3.2 Mediação e Conciliação

A mediação foi regulada pela Lei nº 13.140, que estabeleceu critérios para a autocomposição com pessoas jurídicas de direito público. A regra é que a União, Estados, Distrito Federal e Municípios têm competência para criar câmaras de resolução administrativa de conflitos (art. 32). Incluem-se aqui tanto conflitos entre órgãos da própria Administração Pública quanto entre particular e pessoa jurídica de direito público. Na ausência de ditas câmaras, "os conflitos poderão ser dirimidos nos termos do procedimento de mediação" delineado nas seções anteriores da lei, dedicada ao procedimento de mediação entre particulares.

Ao tomar o cuidado de especificamente incluir a mediação na Lei nº 14.133 apenas cinco anos depois de sua entrada em vigor, o legislador incorporou ao regime de direito administrativo a regulamentação legal dada à mediação em lei mais específica, assim como fez com a arbitragem. A Lei nº 13.140, portanto, também já permitia a mediação entre particulares e órgãos públicos, amplamente utilizada na prática dos contratos administrativos com grande sucesso concreto desde a edição da lei.

---

[22] BRASIL. STJ. *REsp 612.345/RS*, rel. Min. João Otávio Noronha, DJ 14.09.2006; BRASIL. STJ. *AgRg no MS 11.308/ DF*, rel. Min. Luiz Fux, DJ 14.08.2006; BRASIL. STJ. *EDcl no AgRg no MS 11.308/DF*, rel. Min. Luiz Fux, DJ 30.10.2006.

[23] PEREIRA, Cesar. Arbitragem e Administração Pública: função administrativa e controle externo. *In*: DI PIETRO, Maria Sylvia Zanella; MOTTA, Fabrício (Coord.). *O Direito Administrativo nos 30 anos da Constituição*. Belo Horizonte: Fórum, 2018. p. 237-265.

3.3 Comitês de Resolução de Disputas

Se em matéria de arbitragem e mediação[24] a Lei nº 14.133 não apresenta grandes novidades, expressamente autoriza, pela primeira vez em âmbito federal, o uso de comitês de prevenção e resolução de disputa, também conhecidos como *dispute boards*.[25] Comitês de prevenção e resolução de disputas foram usados no Brasil pela primeira vez durante a construção da linha amarela do metrô de São Paulo ainda em 2004. O Banco Mundial exigia, desde os anos 1990, a utilização desse método dos projetos que financiava, fazendo-o também para a Linha Amarela do metrô paulista.[26] Após essa bem-sucedida primeira utilização, os comitês de prevenção e resolução de disputas ganharam mais notoriedade, sendo regulados esparsamente por leis e decretos municipais. Em São Paulo, a Lei Municipal nº 16.873, de 2018, regulamentou os comitês de prevenção e solução de disputas em contratos administrativos do município, seguido por Belo Horizonte, com a Lei Municipal nº 11.241, de 2020.

O comitê de prevenção e resolução de disputas tem natureza e eficácia contratual. Ao contrário da arbitragem, cujo resultado é uma sentença com força de ordem judicial final, o comitê de prevenção e resolução de disputas não tem natureza jurisdicional.[27] É um método intracontratual de resolução de disputas em relações continuadas que precisam de orientações ou decisões rápidas, provisórias, mas passíveis de estabilização, e normalmente de cunho técnico.[28] O comitê pode ser tanto de revisão, provendo sugestões às partes, ou de adjudicação, exarando uma decisão final e contratualmente vinculante, mas ainda passível de revisão judicial ou arbitral.[29] Por esses motivos, é método preferido pela indústria de construção, sendo inclusive parte dos modelos de contrato de empreitada do FIDIC.[30]

O posicionamento do STJ, em 2016, sobre a possibilidade de criação de comitês de prevenção e resolução de disputas bem como da liberdade das partes em regulá-los é o seguinte:

---

[24] Tratamos mediação e conciliação indistintamente dada a proximidade dos métodos e por ambos terem efeitos parecidos.

[25] BUENO, Júlio César. Os dispute boards na nova lei de licitações e contratos administrativos. *Portal Migalhas*, abr. 2021. Disponível em: https://www.migalhas.com.br/depeso/342966/dispute-boards-na-nova-lei-de-licitacoes-e-contratos-administrativos. Acesso em: 12 ago. 2022.

[26] MARINO, Francisco Paulo de Crescenzo. Arbitramento, arbitragem e dispute boards : o papel do terceiro na determinação do preço na opção de venda de ações. *Revista Brasileira de Arbitragem*, v. 14, Edição 54, p. 7-27, 2017. Disponível em: http://www.kluwerlawonline.com/api/Product/CitationPDFURL?file=Journals%5CRBA%5CRBA2017019.pdf. Acesso em: 12 ago. 2022; FORTINI, Cristiana. Dispute Boards: na nova Lei de Licitações e em leis municipais. *Consultor Jurídico*, 24 jun. 2021. Disponível em: https://www.conjur.com.br/2021-jun-24/interesse-publico-dispute-boards-lei-licitacoes-leis-municipais#:~:text=Os%20%E2%80%9C dispute%20boards%E2%80%9D%2C%20denomina%C3%A7%C3%A3o,problemas%20nascidos%20da%20rela%C3%A7%C3%A3o%20contratual. Acesso em: 12 ago. 2022; BUENO, Júlio César. Os dispute boards na nova lei de licitações e contratos administrativos. *Portal Migalhas*, abr. 2021. Disponível em: https://www.migalhas.com.br/depeso/342966/dispute-boards-na-nova-lei-de-licitacoes-e-contratos-administrativos. Acesso em: 12 ago. 2022.

[27] EL-SEWAFY, Tarek S.; WALY, Ahmed F.; EL-MONAYERI, Ola D. Framework for the Successful Implementation of Dispute Boards in Construction Projects. *Journal of Legal Affairs and Dispute Resolution in Engineering and Construction*, v. 14, Issue 1 (February 2022).

[28] GOULD, Nicholas; MCCREA, Robbie. Dispute Boards: Trends, Observations, Developments and Procedures. *Construction Arbitration and Alternative Dispute Resolution* (Informa Law from Routledge 2021).

[29] BURNADZE, Anano. The Role of the Dispute Boards In Construction Law, The Legal Nature of Decision and Peculiarity of Enforcement At The International Level.

[30] JAEGER, Axel-Volkmar; HÖK, Götz Sebastian. *FIDIC – A Guide for Practitioners*. Berlim: Springer, 2010.

2.1 Afigura-se absolutamente possível que as partes, por anteverem futuras e pontuais divergências ao longo da consecução do objeto contratual, ou por conveniência/necessidade em não se fixar, de imediato, todos os elementos negociais, ajustem, no próprio contrato, a delegação da solução de tais conflitos a um terceiro ou a um comitê criado para tal escopo e, também com esteio no princípio da autonomia de vontades, disponham sobre o caráter de tal decisão, se meramente consultiva; se destinada a resolver a contenda imediatamente, sem prejuízo de a questão ser levada posteriormente à arbitragem ou à Justiça Pública, ou se vinculativa e definitiva, disposição contratual que, em qualquer circunstância – ressalvado, por óbvio, se existente algum vício de consentimento, – deve ser detidamente observada.[31]

Contudo, em dezembro de 2020, o TCU autorizou a concessão dos projetos da BR 153/080/414/GO/TO e da BR-163/230/MT/PA (processos nº 016.936/2020-5 e 018.901/2020-4) mediante restrição ao uso de *dispute boards*, pois esse mecanismo não estaria previsto em lei ou nas regulamentações internas da ANTT, permitindo apenas a arbitragem e mediação, previstas em diplomas legais já então existentes. Na ocasião, o Ministro Benjamin Zymler qualificou a decisão como um retrocesso. Independentemente do acerto da decisão do tribunal de contas, o fato é que a Lei nº 14.133 expressamente autoriza os comitês de prevenção e resolução de disputas, eliminando a controvérsia sobre o assunto.

As determinações do comitê têm força de acordo entre as partes e não dependem, portanto, de prévia autorização legislativa específica para serem utilizadas pela Administração Pública. É um instrumento previsto, por segurança, na Lei nº 14.133 e que será regulado, caso a caso, pelas previsões contratuais específicas dos acordos entre as partes. O único ponto que efetivamente exigiria intervenção legislativa seria a previsão de que a instituição do *dispute board* suspende o prazo prescricional, similarmente ao que faz o art. 17 da Lei nº 13.140 em relação à mediação.[32] Mesmo sem tal previsão expressa, há a possibilidade de aplicação desse ditame da Lei de Mediação aos *dispute boards* por meio de interpretação ampliativa ao referido dispositivo. Primeiro, ambos são meios contratuais de resolução de conflitos expressamente previstos na Lei nº 14.133. Além disso, o art. 138 da Lei nº 14.133, explorado em tópico posterior, explicitamente equipara a mediação e o comitê de resolução de disputas como métodos consensuais para fins de extinção do contrato administrativo.

Portanto, a inclusão em lei foi necessária e útil. Os projetos de lei que estavam em tramitação no Congresso Nacional em 2022 podem trazer clareza ao regime legal e ainda maior segurança jurídica na utilização do instituto. Porém, sua disciplina contratual e eficiência já são amplamente consolidadas e reconhecidas mesmo sem qualquer alteração legislativa.

---

[31] BRASIL. STJ. *REsp 1569422 RJ 2015/0177694-9*, Relator: Ministro MARCO AURÉLIO BELLIZZE, Data de Julgamento: 26/04/2016, T3, TERCEIRA TURMA, Data de Publicação: DJe 20.05.2016.

[32] O ponto foi destacado por Eduardo Talamini em exposições ainda não refletidas em textos publicados, segundo o conhecimento dos autores.

3.4 Extinção do Contrato Administrativo (art. 138, inc. II e III)

Incidentalmente, a Lei nº 14.133 faz remissão aos meios extrajudiciais de resolução de controvérsia citados acima:

Art. 138. A extinção do contrato poderá ser:
II – consensual, por acordo entre as partes, por conciliação, por mediação ou por comitê de resolução de disputas, desde que haja interesse da Administração;
III – determinada por decisão arbitral, em decorrência de cláusula compromissória ou compromisso arbitral, ou por decisão judicial.

A previsão de que decisão arbitral é capaz de extinguir o contrato administrativo não inova, já que a sentença arbitral tem força de decisão judicial final. A redação do art. 79, III, da Lei nº 8.666 já abrangia implicitamente a extinção por sentença arbitral, pelo que a alteração apenas confirma o regime legal. Porém, o inciso II traz uma inovação útil. Determina que a conciliação, a mediação e o comitê de prevenção e resolução de disputas são métodos que podem levar à extinção consensual do contrato administrativo.

Ainda que na mediação haja um terceiro, esse age somente como facilitador para a composição da controvérsia entre as partes. Portanto, havendo acordo oriundo de procedimento de mediação, o acordo deriva voluntariamente do consenso entre as partes. O papel do facilitador é de abrir vias de diálogo antes fechadas e aproximar as partes na realização recíproca de seus interesses.

Já a escolha de classificar a decisão do comitê de prevenção e resolução de disputas como forma de extinção contratual do contrato administrativo é especialmente técnica. Em *disputes boards*, a decisão ou orientação vem de um terceiro, não das partes, sendo, portanto, meio heterocompositivo de resolução de disputas. Contudo, é método estritamente contratual cujo resultado, seja obrigatório ou não, deverá ser interpretado como integrante da vontade das partes e, portanto, extensão do contrato inicial firmado por elas.[33] Logo, ainda que soe contraintuitivo, a decisão do terceiro no contexto dos comitês de prevenção e resolução de disputas é considerada extensão do consenso das partes e, portanto, capaz de causar a extinção do contrato administrativo conforme o art. 138, inc. II, da Lei nº 14.133.

3.5 Outros meios adequados de resolução de controvérsias

No rol do art. 151 há autorização para um método jurisdicional heterocompositivo, a arbitragem, dois métodos autocompositivos, a mediação e a conciliação, e um método contratual heterocompositivo, os comitês de prevenção e resolução de disputas, qualificado na Lei nº 14.133 como consensual. O rol é apenas exemplificativo, deixando

---

[33] EL-SEWAFY, Tarek S.; WALY, Ahmed F.; EL-MONAYERI, Ola D. Framework for the Successful Implementation of Dispute Boards in Construction Projects. *Journal of Legal Affairs and Dispute Resolution in Engineering and Construction*, v. 14, Issue 1 (February 2022).

espaço para que outros "meios alternativos de prevenção e resolução de controvérsias" sejam utilizados pela Administração Pública.

Essa abertura pode permitir que o Poder Público utilize métodos como o (*i*) arbitramento, em que um terceiro neutro, usualmente especialista técnico, determina, em modo *ad hoc* e de forma não vinculante, um valor ou questão em disputa;[34] (*ii*) a adjudicação pelo engenheiro, uma forma intracontratual de resolução de disputas de infraestrutura adotada em países de tradição anglo-saxã em que o representante da contratante cumpre a função de ser a primeira instância de deliberação para eventuais conflitos trazidos pela contratada, cumulando o dever de imparcialidade com a função de representante de umas das partes;[35] (*iii*) ou serviços como o *SCC Express*, oferecido pela Câmara de Comércio de Estocolmo, versão não vinculante e mais rápida de um procedimento arbitral,[36] ou (*iv*) o Business Arbitration Scheme – BAS, oferecido pelo CIArb.[37]

Logo, ainda que a previsão sobre arbitragem, conciliação, mediação e *dispute boards* não tenha sido inédita, incorpora os avanços desde a consolidação contemporânea da arbitragem no Brasil. A autorização genérica para a utilização de outros métodos extrajudiciais abre as portas para que a Administração Pública possa construir processos de resolução de disputas mais flexíveis e complexos. Isso possibilitará que contratos públicos adotem o *Red Book* do *FIDIC*, por exemplo, cuja cláusula de resolução de conflitos é escalonada em quatro etapas, envolvendo vários dos métodos acima de maneira subsequente, sendo o *padrão de ouro* no mercado internacional de construção.

4 Arbitrabilidade objetiva e âmbito material (parágrafo único do art. 151)

Segundo o texto legal, as disputas passíveis de resolução pelos métodos referidos na Lei nº 14.133 são as que versarem sobre direitos patrimoniais disponíveis. O dispositivo não inova em relação à legislação preexistente.

O legislador adotou o critério de jurisdição *ratione materiae* do art. 1º da Lei nº 9.307[38] e aparentemente o estendeu a todos os outros métodos extrajudiciais de resolução de conflitos. Ao primeiro olhar, essa extensão de um critério consagrado pode parecer natural, pois o Brasil possui extensa doutrina e jurisprudência sobre o significado da

---

[34] MARINO, Francisco Paulo de Crescenzo. Arbitramento, arbitragem e dispute boards: o papel do terceiro na determinação do preço na opção de venda de ações. *Revista Brasileira de Arbitragem*, v. 14, Edição 54, p. 7-27, 2017. Disponível em: http://www.kluwerlawonline.com/api/Product/CitationPDFURL?file=Journals%5CRBA%5CRBA2017019.pdf. Acesso em: 12 ago. 2022.

[35] JAEGER, Axel-Volkmar; HÖK, Götz Sebastian. *FIDIC – A Guide for Practitioners*. Berlim: Springer, 2010.

[36] TAMMINEN, Anna-Maria. SCC Express: a shortcut or a detour? *Kluwer Arbitration Blog*, 2021.

[37] CIArb. *What is the Business Arbitration Scheme.* Disponível em: https://www.ciarb.org/disputes/schemes/business-arbitration-scheme/. Acesso em: 14 ago. 2022.

[38] DE DEUS, Adriana Regina Sarra. Arbitrabilidade Objetiva e Administração Pública: quais matérias podem ser arbitradas? *Revista Brasileira de Arbitragem*, v. 18, issue 72, p. 10-46, 2021. Disponível em: https://kluwerlawonline.com/journalarticle/Revista+Brasileira+de+Arbitragem/18.1/RBA2021042. Acesso em: 14 ago. 2022.

expressão, inclusive em contratos públicos.[39] Contudo, cabem alguns esclarecimentos, especialmente no que se refere à mediação.

A Lei de Mediação (Lei nº 13.140) permite mediação sobre "conflito que verse sobre direitos disponíveis ou sobre direitos indisponíveis que admitam transação". Não há exigência de que o objeto da disputa tenha faceta patrimonial. Além disso, permite a mediação sobre direitos indisponíveis, apenas a sujeitando à homologação em juízo com oitiva do Ministério Público,[40] ou seja, a mediação, em regra, tem escopo mais amplo do que a arbitragem, abarcando uma série de possíveis conflitos que talvez não pudessem ser resolvidos em um procedimento arbitral.

Enquanto a previsão do art. 151 da lei nº 14.133 fortalece alguns métodos como arbitragem e *dispute boards*, sua leitura literal poderia implicar alguma limitação ao âmbito material de aplicação da mediação nos termos da Lei nº 13.140. A interpretação seria inadequada. Deve prevalecer a especialidade da Lei nº 13.140, que disciplina de modo específico a mediação e lhe dá a importante missão de facilitar a solução consensual de conflitos complexos, os quais transcendem a patrimonialidade e a disponibilidade, mas devam ainda assim ser resolvidos consensualmente a partir da intervenção de um terceiro imparcial e especializado. Não haveria sentido em se pretender ler em um dispositivo ampliativo como o art. 151 da Lei nº 14.133 uma restrição indireta a mecanismo de tamanho alcance prático.

Por outro lado, o art. 151 não traz nenhuma novidade sobre a discussão acerca da arbitrabilidade objetiva com base na existência de controvérsia relativa a direitos patrimoniais disponíveis. O tema já foi amplamente discutido pela doutrina, inclusive por um dos autores deste estudo.

O parágrafo único do art. 151 da Lei nº 14.133 encerra a discussão. Além de reiterar o critério de disponibilidade e patrimonialidade, traz rol exemplificativo, permitindo a resolução de "questões relacionadas ao restabelecimento do equilíbrio econômico-financeiro do contrato, ao inadimplemento de obrigações contratuais por quaisquer das partes e ao cálculo de indenizações". Para efeitos práticos, a maior parte dos conflitos envolvendo contratos públicos enquadra-se em uma dessas hipóteses ou é comparável a elas.

5 Publicidade e natureza da arbitragem (art. 152)

O art. 153 prevê que a arbitragem será sempre de direito e respeitará o princípio da publicidade, reproduzindo o art. 1º, §3º da Lei de Arbitragem, adicionado em 2015 durante a reforma da Lei de Arbitragem.

Ao contrário do que foi feito com o escopo das disputas passíveis de sujeição aos meios extrajudiciais do art. 151, aqui a exigência de publicidade não foi estendida aos demais métodos, mas se manteve (corretamente) restrita à arbitragem. Nos termos

---

[39] *ibid.*

[40] Lei nº 13.140 de 2015. Art. 3º Pode ser objeto de mediação o conflito que verse sobre direitos disponíveis ou sobre direitos indisponíveis que admitam transação. §1º A mediação pode versar sobre todo o conflito ou parte dele. §2º O consenso das partes envolvendo direitos indisponíveis, mas transigíveis, deve ser homologado em juízo, exigida a oitiva do Ministério Público.

da lei nº 14.133, as mediações, comitês de prevenção e resolução de disputas e outros métodos não se sujeitam ao princípio da publicidade.

Como dito anteriormente, a Lei nº 14.133 incorporou por referência a regulamentação legal das mediações contida na Lei nº 13.140. Ao fazer isso sem ressalvas, incorporou também os ditames de confidencialidade contidos nos arts. 30 e 31 de dita lei. Ao contrário do que acontece com outros procedimentos, a confidencialidade para os procedimentos de mediação é um princípio legal, cujo cumprimento é essencial para manter a negociação eficiente e fluida, permitindo que se atinja um acordo:[41]

> A confidencialidade é um poderoso aspecto da mediação, pois permite às partes e ao mediador que discutam francamente fatos, questões e possíveis opções de acordo. O objetivo da confidencialidade na mediação é proteger a comunicação da divulgação externa ao processo. Ela também busca proteger as comunicações de serem divulgadas dentro do processo quando informação sensível for fornecida ao mediador em caucus.[42]

Enquanto o legislador previu a publicidade da arbitragem tanto na Lei nº 9.307 quanto na Lei nº 14.133, não fez algo semelhante em relação à mediação, levando à conclusão de que essa não incidirá sobre o procedimento autocompositivo, ou ao menos não como com a mesma abrangência da arbitragem. Em consonância com esse entendimento, a Portaria nº 11/2020 da Procuradoria-Geral da União estabeleceu no art. 13, inc. I, ao regular a celebração de acordos para extinguir débitos da união, que o procedimento será mantido em "sigilo em relação *às* informações produzidas no curso do procedimento, inclusive o teor da proposta oferecida e dos documentos anexos, que não poderão ser divulgados ou utilizados para fins diversos daqueles previstos pelos envolvidos".

Alguns autores argumentam pela publicidade do procedimento de mediação com a Administração Pública,[43] outros pela confidencialidade.[44] A interpretação adequada para manter o princípio constitucional da publicidade sem prejudicar a mediação e o princípio legal da confidencialidade é a da publicidade diferida. O acordo torna-se público somente após o encerramento do procedimento de mediação e o termo de encerramento, se não acordo, fará parte de eventual arbitragem ou ação judicial, sujeitas a publicidade nos termos dos seus regimes próprios.

---

[41] BOULLE, Laurence; RYCROF, Allan. *Mediation*: Principles, Process, Practice. Toronto: Butterworths, 1998; FREEDMAN, Lawrence R.; PRIGOFF, Michael L. *Confidentiality in Mediation*: The Need for Protection. Ohio St. J. on Disp. Resol. 37, 1986.

[42] SALVO, Sílvia di. *Mediação na Administração Pública brasileira*. São Paulo: Almedina, 2018. p. 90.

[43] LEATHERBURY, Thomas; COVER, Mark. *Keeping Public Mediation Public*: Exploring the Conflict between Confidential Mediation and Open Government, 46 SMU L. Rv. 2221 (1993). Disponível em: https://scholar.smu.edu/smulr/vol46/iss5/14. Acesso em: 16 maio 2020; e JACQUES, Marcelo Dias *et al.* Patologias corruptivas no tratamento de conflitos: a mediação na Administração Pública sob quarentena. *UNS – Universidade de Santa Cruz*, 2016. Disponível em: https://online.unisc.br/acadnet/anais/index.php/sidspp/article/view/16118/4009. Acesso em: 14 ago. 2022.

[44] SALVO, Sílvia di. *Mediação na Administração Pública brasileira*. São Paulo: Almedina, 2018. p. 90; e CUÉLLAR, Leila *et al*. Administração Pública e mediação: notas fundamentais. *Revista de Direito Público da Economia RDPE*, v. 16, n. 61, p. 119-146, jan./mar. 2018.

Quanto à arbitragem, o consenso é que o dever de publicidade em procedimentos arbitrais recai sobre o ente da Administração Pública envolvido.[45] O enunciado 15 da I Jornada de Direito Administrativo, do Conselho da Justiça Federal contém a seguinte orientação:

> A Administração Pública promoverá a publicidade das arbitragens da qual seja parte, nos termos da Lei nº 12.527/2011 (Lei de Acesso à Informação).

Nessa mesma linha, no Rio de Janeiro, o art. 13, §2º, do Decreto nº 46.245/2018 estabelece que cabe à Procuradoria do Estado disponibilizar os autos do procedimento arbitral a interessados. A instituição arbitral poderia informar apenas "a existência da arbitragem, a data do requerimento de arbitragem, o nome das partes, o nome dos *árbitros* e o valor envolvido" (art. 13, §5º). Já em São Paulo, o art. 12, §2º do Decreto nº 64.356 prevê que a Procuradoria do Estado deverá disponibilizar "os atos do procedimento arbitral na rede mundial de computadores". O decreto paulista vai além e coloca restrições à publicidade, já delimitando que as audiências "do procedimento arbitral poderão ser reservadas aos *árbitros*, secretários do Tribunal Arbitral, partes, respectivos procuradores, testemunhas, assistentes técnicos, peritos, funcionários da câmara arbitral e pessoas previamente autorizadas pelo Tribunal Arbitral".

Evidentemente, decretos estaduais e leis municipais que versem sobre arbitragem com a Administração Pública devem ser interpretados com cautela. A União tem competência exclusiva para legislar sobre matéria processual e competência para normas gerais em contratações administrativas. Leis e decretos de estados e municípios, portanto, não regulam a arbitragem em si, exceto nos limites da competência concorrente para a disciplina das contratações administrativas. Regulam principalmente o comportamento de pessoas jurídicas de direito público daquela circunscrição enquanto contratantes, colocando limites para sua atuação durante a celebração e execução de contratos, inclusive a convenção de arbitragem.

No âmbito federal, o art. 3º, IV, do Decreto nº 10.025/2019 prevê que "as informações sobre o processo de arbitragem serão públicas, ressalvadas aquelas necessárias à preservação de segredo industrial ou comercial e aquelas consideradas sigilosas pela legislação brasileira".

6 Aditamento de contratos (art. 153)

A ausência de previsão de meios extrajudiciais de resolução de disputas no edital ou contrato não impede que o contrato seja posteriormente aditado para introduzir essa previsão. Tanto para a arbitragem quanto para os demais métodos, a principal função é evitar ou resolver conflitos que tenham surgido entre as partes. Não há alteração dos direitos e obrigações contidos na avença principal, muito menos vantagem indevida

---

[45] VASCONCELOS, Ronaldo; ZOTTARELLI, Mateus Pires. Publicidade Na Arbitragem Com a Administração Pública: Seis Anos Da Lei Nº 13.129/2015 e Consolidação Do Instituto. *Revista Brasileira de Arbitragem*, v. 18, ed. 70, p. 7-19, 2021.

ao particular. Aditar o contrato para prever, por exemplo, uma cláusula escalonada de mediação e arbitragem terá como efeito apenas a forma de extinguir litígios existentes. A bem da verdade, a Administração Pública pode inclusive assinar compromisso arbitral após o surgimento do conflito sem necessidade de previsão no contrato ou no edital.

O Superior Tribunal de Justiça possui precedente de 2011 autorizando que a arbitragem seja escolhida após a assinatura do contrato:

> O fato de não haver previsão da arbitragem no edital de licitação ou no contrato celebrado entre as partes não invalida o compromisso arbitral firmado posteriormente. A previsão do juízo arbitral, em vez do foro da sede da administração (jurisdição estatal), para a solução de determinada controvérsia, não vulnera o conteúdo ou as regras do certame.
>
> A cláusula de eleição de foro não é incompatível com o juízo arbitral, pois o âmbito de abrangência pode ser distinto, havendo necessidade de atuação do Poder Judiciário, por exemplo, para a concessão de medidas de urgência; execução da sentença arbitral; instituição da arbitragem quando uma das partes não a aceita de forma amigável.[46]

O art. 153 da Lei nº 14.133 novamente incorpora a jurisprudência do Superior Tribunal de Justiça. Usa o raciocínio criado para a arbitragem e o estende aos demais meios extrajudiciais de resolução de disputas, inclusive aqueles autocompositivo ou estritamente contratuais.

O dispositivo é importante para o período inicial de vigência da Lei nº 14.133 porque afasta qualquer dúvida sobre se as regras dos arts. 151 a 154 poderiam ser aplicadas a contratos preexistentes. São aplicáveis tanto porque são mera reprodução do regime anterior quanto nas suas poucas novidades, com base no art. 153.

7 O processo de escolha dos árbitros e membros de *dispute board* (art. 154)

O art. 154 é certamente o que trouxe um detalhamento mais evidente, embora também não contenha inovações significativas em relação à prática anterior. Ele prevê que a escolha "dos árbitros, dos colegiados arbitrais e dos comitês de resolução de disputas observará critérios isonômicos, técnicos e transparentes".

Esse tipo de delimitação expressa sobre a escolha de profissionais para esses procedimentos é inédito. Tanto a delimitação do escopo do artigo quanto a descrição dos critérios de escolha de árbitros e integrantes de *dispute boards* possuem peculiaridades analisadas adiante.

7.1 Escopo do art. 154

Aqui, cabem três anotações.

---

[46] BRASIL. STJ. *REsp. 904.813/PR Rel*. Min. Nancy Andrighi, j. 20.10.2010, v.u., DJe 28.02.2012. Votaram com a relatora os Ministros Massami Uyeda, Paulo De Tarso Sanseverino e Ricardo Villas Bôas Cueva.

Primeiro, enquanto o art. 154 regula o critério de escolha dos profissionais em procedimentos de arbitragem e em comitês de resolução de disputas, não fala sobre a mediação ou conciliação, citadas anteriormente no art. 151. Os critérios impostos pelo legislador atingem expressamente somente os procedimentos heterocompositivos, ou potencialmente heterocompositivos, sendo inaplicáveis de modo expresso a mediadores e conciliadores. A limitação do texto legal não impede que critérios similares sejam também estendidos à escolha de mediadores e conciliadores, cuja atuação eficiente – embora não abranja a produção de decisões vinculantes – depende da presença de características pessoais e profissionais similares às referidas no art. 154 para árbitros e integrantes de *dispute boards*. Desse modo, nada impede que se leia o art. 154 de modo abrangente para que a escolha de mediadores, integrantes de *dispute boards* e conciliadores seja pelo menos orientada pelos mesmos critérios.

Segundo, o art. 154 dispõe sobre o processo de escolha dos árbitros, mas também de "colegiados arbitrais", expressão inexistente na Lei de Arbitragem e não utilizada na doutrina ou jurisprudência das cortes superiores no Brasil. Duas interpretações são possíveis: (i) o colegiado arbitral seria o tribunal arbitral (ii) ou a instituição administradora da arbitragem, caso existente. O primeiro é referido na Lei de Arbitragem como "Tribunal" e "Tribunal Arbitral", enquanto o segundo, como "órgão arbitral institucional" ou "entidade especializada". A utilização de expressão nova quando já existem termos em lei pode causar dubiedade no escopo de aplicação dos critérios do art. 154. Usamos parecer de Carlos Alberto Carmona para demonstrar a possível confusão causada por esses termos:

> Seja judicial, seja extrajudicial, "tribunal", grosso modo, indica um colegiado, e nesse contexto não há como negar que uma entidade que administra arbitragens pode empregar – sem enganar ninguém – a terminologia em questão. E como visto acima, tanto o Legislador Constitucional, quanto o ordinário, usou o termo para nomear órgão não judicial.
>
> (...) a legislação do Uruguai, do Paraguai, da Argentina e da Alemanha, por exemplo, "tribunal arbitral" é termo que se reporta aos árbitros, enquanto na Espanha (tanto na legislação antiga quanto na nova) optou-se por usar o termo colégio arbitral para indicar os árbitros, reservando-se o termo "tribunal" para indicar órgão da jurisdição estatal.[47]

No Brasil o termo "colegiado arbitral" não é usado para denominar nem tribunal arbitral nem a entidade administradora da arbitragem.

A interpretação mais plausível, usando a discussão histórica subjacente à edição da Lei nº 14.133, é que o diploma se refira à indicação do órgão arbitral institucional destinado à administração do procedimento arbitral. O dispositivo elimina definitivamente a polêmica sobre o modo de indicação de instituições arbitrais pela Administração Pública, objeto de estudo seminal de Marçal Justen Filho de 2016.[48]

O enunciado 210 da Jornada de Prevenção e Solução Extrajudicial de Litígios, aprovado em 2021, também endereça o tema:

---

[47] CARMONA, Carlos Alberto. *Parecer sobre Inexistência de impedimento, por conta da denominação social, de aceitar a filiação da instituição ao CONIMA*, 2006.

[48] JUSTEN FILHO, Marçal. Administração Pública e Arbitragem: O Vínculo Com a Câmara de Arbitragem e Os Árbitros. *Revista Brasileira da Advocacia*, n. 1, p. 103-150, abr./jun. 2016.

No sentido de viabilizar a mediação de conflitos entre particulares e a Administração Pública, entre outras maneiras de prestação desse serviço, é possível o credenciamento de mediadores e câmaras de mediação privados, convênios com Tribunais e entidades de classe, observados os requisitos adequados de contratação e de remuneração.

O credenciamento de instituições arbitrais é o mecanismo que se consolidou na prática administrativa após 2016 (com a edição da Medida Provisória 752 e da Lei nº 13.448) para a eleição de uma instituição administradora para possíveis procedimentos. A Administração Pública elege critérios para a realização do cadastro das instituições com quem concorda submeter seus litígios e, posteriormente, o critério para escolha de uma instituição em desfavor de outra. No estado de Minas Gerais, por exemplo, a Lei Estadual nº 19.477/11 explicita que a escolha da instituição de arbitragem se dá por contratação direta mediante prévio cadastramento. Naquela Lei, o árbitro deve ser membro da câmara arbitral inscrita no cadastro geral de fornecedores do estado.

Procedimentos semelhantes foram estabelecidos em outros estados. Em Pernambuco, por exemplo, a Lei nº 15.627, de 2015, regulou os critérios mínimos para a escolha de instituições arbitrais. O decreto nº 46.425/2018 do Rio de Janeiro,[49] o Decreto 64.356 de 2019 de São Paulo e o Decreto nº 55.996 de 2021 do Rio Grande do Sul estabelecem o procedimento de cadastramento de instituição de arbitragem. O credenciamento também foi adotado pela Advocacia Geral da União em 2021, por meio de sua Portaria nº 21, de 22 de julho de 2021, que deu aplicação ao Decreto nº 10.025. O art. 154 incorpora e confirma o procedimento que se vem consolidando de um cadastramento ou credenciamento de instituições arbitrais.

7.2 Critérios do art. 154

Por fim, o art. 154 estabelece que a escolha dos profissionais e instituições observará critérios isonômicos, técnicos e transparentes, dicção não antes utilizada em lei. Retornamos à temática inicial do trabalho: esses parâmetros foram criados do zero ou incorporados a partir dos avanços verificados especialmente a partir de 2015?

Como exposto, a arbitragem está sujeita à Lei nº 9.307, enquanto os *dispute boards* não estão regulamentados no plano federal ou estadual, apenas em poucos municípios, ficando sujeitos à liberdade contratual das partes.

Ao tratar da posição jurídica de árbitro, a Lei nº 9.307 delimita apenas que o tribunal arbitral deverá ter número ímpar de membros e que árbitros serão pessoas capazes e de confiança das partes.[50] Segundo o art. 13 §3º, o processo de indicação dos árbitros pode ser escolhido de comum acordo pelas partes, podendo elas "adotar as

---

[49] MACHADO, Fabiana Morais Braga. Arbitragem No Estado Do Rio de Janeiro: breves Comentários ao Decreto nº 46.245, de 19 de fevereiro de 2018. *Revista Brasileira de Arbitragem*, 2018. Disponível em: http://www.kluwerlawonline.com/api/Product/CitationPDFURL?file=Journals%5CRBA%5CRBA2018016.pdf. Acesso em: 14 ago. 2022.

[50] Lei de arbitragem. Art. 13. Pode ser árbitro qualquer pessoa capaz e que tenha a confiança das partes. §1º As partes nomearão um ou mais árbitros, sempre em número ímpar, podendo nomear, também, os respectivos suplentes. §2º Quando as partes nomearem árbitros em número par, estes estão autorizados, desde logo, a nomear mais um árbitro. Não havendo acordo, requererão as partes ao órgão do Poder Judiciário a que tocaria,

regras de um *órgão* arbitral institucional ou entidade especializada". Não há mais que isso. O processo de indicação, portanto, pode ser criado diretamente pelas partes ou adotado das regras de uma instituição arbitral. A nomeação dos membros dos Comitês de Resolução de Disputas, por ser inteiramente contratual, também parte de premissas semelhantes. O processo de nomeação pode estar previsto no contrato, ser criado pelas partes após a assinatura ou adotado de alguma instituição administradora como a CCI[51] ou o CAM-CCBC.[52]

O art. 154 é conceitualmente rigoroso ao não tratar do processo de escolha dos profissionais e instituições, mas dos critérios que o informam. Esses é que devem ser transparentes, isonômicos e técnicos. O texto legal é muito preciso ao estabelecer que o processo de escolha observará *critérios* transparentes, isonômicos e técnicos, sem prever requisitos procedimentais específicos.

Em outras palavras, a lei não supõe que as partes, em arbitragens oriundas de contratos administrativos, devam explicitar em procedimentos públicos as razões pelas quais escolheram determinado profissional. Pelo contrário, exige apenas que os critérios que orientam o processo de escolha devem ser isonômicos, técnicos e transparentes. Tome-se, por exemplo, o procedimento de apontamento de árbitros no CAM-CCBC ou ICC. Como regra geral, cada parte indica unilateralmente um coárbitro e os coárbitros indicam conjuntamente o árbitro presidente. Os indicados apresentam declaração de não impedimento e as partes têm igual poder de impugnar qualquer um deles. Esse procedimento está previsto nas regras de arbitragem de ambas as instituições, o que são critérios transparentes; não discrimina potenciais indicados e dá oportunidade igual para que as partes participem da indicação, daí observar critério isonômico; e reflete as melhores práticas internacionais e nacionais na escolha de árbitros, sem impedir a indicação de especialistas capacitados para a solução do litígio, o que reflete seus critérios técnicos.

Ademais, os critérios devem ser compreendidos com caráter negativo, impedindo situações gravosas que o texto legal pretende evitar. Os critérios serão transparentes se não forem secretos; serão isonômicos se não forem discriminatórios; e serão técnicos se não forem subjetivos, mas vinculados ao objeto em discussão. Interpretar que o art. 154 estará cumprido desde que os critérios não sejam secretos, subjetivos nem discriminatórios é o modo mais preciso para se dar cumprimento ao texto legal sem prejudicar a flexibilidade e eficiência própria dos meios extrajudiciais de resolução de conflitos.

8 Conclusão

A consagração expressa dos meios extrajudiciais de resolução de controvérsias na Lei nº 14.133 cristaliza avanços obtidos desde a década de 1990, traz algumas

---

originariamente, o julgamento da causa a nomeação do árbitro, aplicável, no que couber, o procedimento previsto no art. 7º desta Lei.

[51] ICC. *Regras do Conselho de Disputas*. Disponível em: https://iccwbo.org/dispute-resolution-services/dispute-boards/rules/#article_7. Acesso em: 14 ago. 2022.

[52] CAM-CCBC. *Comitê de prevenção de disputas e soluções*: placas de disputa. Disponível em: https://ccbc.org.br/cam-ccbc-centro-arbitragem-mediacao/en/dispute-boards/. Acesso em: 14 ago. 2022.

novidades com efeitos práticos importantes e assenta as bases para a utilização cada vez mais frequente e eficiente da arbitragem, mediação, conciliação e *dispute boards* nos contratos administrativos.

Os arts. 151 a 154 consolidaram o uso de meios extrajudiciais de solução de disputas em contratos administrativos, trazendo mais segurança para particulares em e entes da Administração Pública na utilização dos instrumentos mais adequados para a resolução de conflitos. Confirmam o Brasil como um ambiente moderno e seguro para as contratações públicas, alinhado à prática internacional, o que favorece o desenvolvimento nacional e o crescimento econômico.

Referências

ACCIOLY, João Pedro. Arbitragem e Administração Pública: um panorama global. *Revista Digital De Direito Administrativo*, v. 5, n. 1, p. 1-31, jan. 2018. Disponível em: https://www.revistas.usp.br/rdda/article/view/138002. Acesso em: 12 ago. 2022.

AVES, Roberta; REIS, Luciano Elias. A consolidação da arbitragem nos contratos administrativos com a nova lei de licitações: efetividade ou risco ao interesse público? *Soluções Autorais*, Ano 4, out. 2021. Disponível em: https://rcl.adv.br/site/wp-content/uploads/2021/10/43-SLC-Outubro-2021-Solu%C3%A7%C3%B5es-Autorais-5.pdf. Acesso em: 12 ago. 2022.

BOULLE, Laurence; RYCROF, Allan. *Mediation*: Principles, Process, Practice. Toronto: Butterworths, 1998.

BRASIL. STJ. *AgRg no MS 11.308/DF*, rel. Min. Luiz Fux, DJ 14.08.2006.

BRASIL. STJ. *EDcl no AgRg no MS 11.308/DF*, rel. Min. Luiz Fux, DJ 30.10.2006.

BRASIL. STJ. *REsp 612.345/RS*, rel. Min. João Otávio Noronha, DJ 14.09.2006.

BRASIL. STJ. *REsp 612.439/RS*, rel. Min. João Otávio Noronha, DJ 14.09.2006.

BRASIL. STJ. *REsp 1569422 RJ 2015/0177694-9*, Relator: Ministro MARCO AURÉLIO BELLIZZE, Data de Julgamento: 26/04/2016, T3, TERCEIRA TURMA, Data de Publicação: DJe 20.05.2016.

BRASIL. STJ. *REsp. 904.813/PR Rel.* Min. Nancy Andrighi, j. 20.10.2010, v.u., DJe 28.02.2012.

BRENT, Richard. The Alabama Claims Tribunal: The British Perspective. *International History Review*, 31 mar. 2021. Disponível em: https://www.tandfonline.com/doi/abs/10.1080/07075332.2021.1898439?tab=permissions&scroll=top. Acesso em: 12 ago. 2022.

BUENO, Júlio César. Os dispute boards na nova lei de licitações e contratos administrativos. *Portal Migalhas*, abr. 2021. Disponível em: https://www.migalhas.com.br/depeso/342966/dispute-boards-na-nova-lei-de-licitacoes-e-contratos-administrativos. Acesso em: 12 ago. 2022.

BURNADZE, Anano. The Role of the Dispute Boards In Construction Law, The Legal Nature of Decision and Peculiarity of Enforcement At The International Level.

CAM-CCBC. *Comitê de prevenção de disputas e soluções*: placas de disputa. Disponível em: https://ccbc.org.br/cam-ccbc-centro-arbitragem-mediacao/en/dispute-boards/. Acesso em: 14 ago. 2022.

CARMONA, Carlos Alberto. *Parecer sobre Inexistência de impedimento, por conta da denominação social, de aceitar a filiação da instituição ao CONIMA.* 2006.

CARVALHO, Guilherme. As Medidas Conciliatórias Da Nova Lei de Licitações. *Consultor Jurídico*, 30 abr. 2021. Disponível em: https://repositorio.ufsc.br/bitstream/handle/123456789/222976/As%20medidas%20conciliat%C3%B3rias%20da%20nova%20Lei%20de%20Licita%C3%A7%C3%B5es%20-%20Guilherme%20Carvalho%20-%20Conjur.pdf?sequence=1&isAllowed=y. Acesso em: 12 ago. 2022.

CIArb. *What is the Business Arbitration Scheme.* Disponível em: https://www.ciarb.org/disputes/schemes/business-arbitration-scheme/. Acesso em: 14 ago. 2022.

CUÉLLAR, Leila *et al*. Administração Pública e mediação: notas fundamentais. *Revista de Direito Público da Economia RDPE*, v. 16, n. 61, p. 119-146, jan./mar. 2018.

DE DEUS, Adriana Regina Sarra. Arbitrabilidade Objetiva e Administração Pública: quais matérias podem ser arbitradas? *Revista Brasileira de Arbitragem*, v. 18, issue 72, p. 10-46, 2021. Disponível em: https://kluwer-lawonline.com/journalarticle/Revista+Brasileira+de+Arbitragem/18.1/RBA2021042. Acesso em: 14 ago. 2022.

EL-SEWAFY, Tarek S.; WALY, Ahmed F.; EL-MONAYERI, Ola D. Framework for the Successful Implementation of Dispute Boards in Construction Projects. *Journal of Legal Affairs and Dispute Resolution in Engineering and Construction*, v. 14, Issue 1 (February 2022).

FAR – *Federal Acquisition Regulations*. An official website of the United States Government. Disponível em: https://www.acquisition.gov/far/part-33#FAR_33_214. Acesso em: 12 ago. 2022.

FORTINI, Cristiana. Dispute Boards: na nova Lei de Licitações e em leis municipais. *Consultor Jurídico*, 24 jun. 2021. Disponível em: https://www.conjur.com.br/2021-jun-24/interesse-publico-dispute-boards-lei-licitacoes-leis-municipais#:~:text=Os%20%E2%80%9Cdispute%20boards%E2%80%9D%2C%20denomina%C3%A7%C3%A3o,problemas%20nascidos%20da%20rela%C3%A7%C3%A3o%20contratual. Acesso em: 12 ago. 2022.

FRANKE, Ulf; MAGNUSSON, Annett; DAHLQUIST CULLBORG, Joel. *Arbitrating for Peace*: How Arbitration Made a Difference. Alphen aan den Rijn: Wolters Kluwer, 2016.

FREEDMAN, Lawrence R.; PRIGOFF, Michael L. *Confidentiality in Mediation*: The Need for Protection. Ohio St. J. on Disp. Resol. 37, 1986.

GOULD, Nicholas; MCCREA, Robbie. Dispute Boards: Trends, Observations, Developments and Procedures. *Construction Arbitration and Alternative Dispute Resolution* (Informa Law from Routledge 2021).

ICC. *Regras do Conselho de Disputas*. Disponível em: https://iccwbo.org/dispute-resolution-services/dispute-boards/rules/#article_7. Acesso em: 14 ago. 2022.

JOHNSON JR., O Thomas; GIMBLETT, Jonathan. From Gunboats to BITs: The Evolution of Modern International Investment Law. *Yearbook on International Investment Law & Policy 2010-2011*, v. 649, 2011.

JACQUES, Marcelo Dias *et al*. Patologias corruptivas no tratamento de conflitos: a mediação na Administração Pública sob quarentena. *UNS – Universidade de Santa Cruz*, 2016. Disponível em: https://online.unisc.br/acadnet/anais/index.php/sidspp/article/view/16118/4009. Acesso em: 14 ago. 2022.

JAEGER, Axel-Volkmar; HÖK, Götz Sebastian. *FIDIC* – A Guide for Practitioners. Berlim: Springer, 2010.

JUSTEN FILHO, Marçal. Administração Pública e Arbitragem: O Vínculo Com a Câmara de Arbitragem e Os Árbitros. *Revista Brasileira da Advocacia*, n. 1, p. 103-150, abr./jun. 2016.

LEATHERBURY, Thomas; COVER, Mark. *Keeping Public Mediation Public*: Exploring the Conflict between Confidential Mediation and Open Government, 46 SMU L. Rv. 2221 (1993). Disponível em: https://scholar.smu.edu/smulr/vol46/iss5/14. Acesso em: 16 maio 2020.

MACHADO, Fabiana Morais Braga. Arbitragem No Estado Do Rio de Janeiro: breves Comentários ao Decreto nº 46.245, de 19 de fevereiro de 2018. *Revista Brasileira de Arbitragem*, 2018. Disponível em: http://www.kluwerlawonline.com/api/Product/CitationPDFURL?file=Journals%5CRBA%5CRBA2018016.pdf. Acesso em: 14 ago. 2022.

MARINO, Francisco Paulo de Crescenzo. Arbitramento, arbitragem e dispute boards: o papel do terceiro na determinação do preço na opção de venda de ações. *Revista Brasileira de Arbitragem*, v. 14, Edição 54, p. 7-27, 2017. Disponível em: http://www.kluwerlawonline.com/api/Product/CitationPDFURL?file=Journals%5CRBA%5CRBA2017019.pdf. Acesso em: 12 ago. 2022.

MEIRELLES, hely Lopes. *Estudos e pareceres de direito público*. São Paulo: Editora Revista dos Tribunais, 1991.

MONTEIRO, Andre Luis; RODRIGUES, Marco Antonio. Arbitration and Public Contracts in Brazil: The New Government Procurement Act. *Kluwer Arbitration Blog*, may 7, 2021.

MORAES, Henrique Choer; HEES, Felipe. *Breaking the BIT Mold*: Brazil's Pioneering Approach to Investment Agreements. 112 AJIL Unbound 197, 2018. Disponível em: https://www.cambridge.org/core/article/breaking-the-bit-mold-brazils-pioneering-approach-to-investment-agreements/5ED7690A4775619CEA584743D1E02FE2. Acesso em: 12 ago. 2022.

PEREIRA, Cesar. Arbitragem e Administração. *Enciclopédia Jurídica da PUC-SP*, n. pag. Print, 2017.

PEREIRA, Cesar. Arbitragem e Administração Pública: função administrativa e controle externo. *In*: DI PIETRO, Maria Sylvia Zanella; MOTTA, Fabrício (Coord.). *O Direito Administrativo nos 30 anos da Constituição*. Belo Horizonte: Fórum, 2018. p. 237-265.

PEREIRA, Cesar. A Arbitragem e os contratos da Administração Pública. *Revista Brasileira de Arbitragem*, v. 14, Edição indefinida, p. 230-234, 2017.

PEREIRA, Cesar. Desapropriação e Arbitram: Lei 13.867. *Informativo Justen, Pereira Oliveira & Talamini*, 2019.

PEREIRA, Cesar; SCHWIND, Rafael Wallbach (Coord.). *Direito Portuário Brasileiro*. 3. ed. Belo Horizonte: Fórum, 2020. p. 605-621.

SALVO, Sílvia di. *Mediação na Administração Pública brasileira*. São Paulo: Almedina, 2018. p. 90.

TAMMINEN, Anna-Maria. SCC Express: a shortcut or a detour? *Kluwer Arbitration Blog*, 2021.

TIBURCIO, Carmem. A arbitragem envolvendo a Administração Pública. *RFD – Revista da Faculdade de Direito da UERJ*, n. 18, 2010. Disponível em: https://www.e-publicacoes.uerj.br/index.php/rfduerj/article/view/1353. Acesso em: 12 ago. 2022.

VASCONCELOS, Ronaldo; ZOTTARELLI, Mateus Pires. Publicidade Na Arbitragem Com a Administração Pública: Seis Anos Da Lei Nº 13.129/2015 e Consolidação Do Instituto. *Revista Brasileira de Arbitragem*, v. 18, ed. 70, p. 7-19, 2021.

ZAKIA, José Victor Palazzi. Um Panorama Geral Da Reforma Da Lei de Arbitragem: o que mudou com a Lei Ordinária nº 13.129/2015. *Revista Brasileira de Arbitragem*, Ano XIII, n. 51, jul/ago. 2016.

TJDFT, MS, 1998 00 2 003066-9, Rel. Des. NANCY ANDRIGHI, Conselho Especial, j. 18.05.1999 e TJDFT, Apelação 20010110027042APC, Rel Des. TEÓFILO CAETANO, 2ª Turma Cível, j. 13.08.2008.

Informação bibliográfica deste texto, conforme a NBR 6023:2018 da Associação Brasileira de Normas Técnicas (ABNT):

PEREIRA, Cesar; SOUZA, Leonardo F. Meios extrajudiciais de resolução de disputas na Lei nº 14.133/2021. *In*: HARGER; Marcelo (Coord.). *Aspectos polêmicos sobre a nova lei de licitações e contratos administrativos*: Lei nº 14.133/2021. Belo Horizonte: Fórum, 2022. p. 67-87. ISBN 978-65-5518-461-7.

O EDITAL DA LICITAÇÃO: ASPECTOS GERAIS

EDGAR GUIMARÃES

RICARDO SAMPAIO

1 A natureza jurídica e a finalidade do edital de licitação

Uma necessidade que a Administração Pública não consegue concretizar por meios e recursos próprios é a finalidade e a própria razão que legitima a celebração de qualquer contratação. Assim, a partir do momento em que se identifica uma necessidade pública a ser satisfeita por meio de terceiros, uma série de atos deverão ser praticados para que se possa viabilizar a solução pretendida.

É por essa razão que se pode afirmar que o processo de contratação pública envolve uma realidade jurídica bem mais ampla do que a licitação. Na verdade, o processo de contratação se estrutura em três fases interligadas entre si: o planejamento (fase interna), a seleção do fornecedor (fase externa) e a execução do contrato. Cada uma dessas fases possui grande relevância e finalidades específicas para a realização completa e adequada da contratação pública.

De acordo com Renato Geraldo Mendes, o processo de contratação pública pode ser entendido como "um conjunto de fases, etapas e atos estruturado de forma lógica para permitir que a Administração selecione, isonomicamente, uma pessoa capaz de satisfazer a sua necessidade pela melhor relação custo-benefício".[1]

Desse modo, depois de identificada a necessidade que motiva a contratação, cumpre à Administração, na fase de planejamento ou fase interna da contratação, definir o objeto, os termos e condições que assegurem celebrar a contratação de solução capaz de satisfazer sua demanda da forma mais vantajosa sob o ponto de vista técnico e econômico.

Na sequência, para selecionar o futuro contratado, a Constituição Federal de 1988 em seu art. 37, inciso XXI, prescreve, como regra, o dever de selecionar um fornecer por meio do devido processo licitatório.

Conforme afirmamos em obra anteriormente publicada, "Ainda que a Constituição Federal de 1988 não fizesse previsão alguma acerca da questão, surgem inúmeros fundamentos para defender que, mesmo assim, cumpriria à Administração Pública anteceder suas contratações de licitação".[2]

Nesse contexto, a licitação pode ser entendida como o processo administrativo por meio do qual a Administração Pública, assegurada a igualdade de participação a todos os possíveis interessados, seleciona a proposta mais vantajosa ao interesse público, conforme regras previamente definidas e divulgadas no seu instrumento convocatório.

Logo, para o seu processamento, exige-se a elaboração do instrumento convocatório ou edital de licitação. Trata-se de ato administrativo de natureza regulamentar, na medida em que define todo um regramento que será aplicado para o desenvolvimento da licitação e da consequente contratação dela decorrente. Dessa feita, enquanto as leis, decretos, instruções normativas, portarias etc. contém regras gerais e abstratas que devem ser observadas para o processamento das licitações e desenvolvimento dos contratos administrativos, o edital consigna normas específicas de um determinado certame.

Justamente por isso, infere-se que a fase de planejamento da contratação é marcada por certa margem de discricionariedade conferida à Administração. Com base em sua competência decisória, a Administração deve definir todas as condições necessárias para assegurar a satisfação da sua necessidade da forma mais vantajosa. De outra sorte, na fase externa, essa discricionariedade é praticamente reduzida a zero, pois uma vez publicadas, as regras e condições definidas pelo edital vinculam tanto a Administração quanto os licitantes.

Não por outro motivo, assistia razão Hely Lopes Meirelles ao afirmar que "O edital é a lei interna da licitação, e, como tal, vincula aos seus termos tanto os licitantes como a Administração que o expediu".[3]

De acordo com lição de Celso Antonio Bandeira de Mello, o ato convocatório da licitação cumpre as seguintes finalidades: a) dá publicidade à licitação; b) identifica

---

[1] MENDES, Renato Geraldo. *O regime jurídico da contratação pública*. Curitiba: Zênite, 2008. p. 14.

[2] "Isso se deve ao fato de que é possível categorizar a licitação como um resultado, um produto, do princípio republicano. É que, dentro de um ideário republicano, não seria admissível que os negócios realizados em nome e nos interesses da res publica o fossem conforme a livre escolha dos agentes incumbidos de zelar por ela. É natural, para não dizer lógico e coerente com a opção republicana, que essa escolha fosse realizada de modo impessoal, fundamentado em justificativas decorrentes da aplicação de critérios de seleção previamente detalhados e levados ao conhecimento de todos os possíveis interessados" (GUIMARÃES, Edgar e SAMPAIO, Ricardo. *Dispensa e inexigibilidade de licitação*: Aspectos jurídicos à luz da Lei nº 14.133/2021. Rio de Janeiro: Forense, 2022. p. 4.)

[3] MEIRELLES, Hely Lopes. *Direito administrativo brasileiro*. 25. ed. São Paulo, Malheiros, 2000. p. 256.

o objeto licitado e delimita o universo das propostas; c) circunscreve o universo de proponentes; d) estabelece os critérios para análise e avaliação dos proponentes e propostas; e) regula os atos e termos processuais do procedimento; f) fixa as cláusulas do futuro contrato.[4]

1.1 A importância do edital e seu caráter vinculativo

Dessume-se que o edital cumpre papel de fundamental importância em qualquer licitação, na medida em que todos os atos que venham a ser praticados no curso do certame deverão estar em consonância com as regras ali estabelecidas. E nem poderia ser diferente, afinal, não seria concebível a Administração fixar determinada regra no edital e, no decorrer da licitação, ignorar ou simplesmente modificar o que foi estabelecido.

Em consonância com essas razões, o princípio da vinculação ao instrumento convocatório assume papel relevante no processamento das licitações e, como ensina Carlos Ari Sundfeld, esse princípio cumpre triplo objetivo:

> De um lado, aferra a Administração ao Direito, na medida e em que a sujeita ao respeito de seus próprios atos. De outro, impede a criação de etapas ad hoc ou a eleição, depois de iniciado o procedimento, de critérios de habilitação ou julgamento destinados a privilegiar licitantes. Por fim, evita surpresas para estes, que podem formular suas propostas com inteira ciência do que deles pretende o licitador. Após o início da licitação, a *única* surpresa para os licitantes deve ser quanto ao conteúdo das propostas de seus concorrentes.[5]

Por essa razão, se o ato convocatório de uma licitação for mal elaborado ou contiver imperfeições ou obscuridades, seguramente o que se deve esperar são impugnações, representações ao Tribunal de Contas e, ainda, a possível judicialização, seguida de ordem judicial para paralisar o certame, o que determina que a competição estará fadada ao insucesso, não chegando ao seu termo final ou, em um cenário mais extremo, a Administração firmará um contrato desastroso.

1.2 Regras a serem observadas na elaboração do edital

Conforme entendimento destes autores, "Pelo princípio da legalidade, ao Administrador Público só *é* lícito fazer o que a lei determina. Vincula os agentes *à* lei, impedindo comportamentos a ela ofensivos ou por ela não autorizados. Esta *é* a orientação constitucional".[6]

---

[4]   BANDEIRA DE MELLO, Celso Antônio. *Curso de Direito Administrativo*. 35. ed, São Paulo: Malheiros, 2021. p. 485.

[5]   SUNDFELD, Carlos Ari. *Licitação e contrato administrativo*. 2. ed. São Paulo: Malheiros, 1994. p. 21.

[6]   GUIMARÃES, Edgar e SAMPAIO, Ricardo. *Dispensa e inexigibilidade de licitação*: Aspectos jurídicos à luz da Lei nº 14.133/2021. Rio de Janeiro: Forense, 2022. p. 18.

O administrador, portanto, não está autorizado a incluir no edital do certame qualquer dispositivo contrário às normas constitucionais, legais e regulamentares atinentes aos atos administrativos em geral, sob pena de nulidade do instrumento viciado.

Disso decorre então que, para o processamento das contratações submetidas à disciplina instituída pela Lei nº 14.133/2021, a elaboração do instrumento convocatório deve respeitar, em especial, as regras gerais contidas no seu art. 25.

Nesse tocante, destacamos, desde logo que, ao disciplinar as condições que devem ser observadas na elaboração do edital de licitação, conforme demonstraremos mais adiante, a Lei nº 14.133/2021 fez opção diferente daquela consignada pelo legislador na Lei nº 8.666/1993.

2 Base documental para elaboração do edital

O art. 17 da Lei nº 14.133/2021 define o rito procedimental ordinário que o processo licitatório deverá observar, ressaltando-se, inclusive que, nos termos do art. 29, a concorrência e o pregão seguem o mesmo rito procedimental:[7]

Art. 17. O processo de licitação observará as seguintes fases, em sequência:
I – preparatória;
II – de divulgação do edital de licitação;
III – de apresentação de propostas e lances, quando for o caso;
IV – de julgamento;
V – de habilitação;
VI – recursal;
VII – de homologação.

Nesse contexto, fica claro que a elaboração do edital e dos seus anexos constituem atos inerentes à fase preparatória do certame, o que é confirmado pela previsão contida nos incisos V e VI do art. 18 da Lei nº 14.133/2021:

Art. 18. *A fase preparatória do processo licitatório é caracterizada pelo planejamento* e deve compatibilizar-se com o plano de contratações anual de que trata o inciso VII do caput do art. 12 desta Lei, sempre que elaborado, e com as leis orçamentárias, bem como abordar todas as considerações técnicas, mercadológicas e de gestão que podem interferir na contratação, *compreendidos*:
I – a descrição da necessidade da contratação fundamentada em estudo técnico preliminar que caracterize o interesse público envolvido;
II – a definição do objeto para o atendimento da necessidade, por meio de termo de referência, anteprojeto, projeto básico ou projeto executivo, conforme o caso;
III – a definição das condições de execução e pagamento, das garantias exigidas e ofertadas e das condições de recebimento;

---

[7] "Art. 29. A concorrência e o pregão seguem o rito procedimental comum a que se refere o art. 17 desta Lei, adotando-se o pregão sempre que o objeto possuir padrões de desempenho e qualidade que possam ser objetivamente definidos pelo edital, por meio de especificações usuais de mercado".

IV – o orçamento estimado, com as composições dos preços utilizados para sua formação;

V – *a elaboração do edital de licitação*;

VI – *a elaboração de minuta de contrato, quando necessária, que constará obrigatoriamente como anexo do edital de licitação;*

VII – o regime de fornecimento de bens, de prestação de serviços ou de execução de obras e serviços de engenharia, observados os potenciais de economia de escala;

VIII – a modalidade de licitação, o critério de julgamento, o modo de disputa e a adequação e eficiência da forma de combinação desses parâmetros, para os fins de seleção da proposta apta a gerar o resultado de contratação mais vantajoso para a Administração Pública, considerado todo o ciclo de vida do objeto;

IX – a motivação circunstanciada das condições do edital, tais como justificativa de exigências de qualificação técnica, mediante indicação das parcelas de maior relevância técnica ou valor significativo do objeto, e de qualificação econômico-financeira, justificativa dos critérios de pontuação e julgamento das propostas técnicas, nas licitações com julgamento por melhor técnica ou técnica e preço, e justificativa das regras pertinentes à participação de empresas em consórcio;

X – a análise dos riscos que possam comprometer o sucesso da licitação e a boa execução contratual;

XI – a motivação sobre o momento da divulgação do orçamento da licitação, observado o art. 24 desta Lei. (destacamos)

A partir de uma análise dos elementos que devem compreender a fase preparatória do processo licitatório e, com base na compreensão de como se estrutura o processo de contratação, podemos afirmar que o edital de licitação deve ser construído a partir de informações registradas em documentos produzidos anteriormente, em especial naquele que materializa a demanda, no estudo técnico preliminar, na análise de riscos, se houver, e no termo de referência ou projeto básico.

2.1 Documento de oficialização da demanda

Ainda que a Lei nº 14.133/2021 não tenha definido um conceito ou conteúdo específico para o documento de oficialização da demanda, entendemos ser imprescindível a elaboração e juntada de tal documento ao processo de contratação.

O motivo para formarmos essa compreensão é simples: em um regime afetado pelo princípio da indisponibilidade dos recursos e interesses públicos, a única razão que legitima a celebração de um contrato por órgão ou entidade integrante da Administração Pública, o qual impõe o desembolso de recursos públicos, é a existência de uma necessidade que não pode ser satisfeita por meios e recursos próprios. E, nesse caso, tendo em vista o dever de as contratações públicas observarem os princípios da economicidade e da eficiência, é a necessidade que condiciona e legitima a definição da solução e das demais condições fixadas para a execução do ajuste.

Desse modo, a fim de viabilizar o desenvolvimento do processo, bem como permitir a realização do adequado controle sobre esse agir, impõe-se registrar formalmente a necessidade que motiva e enseja a celebração do contrato.

Essa atribuição recai sobre a área requisitante, possuidora da aludida necessidade e, nesses termos, pode descrevê-la adequadamente, com indicação de todas as regras de negócio que precisarão ser observadas no momento da definição da solução mais vantajosa. Nesse ato, a área requisitante também deverá informar, por exemplo, a quantidade do objeto a ser contratada; aspectos relacionados com os objetivos estratégicos e as necessidades corporativas do órgão ou entidade, bem como o seu alinhamento ao Planejamento Estratégico Institucional e o Plano Anual de Contratações, se houver.

Nesses termos, o documento de oficialização da demanda pode ser compreendido como aquele que contém o detalhamento da necessidade da área requisitante da solução a ser provida por meio da contratação.

2.2 Estudo técnico preliminar

O estudo técnico preliminar da contratação constitui o documento que, a partir do detalhamento da necessidade/problema a ser resolvido, descreve as análises das soluções disponíveis no mercado, considerando as condições da contratação em termos de necessidades, requisitos, alternativas, escolhas, resultados pretendidos e demais características, e com base em um estudo valorativo e comparativo dessas possíveis soluções permite uma escolha motivada com respaldo na melhor relação de viabilidade técnica e econômica da contratação.

É por meio do estudo técnico preliminar que são realizados os levantamentos necessários para posterior elaboração do termo de referência, incluindo listar/sopesar eventuais normativos incidentes; ponderar a série histórica/registros relativamente às contratações anteriores, a fim de mitigar inconsistências nos respectivos processos, bem como analisar a necessidade de classificá-los nos termos da Lei nº 12.527/2011 (Lei de Acesso à Informação). Essas análises, somadas ao conteúdo constante da oficialização da demanda, permite elaborar documento no qual conste, minimamente:

i)   a justificativa em torno da necessidade;
ii)   a referência aos instrumentos de planejamento a que estejam vinculados;
iii)   a definição dos requisitos da contratação (a exemplo de critérios de sustentabilidade, prazos de vigência etc.);
iv)   a estimativa das quantidades, acompanhadas das memórias de cálculo e dos documentos que lhe dão suporte;
v)   as estimativas preliminares de preços;
vi)   a descrição da solução como um todo;
vii)   a justificativa para o parcelamento ou não da solução;
viii) o demonstrativo dos resultados pretendidos em termos de economicidade e de melhor aproveitamento dos recursos humanos, materiais ou financeiros disponíveis;
ix)   as providências para a adequação do ambiente do órgão; e
x)   a declaração da viabilidade ou não da contratação.

Adotada essa compreensão, o estudo técnico preliminar é o documento constitutivo da primeira etapa do planejamento de uma contratação que caracteriza o interesse público envolvido e a sua melhor solução, servindo de base para a elaboração do termo de referência ou do projeto básico, conforme o caso, na hipótese de se concluir pela viabilidade da contratação.

2.3 Análise de riscos

O art. 18 da Lei nº 14.133/2021, no seu inciso X, define que a fase preparatória do processo licitatório deve compreender "a análise dos riscos que possam comprometer o sucesso da licitação e a boa execução contratual".

Ocorre, no entanto, que a Lei nº 14.133/2021 não definiu de modo detalhado como essa análise de riscos deve ser elaborada.

A fim de estabelecer um conteúdo mínimo para o exercício dessa atividade, trazemos nosso entendimento registrado em obra anterior:

> Em apertada síntese, o processo de gerenciamento de riscos consiste na identificação dos riscos que possam afetar os objetivos esperados com a contratação, na avaliação de cada um dos riscos identificados, de modo a aferir a probabilidade de eles virem a ocorrer e o impacto que promoverão, caso ocorram. A definição do nível de risco ocorre por meio da multiplicação da nota conferida à probabilidade pela nota estabelecida para o impacto. Aferido o nível de risco para cada risco identificado, a Administração deverá tratar aqueles cujo nível de risco seja superior ao apetite de risco (nível de risco que uma organização está disposta a aceitar) definido pela alta gestão do órgão ou entidade contratante. O tratamento envolverá a definição de ações para prevenir a fim de eliminar a probabilidade de os riscos identificados virem ocorrer. Os riscos para os quais a probabilidade de virem ocorrer não seja eliminada demandarão a definição de ações de contingenciamento, de modo a lidar com seus efeitos, caso venham ocorrer. Por fim, a gestão de riscos requer a indicação dos agentes, áreas, setores que ficarão responsáveis pelas ações de prevenção e pelas ações de contingenciamento.[8]

Adotada essa concepção, ressaltamos não ser possível estabelecer qualquer confusão entre a análise de riscos, prevista no art. 18, inciso X e a matriz de risco, definida no art. 6º, inciso XXVII da Lei nº 14.133/2021 como sendo uma "cláusula contratual definidora de riscos e de responsabilidades entre as partes e caracterizadora do equilíbrio econômico-financeiro inicial do contrato, em termos de *ônus* financeiro decorrente de eventos supervenientes à contratação".[9]

Em nosso sentir, a matriz de risco constitui mecanismo voltado a prevenir a formação de litígios entre as partes contratantes em razão de eventos que provoquem o desequilíbrio da equação econômico-financeira do contrato, na medida em que antecipa a solução que será adotada nesses casos, assegurando assim a manutenção do equilíbrio econômico-financeiro inicial do contrato. Por sua vez, a análise de riscos não se limita a identificar riscos que possam afetar, unicamente, a manutenção do equilíbrio da equação econômico-financeira do contrato, de forma que as medidas de prevenção e contingenciamento por ela previstos não ficam adstritos a promover a alocação da

---

[8] GUIMARÃES, Edgar e SAMPAIO, Ricardo. *Dispensa e inexigibilidade de licitação*: Aspectos jurídicos à luz da Lei nº 14.133/2021. Rio de Janeiro: Forense, 2022. p. 39.

[9] A matriz de risco também é tratada com especial atenção nos arts. 22 e 103 da Lei nº 14.133/2021.

responsabilidade pelo ônus financeiro decorrente dos riscos identificados entre os contratantes.

Na medida em que o insucesso da licitação e da execução contratual atentam contra o princípio da indisponibilidade dos interesses e recursos públicos, o qual deve orientar o exercício dessas atividades, entendemos que não obstante a Lei nº 14.133/2021 não tenha trazido disposições expressas para disciplinar a realização da análise de riscos na fase de planejamento das contratações, esse é um dever de primeira ordem para o gestor público.

Por fim, registre-se apenas que esse entendimento não implica impor ao administrador público o dever de, em todo e qualquer processo de contratação, elaborar um documento deveras complexo para atender ao dever de realizar a análise de riscos. Por óbvio que a complexidade do documento a ser elaborado deve ser compatível e será determinada pela complexidade do objeto e das circunstâncias que envolvem sua contratação.

2.4 Termo de referência ou projeto básico

Consoante prevê o art. 6º, inciso XXIII da Lei nº 14.133/2021, o termo de referência consiste em "documento necessário para a contratação de bens e serviços, que deve conter os seguintes parâmetros e elementos descritivos":

   i)   a declaração do objeto;
   ii)   a fundamentação da contratação;
   iii) a descrição da solução como um todo;
   iv)   os requisitos da contratação;
   v)   o modelo de execução do objeto;
   vi)   o modelo de gestão do contrato;
   vii) os critérios de medição e pagamento;
   viii) a forma de seleção do fornecedor;
   ix)   os critérios de seleção do fornecedor;
   x)   a estimativa detalhada de preços com a elaboração da planilha de custos, conforme o caso; e
   xi)   a adequação orçamentária.

Por sua vez, o mesmo art. 6º, no seu inciso XXV, define projeto básico como sendo o "conjunto de elementos necessários e suficientes, com nível de precisão adequado para definir e dimensionar a obra ou o serviço, ou o complexo de obras ou de serviços objeto da licitação, elaborado com base nas indicações dos estudos técnicos preliminares, que assegure a viabilidade técnica e o adequado tratamento do impacto ambiental do empreendimento e que possibilite a avaliação do custo da obra e a definição dos métodos e do prazo de execução, devendo conter os seguintes elementos".

Tendo em vista a Resolução nº 361, de 10 de dezembro de 1991, do CONFEA, dispor sobre a conceituação de Projeto Básico em Consultoria de Engenharia, Arquitetura e Agronomia, usualmente, esse documento é elaborado para disciplinar as contratações de obras e serviços de engenharia, aplicando-se o termo de referência como documento que define o planejamento das contratações de bens e serviços em geral, que não de engenharia.

Essa condição é reforçada pelo disposto no art. 7º da Resolução CONFEA nº 361, o qual exige que "Os autores do Projeto Básico, sejam eles contratados ou pertencentes ao quadro técnico do *órgão* contratante, deverão providenciar a Anotação de Responsabilidade Técnica – ART, instituída pela Lei Federal nº 6.496, de 07 de dezembro 1977, e regulamentada através de Resoluções específicas do Conselho Federal de Engenharia, Arquitetura e Agronomia – CONFEA".

Conforme se infere, muitos elementos que integram o termo de referência também constam do estudo técnico preliminar.[10]

Alguns elementos do termo de referência podem suscitar dúvida, a exemplo do modelo de execução do objeto e do modelo de gestão do contrato, para os quais o legislador não ofereceu uma descrição detalhada do seu conteúdo, limitando-se a indicar, no caso do "modelo de execução do objeto, que consiste na definição de como o contrato deverá produzir os resultados pretendidos desde o seu início até o seu encerramento" (art. 6º, inciso XXIII, "e"), e no caso do "modelo de gestão do contrato, que descreve como a execução do objeto será acompanhada e fiscalizada pelo órgão ou entidade" (art. 6º, inciso XXIII, "f").

Para nós, o modelo de execução do objeto visa pormenorizar a dinâmica do contrato, o que envolve, por exemplo, a definição de local de execução, horários, rotinas, frequência e prazo de início e periodicidade dos serviços, entre outras informações. Também é no modelo de execução que a Administração definirá a forma como serão expedidas ordens de serviço e o conteúdo pertinente (se for o caso), entre outras especificações relacionadas à execução propriamente, a exemplo do procedimento a ser adotado em transição contratual com transferência de conhecimento/tecnologia, da necessidade de capacitação e, ainda, da existência de autorização ou não para subcontratação e/ou consórcio.

Já o modelo de gestão do contrato sintetiza as ações a serem implementadas quanto ao gerenciamento da execução dos serviços, o que envolve a definição da forma de comunicação com a contratada, do modo e da estrutura que será adotada para promover a fiscalização do contrato, dos indicadores e metas e do método a ser empregado para aferir os resultados, dos registros necessários, etc. É nesse documento que a Administração definirá, justificadamente, a unidade de medida empregada, a adoção ou não de instrumento de medição do resultado (IMR), as hipóteses para glosas, as condições para rescisão contratual, a exigência de garantia contratual, entre outros.

---

[10] No tocante ao ETP, os autores deste ensaio possuem opiniões divergentes. Edgar Guimarães sustenta em outra obra anteriormente publicada que "Em razão do nível de detalhamento do estudo técnico preliminar a fase preparatória se tornará muito mais burocrática e morosa, sem contar nas dificuldades que serão enfrentadas pelas entidades públicas que não dispõem de pessoal em número suficiente para o desempenho de tais atribuições. (...) o legislador optou pelo excesso de burocracia e formalismo ao criar o estudo técnico preliminar que, a nosso ver se trata de um documento praticamente inútil que poderia ser totalmente dispensado." (GUIMARÃES, Edgar. Inovações no planejamento da fase interna das contratações. *In*: DI PIETRO, Maria Sylvia Zanella (coord.). *Licitações e contratos administrativos*: inovações da Lei 14.133/21.1. ed. Rio de Janeiro: Forense, 2021. p. 51).
Por sua vez, de acordo com Ricardo Sampaio, sendo o documento necessário para a contratação de bens e serviços, cuja finalidade é consolidar o planejamento da contratação, por ocasião da sua elaboração cumpre promover um refinamento das análises feitas por ocasião da elaboração do estudo técnico preliminar e, conforme o caso, confirmar ou revisar as escolhas e conclusões firmadas.

Com base nessa ordem de ideias, concluímos que o termo de referência ou o projeto básico, conforme o caso, deve conter de forma precisa e concreta todos os elementos necessários para finalizar o planejamento das contratações e permitir a elaboração do edital e da minuta do contrato.

3 Estrutura e conteúdo mínimo do edital

Diferentemente da Lei nº 8.666/1993, que define, claramente, a estrutura a ser observada para a elaboração do edital de licitação, a Lei nº 14.133/2021 não traz previsão similar, o que remete à análise sobre a melhor forma para se estruturar esse documento no novo regime licitatório.

3.1 Preâmbulo, corpo e anexos

O art. 40, *caput* da Lei nº 8.666/1993 deixa claro que o instrumento convocatório da licitação deve conter um preâmbulo, no qual sejam informados "o número de ordem em série anual, o nome da repartição interessada e de seu setor, a modalidade, o regime de execução e o tipo da licitação, a menção de que será regida por esta Lei, o local, dia e hora para recebimento da documentação e proposta, bem como para início da abertura dos envelopes".

Ainda, de acordo com esse dispositivo legal, o corpo do edital deve indicar, obrigatoriamente, o conteúdo descrito nos seus incisos. E, na forma prevista do seu §2º, "Constituem anexos do edital, dele fazendo parte integrante":

> I – o projeto básico e/ou executivo, com todas as suas partes, desenhos, especificações e outros complementos;
> II – orçamento estimado em planilhas de quantitativos e preços unitários; (Redação dada pela Lei nº 8.883, de 1994)
> III – a minuta do contrato a ser firmado entre a Administração e o licitante vencedor;
> IV – as especificações complementares e as normas de execução pertinentes *à* licitação.

Vê-se, assim, que a Lei nº 8.666/1993 define, com precisão, a estrutura a ser observada para a elaboração do edital de licitação, dividindo seu conteúdo em três partes: i) preâmbulo; ii) corpo; e iii) anexos.

Porém, como dissemos anteriormente, a Lei nº 14.133/2021 não traz previsão similar, ou seja, não prescreve orientação acerca da estrutura que o edital de licitação deve apresentar. Ao invés disso, o *caput* do seu art. 25 se atém a indicar, já se adianta, de modo não taxativo, o conteúdo sobre o qual deve versar o instrumento convocatório da licitação:

> Art. 25. *O edital deverá conter* o objeto da licitação e as regras relativas à convocação, ao julgamento, à habilitação, aos recursos e às penalidades da licitação, à fiscalização e à gestão do contrato, à entrega do objeto e às condições de pagamento. (destacamos.)

Não obstante o silêncio da Lei nº 14.133/2021 acerca da estrutura que o edital deve conter, julgamos possível continuar sustentando que ele deve ser formado por um corpo, com as regras e conteúdo previsto no *caput* do art. 25 em exame, e por anexos. Isso porque outros dispositivos da Lei nº 14.133/2021 aludem expressamente aos anexos do edital:

> Art. 18. A fase preparatória do processo licitatório é caracterizada pelo planejamento e deve compatibilizar-se com o plano de contratações anual de que trata o inciso VII do caput do art. 12 desta Lei, sempre que elaborado, e com as leis orçamentárias, bem como abordar todas as considerações técnicas, mercadológicas e de gestão que podem interferir na contratação, compreendidos:
>
> (...)
>
> V – a elaboração do edital de licitação;
>
> VI – a elaboração de *minuta de contrato, quando necessária, que constará obrigatoriamente como anexo do edital de licitação;* (destacamos.)
>
> Art. 25. (...)
>
> §3º *Todos os elementos do edital, incluídos minuta de contrato, termos de referência, anteprojeto, projetos e outros anexos,* deverão ser divulgados em sítio eletrônico oficial na mesma data de divulgação do edital, sem necessidade de registro ou de identificação para acesso. (destacamos.)
>
> Art. 54. A publicidade do edital de licitação será realizada mediante divulgação e manutenção do inteiro teor do *ato convocatório e de seus anexos* no Portal Nacional de Contratações Públicas (PNCP). (destacamos.)

Da mesma forma, ainda que a Lei nº 14.133/2021 não traga previsão similar àquela contida no *caput* do art. 40 da Lei nº 8.666/1993, segundo a qual o preâmbulo do edital deve informar "o número de ordem em série anual, o nome da repartição interessada e de seu setor, (...), a menção de que será regida por esta Lei, o local, dia e hora para recebimento da documentação e proposta, bem como para início da abertura dos envelopes", entendemos que outra não pode ser a conclusão.

A razão para tanto é simples: essas informações são básicas e essenciais para o processamento de qualquer certame licitatório, razão pela qual as julgamos indispensáveis.

Todavia, caso a Administração elabore o edital e não faça constar essas informações no preâmbulo propriamente dito, mas no seu corpo, não vislumbramos irregularidade alguma, afinal, como apontado, a Lei nº 14.133/2021 não prescreveu de modo pormenorizado exigências ou disposições a respeito da estrutura que deve ser observada para elaboração desse instrumento. E, desse modo, mais importante do que a forma, revela-se o conteúdo.

3.2 Cláusulas editalícias

A respeito do conteúdo do edital indicado no art. 25 da Lei nº 14.133/2021, entendemos tratar-se de um rol exemplificativo e não exaustivo. Significa dizer, outras informações, em que pese não arroladas no mencionado artigo, continuarão sendo obrigatórias.

Nesse sentido, indicamos a necessidade de a Administração informar no edital a fonte orçamentária que fará frente à despesa oriunda do futuro contrato.[11] Da mesma forma, a indicação expressa do número da licitação, do nome da repartição interessada e de seu setor e da legislação aplicada ao processamento do certame também são informações que, em que pese não constarem do rol do art. 25 da Lei nº 14.133/2021, são necessárias para conferir a devida segurança jurídica para o processamento do certame licitatório.

Enfrentada a situação sob esse enfoque, em nosso sentir, mesmo diante do silêncio da Lei nº 14.133/2021, é possível concluir ser conveniente e oportuno manter a estrutura "preâmbulo – corpo – anexos" para elaboração do edital de licitação.

E, adotada essa fórmula, o preâmbulo deve conter as informações gerais pertinentes ao certame, tais como a identificação do processo licitatório, o nome da repartição interessada e de seu setor e a indicação da legislação que será aplicada para o desenvolvimento do procedimento.

Já no corpo do edital deverão constar as regras que serão aplicadas para o processamento propriamente dito do certame, devendo-se entender o conteúdo indicado no *caput* do art. 25 da Lei nº 14.133/2021 como sendo mínimo indispensável, mas que, dada a finalidade do instrumento convocatório, requer complementação, de modo que as seguintes informações, de igual forma, sejam contempladas:

a) o objeto da licitação;

b) as regras relativas à convocação para participar da licitação;

c) condições de participação, elencando, de modo taxativo e expresso, quem não poderá disputar licitação ou participar da execução de contrato, direta ou indiretamente;

d) regras relativas ao processamento do certame, especialmente a indicação do meio no qual o certame ocorrerá (presencial ou eletrônico) e da modalidade de licitação adotada;

e) regras a respeito do processamento da disputa e julgamento das propostas, com especial atenção para a indicação do modo de disputa e do critério de julgamento;

f) critérios que serão aplicados para o exame de aceitabilidade e exequibilidade das propostas;

g) requisitos para habilitação;

h) condições para interpor impugnações ao edital, bem como recursos em face das decisões proferidas;

i) prazo e condições para assinatura do contrato ou retirada do instrumento equivalente;

j) as penalidades que serão aplicadas em razão da prática de infrações no curso da licitação e no curso da execução contratual;

k) os procedimentos que serão adotados para a fiscalização e a gestão do contrato;

---

[11] Tal orientação é confirmada pela disposição constante do artigo 150, assim encontrado: Art. 150. Nenhuma contratação será feita sem a caracterização adequada de seu objeto e sem a indicação dos créditos orçamentários para pagamento das parcelas contratuais vincendas no exercício em que for realizada a contratação, sob pena de nulidade do ato e de responsabilização de quem lhe tiver dado causa.

l)   os prazos, termos e condições para a execução e entrega do objeto contratado; e

m)   as condições para recebimento provisório e definitivo, liquidação e pagamento.

4 A função social da licitação e o edital

O art. 11 da Lei nº 14.133/2021 define as finalidades que devem ser atendidas pelo processo licitatório:

> Art. 11. O processo licitatório tem por objetivos:
> I – assegurar a seleção da proposta apta a gerar o resultado de contratação mais vantajoso para a Administração Pública, inclusive no que se refere ao ciclo de vida do objeto;
> II – assegurar tratamento isonômico entre os licitantes, bem como a justa competição;
> III – evitar contratações com sobrepreço ou com preços manifestamente inexequíveis e superfaturamento na execução dos contratos;
> IV – incentivar a inovação e o desenvolvimento nacional sustentável.

Consoante se infere, além de visar à seleção da proposta mais vantajosa para a Administração, assegurado o tratamento isonômico entre os licitantes, bem como a justa competição, o processo licitatório deve "incentivar a inovação e o desenvolvimento nacional sustentável".

Ao inserir o incentivo à inovação e ao desenvolvimento nacional sustentável como uma das finalidades legais da licitação, a Lei nº 14.133/2021 legitima, dentre outras ações,[12] o uso do poder de compra do Estado como ferramenta voltada à difusão de

---

[12]   Como exemplo de outras ações, citamos a previsão contida no art. 26 da Lei nº 14.133/2021:
"Art. 26. No processo de licitação, poderá ser estabelecida margem de preferência para:
I – bens manufaturados e serviços nacionais que atendam a normas técnicas brasileiras;
II – bens reciclados, recicláveis ou biodegradáveis, conforme regulamento.
§1º A margem de preferência de que trata o caput deste artigo:
I – será definida em decisão fundamentada do Poder Executivo federal, no caso do inciso I do caput deste artigo;
II – poderá ser de até 10% (dez por cento) sobre o preço dos bens e serviços que não se enquadrem no disposto nos incisos I ou II do caput deste artigo;
III – poderá ser estendida a bens manufaturados e serviços originários de Estados Partes do Mercado Comum do Sul (Mercosul), desde que haja reciprocidade com o País prevista em acordo internacional aprovado pelo Congresso Nacional e ratificado pelo Presidente da República.
§2º Para os bens manufaturados nacionais e serviços nacionais resultantes de desenvolvimento e inovação tecnológica no País, definidos conforme regulamento do Poder Executivo federal, a margem de preferência a que se refere o caput deste artigo poderá ser de até 20% (vinte por cento).
§3º (VETADO).
§4º (VETADO).
§5º A margem de preferência não se aplica aos bens manufaturados nacionais e aos serviços nacionais se a capacidade de produção desses bens ou de prestação desses serviços no País for inferior:
I – à quantidade a ser adquirida ou contratada; ou
II – aos quantitativos fixados em razão do parcelamento do objeto, quando for o caso.
§6º Os editais de licitação para a contratação de bens, serviços e obras poderão, mediante prévia justificativa da autoridade competente, exigir que o contratado promova, em favor de órgão ou entidade integrante da Administração Pública ou daqueles por ela indicados a partir de processo isonômico, medidas de compensação comercial, industrial ou tecnológica ou acesso a condições vantajosas de financiamento, cumulativamente ou não, na forma estabelecida pelo Poder Executivo federal.

políticas públicas. Com isso, mais do que apenas satisfazer a necessidade imediata da Administração que motiva a celebração do ajuste, o contrato administrativo também servirá como indutor de políticas públicas, em especial aquelas voltadas ao fomento e ao desenvolvimento de segmentos sociais e econômicos reputados estratégicos.

A nosso ver, exatamente nesse sentido formam-se as disposições contidas nos §§2º e 9º do art. 25 da Lei nº 14.133/2021:

> Art. 25. O edital deverá conter o objeto da licitação e as regras relativas à convocação, ao julgamento, à habilitação, aos recursos e às penalidades da licitação, à fiscalização e à gestão do contrato, à entrega do objeto e às condições de pagamento.
>
> (…)
>
> §2º Desde que, conforme demonstrado em estudo técnico preliminar, não sejam causados prejuízos à competitividade do processo licitatório e à eficiência do respectivo contrato, o edital poderá prever a utilização de mão de obra, materiais, tecnologias e matérias-primas existentes no local da execução, conservação e operação do bem, serviço ou obra.
>
> (…)
>
> §9º O edital poderá, na forma disposta em regulamento, exigir que percentual mínimo da mão de obra responsável pela execução do objeto da contratação seja constituído por:
>
> I – mulheres vítimas de violência doméstica;
>
> II – oriundos ou egressos do sistema prisional.

Ao prever a utilização de mão de obra, materiais, tecnologias e matérias-primas existentes no local da execução, conservação e operação do bem, serviço ou obra, incentiva-se o emprego desses recursos e potencialidades locais, o que, como consequência, estimula o desenvolvimento social e econômico na respectiva região onde será executado o contrato.

Atente-se, no entanto, que a adoção dessa faculdade requer a demonstração, no estudo técnico preliminar, de que não haverá prejuízo à competitividade do processo licitatório e à eficiência do respectivo contrato.

Já a faculdade prevista no §9º em exame ilustra, de forma concreta, um exemplo de ação na qual a Administração se vale do potencial de geração de emprego do contrato administrativo para promover a inclusão no mercado de trabalho de pessoas vítimas de violência e preconceito.

Assim como defende Marçal Justen Filho, entendemos que a regra constante do §9º do art. 25 da Lei nº 14.133/2021, não obstante possua um caráter nobre, conflita com a garantia constitucional assegurada pelo princípio da livre iniciativa:

> As críticas à determinação não envolvem oposição de medidas destinadas a assegurar e a recompor a dignidade e a sobrevivência de pessoa em situação de vulnerabilidade.
>
> O problema reside na desnaturação da licitação e da contratação administrativa. Tais regras implicam atribuir a um particular, que atua com autonomia segundo os postulados da livre iniciativa, o dever de incorporar em sua força de trabalho pessoas caracterizadas não por atributos pertinentes *à* execução da prestação, mas por infortúnios ocorridos no passado.

---

§7º Nas contratações destinadas à implantação, à manutenção e ao aperfeiçoamento dos sistemas de tecnologia de informação e comunicação considerados estratégicos em ato do Poder Executivo federal, a licitação poderá ser restrita a bens e serviços com tecnologia desenvolvida no País produzidos de acordo com o processo produtivo básico de que trata a Lei nº 10.176, de 11 de janeiro de 2001".

Essa solução infringe o art. 170 da CF/1988, ampliando os riscos de o particular contratar pessoa destituída das condições adequadas ao atendimento das determinações contratuais.[13]

5 A obrigação de o contratado implementar programa de integridade

Um programa de integridade pode ser compreendido como um conjunto estruturado de medidas institucionais para a prevenção, detecção, punição e remediação de práticas de corrupção e fraude, de irregularidades e de outros desvios éticos e de conduta.

Dessa feita, um dos seus principais objetivos consiste em assegurar que dirigentes e demais colaboradores de uma organização atuem segundo os valores, princípios éticos e padrões escorreitos para cumprimento de sua missão, dentro dos limites da legalidade, da eficiência e da moralidade.

Nesse compasso, com a implementação preventiva de programas de integridade busca-se evitar a prática de desvios, irregularidades e inconformidades, e, ao mesmo tempo, criam-se mecanismos para fomentar a adoção de boas práticas na condução dos negócios, estimulando assim a criação de uma gestão empresarial baseada em um padrão de cultura ética, moral e de integridade.

Em razão disso, cumpre saber se a Lei nº 14.133/2021 autoriza a Administração exigir no edital de licitação, em toda e qualquer contratação, que a empresa contratada tenha ou obrigatoriamente implante programa de integridade.

A resposta é negativa, pois de acordo com a regra prevista no §4º do seu art. 25, essa exigência somente terá cabimento nas contratações de obras, serviços e fornecimentos de grande vulto:

> Art. 25. O edital deverá conter o objeto da licitação e as regras relativas à convocação, ao julgamento, à habilitação, aos recursos e às penalidades da licitação, à fiscalização e à gestão do contrato, à entrega do objeto e às condições de pagamento.
>
> (…)
>
> §4º Nas contratações de obras, serviços e fornecimentos de grande vulto, o edital deverá prever a obrigatoriedade de implantação de programa de integridade pelo licitante vencedor, no prazo de 6 (seis) meses, contado da celebração do contrato, conforme regulamento que disporá sobre as medidas a serem adotadas, a forma de comprovação e as penalidades pelo seu descumprimento.

O dispositivo deixa claro que apenas nas contratações de obras, serviços e fornecimentos de grande vulto, ou seja, contratações cujo valor seja superior a R$216.081.640,00 (duzentos e dezesseis milhões oitenta e um mil seiscentos e quarenta reais),[14] é que o

---

[13] JUSTEN FILHO, Marçal. *Comentários à lei de licitações e contratos administrativos*: Lei 14.133/2021. São Paulo: Thomson Reuters Brasil, 2021. p. 422.

[14] O art. 6º, inciso XXII da Lei nº 14.133/2021 definia, inicialmente, obras, serviços e fornecimentos de grande vulto como sendo *"aqueles cujo valor estimado supera R$200.000.000,00 (duzentos milhões de reais)"*. No entanto, em atenção ao disposto no art. 182 da aludida lei, o qual prevê que *"O Poder Executivo federal atualizará, a cada dia 1º de janeiro, pelo Índice Nacional de Preços ao Consumidor Amplo Especial (IPCA-E) ou por índice que venha a substituí-lo"*,

edital deverá prever a obrigatoriedade de implantação de programa de integridade pelo licitante vencedor, no prazo de 6 (seis) meses, contado da celebração do contrato.

A respeito do programa a ser instituído, convém destacar que a Lei nº 14.133/2021 não definiu quaisquer critérios, requisitos ou condições para assegurar sua qualidade e efetividade. Ao invés disso, estabelece para cada ente federativo competência para expedir "regulamento que disporá sobre as medidas a serem adotadas, a forma de comprovação e as penalidades pelo seu descumprimento".

Em vista dessa disciplina, concluímos que, com exceção das contratações de obras, serviços e fornecimentos de grande vulto, a Lei nº 14.133/2021 não autoriza a Administração exigir que a empresa licitante ou mesmo a contratada possua ou implante de forma obrigatória um programa de integridade. E, ainda, nas contratações de obras, serviços e fornecimentos de grande vulto, será preciso avaliar a disciplina a ser instituída pelo respectivo regulamento para sabermos se a exigência contida no §4º em exame produzirá um efeito concreto.

6 A previsão de condições para assegurar a celeridade das contratações

Não é de hoje que uma das maiores críticas atribuídas às contratações públicas é a lentidão para a realização de determinadas atividades que são indispensáveis para a conclusão do objeto e implementação da solução contratada, de modo que, na medida em que a Administração não consegue dar cabo dessas ações de forma célere, o interesse público acaba sendo prejudicado.

A fim de contornar esse problema, a Lei nº 14.133/2021 inovou, prevendo duas medidas nos §§5º e 6º do seu art. 25:

> Art. 25. O edital deverá conter o objeto da licitação e as regras relativas à convocação, ao julgamento, à habilitação, aos recursos e às penalidades da licitação, à fiscalização e à gestão do contrato, à entrega do objeto e às condições de pagamento.
> (...)
> §5º O edital poderá prever a responsabilidade do contratado pela:
> I – obtenção do licenciamento ambiental;
> II – realização da desapropriação autorizada pelo poder público.
> §6º Os licenciamentos ambientais de obras e serviços de engenharia licitados e contratados nos termos desta Lei terão prioridade de tramitação nos órgãos e entidades integrantes do Sistema Nacional do Meio Ambiente (Sisnama) e deverão ser orientados pelos princípios da celeridade, da cooperação, da economicidade e da eficiência.

Pela previsão contida no §5º, a Administração poderá, mediante previsão no edital, impor ao futuro contratado a responsabilidade pela obtenção do licenciamento ambiental e pela realização da desapropriação autorizada pelo Poder Público.

A rigor, nada impede que a Administração contratante se responsabilize por essas ações. Contudo, ao admitir o repasse dessas atribuições ao contratado, o legislador

---

o Decreto federal nº 10.922, de 30 de dezembro de 2021 atualizou esse valor para R$216.081.640,00 (duzentos e dezesseis milhões oitenta e um mil seiscentos e quarenta reais).

parece assumir que a iniciativa privada dispõe de meios e recursos capazes de resguardar melhor a celeridade de tais providências.

Essa presunção requer cautela, pois nem sempre o contratado disporá de meios e recursos adequados para o aperfeiçoamento dessas ações. Isso significa que a Administração não deve definir, como regra geral, que em todo e qualquer caso que exija a obtenção de licenciamento ambiental ou imponha a realização de desapropriação, transferirá essas obrigações para o contratado.

Ao invés disso, julgamos que, para lançar mão dessa faculdade, a Administração deve empreender estudos e análises na fase de planejamento, de modo a concluir que, na situação fática diante da qual se encontra, esse é o melhor meio para assegurar a satisfação de sua demanda.

No §6º, o legislador não estabeleceu uma faculdade ou prerrogativa a ser empregada pela Administração mediante previsão no edital de licitação, mas, em vez disso, tratou de assegurar que os licenciamentos ambientais de obras e serviços de engenharia licitados e contratados nos termos da Lei nº 14.133/2021 terão prioridade de tramitação nos órgãos e entidades integrantes do Sistema Nacional do Meio Ambiente (Sisnama). Ainda definiu o dever desses órgãos e entidades orientarem o desenvolvimento desses processos pelos princípios da celeridade, da cooperação, da economicidade e da eficiência.

Nesse sentido, entendemos que a disciplina instituída pelo §6º do art. 25 da Lei nº 14.133/2021 encontra-se topograficamente deslocada do seu contexto. Isso porque o dispositivo não trata de uma condição referente ao edital de licitação, mas define uma regra/diretriz a ser observada pelos órgãos e entidades integrantes do Sistema Nacional do Meio Ambiente (Sisnama) quando da tramitação dos processos de licenciamentos ambientais de obras e serviços de engenharia licitados e contratados nos termos da Lei nº 14.133/2021. Essa matéria estaria melhor situada na Seção IV – Disposições Setoriais, Subseção II – Das Obras e Serviços de Engenharia ou no Capítulo III – Disposições Transitórias e Finais, haja vista o pano de fundo do dispositivo envolver matéria processual.

7 Previsão acerca do reajuste contratual

Observa-se a partir do disposto nos §§7º e 8º do art. 25 da Lei nº 14.133/2021 que o legislador conferiu atenção especial para as regras que o edital deve conter a respeito do reajuste contratual.

Para tratarmos desse assunto, lembramos que o art. 37, inciso XXI da Constituição Federal prevê que os contratos do Poder Público devem prever "cláusulas que estabeleçam obrigações de pagamento, mantidas as condições efetivas da proposta, nos termos da lei". Entenda-se por condições efetivas da proposta tutelada pelo dispositivo constitucional, a relação de equivalência inicialmente formada entre o encargo (custo) assumido pelo contratado e a remuneração (preço) devida pela Administração contratante. Trata-se, assim, do princípio da intangibilidade do equilíbrio econômico-financeiro do contrato.

Celso Antônio Bandeira de Mello explica que:

como a equação estabelecida entre as partes é uma relação de equivalência entre prestações recíprocas, fica entendido que ao custo de uma prestação (x) – que se compõe de encargos econômicos por ela implicados e a margem de lucro remuneratório ali embutida – correspondem os pagamentos (y) que a acobertam. Esta relação de igualdade ideal, convencionada, deve ser mantida. Assim, se os custos dos insumos necessários à prestação (x) sofrem elevações constantes – como é rotineiro entre nós –, os pagamentos (y) têm de incrementar-se na mesma proporção, sem o que a igualdade denominada 'equação econômico-financeira' deixa de existir; decompõe-se.[15]

Durante a execução do contrato podem ocorrer fatos que afetam e desequilibram a equação econômico-financeira do contrato. Esses acontecimentos podem ser de duas espécies: áleas ordinárias e áleas extraordinárias.

De acordo com definição de Maria Helena Diniz, a álea ordinária, também denominada empresarial, consiste no "risco relativo à possível ocorrência de um evento futuro desfavorável, mas previsível ou suportável, por ser usual no negócio efetivado".[16]

O principal fator ordinário a configurar risco à manutenção da condição de equivalência entre o encargo e a remuneração é o efeito inflacionário que, sem rigor técnico, pode ser compreendido como o aumento contínuo e generalizado dos preços de bens e serviços em um sistema econômico, levando a depreciação do poder de compra da moeda.

De outro giro, as áleas extraordinárias são definidas pela professora Maria Helena Diniz como o "risco futuro imprevisível que, pela sua extemporaneidade, impossibilidade de previsão e onerosidade excessiva a um dos contratantes, desafie todos os cálculos feitos no instante da celebração contratual".[17]

Em geral, a álea extraordinária resta caracterizada em razão da ocorrência de fatos imprevisíveis, ou previsíveis, porém de consequências incalculáveis ou, ainda, em caso de força maior, caso fortuito ou fato do príncipe, em momento superveniente à apresentação da proposta e capaz de retardar ou impedir a regular execução do contrato.

Para recompor o equilíbrio da equação econômico-financeira do contrato prejudicado pela ocorrência de áleas extraordinárias, desde que o contrato não tenha cláusula de matriz de risco definindo a alocação da responsabilidade do ônus financeiro decorrente desses eventos entre os contratantes, o instituto jurídico previsto é o reequilíbrio ou revisão do preço, disciplinado no art. 124, inciso II, alínea "d" da Lei nº 14.133/2021:

> Art. 124. Os contratos regidos por esta Lei poderão ser alterados, com as devidas justificativas, nos seguintes casos:
> (...)
> II – por acordo entre as partes:
> (...)
> d) para restabelecer o equilíbrio econômico-financeiro inicial do contrato em caso de força maior, caso fortuito ou fato do príncipe ou em decorrência de fatos imprevisíveis ou previsíveis de consequências incalculáveis, que inviabilizem a execução do contrato tal

---

[15] BANDEIRA DE MELLO, Celso Antônio. *Curso de direito administrativo.* 17. ed. São Paulo: Malheiros, 2004. p. 587.

[16] DINIZ, Maria Helena. *Dicionário jurídico.* São Paulo: Saraiva, 1998. p. 157.

[17] DINIZ, Maria Helena. *Dicionário jurídico.* São Paulo: Saraiva, 1998. p. 158.

como pactuado, respeitada, em qualquer caso, a repartição objetiva de risco estabelecida no contrato.

Convém lembrar que, segundo entendimento pacificado no âmbito do Superior Tribunal de Justiça:

> o aumento salarial determinado por dissídio coletivo de categoria profissional é acontecimento previsível e deve ser suportado pela contratada, não havendo falar em aplicação da Teoria da Imprevisão para a recomposição do equilíbrio econômico-financeiro do contrato administrativo. Precedentes do STJ. (AgRg no REsp 417989/PR, Rel. Min. Herman Benjamin, Segunda Turma, DJ 24.03.2009).[18]

Desse modo, o reequilíbrio da equação econômico-financeira do contrato, prejudicado pela majoração dos custos trabalhistas nos contratos de prestação de serviço com dedicação exclusiva de mão de obra, determinada pelo Acordo, Convenção ou Dissídio Coletivo de Trabalho superveniente à formação dessa equação, constitui álea ordinária.

E, para corrigir os efeitos das áleas ordinárias sobre a equação econômico-financeira dos contratos, seja em razão dos efeitos inflacionários, seja por conta da superveniência de novo Acordo, Convenção ou Dissídio Coletivo de Trabalho nos contratos de prestação de serviço com dedicação exclusiva de mão de obra, a ordem jurídica prevê o reajuste.

Ocorre que o reajuste constitui um gênero, composto por duas espécies: i) o reajuste em sentido estrito, por meio da aplicação de índice de correção monetária estabelecido no contrato; e ii) a repactuação, aplicada aos contratos de prestação de serviços continuados sob regime de mão de obra exclusiva, com vistas à adequação do valor do contrato aos novos preços de mercado por meio da demonstração analítica da variação dos custos dos componentes.

Conforme se infere a partir do disposto no §8º do seu art. 25, ao tratar do reajuste de preços nos contratos de serviços contínuos, a Lei nº 14.133/2021 adotou essa compreensão:

> Art. 25. O edital deverá conter o objeto da licitação e as regras relativas à convocação, ao julgamento, à habilitação, aos recursos e às penalidades da licitação, à fiscalização e à gestão do contrato, à entrega do objeto e às condições de pagamento.

---

[18] BRASIL. Superior Tribunal de Justiça. *AgRg no Recurso Especial nº 695.912/CE*, Rel. Mauro Campbell Marques, julgado em: 17.11.2009.

No mesmo sentido, forma-se a orientação do Tribunal de Conta da União, conforme se infere a partir de trecho do Voto no Acórdão nº 1.563/2004 – Plenário:

"o reajuste salarial nada mais é do que a variação do custo do insumo 'mão-de-obra' provocada pelo fenômeno inflacionário. Por esse motivo, não há como se aplicar a teoria da imprevisão, posto que o reajustamento não é resultante de imprevisão das partes, mas sim da previsão de uma realidade existente – a inflação –, (...). Em conseqüência, fica eliminada a possibilidade de se caracterizar tal reajuste como fato imprevisível, retardador ou impeditivo, caso de força maior, caso fortuito, fato do príncipe ou álea econômica extraordinária. Também não cabe enquadrar o reajuste salarial como 'fato previsível, porém de conseqüências incalculáveis', uma vez que o comportamento e os efeitos da inflação podem ser antevistos já na elaboração da proposta e, a seguir, incorporados na equação econômico-financeira do contrato, ainda que isso não ocorra em valores exatos. Verifica-se, pois, que o mencionado reajuste salarial não se amolda a nenhuma das situações determinantes de reequilíbrio econômico-financeiro descritas na lei" (BRASIL. TCU. *Acórdão nº 1.563/2004*, Plenário, Rel. Augusto Sherman Cavalcanti, julgado em: 06.10.2004).

(...)

§8º *Nas licitações de serviços contínuos*, observado o interregno mínimo de 1 (um) ano, o critério de reajustamento será por:

I – *reajustamento em sentido estrito*, quando não houver regime de dedicação exclusiva de mão de obra ou predominância de mão de obra, mediante previsão de *índices* específicos ou setoriais;

II – *repactuação*, quando houver regime de dedicação exclusiva de mão de obra ou predominância de mão de obra, mediante demonstração analítica da variação dos custos. (destacamos.)

Desprendendo-se da literalidade do dispositivo legal, que alude à "licitações de serviços contínuos", mas considerando que outros contratos que envolvem objetos diversos, tais como contratos de execução de obras e fornecimentos contínuos, podem igualmente se prolongar no tempo, verifica-se que a regra firmada impõe promover o reajuste, com base em índices específicos ou setoriais, para aqueles casos em que "não houver regime de dedicação exclusiva de mão de obra ou predominância de mão de obra". Já nos casos em que o contrato envolver "regime de dedicação exclusiva de mão de obra ou predominância de mão de obra", a regra consiste em adotar a repactuação.

Atente-se que a fim de afastar qualquer dúvida a respeito do dever de assegurar o reajuste do valor contratado, o §7º do art. 25 define que "Independentemente do prazo de duração do contrato, será obrigatória a previsão no edital de índice de reajustamento de preço, com data-base vinculada à data do orçamento estimado e com a possibilidade de ser estabelecido mais de um índice específico ou setorial, em conformidade com a realidade de mercado dos respectivos insumos".

Ainda que o dispositivo legal faça remissão especificamente "a previsão no edital de índice de reajustamento de preço", o que remeteria à aplicação do reajuste por índice em contratos que não envolvem regime de dedicação exclusiva de mão de obra ou predominância de mão de obra, excluindo o dever de, independentemente do prazo de duração do contrato, prever obrigatoriamente no edital a aplicação da repactuação, não adotamos essa compreensão.

A razão para tanto é bastante simples: a repactuação constitui espécie de reajuste e, nesses termos, adotar interpretação literal do dispositivo legal e deixar de assegurar a sua aplicação nos contratos celebrados pela Administração Pública representaria violar a garantia constitucional que assegura a manutenção do equilíbrio econômico-financeiro desses contratos.

Nesses termos, com fundamento em interpretação finalística do disposto nos §7º do art. 25 da Lei nº 14.133/2021 e à luz do princípio constitucional da intangibilidade do equilíbrio econômico-financeiro dos contratos administrativos (art. 37, inciso XXI da CF/1988), entendemos ser obrigatório prever, em todos os contratos, independentemente do prazo de duração do ajuste, cláusula assegurando o reajuste do valor contratual, adotando como espécie de reajuste a orientação formada a partir da interpretação que firmamos para o §8º do mesmo artigo.

Outro aspecto importante disciplinado pelo §7º em exame diz respeito ao início da contagem da periodicidade anual para a aplicação do reajuste.

É cediço que a Lei nº 10.192/2001 prevê no §1º do seu art. 3º, que nos contratos em que seja parte órgão ou entidade da Administração Pública direta ou indireta da União, dos Estados, do Distrito Federal e dos Municípios, a periodicidade anual para o reajuste "será contada a partir da data limite para apresentação da proposta ou do orçamento a que essa se referir".

Como se pode perceber, a Lei nº 10.192/2001 estabelece uma competência discricionária, entregando ao administrador público um poder para decidir se o início da contagem da periodicidade anual se dará "a partir da data limite para apresentação da proposta ou do orçamento a que essa se referir".

Em razão dessa previsão legal, o Tribunal de Contas da União respondeu consulta no Acórdão nº 474/2005 – Plenário, no sentido de não ser possível a Administração estabelecer o início da contagem do prazo anual para o reajuste a partir da data da assinatura do contrato, devendo atender a condição prevista no art. 3º, §1º da Lei nº 10.192/2001 e adotar a data da apresentação da proposta ou a do orçamento a que a proposta se referir, de acordo com o previsto no edital:

> 9.1. conhecer da presente consulta e responder aos quesitos apresentados da seguinte forma:
>
> 9.1.1. a interpretação sistemática do inciso XXI do art. 37 da Constituição Federal, do art. 3º, §1º, da Lei 10.192 e do art. 40, inciso XI, da Lei 8.666/93 indica que o marco inicial, a partir do qual se computa o período de um ano para a aplicação de índices de reajustamento previstos em edital, é a data da apresentação da proposta ou a do orçamento a que a proposta se referir, de acordo com o previsto no edital.

Atente-se, contudo, que ao tratar da matéria, a Lei nº 14.133/2021 definiu no §7º do seu art. 25 que "Independentemente do prazo de duração do contrato, será obrigatória a previsão no edital de índice de reajustamento de preço, *com data-base vinculada à data do orçamento estimado*".

Em vista desta disciplina, entendemos que no que toca o início da contagem da periodicidade anual para a concessão do reajuste, a Lei nº 14.133/2021 revogou tacitamente o §1º do art. 3º da Lei nº 10.192/2001, afinal, conforme prevê o §1º do art. 2º do Decreto-Lei nº 4.657, de 4 de setembro de 1942, o qual institui a denominada Lei de Introdução às normas do Direito Brasileiro, a lei posterior revoga a anterior quando seja com ela incompatível.

Porém, atente-se, a regra prevista no §7º do art. 25 da Lei nº 14.133/2021 incide apenas sobre os contratos em que não envolvem regime de dedicação exclusiva de mão de obra ou predominância de mão de obra, cujo critério para reajuste seja a aplicação de um (ou mais de um) "índice específico ou setorial, em conformidade com a realidade de mercado dos respectivos insumos", tal como previsto na parte final deste dispositivo.

Para os contratos de prestação de serviços com regime de dedicação exclusiva de mão de obra, o caput do art. 135 da Lei nº 14.133/2021 define uma regra específica para a contagem da periodicidade anual para a repactuação, observe-se:

> Art. 135. Os preços dos contratos para serviços contínuos com regime de dedicação exclusiva de mão de obra ou com predominância de mão de obra *serão repactuados* para manutenção do equilíbrio econômico-financeiro, mediante demonstração analítica da variação dos custos contratuais, *com data vinculada*:
>
> I – à da apresentação da proposta, para custos decorrentes do mercado;
>
> I – ao acordo, à convenção coletiva ou ao dissídio coletivo ao qual a proposta esteja vinculada, para os custos de mão de obra. (destacamos.)

O dispositivo legal leva a conclusão de que para os contratos de prestação de serviços contínuos com regime de dedicação exclusiva de mão de obra ou com predominância de mão de obra, a contagem da periodicidade anual deverá observar dois marcos distintos: i) a data limite para a apresentação da proposta na licitação, para a repactuação dos custos decorrentes do mercado; e ii) a data do acordo, da convenção coletiva ou do dissídio coletivo ao qual a proposta esteja vinculada, para a repactuação dos custos de mão de obra.

Essa compreensão é confirmada pela previsão constante do §4º desse mesmo artigo, segundo a qual "A repactuação poderá ser dividida em tantas parcelas quantas forem necessárias, observado o princípio da anualidade do reajuste de preços da contratação, *podendo ser realizada em momentos distintos* para discutir a variação de custos que tenham sua anualidade resultante em datas diferenciadas, como os decorrentes de mão de obra e os decorrentes dos insumos necessários *à* execução dos serviços".

8 A utilização de minutas-padrão de editais

Diversamente da Lei nº 8.666/1993, que não trata da possibilidade de a Administração Pública se valer de minutas de editais e de termos de contrato padronizadas, o §1º do art. 25 da Lei nº 14.133/2021 estabelece que "Sempre que o objeto permitir, a Administração adotará minutas padronizadas de edital e de contrato com cláusulas uniformes".

Vale ressaltar que antes da promulgação da Lei nº 14.133/2021, o Tribunal de Contas da União já havia se posicionado pela possibilidade da utilização de minutas de editais e de contratos padronizados. Nesse sentido, cita-se que no Voto proferido pelo Ministro Relator no Acórdão nº 1.504/2005 – Plenário, foi mencionado que a padronização seria desejável nos procedimentos licitatórios que tivessem o mesmo objeto e guardassem proporção em relação às quantidades, pois liberaria recursos humanos e materiais para serem utilizados nos procedimentos que demandassem atuação individualizada.

Em manifestação posterior, no Acórdão nº 3.014/2010 – Plenário, a Corte de Contas federal ratificou a possibilidade de a entidade jurisdicionada "utilizar excepcionalmente minuta-padrão, previamente aprovada pela Assessoria Jurídica, quando houver identidade de objeto – e este representar contratação corriqueira – e não restarem dúvidas acerca da possibilidade de adequação das cláusulas exigidas no contrato pretendido às cláusulas previamente estabelecidas na minuta-padrão".

A respeito da previsão contida no §1º do art. 25 da Lei nº 14.133/2021, traz-se à luz considerações elaboradas por José Anacleto Abduch Santos:

> Sempre que o objeto permitir, deverão ser adotadas minutas padronizadas de instrumento convocatório (art. 25, §1º). Assim, no caso de objetos semelhantes e homogêneos, deverá haver a elaboração de modelos de instrumento convocatório que sejam passíveis de reprodução. Esta conduta se dá também no cumprimento do princípio da celeridade previsto no art. 5º da Lei. Parece evidente que, adotados modelos padronizados, haverá mais celeridade e agilidade no processo licitatório. Devem ser, em homenagem aos princípios da padronização (art. 40, V, a e art. 47, II) e da celeridade (art. 5º), também elaborados estudos técnicos, termos de referência e minutas de contrato padronizados. Ademais, há

determinação expressa neste sentido no art. 19, IV da Lei: "Os órgãos da Administração com competências regulamentares relativas às atividades de administração de materiais, de obras e serviços e de licitações e contratos deverão: (...) IV – instituir, com auxílio dos órgãos de assessoramento jurídico e de controle interno, modelos de minutas de editais, de termos de referência, de contratos padronizados e de outros documentos, admitida a adoção das minutas do Poder Executivo federal por todos os entes federativos". As minutas padronizadas devem ser inseridas no catálogo eletrônico de padronização de que trata o art. 19, II e 19, §1º.[19]

Observa-se, contudo, que a utilização de minutas de termo de referência, edital e contrato padronizados não dispensará, jamais, a respectiva juntada nos autos do processo administrativo de contratação, das justificativas da necessidade e de adequação do objeto e dos termos licitatórios e contratuais àquela situação.

9 Controle prévio de legalidade

Objetivando garantir práticas contínuas e permanentes de gestão de riscos e de controle preventivo, a Lei nº 14.133/2021 estabeleceu três linhas de defesa, sendo a segunda delas integrada pelas unidades de assessoramento jurídico e de controle interno do próprio órgão ou entidade (art. 169, inciso II).

A partir de uma interpretação sistemática das disposições da nova lei, vislumbramos que o advogado público ganhou papel de destaque, tendo em vista o alto grau de responsabilidade decorrente das várias atribuições a ele conferidas.

A primeira delas – talvez a de maior relevância – está prevista no art. 53 da Lei nº 14.133/2021, segundo o qual "Ao final da fase preparatória, o processo licitatório seguirá para o órgão de assessoramento jurídico da Administração, que realizará controle prévio de legalidade mediante análise jurídica da contratação".

Diferentemente da Lei nº 8.666/1993 que, ao menos textualmente, determina em seu art. 38, parágrafo único que "*As minutas de editais de licitação, bem como as dos contratos, acordos, convênios ou ajustes devem ser previamente examinadas e aprovadas por assessoria jurídica* da Administração", a Lei nº 14.133/2021 prevê, expressamente, a necessidade de o órgão de assessoramento jurídico da Administração realizar o controle prévio de legalidade do processo, o que, a nosso ver, amplia as atribuições do advogado público, na medida em que sua análise deve incidir e envolver o processo de contratação como um todo, ou seja, desde o seu ato inaugural até a minuta de edital e/ou contrato.

A ampliação desse controle é deveras salutar e merece especial atenção, notadamente se consideradas as repercussões no processo de contratação. Trata-se de um verdadeiro filtro que possibilita a correção de eventuais falhas ou vícios, afastando, preliminarmente, os riscos ao interesse público norteador de toda a atividade estatal.

Uma interpretação literal e isolada do art. 53 da nova lei poderia levar à conclusão no sentido de que apenas o processo licitatório estaria sujeito ao controle prévio de legalidade. Contudo, afasta-se qualquer cogitação nesse sentido, na medida em que

---

[19] Zênite Fácil. Disponível em: http://www.zenitefacil.com.br. Categoria Anotações, Lei nº 14.133/2021, nota ao art. 25, §1º, Acesso em: 07 fev. 2022.

o §4º desse artigo define que "o *órgão* de assessoramento jurídico da Administração *também realizará controle prévio de legalidade de contratações diretas*, acordos, termos de cooperação, convênios, ajustes, *adesões a atas de registro de preços*, outros instrumentos congêneres e de seus termos aditivos".

Para nós, a interpretação sistemática dos dispositivos citados firma o entendimento de que a Lei nº 14.133/2021 impõe ao órgão de assessoramento jurídico da Administração a incumbência de realizar o controle prévio de legalidade dos processos de contratação, independentemente da forma adotada para selecionar o futuro contratado – licitação, contratação direta ou mesmo adesão a uma ata de registro de preços.

Registre-se, contudo, que na forma prevista pelo §5º do art. 53 em comento, em situações excepcionais definidas em ato da autoridade jurídica máxima competente, admite-se dispensar a realização do controle prévio de legalidade. Para definição dessas situações excepcionais, deve ser considerado o baixo valor, a baixa complexidade da contratação, a entrega imediata do bem ou a utilização de minutas de editais e instrumentos de contrato, convênio ou outros ajustes previamente padronizados pelo órgão de assessoramento jurídico.

É importante esclarecer que, consoante estabelece o art. 19, inciso IV da Lei nº 14.133/2021, os órgãos de assessoramento jurídico e de controle interno da Administração deverão auxiliar na elaboração e instituição de modelos de minutas de editais, de termos de referência, de contratos padronizados e de outros documentos aplicados no processo de contratação, o que não se confunde ou autoriza delegar e eles o dever de elaborar as minutas padronizadas.

Anote-se, também, que de acordo com o disposto no §3º do art. 8º da nova Lei de Licitações, compete aos órgãos de assessoramento jurídico e de controle interno auxiliar o agente de contratação, o pregoeiro e as respectivas equipes de apoio, no desempenho das funções essenciais para o processamento das licitações.

Nesse sentido, podemos afirmar que a competência para responder impugnações e pedidos de esclarecimentos apresentados em face do edital de licitação não pode ser delegada ao órgão de assessoramento jurídico, cujo dever envolve apenas auxiliar os agentes competentes para o exercício dessas atribuições.

Em vista desse contexto, entendemos ser imprescindível garantir ao advogado público uma atuação com absoluta autonomia e independência, com liberdade para compreender e interpretar o Direito aos seus olhos, sem medo de desagradar seus superiores e sem correr o risco de ser cooptado por interesses político-partidários.

10 Autoridade signatária

A Lei nº 14.133/2021 não prevê, ao menos expressamente, quem deve ser o agente administrativo responsável pela elaboração e aprovação dos editais das licitações. No nosso entendimento, sequer seria razoável a Lei nº 14.133/2021 conter previsão nesse sentido, pois cabe a ela definir normas gerais sobre licitação e contratação e regramento a respeito dessa matéria, enquanto a organização interna e distribuição de competências e atribuições no âmbito de cada órgão e entidade administrativa envolve norma de caráter específico e não geral.

Por essa razão, em que pese a Lei nº 14.133/2021 não arrolar a elaboração do edital como uma das atribuições do agente de contratação ou do pregoeiro, julgamos não haver impedimento nesse sentido, mas desde que a competência para promover a aprovação e assinatura desse ato remanesça com autoridade superior, a rigor, o ordenador de despesa.

Isso porque, se o agente de contratação ou pregoeiro aprovarem o instrumento convocatório por eles próprios elaborado, a mesma autoridade que elaborou/aprovou tal instrumento será a responsável por aplicar essas regras no processamento do certame e, sendo assim, julgamos haver prejuízo ao controle dos atos administrativos. Por essa razão, a fim de privilegiar o princípio da segregação de funções, entendemos não ser possível aquele quem cria as regras também aprová-las e aplicá-las e vice-versa.

Não se deve perder de vista que, na forma prevista pelo §3º do art. 8º da Lei nº 14.133/2021, "As regras relativas à atuação do agente de contratação e da equipe de apoio, (...) serão estabelecidas em regulamento, (...) para o desempenho das funções essenciais à execução do disposto nesta Lei".

Assim, com base no princípio da segregação de funções, o qual compreendemos ser "princípio inerente ao controle interno, que estabelece o dever de assegurar a separação de atribuições entre servidores distintos nas várias fases de um determinado processo, em especial as funções de autorização, aprovação, execução, controle e contabilização das operações",[20] em nossa ótica, caberá ao regulamento assegurar que o agente de contratação e o pregoeiro não sejam competentes pela aprovação e assinatura do edital.

Além dessa razão, acrescentamos o impedimento traçado no âmbito da Administração Pública federal pela Lei nº 9.784/1999, segundo a qual não podem ser objeto de delegação a edição de atos de caráter normativo (art. 13, inc. I). Ora, tratando-se o edital de um ato administrativo de caráter eminentemente normativo, a delegação da competência para sua aprovação e consequente assinatura resta taxativamente vedada, devendo remanescer com a autoridade superior, no caso, o ordenador de despesa.

Tendo em vista essas razões, pode-se compreender que nada impede o agente de contratação e o pregoeiro de receberem competência para elaborar o edital. Todavia, não poderão aprovar e, consequentemente assinar esse ato na condição de autoridade signatária. Ademais, esses atos (aprovação e assinatura) envolvem competência afeta à autoridade superior e incompatíveis com a aplicação das regras aprovadas.

11 Publicidade

Na medida em que uma das finalidades do edital é conferir publicidade à licitação, despertando o interesse do maior número possível de pretensos particulares em participar do certame e contratar com a Administração, assegurando assim a ampliação da competitividade e, como consequência, a chance de selecionar uma proposta mais vantajosa, faz-se necessário conferir ampla divulgação de seus termos.

---

[20] GUIMARÃES, Edgar e SAMPAIO, Ricardo. *Dispensa e inexigibilidade de licitação*: Aspectos jurídicos à luz da Lei nº 14.133/2021. Rio de Janeiro: Forense, 2022. p. 29.

11.1 Meios de divulgação

Uma das principais novidades da Lei nº 14.133/2021 foi a criação do Portal Nacional de Contratações Públicas, que nos termos do seu art. 174, inciso I consiste em um sítio eletrônico oficial destinado à divulgação centralizada e obrigatória dos atos exigidos por essa Lei.

Com base nesse dispositivo legal, compreendemos que todos os atos para os quais a Lei nº 14.133/2021 exige sua divulgação deverão ter seu inteiro teor disponibilizado no Portal Nacional de Contratações Públicas, independentemente de previsão legal que imponha a divulgação em outros veículos ou mesmo da opção de o órgão ou entidade adotar espontaneamente quaisquer outros veículos de divulgação.

Inclusive, no que se refere à divulgação das licitações, o art. 54 da Lei nº 14.133/2021 define, claramente, que "A publicidade do edital de licitação será realizada mediante divulgação e manutenção do inteiro teor do ato convocatório e de seus anexos no Portal Nacional de Contratações Públicas (PNCP)".

E, na medida em que todos os órgãos e entidades da Administração Pública, de todos os entes federativos, são obrigados a divulgar e manter o inteiro teor do ato convocatório e de seus anexos no Portal Nacional de Contratações Públicas, entendemos que a Lei nº 14.133/2021 acabou por criar o verdadeiro mercado público de contratações.

A ideia de mercado na sua acepção física, ou seja, um lugar, um espaço público que reúne todas as ofertas de contratação com a Administração Pública.

Dita previsão legal tem sido alvo de críticas, sob o argumento de que a União teria invadido a competência dos Estados, do Distrito Federal e dos Municípios para legislar normas específicas sobre licitação e contratação.[21]

Cabe anotar que em razão da rejeição ao Veto inicialmente imposto pelo Presidente da República ao §1º do art. 54 da Lei nº 14.133/2021, a previsão contida nesse dispositivo foi restabelecida. Assim, em termos práticos, além de divulgar o inteiro teor do edital de licitação e de seus anexos no Portal Nacional de Contratações Públicas, a Administração também é obrigada a promover "a publicação de extrato do edital no Diário Oficial da União, do Estado, do Distrito Federal ou do Município, ou, no caso de consórcio público, do ente de maior nível entre eles, bem como em jornal diário de grande circulação".

Nos dias atuais, considerando o alcance e o fácil acesso às informações divulgadas na rede mundial de computadores, seja no Portal Nacional de Contratações Públicas ou

---

[21] A respeito da obrigação imposta à União, Estados, Municípios e Distrito Federal de dar publicidade de todos os atos relativos ao processo de contratação no PNCP, os autores deste ensaio possuem opiniões divergentes. Edgar Guimarães sustenta que compete à União legislar sobre normas gerais de licitação/contratação e que tal competência não abrange os meios a serem utilizados para a publicidade de atos emanados por todos os entes da federação. A Constituição Federal de 1988 cria níveis de poderes políticos com autonomia para se auto-organizarem administrativa, financeira e orçamentariamente. Assim, cada uma das pessoas políticas integrantes da federação dispõe de competência para definir o meio a ser utilizado para a publicidade das suas licitações e contratações, o órgão de imprensa oficial, criar sítios eletrônicos oficiais, enfim, dispor sobre a forma de divulgação dos seus próprios atos. Ricardo Sampaio, admitindo que a questão da publicidade é tema não inserto na competência outorgada à União para legislar sobre normas gerais, entende que, mais do que definir a forma de divulgação das licitações, o *caput* do art. 54 da Lei nº 14.133/2021 confere efetividade aos princípios constitucionais da eficiência, da economicidade e da publicidade, de modo que, sob esse enfoque, a matéria assume a natureza de norma geral.

em sítios eletrônicos oficiais, para nós, revela-se incompreensível a orientação adotada pelo Congresso Nacional ao resgatar essa obrigatoriedade, afinal, não parece lógico e tão pouco sensato, acreditar que a publicação do aviso de licitação no diário oficial e em jornal diário de grande circulação alcançará um universo maior de pretensos interessados em contratar com a Administração Pública. Além disso, tendo em vista que o Portal Nacional de Contratações Públicas é um sítio eletrônico oficial, a divulgação do inteiro teor do edital e de seus anexos nesse veículo já confere a necessária oficialidade para esse ato, o que dispensa qualquer publicação no diário oficial.

Cumpre destacar que, conforme estabelece o §2º do art. 54 em exame, "*É facultada a divulgação adicional e a manutenção do inteiro teor do edital e de seus anexos em sítio eletrônico oficial do ente federativo do órgão ou entidade responsável pela licitação ou, no caso de consórcio público, do ente de maior nível entre eles, admitida, ainda, a divulgação direta a interessados devidamente cadastrados para esse fim*".

Essa previsão está diretamente associada com a disciplina contida no art. 175 da Lei nº 14.133/2021, segundo a qual "*Sem prejuízo do disposto no art. 174 desta Lei, os entes federativos poderão instituir sítio eletrônico oficial para divulgação complementar e realização das respectivas contratações*".

Os dispositivos citados deixam claro o caráter facultativo de se promover a divulgação adicional do inteiro teor do edital e de seus anexos em sítio eletrônico oficial do ente federativo do órgão ou entidade responsável pela licitação. Daí porque mais uma vez ressaltamos que o fato de o órgão ou entidade divulgar a íntegra do edital e de seus anexos em sítio eletrônico oficial do ente federativo não substituirá o dever de promover a divulgação no Portal Nacional de Contratações Públicas, haja vista que aquela divulgação possui caráter meramente complementar.

Por fim, cumpre destacar a previsão contida no §3º do art. 54 da Lei nº 14.133/2021, segundo a qual "Após a homologação do processo licitatório, serão disponibilizados no Portal Nacional de Contratações Públicas (PNCP) e, se o *órgão* ou entidade responsável pela licitação entender cabível, também no sítio referido no §2º deste artigo, os documentos elaborados na fase preparatória que porventura não tenham integrado o edital e seus anexos".

Como exemplo de documento elaborado na fase preparatória que porventura não tenha integrado o edital e seus anexos, citamos a pesquisa de preços que definiu o preço estimado da licitação, isso porque, conforme prevê o art. 24 da Lei nº 14.133/2021, "Desde que justificado, o orçamento estimado da contratação *poderá ter caráter sigiloso*, sem prejuízo da divulgação do detalhamento dos quantitativos e das demais informações necessárias para a elaboração das propostas, (...)".

11.2 Prazos mínimos

Tendo em vista a necessária divulgação do inteiro teor do edital e de seus anexos, a Lei nº 14.133/2021 fixa prazos mínimos de publicidade.

Novamente, de forma diversa daquela prevista na Lei nº 8.666/1993, que, como regra, define os prazos de publicidade para as licitações com base na modalidade de licitação escolhida para o processamento do certame, a Lei nº 14.133/2021 adota como critério a conjugação da natureza do objeto e do critério de julgamento ou, então, apenas o critério de julgamento:

> Art. 55. Os prazos mínimos para apresentação de propostas e lances, contados a partir da data de divulgação do edital de licitação, são de:
>
> I – para aquisição de bens:
>
> a) 8 (oito) dias úteis, quando adotados os critérios de julgamento de menor preço ou de maior desconto;
>
> b) 15 (quinze) dias úteis, nas hipóteses não abrangidas pela alínea "a" deste inciso;
>
> II – no caso de serviços e obras:
>
> a) 10 (dez) dias úteis, quando adotados os critérios de julgamento de menor preço ou de maior desconto, no caso de serviços comuns e de obras e serviços comuns de engenharia;
>
> b) 25 (vinte e cinco) dias úteis, quando adotados os critérios de julgamento de menor preço ou de maior desconto, no caso de serviços especiais e de obras e serviços especiais de engenharia;
>
> c) 60 (sessenta) dias úteis, quando o regime de execução for de contratação integrada;
>
> d) 35 (trinta e cinco) dias úteis, quando o regime de execução for o de contratação semi-integrada ou nas hipóteses não abrangidas pelas alíneas "a", "b" e "c" deste inciso;
>
> III – para licitação em que se adote o critério de julgamento de maior lance, 15 (quinze) dias úteis;
>
> IV – para licitação em que se adote o critério de julgamento de técnica e preço ou de melhor técnica ou conteúdo artístico, 35 (trinta e cinco) dias úteis.

Acrescente-se que, especificamente para a modalidade diálogo competitivo, a Lei nº 14.133/2021 define no §1º do seu art. 32 que "a Administração apresentará, por ocasião da divulgação do edital em sítio eletrônico oficial, suas necessidades e as exigências já definidas *e estabelecerá prazo mínimo de 25 (vinte e cinco) dias úteis* para manifestação de interesse na participação da licitação".

Em relação aos prazos para a divulgação dos processos licitatórios, alguns aspectos ainda merecem registro. O primeiro deles cinge-se ao disposto no §1º do art. 55 em questão, o qual estabelece que "Eventuais modificações no edital implicarão nova divulgação na mesma forma de sua divulgação inicial, além do cumprimento dos mesmos prazos dos atos e procedimentos originais, exceto quando a alteração não comprometer a formulação das propostas".

Essa regra já constava da Lei nº 8.666/1993 e tal como na aplicação daquele regime, entendemos que a interpretação literal desse dispositivo não encontra amparo. Isso porque, com base nesse método interpretativo, somente se faria necessário promover nova divulgação na mesma forma de sua divulgação inicial, além do cumprimento dos mesmos prazos dos atos e procedimentos originais, se a alteração comprometesse a formulação das propostas. Ora, além dos casos em que a alteração afeta a formulação das propostas, consideramos ser igualmente indispensável promover nova divulgação na mesma forma de sua divulgação inicial, além do cumprimento dos mesmos prazos dos atos e procedimentos originais, nas hipóteses em que a alteração promovida no edital afete os requisitos de habilitação, as condições para participação no certame ou, ainda, os requisitos essenciais para execução do contrato. Em todas essas hipóteses a alteração pode afetar a efetiva disputa.

Outro aspecto que merece destaque diz respeito à novidade implementada pela regra constante do §2º do art. 55 em exame, a qual estabelece que "Os prazos previstos neste artigo poderão, mediante decisão fundamentada, ser reduzidos até a metade nas licitações realizadas pelo Ministério da Saúde, no *âmbito* do Sistema *Único* de Saúde (SUS)".

Por último, cumpre registrar que, diferentemente da Lei nº 8.666/1993, a Lei nº 14.133/2021 não prevê, ao menos textualmente, que os prazos de publicidade do edital "serão contados a partir da *última* publicação do edital resumido ou da expedição do convite, ou ainda da efetiva disponibilidade do edital ou do convite e respectivos anexos, prevalecendo a data que ocorrer mais tarde" (art. 21, §3º). No entanto, a nova Lei de Licitações dispõe no §3º do seu art. 54 que "Todos os elementos do edital, incluídos minuta de contrato, termos de referência, anteprojeto, projetos e outros anexos, deverão ser divulgados em sítio eletrônico oficial *na mesma data de divulgação do edital*, sem necessidade de registro ou de identificação para acesso".

Com base em interpretação finalística da norma legal e com amparo nos princípios da publicidade, da competitividade e da isonomia, entendemos que a contagem do prazo para divulgação do edital somente se inicia com a divulgação do inteiro teor do edital, incluídos minuta de contrato, termos de referência, anteprojeto, projetos e outros anexos, em todos os veículos exigidos pela Lei nº 14.133/2021, prevalecendo para efeito de início da contagem a data que ocorrer mais tarde. Do contrário, sem que o pleno alcance da informação fosse assegurado, poderia ter início a contagem dos prazos legais, o que, obviamente, frustraria a eficácia da divulgação da licitação.

12 Impugnação e pedido de esclarecimento

Uma vez publicado o edital, no caso de eventuais dúvidas em relação às suas cláusulas, os interessados poderão solicitar esclarecimentos à Administração. Nesse caso, o objetivo é obter a elucidação de condições estabelecidas pelo edital e que não ficaram suficientemente claras. Trata-se, portanto, da intenção de receber alguma informação que melhor esclareça os termos do edital. Nessa hipótese, o interessado não aponta uma ilicitude, mas uma dificuldade de compreender determinada condição editalícia.

Da mesma forma, qualquer pessoa pode identificar ilegalidades no conteúdo das cláusulas editalícias e, nesse caso, a fim de exigir a correção dessas imperfeições poderá impugnar o edital. Nesse contexto, impugnar significa refutar, contrariar, contestar, resistir, opor-se aos termos do edital, diante de uma suposta ilegalidade apontada. Dessa forma, ao impugnar o edital, o objetivo do impugnante consiste em obter a reforma dos termos do edital, de modo a torná-los compatíveis com os ditames legais.

O art. 164 da Lei nº 14.133/2021 assegura que "Qualquer pessoa é parte legítima para impugnar edital de licitação por irregularidade na aplicação desta Lei ou para solicitar esclarecimento sobre os seus termos, devendo protocolar o pedido até 3 (três) dias úteis antes da data de abertura do certame".

Conforme prevê o art. 183, a regra geral para a contagem dos prazos previstos na Lei nº 14.133/2021 requer a "exclusão do dia do começo e inclusão do dia do vencimento" e, consoante o disposto no inciso III desse mesmo artigo, "nos prazos expressos em dias úteis, serão computados somente os dias em que ocorrer expediente administrativo no órgão ou entidade competente".

Assim, entendemos que no caso da impugnação e do pedido de esclarecimento, o dia de início é a data de abertura do certame, o qual deve ser excluído. Logo, o primeiro dia útil antes da data de abertura do certame é aquele que antecede a abertura. Como o prazo previsto no art. 164 é de "até 3 (três) dias úteis antes da data de abertura do certame", concluímos que até (inclusive) o terceiro dia útil que anteceder a abertura, será facultado aos licitantes impugnarem ou solicitarem esclarecimentos acerca do edital.

Num exemplo prático, marcada a abertura da licitação para uma sexta-feira, sendo úteis todos os dias de segunda a sexta-feira dessa semana, os licitantes poderão apresentar impugnações ou pedidos de esclarecimentos ao edital até o último minuto do expediente de terça-feira, terceiro dia útil que antecede a da data de abertura da licitação.

Por fim, registramos que o parágrafo único do art. 164 define que "A resposta à impugnação ou ao pedido de esclarecimento será divulgada em sítio eletrônico oficial no prazo de até 3 (três) dias úteis, limitado ao último dia útil anterior à data da abertura do certame".

Em razão da regra fixada na parte final desse dispositivo legal, no exemplo acima, apresentada a impugnação ou o pedido de esclarecimento no último dia do prazo estabelecido pela Lei nº 14.133/2021 (terça-feira), a resposta deverá ser divulgada até o último dia útil anterior à data da abertura do certame, ou seja, até quinta-feira.

Por fim, registramos que a Lei nº 14.133/2021 não define, ao menos de modo expresso, quem será responsável por responder as impugnações e pedidos de esclarecimentos.

No entanto, considerando que a competência resulta de norma e por ela é delimitada, a fim de afastar qualquer dúvida, julgamos de todo conveniente e adequado que o regulamento previsto no §3º do art. 8º da Lei nº 14.133/2021 deve definir a autoridade para a prática desses atos.

13 Conclusões

Com base nas razões e argumentos ora expostos, concluímos que o edital constitui ato administrativo de natureza normativa/regulamentar, cujas principais finalidades consistem em divulgar a realização da licitação e definir de modo concreto e objetivo todas as regras e condições que serão aplicadas para o processamento do certame e do contrato dele decorrente, razão pela qual assume relevante importância para o processamento das contratações públicas.

Ainda que a Lei nº 14.133/2021 não traga disposição alguma especificando a estrutura que esse documento deve assumir, entendemos ser possível e útil manter a mesma consagrada pela Lei nº 8.666/1993, ou seja, o edital de licitação deverá ser constituído a partir um preâmbulo, um corpo e seus anexos.

Na sua elaboração, por força do princípio da legalidade, a Administração não poderá ignorar as prescrições que constam da Constituição Federal, das leis e demais atos normativos aplicados a cada caso. Contudo, para além de resguardar o atendimento das regras gerais e abstratas que devem ser observadas para o processamento das licitações e desenvolvimento dos contratos administrativos, o edital deve conter as regras específicas para um determinado certame.

Também concluímos que o conteúdo indicado no art. 25, *caput* da Lei nº 14.133/2021 não assume natureza taxativa, ou seja, os elementos ali indicados são mínimos e indispensáveis para elaboração do edital de licitação, sem prejuízo de outros que, em que pese não tenham sido arrolados, igualmente deverão ser contemplados.

No que diz respeito aos meios para divulgação das licitações, a Lei nº 14.133/2021 inovou ao criar o Portal Nacional de Contratações Públicas, que a nosso ver assume a condição de verdadeiro mercado público para a celebração das contratações da Administração Pública brasileira.

Dentre os assuntos abordados, com base na realidade constatada nos diversos órgãos e entidades integrantes da Administração Pública brasileira, destacamos que, em nosso entendimento, os agentes de contratação e pregoeiros podem receber a incumbência de elaborar o edital de licitação, mas jamais poderão ser responsáveis pela aprovação e assinatura desse ato, sob pena de violação ao princípio da segregação de funções, cuja observância se faz devida em razão do disposto no §1º do art. 7º da Lei nº 14.133/2021.

Por fim, encerramos deixando assente uma constatação a partir da prática da advocacia: um edital mal elaborado, repleto de inconsistências jurídicas e marcado por divergências com as informações constantes dos demais documentos da fase de planejamento da contratação, é um claro sinal de que o processo licitatório não atingirá o seu desiderato e, muito provavelmente, não alcançará êxito.

Referências

BANDEIRA DE MELLO, Celso Antônio. *Curso de Direito Administrativo*. 35. ed, São Paulo: Malheiros, 2021.

BRASIL. Superior Tribunal de Justiça. *AgRg no Recurso Especial nº 695.912/CE*, Rel. Mauro Campbell Marques, julgado em: 17.11.2009.

BRASIL. TCU. *Acórdão nº 1.563/2004*, Plenário, Rel. Augusto Sherman Cavalcanti, julgado em: 06.10.2004.

CONFEA – Conselho Federal de Engenharia, Arquitetura e Agronomia. *Resolução nº 361, de 10 de dezembro de 1991*. Dispõe sobre a conceituação de Projeto Básico em Consultoria de Engenharia, Arquitetura e Agronomia. Disponível em: http://saturno.crea-rs.org.br/site/pop/camara/portal/ILA/Fiscalizacao/Res361.pdf. Acesso em: 14 ago. 2022.

DINIZ, Maria Helena. *Dicionário jurídico*. São Paulo: Saraiva, 1998.

GUIMARÃES, Edgar e SAMPAIO, Ricardo. *Dispensa e inexigibilidade de licitação*: Aspectos jurídicos à luz da Lei nº 14.133/2021. Rio de Janeiro: Forense, 2022.

GUIMARÃES, Edgar. Inovações no planejamento da fase interna das contratações. *In*: Di Pietro, Maria Sylvia Zanella (coord.). *Licitações e contratos administrativos*: inovações da Lei 14.133/21. 1. ed. Rio de Janeiro: Forense, 2021.

JUSTEN FILHO, Marçal. *Comentários à lei de licitações e contratos administrativos*: Lei 14.133/2021. São Paulo: Thomson Reuters Brasil, 2021.

MEIRELLES, Hely Lopes. *Direito administrativo brasileiro*. 25. ed. São Paulo, Malheiros, 2000.

MENDES, Renato Geraldo. *O regime jurídico da contratação pública*. Curitiba: Zênite, 2008.

SUNDFELD, Carlos Ari. *Licitação e contrato administrativo*. 2. ed. São Paulo: Malheiros, 1994.

ZÊNITE Fácil. Disponível em: http://www.zenitefacil.com.br. Categoria Anotações, Lei nº 14.133/2021, nota ao art. 25, §1º. Acesso em: 07 fev. 2022.

Informação bibliográfica deste texto, conforme a NBR 6023:2018 da Associação Brasileira de Normas Técnicas (ABNT):

GUIMARÃES, Edgar; SAMPAIO, Ricardo. O edital da licitação: aspectos gerais. *In*: HARGER; Marcelo (Coord.). *Aspectos polêmicos sobre a nova lei de licitações e contratos administrativos*: Lei nº 14.133/2021. Belo Horizonte: Fórum, 2022. p. 89-120. ISBN 978-65-5518-461-7.

LICITAÇÃO PARA CONTRATAÇÃO DE OBRAS E SERVIÇOS DE ENGENHARIA SEGUNDO A LEI FEDERAL Nº 14.133/2021

BERNARDO WILDI LINS

1 Introdução

A promulgação da Lei Federal nº 14.133/21 representou a inauguração de um novo sistema nacional de contratações públicas no Brasil, em substituição àquele centrado na Lei Federal nº 8.666/93. Naturalmente, especialmente considerando a complexidade do tema, o processo de superação do regime jurídico antigo[1] e amoldamento administrativo ao novo pode ser tortuoso, trazendo dificuldades e provocando dúvidas aos envolvidos nesses processos de contratação. Assim, cabe à comunidade jurídica especializada

---

[1] Que, na verdade, também ainda é atual, já que coexistirá com o novo pelo prazo de 2 anos a partir da publicação da NLLCA. O inciso II do artigo 193 da NLLCA informa que haverá a revogação da "Lei nº 8.666, de 21 de junho de 1993, a Lei nº 10.520, de 17 de julho de 2002, e os arts. 1º a 47-A da Lei nº 12.462, de 4 de agosto de 2011, após decorridos 2 (dois) anos da publicação oficial desta Lei", enquanto o artigo 191 abre a possibilidade de, nesse período, a Administração optar "por licitar ou contratar diretamente de acordo com esta Lei ou de acordo com as leis citadas no referido inciso, e a opção escolhida deverá ser indicada expressamente no edital ou no aviso ou instrumento de contratação direta, vedada a aplicação combinada desta Lei com as citadas no referido inciso".

debruçar-se criticamente sobre a nova Lei de Licitações e Contratos Administrativos – NLLCA, de modo a produzir conteúdo útil a esse processo de transição, especialmente tracejando os contornos interpretativos do novo regime jurídico.

Visando contribuir para esse processo, pretende-se, neste artigo, traçar as linhas gerais do regime jurídico proposto pela NLLCA para as contratações públicas de obras e serviços de engenharia. Especificamente, a ideia é oferecer um panorama sobre o trâmite das licitações públicas que originam essas contratações – desde o início, quando há a identificação da necessidade de determinada obra pública e/ou serviço de engenharia, passando pelo seu planejamento, pela definição da sua modelagem jurídica e pelo processo de seleção da contratada, até a efetiva celebração do contrato – destacando suas particularidades e as principais novidades frente ao regime jurídico antigo.

A opção pelo tema justifica-se pelo fato de o Brasil ainda ser um país carente em infraestrutura pública, o que sobreleva a importância da existência de um regime jurídico que viabilize contratações públicas eficientes de obras e serviços de engenharia. Existe certo consenso de que o regime jurídico engendrado pela Lei Federal nº 8.666/93 não promove eficiência suficiente nessas contratações,[2] o que reforça a importância da análise crítica e detalhada sobre o sistema proposto pela NLLCA.

Com esse objetivo, o artigo foi organizado da seguinte forma: primeiro, são apresentados e discutidos os conceitos de obra e de serviço de engenharia de acordo com a NLLCA; segundo, são dissecados os regimes de contratações públicas previstos na NLLCA aplicáveis a esses objetos; terceiro, descreve-se detalhadamente o processo de contratação que leva a celebração de contrato administrativo que tenha como objeto a execução de obra e serviço de engenharia; por fim, oferece-se síntese conclusiva do exposto no artigo.

2 Conceito de obra e de serviço de engenharia segundo a Lei Federal nº 14.133/21

O objeto deste artigo é o regime jurídico proposto pela NLLCA para as contratações públicas de obras e serviços de engenharia. Assim, é essencial para fins metodológicos apresentar e discutir os conceitos de "obra" e de "serviço de engenharia" segundo a referida legislação, de modo a delimitar juridicamente o escopo do artigo. É que, por

---

[2] Tanto é assim que, paliativamente, foram nos últimos criados regimes jurídicos alternativos para contratações públicas setoriais, na tentativa de torná-las mais eficientes. Provavelmente, o melhor exemplo é o Regime Diferenciado de Contratações – RDC, objeto da Lei Federal nº 12.462/2011, o qual, inclusive, é fonte de muitas das inovações propostas pela NLLCA frente ao regime geral da Lei Federal nº 8.666/93. Inicialmente, o RDC foi criado para ser "aplicável exclusivamente às licitações e contratos necessários à realização (...) I - dos Jogos Olímpicos e Paraolímpicos de 2016 (...); (...) da Copa das Confederações da Federação Internacional de Futebol Associação – Fifa 2013 e da Copa do Mundo Fifa 2014 (...); de obras de infraestrutura e de contratação de serviços para os aeroportos das capitais dos Estados da Federação distantes até 350 km (trezentos e cinquenta quilômetros) das cidades sedes dos mundiais". Com o tempo – e a partir da aferição do êxito de muitas das soluções por ele trazidas -, o seu espectro de aplicação foi sendo bastante ampliado, passando a abranger, por exemplo, contratações de "obras e serviços de engenharia no âmbito do Sistema Único de Saúde – SUS"; de "obras e serviços de engenharia para construção, ampliação e reforma e administração de estabelecimentos penais e de unidades de atendimento socioeducativo"; e de "obras e serviços de engenharia, relacionadas a melhorias na mobilidade urbana ou ampliação de infraestrutura logística".

mais que se tratem de expressões cujos significados são razoavelmente bem compreendidos mesmo por aqueles não afeitos à engenharia, é relevante, para haver segurança jurídica quanto a sua aplicabilidade jurídica, demarcar sua definição legislativa.

Nesse sentido, segundo o inciso XII do artigo 6º da NLLCA, obra é "toda atividade estabelecida, por força de lei, como privativa das profissões de arquiteto e engenheiro que implica intervenção no meio ambiente por meio de um conjunto harmônico de ações que, agregadas, formam um todo que inova o espaço físico da natureza ou acarreta alteração substancial das características originais de bem imóvel".

Como se vê, os dois elementos centrais do conceito legal de obra são (i) consistir em atividade típica e privativa de engenheiros e arquitetos, nos termos da lei,[3] e (ii) alterar substancialmente as características originais de um bem imóvel, o que relaciona o conceito à ideia de construção.

A definição adotada pela NLLCA é muito mais técnica e detalhada que a presente na Lei Federal nº 8.666/93, que conceitua obra de maneira exemplificativa, por meio da enumeração das atividades de "reforma, fabricação, recuperação ou ampliação".[4] De todo modo, por mais que a NLLCA utilize técnica legislativa diversa, o conceito por ela proposto parece contemplar todas as atividades descritas no artigo 6º, I, da Lei Federal nº 8.666/93, não tendo havido minoração do alcance do conceito.

Os serviços de engenharia – que, por sua vez, não possuíam definição específica na Lei Federal nº 8.666/93 –, agora são conceituados pelo inciso XXI do artigo 6º da NLLCA como "toda atividade ou conjunto de atividades destinadas a obter determinada utilidade, intelectual ou material, de interesse para a Administração e que, não enquadradas no conceito de obra a que se refere o inciso XII do caput deste artigo, são estabelecidas, por força de lei, como privativas das profissões de arquiteto e engenheiro ou de técnicos especializados".

Mais uma vez, no núcleo do conceito encontra-se o fato de referirem-se a atividades consideradas privativas de engenheiros, arquitetos e, no caso, também de "técnicos especializados" (aqueles profissionais que possuem cursos de natureza técnica referentes a atividades acessórias ou complementares às dos engenheiros e arquitetos, tais como a de um técnico em edificações, por exemplo). Assim, serviços que não são realizados privativamente por esses profissionais não são juridicamente tratados como "de engenharia".

Para além disso, a NLLCA, nas alíneas do inciso XII do artigo 6º, classificou os serviços de engenharia em "comuns" e "especiais". Serviço "comum" de engenharia, conforme constante na alínea "a" do referido dispositivo, seria todo aquele "que tem por objeto ações, objetivamente padronizáveis em termos de desempenho e qualidade, de manutenção, de adequação e de adaptação de bens móveis e imóveis, com preservação das características originais dos bens". Já serviço "especial" de engenharia, por exclusão, seria todo "aquele que, por sua alta heterogeneidade ou complexidade", não puder ser considerado comum, tal qual previsto na alínea "b".

---

[3] As atividades privativas dos profissionais da engenharia são definidas pela Lei Federal nº 5.194/66 e as dos profissionais da arquitetura pela Lei Federal nº 12.378/10. Ambas são regulamentadas por Decretos e por outros instrumentos normativos infralegais emanados pelos respectivos conselhos profissionais (CREA e CAU, respectivamente).

[4] Lei Federal nº 8.666/93: "Art. 6º Para os fins desta Lei, considera-se: I – Obra – toda construção, reforma, fabricação, recuperação ou ampliação, realizada por execução direta ou indireta; (…)".

A mais importante utilidade prática da classificação é a definição da modalidade licitatória e do critério de julgamento que serão aplicados na licitação que originará a contratação do serviço: os serviços de engenharia comuns poderão ser contratados por meio de licitação pública na modalidade pregão, mediante a aplicação dos critérios de julgamento de menor preço ou maior desconto; já os serviços especiais de engenharia, a exemplo das obras, necessariamente serão contratados por meio da modalidade concorrência, sendo possível a utilização também de outros critérios de julgamento, tais como os de melhor técnica, técnica e preço e maior retorno econômico, a depender das circunstâncias do caso.

É que, por mais que o inciso XXXVIII do artigo 6º estabeleça que a concorrência é a "modalidade de licitações para contratação de bens e serviços especiais e de obras e serviços comuns e especiais de engenharia", o que poderia levar à interpretação de que também deveriam ser licitados por concorrência, os serviços comuns de engenharia se subsomem ao conceito mais amplo de serviços comuns, devendo, pois, quando contratados isoladamente, serem licitados mediante pregão, na forma do inciso XLI do mesmo artigo. É o que expressamente também se depreende do disposto no parágrafo único do artigo 29 da NLLCA[5] e de entendimento consolidado do Tribunal de Contas da União, que, inclusive, levou à edição da Súmula 257, aduzindo que o "uso do pregão nas contratações de serviços comuns de engenharia encontra amparo na Lei nº 10.520/2002".[6]

Por fim, acerca da por vezes tormentosa missão de diferenciar os conceitos de obra e de serviços de engenharia, Marçal Justen Filho reconhece que são espécies do mesmo gênero, sendo que os serviços de engenharia teriam natureza instrumental, complementar e acessória às obras.[7] Há situações, porém, pertencentes à "zona cinzenta",

---

[5]   Lei Federal nº 14.133/21: "Art. 29. (...) Parágrafo único. O pregão não se aplica às contratações de serviços técnicos especializados de natureza predominantemente intelectual e de obras e serviços de engenharia, exceto os serviços de engenharia de que trata a alínea "a" do inciso XXI do caput do art. 6º desta Lei".

[6]   Giancarlo Bernardi Possamai e Rafael Barreto da Silva realizaram competente análise sobre a compreensão do Tribunal de Contas da União sobre a abrangência do conceito de serviço comum de engenharia, elencando atividades que, por consequência, poderiam ser licitadas por pregão. Segundo a pesquisa deles, "o TCU já assentiu com a utilização do pregão para licitar serviços de (i) manutenção predial (Acórdão 286/2007 – 1ª Câmara); (ii) assistência técnica e manutenção de aparelhos de ar condicionado (Acórdão 331/2006 – Plenário); (iii) fornecimento e instalação de ar condicionado (Acórdão 8171/2005 – 1ª Câmara); (iv) operação e manutenção de redes e sistema de distribuição de energia elétrica (Acórdão 1329/2006 – Plenário, e Acórdão 2314/2010 – Plenário); (v) atualização tecnológica do sistema de elevadores (Acórdão 1557/2007 – Plenário); (vi) gerenciamento e supervisão de obras (Acórdão 3395/2014 – Plenário e Acórdão 3341/2012 – Plenário); (vii) engenharia consultiva, supervisão e elaboração de projetos de obras (Acórdão 1092/2014 – Plenário); (viii) conservação de rodovias (Acórdão 3144/2012 – Plenário); (ix) serviço técnico de apoio à fiscalização de projetos executivos e de execução de obras de engenharia (Acórdão 2899/2012 – Plenário); (x) fiscalização e controle de qualidade de obras (Acórdão 1407/2012 – Plenário); (xi) conservação rodoviária (Acórdão 1936/2011 – Plenário); (xii) manutenção predial (Acórdão 727/2009 – Plenário); (xiii) serviços técnicos necessários à estruturação de projeto de parceria público-privada relativo à modernização, eficientização, expansão, operação e manutenção da infraestrutura de rede de iluminação pública (Acórdão 1711/2017 – Plenário). Por outro lado, o TCU entendeu que não são serviços comuns, por carecerem de parâmetros objetivos de desempenho e qualidade, os serviços de (i) estudo de caracterização e análise socioambiental de linhas de transmissão elétrica (Acórdão 1903/2010 – Plenário); (ii) gerenciamento ambiental em obras portuárias (Acórdão 1815/2010 – Plenário); e (iii) terraplenagem, por ser uma etapa da obra de engenharia (Acórdão 592/2016 – Plenário)" (POSSAMAI, Giancarlo Bernardi; SILVA, Rafael Barreto da. Contratação de Serviços de Engenharia por Pregão na Visão dos Órgãos de Controle Externo (TCU e TCE/SC). In: BOSELLI, Felipe; LINS, Bernardo Wildi (Orgs.). Contratações Públicas: reflexões críticas sobre os 25 anos da Lei nº 8.666/93. Florianópolis: Caput, 2018, ps. 190-191).

[7]   Ainda sobre o tema, é útil mencionar a Orientação Técnica nº 02/2009, do Instituto Brasileiro de Obras Públicas – IBRAOP, que define obra como "a ação de construir, reformar, fabricar, recuperar ou ampliar um bem, na qual seja necessária a utilização de conhecimentos técnicos específicos envolvendo a participação de profissionais

sendo ainda mais problemático realizar tal diferenciação. Para ele, a solução para essas situações está na dimensão da atividade: "haverá serviço quando a atividade não se traduzir em modificações significativas, autônomas e permanentes. Se a modificação for significativa, autônoma e permanente, haverá obra".[8]

3 Regimes de contratação pública de obras e serviços de engenharia

A Administração Pública pode optar por realizar obras e serviços de engenharia de maneira direta – ou seja, mediante a utilização de recursos materiais e humanos próprios – ou indireta, contratando a sua execução junto ao mercado. Para as situações em que a opção for pela execução indireta, a legislação prevê que a sua contratação pode se dar por diferentes regimes jurídicos, previstos nos incisos do artigo 46 da NLLCA. São eles: "I – empreitada por preço unitário; II – empreitada por preço global; III – empreitada integral; IV – contratação por tarefa; V – contratação integrada; VI - contratação semi-integrada; VII - fornecimento e prestação de serviço associado".

Cada um desses regimes jurídicos contempla particularidades próprias que, de acordo com as diferentes circunstâncias presentes no caso concreto, tornam a sua utilização mais ou menos indicada a cada situação. A pluralidade de regimes serve, portanto, para possibilitar que a Administração Pública adote as regras que, em consonância com o planejamento realizado na fase preparatória da contratação, mostrem-se mais eficientes para o negócio.

As implicações práticas da opção pela adoção de um ou outro regime de contratação podem ser muitas: o regime escolhido influencia na forma de apresentação das propostas pelas licitantes interessadas[9] – e, por consequência, nos critérios de remuneração da contratada –, na possibilidade de atribuição à contratada da responsabilidade pela execução de um maior ou menor escopo de atividades e, ainda, na sistemática de alocação dos riscos do negócio entre os contraentes.

Conforme os incisos XXVIII, XIX e XXX do artigo 6º da NLLCA, a contratação pode, primeiro, ocorrer por empreitada, que resulta, segundo Marçal Justen Filho, na constituição da relação jurídica que "produz o dever de o empreiteiro privado executar uma obra ou serviço de engenharia, mediante a aplicação de seus esforços e seus recursos, segundo as determinações previamente estabelecidas pela Administração",

---

[8] habilitados conforme o disposto na Lei Federal nº 5.194/66", e serviço de engenharia como "toda a atividade que necessite da participação e acompanhamento de profissional habilitado conforme o disposto na Lei Federal nº 5.194/66, tais como: consertar, instalar, montar, operar, conservar, reparar, adaptar, manter, transportar, ou ainda, demolir. Incluem-se nesta definição as atividades profissionais referentes aos serviços técnicos profissionais especializados de projetos e planejamentos, estudos técnicos, pareceres, perícias, avaliações, assessorias, consultorias, auditorias, fiscalização, supervisão ou gerenciamento".

[8] JUSTEN FILHO, Marçal. *Comentários à Lei de Licitações e Contratos Administrativos*: Lei 14.133/21. São Paulo: Revistas dos Tribunais, 2021. p. 174.

[9] O §9º do artigo 46 da NLLCA estabelece que, com exceção do regime de empreitada por preço unitário, todos os demais "serão licitados por preço global e adotarão sistemática de medição e pagamento associada à execução de etapas do cronograma físico-financeiro vinculadas ao cumprimento de metas de resultado, vedada a adoção de sistemática de remuneração orientada por preços unitários ou referenciada pela execução de quantidades de itens unitários".

que, por sua vez, "assume a obrigação de pagar uma remuneração em favor do empreiteiro privado".[10]

A sistemática de empreitada é a base de três subcategorias de regimes de contratação: a empreitada pode, primeiro, se dar por preço unitário, quando ocorre "por preço certo de unidades determinadas"; e segundo, por preço global, quando se dá "por preço certo e total". A diferença entre esses dois primeiros regimes de empreitada está estritamente relacionada à forma de apresentação e julgamento das propostas de preços na etapa licitatória (e, consequentemente, da remuneração da contratada na etapa contratual). Na empreitada por preço global, a proposta é apresentada e a remuneração definida para custear a execução do objeto como um todo, na sua inteireza, enquanto na empreitada por preço unitário, mesmo que o empreiteiro igualmente seja contratado para executar o objeto integralmente, a proposta é apresentada e a remuneração, realizada, mediante a soma dos diversos itens que compõem o objeto do contrato. No que se refere às obrigações assumidas pelo contratado, os regimes são idênticos.

O terceiro regime é o de empreitada integral, que envolve a "contratação do empreendimento em sua integralidade", compreendendo "a totalidade das etapas de obras, serviços e instalações necessárias (...) até sua entrega ao contratante em condições de entrada em operação, com características adequadas às finalidades para as quais foi contratado e atendidos os requisitos técnicos e legais para sua utilização com segurança estrutural e operacional".

Basicamente, por esse regime, a contratada obriga-se a entregar o empreendimento construído para a Administração pronto para ser colocado em operação – com as "chaves na mão" (tanto que também é denominado de *turnkey*). A vista disso, para que seja vantajoso economicamente, é pressuposto para a sua adoção o fato de a obra em questão ser destinada à colocação em funcionamento de uma operação complexa.[11]

Para além dos regimes de empreitada, a legislação prevê, ainda, o de tarefa, que serve para a contratação de mão de obra para pequenos trabalhos, com ou sem fornecimento de materiais, normalmente sem a necessidade de realização de licitação pública, considerando o seu usual baixo valor econômico. Sob certo ângulo, assemelha-se ao regime de empreitada por preço global pelo fato de que também se dá por preço certo e total, sendo, todavia, aplicável a contratações simples, de pequena dimensão e complexidade.

Esses quatro regimes de contratação pública de obras e serviços de engenharia já eram previstos na Lei Federal nº 8.666/93, tendo sido replicados para a NLLCA. Eles têm em comum o fato de servirem para a contratação junto ao mercado da execução de

---

[10] JUSTEN FILHO, Marçal. *Comentários à Lei de Licitações e Contratos Administrativos*: Lei 14.133/21. São Paulo: Revistas dos Tribunais, 2021. p. 590.

[11] Para esclarecer a abrangência do regime jurídico da empreitada integral e a sua diferença frente aos demais, utiliza-se exemplo retirado da obra de Joel de Menezes Niebuhr, retratando a construção de um centro de convenções: "A Administração Pública pode contratar empresa apenas para a construção da estrutura física do centro de convenções, sem instalar equipamentos e mobiliário. Ou seja, a Administração Pública contrata a construção do prédio que irá abrigar o centro de convenções e isto deverá ocorrer sob o regime de empreitada por preço global. O contratado entrega o prédio e, posteriormente, a Administração Pública compra e instala os equipamentos e mobiliário, sem os quais o centro de convenções não entra em funcionamento. Na empreitada integral, a Administração Pública contrata a construção do prédio do centro de convenções, que deve ser entregue pronto para operar, com todos os equipamentos e mobiliário instalados. O contratado o entrega pronto para operação" (NIEBUHR, Joel de Menezes. *Licitação Pública e Contrato Administrativo*. Belo Horizonte: Fórum, 2011. p. 271).

um projeto[12] previamente desenvolvido pela própria Administração Pública (direta, ou indiretamente). Desse modo, nesses regimes de contratação, a contratada não participa do planejamento da contratação – esse consubstanciado na definição da modelagem técnica do empreendimento, que resulta na elaboração do projeto da obra ou serviço de engenharia que será executado – apenas executa a solução já previamente desenvolvida pela Administração Pública.

Assim, pode-se dizer que a Lei Federal nº 8.666/93 adota como pressuposto, no que se refere aos processos de contratação de obras e serviços de engenharia, a separação das etapas de projeto e execução, uma vez que não podem ser realizadas pela mesma empresa e no âmbito do mesmo contrato. Nesse aspecto, a NLLCA foi inovadora, uma vez que passou a contemplar a possibilidade de integrar as fases de projeção e execução da obra, contratando uma mesma empresa para realizá-las. É o que viabilizam os regimes de contratação integrada e semi-integrada.

A dita inovação, na verdade, foi a inclusão das referidas formas de contratação no regime ordinário de contratações públicas, uma vez que tais soluções já eram previstas em legislações setoriais: o regime de contratação integrada foi instituído pela Lei Federal nº 12.462/11, que criou o Regime Diferenciado de Contratações Públicas – RDC, e, posteriormente, também foi adotado pela Lei Federal nº 13.303/16, a Lei das Estatais, em que foi pela primeira vez positivado o regime de contratação semi-integrada.

No regime de contratação integrada, o contratado fica responsável, além de executar a obra, elaborar e desenvolver os projetos básico e executivo – nesse caso, o processo de contratação será realizado tendo como base um anteprojeto,[13] elaborado de acordo com metodologia definida em ato emanado pelo órgão competente (art. 46, §2º) –, e, no regime de contratação semi-integrada, por executar a obra e elaborar somente o projeto executivo – nessa hipótese, o projeto básico é ofertado pela Administração junto ao edital da licitação. Nas contratações sob esses regimes, não se aplica, por óbvio, a regra geral prevista no artigo 14 da NLLCA, que impede que participe da licitação ou da execução de contrato o autor do projeto básico ou executivo (art. 14, §4º), já que o objetivo é justamente integrar essas diferentes etapas da execução do objeto.

Conforme sobredito, na contratação integrada, fica a cargo da contratada a elaboração dos projetos executivo e básico: o projeto executivo deve conter todos os elementos técnicos necessários para a execução da obra, sendo resultado do detalhamento das soluções previstas no básico, que, por sua vez, deve prever o conjunto de

---

[12]   Lei Federal nº 14.133/2021: "Art. 6º Para os fins desta Lei, considerem-se: (…) XXVI – projeto executivo: conjunto de elementos necessários e suficientes à execução completa da obra, com o detalhamento das soluções previstas no projeto básico, a identificação de serviços, de materiais e de equipamentos a serem incorporados à obra, bem como suas especificações técnicas, de acordo com as normas técnicas pertinentes".

[13]   Lei Federal nº 14.133/2021: "Art. 6º Para os fins desta Lei, considerem-se: (…) XXIV – anteprojeto: peça técnica com todos os subsídios necessários à elaboração do projeto básico, que deve conter, no mínimo, os seguintes elementos: a) demonstração e justificativa do programa de necessidades, avaliação de demanda do público-alvo, motivação técnico-econômico-social do empreendimento, visão global dos investimentos e definições relacionadas ao nível de serviço desejado; b) condições de solidez, de segurança e de durabilidade; c) prazo de entrega; d) estética do projeto arquitetônico, traçado geométrico e/ou projeto da área de influência, quando cabível; e) parâmetros de adequação ao interesse público, de economia na utilização, de facilidade na execução, de impacto ambiental e de acessibilidade; f) proposta de concepção da obra ou do serviço de engenharia; g) projetos anteriores ou estudos preliminares que embasaram a concepção proposta; h) levantamento topográfico e cadastral; i) pareceres de sondagem; j) memorial descritivo dos elementos da edificação, dos componentes construtivos e dos materiais de construção, de forma a estabelecer padrões mínimos para a contratação".

elementos e informações que "assegure a viabilidade técnica e o adequado tratamento do impacto ambiental do empreendimento e que possibilite a avaliação do custo da obra e a definição dos métodos e do prazo de execução" (art. 6º, XXV). Nesse sentido, o §3º do artigo 46 estabelece que, após elaborado o projeto básico pela contratada, "o conjunto de desenhos, especificações, memoriais e cronograma físico-financeiro deverá ser submetido à aprovação da Administração, que avaliará sua adequação em relação aos parâmetros definidos no edital e conformidade com as normas técnicas, vedadas alterações que reduzam a qualidade ou a vida útil do empreendimento e mantida a responsabilidade integral do contratado pelos riscos associados ao projeto básico". A intenção é, portanto, a garantia que a solução desenvolvida pela contratada esteja de acordo com o planejado pela Administração Pública quando instaurou o processo de contratação.

Na contratação semi-integrada, conforme sobredito, fica a cargo da contratada a elaboração apenas do projeto executivo, baseado em projeto básico ofertado pela Administração Pública. Todavia, mesmo nessas hipóteses, o §5º do artigo 46 da NLLCA possibilita que o contratado realize alterações no projeto básico oferecido pela Administração Pública, desde que demonstre "a superioridade das inovações propostas pelo contratado em termos de redução de custos, de aumento da qualidade, de redução do prazo de execução ou de facilidade de manutenção ou operação, assumindo o contratado a responsabilidade integral pelos riscos associados à alteração do projeto básico".

Em ambos os regimes de contratação, a contratada fica responsável por "executar obras e serviços de engenharia, fornecer bens ou prestar serviços especiais e realizar montagem, teste, pré-operação e as demais operações necessárias e suficientes para a entrega final do objeto". Desse modo, assim como no regime de empreitada integral, aqui a contratada também deve entregar o objeto pronto para uso.

Como se vê, nos regimes de contratação integrada e semi-integrada, a responsabilidade transferida pela Administração Pública à contratada é especialmente grande, já que, na prática, ela participa da concepção (não somente da execução) da solução que servirá para o alcance dos objetivos pretendidos pela Administração. Desse modo, considerada a pluralidade de atividades – e, consequentemente, de etapas de trabalho – que é repassada à empresa contratada nesses regimes, o §6º do artigo 46 dispõe, para fins de organização do processo de fiscalização das atividades contratadas por parte da Administração Pública, que a "execução de cada etapa será obrigatoriamente precedida da conclusão e da aprovação, pela autoridade competente, dos trabalhos relativos às etapas anteriores". Todavia, é despropositado interpretar o dispositivo como uma vedação absoluta de que atividades pertencentes a diferentes etapas da obra sejam realizadas concomitantemente, uma vez que, por vezes, essa medida pode ser essencial para a eficiência da contratação. Desse modo, segundo Marçal Justen Filho, o "dispositivo deve ser interpretado na acepção de vedar que, por meio do prosseguimento da execução do objeto, o contratado inviabilize a identificação dos defeitos e insuficiência da sua atuação"[14] pelo poder fiscalizatório da Administração.

Outra característica relevante dos regimes de contratação integrada e semi-integrada frente aos demais previstos no dispositivo é, nos termos do §3º do artigo

---

[14] JUSTEN FILHO, Marçal. *Comentários à Lei de Licitações e Contratos Administrativos*: Lei 14.133/21. São Paulo: Revistas dos Tribunais, 2021, p. 620.

22 da NLLCA, a obrigatoriedade de contemplar matriz de alocação de riscos entre o contratante e o contratado.[15] É que, como nesses regimes de contratação, conforme já explicado, a liberdade de a ingerência da contratada sobre a execução do objeto é maior do que nos tradicionais, a legislação prevê, como contrapartida, que a ela também possam ser proporcionalmente transferidos os riscos do negócio e a responsabilidade pelo que foi executado.[16]

Nos termos do inciso XXVII do artigo 6º da NLLCA, a matriz de riscos é a "cláusula contratual definidora de riscos e de responsabilidades entre as partes e caracterizadora do equilíbrio econômico-financeiro inicial do contrato, em termos de ônus financeiro decorrente de eventos supervenientes à contratação".[17] Quando prevista, é ela que vai determinar a distribuição dos encargos decorrentes dos impactos dos fatos nela previstos sobre o contrato. A possibilidade (e a obrigatoriedade, nesses regimes de contratação) de previsão de matriz de risco em processos de contratação organizados sob a égide do regime geral de contratações públicas também é uma novidade trazida pela NLLCA.

Em outras palavras, a existência de matriz de riscos influencia a sistemática tradicional de alteração dos contratos administrativos, inclusive para fins de reequilíbrio econômico-financeiro do contrato. Nas contratações integradas, em regra não é possível aditar o contrato para alterar os valores contratuais, salvo nas situações previstas nos incisos do artigo 133 da NLLCA, quais sejam: "I – para restabelecimento do equilíbrio econômico-financeiro decorrente de caso fortuito ou força maior; II – por necessidade de alteração do projeto ou das especificações para melhor adequação técnica aos objetivos da contratação, a pedido da Administração, desde que não decorrente de erros ou omissões por parte do contratado, observados os limites estabelecidos no art. 125 desta

---

[15] Outra peculiaridade relevante desses regimes de contratação diz respeito à responsabilidade pela desapropriação do terreno em que a obra será executada. Confira-se: "Art. 46 (…) §4º Nos regimes de contratação integrada e semi-integrada, o edital e o contrato, sempre que for o caso, deverão prever as providências necessárias para a efetivação de desapropriação autorizada pelo poder público, bem como: I – o responsável por cada fase do procedimento expropriatório; II – a responsabilidade pelo pagamento das indenizações devidas; III – a estimativa do valor a ser pago a título de indenização pelos bens expropriados, inclusive de custos correlatos; IV - a distribuição objetiva de riscos entre as partes, incluído o risco pela diferença entre o custo da desapropriação e a estimativa de valor e pelos eventuais danos e prejuízos ocasionados por atraso na disponibilização dos bens expropriados; V – em nome de quem deverá ser promovido o registro de imissão provisória na posse e o registro de propriedade dos bens a serem desapropriados".

[16] Conforme aduzem Alécia Paolucci Nogueira Bicalho e Carlos Pinto Coelho Motta – referindo-se especificamente às contratações integradas, mas cujo raciocínio também se aplica às semi-integradas –, tais negócios constituem "tipicamente um contrato de resultado, no qual a Administração Pública define o fim pretendido, sem especificar os meios para sua obtenção, que ficarão a cargo do próprio executor (…). Enfim, aqui a responsabilidade pela definição dos meios e das condições de execução é integralmente repassada ao contratado" (BICALHO, Alécia Paolucci Nogueira; MOTTA, Carlos Pinto Coelho. *Comentários ao Regime Diferenciado de Contratações*: Lei nº 12.462/2011: Decreto nº 7.581/2011. 2. ed. Belo Horizonte: Fórum, 2014. p. 188).

[17] Lei Federal nº 14.133/2021: "Art. 6º (…) XXVII – matriz de riscos: cláusula contratual definidora de riscos e de responsabilidades entre as partes e caracterizadora do equilíbrio econômico-financeiro inicial do contrato, em termos de ônus financeiro decorrente de eventos supervenientes à contratação, contendo, no mínimo, as seguintes informações: a) listagem de possíveis eventos supervenientes à assinatura do contrato que possam causar impacto em seu equilíbrio econômico-financeiro e previsão de eventual necessidade de prolação de termo aditivo por ocasião de sua ocorrência; b) no caso de obrigações de resultado, estabelecimento das frações do objeto com relação às quais haverá liberdade para os contratados inovarem em soluções metodológicas ou tecnológicas, em termos de modificação das soluções previamente delineadas no anteprojeto ou no projeto básico; c) no caso de obrigações de meio, estabelecimento preciso das frações do objeto com relação às quais não haverá liberdade para os contratados inovarem em soluções metodológicas ou tecnológicas, devendo haver obrigação de aderência entre a execução e a solução predefinida no anteprojeto ou no projeto básico, consideradas as características do regime de execução no caso de obras e serviços de engenharia".

Lei; III – por necessidade de alteração do projeto nas contratações semi-integradas, nos termos do §5º do art. 46 desta Lei; IV – por ocorrência de evento superveniente alocado na matriz de riscos como de responsabilidade da Administração".

Desse modo, nas contratações por esses regimes, pode-se dizer que somente é possível alterar o contrato administrativo em dois grupos de situações: (i) quando houver a necessidade de alteração do projeto ou das especificações técnicas, seja a pedido da Administração Pública – nesse caso, desde que não decorra de erro do contratado –, seja, no caso específico das contratações semi-integradas, pela faculdade do contratado de propor mudanças no projeto básico, desde que aprovadas pela Administração; e, (ii) para o reequilíbrio econômico-financeiro, seja decorrente de caso fortuito ou de força maior, seja pela ocorrência de evento superveniente alocado na matriz de riscos como de responsabilidade da Administração.

Acerca da abrangência e da influência do previsto na matriz de riscos sobre a manutenção da equação econômico-financeira inicial do contrato, já se teve a oportunidade de escrever que:

> Um aspecto de relevo é a definição da margem de liberdade com que conta a Administração Pública para proceder a alocação objetiva dos riscos de determinada contratação. Entende-se que, considerando a necessária submissão ao princípio da legalidade, a Administração Pública não possui a prerrogativa de atribuir reponsabilidades pelos riscos contratuais em desacordo com o previsto na legislação, nas hipóteses em que esta prever solução para o assunto. Menos ainda, é claro, de suprimir completamente o direito do contratado ao reequilíbrio econômico-financeiro, o que, inclusive, contrairia frontalmente o texto constitucional, que lhe garante a manutenção das "condições efetivas da proposta", conforme sobredito.
>
> Em outras palavras, à Administração é defeso atribuir ao contratado a responsabilidade por fatos que a Lei garante o seu direito de pleitear o reequilíbrio econômico-financeiro ou, menos ainda, suprimir todo e qualquer direito do contratado à manutenção do equilíbrio.
>
> Corroborando esse entendimento, o §5º do artigo 103 veda a possibilidade de a matriz de risco retirar do contratado o direito ao reequilíbrio econômico-financeiro quando a Administração Pública promover alteração unilateral do objeto do contrato ou, ainda, quando houver aumento ou redução dos tributos diretamente pagos pelo contratado em decorrência do contrato, o que também é garantido pelo previsto no artigo 134.
>
> Todavia, as exceções estabelecidas no referido dispositivo não representam todas as situações em que o poder da Administração de dispor sobre a extensão da sua responsabilidade pela garantia da manutenção da intangibilidade econômico-financeira inicial do contrato é limitado pela legislação. Repita-se: em todas as situações que a lei alocar a responsabilidade contratual por determinados riscos, a solução nela prevista deve prevalecer sobre eventual previsão diferente na matriz de riscos.
>
> Um exemplo importante é a impossibilidade de a matriz de risco estabelecer genericamente a responsabilidade do contratado pelos encargos decorrentes de todo e qualquer fato imprevisível (ou previsível, mas de consequências incalculáveis), uma vez que a alínea "d" do inciso II do artigo 124 garante-lhe o direito de manutenção do equilíbrio econômico-financeiro inicial do contrato nessas hipóteses ante a aplicabilidade da teoria da imprevisão.
>
> Todavia, é, mais que possível, altamente recomendável, que a matriz de risco descreva possíveis acontecimentos futuros que possam influenciar o contrato, bem como as possíveis consequências sobre o seu objeto, atribuindo as responsabilidades motivadamente em compatibilidade com as circunstâncias da contratação, seguindo as diretrizes constantes na legislação. Ora, uma vez previstos na matriz de risco, os possíveis acontecimentos e as

respectivas consequências sobre o contrato deixam de ser "fatos imprevisíveis", abrindo a possibilidade de a responsabilidade pelos mesmos ser atribuída ao contratado, respeitados os limites constantes no documento. Uma vez conhecidos pelo contratado, a eventual ocorrência daqueles fatos e as possíveis consequências sobre o contrato deveriam ter sido por ele levados em consideração na formulação da sua proposta.[18]

No mais, a NLLCA criou, ainda, um sexto regime que pode ser utilizado pela Administração Pública para a contratação de obras e serviços de engenharia. Trata-se do regime de "fornecimento e prestação de serviço associado", pelo qual, segundo o inciso XXXIV do artigo 6º, "além do fornecimento do objeto, o contratado responsabiliza-se por sua operação, manutenção ou ambas, por tempo determinado".

Apesar de a previsão legal genérica, Marçal Justen Filho aponta que o regime serve para "contratação com objeto complexo, eis que o contratado assume prestações qualitativamente distintas e que, em princípio, comportariam contratação autônoma".[19] Nesse sentido, Anna Beatriz Savioli argumenta que a adoção desse regime pode ser uma alternativa à adoção das modelagens jurídicas de concessões e PPPs, cujos requisitos restritivos muitas vezes inviabilizam sua aplicação em determinadas situações. Segundo ela, o regime de fornecimento e prestação de serviço associado possibilita que o poder público transfira, por um período mais curto, a responsabilidade por determinada operação ao particular, "resguardando, ao menos em tese, que haja uma cautela maior com nível de qualidade das obras e serviços prestados no âmbito da fase de implementação".[20]

Conforme visto, fato é que a NLLCA outorgou à Administração Pública uma extensa gama de regimes jurídicos, que possibilita o engendramento de diferentes modelagens jurídicas a serem aplicadas em projetos e negócios de características também distintas.

4 Licitação pública para a contratação de obras e serviços de engenharia

Conforme é cediço, por determinação constitucional[21] as contratações públicas de obras e serviços de engenharia devem, em regra, serem precedidas de licitação pública.

---

[18] LINS, Bernardo Wildi. *Mutabilidade do Contrato Administrativo Segundo a Lei Federal nº 14.133/2021*. In: LINS, Bernardo Wildi; NIEBUHR, Joel de Menezes (Coords.). *A Nova Lei de Licitações e Contratos Administrativos e a Advocacia*. São Paulo: Tirant lo Blanch, 2021. p. 78-79.

[19] JUSTEN FILHO, Marçal. *Comentários à Lei de Licitações e Contratos Administrativos*: Lei 14.133/21. São Paulo: Revistas dos Tribunais, 2021. p. 616.

[20] SAVIOLI, Anna Beatriz. *As modalidades contratuais no regime da nova Lei de Licitações*. Disponível em: https://www.conjur.com.br/2021-abr-04/savioli-modalidades-contratuais-lei-licitacoes. Acesso em: 20 nov. 2021.

[21] Constituição Federal: "Art. 37. A administração pública direta e indireta de qualquer dos Poderes da União, dos Estados, do Distrito Federal e dos Municípios obedecerá aos princípios de legalidade, impessoalidade, moralidade, publicidade e eficiência e, também, ao seguinte: (...) XXI – ressalvados os casos especificados na legislação, as obras, serviços, compras e alienações serão contratados mediante processo de licitação pública que assegure igualdade de condições a todos os concorrentes, com cláusulas que estabeleçam obrigações de pagamento, mantidas as condições efetivas da proposta, nos termos da lei, o qual somente permitirá as exigências de qualificação técnica e econômica indispensáveis à garantia do cumprimento das obrigações".

É bem verdade que a legislação estabelece casos em que é possível a contratação direta por dispensa ou inexigibilidade de licitação,[22] mas tratam-se de situações que o sistema trata como excepcionais. Assim, nesta seção serão descritas as principais características das licitações públicas para a contratação de obras e serviços de engenharia, cujo processo administrativo foi categorizado em três etapas principais: (i) fase preparatória; (ii) apresentação e análise das propostas; e, (iii) exame do cumprimento dos requisitos de habilitação e definição da vencedora.

4.1 Fase preparatória

A NLLCA inovou ao dedicar ampla atenção à fase preparatória (interna, ou de planejamento) da licitação pública. O assunto, apesar de possuir importância decisiva para o sucesso da contratação, é abordado apenas laconicamente pela Lei Federal nº 8.666/93. Esse cenário mudou significativamente, especialmente a vista do teor do artigo 18 da NLLCA.[23]

Conforme é cediço, a fase preparatória da licitação envolve a realização de uma série de estudos técnicos, orçamentários e jurídicos necessários à obtenção, junto ao mercado, da solução mais adequada, em termos de custo-benefício, para suprir determinada necessidade pública. E, no que se refere às licitações para contratar obras e serviços de engenharia, esse processo possui algumas peculiaridades relevantes, que serão destacadas em seguida.

A faceta técnica da etapa preparatória à contratação de obras e serviços de engenharia é especialmente relevante, uma vez que – salvo nas hipóteses de contratação integrada e semi-integrada e em situações em que o objeto for simples o bastante para

---

[22] A legislação contempla várias hipóteses de dispensa e inexigibilidade de licitação que podem ser utilizadas para a contratação direta de obras e serviços de engenharia. Para fins exemplificativos, a mais evidente é a do inciso I do artigo 75 da NLLCA, que reputa dispensável a licitação para a contratação de obras e serviços de engenharia orçados em valor inferior a R$100.000,00.

[23] Lei Federal nº 14.133/21: "Art. 18. A fase preparatória do processo licitatório é caracterizada pelo planejamento e deve compatibilizar-se com o plano de contratações anual de que trata o inciso VII do caput do art. 12 desta Lei, sempre que elaborado, e com as leis orçamentárias, bem como abordar todas as considerações técnicas, mercadológicas e de gestão que podem interferir na contratação, compreendidos: I – a descrição da necessidade da contratação fundamentada em estudo técnico preliminar que caracterize o interesse público envolvido; II – a definição do objeto para o atendimento da necessidade, por meio de termo de referência, anteprojeto, projeto básico ou projeto executivo, conforme o caso; III – a definição das condições de execução e pagamento, das garantias exigidas e ofertadas e das condições de recebimento; IV – o orçamento estimado, com as composições dos preços utilizados para sua formação; V – a elaboração do edital de licitação; VI – a elaboração de minuta de contrato, quando necessária, que constará obrigatoriamente como anexo do edital de licitação; VII – o regime de fornecimento de bens, de prestação de serviços ou de execução de obras e serviços de engenharia, observados os potenciais de economia de escala; VIII – a modalidade de licitação, o critério de julgamento, o modo de disputa e a adequação e eficiência da forma de combinação desses parâmetros, para os fins de seleção da proposta apta a gerar o resultado de contratação mais vantajoso para a Administração Pública, considerado todo o ciclo de vida do objeto; IX – a motivação circunstanciada das condições do edital, tais como justificativa de exigências de qualificação técnica, mediante indicação das parcelas de maior relevância técnica ou valor significativo do objeto, e de qualificação econômico-financeira, justificativa dos critérios de pontuação e julgamento das propostas técnicas, nas licitações com julgamento por melhor técnica ou técnica e preço, e justificativa das regras pertinentes à participação de empresas em consórcio; X – a análise dos riscos que possam comprometer o sucesso da licitação e a boa execução contratual; XI – a motivação sobre o momento da divulgação do orçamento da licitação, observado o art. 24 desta Lei".

que se entenda que a exigência é dispensável[24] – envolve a elaboração dos projetos básico e executivo, documentos obrigatórios que nortearão a execução do objeto da licitação. Aliás, a elaboração dos projetos básico e executivo constituem, por si, serviços de engenharia, podendo, caso a Administração Pública entenda não ser conveniente e oportuno produzi-los diretamente, serem objetos de processos de contratação pública próprios. Desse modo, o planejamento de uma obra ou serviço de engenharia é complexo e, muitas vezes, moroso.

No que se refere a esse aspecto, a NLLCA previu, no §3º do artigo 19, que será preferencialmente adotado nas contratações de obras e serviços de engenharia "a Modelagem da Informação da Construção (*Building Information Modelling – BIM*) ou tecnologias e processos integrados similares ou mais avançados que venham a substituí-la". Segundo Carlos Ari Sundfeld e Guilherme Jardim Jurksaitis, o "*BIM* consiste numa reprodução virtual completa do que se pretende construir. Ele permite que se antecipem problemas e riscos na realização da obra ou dos serviços de engenharia e, principalmente, que assim se obtenha um orçamento mais acurado do empreendimento".[25]

No que se refere aos estudos orçamentários que integram o planejamento da contratação, servem tanto para a verificação da existência recursos públicos disponíveis para a realização da obra ou serviço de engenharia quanto para a checagem do preço da contratação da execução das diferentes soluções oferecidas pelo mercado que, abstratamente, possam atender a necessidade posta. O cotejo analítico entre a verificação dos recursos disponíveis e o preço da execução das diferentes soluções pelo mercado costuma ser decisivo para a análise de custo-benefício que embasa a opção por determinada solução técnica e para a definição da modelagem jurídica pela qual se dará a contratação.

Com relação à cotação dos preços, a NLLCA disciplina que o valor estimado da contratação será compatível com os praticados pelo mercado, "considerados os preços constantes de bancos de dados públicos e as quantidades a serem contratadas, observadas a potencial economia de escala e as peculiaridades do local de execução do objeto" (art. 23). Em complemento, os incisos do §2º do referido artigo 23 estabelecem parâmetros para a obtenção do valor estimado de contratações de obras e serviços de engenharia, seguindo a seguinte ordem de preferência:

> Art. 23 (…) §2º No processo licitatório para contratação de obras e serviços de engenharia, conforme regulamento, o valor estimado, acrescido do percentual de Benefícios e Despesas Indiretas (BDI) de referência e dos Encargos Sociais (ES) cabíveis, será definido por meio da utilização de parâmetros na seguinte ordem:
>
> I – composição de custos unitários menores ou iguais à mediana do item correspondente do Sistema de Custos Referenciais de Obras (Sicro), para serviços e obras de infraestrutura de transportes, ou do Sistema Nacional de Pesquisa de Custos e Índices de Construção Civil (Sinapi), para as demais obras e serviços de engenharia;

---

[24] O §3º do artigo 18 da NLLCA estabelece ser possível que a especificação do objeto possa ser realizada apenas em termo de referência ou projeto básico, dispensada a elaboração dos projetos mais detalhados, desde que o estudo técnico preliminar demonstre a inexistência de prejuízo para a aferição dos padrões de desempenho e qualidade almejados.

[25] SUNDFELD, Carlos Ari; JURKSAITIS, Guilherme Jardim. Artigos 18 a 24. *In*: DAL POZZO, Augusto Neves; CAMMAROSANO, Márcio; ZOCKUN, Maurício (Coords.). *Lei de Licitações e Contratos Administrativos Comentada*: Lei 14.133/21. São Paulo: Revista dos Tribunais, 2021. p. 167.

II – utilização de dados de pesquisa publicada em mídia especializada, de tabela de referência formalmente aprovada pelo Poder Executivo federal e de sítios eletrônicos especializados ou de domínio amplo, desde que contenham a data e a hora de acesso;

III – contratações similares feitas pela Administração Pública, em execução ou concluídas no período de 1 (um) ano anterior à data da pesquisa de preços, observado o índice de atualização de preços correspondente;

IV – pesquisa na base nacional de notas fiscais eletrônicas, na forma de regulamento.

O dispositivo, portanto, estabeleceu uma hierarquia entre as fontes dos preços dos itens unitários de uma obra ou serviço de engenharia consideradas legítimas para fins de elaboração do orçamento estimado da contratação: primeiro, devem ser utilizados valores iguais ou menores do que a média dos valores constantes nas tabelas SICRO (Sistema de Custos de Obras Rodoviárias) ou SINAPI (Sistema Nacional de Pesquisa de Custos e Índices da Construção Civil), aplicáveis a depender da situação; segundo, a utilização de informações constantes em bancos de dados de pesquisas ou tabelas de referências aprovadas pelo Poder Executivo federal; terceiro, dados de contratações similares realizadas pela Administração Pública e, quarto, pesquisa na base nacional de notas fiscais eletrônicas, hipótese ainda dependente da edição de regulamento.

Conforme previsto no texto do §2º, para fins de construção do orçamento estimado da contratação, será acrescido sobre os valores dos preços unitários obtidos a partir dos parâmetros apresentados acima o percentual de Benefícios e Despesas Indiretas (BDI) de referência – formulado, em âmbito federal, nos termos do Decreto Federal nº 7.983/2013 e da jurisprudência do Tribunal de Contas da União – e dos Encargos Sociais (ES) cabíveis.[26]

Os estudos jurídicos realizados na etapa de planejamento da contratação, por sua vez, servem, primeiro, conforme sobredito, para definir a própria modelagem jurídica da contratação – inclusive os já mencionados de natureza técnica e orçamentária, que influenciam diretamente no regime jurídico aplicável ao caso – e, depois de definida a estrutura do negócio, verificar a presença dos requisitos necessários para a realização da licitação.[27]

É, por exemplo, possível que a etapa de planejamento da contratação indique ser recomendável o uso do sistema de registro de preços, nos termos do artigo 85 da NLLCA, desde que destinada a executar projeto padronizado, sem complexidade técnica e operacional e que exista necessidade permanente ou frequente de obra ou serviço

---

[26] Conforme prevê o §5º do artigo em comento, nos casos de contratação integrada ou semi-integrada, o valor estimado da obra ou serviço engenharia "será acrescido ou não de parcela referente à remuneração do risco, e, sempre que necessário e o anteprojeto o permitir, a estimativa de preço será baseada em orçamento sintético, (...) devendo a utilização de metodologia expedita ou paramétrica e de avaliação aproximada baseada em outras contratações similares ser reservada às frações do empreendimento não suficientemente detalhadas no anteprojeto".

[27] Lei Federal nº 14.133/21: "Art. 45. As licitações de obras e serviços de engenharia devem respeitar, especialmente, as normas relativas a: I - disposição final ambientalmente adequada dos resíduos sólidos gerados pelas obras contratadas; II - mitigação por condicionantes e compensação ambiental, que serão definidas no procedimento de licenciamento ambiental; III - utilização de produtos, de equipamentos e de serviços que, comprovadamente, favoreçam a redução do consumo de energia e de recursos naturais; IV - avaliação de impacto de vizinhança, na forma da legislação urbanística; V - proteção do patrimônio histórico, cultural, arqueológico e imaterial, inclusive por meio da avaliação do impacto direto ou indireto causado pelas obras contratadas; VI - acessibilidade para pessoas com deficiência ou com mobilidade reduzida".

a ser contratado, observando-se, ainda, o previsto no §5º do artigo 82 da NLLCA.[28] É igualmente possível que os estudos confluam para a conclusão sobre a inviabilidade de realização de licitação, sendo, pois, caso de contratação por inexigibilidade de licitação ou para a possibilidade de sua realização por dispensa de licitação. Enfim, são inúmeras as possibilidades de influência e as diferentes combinações de modelagens jurídicas.[29]

Um importante aspecto relacionado à fase preparatória da licitação é a definição da modalidade licitatória e do critério de julgamento pelos quais ocorrerá o certame. Pela sistemática prevista na NLCCA, são decisões que devem ser tomadas de maneira concertada. É que, nos termos do artigo 29 da Lei Federal nº 14.133/21, a modalidade concorrência necessariamente deverá ser a utilizada para a contratação de obras e serviços de engenharia, sendo que, nesse caso, poderá ser utilizado um de uma série de critérios de julgamento, a depender do caso (menor preço, melhor técnica ou conteúdo artístico, técnica e preço, maior retorno econômico e maior desconto). A exceção é a contratação de serviços de engenharia simples, que ocorrerá por meio de pregão, necessariamente pelos critérios de julgamento de menor preço ou maior desconto. As implicações procedimentais dessas opções são expostas mais à frente.

Por fim, é importante destacar que, usualmente, a fase preparatória tem como resultado a elaboração do edital da licitação, documento que informa ao mercado todas as regras e informações relevantes do certame prestes a acontecer, tais como a descrição detalhada do objeto, a modalidade e o critério de julgamento que serão utilizados na contratação, o regime de contratação, dentre outros aspectos relevantes. A publicação do edital da licitação marca o início da etapa competitiva do processo de contratação pública, aquela que conta com a participação do mercado. Em seguida, serão expostas as peculiaridades atinentes à etapa de apresentação e de análise das propostas das interessadas no contrato.

4.2 Apresentação e análise das propostas

A apresentação das propostas ocorrerá em data estabelecida no instrumento convocatório, cuja definição deverá observar os prazos mínimos descritos no artigo 55

---

[28] Lei Federal nº 14.133/21: "Art. 82. O edital de licitação para registro de preços observará as regras gerais desta Lei e deverá dispor sobre: (…) §5º O sistema de registro de preços poderá ser usado para a contratação de bens e serviços, inclusive de obras e serviços de engenharia, observadas as seguintes condições: I – realização prévia de ampla pesquisa de mercado; II – seleção de acordo com os procedimentos previstos em regulamento; III – desenvolvimento obrigatório de rotina de controle; IV – atualização periódica dos preços registrados; V – definição do período de validade do registro de preços".

[29] Mais alguns exemplos: (i) o inciso I do artigo 75 da NLLCA prevê que as obras e serviços de engenharia orçados em valor menor do que R$100.000,00 podem ser objeto de dispensa de licitação; (ii) nos termos do inciso II do §1º do artigo 4º da NLLCA, nos casos em que as licitações para contratações de obras e serviços de engenharia tiverem valor estimado superior à receia bruta máxima admitida para fins de enquadramento como empresa de pequeno porte, não se aplicam as disposições dos artigos 42 a 49 da Lei Complementar nº 123/2006; (iii) nas contratações de obras e serviços de engenharia de grande vulto – aquelas cujo orçamento estimado superar o valor de R$200.000.000,00 – são obrigatórias a inclusão de matriz de risco e a implantação, por parte da contratada, de programa de integridade (art. 25, §4º); e (iv) caso o limite orçamentário disponível permita, é possível o estabelecimento de remuneração variável vinculada ao desempenho do contratado, "com base em metas, padrões de qualidade, critérios de sustentabilidade ambiental e prazos de entrega definidos no edital de licitação e no contrato" (art. 144).

da NLLCA, que variam de acordo com a modalidade e o objeto da licitação: nos casos de obras e serviços de engenharia, o prazo mínimo para o agendamento da data de apresentação das propostas pode ser de 10 a 60 dias úteis a partir da publicação do edital, variando conforme a complexidade da situação em específico.[30]

Nesse aspecto, uma inovação decisiva proposta pela NLLCA é, conforme previsto nos seus artigos 17 e 29, a unicidade procedimental das licitações na modalidade concorrência e pregão – por intermédio das quais quase sempre serão realizadas as contratações de obras e serviços de engenharia. A regra passou a ser aplicar o que no regime jurídico anterior convencionou-se chamar de "inversão de fases": primeiro, ocorre a análise das propostas e a consequente classificação e ordenação segundo o critério de seleção estabelecido no edital; depois, ocorre o exame do cumprimento dos requisitos de habilitação, a princípio somente da licitante detentora da proposta melhor classificada.

Assim, a diferença entre os procedimentos da concorrência e do pregão passa a estar essencialmente relacionada ao critério de seleção da melhor proposta adotada pelo edital. Conforme sobredito, as licitações na modalidade pregão necessariamente utilizarão os critérios de menor preço ou de maior desconto (art. 6º, XLI), enquanto as na modalidade concorrência, além desses, poderão também utilizar os critérios de melhor técnica ou conteúdo artístico, técnica e preço e maior retorno econômico.

Assim como no regime jurídico centrado na Lei Federal nº 8.666/93, a regra geral permanece sendo a utilização do critério do menor preço. A adoção de critério diferente deve ser motivada pela Administração Pública. Por exemplo, a utilização do critério de técnica e preço somente deve ocorrer quando na etapa de planejamento justificadamente ficar evidenciado ser relevante para o alcance dos fins pretendidos pela Administração que a qualidade técnica das propostas supere os requisitos mínimos estabelecidos no edital (art. 36, §1º, IV).

Depois de apresentadas as propostas e ordenadas segundo o critério de julgamento adotado pelo edital, identifica-se aquela mais vantajosa. Ato contínuo, nas situações em que houver a previsão de fase de lances, o §5º do artigo 56 da NLLCA prevê que, nas "licitações de obras ou serviços de engenharia, após o julgamento, o licitante vencedor deverá reelaborar e apresentar à Administração, por meio eletrônico, as planilhas com indicação dos quantitativos e dos custos unitários, bem como com detalhamento das Bonificações e Despesas Indiretas (BDI) e dos Encargos Sociais (ES), com os respectivos valores adequados ao valor final da proposta vencedora, admitida a utilização dos preços unitários, no caso de empreitada por preço global, empreitada integral, contratação semi-integrada e contratação integrada, exclusivamente para eventuais adequações indispensáveis no cronograma físico-financeiro e para balizar excepcional aditamento posterior do contrato". Isso porque, mesmo nos casos em que o regime de contratação for de empreitada por preço global, esse deve refletir o valor

---

[30] Lei Federal nº 14.133//21: "Art. 55. Os prazos mínimos para apresentação de propostas e lances, contados a partir da data de divulgação do edital de licitação, são de: (...) II – no caso de serviços e obras: a) 10 (dez) dias úteis, quando adotados os critérios de julgamento de menor preço ou de maior desconto, no caso de serviços comuns e de obras e serviços comuns de engenharia; b) 25 (vinte e cinco) dias úteis, quando adotados os critérios de julgamento de menor preço ou de maior desconto, no caso de serviços especiais e de obras e serviços especiais de engenharia; c) 60 (sessenta) dias úteis, quando o regime de execução for de contratação integrada; d) 35 (trinta e cinco) dias úteis, quando o regime de execução for o de contratação semi-integrada ou nas hipóteses não abrangidas pelas alíneas "a", "b" e "c" deste inciso; (...)".

dos preços unitários constantes na proposta, ou seja, quando houver a modificação do valor global da proposta na fase de lances do certame, os valores dos preços unitários também deverão ser proporcionalmente ajustados na planilha de suporte à proposta, uma vez que aquele deve traduzir fielmente a soma desses.

Por outro lado, caso a proposta não atenda aos requisitos de aceitabilidade previstos no edital (e no artigo 59 da NLLCA),[31] será desclassificada. Isso ocorre, por exemplo, quando houver a apresentação de proposta reputada como inexequível, que, segundo Marçal Justen Filho, refere-se à "insuficiência da remuneração pretendida pelo licitante para a execução do objeto descrito no edital. A inexequibilidade se verifica quando o custo (direto e indireto) para executar a prestação, tal como descrita no edital da licitação, é superior ao valor da remuneração pleiteada pelo licitante".[32]

Essa hipótese é particularmente importante nas contratações de obras e serviços de engenharia. Tanto que a NLCCA estabelece um procedimento para a sua aferição objetiva nessas situações. O §3º do artigo 59 estabelece que, "para efeito de avaliação da exequibilidade e de sobrepreço, serão considerados o preço global, os quantitativos e os preços unitários tidos como relevantes, observado o critério de aceitabilidade de preços unitário e global a ser fixado no edital, conforme as especificidades do mercado correspondente", sendo, conforme prevê o §4º, "consideradas inexequíveis as propostas cujos valores forem inferiores a 75% (setenta e cinco por cento) do valor orçado pela Administração".[33]

Apesar de a legislação silenciar sobre o assunto, entende-se que a aplicação do critério mencionado no referido dispositivo gera uma presunção relativa de inexequibilidade. Isso quer dizer que, antes de proceder à desclassificação da proposta, é obrigação da Administração Pública permitir à contratada demonstrar a exequibilidade da proposta, por meio da apresentação de documentos que assim evidenciem. Trata-se, inclusive, de entendimento sumulado pelo Tribunal de Contas da União,[34] interpretando dispositivo análogo da Lei Federal nº 8.666/93.

Por fim, definida a melhor proposta, mediante a análise da sua exequibilidade e cumprimento dos requisitos erigidos pelo edital, passa-se à etapa de exame do cumprimento dos requisitos de habilitação e definição da vencedora.

---

[31] Lei Federal nº 14.133/21: "Art. 59. Serão desclassificadas as propostas que: I – contiverem vícios insanáveis; II – não obedecerem às especificações técnicas pormenorizadas no edital; III – apresentarem preços inexequíveis ou permanecerem acima do orçamento estimado para a contratação; IV – não tiverem sua exequibilidade demonstrada, quando exigido pela Administração; V – apresentarem desconformidade com quaisquer outras exigências do edital, desde que insanável".

[32] JUSTEN FILHO, Marçal. *Comentários à Lei de Licitações e Contratos Administrativos*: Lei 14.133/21. São Paulo: Revistas dos Tribunais, 2021. p. 724.

[33] O valor da proposta da licitante frente ao orçamento da Administração ainda possui outras implicações importantes, tais como influencia na sistemática exigida para a prestação de garantias contratuais pela contratada: "Art. 59 (...) §5º Nas contratações de obras e serviços de engenharia, será exigida garantia adicional do licitante vencedor cuja proposta for inferior a 85% (oitenta e cinco por cento) do valor orçado pela Administração, equivalente à diferença entre este último e o valor da proposta, sem prejuízo das demais garantias exigíveis de acordo com esta Lei".

[34] "SÚMULA TCU 262: O critério definido no art. 48, inciso II, §1º, alíneas "a" e "b", da Lei 8.666/1993 conduz a uma presunção relativa de inexequibilidade de preços, devendo a Administração dar à licitante a oportunidade de demonstrar a exequibilidade da sua proposta".

4.3 Exame do cumprimento dos requisitos de habilitação e definição da vencedora

Depois de identificada a melhor proposta segundo o critério de julgamento estabelecido no edital, ocorre a etapa da habilitação, momento em que se verifica se a licitante que apresentou a melhor proposta reúne as condições mínimas apontadas como necessárias pelo edital para executar o objeto da contratação satisfatoriamente.

Como se sabe, o exame da habilitação subdivide-se em habilitação jurídica, habilitação técnica, habilitação econômico-financeira e habilitação fiscal. O regime jurídico da habilitação nas licitações para obras e serviços de engenharia não difere muito do das licitações em geral, mas há algumas peculiaridades que merecem atenção.

A habilitação jurídica, nos termos do artigo 66 da NLLCA, "visa a demonstrar a capacidade de o licitante exercer direitos e assumir obrigações, e a documentação a ser apresentada por ele limita-se à comprovação de existência jurídica da pessoa e, quando cabível, de autorização para o exercício da atividade a ser contratada". Não há grandes peculiaridades aqui.

A habilitação técnica, por sua vez, segundo Marçal Justen Filho, "consiste no domínio de conhecimentos e habilidades teóricas e práticas para execução do objeto a ser contrato. Isso abrange, inclusive, a situação de regularidade em face de organizamos encarregados de regular determinada profissão".[35]

Nas licitações para obras e serviços de engenharia, costuma ser necessário a indicação, por parte das licitantes, de profissional habilitado para executar o objeto da licitação (engenheiro, arquiteto, ou, no caso de determinados serviços de engenharia, técnico especializado), devidamente inscrito no respectivo conselho profissional. Também é importante que a licitante demonstre possuir capacidade operacional para executar serviços similares, de complexidade tecnológica e operacional equivalente ou superior à do objeto da licitação.

Usualmente, a comprovação do cumprimento de tais aspectos se dá mediante a apresentação de atestados técnicos emitidos por antigos clientes da licitante, demonstrando o cumprimento dos requisitos estabelecidos no edital. A exigência de atestados técnicos, segundo os §§1º e 2º do artigo 67, "será restrita às parcelas de maior relevância ou valor significativo do objeto da licitação, assim consideradas as que tenham valor individual igual ou superior a 4% (quatro por cento) do valor total estimado da contratação", e com quantidades mínimas de até 50% (cinquenta por cento) das referidas parcelas, "vedadas limitações de tempo e de locais específicos relativas aos atestados".

É uma exigência comum para a validade dos atestados técnicos que esses sejam averbados no respectivo conselho profissional. Porém, conforme entendimento pacificado pelo Tribunal de Contas da União, somente é possível tal exigência no que se refere aos atestados técnicos-profissionais, emitidos em nome do profissional, não sendo possível no que se refere aos atestados técnicos-operacionais, emitidos em nome da empresa.[36]

---

[35] JUSTEN FILHO, Marçal. *Comentários à Lei de Licitações e Contratos Administrativos*: Lei 14.133/21. São Paulo: Revistas dos Tribunais, 2021. p. 808.

[36] Confira-se: "É irregular a exigência de que o atestado de capacidade técnico-operacional de empresa participante de licitação seja registrado ou averbado no Crea (art. 55 da Resolução-Confea 1.025/2009), cabendo tal exigência

No mais, o §2º do artigo 63 da NLLCA estabelece que, quando a "avaliação prévia do local de execução for imprescindível para o conhecimento pleno das condições e peculiaridades do objeto a ser contratado, o edital de licitação poderá prever, sob pena de inabilitação, a necessidade de o licitante atestar que conhece o local e as condições de realização da obra ou serviço, assegurado a ele o direito de realização de vistoria prévia". A ideia é possibilitar que a licitante conheça as peculiaridades do local da obra ou do serviço de engenharia para apresentar proposta apta para concorrer no certame. Porém, o §3º do mesmo dispositivo prevê que "o edital de licitação sempre deverá prever a possibilidade de substituição da vistoria por declaração formal assinada pelo responsável técnico do licitante acerca do conhecimento pleno das condições e peculiaridades da contratação", de modo a garantir isonomia àquelas licitantes que, embora circunstancialmente impossibilitadas de comparecimento pessoal no local da obra, possuam o conhecimento necessário do contexto para participação no certame.

A habilitação econômico-financeira, segundo o artigo 69 da NLLCA, "visa a demonstrar a aptidão econômica do licitante para cumprir as obrigações decorrentes do futuro contrato", realizando-se mediante a exigência de balanço patrimonial e demais demonstrações contábeis dos últimos dois exercícios das licitantes, além de documentação comprobatória de que não está sob condição de falência. Especificamente no que se refere às licitações de obras e serviços, o §4º do artigo 69 da NLLCA estabelece que a "Administração (…) poderá estabelecer no edital a exigência de capital mínimo ou de patrimônio líquido mínimo equivalente a até 10% (dez por cento) do valor estimado da contratação".

Por fim, uma vez concluída a etapa da habilitação, tendo sido considerada habilitada licitante que tenha apresentado proposta válida, o processo será encaminhado para a autoridade competente para tomar as medidas visando ao encerramento da licitação, previstas no artigo 71 da NLLCA. Normalmente, se o processo estiver bem instruído, isso implica na adjudicação do objeto em favor da licitante vencedora e na homologação do procedimento. Depois de realizadas tais providências, a Administração passa a estar apta a convocar a licitante vencedora para a celebração do contrato administrativo e início da execução do seu objeto.

5 Síntese Conclusiva

Este artigo abordou o regime jurídico das contratações públicas de obras e de serviços de engenharia segundo a Lei Federal nº 14.133/2021, a Nova Lei de Licitações e Contratos Administrativos – NLLCA. A intenção foi contribuir para o processo de adaptação dos envolvidos nesses processos de contratação – seja as estruturas e servidores públicos, seja o mercado – à nova lei.

---

apenas para fins de qualificação técnico-profissional. Podem, no entanto, ser solicitadas as certidões de acervo técnico (CAT) ou as anotações e registros de responsabilidade técnica (ART/RRT) emitidas pelo conselho de fiscalização em nome dos profissionais vinculados aos atestados, como forma de conferir autenticidade e veracidade às informações constantes nos documentos emitidos em nome das licitantes". (BRASIL. Tribunal de Contas da União. *Acórdão nº 3.094/2020*. Plenário: Relator: Min. Augusto Sherman. Data da decisão: 18 nov. 2020).

Para tanto, sempre com o foco voltado para as inovações da NLLCA frente ao regime jurídico da Lei Federal nº 8.666/93, foram, primeiro, expostos os conceitos legais de obra e de serviço de engenharia; segundo, foram discutidos os regimes de contratações públicas aplicáveis a esses objetos; e, terceiro, descreveu-se o processo de contratação padrão que leva à celebração de contrato administrativo para a execução desses objetos.

Algumas das principais modificações frente ao regime jurídico antigo destacadas no texto foram as seguintes: (i) modificação da lógica do conceito legal de "obra" e inclusão da definição de "serviços de engenharia", os quais subdividem-se em "comuns" e "especiais"; (ii) inclusão de três diferentes regimes de execução de obras e serviços de engenharia – contratação integrada, contratação semi-integrada e fornecimento e prestação de serviço associado – ampliando o rol de modelagens jurídicas pelas quais esses objetos podem ser contratados; (iii) possibilidade (obrigatoriedade, em determinadas situações) de inclusão de matriz de riscos, que norteará a distribuição das responsabilidades entre os contraentes pelos encargos decorrentes de eventuais acontecimentos futuros que afetem à equação econômico-financeira inicial do contrato; (iv) presença de um regime jurídico regulador da fase preparatória da licitação pública muito mais detalhado, incluindo regras e novos critérios sobre os estudos que levam à produção do orçamento base e à definição da modelagem jurídica da contratação; e (v) unicidade procedimental das licitações públicas nas modalidades concorrência e pregão, sendo que a "inversão de fases" passou a ser a regra e as diferenças entre os procedimentos passaram a estar estritamente relacionadas ao critério de seleção da melhor proposta adotado na contratação.

A expectativa é a de que o novo regime jurídico viabilize contratações públicas de obras e serviços de engenharia mais eficientes, de modo a auxiliar no incremento da infraestrutura pública a serviços da população, melhorando, como consequência, a qualidade de vida dos cidadãos brasileiros.

Referências

BICALHO, Alécia Paolucci Nogueira; MOTTA, Carlos Pinto Coelho. *Comentários ao Regime Diferenciado de Contratações*: Lei nº 12.462/2011: Decreto nº 7.581/2011. 2. ed. Belo Horizonte: Fórum, 2014.

BRASIL. Tribunal de Contas da União. *Acórdão nº 3.094/2020*. Plenário: Relator: Min. Augusto Sherman. Data da decisão: 18 nov. 2020

JUSTEN FILHO, Marçal. *Comentários à Lei de Licitações e Contratos Administrativos*: Lei 14.133/21. São Paulo: Revistas dos Tribunais, 2021.

LINS, Bernardo Wildi. Mutabilidade do Contrato Administrativo Segundo a Lei Federal nº 14.133/2021. *In*: LINS, Bernardo Wildi; NIEBUHR, Joel de Menezes (Coords.). *A Nova Lei de Licitações e Contratos Administrativos e a Advocacia*. São Paulo: Tirant lo Blanch, 2021.

NIEBUHR, Joel de Menezes. *Licitação Pública e Contrato Administrativo*. Belo Horizonte: Fórum, 2011.

POSSAMAI, Giancarlo Bernardi; SILVA, Rafael Barreto da. Contratação de Serviços de Engenharia por Pregão na Visão dos Órgãos de Controle Externo (TCU e TCE/SC). *In*: BOSELLI, Felipe; LINS, Bernardo Wildi (Orgs.). *Contratações Públicas*: reflexões críticas sobre os 25 anos da Lei nº 8.666/93. Florianópolis: Caput, 2018.

SAVIOLI, Anna Beatriz. *As modalidades contratuais no regime da nova Lei de Licitações*. Disponível em: https://www.conjur.com.br/2021-abr-04/savioli-modalidades-contratuais-lei-licitacoes. Acesso em: 20 nov. 2021.

SUNDFELD, Carlos Ari; JURKSAITIS, Guilherme Jardim. Artigos 18 a 24. *In:* DAL POZZO, Augusto Neves; CAMMAROSANO, Márcio; ZOCKUN, Maurício (Coords.). *Lei de Licitações e Contratos Administrativos Comentada*: Lei 14.133/21. São Paulo: Revista dos Tribunais, 2021.

Informação bibliográfica deste texto, conforme a NBR 6023:2018 da Associação Brasileira de Normas Técnicas (ABNT):

LINS, Bernardo Wildi. Licitação para contratação de obras e serviços de engenharia segundo a Lei Federal nº 14.133/2021. *In:* HARGER; Marcelo (Coord.). *Aspectos polêmicos sobre a nova lei de licitações e contratos administrativos*: Lei nº 14.133/2021. Belo Horizonte: Fórum, 2022. p. 121-141. ISBN XXXXXXXX.

INOVAÇÕES EM RELAÇÃO ÀS LICITAÇÕES INTERNACIONAIS E À PARTICIPAÇÃO DE ESTRANGEIROS NA LEI Nº 14.133/2021

RAFAEL WALLBACH SCHWIND

1 Introdução

Ao mesmo tempo em que inovou em diversos aspectos, a Lei nº 14.133 teve o cuidado e o bom-senso de manter certas práticas reputadas positivas. Afinal, para melhorar o ambiente das licitações públicas no Brasil, não era necessário – e talvez nem fosse viável – simplesmente desconsiderar toda a experiência construída ao longo das últimas décadas.

No tocante às licitações internacionais, foi justamente isso o que ocorreu. A nova lei contemplou inovações importantes, inclusive esclarecendo melhor algumas dúvidas, mas também manteve previsões que eram adequadas.

Nos tópicos abaixo, faremos uma análise de algumas das alterações introduzidas pela Lei nº 14.133 em relação às licitações internacionais e à participação de estrangeiros em licitações no Brasil. Nosso objetivo é fazer uma exposição objetiva, concentrada no que efetivamente foi alterado.

Inicialmente, trataremos da criação de um conceito de licitação internacional. Em seguida, examinaremos as regras sobre a apresentação de documentos por licitantes estrangeiros. Por fim, faremos considerações acerca dos pressupostos legais necessários a que haja a aplicação das regras de licitação editadas pelos organismos financiadores.

2 A criação de um conceito de "licitação internacional"

A Lei nº 8.666 não continha uma definição de licitação internacional, muito embora utilizasse esse termo e outros similares. A legislação que se seguiu, tratando do pregão, RDC e outros procedimentos, também não definia o termo.

A Lei nº 14.133 finalmente cria um conceito de licitação internacional. O artigo 6º, inciso XXXV define licitação internacional como sendo a "licitação processada em território nacional na qual é admitida a participação de licitantes estrangeiros, com a possibilidade de cotação de preços em moeda estrangeira, ou licitação na qual o objeto contratual pode ou deve ser executado no todo ou em parte em território estrangeiro".

Cabe uma análise mais detalhada dessa definição.

2.1 O local de realização da licitação internacional

O conceito legal estabelece que as licitações internacionais são processadas em território nacional. Se a licitação é realizada no exterior, portanto, não se enquadra no conceito de licitação internacional estabelecido pela Lei nº 14.133.

Note-se que uma questão é o local de realização de licitação, outra é o local da execução do objeto licitado. É plenamente possível que o objeto da licitação internacional seja executado total ou parcialmente no exterior; o certame, no entanto, deve ser processado no Brasil.

É interessante observar que as licitações internacionais diferenciam-se dos certames (ou contratações diretas) realizados por repartições públicas sediadas no estrangeiro. No caso das contratações realizadas no âmbito das repartições públicas sediadas no exterior, há apenas o dever de que elas atendam as peculiaridades locais e os princípios básicos estabelecidos pela Lei nº 14.133, na forma de regulamentação específica a ser editada por Ministro de Estado, conforme estabelece o artigo 1º, §2º, da Lei. Não há propriamente um dever de realização de licitação – e nem poderia, uma vez que é evidente que, estando sediadas no exterior, tais repartições devem realizar as suas contratações de acordo com as peculiaridades locais.

2.2 Admissão da participação de estrangeiros

As licitações internacionais devem necessariamente admitir a participação de estrangeiros. Não será efetivamente uma licitação internacional o certame que contenha vedações à participação de interessados sediados em outros países. Nem poderia ser diferente. Se uma licitação é internacional, é evidente que a participação no certame deve ser aberta a licitantes com sede no exterior.

Isso não significa, contudo, que empresas estrangeiras somente podem participar de licitações internacionais. Mesmo licitações não qualificadas como internacionais em regra são abertas à participação de estrangeiros. A regra geral é a abertura das licitações nacionais e internacionais a estrangeiros. O que ocorre é que, nas licitações internacionais, é obrigatória a admissão de licitantes com sede no exterior. Já nas licitações nacionais, a regra geral é a possibilidade de participação de estrangeiros, mas em tese é possível que haja restrições à participação deles, a depender de certas peculiaridades de cada situação – por exemplo, se o objeto da contratação, normalmente por motivos de soberania nacional, for restrito a brasileiros.

2.3 A questão da autorização para funcionamento no Brasil

Com a instituição de uma definição legal de licitação internacional que faz referência expressa à obrigatoriedade de admissão de licitantes estrangeiros, a Lei nº 14.133 acaba por afastar desses certames a necessidade de se demonstrar a existência de autorização para funcionamento no Brasil para que possa haver a participação dos interessados. Seria contraditório estabelecer um conceito legal de licitação internacional como sendo um certame no qual deve ser admitida a participação de licitantes estrangeiros se, para participarem desses certames, tais interessados devessem comprovar deter autorização para funcionamento no Brasil. Assim, para participar de licitações internacionais, não será necessário que um licitante estrangeiro demonstre deter autorização para funcionamento no país. Se antes havia dúvidas quanto a isso, a partir da positivação do conceito de licitação internacional com a Lei nº 14.133 não há mais.[1]

É verdade que, para funcionarem no Brasil, empresas estrangeiras com sede no exterior devem obter autorização governamental para tanto, na forma dos artigos 1.134 e seguintes do Código Civil – dispositivos que continuam em vigor e não foram suprimidos pela Lei nº 14.133. Não é o fato de tal atuação derivar de um contrato administrativo que fará com que esse requisito legal possa simplesmente ser desconsiderado. Assim, sempre que o objeto de um contrato administrativo efetivamente configurar funcionamento no país, o que não ocorre em todos os casos, caberá ao interessado obter essa autorização, atendendo aos requisitos aplicáveis – ou ainda constituir uma empresa brasileira da qual seria sócio ou acionista. Mas isso ocorrerá para a efetiva atuação no país. A simples participação na licitação internacional não configura funcionamento no Brasil.

Sendo assim, à luz da Lei nº 14.133, ficou claro que o licitante estrangeiro não precisará de autorização para funcionamento no país apenas para poder participar

---

[1] Pode-se dizer que a previsão legal que abre as licitações internacionais a estrangeiros sem a necessidade de autorização para funcionamento no país é uma decorrência da pretensão do Brasil de se tornar um signatário do Acordo de Compras Governamentais da Organização Mundial do Comércio. Um dos requisitos para tanto é a supressão de barreiras à participação de licitantes sediados em outros países. A necessidade de se demonstrar deter autorização para funcionamento no Brasil apenas para a simples participação em um certame seria uma barreira à entrada de licitantes estrangeiros incompatível com o Acordo.

de uma licitação internacional. A existência desse tipo de autorização não poderá ser, por exemplo, um requisito para a habilitação do licitante estrangeiro numa licitação internacional. Contudo, se o objeto do contrato derivado de uma licitação internacional configurar funcionamento no Brasil, o licitante estrangeiro que se sagrou vencedor deverá obter tal autorização.

Um possível problema será a demora para a obtenção da autorização para funcionamento no Brasil. Em tese, é possível que essa autorização demore meses para ser emitida. Contudo, para essas situações, caberá ao Estado Brasileiro criar mecanismos que contornem essa dificuldade, seja pela agilização da emissão desse tipo de autorização, seja com a revisão das normas que tratam do tema.

Uma possível solução seria adotar por analogia a mesma sistemática que a Lei nº 14.133 aplica em relação aos licitantes estrangeiros no tocante ao registro perante os conselhos profissionais competentes. O §7º do artigo 67 da Lei estabelece que sociedades empresárias estrangeiras, para atender a necessidade de demonstração de registro nos conselhos profissionais competentes, poderão apresentar, no momento da assinatura do contrato, a solicitação de registro perante tal entidade.[2] Não se exige dos licitantes estrangeiros, portanto, o registro perante o conselho profissional competente apenas para a participação na licitação. Apenas se o licitante estrangeiro for o vencedor do certame é que deverá solicitar tal registro. E, ainda assim, para a assinatura do contrato, bastará apresentar documento que demonstre a solicitação de tal registro, e não a existência propriamente dita do registro. Sistemática similar poderia ser adotada às autorizações para funcionamento no Brasil. Dispensa-se a existência de autorização para a simples participação no certame (que não configura funcionamento no país), mas faz-se a exigência de sua solicitação para a assinatura do contrato.

Outra solução, possivelmente mais fácil, seria que o licitante estrangeiro constituísse uma empresa brasileira para figurar como contratada. Assim, a mera condição de sócia dessa empresa brasileira não obrigaria a empresa estrangeira a obter autorização para funcionamento no Brasil, por expressa previsão no artigo 1.134 do Código Civil.[3] Essa criação de uma empresa brasileira, no entanto, deveria ser realizada de modo a não comprometer a qualificação técnica e econômico-financeira exigida na licitação.

O fato é que, no mundo globalizado atual, a exigência de autorização para funcionamento no Brasil é anacrônica. Há outros mecanismos que, sem constituir barreiras à participação de licitantes estrangeiros, poderiam proporcionar a segurança que o Estado Brasileiro precisa ter em relações travadas com empresas sediadas em outros países.

---

[2] O §7º do art. 67 estabelece o seguinte: "Sociedades empresárias estrangeiras atenderão à exigência prevista no inciso V do *caput* deste artigo por meio da apresentação, no momento da assinatura do contrato, da solicitação de registro perante a entidade profissional competente no Brasil".

[3] O *caput* do artigo 1.134 do Código Civil estatui que "A sociedade estrangeira, qualquer que seja o seu objeto, não pode, sem autorização do Poder Executivo, funcionar no País, ainda que por estabelecimentos subordinados, podendo, todavia, ressalvados os casos expressos em lei, ser acionista de sociedade anônima brasileira".

2.4 A possibilidade de cotação de preços em moeda estrangeira

A definição legal de licitação internacional prevê ainda a possibilidade de cotação de preços em moeda estrangeira.

Note-se que a cotação em moeda estrangeira é uma possibilidade, e não uma obrigatoriedade. Sendo assim, é possível que uma licitação internacional preveja cotações em moeda estrangeira ou em moeda brasileira. Caberá definir isso caso a caso. De todo modo, se for permitido ao licitante estrangeiro cotar preços em moeda estrangeira, também o poderá fazer o licitante brasileiro. Portanto, a possibilidade de cotação em moeda estrangeira não estará vinculada à nacionalidade dos licitantes. Trata-se de derivação do princípio da isonomia, que veda tratamentos discriminatórios baseados em critérios incompatíveis com o direito.

A rigor, poderia se interpretar o conceito legal de licitação no sentido de que a possibilidade de cotação de preços em moeda estrangeira fosse uma espécie de faculdade aberta a qualquer licitante, cabendo a eles definir em qual moeda deveriam cotar as suas propostas. No entanto, parece-nos que o melhor entendimento não é o de que os licitantes poderiam optar livremente por qualquer moeda na formulação das suas propostas. Não se deve permitir a formulação de propostas em moedas distintas numa mesma licitação, uma vez que isso geraria sérias dificuldades à comparação das propostas. A interpretação correta do conceito legal de licitação internacional é a de que se permite que o edital indique uma única moeda (nacional ou estrangeira) para a formulação das propostas. As propostas deverão ser formuladas na moeda indicada pelo ato convocatório.

Quando se estabelecer que as propostas sejam cotadas em moeda estrangeira, deverá ser fixada uma data-base no edital, a fim de permitir a conversão segundo o câmbio praticado em determinado dia, de modo que a definição do licitante vencedor não derive de uma aleatoriedade relacionada a flutuações do preço da moeda brasileira.

2.5 Execução total ou parcial do objeto no exterior

A segunda parte do conceito legal de licitação faz referência à execução total ou parcial do objeto em território estrangeiro. Note-se que é uma complementação ao conceito legal, ou seja, de um lado há as licitações internacionais processadas em território nacional nas quais é admitida a participação de licitantes estrangeiros e com a possibilidade de cotação de preços em moeda estrangeira. De outro lado, haverá as licitações internacionais em que o objeto contratual pode ou deve ser executado no todo ou em parte em território estrangeiro.

Assim, se o objeto de uma licitação envolver a execução ainda que parcial de seu objeto em território estrangeiro, tratar-se-á de uma licitação internacional, ainda que os demais requisitos do conceito legal não estejam presentes. Desse modo, a execução total ou parcial do objeto em território estrangeiro não será requisito para a configuração de toda e qualquer licitação internacional. Haverá licitações internacionais em que a integralidade do seu objeto será executada no território brasileiro; nesse caso, os demais requisitos do conceito legal de licitação internacional deverão ser observados para que haja efetivamente um certame com a qualificação de licitação internacional.

É importante notar que o conceito legal não estabelece um mínimo de execução no exterior para a qualificação de uma licitação como internacional. Não se prevê, por exemplo, que ao menos um determinado valor do contrato deva remunerar alguma atividade desempenhada fora do território nacional. Sendo assim, se uma parcela diminuta do objeto contratual for desempenhada no exterior, tratar-se-á de licitação internacional.

2.6 A superação de entendimentos anteriores

Em síntese, o conceito legal de licitação internacional proporciona maior segurança jurídica na sua aplicação. Com isso, ficaram superados entendimentos que sustentavam que numa licitação internacional deveria haver necessariamente divulgação no exterior, utilização de recursos de fonte estrangeira ou mesmo que o objeto de uma licitação internacional devesse ser executado ao menos em parte no exterior.

3 A apresentação de documentos pelos licitantes estrangeiros

A Lei nº 14.133 contém regras mais detalhadas sobre a apresentação de documentos por licitantes estrangeiros – tema que sempre gera dúvidas em sua aplicação concreta.

O parágrafo único do artigo 70 da Lei nº 14.133 estabelece que as empresas estrangeiras que não funcionem no país deverão apresentar documentos equivalentes, na forma de regulamento emitido pelo Poder Executivo federal.[4]

3.1 A aplicação da lei do domicílio da pessoa jurídica

Apesar de a Lei nº 14.133, diferentemente da Lei nº 8.666, não estabelecer expressamente, pode-se dizer que, na legislação que rege as licitações públicas no Brasil, vigora o princípio de que deve ser observada a lei do local de origem do licitante. Ainda que os documentos do licitante estrangeiro precisem ser traduzidos, conforme será visto abaixo, eles devem ser regulares à luz da legislação que rege a empresa estrangeira. O

---

[4] Regra similar era estabelecida pelo artigo 32, §4º, da Lei nº 8.666: "As empresas estrangeiras que não funcionem no País, tanto quanto possível, atenderão, nas licitações internacionais, às exigências dos parágrafos anteriores mediante documentos equivalentes, autenticados pelos respectivos consulados e traduzidos por tradutor juramentado, devendo ter representação legal no Brasil com poderes expressos para receber citação e responder administrativa ou judicialmente". Além disso, regra semelhante constava do artigo 16 do Decreto nº 3.555, que trata dos pregões presenciais, bem como do artigo 15 do Decreto nº 5.450, que disciplina os pregões eletrônicos. A diferença entre esses dois dispositivos é que o Decreto nº 3.555 exigia "documentos equivalentes, autenticados pelos respectivos consulados e traduzidos por tradutor juramentado", enquanto o Decreto nº 5.450 exige que a tradução seja feita por "tradutor juramentado *no Brasil*".

simples fato de não observarem requisitos exigidos pela legislação societária brasileira para empresas nacionais evidentemente não impede a sua aceitação.

3.2 A tradução dos documentos produzidos no exterior

Tradicionalmente, aplicam-se às licitações as regras comuns de autenticação de documentos produzidos no estrangeiro e de seu reconhecimento perante as autoridades públicas brasileiras. Um documento produzido no exterior deve ser consularizado e traduzido por tradutor juramentado.

O ato de consularização significa que um documento produzido no estrangeiro deve sofrer o crivo do consulado brasileiro no âmbito da jurisdição em que foi emitido.

Já a tradução juramentada constitui o ato pelo qual um tradutor que goza de presunção de veracidade verte para o idioma nacional determinado documento produzido em outra língua. A exigência não é exclusiva da Lei de Licitações. A necessidade de tradução (ainda que não necessariamente juramentada) é contemplada no artigo 224 do Código Civil.[5] E, para efeito de aceitação em processos judiciais, o artigo 157 do Código de Processo Civil exige que os documentos tenham sido traduzidos por tradutor juramentado.[6]

Nesse contexto, sempre se entendeu que a autenticação pelo consulado do país de origem do documento não substituía a necessidade de tradução juramentada, conforme já decidiu o TRF da 1ª Região.

Mesmo assim, havia o entendimento de que a ausência de tradução juramentada de um documento produzido regularmente no exterior não poderia gerar a inabilitação do licitante estrangeiro. Isso porque a tradução que se deixou de apresentar não seria um novo documento, mas apenas uma exigência de natureza formal. A ausência da tradução juramentada não tornaria propriamente nulo o documento produzido no exterior, mas apenas ineficaz, o que justificaria a realização de diligência com a fixação de prazo para que o licitante sanasse a falha, sob pena, aí sim, de inabilitação.[7]

Mais recentemente, têm sido editadas regras que dispensam traduções juramentadas de documentos produzidos no exterior.

Exemplo disso é o Decreto nº 10.024, de 2019, que dispensa a exigência de tradução juramentada para o cadastro no Sicaf. De acordo com o decreto, as exigências de habilitação serão apresentadas em tradução livre. Apenas se o licitante vencedor for estrangeiro é que será obrigatória a tradução juramentada para a assinatura do contrato ou da ata de registro de preços.

Nesse contexto, é interessante observar que a Lei nº 14.133 não exige expressamente traduções juramentadas de documentos produzidos no exterior. O §4º do artigo 67

---

[5] Artigo 224 do Código Civil: "Os documentos redigidos em língua estrangeira serão traduzidos para o português para ter efeitos legais no Brasil".

[6] Artigo 157 do Código de Processo Civil: "Só poderá ser junto aos autos documento redigido em língua estrangeira, quando acompanhado de versão em vernáculo, firmada por tradutor juramentado".

[7] É o que sustenta Sidney Bittencourt, com base na lição de Ivo Ferreira de Oliveira (*Licitações internacionais*: considerando a lei brasileira: Lei nº 8.666/93 e as regras estabelecidas pelo Banco Mundial – BIRD. 3. ed. Belo Horizonte: Fórum, 2011. p. 105-106).

estabelece apenas que serão aceitos atestados ou outros documentos hábeis emitidos por entidades estrangeiras "quando acompanhados de tradução para o português", salvo se comprovada a inidoneidade da entidade emissora.

Nesse ponto, observa-se o esforço elogiável do legislador em facilitar a participação de estrangeiros, reduzindo exigências burocráticas que na prática serviriam como barreiras à ampla participação no mercado de contratações públicas brasileiras.

3.3 A apresentação de documentos "equivalentes"

Até aqui restou demonstrado que documentos de qualificação equivalentes aos emitidos no Brasil devem ser apresentados com a devida tradução, havendo um movimento consistente do ordenamento no sentido de reduzir as exigências burocráticas.

De todo modo, ainda existe o problema atinente ao que se deve considerar como documentos "equivalentes" para fins de aplicação do parágrafo único do artigo 70 da Lei nº 14.133. Tal questão é relevante, uma vez que a simples apresentação de documentos emitidos no exterior não dispensa a necessidade de se verificar se o licitante estrangeiro efetivamente atende aos requisitos necessários para a execução do objeto licitado.

Em relação a isso, o fato é que outros países podem ter uma sistemática de atestação de informações bastante diversa da brasileira.

Para fins de aplicação do parágrafo único do artigo 70 da Lei nº 14.133, documento equivalente deve ser compreendido como aquele destinado ao mesmo fim que o documento passível de apresentação pelo licitante brasileiro, ou que contenha as mesmas informações que constariam do documento emitido no Brasil. Trata-se, portanto, do documento que mais se aproxima ao que seria apresentado por um licitante brasileiro para efeitos de habilitação. Por meio do documento equivalente, o licitante estrangeiro procurará atestar as informações exigidas pelo edital.

Um exemplo pode esclarecer o que se entende por documento equivalente. Suponha-se que, em determinado país, não se expeça certidão negativa de falência, mas que haja algum documento oficial que somente pode ser expedido se a empresa não apresenta nenhum pedido de falência formulado contra si. Nesse caso, tal documento poderá ser considerado como "equivalente", uma vez que se destina à mesma finalidade da certidão negativa de falência expedida no Brasil.[8]

Não é possível ir além e estabelecer requisitos mais objetivos acerca do que seria um documento equivalente. A formulação de requisitos teóricos mais detalhados acerca do que se pode considerar como documento equivalente conduziria a generalizações equivocadas. O que se pode afirmar é que as comissões de licitação devem estar preparadas para eventuais discussões a respeito da equivalência do documento produzido no exterior. É possível que um licitante alegue que o documento equivalente deveria ser outro, e não aquele apresentado pelo estrangeiro. Nesse caso, a comissão de licitação

---

[8] Mesmo quando não há a participação de licitantes estrangeiros, a problemática do documento equivalente pode se fazer presente, ainda que em menor grau. Imagine-se a participação de licitantes nacionais sediados em estados diferentes da federação. É plenamente possível que determinadas informações sejam atestadas por meio de documentos não expedidos em outros estados. Nessa situação, a comissão de licitação deverá levar em consideração os documentos expedidos no estado de origem do licitante.

eventualmente terá de realizar diligências destinadas a verificar se o documento apresentado de fato é equivalente ao produzido no Brasil.

É importante notar que o parágrafo único do artigo 70 da Lei nº 14.133 remete-se a regulamento que ainda será editado. O regulamento deverá estabelecer regras mais detalhadas a respeito do que se entende por documento equivalente e sobre os requisitos que deverão ser observados.

De todo modo, é necessário reconhecer possíveis dificuldades em se apresentar documentos equivalentes produzidos no exterior. Outros países podem inclusive não dispor de documento que seja equivalente ao apresentado pelo licitante brasileiro.

Portanto, é possível que o licitante estrangeiro não disponha de nenhum documento equivalente ao que seria apresentado pelos concorrentes brasileiros. Nesse caso, uma vez demonstrado que não existe documento equivalente, o licitante estrangeiro deverá ser classificado mesmo assim. Deve-se reconhecer que o licitante estrangeiro deverá apresentar documento equivalente "sempre que possível". Não havendo documento equivalente, tal fato deverá ser demonstrado, seja pelo licitante estrangeiro, seja pela comissão de licitação. A questão é que, sendo impossível a apresentação de documento equivalente porque inexistente, isso não poderá afastar o licitante estrangeiro do certame.

Novamente, recorra-se ao exemplo da certidão negativa de falência. Suponha-se que no país de origem do licitante estrangeiro simplesmente não exista o instituto da falência nem outro similar. Nessa situação, o licitante estará dispensado da apresentação de tal documento, já que ele evidentemente não existirá em um sistema que não contempla o instituto da falência.

O mesmo se aplica a outros documentos de habilitação, como é o caso dos atestados de qualificação técnica. Embora tradicional no Brasil, a sistemática de atestação técnica e registro dos atestados no conselho profissional competente não é adotada em todos os países. Isso significa que um licitante estrangeiro, embora tecnicamente qualificado para o desempenho do objeto licitado, poderá não contar com nenhum atestado de qualificação técnica. Nesse caso, a solução mais adequada não será a sua pura e simples inabilitação. Caberá ao licitante estrangeiro, no momento da entrega de seus documentos de habilitação, a apresentação de todo e qualquer documento que demonstre a sua qualificação técnica, ainda que não se trate propriamente de atestados de qualificação técnica. Poderá ser aceita a apresentação de declarações firmadas por contratantes, prospectos, projetos executados e quaisquer outros documentos que demonstrem a experiência do licitante estrangeiro, ainda que não sejam propriamente atestados de qualificação técnica registrados perante um conselho profissional. Caberá, então, à comissão de licitação o exame da fidedignidade das informações constantes da documentação, valorando-os de forma razoável e proporcional. Ao mesmo tempo, se deverá observar a necessidade de participação do maior número possível de licitantes, aumentando-se as chances de obtenção de propostas mais vantajosas, não poderá se descuidar da necessidade de se verificar a efetiva qualificação técnica dos licitantes, inclusive estrangeiros.

Para evitar questionamentos, é recomendável que o licitante estrangeiro que não obtiver documento equivalente demonstre já com a documentação de habilitação que não se faz possível a obtenção de documento equivalente. Entretanto, essa prova pode ser difícil e, ademais, tal conduta não é exigida pela legislação. Assim, se houver algum questionamento por parte de outros licitantes ou até da comissão de licitação, deve-se oportunizar a realização de diligência para esclarecimento.

3.4 A apresentação de atestados e "outros documentos hábeis"

O §4º do artigo 67 da Lei nº 14.133 estabelece que "Serão aceitos atestados ou outros documentos hábeis emitidos por entidades estrangeiras quando acompanhados de tradução para o português, salvo se comprovada a inidoneidade da entidade emissora".

Sob um certo ângulo, tal regra é um detalhamento da previsão contida no parágrafo único do artigo 70 no sentido de que serão aceitos "documentos equivalentes" apresentados por licitantes estrangeiros. Se um licitante estrangeiro não detiver atestados comprobatórios de sua experiência técnica, poderá apresentar outros documentos hábeis a demonstrar essa experiência, desde que emitidos por entidade idônea e acompanhados de tradução para o português.

De todo modo, e por uma questão de isonomia, a previsão do §4º do artigo 67 da Lei nº 14.133 aproveita também os licitantes brasileiros. Assim, também se um licitante brasileiro puder comprovar sua experiência não por meio de atestados e sim por documentos emitidos por entidades estrangeiras, poderá fazê-lo desde que a entidade emissora seja idônea.

Uma dúvida possível diz respeito à comprovação da idoneidade ou não da entidade emissora. Evidentemente, se o licitante que apresentar o documento trouxer informações que confirmem essa idoneidade, haverá menos margem para discussões. No entanto, a Lei nº 14.133 não exige que haja uma comprovação prévia de idoneidade. Em princípio, a idoneidade da entidade emissora do documento será presumida, devendo eventual inidoneidade ser objeto de comprovação pela comissão de licitação ou pelos concorrentes, se for o caso por meio de diligências.

Considerar a entidade emissora como idônea ou não acabará envolvendo certa margem interpretativa. Haverá situações em que a entidade será claramente inidônea, e outras em que a entidade terá respeitabilidade evidente. A dificuldade é que haverá situações duvidosas. Nesse caso, eventual decisão de habilitação ou não deverá ser devidamente fundamentada de modo que a condução do certame não seja feita de acordo com critérios subjetivos.

3.5 A questão do registro perante a entidade profissional competente

O §7º do artigo 67 da Lei nº 14.133 estabelece que, para atender à exigência de demonstração de registro ou inscrição na entidade profissional competente (quando cabível tal exigência, evidentemente), o licitante estrangeiro poderá, no momento da assinatura do contrato, apresentar o comprovante de que solicitou o registro perante a entidade profissional competente no Brasil.

Portanto, especificamente para os licitantes estrangeiros, não será necessário comprovar no momento da habilitação que há registro ou inscrição na entidade profissional competente. A rigor, o estrangeiro poderá demonstrar o cumprimento do requisito em questão depois de assinado o contrato. No momento da assinatura, bastará demonstrar que requereu a inscrição ou registro.

A regra é destinada a facilitar a participação de empresas estrangeiras. Afinal, em regra uma empresa estrangeira, ainda mais se não tiver sede no Brasil, não conseguiria comprovar o requisito da inscrição no órgão profissional competente. Nenhuma empresa nessa condição teria tal inscrição e, portanto, a exigência acabaria por afastá-las totalmente do mercado de contratações públicas no Brasil.

A regra em questão claramente está alinhada à pretensão do Brasil de aderir ao Acordo de Compras Governamentais da OMC.

3.6 O abrandamento das exigências e a necessidade de o licitante estrangeiro demonstrar a sua qualificação

Pelo exposto até aqui, nota-se que a Lei nº 14.133 abrandou as exigências de apresentação de documentos pelos licitantes estrangeiros em licitações internacionais. Não há dúvidas acerca da admissão desse abrandamento, que é necessário para se ampliar a competitividade e para a própria adesão pretendida pelo país ao Acordo de Compras Governamentais da OMC.

Contudo, é evidente que o abrandamento previsto na lei não dispensará a comprovação da aptidão para execução do objeto licitado e da qualificação econômico-financeira, ou seja, ainda que com algumas dificuldades em termos probatórios, o licitante estrangeiro deverá demonstrar que possui as qualidades mínimas de ordem técnica, jurídica e econômica exigidas pelo edital para a execução do contrato. O fato de haver alguma dificuldade adicional na apresentação de documentos não libera o licitante estrangeiro do dever de demonstrar sua qualificação.

4 Licitações com financiamento internacional

O cerne das previsões da Lei nº 14.133 relativas às licitações financiadas por organismos internacionais está contido no §3º do artigo 1º. Esse dispositivo, que apresenta algumas modificações em relação ao art. 42, §5º, da Lei nº 8.666, tem a seguinte redação:

§3º Nas licitações e contratações que envolvam recursos provenientes de empréstimo ou doação oriundos de agência oficial de cooperação estrangeira ou de organismo financeiro de que o Brasil seja parte, podem ser admitidas:

I – condições decorrentes de acordos internacionais aprovados pelo Congresso Nacional e ratificados pelo Presidente da República;

II – condições peculiares à seleção e à contratação constantes de normas e procedimentos das agências ou dos organismos, desde que:

a) sejam exigidas para a obtenção do empréstimo ou doação;

b) não conflitem com os princípios constitucionais em vigor;

c) sejam indicadas no respectivo contrato de empréstimo ou doação e tenham sido objeto de parecer favorável do órgão jurídico do contratante do financiamento previamente à celebração do referido contrato;

Assim, para que ocorra uma licitação com financiamento de organismos internacionais à luz da Lei nº 14.133, alguns pressupostos devem ser observados.

4.1 Primeiro pressuposto: existência de recursos de origem estrangeira

O primeiro pressuposto para que se admita o afastamento da disciplina contida na legislação nacional de licitações consiste na aplicação de recursos que sejam *necessariamente de origem estrangeira*.

Admite-se o afastamento da disciplina prevista na lei por se reputar que esse afastamento propicia uma *vantagem* para a Nação brasileira.[9] Tal vantagem consiste precisamente na obtenção de recursos provenientes de organismos internacionais, seja de modo gratuito (doação), seja por meio de financiamentos concedidos a entidades governamentais brasileiras, para aplicação no território nacional. Por isso, admite-se o afastamento da disciplina prevista na Lei nº 14.133 somente nos casos em que são aplicados recursos *efetivamente* de fonte estrangeira.

Quando apenas parcela dos recursos for proveniente de fonte estrangeira, as disposições da Lei nº 14.133 podem ser afastadas. Dois fundamentos levam a esse entendimento.

O primeiro deles deriva da própria interpretação literal do §3º do artigo 1º da Lei nº 14.133. Esse dispositivo faz referência às contratações "que envolvam recursos provenientes de empréstimo ou doação".

A lei não estabelece que a integralidade dos recursos empregados deve ser proveniente de fonte estrangeira. Basta que ao menos uma parcela dos recursos provenha de doação ou financiamento externo. Assim, de acordo com a interpretação literal do dispositivo, para que haja o afastamento da disciplina da Lei nº 14.133, não é necessário que a *totalidade* dos recursos seja proveniente de fontes internacionais. Basta que uma *parcela* dos recursos seja proveniente de doação ou financiamento obtido junto a organismos internacionais.

O segundo fundamento que conduz à mesma conclusão decorre de uma interpretação teleológica do dispositivo legal. Conforme mencionado anteriormente, o que justifica o afastamento das disposições da Lei nº 14.133 é a existência de uma vantagem para a Nação brasileira, consistente na obtenção de recursos de fonte estrangeira para determinada contratação. No caso em que apenas parcela dos recursos necessários provém de fonte estrangeira, reputa-se que há igualmente um benefício para a Nação brasileira, que é justamente a obtenção (ainda que apenas de parcela) dos recursos a serem utilizados para a contratação almejada. Também por esse motivo, portanto, admite-se o afastamento da disciplina prevista na Lei nº 14.133 se apenas parte dos recursos é proveniente de doação ou financiamento internacional.

---

[9]   JUSTEN FILHO. *Comentários à Lei de Licitações e Contratos Administrativos*. 15. ed. São Paulo: Dialética, 2012. p. 673.

Na prática, aliás, a forma de financiamento mais utilizada pelos organismos internacionais que atuam no Brasil é a do *cost-sharing*, em que parte dos recursos é proveniente de organismo internacional e o restante corresponde a recursos públicos brasileiros, de fonte nacional. São frequentes os casos em que 50% ou 70% dos recursos, por exemplo, provêm do organismo internacional financiador e o restante é integrado por recursos orçamentários do próprio ente contratante, de origem nacional, inclusive por meio de financiamentos internos ou repasse de outras entidades da federação.

4.2 Segundo pressuposto: condição essencial imposta pelo organismo internacional para o repasse dos recursos

O segundo pressuposto para o afastamento da disciplina prevista na Lei nº 14.133 é que esse deve ser uma exigência do organismo internacional para que haja a doação ou empréstimo dos recursos de fonte estrangeira que serão utilizados para a futura contratação. Em outras palavras, para que o afastamento das previsões da Lei nº 14.133 seja válido, ele deve ter sido estabelecido pelo organismo internacional como uma condição para a concessão do empréstimo ou doação de recursos.

Nesses casos, entende-se que a aplicação das normas contidas na legislação nacional constituiria um óbice à obtenção do financiamento ou da doação junto ao organismo internacional. Se a Administração Pública nacional insistisse na aplicação dos procedimentos previstos na Lei nº 14.133, não obteria os recursos em questão. Assim, justifica-se o afastamento da Lei nº 14.133 para que se obtenha a vantagem almejada pela Administração brasileira, que é justamente a obtenção dos recursos.

É importante notar que nem sempre os organismos internacionais exigem o afastamento da Lei nº 14.133. Em certos casos, exige-se apenas que a licitação seja realizada atendendo-se a determinados princípios – tais como o da objetividade do julgamento, da publicidade, entre outros – que são compatíveis com as previsões da Lei nº 14.133. Em tal hipótese, a Administração Pública brasileira deve realizar licitação observando os procedimentos previstos na legislação nacional.

Portanto, a mera existência de recursos provenientes de doação ou financiamento outorgado por organismo internacional não conduz necessariamente ao afastamento da Lei nº 14.133. Para que haja o afastamento válido da lei, o organismo internacional deve ter condicionado a concessão do financiamento ou doação dos recursos de fonte estrangeira à realização do certame de acordo com as suas normas.

4.3 Terceiro pressuposto: compatibilização com os princípios constitucionais em vigor

A realização de licitações com recursos obtidos mediante doação ou financiamento internacional somente será válida se o procedimento observar os princípios constitucionais em vigor. O simples recebimento de recursos em doação ou financiamento não autoriza a Administração Pública a ignorar os princípios fundamentais consagrados na Constituição Federal. Não há espaço para decisões de cunho subjetivo ou pessoal por parte da Administração ou do órgão financiador.

4.4 Quarto pressuposto: indicação no contrato de empréstimo ou doação

O artigo 1º, §3º, da Lei nº 14.133 ainda estabelece que as condições peculiares de contratação que serão aplicadas numa licitação derivada de doação ou empréstimo de recursos estrangeiros devem ser indicadas no respectivo contrato de empréstimo ou doação.

Não basta que as condições peculiares de contratação estejam previstas no contrato de doação ou financiamento dos recursos estrangeiros. É necessário que tais condições estejam expressas de modo claro, preciso e objetivo. O estabelecimento de condições demasiadamente genéricas e imprecisas será insuficiente para o atendimento do pressuposto contido no artigo 1º, §3º, alínea 'c', da Lei nº 14.133. Equivaleria a uma não previsão das condições e, portanto, ao descumprimento total da norma.

Não será admissível que as condições peculiares de contratação instituam uma competência discricionária à Administração Pública brasileira ou ao órgão financiador ou doador a ponto de permitir que eles estabeleçam as regras que quiserem, de forma totalmente livre e em descompasso com os princípios fundamentais da Constituição Federal. O estabelecimento de condições peculiares de contratação nos casos de doação ou financiamento de fonte externa não será um "cheque em branco" que permita ao órgão financiador ou à Administração Pública brasileira conduzirem o processo licitatório de forma subjetiva e errática, instituindo ou suprimindo regras de forma livre e desimpedida.

4.5 Quinto pressuposto: parecer favorável do órgão jurídico do contratante do financiamento antes da celebração do contrato

O artigo 1º, §3º, alínea 'c', da Lei nº 14.133, ainda exige que as condições peculiares de seleção e contratação que envolvam financiamento internacional tenham sido objeto de parecer favorável do órgão jurídico do contratante do financiamento previamente à celebração do contrato de financiamento.

É interessante notar que essa previsão de parecer jurídico é distinta da exigência geral de pareceres jurídicos em licitações.

O artigo 53 da Lei nº 14.133 prevê a regra geral de que, ao final da fase preparatória, o processo licitatório deve seguir ao *órgão* de assessoramento jurídico da Administração, que realizará controle prévio de legalidade mediante análise jurídica da contratação.

A exigência de parecer jurídico contida no artigo 1º, §3º, alínea 'c', da Lei nº 14.133, não se confunde com essa previsão genérica. Trata-se de parecer específico a respeito das condições diferenciadas de seleção e contratação que venham a ser entabuladas no contrato de doação ou empréstimo que será celebrado entre a Administração Pública brasileira e o organismo internacional. Esse parecer, portanto, é preliminar ao início dos trabalhos voltados à realização do certame. Ocorrerá previamente ao próprio contrato de doação ou empréstimo.

Chama a atenção o fato de que o artigo 1º, §3º, alínea 'c', da Lei nº 14.133, exige a existência de um parecer jurídico "favorável", ou seja, a regra parece exigir que o parecer jurídico tenha concordado com as condições diferenciadas de seleção e contratação. Se o parecer jurídico for contrário a essas condições, a rigor não seria atendida a exigência legal.

No artigo 53 da Lei nº 14.133, a exigência geral de ouvida do órgão de assessoramento jurídico interno não faz menção a que o parecer seja favorável às condições que se pretende instituir ao certame.

Nem se diga que, ao mencionar a necessidade de um parecer jurídico "favorável", a intenção da lei seria apenas fazer com que a autoridade competente não possa simplesmente desconsiderar o teor da análise jurídica realizada. Haveria outras formas mais adequadas de se prever isso – estabelecendo-se, por exemplo, o dever da autoridade de justificar eventual decisão que não siga as orientações do parecer jurídico. De todo modo, isso não seria necessário. A autoridade pública responsável pela tomada de decisão, em caso de discordância do parecer jurídico, evidentemente tem o ônus de fundamentar a sua decisão, inclusive esclarecendo os motivos pelos quais discorda do parecer jurídico previamente concedido.

O parecer jurídico exigido pelo artigo 1º, §3º, da Lei nº 14.133, terá por objeto o exame das condições peculiares de licitação e contratação impostas pelo organismo internacional financiador. Deverá examinar a compatibilidade de tais condições com os princípios constitucionais, sempre do ponto de vista essencialmente jurídico.

O parecer jurídico em questão, portanto, não examinará a conveniência e oportunidade da operação (ou seja, da utilização dos recursos do estrangeiro). O exame desses pressupostos e da sua presença no caso concreto caberá à autoridade competente para a análise da decisão.

4.6 Necessidade de comprovação dos pressupostos

A presença dos pressupostos estabelecidos pelo artigo 1º §3º, da Lei nº 14.133 deve ser comprovada pela Administração Pública nacional. Para que haja o afastamento da Lei nº 14.133 de forma válida, não bastam meras afirmações de que haverá o emprego de recursos estrangeiros e de que a aplicação das regras editadas pelo organismo financiador foi prevista como condição para a concessão do financiamento, por exemplo. É imperioso que haja a comprovação de que os pressupostos estão efetivamente presentes no caso concreto.

Quanto à questão de haver a aplicação de recursos provenientes de fontes internacionais, trata-se de pressuposto facilmente constatável. Os editais das licitações indicam as fontes dos recursos e qualquer interessado deve ter a possibilidade de confirmar essa informação e possivelmente consultar o contrato de mútuo firmado entre a Administração brasileira e o organismo internacional.

No que concerne ao segundo pressuposto, se a exigência de afastamento da Lei nº 14.133 não constar de uma manifestação formal do organismo internacional (por exemplo, por meio da inclusão de uma cláusula no contrato de financiamento firmado com a Administração brasileira), deve ao menos haver a comprovação da obrigatoriedade de adoção de procedimentos ou regras diversos daqueles previstos na lei brasileira. O fato é que, em geral, as diretrizes editadas pelos organismos internacionais já preveem que a outorga de financiamento é condicionada à observância de tais regras. É o que ocorre, por exemplo, nas Políticas editadas pelo BID e pelo BIRD, em que se estabelece que as regras lá previstas aplicam-se a todos os contratos de bens e obras financiados total ou parcialmente por empréstimos desses bancos.

Os demais pressupostos também não são de difícil demonstração. Isso porque a indicação das condições peculiares de seleção e contratação constarão do contrato de empréstimo ou doação, e a ausência de conflito com os princípios constitucionais em vigor deverá ser detalhada justamente no parecer jurídico.

Qualquer licitante (e qualquer cidadão) poderá solicitar à Administração que comprove adequadamente a presença dos pressupostos que autorizam a aplicação de normas editadas pelo organismo internacional. A Administração tem o dever de demonstrar que a aplicação das regras editadas por um organismo internacional atende aos pressupostos estabelecidos pelo §3º do artigo 1º da Lei nº 14.133. Não poderá se recusar a prestar as informações que lhe forem solicitadas.

5 Encerramento

Há ainda muitas outras modificações que a Lei nº 14.133 contemplou acerca das licitações internacionais e com a participação de estrangeiros. No entanto, os pontos examinados neste artigo são relevantes para a correta compreensão da nova lei de licitações.

Referências

BITTENCOURT, Sidney. *Licitações internacionais*: considerando a lei brasileira: Lei nº 8.666/93 e as regras estabelecidas pelo Banco Mundial – BIRD. 3. ed. Belo Horizonte: Fórum, 2011. p. 105-106.

JUSTEN FILHO. *Comentários à Lei de Licitações e Contratos Administrativos*. 15. ed. São Paulo: Dialética, 2012. p. 673.

Informação bibliográfica deste texto, conforme a NBR 6023:2018 da Associação Brasileira de Normas Técnicas (ABNT):

SCHWIND, Rafael Wallbach. Inovações em relação às licitações internacionais e à participação de estrangeiros na Lei nº 14.133/2021. *In*: HARGER; Marcelo (Coord.). *Aspectos polêmicos sobre a nova lei de licitações e contratos administrativos*: Lei nº 14.133/2021. Belo Horizonte: Fórum, 2022. p. 143-158. ISBN 978-65-5518-461-7.

DOCUMENTOS DE HABILITAÇÃO: BREVES CONSIDERAÇÕES

LUCIANO ELIAS REIS

1 A fase de habilitação e seu sentido na licitação

Como já dito em outras oportunidades, licitação é o procedimento administrativo desenvolvido de forma ordenada e sucessiva, almejando encontrar a proposta economicamente mais vantajosa ao Poder Público, a partir de uma análise interna da melhor solução para satisfazer a necessidade pública e desde que seja observada a isonomia, a competitividade e a promoção do desenvolvimento nacional sustentável.[1]

Para encontrar a melhor proposta por um fornecedor qualificado se faz necessário aferir tanto a proposta comercial sobre o objeto licitado quanto as condições de aptidão do fornecedor em si, eis que aqui nessa última parte reside a relevância da habilitação.

É comum questionar a extensão e as idiossincrasias da fase de habilitação no Brasil, bem como se essas atingem o desiderato esperado pela norma jurídica em questão. As exigências habilitatórias custam dinheiro, tempo e oportunidade para a

---

[1] REIS, Luciano Elias. *Compras públicas inovadoras*. Belo Horizonte: Fórum, 2022. p. 37.

Administração Pública, assim como oneram em si a operação de seleção da proposta mais vantajosa, contudo se desvelam como documentos burocráticos em um procedimento administrativo para proteger a coisa pública.

De todo modo, goste ou não, a etapa de habilitação mostra-se como um momento oportuno e adequado para evitar que o dinheiro público corra potencial risco ao celebrar-se um negócio jurídico com alguém inapto.

Como prescreve o artigo 62, *caput*, da Lei nº 14.133/2021, "a habilitação é a fase da licitação em que se verifica o conjunto de informações e documentos necessários e suficientes para demonstrar a capacidade do licitante de realizar o objeto da licitação".

2 Contexto da habilitação na Lei

A Lei nº 14.133/2021 preceituou sobre a habilitação em seus artigos 62 e seguintes, quando expressou o que é a habilitação, quais são as diretrizes ao prevê-las no ato convocatório e os documentos indicados como cabíveis na legislação para serem solicitados dos licitantes para análise da qualificação técnica, econômico-financeira e fiscal, social e trabalhista.

Em outros momentos da lei, também há a menção sobre a habilitação como, por exemplo: (i) nos artigos 17 e 25, quando a estipula como fase a ser respeitada durante o iter procedimental; (ii) no artigo 6º, ao dispor sobre o conceito legal de pré-qualificação e posteriormente o artigo 80, ao regular tal procedimento auxiliar; (iii) no artigo 15, ao disciplinar sobre as exigências habilitatórias em caso de consórcio; (iv) no artigo 31, ao tratar no leilão pela desnecessidade de habilitação; (v) no artigo 52, ao regrar as condições de habilitação em licitações internacionais; (vi) no artigo 72, ao estatuir os requisitos de habilitação e qualificação mínima necessária no processo de contratação direta; (vii) no artigo 92, ao prever a necessidade de mantença durante a execução contratual das condições habilitatórias e, por fim, (viii) no artigo 165, ao fixar o cabimento de recurso contra a decisão administrativa sobre os documentos de habilitação.

3 Diferenças mais evidentes entre a Lei nº 14.133 e a Lei nº 8.666 sob o viés da habilitação

Indubitavelmente, me parece que três são as diferenças mais evidentes entre as duas legislações: (i) a regra de exigir os documentos de habilitação tão somente daquele licitante vencedor, exceto quando a fase de habilitação anteceder a fase de julgamento das propostas; (ii) a regra de não detalhar quais são os documentos a serem requeridos na regularidade jurídica e; (iii) a regra de nominar a regularidade fiscal e trabalhista da lei anterior como regularidade fiscal, social e trabalhista.

No mais, por óbvio existem pontos mais aclarados na novel legislação ante a lei anterior, como se verá adiante acerca da capacidade técnico-operacional e da capacidade técnico-profissional, não confusão da garantia pré-habilitatória (conhecida como garantia de proposta) como documento de habilitação em si, assim como outros pontos que serão melhores explicados posteriormente.

4 Interpretação restritiva como regra para avaliação dos documentos a serem exigidos na habilitação

A Constituição Federal em seu art. 37, XXI, prescreve que "ressalvados os casos especificados na legislação, as obras, serviços, compras e alienações serão contratados mediante processo de licitação pública que assegure igualdade de condições a todos os concorrentes, com cláusulas que estabeleçam obrigações de pagamento, mantidas as condições efetivas da proposta, nos termos da lei, o qual somente permitirá as exigências de qualificação técnica e econômica indispensáveis à garantia do cumprimento das obrigações".

Por sua vez, a Lei nº 14.133 em seus artigos 62 e seguintes estabeleceu que na etapa da habilitação a Administração Pública poderá requerer documentos relacionados à demonstração da capacidade jurídica, técnica, fiscal, social e trabalhista e econômico-financeira dos licitantes.

Interpretando a Constituição Federal e as normas previstas na legislação de licitações, infere-se que a Administração Pública somente pode exigir para fins de habilitação os documentos preconizados na Lei de Licitações, mais precisamente aqueles elencados ou que possuam fundamento em algum dispositivo legal.

Essa resposta se dá a partir da interpretação sistemática e da lógica jurídica para que uma restrição não sofra um alargamento e perca o seu sentido de ser. Portanto, a interpretação deverá ser sempre restritiva no tocante à habilitação dos licitantes, até para respeitar a regra de máxima universalidade do processo concorrencial, a fim de o máximo número de fornecedores participar e, com isso, aumentar a probabilidade de êxito na consecução da necessidade pública pela Administração Pública.

Enquanto se podia deduzir tal regra limitativa no art. 27 da Lei nº 8.666 "para a habilitação nas licitações *exigir-se-á dos interessados, exclusivamente, documentação relativa a*: I – habilitação jurídica; II – qualificação técnica; III – qualificação econômico-financeira; IV – regularidade fiscal e trabalhista; e V – cumprimento do disposto no inciso XXXIII do art. 7º da Constituição Federal", pode-se visualizar raciocínio similar quando os artigos 67 e 69 prescrevem expressamente que a documentação "será restrita a".

Por tais razões, o rol dos documentos de habilitação é exaustivo e taxativo, não podendo a Administração Pública inserir qualquer documento que não encontre guarida nos aludidos dispositivos legais.

Sobre esse assunto, os Tribunais de Contas possuíam entendimento bastante solidificado quando da interpretação da Lei nº 8.666, esperando desde já que tais deliberações se mantenham incólumes na mesma toada:

> determinação à comissão permanente de licitação de uma prefeitura municipal para que, quando do prosseguimento de uma tomada de preços, realize ajustes no edital do certame relativamente aos requisitos de habilitação, abstendo-se de prever, como exigência de habilitação, requisitos que não estejam contemplados nos arts. 28 a 31 da Lei nº 8.666/1993, a exemplo de exigência de comprovação da qualificação técnica mediante apresentação

de nota fiscal de prestação de serviços, por ausência de amparo legal e por restringir a competitividade da licitação, em afronta ao disposto no art. 3º, §1º, inciso I, da mesma Lei; devendo, consequentemente, reabrir os prazos do certame.

(BRASIL. Tribunal de Contas da União, alínea "c", TC-035.132/2012-4, *Acórdão nº 2.798/12* – Plenário).

Determinação ao (omissis) para que: a) abstenha-se de exigir documentos não previstos na Lei nº 8.666/1993 para a qualificação técnica nos procedimentos licitatórios, a exemplo do certificado do Programa Brasileiro de Qualidade e Produtividade no Habitat (PBQP-H); b) nas licitações que objetivam a implementação de obras, promova o devido registro dos responsáveis pelo Projeto Básico no Conselho Regional de Engenharia e Arquitetura (CREA), com a emissão das respectivas Anotações de Responsabilidade Técnica (ART's), conforme exigência da Lei nº 6.496/1977.

(BRASIL. Tribunal de Contas da União, itens 9.1.4 e 9.1.6, TC-018.222/2009-2, *Acórdão nº 2.173/11* – Plenário).

Rol taxativo quanto à documentação exigível para fim de qualificação técnica dos licitantes (…). A licitação teve por objeto a contratação de serviços especializados em tecnologia da informação, na área de operação de infraestrutura, central de serviços, suporte a estações de trabalho, suporte a instalações físicas e instalação e movimentação de equipamentos e pontos lógicos e elétricos. Em suma, o questionamento da representante referiu-se à exigência "para fins de habilitação das licitantes, de previsão de parcerias a serem firmadas com fabricantes das plataformas utilizadas no ambiente de TI do (omissis)". A respeito disso, expôs que o edital justificou a fixação do quesito "em razão de os termos de parceria possuírem relação direta com a qualificação técnica dos profissionais da licitante e possibilitarem o acesso ao serviço de suporte diretamente com o fabricante". Todavia, para a representante, com base na jurisprudência do TCU, haveria "excesso em exigir parcerias no nível máximo com fabricantes, uma vez que níveis intermediários são mais comuns ao mercado; que não há relação direta entre as parcerias e a qualidade da prestação dos serviços; que a qualidade da prestação dos serviços relaciona-se com a experiência no parque tecnológico de profissionais qualificados, exigência já apresentada no Edital; e, por fim, que o suporte técnico oferecido pelos fabricantes não pode ser utilizado pelos clientes dos parceiros". Destacou a representante, ainda, que o (omissis) alegou que "as exigências de parcerias não são necessárias para a habilitação no certame, mas sim para a contratação, e que a solicitação de parcerias para contratações de serviços de TI, com o objetivo de garantir a qualidade dos serviços e sustentabilidade da contratação, é utilizada por diversos órgãos". (…). Ainda para a unidade técnica, no que se refere à qualificação técnica, a exigência de parceria em nível máximo, com os fabricantes das plataformas de TI utilizadas pelo (omissis), não se insere no rol taxativo constante da Lei 8.666/1993. Além disso, "a justificativa apresentada pelo (omissis) para as parcerias não demonstra o nível de detalhamento técnico que o tema requer. É necessária a descrição das circunstâncias técnicas que demandaram a exigência de nível máximo de parceria, de modo a proporcionar transparência quanto à motivação do requisito e promover o conhecimento das razões que ensejaram a previsão, principalmente por ser critério de eliminação". O Plenário referendou a cautelar deferida pelo relator. Precedentes citados: Acórdãos nºs 247/2003, 865/2005, 126/2007, 1.213/2009, todos do Plenário.

(BRASIL. Tribunal de Contas da União. *Informativo de Jurisprudência sobre Licitações e Contratos nº 35 do Tribunal de Contas da União*, Decisão monocrática no TC-020.495/2010-2, Rel. Min. Subst. André Luís de Carvalho, 22.09.2010).

O Tribunal de Contas do Estado de São Paulo, a título ilustrativo, já tinha sumulado sob a égide da Lei nº 8.666 a impossibilidade de exigência de documentos alheios aos enumerados nos artigos 27 a 31, bem como se posicionado de maneira rigorosa quanto à não imposição de certificações:

> Súmula nº 17 do Tribunal de Contas do Estado de São Paulo – Em procedimento licitatório, não é permitido exigir-se, para fins de habilitação, certificações de qualidade ou quaisquer outras não previstas em lei.

Em sentido similar, alvitra-se da Súmula nº 271, Tribunal de Contas da União:

> Súmula nº 272 do Tribunal de Contas da União – No edital de licitação, é vedada a inclusão de exigências de habilitação e de quesitos de pontuação técnica para cujo atendimento os licitantes tenham de incorrer em custos que não sejam necessários anteriormente à celebração do contrato.

O raciocínio para impedir a solicitação de documentos extras àqueles tracejados pela Lei de Licitações está na própria segurança da sociedade e dos licitantes quanto à atuação administrativa, bem como no princípio da legalidade e sua concepção para o Direito Público. Até porque, do contrário, os licitantes poderiam ser surpreendidos com arbitrariedades a partir de solicitações abusivas nos editais de licitação.

5 Interpretação restritiva para a exigência dos documentos de habilitação não se confunde com a exigência de todos os documentos previstos na lei

Não se pode confundir o rol taxativo com a necessidade de sempre serem solicitados todos os documentos arrolados em tais citados artigos da Lei de Licitações. Recordando do inc. XXI do art. 37 da Constituição, o edital somente deverá solicitar os documentos de qualificação técnica e econômico-financeira indispensáveis à execução do contrato.

O artigo 32, §1º, da Lei 8.666/1993[2] prescreve que haverá a possibilidade de ocorrer a dispensa parcial ou total dos documentos arrolados nos arts. 28 a 31 quando for convite, concurso, fornecimento de bens de pronta entrega e leilão.

O artigo 70 da Lei nº 14.133/2021 estipula que a documentação elencada na lei poderá ser dispensada, total ou parcialmente, nas contratações para entrega imediata,[3] nas contratações em valores inferiores a 25% do limite para a dispensa de licitação para compras em geral e nas contratações de produto para pesquisa e desenvolvimento até o valor de R$300.000,00 (trezentos mil reais).

---

[2] Art. 32. Os documentos necessários à habilitação poderão ser apresentados em original, por qualquer processo de cópia autenticada por cartório competente ou por servidor da administração ou publicação em órgão da imprensa oficial (Redação dada pela Lei 8.883, de 1994).
§1º A documentação de que tratam os arts. 28 a 31 desta Lei poderá ser dispensada, no todo ou em parte, nos casos de convite, concurso, fornecimento de bens para pronta entrega e leilão.

[3] Imediata é aquela com prazo de entrega de até 30 (trinta) dias da ordem de fornecimento.

Conquanto o texto legal preveja a viabilidade de dispensa *total* de documentos de habilitação nas situações anteriormente mencionadas, insta destacar que jamais haverá alguma situação de dispensa total dos documentos de habilitação. *Um*, como poderia a Administração Pública contratar com alguém que sequer sabe se existe juridicamente (ato constitutivo da pessoa física ou da pessoa jurídica). *Dois*, há alguns impedimentos de ordem constitucional e legal, como é o caso, respectivamente, da regularidade das pessoas jurídicas perante a Seguridade Social (art. 195, §3º, da Constituição)[4] e perante o Fundo de Garantia do Tempo de Serviço (art. 2º da Lei 9.012/1995[5] e art. 27 da Lei 8.036/1990).[6]

Dessa feita, pela dicção legal, os documentos de habilitação poderão ser dispensados parcialmente nas situações estabelecidas no parágrafo primeiro do artigo 32 da Lei nº 8.666/93 e do artigo 70, III, da Lei nº 14.133/2021.

Convém ressaltar que, às vezes, o administrador público fica receoso de afastar alguns documentos de habilitação e resolve exigir o máximo previsto na legislação para evitar qualquer apontamento ou questionamento *a posteriori*. Infelizmente, esse é um caso que aumenta excessivamente os custos de transação para os negócios públicos. Por conseguinte, é inexorável a presença de sensibilidade do redator do ato convocatório para alijar algumas exigências editalícias que serão inadequadas ao caso concreto.

Esse juízo de pertinência, oportunidade e conveniência deverá sempre ser efetuado em plena conformidade com os princípios do regime jurídico administrativo, em especial da competitividade, finalidade pública, razoabilidade e proporcionalidade.

Para permitir o controle da decisão administrativa, recomenda-se que o gestor público descreva as razões de fato e de direito que o levaram a afastar alguns documentos habilitatórios, o que poderá ser, por exemplo, em razão do tempo de duração do contrato, tipo de obrigação (obrigação de dar com entrega imediata), prática de mercado, dentre outros.

Não se pode esquecer que a motivação apresentada goza de presunção de legitimidade e veracidade como qualquer ato administrativo e somente poderá ser rechaçada pelo órgão de controle, interno ou externo, ou pelo Poder Judiciário de acordo com as normas da Lei de Introdução às Normas do Direito Brasileiro e da própria Lei nº 14.133.

---

4 Art. 195. A seguridade social será financiada por toda a sociedade, de forma direta e indireta, nos termos da lei, mediante recursos provenientes dos orçamentos da União, dos Estados, do Distrito Federal e dos Municípios, e das seguintes contribuições sociais:
(…)
§3º. A pessoa jurídica em débito com o sistema da seguridade social, como estabelecido em lei, não poderá contratar com o Poder Público nem dele receber benefícios ou incentivos fiscais ou creditícios.

5 Art. 2º. As pessoas jurídicas em débito com o FGTS não poderão celebrar contratos de prestação de serviços ou realizar transação comercial de compra e venda com qualquer órgão da administração direta, indireta, autárquica e fundacional, bem como participar de concorrência pública.

6 Art. 27. A apresentação do Certificado de Regularidade do FGTS, fornecido pela Caixa Econômica Federal, é obrigatória nas seguintes situações:
a) habilitação e licitação promovida por órgão da Administração Federal, Estadual e Municipal, direta, indireta ou fundacional ou por entidade controlada direta ou indiretamente pela União, Estado e Município;
b) obtenção, por parte da União, Estados e Municípios, ou por órgãos da Administração Federal, Estadual e Municipal, direta, indireta, ou fundacional, ou indiretamente pela União, Estados ou Municípios, de empréstimos ou financiamentos junto a quaisquer entidades financeiras oficiais; (*Vide* Medida Provisória 526, de 2011 ((*Vide* Lei 12.453, de 2011)
c) obtenção de favores creditícios, isenções, subsídios, auxílios, outorga ou concessão de serviços ou quaisquer outros benefícios concedidos por órgão da Administração Federal, Estadual e Municipal, salvo quando destinados a saldar débitos para com o FGTS;

Assim sendo, qualquer admoestação deverá ser consequencialista, tanto pelo viés do artigo 21 da LINDB[7] quanto pelo artigo 147 da nova lei.[8]

Sobre o assunto, para finalizar, transcreve-se a ementa de um aresto do Tribunal Regional Federal da 4ª Região e trecho das razões expendidas pelo Julgador quando avaliou um edital que afastou algumas exigências habilitatórias contidas na Lei nº 8.666:

ADMINISTRATIVO. MANDADO DE SEGURANÇA. APELAÇÃO. PREGÃO. PEDIDO DE REVOGAÇÃO DA LICITAÇÃO. AUSÊNCIA DE QUALIFICAÇÃO TÉCNICA EXIGIDA. NÃO OCORRÊNCIA. Inexiste qualquer ilegalidade quanto à qualificação técnica exigida, haja vista que a administração pode fazer exigências até o limite previsto no art. 30 da Lei 8.666/93, e, achando conveniente, pode exigir menos, de acordo com a natureza, o valor e a complexidade do objeto e de sua execução.

(...)

Nesse particular, tampouco entendo assistir razão à impetrante. Como lido supra, o art. 30 da Lei nº 8.666/93 trata restritamente de impor à Administração a proibição da adoção de exigências exorbitantes do mínimo possível em atenção ao objeto licitado, em momento algum estipulando sua vinculação à veiculação de critério mínimo concebido por lei. Em outros termos, fixa um teto de exigências, com vistas apenas a evitar que indevidamente sejam alijados da disputa interessados prejudicados por obrigações excessivas e desnecessárias, silenciando quanto a um suposto piso das mesmas, sujeito tão-somente ao concebido discricionariamente pela Administração como indispensáveis no caso concreto ao cumprimento do objeto contratado. A respeito desse poder discricionário, trata Justen Filho (op. cit., p. 405):

Como decorrência, a determinação dos requisitos de qualificação técnica far-se-á caso a caso, em face das circunstâncias e peculiaridades das necessidades que o Estado deve realizar. Caberá à Administração, na fase interna antecedente à própria elaboração do ato convocatório, avaliar os requisitos necessários, restringindo-se ao estritamente indispensável a assegurar um mínimo de segurança quanto à idoneidade dos licitantes

(BRASIL. Tribunal Regional Federal da 4ª Região, *AC 5019407-03.2011.404.7200*, Quarta Turma, Relator p/ Acórdão Candido Alfredo Silva Leal Junior, juntado aos autos em 04.09.2015).

6 Cautelas e regras de interpretação na exigência dos documentos de habilitação

A Lei nº 14.133 inseriu dois dispositivos que devem ser utilizados como verdadeiras balizas sobre os documentos de habilitação, inclusive podendo colocá-los como regras de interpretação acerca dessa etapa. Trata-se dos artigos 63 e 65.

---

[7] "Artigo 21. A decisão que, nas esferas administrativa, controladora ou judicial, decretar a invalidação de ato, contrato, ajuste, processo ou norma administrativa deverá indicar de modo expresso suas consequências jurídicas e administrativas."

[8] "Art. 147. Constatada irregularidade no procedimento licitatório ou na execução contratual, caso não seja possível o saneamento, a decisão sobre a suspensão da execução ou sobre a declaração de nulidade do contrato somente será adotada na hipótese em que se revelar medida de interesse público, com avaliação, entre outros, dos seguintes aspectos:"

6.1 Declaração de atendimento aos requisitos de habilitação

O licitante, quando do envio da proposta e do aceite em participar da licitação, deverá enviar uma declaração de atendimento aos requisitos de habilitação, sendo esse um documento de livre e espontânea vontade que se presume verdadeiro até que se prove algo em contrário.

Com isso, o licitante será responsabilizado nas esferas administrativa, civil e penal caso entregue uma declaração inverídica, ou seja, se não possuir algum documento habilitatório exigido para o certame.

Por óbvio aqui deve existir muita razoabilidade e cautela pela Administração Pública ao afirmar que a declaração é falsa. Não se pode confundir o intento de falsear a verdade com a juntada de um documento que não atenda aos ditames editalícios. Falsear é completamente diferente da situação de um atestado de capacidade técnica não ser aceito ou ser insuficiente para o certame em disputa, por exemplo. Da mesma forma, pode existir fato superveniente que altere a condição de aptidão do licitante diante dos fatos vivenciados no mudo afora da licitação, por exemplo, o licitante que antes gozava da condição de estar em recuperação judicial, tem após a entrega da declaração uma decisão judicial de decretação de falência.

Por fim, salienta-se que a referida declaração já é um documento bastante comum àqueles que atuam com a modalidade pregão, mesmo antes da Lei nº 14.133.

6.2 Documentos de habilitação somente do licitante vencedor

A Lei condicionou a entrega dos documentos de habilitação somente do licitante vencedor, fazendo com que a Administração Pública não perca tempo desnecessário ao apreciar documentos de fornecedores que não estão com condições imediatas de ser o escolhido como pretenso vencedor.

Ou seja, em uma licitação com setenta licitantes, a Administração Pública só requisitará e avaliará os documentos habilitatórios daquele licitante que está classificado em primeiro lugar na fase de proposta.

A intenção, como disse alhures, é não perder tempo desnecessário, com isso privilegiando o uso racional da máquina administrativa, primando assim pelos princípios da eficiência, efetividade, economicidade e celeridade.

Essa regra somente será afastada quando se tratar de licitação em que a fase de habilitação anteceder a fase de proposta. A nova lei se inspirou na sistemática procedimental já adotada pelo Pregão (Lei nº 10.520/2002), pelo Regime Diferenciado de Contratação (Lei nº 12.462/2011) e pela Lei das Estatais (Lei nº 13.303/2016), ao preconizar em primeiro a etapa ou fase de proposta e depois a habilitação.

Não obstante essa regra, a própria lei inseriu uma possibilidade de exceção, igualmente como acontece no RDC e na Lei das Estatais, de o ato convocatório inverter a partir de alguma justificativa explanada na fase interna da licitação, isto é, determinar que a habilitação seja anterior à proposta tal como ocorre com a Lei nº 8.666 (artigo 43).

6.3 Documentos de regularidade fiscal somente após o julgamento das propostas

Como sub-regra da regra anterior, a lei previu que os documentos de regularidade fiscal (certidões de regularidade) somente deverão ser solicitados após o julgamento das propostas, independentemente do momento da etapa de habilitação, e tão só do vencedor.

Se a licitação for "normal" com fase de proposta prévia à de habilitação, logo não há qualquer modificação no momento da exigência dos documentos de regularidade fiscal.

Entretanto, se a licitação for "invertida", com fase de habilitação antes da proposta, consequentemente durante a fase de habilitação não deverá ser feita qualquer exigência de regularidade fiscal de todos os proponentes. Com a escolha da proposta vencedora na fase de proposta, então a Administração Pública deverá requerer e avaliar os documentos de regularidade fiscal.

A sub-regra é uma exceção, logo a sua interpretação deve ser restrita, sob pena de seu desvirtuamento e perda da lógica jurídica de qualquer ablação. Desse modo, não se deve estender para os documentos de regularidade social e trabalhista, já que a lei estatuiu somente aos de regularidade fiscal.

6.4 Declaração de que cumpre com as exigências sociais para a reserva de cargos para pessoa com deficiência e para reabilitado da Previdência Social

Como destacado no meu livro "Compras Públicas Inovadoras", a licitação e o contrato administrativo sempre possuíram meta funções, além da obtenção da melhor proposta do ponto de vista financeiro. Tem claramente uma função socioeconômica envolvida que jamais o Estado poderá se afastar. É seu dever enquanto gestor da sociedade. Os governos estatais utilizam de tais prerrogativas há décadas.

Dentro da função socioeconômica, destaca-se que existem cláusulas de desenvolvimento econômico, de inovação, de caráter ambiental, de âmbito social, de âmbito estratégico para fins de relações internacionais, dentre outros vieses. Portanto, a declaração de o licitante ser cumpridor com as exigências sociais para a reserva de cargos para pessoa com deficiência e para reabilitado da Previdência Social é nitidamente uma cláusula de função social, ou comumente chamada de cláusula social.

Ainda que seja um defensor da função socioeconômica da licitação e do contrato administrativo, é deveras preocupante requerer uma plêiade de declarações que poderão servir de arrimo para algum esquecimento.

Por isso, defende-se que o ato convocatório e o sistema informatizado (quando adotado) deverão sempre permitir que o licitante declare conjuntamente todas as informações quando da entrega da sua proposta ao órgão ou entidade licitadora ou facilite indicando os botões para "clicar" e preencher o quadradinho de aceite de tais declarações.

6.5 Declaração de a proposta sopesar e conter todos os custos diretos e indiretos para a execução do objeto

O parágrafo primeiro do artigo 63 consignou que constará do ato convocatório a exigência de uma solicitação aos licitantes para que firmem uma declaração asseverando que as suas propostas econômicas compreendem a integralidade dos custos para atendimento dos direitos trabalhistas assegurados na Constituição Federal, nas leis trabalhistas, nas normas infralegais, nas convenções coletivas de trabalho e nos termos de ajustamento de conduta vigentes na data de entrega das propostas.

Com o digno respeito, essa declaração, assim como a declaração de cumpridor da reserva de cargos com deficiência e reabilitado com a Previdência Social, é exigência para a participação da licitação, e não para aferir aptidão do licitante ou quaisquer condições da proposta comercial.

Por isso, entende-se que o momento adequado para a entrega de tais declarações deve ser o momento do credenciamento junto ao certame, entendido esse como a etapa em que o fornecedor apresenta-se para a Administração Pública e externa a sua vontade de participar do processo administrativo concorrencial ao entregar tais declarações e os envelopes de habilitação e proposta.

Considerando que a regra será de licitações eletrônicas, a figura do credenciamento do licitante no certame deverá ser encarada como uma análise de condições objetivas para que esse possa participar e com isso ir para as próximas etapas. Assim sendo, será o momento oportuno para apresentar documentos de que a proposta é independente e séria, a qual foi calculada adequadamente com os custos diretos e indiretos sem qualquer interferência, a declaração de cumpridor das normas de Previdência, a declaração de que não possui qualquer sanção impeditiva para participar daquele certame, dentre outras declarações.

Não se deve confundir declarações dessa estirpe para externar a condição de inexistência de impedimento de participação de licitação com declarações que sejam relacionados à fase de proposta ou a à fase de habilitação.

Por tais razões, infelizmente o legislador pecou ao inserir o parágrafo primeiro dentro do capítulo de habilitação.

6.6 Empresas recém-criadas ou criadas no exercício anterior ao da licitação

As empresas criadas no exercício financeiro da licitação deverão atender a todas as condições de habilitação e ficarão autorizadas a substituir os demonstrativos contábeis pelo balanço de abertura.

A regra de substituição não deve abarcar tão somente as empresas criadas no exercício financeiro da licitação, mas sim também aquelas que foram criadas no exercício anterior ao da licitação, isso porque, diferentemente da lei anterior, a novel legislação previu que a qualificação econômico-financeira poderá requerer o balanço patrimonial, demonstração de resultado de exercício e demais demonstrações contábeis dos 2 (dois) últimos exercícios sociais.

Desse modo, o ato convocatório deverá adaptar como será feito o julgamento da empresa licitante criada no exercício financeiro da licitação ao adotar o balanço de abertura e também daquele que foi criado no exercício anterior, já que teria balanço patrimonial, demonstrativo de resultado de exercício e demais contábeis de somente um exercício financeiro, o qual seria suficiente, segundo a regra do artigo 69, §6º, da Lei.

6.7 Habilitação por meio de processo eletrônico

Como a regra será de licitações eletrônicas (artigo 17, §2º), não faria sentido requerer que os documentos habilitatórios fossem apresentados por meio físico. Seria subverter os benefícios auspiciados com a agilidade e transparência da disputa eletrônica. De todo modo, o parágrafo segundo do artigo 65 deixou expressamente entoado que a habilitação poderá ser realizada por processo eletrônico de comunicação a distância, nos termos dispostos em regulamento.

Assim, deve ser permitido que os documentos de habilitação sejam enviados pelo sistema informatizado utilizado pelo certame ou, em caso de inexistência dessa possibilidade, que seja enviado por e-mail. Para atestar a veracidade dos documentos, a tendência é que os documentos habilitatórios sejam aferidos por meio de QRCODE ou dispositivo similar (código de segurança), tal como acontece nas certidões de regularidade fiscal ou ainda nos atos constitutivos de cartório. Também, já existe a viabilidade de autenticação digital por meio de cartórios que já assim atuam.

De todo modo, entende-se que os documentos deverão ser presumidos autênticos e verdadeiros pela própria declaração do proponente, algo similar ao que foi conquistado faz anos junto aos processos judiciais quando da interposição de recursos e juntadas cópias reprográficas de peças do próprio processo judicial declaradas autênticas pelo advogado, sob pena de sua responsabilidade pessoal.

Atualmente, o Código de Processo Civil de 2015 prevê que se considera autêntico o documento quando: I – o tabelião reconhecer a firma do signatário; II – a autoria estiver identificada por qualquer outro meio legal de certificação, inclusive eletrônico, nos termos da lei; III – não houver impugnação da parte contra quem foi produzido o documento (artigo 411).

7 Limite à análise documental e juntada de documentos *a posteriori*

O artigo 64 da nova lei previu que após a entrega dos documentos para habilitação não será permitida a substituição ou apresentação de novos documentos, salvo em sede de diligência, para: I – complementação de informações acerca dos documentos já apresentados pelos licitantes e desde que necessária para apurar fatos existentes à época da abertura do certame; II – atualização de documentos cuja validade tenha expirado após a data de recebimento das propostas.

Quanto à atualização de documento cuja validade tenha expirado após a data de recebimento das propostas, inexiste qualquer problemática. O fato de o licitante durante o certame ter apresentado o documento tempestivamente e a Administração Pública, quando avaliá-lo, perceber que o seu prazo expirou, deverá conceder um prazo razoável para que o licitante junte o documento pertinente com o prazo de vigência atual.

A grande questão está no limite de alcance do poder-dever de diligência pelo agente público quando tiver um documento incompleto, obscuro ou ausente.

No documento incompleto ou obscuro, o princípio da verdade real e a busca da proposta mais vantajosa pelo poder público deverão nortear a atuação do agente público, notadamente para requerer que o licitante ou o terceiro emissor do documento apresente os devidos esclarecimentos e com isso haja tranquilidade para decidir pela habilitação ou inabilitação.

Em casos de irregularidades meramente formais, a orientação do Poder Judiciário e dos Tribunais de Contas têm sido unânimes pela viabilidade de saneamento a partir de diligências realizadas pela Comissão de Licitação, Pregoeiro ou Agentes de Contratação:

> 9.6. comunicar à DR/SPM/ECT que, na condução de licitações, falhas sanáveis ou meramente formais, identificadas na documentação das proponentes, não devem levar necessariamente à inabilitação ou à desclassificação, cabendo à comissão de licitação promover as diligências destinadas a esclarecer dúvidas ou complementar o processamento do certame, conforme decisões do Tribunal de Contas da União (v.g. Acórdãos 2.459/2013, 3.418/2014 e 3.340/2015, todos do Plenário);
>
> (ACÓRDÃO Nº 61/2019 – TCU – Plenário)
>
> O TCU da ciência à (omissis) que "(…) as omissões nas planilhas de custos e preços das licitantes não ensejam necessariamente a antecipada desclassificação das respectivas propostas, devendo a administração pública promover as adequadas diligências junto às licitantes para a devida correção das eventuais falhas, sem a alteração, contudo, do valor global originalmente proposto, em consonância, por exemplo, com os Acórdãos 2.546/2015, 1811/2014 e 187/2014, do Plenário do TCU; 9.4.2. a eventual preclusão do direito de recurso por perda de prazo, nos termos do art. 45, §1º, da Lei nº 12.462, de 2011, não se confunde com o poder-dever de a administração rever os seus atos eivados de ilegalidade, nos termos do art. 63, §2º da Lei nº 9.784, de 1999, e da Súmula nº 473 do STF."
>
> (BRASIL. Tribunal de Contas da União. *Acórdão nº 830/2018*, Plenário).
>
> O TCU Recomenda ao (omissis) "que, em futuros certames, ao empreender iniciativas de permitir a correção, pelos detentores das propostas mais vantajosas, de eventuais falhas existentes em documentação encaminhada, não comprometedoras da substância das ofertas realizadas, tome por balizas temporais o prazo de validade da proposta fixada em edital e o prazo limite para efetuar a substituição do contrato vigente para os serviços licitados sem que ocorra solução de continuidade."
>
> (BRASIL. Tribunal de Contas da União. *Acórdão nº 2546/2018*, Plenário)
>
> O TCU da ciência ao (omissis) de que "(…) o excesso de rigor e formalismo identificado na aferição das propostas técnicas fere o princípio da seleção da proposta mais vantajosa, previsto no art. 3º da Lei 8.666/1993 e pode ser mitigado através de diligências, conforme dispõe o art. 43, §3º da Lei 8.666/1993; 9.4.2. a inobservância do princípio da isonomia, no tratamento desigual dado aos licitantes no cômputo da pontuação de suas propostas técnicas desrespeita o art. 3º da Lei 8.666/1993; 9.4.3. a falta de motivação dos atos administrativos, a exemplo da ausência, no processo licitatório objeto desta Representação, das razões para a desclassificação da representante, em desacordo com o disposto no art. 50, inciso I e §1º da Lei 9.784/1999."

(BRASIL. Tribunal de Contas da União. *Acórdão nº 581/2018*, Plenário).

AGRAVO DE INSTRUMENTO – AÇÃO ORDINÁRIA – PROCEDIMENTO LICITATÓRIO – INABILITAÇÃO – VÍCIO SANADO TEMPESTIVAMENTE – OBSERVÂNCIA AO PRINCÍPIO DO FORMALISMO MODERADO – DECISÃO REFORMADA – RECURSO CONHECIDO E PROVIDO. O princípio do formalismo moderado garante a possibilidade da correção de falhas ao longo do processo licitatório, isso sem desmerecer o princípio da vinculação ao instrumento convocatório.

(BRASIL. TJ-MS. *AI: 14082527020188120000 MS 1408252-70.2018.8.12.0000*, Relator: Des. Amaury da Silva Kuklinski, data de Julgamento: 23.01.2019, 4ª Câmara Cível, data de Publicação: 27.01.2019)

ADMINISTRATIVO – LICITAÇÃO – FORMALIDADES: CONSEQUÊNCIAS

1. Repudia-se o formalismo quando é inteiramente desimportante para a configuração do ato. 2. Falta de assinatura nas planilhas de proposta da licitação não invalida o certame, porque rubricadas devidamente. 3. Contrato já celebrado e cumprido por outra empresa concorrente, impossibilitando o desfazimento da licitação, sendo de efeito declaratório o mandado de segurança. 4. Recurso provido".

(BRASIL. Superior Tribunal de Justiça. *RMS 15.530/RS*, Rel. Min. Eliana Calmon, Segunda Turma, j. em 14.10.2003, DJ 01.12.2003, p. 294).

O TCU deu ciência à (omissis), de que "(…) a exigência contida em item de pregão, no sentido de que os atestados, certidões e declarações devem ser apresentados em papel timbrado da pessoa jurídica, bem como referenciar o respectivo certame licitatório, caracteriza, respectivamente, formalismo desnecessário e restrição indevida ao caráter competitivo do certame, conforme art. 3º, §1º, inciso I, da Lei nº 8.666/1993 e art. 37, inciso XXI, parte final, da Constituição Federal."

(BRASIL. Tribunal de Contas da União, item 1.7, TC-028.700/2013-9, *Acórdão nº 2.843/13*, Plenário).

Já quando é uma situação de falta de documento, apesar de a existência do fato a ser comprovado no certame diante do mundo real, a complexidade se agiganta a partir de interpretações jurídicas plausíveis e antagônicas. De um lado, há os que defendem que a entrega nos autos do processo licitatório é uma mera formalidade, tendo como consequência direta a viabilidade de ser juntado um documento novo, não conhecido até então no certame, para certificar uma situação pré-existente à licitação. Por exemplo, é como se o licitante não apresentasse o atestado de capacidade técnica, contudo fosse o atual prestador de serviço do objeto licitado no órgão ou entidade promotora do certame; isto quer dizer que, no mundo dos fatos, é incontroverso que o licitante possui aptidão para a execução do objeto licitado, tanto que já executa no próprio órgão, mas por um descuido ou uma relapsia não apresentou o referido documento quando da entrega da sua habilitação.

Nesse sentido, já foram emitidas decisões do Tribunal de Contas da União para chancelar a postura de agentes de contratação que permitiram a juntada de documentos novos, como se observa, por exemplo, do Acórdão nº 1211/2021 – Plenário, que é paradigma sobre o assunto:

REPRESENTAÇÃO. PREGÃO ELETRÔNICO REGIDO PELO DECRETO 10.024/2019. IRREGULARIDADE NA CONCESSÃO DE NOVA OPORTUNIDADE DE ENVIO DE DOCUMENTAÇÃO DE HABILITAÇÃO AOS LICITANTES, NA FASE DE JULGAMENTO DAS PROPOSTAS, SEM QUE O ATO TENHA SIDO DEVIDAMENTE FUNDAMENTADO. PROCEDÊNCIA. REVOGAÇÃO DO CERTAME. MEDIDA CAUTELAR PLEITEADA

PREJUDICADA. CIÊNCIA AO JURISDICIONADO ACERCA DA IRREGULARIDADE. OITIVA DO MINISTÉRIO DA ECONOMIA SOBRE A CONVENIÊNCIA E OPRTUNIDADE DE IMPLANTAÇÃO DE MELHORIAS NO SISTEMA COMPRASNET. Admitir a juntada de documentos que apenas venham a atestar condição pré-existente à abertura da sessão pública do certame não fere os princípios da isonomia e igualdade entre as licitantes e o oposto, ou seja, a desclassificação do licitante, sem que lhe seja conferida oportunidade para sanear os seus documentos de habilitação e/ou proposta, resulta em objetivo dissociado do interesse público, com a prevalência do processo (meio) sobre o resultado almejado (fim). O pregoeiro, durante as fases de julgamento das propostas e/ou habilitação, deve sanear eventuais erros ou falhas que não alterem a substância das propostas, dos documentos e sua validade jurídica, mediante decisão fundamentada, registrada em ata e acessível aos licitantes, nos termos dos arts. 8º, inciso XII, alínea "h"; 17, inciso VI; e 47 do Decreto 10.024/2019; sendo que a vedação à inclusão de novo documento, prevista no art. 43, §3º, da Lei 8.666/1993 e no art. 64 da Nova Lei de Licitações (Lei nº 14.133/2021), não alcança documento ausente, comprobatório de condição atendida pelo licitante quando apresentou sua proposta, que não foi juntado com os demais comprovantes de habilitação e/ou da proposta, por equívoco ou falha, o qual deverá ser solicitado e avaliado pelo pregoeiro. (BRASIL. Tribunal de Contas da União. *Acórdão nº 1211/2021* – Plenário).

Do voto do Ministro Walton Alencar, que foi o relator do feito, pode-se perceber que ele inclusive apontou sobre a possibilidade de juntar documentos que comprovem fatos já existentes, tudo com a finalidade de pensar na melhor proposta para a Administração Pública:

> Como visto, a interpretação literal do termo "[documentos] já apresentados" do art. 26, §9º, do Decreto 10.024/2019 e da vedação à inclusão de documento "que deveria constar originariamente da proposta", prevista no art. 43, §3º, da Lei 8.666/1993 pode levar à prática de atos dissociados do interesse público, em que o procedimento licitatório (meio) prevalece e ganha maior importância que o resultado almejado, qual seja, a obtenção da proposta mais vantajosa para a Administração (fim).
>
> Imperioso observar que, visto por este prisma, a interpretação literal desses comandos legais vai contra o entendimento da jurisprudência deste Tribunal, no sentido de que o edital não constitui um fim em si mesmo. Cito caso semelhante à situação ora tratada em que, por meio do Acórdão 1758/2003-TCU-Plenário, de minha relatoria, o TCU considerou regular a inclusão de documentos no processo licitatório, no ato da sessão, conforme autorizado pela pregoeira, no exercício de suas regulares atribuições, tratadas no art. 11, incisos XIII e XIV, do Decreto 3.555/2000.
>
> O edital de licitação constitui instrumento para a consecução das finalidades do certame licitatório, quais sejam, assegurar a contratação da proposta mais vantajosa para a Administração e a igualdade de oportunidade de participação dos interessados, nos termos do art. 3º, caput, da Lei 8.666/93. Dessa maneira, a interpretação e a aplicação das regras estabelecidas devem ter por norte o atingimento dessas finalidades, evitando-se o apego a formalismos exagerados, irrelevantes ou desarrazoados, que não contribuam para esse desiderato.
>
> As regras de licitações e a jurisprudência vêm evoluindo nesse sentido, sendo possível, por exemplo, ante à falta de juntada de comprovantes de regularidade fiscal pelo licitante, a consulta, pelo próprio agente público que conduz o certame, a sítios públicos em que constem tais documentos, nos termos do art. 40, parágrafo único, do Decreto 10.024/2019.
>
> Em alinhamento com esse entendimento, a vedação à inclusão de documento "que deveria constar originariamente da proposta", prevista no art. 43, §3º, da Lei 8.666/1993, deve se restringir ao que o licitante não dispunha materialmente no momento da licitação. Caso

o documento ausente se refira a condição atendida pelo licitante quando apresentou sua proposta, e não foi entregue juntamente com os demais comprovantes de habilitação ou da proposta por equívoco ou falha, haverá de ser solicitado e avaliado pelo pregoeiro.

Isso porque admitir a juntada de documentos que apenas venham a atestar condição pré-existente à abertura da sessão pública do certame não fere os princípios da isonomia e igualdade entre as licitantes e o oposto, ou seja, a desclassificação do licitante, sem que lhe seja conferida oportunidade para sanear os seus documentos de habilitação, resulta em objetivo dissociado do interesse público, com a prevalência do processo (meio) sobre o resultado almejado (fim) .

Cito ainda o disposto no art. 64 da nova Lei de Licitações (Lei 14.133 de 1º de abril de 2021) , que revogará a Lei 8.666/1993 após decorridos 2 anos da sua publicação oficial:

Art. 64. Após a entrega dos documentos para habilitação, não será permitida a substituição ou a apresentação de novos documentos, salvo em sede de diligência, para:

I – complementação de informações acerca dos documentos já apresentados pelos licitantes e desde que necessária para apurar fatos existentes à época da abertura do certame;

II – atualização de documentos cuja validade tenha expirado após a data de recebimento das propostas. .

§1º Na análise dos documentos de habilitação, a comissão de licitação poderá sanar erros ou falhas que não alterem a substância dos documentos e sua validade jurídica, mediante despacho fundamentado registrado e acessível a todos, atribuindo-lhes eficácia para fins de habilitação e classificação.

O dispositivo reproduz a vedação à inclusão de novos documentos, prevista no art. 43, §3º, da Lei 8.666/1993; porém, deixa salvaguarda a possibilidade de diligência para a complementação de informações necessárias à apuração de fatos existentes à época da abertura do certame, o que se alinha com a interpretação de que é possível e necessária a requisição de documentos para sanear os comprovantes de habilitação ou da proposta, atestando condição pré-existente à abertura da sessão pública do certame.

Assim, nos termos dos dispositivos citados, inclusive do art. 64 da Lei 14.133/2021, entendo não haver vedação ao envio de documento que não altere ou modifique aquele anteriormente encaminhado. Por exemplo, se não foram apresentados atestados suficientes para demonstrar a habilitação técnica no certame, talvez em razão de conclusão equivocada do licitante de que os documentos encaminhados já seriam suficientes, poderia ser juntado, após essa verificação no julgamento da proposta, novos atestados de forma a complementar aqueles já enviados, desde que já existentes à época da entrega dos documentos de habilitação.

Contudo, de outro lado, a interpretação acima encontra resistência, já que a juntada de um documento novo, ainda que seja para evidenciar um fato existente e eficaz, pode significar uma surpresa aos demais licitantes e uma violação à objetividade das regras editalícias.

A pergunta comum entre os licitantes em uma licitação que ocorra essa permissividade é: por que apresentarei tal documento, se posteriormente a comissão, o pregoeiro ou o agente de contratação poderá diligenciar e juntá-lo? Assim, gera uma fragilidade ao dever de respeito ao princípio da vinculação do instrumento convocatório, da legalidade estrita e do dever de atenção máxima pelo licitante quando da sua participação na licitação.

Outro argumento plausível é que o licitante, ao não apresentar um documento essencial, poderá assim o fazê-lo com o intuito de manipular o vencedor do certame. Explica-se. Quando a Administração Pública solicita o documento faltante, a depender do cenário e dos potenciais benefícios/malefícios econômicos, inclusive aqueles ilícitos por obter uma vantagem indevida de terceiro (por exemplo, segundo colocado com o anseio de tornar-se vencedor com um preço mais alto oferece uma vantagem ilícita), o fornecedor simplesmente desconsidera o pedido administrativo, diz que não tem ou não entrega, ou seja, ele usa de maneira irregular e imoral a regra de permissividade da juntada de novo documento.

Dessa feita, considerando as interpretações suscitadas, o ideal é que o edital fixe quais situações serão passíveis de diligência para fins de esclarecimento ou até disponha sobre a juntada de documentos que atestam situação pré-existente, gerando menor imprevisibilidade e insegurança à disputa licitatória.

8 Qualificação técnica

A qualificação técnica tem a finalidade de aferir a aptidão técnica do licitante, conferindo segurança à Administração Pública de que possui pleno conhecimento técnico para a execução do contrato, caso se sagre vencedor do certame.

O artigo 67 da lei tratou sobre a qualificação técnica, diferenciando desde o *caput* a qualificação técnico-profissional da técnico-operacional.

O técnico-operacional almeja analisar se a empresa tem experiência anterior suficiente no objeto licitado para celebrar o contrato, caso seja a vencedora do certame; ou seja, o atestado é em nome da licitante e para a licitante. Já o técnico-profissional serve para perquirir se os profissionais (responsáveis técnicos) possuem *know how* e experiência anterior no objeto licitado.

Em outras palavras, aferir a capacidade técnico-operacional e técnico-profissional evita que uma empresa com muita experiência tenha em seu corpo profissional somente pessoas sem experiência e seja habilitada, de outro lado, no mesmo prumo, que uma empresa recém-aberta seja habilitada em virtude dos profissionais altamente gabaritados e experientes no objeto licitado, porém em virtude de trabalhos pretéritos realizados em outras empresas.

Os documentos possíveis de serem solicitados são: (i) atestado de capacidade técnico profissional para evidenciar experiência pelo responsável técnico na execução de obra ou serviço de características semelhantes; (ii) atestado ou certidão que comprove capacidade operacional da empresa na execução de serviços similares de complexidade tecnológica e operacional equivalente ou superior ao que está sendo licitado, inclusive com a possibilidade de ser exigido documento registrado no cadastro de fornecedores com avaliação realizada, com menção ao seu desenvolvimento na execução contratual, baseado em indicadores objetivamente definidos e aferidos a partir de um contrato público; (iii) indicação do pessoal técnico, das instalações e do aparelhamento adequados e disponíveis para a realização do objeto da licitação, bem como a qualificação de cada membro da equipe técnica a ser designada como responsável; (iv) prova de atendimento de requisitos previstos em lei especial, quando for o caso; (v) registro ou inscrição na entidade profissional competente, quando for o caso; e (vi) declaração de que o licitante tomou conhecimento de todas as informações e das condições locais para o cumprimento das obrigações objeto da licitação (visita técnica).

8.1 Atestados de capacidade técnica

Indubitavelmente, os atestados de capacidade técnica representam a maior problemática na qualificação técnica em uma licitação, ainda mais quando o objeto for obra e serviço de engenharia.

Tais atestados de capacidade têm a finalidade de comprovar para a Administração Pública, por intermédio de um documento subscrito por terceiro alheio à disputa licitatória, de que o licitante já executou o objeto licitado em outra oportunidade e a referida execução foi a contento, o que gerará confiança e segurança à Administração licitadora de o aludido licitante possuir expertise técnica.

Convém destacar que a interpretação sobre as exigências e o conteúdo dos atestados deve ser cautelosa e primar pela finalidade precípua da exigência, qual seja: a demonstração de que os licitantes possuem condições técnicas para executar o objeto pretendido pela Administração caso venha a sagrar-se vencedor.

Portanto, a apresentação de atestados visa demonstrar que os licitantes já executaram, anteriormente, objetos compatíveis em características com aquele definido e almejado na licitação. A finalidade da norma é clara: resguardar o interesse da Administração – a perfeita execução do objeto da licitação –, procurando-se, com a exigência de demonstração de capacidade, preservar a competição entre aqueles que reúnam condições de executar objeto similar ao licitado.

A própria Constituição da República assevera no inc. XXI de seu art. 37, *in fine*, que somente serão permitidas as exigências indispensáveis à garantia do cumprimento das obrigações.

Sobre o assunto, *vide* algumas decisões para ilustrar:

> DIREITO ADMINISTRATIVO. EXIGÊNCIA DE QUALIFICAÇÃO TÉCNICA EM LICITAÇÃO.
> É lícita cláusula em edital de licitação exigindo que o licitante, além de contar, em seu acervo técnico, com um profissional que tenha conduzido serviço de engenharia similar àquele em licitação, já tenha atuado em serviço similar. Esse entendimento está em consonância com a doutrina especializada que distingue a qualidade técnica profissional da qualidade técnica operacional e com a jurisprudência do STJ, cuja Segunda Turma firmou o entendimento de que "não fere a igualdade entre os licitantes, tampouco a ampla competitividade entre eles, o condicionamento editalício referente à experiência prévia dos concorrentes no âmbito do objeto licitado, a pretexto de demonstração de qualificação técnica, nos termos do art. 30, inc. II, da Lei nº 8.666/93 (REsp 1.257.886-PE, julgado em 3.11.2011). Além disso, outros dispositivos do mesmo art. 30 permitem essa inferência. Dessa forma, o §3º do art. 30 da Lei 8.666/1993 estatui que existe a possibilidade de que a comprovação de qualificação técnica se dê por meio de serviços similares, com complexidade técnica e operacional idêntica ou superior. Ainda, o §10 do art. 30 da mesma lei frisa ser a indicação dos profissionais técnicos responsáveis pelos serviços de engenharia uma garantia da administração.
> (BRASIL. Superior Tribunal de Justiça. *Informativo STJ nº 533*, RMS 39.883-MT, Rel. Min. Humberto Martins, julgado em 17.12.2013).
> Licitação de obra pública: A necessidade de comprovação de capacidade técnico-profissional será restrita, cumulativamente, a parcelas do objeto da licitação de maior relevância e de valor significativo, consoante estabelece o art. 30, §1º, inciso I, da Lei 8.666/93

(...). O relator, porém, endossou as conclusões da unidade técnica, no sentido de que a exigência contida no edital afronta o disposto no art. 30, §1º, inciso I, da Lei 8.666/93, segundo o qual a necessidade comprovação de capacidade técnico-profissional será restrita às parcelas de maior relevância e valor significativo do objeto da licitação. Na concorrência sob exame, a exigência "abarcou a quase totalidade do objeto, tanto para itens de maior quanto para os de menor monta, como é o caso de atestado que comprovasse a execução de serviço de recuperação de erosão. Este item representa apenas 2,18% do orçamento da obra". Ao final, apresentou proposta de anulação da Concorrência 01/2011 e do contrato dela resultante, que foi endossada pelo Plenário.

(BRASIL. Tribunal de Contas da União. *Informativo de Jurisprudência sobre Licitações e Contratos nº 85 do Tribunal de Contas da União*, Acórdão 2.934/11 – Plenário, TC-019.269/2011-0, Rel. Min. Valmir Campelo, 09.11.2011).

DIREITO ADMINISTRATIVO. APELAÇÃO CÍVEL. MANDADO DE SEGURANÇA. LICITAÇÃO. QUALIFICAÇÃO TÉCNICA. PROFISSIONAL E OPERACIONAL. DIFERENÇA. COMPROVAÇÃO DA APTIDÃO TÉCNICA DA PESSOA JURÍDICA. EXIGÊNCIA CABÍVEL. A qualificação técnica exigida para a habilitação do licitante pode se referir tanto à pessoa jurídica propriamente dita (operacional) quanto às pessoas físicas que prestam serviços à empresa licitante (profissional), desde que haja previsão expressa no edital e que seja imprescindível para a escolha do licitante, em função da importância e natureza das obras. SENTENÇA MANTIDA. APELO CONHECIDO E DESPROVIDO.

(BRASIL. Tribunal de Justiça do Estado do Paraná – 4ª C. Cível – AC 0484732-5 – Foro Central da Região Metropolitana de Curitiba – Rel. Des. Abraham Lincoln Calixto – Unânime – J. 25.05.2009)

De forma objetiva, diferente da lei anterior, ficou ajustado que a exigência de atestados será restrita às parcelas de maior relevância ou o valor significativo do objeto da licitação, assim consideradas as que tenham um valor igual ou superior a 4% do valor estimado da contratação. Ainda, ficou fixado que o quantitativo mínimo será de até 50% para fins de comprovação da qualificação técnico-operacional sobre as parcelas de maior relevância e valor significativo, sendo completamente proibido limitação de tempo e local específico relativo ao atestado.

8.2 Limite temporal do atestado

Ressalta-se, todavia, que excepcionalmente possa ser importante o lapso temporal em que a experiência anterior tenha sido adquirida. Tal exigência excepcional, entretanto, não pode ser de maneira alguma requisitada sem a devida justificativa. Deverá estar motivado os porquês na fase interna, preparatória, da licitação, inclusive para permitir que qualquer pessoa possa controlar os motivos indicados.

Seriam casos em que a complexidade do próprio objeto licitado derive necessariamente desse critério, ou seja, casos em que a dimensão temporal seja elemento essencial para a execução do objeto licitado. Seria uma rigorosa exigência da Administração, e, sendo assim, imperiosa se faz sua justificativa.

Se a Administração impôs exigência rigorosa, fê-lo com base em alguma avaliação interna. Em última análise, a discricionariedade na fixação das exigências de qualificação técnica operacional não significa que a Administração possa escolher as que bem entender. A escolha tem de ser resultado de um processo lógico, fundado em razões técnico-científicas. Portanto, o questionamento do particular conduz, em primeiro lugar, à Administração revelar publicamente os motivos de sua decisão. Depois, conduz à aplicação da teoria dos motivos determinantes. Em outras palavras, se a Administração tiver avaliado mal a realidade, reputando como indispensável uma experiência que tecnicamente se revela dispensável, seu ato não pode prevalecer.

Acerca do assunto, mesmo com a lei anterior, o Tribunal de Contas da União já decidiu sempre asseverando que é uma excepcionalidade:

> A exigência de atestados com limitação de época pode ser aceita nas situações em que a tecnologia envolvida só se tornou disponível a partir do período indicado. É essencial, contudo, que as exigências dessa natureza, por seu caráter excepcional, sejam especificadas e fundamentadas em estudos técnicos que constem no processo de licitação.
> (…) Demonstrada a adequação e a pertinência da exigência em relação ao objeto licitado, a relatora concluiu que não houve restrição à competitividade do certame, destacando que, no caso em exame, a empresa que ofertou o menor lance foi tecnicamente habilitada. Ponderou, contudo, que justificativas dessa natureza, por seu caráter excepcional, devem ser especificadas e fundamentadas em estudos técnicos que constem no processo de licitação. Assim, propôs dar ciência à entidade para aprimoramento de futuros certames. O Tribunal, seguindo o voto da relatora, cientificou a entidade acerca da "ausência de justificativas específicas e fundamentadas em estudos técnicos que constem do processo de licitação para exigência de comprovação de atividades com limitações de tempo ou de época, o que caracteriza violação do §5º do art. 30 da Lei 8.666/1993".
> (BRASIL. Tribunal de Contas da União. *Informativo de Jurisprudência sobre Licitações e Contratos nº 198 do Tribunal de Contas da União*, Acórdão 2.205/14 – Segunda Câmara, TC 000.989/2014-2, Rel. Min. Ana Arraes, 20.05.2014).

Feitas tais considerações, conclui-se que não havendo motivos determinantes para exigir prazo para o atestado de comprovação técnica, tal critério habilitatório deve ser imediatamente afastado, sob pena de violar o caráter competitivo do processo de licitação e, consequentemente, o art. 37, XXI da Constituição da República.

8.3 Objetos estranhos a obras e serviços de engenharia: único atestado

Para não confundir o aplicador da lei, o legislador expressamente denunciou que o atestado de capacidade técnico-profissional e o atestado de capacidade técnico-operacional é comumente utilizado em obras e serviços de engenharia. Em outras palavras, nos demais objetos é factível exigir tão somente atestado de capacidade técnica, o que representará a análise da Administração Pública sobre a capacidade operacional da empresa.

Continua integralmente vedado qualquer dispositivo editalício que venha a requerer que o atestado contenha objeto manifestamente igual ao licitado, isso porque a exigência dessa estirpe acarreta restrição indevida à competitividade, violação à isonomia e excesso formal despropositado.

8.4 Atestados de serviços contínuos, inclusive aqueles com dedicação exclusiva de mão de obra

Seguindo uma preocupação já retratada em instruções normativas da Administração Pública Federal Direta, Autárquica e Fundacional, a lei trouxe a permissividade de o edital exigir certidão ou atestado que demonstre que o licitante tenha executado serviços similares ao objeto da licitação, em períodos sucessivos ou não, por um prazo mínimo, que não poderá ser superior a três anos.

Como se verifica, há preocupação com a segurança da Administração Pública em não contratar para serviços de longo prazo empresas que tenham pouca experiência comprovada. A barreira imposta é justamente para acautelar o interesse público.

O limite de três anos é o teto a ser exigido, sendo que o mínimo será escolhido a partir dos documentos de planejamento feitos na fase interna da licitação, em especial o estudo técnico preliminar e o termo de referência.

8.5 Relação dos compromissos assumidos

Dentre os documentos de qualificação técnica, o ato convocatório poderá exigir que o licitante apresente a relação dos compromissos negociais assumidos, que importem em diminuição da disponibilidade do pessoal técnico indicado como responsável técnico ou membro da equipe técnica.

Essa é uma preocupação para evitar que o profissional técnico da empresa contratada esteja em flagrante sobrecarga de trabalho, fazendo com que se perca a qualidade desejada nos préstimos à Administração Pública.

8.6 Prova do atendimento de requisitos previstos em lei especial

Como dito alhures, na qualificação técnica é passível de ser exigido prova do atendimento de requisitos previstos em lei especial quando for o caso.

Primeira condição para amparar uma solicitação de documento com esteio no artigo 67, inciso IV, é que exista norma jurídica embasadora.

Já a segunda condição reside na proporcionalidade da exigência diante das condições do fornecedor para execução do objeto licitado; representa dizer, a imperiosidade de ficar expresso e comprovado na fase interna da licitação que a falta de tal documento poderá ensejar um risco inaceitável para a Administração Pública.

8.7 Exigência de visto no atestado de capacidade técnica

Em que pese diversas licitações públicas, de norte a sul e de leste a oeste do Brasil, inserirem cláusula editalícia requerendo o visto do CREA do local da obra já no momento da fase de habilitação, bem como o visto de outros Conselhos Profissionais no local da prestação dos serviços licitados, tal previsão é completamente ilegal.

Sobre o assunto, o Superior Tribunal de Justiça, mais precisamente em voto relatado pela Ministra Eliana Calmon já julgou no seguinte sentido:

> ADMINISTRATIVO E PROCESSUAL CIVIL – ADMINISTRATIVO – RECURSO ESPECIAL – PRELIMINAR DE PRECLUSÃO CONSUMATIVA AFASTADA – MANDADO DE SEGU-RANÇA – LICITAÇÃO – FORNECIMENTO DE ALIMENTAÇÃO ESCOLAR (MERENDA) – INABILITAÇÃO – FALTA DE COMPROVAÇÃO DE REGISTRO PERANTE CONSELHO REGIONAL DE NUTRIÇÃO DO LOCAL DA LICITAÇÃO – DESNECESSIDADE – CLÁUSULA EDITALÍCIA OFENSIVA AO PRINCÍPIO DA COMPETITIVIDADE.
>
> 1. Não se opera a preclusão consumativa se o recorrente desiste do primeiro recurso, interposto na pendência do julgamento de embargos de declaração, e apresenta novo apelo depois de ultimado o julgamento dos aclaratórios.
>
> 2. Conforme o disposto no §1º do art. 3º da Lei 8.666/93, *"é vedado aos agentes públicos admitir, prever, incluir ou tolerar, nos atos de convocação, cláusulas ou condições que comprometam, restrinjam ou frustrem o seu caráter competitivo e estabeleçam preferências ou distinções em razão da naturalidade, da sede ou domicílio dos licitantes ou de qualquer outra circunstância impertinente ou irrelevante para o específico objeto do contrato"*.
>
> 3. A exigência da confirmação de registro no Conselho Regional de Nutrição do local da licitação, além daquele já expedido pelo CRN da sede do licitante, restringe o caráter competitivo do certame e estabelece preferências ou distinções em razão da sede ou domicílio dos interessados. Ademais, eventual exigência dessa natureza somente seria devida por ocasião da contratação, e não da qualificação técnica do licitante.
>
> 4. Recurso especial provido. (BRASIL. Superior Tribunal de Justiça. *Recurso Especial nº 1.155.781 – ES*, Rel. Min. Eliana Calmon, 2ª Turma, julg. 01.06.2010, DJe 17.06.2010)

O princípio da legalidade é um entrave para a exigência de visto da entidade profissional competente do local do objeto licitado já na fase de licitação. O artigo 37, inciso XXI, preconiza a exigência tão somente dos documentos de qualificação técnica indispensáveis à execução do objeto, nos termos da lei. Já a lei anterior de licitações e a novel não tratam em nenhum momento da indispensabilidade de visto quando da realização do certame. E nem poderia ser diferente, já que o visto geraria uma restrição e afastamento de potenciais fornecedores, além de uma onerosidade desnecessária e inadequada para participar de uma disputa concorrencial.

Diferentemente, quando a empresa se sagra vencedora e é convocada para assinar o contrato, porém não está inscrita no conselho profissional competente do local da obra ou serviço a ser realizado, daí haverá a imprescindibilidade de requerer a averbação do competente "visto" na entidade profissional competente do local do objeto, sob pena de a Administração assentir com a execução ilegal do objeto, o que inclusive poderá acarretar-lhe responsabilização.

Acerca do visto para fins de formalização e execução contratual, Gabriela Verona Pércio explica que "inequivocamente, o exercício da atividade profissional técnica que requer "visto" no registro somente ocorrerá com a formalização do contrato. Assim sendo, o referido "visto" deverá ser exigido do vencedor do certame, por ocasião da assinatura do contrato, condição esta devidamente constante do instrumento convocatório".[9]

Por todas essas razões acima explicitadas, conclui-se que não é possível exigir para fins de habilitação o visto do conselho profissional competente na sede da licitação como condição habilitatória.

8.8 Sociedade empresária estrangeira e registro perante a entidade profissional competente no Brasil

A nova lei disciplinou a possibilidade de as sociedades empresárias estrangeiras participarem da licitação de objetos que demandem o registro ou a inscrição na entidade profissional competente, condicionando-as à solicitação de registro perante a entidade profissional competente quando da celebração do contrato.

8.9 Atestados relativos a potencial subcontratado

Quando o ato convocatório permitir a subcontratação de parcela do objeto licitado, em virtude de aspectos técnicos específicos, é possível e recomendável que se requeira do licitante a apresentação de atestado em nome de terceiro, o qual será o potencial subcontratado. Por exemplo, em uma licitação para a construção de um prédio é possível que o edital permita a subcontratação para instalação de elevadores ou aparelho de ar-condicionado central, sendo que a empreiteira licitante deverá apresentar, além do seu atestado "central", atestado de capacidade técnica da empresa que será subcontratada para fazer tais partes específicas anteriormente citadas.

Considerando que o subcontratado não está participando diretamente do certame, é possível que mais de um licitante indique o mesmo potencial subcontratado.

8.10 Capacidade técnica em consórcio

Em caso de apresentação por licitante de atestado de desempenho anterior emitido em favor de consórcio do qual tenha feito parte, se o atestado ou o contrato de constituição do consórcio não identificar a atividade desempenhada por cada consorciado individualmente, serão adotados os seguintes critérios na avaliação de sua qualificação técnica:

I – caso o atestado tenha sido emitido em favor de consórcio homogêneo, as experiências atestadas deverão ser reconhecidas para cada empresa consorciada na

---

[9] PÉRCIO, Gabriela Verona. Obras e serviços de engenharia – exigência, como requisito para habilitação, do «visto» do conselho regional da jurisdição onde o objeto contratual será executado. *Informativo de Licitações e Contratos Administrativos – ILC*, Curitiba, n. 60, p. 76, fev. 1999.

proporção quantitativa de sua participação no consórcio, salvo nas licitações para contratação de serviços técnicos especializados de natureza predominantemente intelectual, em que todas as experiências atestadas deverão ser reconhecidas para cada uma das empresas consorciadas;

II – caso o atestado tenha sido emitido em favor de consórcio heterogêneo, as experiências atestadas deverão ser reconhecidas para cada consorciado de acordo com os respectivos campos de atuação, inclusive nas licitações para contratação de serviços técnicos especializados de natureza predominantemente intelectual.

Ainda, caso não conste expressamente do atestado ou da certidão a comprovação do percentual de participação do consorciado, deverá ser juntada cópia do instrumento de constituição do consórcio ao atestado ou à certidão.

9 Qualificação econômico-financeira

As exigências relativas à qualificação econômico-financeira têm por escopo comprovar as condições econômico-financeiras do licitante em arcar com os encargos para a execução do objeto licitado, isto é, destinam-se a assegurar a execução do contrato, prevenindo a Administração Pública de contratar com empresas sem respaldo financeiro para o cumprimento integral das obrigações assumidas.

O licitante deve ser capaz de suportar com todas as despesas necessárias para a execução do contrato, haja vista fazer jus ao pagamento apenas como contrapartida remuneratória após o recebimento do objeto já executado, ao menos de forma parcial, pela Administração Pública.[10]

Em suma, a qualificação econômico-financeira se faz legítima na medida em que se destina à comprovação de condições para suportar os encargos decorrentes da execução do objeto licitado. Assim sendo, qualquer exigência de capacidade financeira do licitante deve ser respaldada na razoabilidade e proporcionalidade, sempre fundada em critérios objetivos de análise e demonstrada a imprescindibilidade dessa demonstração para exteriorizar documentalmente a capacidade de execução das obrigações assumidas em virtude da licitação.

É importante ressaltar que, além dos critérios de proporcionalidade e razoabilidade que devem ser respeitados, ao administrador impõe-se um limite basilar nessa exigência, uma vez que não pode, sob nenhuma hipótese, macular o caráter competitivo do certame e nem desrespeitar a legalidade.

---

[10] Salienta-se que excepcionalmente é possível permitir e prever o pagamento antecipado, porém a regra é o pagamento acontecer tão somente após o recebimento provisório e definitivo do objeto, cumprindo assim a efetiva liquidação da despesa para posteriormente ocorrer o pagamento. Esta regra encontra amparo nos arts. 62 e 63 da Lei 4.320/64.

9.1 Documentos passíveis de serem solicitados

A Lei nº 14.133/2021 preceitua quais são os documentos hábeis para tal aferição, conforme rol do artigo 69: (i) balanço patrimonial, demonstração de resultado de exercício e demais demonstrações contábeis dos 2 (dois) últimos exercícios sociais; (ii) certidão negativa de feitos sobre falência expedida pelo distribuidor da sede do licitante; (iii) índices econômicos previstos no edital extraídos a partir do balanço patrimonial, demonstração de resultado de exercício e demais demonstrações contábeis; (iv) relação dos compromissos assumidos pelo licitante que importem em diminuição de sua capacidade econômico-financeira, excluídas parcelas já executadas de contratos firmados; e (v) capital mínimo ou de patrimônio líquido mínimo equivalente a até 10% (dez por cento) do valor estimado da contratação.

Como se verifica, a nova lei de licitações tem relevantes diferenças na parte da qualificação econômico-financeira. O balanço patrimonial, demonstração de resultado de exercício e demais demonstrações contábeis dos últimos dois exercícios sociais, distinguindo-se da lei anterior que tratava tão somente do exercício social pretérito imediato.

No tocante à certidão negativa de falência, conforme jurisprudência do Superior Tribunal de Justiça e de algumas cortes de contas, afastou-se a certidão de recuperação judicial. O licitante que estiver em recuperação judicial pode participar das oportunidades de negócios públicos, inclusive em licitações, desde que respeite as condições impostas pelo juiz competente falimentar.

Sobre o tema, é valioso rememorar:

> Súmula nº 50 do Estado de São Paulo – "Em procedimento licitatório, não pode a Administração impedir a participação de empresas que estejam em recuperação judicial, das quais poderá ser exigida a apresentação, durante a fase de habilitação, do Plano de Recuperação já homologado pelo juízo competente e em pleno vigor, sem prejuízo do atendimento a todos os requisitos de habilitação econômico-financeira estabelecidos no edital."
>
> 1.8.1. dar ciência (...) que a vedação à participação de licitantes em recuperação judicial, com plano de recuperação acolhido judicialmente, e de licitantes em recuperação extrajudicial, com plano de recuperação homologado judicialmente, ainda que não inviabilize ou paralise o certa- me em tela, infringe os princípios da legalidade, da igualdade e da impessoalidade (...). (BRASIL. Tribunal de Contas da União. *Acórdão nº 592/20*, Plenário).

Quanto aos índices econômicos passíveis de serem exigidos no edital, a fase interna da licitação deverá apresentar o porquê da exigência do índice, bem como do seu *quantum*. A ausência das devidas justificativas acarretam graves irregularidades, podendo até contaminar a lisura e a legalidade da licitação. Deve-se adotar índices e valores usualmente praticados no mercado, evitando com isso o uso de índices incomuns, os quais poderiam, inclusive, fazer com que os agentes auferissem de maneira equivocada a robustez financeira.

Assim, já decidiu inclusive o Tribunal de Contas da União sob o viés da Lei nº 8.666:

Súmula 289 do Tribunal de Contas da União – "A exigência de índices contábeis de capacidade financeira, a exemplo dos de liquidez, deve estar justificada no processo da licitação, conter parâmetros atualizados de mercado e atender às características do objeto licitado, sendo vedado o uso de índice cuja fórmula inclua rentabilidade ou lucratividade."

"(…) determinação a um município para que, em licitações envolvendo recursos federais, observe a exigência contida no art. 31, §5º, da Lei nº 8.666/1993, quanto à obrigatoriedade de justificar, no processo licitatório, os índices contábeis e valores utilizados na avaliação da qualificação econômico-financeira dos proponentes."

(BRASIL. Tribunal de Contas da União, item 9.3.1.2, TC-012.722/2012-0, *Acórdão nº 6.130/12* – Segunda Câmara).

Não é legalmente aceita previsão editalícia exigindo valores mínimos de faturamento anterior e de índices de rentabilidade ou lucratividade, visto que não há qualquer parâmetro objetivo e nem metodologia para inferir a capacidade financeira de uma pessoa a partir de tais valores.

Já a relação dos compromissos assumidos pelo licitante pode ser um importante documento para conferir a sua real capacidade financeira, desde que o ato convocatório estipule objetivamente o que será considerado suportável diante do fluxo financeiro do licitante.

Para finalizar, a Administração Pública poderá impor que o licitante tenha capital mínimo ou de patrimônio líquido mínimo equivalente até 10% do valor estimado da contratação, quando for o caso de compras para entrega futura e na execução de obras e serviços. Não há previsão legal para que a base de cálculo seja o capital social integralizado, ou seja, se o legislador não pactuou essa restrição, não é legítimo e legal o gestor público fazê-la na redação do edital.

10 Habilitação fiscal social e trabalhista

A nova lei de licitações previu que as habilitações fiscal social e trabalhista serão aferidas mediante os seguintes documentos: (i) inscrição no cadastro de pessoas físicas ou no cadastro de pessoa jurídica; (ii) inscrição no cadastro de contribuintes estadual e/ou municipal, se houver relativo ao domicílio ou sede do licitante, pertinente ao seu ramo de atividade compatível com o objeto contratual; (iii) regularidade perante a fazenda federal, estadual e/ou municipal do Domicilio ou sede do licitante, ou outra equivalente na forma da lei, (iv) regularidade relativa à Seguridade Social e ao FGTS que demonstre o cumprimento dos encargos sociais instituídos por lei; (v) regularidade perante a Justiça do Trabalho e (vi) cumprimento do disposto no inciso XXXIII do artigo sétimo da Constituição federal.

10.1 Habilitação fiscal

Os incisos I a III do artigo 68 versam sobre questões de habilitação fiscal dos licitantes.

A intenção é a demonstração de regularidade, o que é diferente de quitação ou cumprimento completo das obrigações financeiras fiscais. Deve ser apresentado no certame certidão de regularidade. Pode ser certidão negativa de débitos ou certidão positiva com efeitos negativos, ambas gerarão a habilitação do licitante nesse ponto.

10.2 Exigência possível de regularidade fiscal e a inexigência do impossível

Somente deverá ser exigido aquilo que for possível, já que o impossível não é viável e nem crível de ser solicitado. Por exemplo, em caso de licitação de obrigação de fazer é comum que participem fornecedores que sequer possuem cadastro de contribuintes estadual, visto que a incidência de tributos sobre seus préstimos se dá pela fazenda municipal. Desse modo não é razoável, lícito e proporcional a exclusão de licitante por falta de apresentação de tal documento.

10.3 Habilitação social e trabalhista

A habilitação social e trabalhista comprova-se por meio da certidão de regularidade perante a seguridade social, certidão de regularidade perante o FGTS, certidão de regularidade perante a Justiça do Trabalho e a declaração de cumprimento do disposto no inciso XXXIII do artigo 7º da Constituição Federal.

A certidão de regularidade da seguridade social atualmente é emitida em conjunto com a certidão de regularidade perante a fazenda federal, desse modo será um único documento para aferir as duas regularidades.

A certidão do FGTS é extraída diretamente do site da Caixa Econômica Federal, mais precisamente por meio do acesso à consulta regularidade do empregador (CRF).

A certidão de regularidade perante a justiça do trabalho é expedida pelo site do Tribunal Superior do Trabalho, recordando que a certidão de regularidade não significa a inexistência de reclamatórias trabalhistas em face do licitante.

Já a declaração do cumprimento do disposto no inciso XXXIII do artigo 7º da Constituição, que preconiza o dever de respeito das hipóteses de empregabilidade para menor de idade nos termos da lei, é uma declaração a ser redigida pelo próprio licitante.

Por fim, sabe-se que, em geral, os documentos de habilitação fiscal social e trabalhista são obtidos diretamente da internet, com selo de autenticidade para conferência, razão pela qual inexiste qualquer lógica de solicitá-los fisicamente, isto é, os documentos eletronicamente são suficientes para garantir a regularidade.

Referências

BRASIL. Superior Tribunal de Justiça. *Informativo STJ nº 533*, RMS 39.883-MT, Rel. Min. Humberto Martins, julgado em 17.12.2013.

BRASIL. Superior Tribunal de Justiça. *RMS 15.530/RS*, Rel. Min. Eliana Calmon, Segunda Turma, j. em 14.10.2003, DJ 01.12.2003, p. 294.

BRASIL. Superior Tribunal de Justiça. *Recurso Especial nº 1.155.781* – ES, Rel. Min. Eliana Calmon, 2ª Turma, julg. 01.06.2010, DJe 17.06.2010.

BRASIL. Tribunal de Contas da União. *Acórdão nº 581/2018*, Plenário.

BRASIL. Tribunal de Contas da União. *Acórdão nº 592/20*, Plenário.

BRASIL. Tribunal de Contas da União. *Acórdão nº 830/2018*, Plenário.

BRASIL. Tribunal de Contas da União. *Acórdão nº 2546/2018*, Plenário.

BRASIL. Tribunal de Contas da União. TC-012.722/2012-0, *Acórdão nº 6.130/12* – Segunda Câmara. item 9.3.1.2.

BRASIL. Tribunal de Contas da União. TC-018.222/2009-2, *Acórdão nº 2.173/11* – Plenário. itens 9.1.4 e 9.1.6.

BRASIL. Tribunal de Contas da União. TC-028.700/2013-9, *Acórdão nº 2.843/13*, Plenário. item 1.7.

BRASIL. Tribunal de Contas da União. TC-035.132/2012-4, *Acórdão nº2.798/12* – Plenário. alínea "c".

BRASIL. Tribunal de Contas da União. *Acórdão nº 1211/2021* – Plenário.

BRASIL. Tribunal de Contas da União. *Informativo de Jurisprudência sobre Licitações e Contratos nº 35 do Tribunal de Contas da União*, Decisão monocrática no TC-020.495/2010-2, Rel. Min. Subst. André Luís de Carvalho, 22.09.2010.

BRASIL. Tribunal de Contas da União. *Informativo de Jurisprudência sobre Licitações e Contratos nº 85 do Tribunal de Contas da União*, Acórdão nº 2.934/11 – Plenário, TC-019.269/2011-0, Rel. Min. Valmir Campelo, 09.11.2011.

BRASIL. Tribunal de Contas da União. *Informativo de Jurisprudência sobre Licitações e Contratos nº 198 do Tribunal de Contas da União*, Acórdão nº 2.205/14 – Segunda Câmara, TC 000.989/2014-2, Rel. Min. Ana Arraes, 20.05.2014.

BRASIL. TJ-MS. *AI: 14082527020188120000 MS 1408252-70.2018.8.12.0000*, Relator: Des. Amaury da Silva Kuklinski, data de Julgamento: 23.01.2019, 4ª Câmara Cível, data de Publicação: 27.01.2019.

BRASIL. Tribunal de Justiça do Estado do Paraná – 4ª C. Cível – AC 0484732-5 – Foro Central da Região Metropolitana de Curitiba – Rel. Des. Abraham Lincoln Calixto – Unânime – J. 25.05.2009.

BRASIL. Tribunal Regional Federal da 4ª Região, *AC 5019407-03.2011.404.7200*, Quarta Turma, Relator p/ Acórdão Candido Alfredo Silva Leal Junior, juntado aos autos em 04.09.2015.

PÉRCIO, Gabriela Verona. Obras e serviços de engenharia – exigência, como requisito para habilitação, do «visto» do conselho regional da jurisdição onde o objeto contratual será executado. *Informativo de Licitações e Contratos Administrativos – ILC*, Curitiba, n. 60, p. 76, fev. 1999.

REIS, Luciano Elias. *Compras públicas inovadoras*. Belo Horizonte: Fórum, 2022.

Informação bibliográfica deste texto, conforme a NBR 6023:2018 da Associação Brasileira de Normas Técnicas (ABNT):

REIS, Luciano Elias. Documentos de habilitação: breves considerações. *In*: HARGER; Marcelo (Coord.). *Aspectos polêmicos sobre a nova lei de licitações e contratos administrativos*: Lei nº 14.133/2021. Belo Horizonte: Fórum, 2022. p. 159-185. ISBN 978-65-5518-461-7.

A IMPUGNAÇÃO E OS RECURSOS ADMINISTRATIVOS NA NOVA LEI DE LICITAÇÕES

FELIPE BOSELLI

1 A contagem dos prazos na Nova Lei de Licitações

O art. 183 da Lei nº 14.133/2021 trouxe o detalhamento da forma como são contados os prazos previstos na nova lei de licitações, garantindo uma melhor uniformização das interpretações quanto a esse tema.

A regra básica, estabelecida logo no *caput* do artigo, é a exclusão do dia do começo e a inclusão do dia de vencimento, como já constava na Lei nº 8.666/1993. É a regra esculpida no art. 224 do Código de Processo Civil.

Dessa forma, se um determinado ato for notificado, diretamente, a uma pessoa numa segunda-feira, que implique na contagem de três dias, por exemplo, o prazo para tal providência expira na quinta-feira, posto que o dia de começo, segunda-feira, não conta, o primeiro dia é a terça-feira, o segundo dia é a quarta-feira e o terceiro dia é a quinta-feira, que é o dia de vencimento e está incluso na contagem, obviamente considerando que todos os dias dessa semana hipotética tiveram expediente naquela Administração.

No caso de uma informação que seja disponibilizada na internet, o inciso I do §1º do art. 183 determina que o dia do começo do prazo seja o primeiro dia útil seguinte ao da disponibilização. Exemplificando, se a informação foi disponibilizada na internet em uma segunda-feira, com prazo de três dias o limite do prazo será sexta-feira, pois o dia do começo será terça-feira, que é o primeiro dia útil após a divulgação do ato, e como não se conta o dia do começo, o primeiro dia da contagem é quarta-feira, o segundo é quinta-feira e o terceiro será sexta-feira, que é o final do prazo.

No caso de notificações feitas pelos correios, de acordo com o inciso II do §1º do art. 183, será considerado o dia de começo, ou seja, aquele que antecede o primeiro dia da contagem, a data da juntada aos autos do aviso de recebimento da notificação.

Merece ser alertado que em algumas administrações o processo não é disponibilizado em tempo real para os interessados, tornando impossível saber o momento exato em que o aviso de recebimento foi juntado aos autos. É o caso, por exemplo, dos processos físicos, nos quais há uma enorme dificuldade em saber, com a brevidade necessária, quando foi juntado aos autos o aviso de recebimento, dificultando o cumprimento do prazo nessas situações.

Também merece atenção o fato de que a regra do inciso II prevê "salvo disposição em contrário". Por exemplo, nos recursos administrativos contra habilitação ou classificação, o art. 165, §1º, estabelece que o prazo iniciará quando da lavratura da ata, sendo, portanto, regra específica em sentido contrário, que afasta a aplicabilidade da regra geral do inciso II do §1º do art. 183.

O legislador tomou o cuidado de indicar no inciso I do art. 183 que os prazos expressos em dias corridos são contados de forma contínua, ou seja, conta-se inclusive os dias em que não há expediente na Administração, exceto para os dias de começo e de vencimento. Assim como fez com os prazos expressos em dias úteis, que, de acordo com o inciso III do art. 183, só se contam os dias em que houver expediente naquele órgão ou entidade.

O inciso II do art. 183 trata dos prazos expressos em meses ou anos, definindo que a contagem será feita de data a data, ou seja, a contagem de um ano de um ato praticado em 20 de agosto de 2020 o vencimento ocorrerá em 20 de agosto de 2021, desde que haja expediente nessas duas datas.

Outra consideração relevante com relação aos prazos consta no §3º do art. 183, refere-se ao vencimento do prazo que caia em dia que não há expediente no órgão ou entidade, ou mesmo se o final do expediente ocorrer antes do horário normal, situação em que o vencimento passa para o primeiro dia útil subsequente. Isso vale no caso de haver indisponibilidade na comunicação eletrônica, para os casos em que o evento a ser cumprido no prazo seja encaminhado pela internet.

Embora não esteja assim determinado na legislação, evidentemente, a indisponibilidade na comunicação eletrônica que implica na prorrogação do prazo deve ter ocorrido naquela administração para a qual seria encaminhado o documento. Uma indisponibilidade na comunicação eletrônica daquele que tem que cumprir o prazo não seria motivo para a prorrogação do prazo, exceto se foi uma falha massiva, comprovável por meio de notícias públicas.

No caso específico de contagem em meses, segundo o §3º do art. 193, se no mês de vencimento não tiver o dia equivalente ao dia de início deve ser considerado o último dia do mês. Exemplificando: se o ato é do dia 31 de agosto de 2021 a contagem de um mês vence no dia 30 de setembro de 2021, pois setembro não tem 31 dias.

2 As impugnações na Nova Lei de Licitações

A Lei nº 14.133/2021 permitiu que qualquer pessoa, seja ela jurídica ou física, brasileira ou não, possa questionar os termos do edital da licitação, seja com uma impugnação ou por intermédio de uma consulta, pedindo esclarecimentos de pontos que não estejam claros no instrumento convocatório.

Tanto a impugnação quanto o pedido de esclarecimento devem ser protocolados com antecedência de três dias úteis da data final para a entrega das propostas, que a lei denomina de data da abertura da licitação.

O prazo limite para a impugnação e para as consultas é de "três dias *úteis* antes da data de abertura do certame", como reza o art. 164. É importante destacar que isso não significa que deve haver o intervalo de três dias úteis inteiros entre o protocolo e a abertura da licitação. Não importa, por conseguinte, o horário que será aberta a licitação, mas tão somente o dia, da forma como se conta prazo disciplinado no art. 183 da Lei nº 14.133/2021.

Exemplificando: se a data final para a entrega das propostas está marcada para uma determinada sexta-feira, o interessado deve protocolar a impugnação ou o pedido de esclarecimento até terça-feira, em qualquer horário. Mesmo que a licitação esteja marcada para o começo da manhã da sexta-feira a impugnação ou a consulta podem ser protocolados até as 23h59min da terça-feira.

O protocolo da impugnação ou da solicitação de esclarecimento deve ser feito nos sistemas eletrônicos quando esses tenham tal possibilidade ou quando não for o caso de lançar tais peças no respectivo sistema eletrônico utilizado pelo órgão contratante, o protocolo pode ser feito de forma física ou por e-mail.

Apesar de todo o avanço das licitações na direção da informatização e da celeridade, infelizmente ainda é comum órgãos que restringem o direito dos licitantes ao admitirem apenas o protocolo físico de impugnações, consultas e até de recursos administrativos, indo na contramão dos avanços tecnológicos.

Não faz o menor sentido restringir apenas à forma física, presencialmente, a maneira pela qual o interessado vai poder protocolar as impugnações e consultas. Essa condição restringe indevidamente a participação das licitantes sediadas distante da localidade onde se encontra a Administração e acaba por direcionar indevidamente o certame para as empresas locais.

Nesses casos, os licitantes devem estar atentos ao horário de encerramento do expediente do órgão, visto que o protocolo deveria ser realizado fisicamente e, portanto, durante o horário de funcionamento.

Outra solução possível para esses casos é a aplicação da Lei nº 9.800/1999, que traz a possibilidade de encaminhamento por sistema de transmissão de dados como fax ou outro similar (e-mail), com o envio do documento físico em até cinco dias.

2.1 A resposta à impugnação ou ao pedido de esclarecimento

O parágrafo único do art. 164 ordena que as respostas tanto das impugnações quanto das consultas tenham que ser divulgadas no sítio eletrônico oficial da Administração no prazo máximo de até três dias úteis contados da data do protocolo da impugnação ou da consulta.

Tal dispositivo determina ainda que o prazo para que a resposta seja publicada é até o último dia útil anterior à data da abertura do certame. Dessa forma, se a consulta ou a impugnação for protocolada no último dia do prazo, ou seja, no terceiro dia anterior aquele da abertura da licitação, só restarão dois dias para a Administração responder.

Mais uma vez, vale trazer um exemplo para esclarecer a questão. Caso a data da abertura da licitação esteja marcada para uma terça-feira, o interessado poderá protocolar a impugnação ou o pedido de esclarecimento até 23h59min da quinta-feira anterior e a Administração terá que responder até segunda-feira, ou seja, apenas dois dias úteis após o protocolo.

Do mesmo modo que não importa o horário em que o interessado protocole a impugnação e a consulta, a resposta também pode ser disponibilizada a qualquer momento dentro do dia limite. Destarte, se a licitação estiver marcada para o começo da manhã da sexta-feira a Administração poderá publicar a resposta até o final da quinta-feira.

2.2 A não resposta da impugnação dentro do prazo legal

Questão delicada aqui é a ausência de resposta, por parte da Administração, dentro do prazo estipulado pela legislação. A nosso ver, errou o legislador ao deixar de estabelecer regra de suspensão automática do certame caso não tenha sido respondida a tempo o pedido de impugnação ou o pedido de esclarecimento.

Essa posição legislativa deriva de um equivocado entendimento de alguns gestores que enxergam na impugnação um transtorno para o procedimento licitatório, havendo inclusive quem alegue existir uma "indústria da impugnação" que usa dessa ferramenta para dificultar a realização dos certames licitatórios.

Ainda que algumas vezes a impugnação possa ser utilizada de forma a tentar retardar a realização do certame, com o objetivo de o interessado ganhar tempo, a impugnação, via de regra, é bastante benéfica para a Administração, que tem a oportunidade de corrigir um erro antes que aquele vício cause prejuízos muito mais sérios. É muito melhor, para a Administração e para o interesse público, que seja corrigido um equívoco do edital antes da realização da licitação do que o responsável ter que responder por ele perante os órgãos de controle.

Ademais, a impugnação só trará retardamento do procedimento licitatório caso haja, de fato, uma falha que justifique sua correção e reabertura do prazo de publicidade. Em não havendo vício no edital, basta o agente público indeferir a impugnação, justificando a manutenção do ato.

Assim, há que se ter atenção ao cumprimento do prazo estabelecido pelo legislador. O descumprimento sujeita o agente público à responsabilização pelos prejuízos causados à Administração e aos interessados no certame. Logo, caso a Administração tenha dificuldade de responder a impugnação dentro do prazo legal, a posição mais sensata seria a suspensão do certame, ainda que por curto período, para viabilizar a resposta da impugnação antes da sua realização.

Mas e se esse procedimento não for executado? Como fica o processo licitatório que, contrariando o bom-senso e a legislação, o gestor deu início ao certame sem a resposta tempestiva de impugnações ou pedidos de esclarecimentos?

A Lei nº 8.666/1993 trazia solução para essa questão, prevista no art. 41, §3º, que prevê a possibilidade de o licitante participar da licitação, sem o cumprimento do item impugnado, até que ocorra o julgamento da impugnação.

Essa regra não foi reproduzida na Lei nº 14.133/2021. Não obstante, nos parece ser um conceito jurídico aplicável na nova legislação.

Não estamos aqui a defender uma interpretação à luz da lei anterior, muito menos a aplicação subsidiária da Lei nº 8.666/1993 sobre a Lei nº 14.133/2021. Contudo, a norma nova foi omissa quanto à situação em que um licitante tenha impugnado determinada exigência do edital e a Administração tenha se omitido na sua obrigação de decidir sobre aquela impugnação.

Nesses casos, o dever de julgar a impugnação até o dia útil anterior, combinado com o princípio da motivação, previsto no art. 5º da Lei nº 14.133/2021, nos aparece afastar a primeira opção, que seria ignorar a impugnação e ela não gerar nenhum efeito sobre o processo licitatório.

Por essa razão, defendemos que, ainda que a lei tenha sido omissa sobre tais situações, não pode a Administração inabilitar ou desclassificar um licitante em razão de um tema que ele tenha impugnado e sobre o qual não tenha sido dada resposta adequada e motivada.

3 Os recursos administrativos na Nova Lei de Licitações

O art. 165 da Lei nº 8.666/1993 disciplina os recursos e os pedidos de reconsideração que podem ser interpostos para contestar atos da Administração com os quais o interessado não esteja de acordo.

Os recursos, também denominados de recursos administrativos ou de recursos hierárquicos, são cabíveis nos casos de deferimento, indeferimento, alteração ou cancelamento do pedido de pré-qualificação ou de inscrição em registro cadastral; de julgamento das propostas, de habilitação, inabilitação, anulação ou revogação da licitação e extinção do contrato por ato unilateral da Administração.

Para os demais atos da Administração que o interessado discordar, a ferramenta jurídica disponível para questioná-los, ainda na esfera administrativa, será cabível o pedido de reconsideração, peça que na legislação de licitação anterior era denominada de representação pelo inciso II do art. 109 da Lei nº 8.666/1993.

O prazo para apresentação do recurso, em quaisquer das hipóteses de cabimento relacionados nas alíneas "a" a "e" do inciso I do art. 164, é de três dias úteis contados da intimação, ou da lavratura da ata, quando o ato for consignado em ata, mesmo prazo estabelecido no inciso II para o pedido de reconsideração.

3.1 Recurso quanto ao julgamento das propostas e da habilitação ou inabilitação de licitante

Quando o recurso versar sobre o ato de julgamento das propostas (alínea "b" do inciso I do art. 165) ou da habilitação ou inabilitação de licitante (alínea "c" do inciso I do art. 165) o interessado deverá, obrigatoriamente, manifestar a intenção de recorrer em face daquela decisão imediatamente.

Ao manifestar a intenção de recorrer, a licitante não precisa apresentar os motivos do seu inconformismo que justificam tal posição, bastando expressar que tem a intenção de recorrer contra o julgamento das propostas ou contra a decisão quanto à habilitação, assim que for divulgada a decisão com a qual não concorda.

Pela redação do dispositivo, é possível interpretar a necessidade de manifestar a intenção de recorrer quando do julgamento da proposta e, de novo, quando da decisão de habilitação ou inabilitação, caso o licitante não concorde com as duas decisões. Mesmo havendo duas manifestações da intenção de recorrer, haverá apenas uma fase recursal ao final do procedimento, em novidade em relação à sistemática atual.

Não nos parece razoável essa interpretação da palavra imediatamente. A exigência de duas manifestações de intenção de recurso apenas serviria para tumultuar o processo e burocratizá-lo. A nosso ver, deve o regulamento e/ou o edital deixar mais clara essa regra e, preferencialmente, estabelecendo que a expressão imediatamente ocorre após a declaração do vencedor provisório do certame.

O prazo para a apresentação do recurso nesses casos será contado da lavratura da ata referente à fase de habilitação, ou, excepcionalmente, no caos de inversão das fases, da lavratura da ata de julgamento das propostas, com apresentação de uma única peça recursal, ao final do processo. Nos dois casos, a apreciação dos recursos também se dará em fase única, por conta do que determina o inciso II do §1º do art. 165.

3.2 O prazo do recurso administrativo

Utilizando como base o texto do pregão, a Lei nº 14.133/2021 adotou o prazo de três dias úteis para os recursos administrativos. Errou o legislador.

O pregão, quando da sua concepção, era a modalidade de licitação dedicada a bens e serviços comuns, ou seja, objetos de menor complexidade, com maior celeridade de certame, considerando que a Administração estaria comprando itens comezinhos, simplórios. Hoje esse fundamento já não corresponde a 100% da realidade, havendo inúmeros pregões com objetos bastante complexos.

Na Lei nº 14.133/2021 a questão torna-se ainda mais gravosa. A nova legislação unificou os procedimentos, o que significa utilizar o mesmo prazo recursal para todas as modalidades, inclusive uma concorrência por técnica e preços, um diálogo competitivo ou uma contratação integrada, que possui 60 dias úteis de prazo de publicação.

É evidente o desequilíbrio. Enquanto é necessária a publicação de um certame por longos 60 dias úteis, considera-se razoáveis apenas três dias úteis para recursos em processos de altíssima complexidade. Essa tentativa atabalhoada de acelerar o processo por meio da redução do direito dos licitantes de recorrer de decisões equivocadas poderá tornar os processos ainda mais morosos, com mais discussões judiciais e junto aos órgãos de controle.

Nesse sentido, cabe ao gestor que estiver conduzindo o certame (agente de contratação, comissão ou pregoeiro) ter a necessária razoabilidade de, nos casos de maior complexidade, conceder prazo superior ao mínimo legal para o recurso, atentando-se, quando isso ocorrer, para que o prazo de contrarrazões seja igualmente majorado, em respeito à paridade de armas nos processos.

3.3 As contrarrazões

Os demais concorrentes, se assim desejarem, poderão contestar os argumentos apresentados pela licitante que recorrer apresentando as suas contrarrazões no prazo de três dias da data de intimação pessoal ou de divulgação da interposição do recurso.

Nas contrarrazões, o interessado deve apresentar as suas alegações e os fundamentos do porquê de não concordar com os argumentos utilizados no recurso. Trata-se de peça opcional do processo, cuja não utilização não implica em revelia, ou seja, ainda que a empresa recorrida não apresente as contrarrazões, a Administração deverá julgar o recurso administrativo, cujos argumentos não serão revestidos de presunção de veracidade, e poderá indeferi-lo.

3.4 Invalidação apenas de ato inaproveitável

Quando do julgamento dos recursos, por força do §5º do art. 165, caso a Administração entenda pelo deferimento do pedido de alteração da decisão reclamada, serão invalidados somente os atos que não puderem ser aproveitados, sendo corrigida a decisão considerada irregular e mantido o restante do procedimento, para que recomece o processo desde o momento que foi proferida a decisão agora anulada.

3.4.1 Vistas ao processo

O §5º do art. 165 da Lei nº 8.666/1993 garante ao licitante vista a todos os elementos considerado necessários para que exerça o seu direito de defesa, seja para a elaboração do recurso ou das contrarrazões, seja para formular o seu pedido de reconsideração.

Em que pese não haver previsão expressa no texto da nova lei de licitações quanto à interrupção da contagem do prazo enquanto não for disponibilizada vista ao processo, para que fique assegurando o direito da ampla defesa o prazo para apresentação do recurso, das contrarrazões e do pedido de reconsideração, só pode correr com a vista franqueada aos interessados.

Trata-se de desdobramento do direito fundamental ao contraditório e à ampla defesa. Não se pode computar o início do prazo enquanto o processo e os documentos não estiverem efetivamente disponíveis ao interessado.

4 O encerramento do processo licitatório

O encerramento do procedimento licitatório ocorre com a etapa conclusiva da licitação: a decisão tomada pela autoridade superior, que poderá decidir pelo aproveitamento do certame, com a adjudicação do objeto ao licitante vencedor e homologação da licitação ou pelo cancelamento definitivo da licitação pela anulação ou revogação, já decididos os eventuais recursos.

Dessa forma, a licitação só estará efetivamente encerrada após a adjudicação e homologação ou, ainda, após os atos de anulação e revogação, sendo que, nesse último, caso sem o aproveitamento de nenhuma fase.

Compete também à autoridade superior, após concluída a fase recursal da licitação, a possibilidade de determinar que se proceda à correção de falhas sanáveis, dentro do limite legal, assim como anular determinada etapa do procedimento, viabilizando a sua continuidade, com aproveitamento daquilo que não estiver contaminado pela nulidade.

Essas quatro situações de encerramento da licitação estão previstas nos quatro incisos do art. 71 da Lei nº 14.133/2021 e serão mais detalhadas a seguir.

4.1 O saneamento de irregularidades

No inciso I do art. 71 foi estabelecida a possibilidade de determinar o retorno dos autos à comissão de contratação para que se promova o saneamento das irregularidades ainda passíveis de correção nessa fase processual, com o aproveitamento de todos os demais atos administrativos praticados, posteriores e anteriores à irregularidade ora sanada.

Como exemplo de irregularidade sanável nessa etapa final do procedimento, podemos citar a falta de uma justificativa ou de um parecer obrigatório que, corrigida nesse momento, não prejudicaria o andamento processual, viabilizando o aproveitamento dos atos já praticados.

Ao realizar o saneamento de irregularidades, a Administração poderá corrigir as falhas e manter tanto os atos anteriores quanto os posteriores ao problema agora sanado. Essa é a diferença central entre esse procedimento de saneamento de irregularidades e a anulação parcial da licitação, que não permite o aproveitamento dos atos posteriores ao ato anulado.

A possibilidade de saneamento de falhas durante o procedimento licitatório também está prevista nos incisos I e IV do art. 59, quando se trata da desclassificação das propostas, assim como no §1º do art. 64, que se refere à análise dos documentos de habilitação.

4.2 A revogação do processo licitatório

O inciso II traz a possibilidade de a autoridade superior cancelar todo o procedimento licitatório, por razão de conveniência e oportunidade para a Administração, ou seja, a falta de interesse público na celebração daquele contrato possibilita o cancelamento da licitação.

Para que possa haver a revogação, o procedimento deve ter transcorrido regularmente. O que justifica a revogação não é uma ilegalidade, mas, sim, o desinteresse da Administração pela continuidade daquela contratação, ou seja, só se revoga a licitação que foi licitamente conduzida, sendo a declaração de nulidade antecedente à análise da revogação.

O §2º do art. 71 condiciona a revogação à ocorrência de fato posterior à abertura da licitação que seja determinante para o seu cancelamento e que esteja devidamente comprovado. A regra é uma consequência lógica da estrutura de interesse público exigida para a revogação.

Quando a licitação é lançada, presume-se que existia interesse público na publicação daquele certame, com oportunidade e conveniência à Administração. Do contrário, sequer deveria ter sido lançada. Se, após a sua publicação, esse interesse público deixou de existir, há que se demonstrar qual foi o fato superveniente, que ocorreu entre a publicação e o encerramento da licitação, que retirou a oportunidade ou a conveniência do certame. Esse fato deve estar devidamente comprovado nos autos e a sua ausência ou impertinência, assim como a falta de motivação adequada, implica na ilegalidade da revogação.

Para que esse sistema funcione e seja adequadamente controlado, o legislador determinou que antes de decidir pela revogação é necessário, por conta do §3º do art. 71, oportunizar a manifestação dos licitantes interessados em se opor quanto à falta de interesse no processo, além do recurso previsto na alínea "d" do inciso I do art. 165 também da Lei nº 14.133/2021. São, portanto, duas manifestações das empresas interessadas, uma prévia e outra posterior à decisão revogatória.

4.3 A anulação da licitação

Já a anulação, prevista no inciso III do art. 71, é o ato da autoridade superior que cancela a licitação por conta de ilegalidade que não seja sanável. Aqui não se leva em conta a conveniência da contratação pretendida, mas tão somente a ocorrência de ilegalidade que não pode ser reparada.

Como dito no inciso I, quando a nulidade for sanável, deverá a Administração corrigir a falha e manter o processo licitatório como foi feito, não sendo necessária a retomada das fases posteriores ao vício sanável.

De outro lado, quando insanável o vício, o ato será nulo e, consequentemente, todos os atos administrativos praticados após o cometimento da nulidade e dela derivados.

É obrigação da autoridade superior anular a licitação que tenha ilegalidade insanável. Não se pode permitir que uma licitação que comprovadamente apresente ilegalidade produza efeitos e contamine também o contrato dela decorrente.

A anulação do certame deve indicar qual foi o ato ilegal insanável que motivou a decisão, tornando sem efeito tal ato e todos os atos seguintes que dele dependam, retomando o processo a partir do último ato válido, se isso for possível.

A Lei nº 14.133/2021 ainda prevê, como consequência da anulação, seja ela parcial ou total, que a autoridade superior deverá determinar a apuração da responsabilidade pela ilegalidade, conforme imposição do seu §1º do art. 71.

A norma determina a apuração de responsabilidade, o que é absolutamente natural, visto que uma ilegalidade processual foi cometida. Contudo, há que se destacar que apuração de responsabilidade não pode ser confundida com sanção indiscriminada e sem respeito ao contraditório. A Administração deverá promover o devido processo de apuração, nos casos em que estiverem presentes os elementos mínimos para a responsabilização do agente público que cometeu a ilegalidade.

Nos casos em que esses elementos mínimos não estiverem presentes, poderá a autoridade superior, no próprio ato de anulação, já justificar a não abertura de processo de apuração de responsabilidade, por reconhecer descabida no caso concreto.

Por fim, assim como na revogação, na anulação também é necessário, segundo o §3º do art. 71, permitir a manifestação prévia dos interessados, além de garantir o direto ao recurso, depois da decisão, que é previsto na alínea "d" do inciso I do art. 165.

4.4 A adjudicação e homologação

A adjudicação é o ato administrativo que confere ao licitante vencedor o direito à execução daquele determinado objeto. Com esse ato, a Administração concede o direito à execução ao particular. A adjudicação do objeto ao vencedor é um ato impositivo para a autoridade superior, pelo princípio implícito da adjudicação compulsória.

É justamente em razão da entrega do direito à execução que a Administração não pode licitar novamente o mesmo objeto já licitado e adjudicado a um terceiro sem a rescisão contratual. Considerando que o direito à execução saiu da Administração e está com a empresa adjudicada, não poderia o órgão público licitar e entregar a outra empresa um direito que, ainda que temporariamente, não é mais seu.

Quando a licitação destina-se ao registro de preços, não ocorre o ato de adjudicação, pois o vencedor do certame, nesse sistema, não tem o direito a ser contratado, sendo essa situação apenas uma possibilidade. Assim, após o trâmite recursal, a autoridade superior, no caso de conclusão regular do procedimento, homologa a licitação sem adjudicação prévia.

Dessa diferença, deriva a possibilidade de licitar novamente o mesmo objeto tendo uma ata de registro de preços em vigor, em consonância com o art. 16 do Decreto nº 7.892/2013.

É interessante destacar que muitos sistemas de pregão eletrônico, como o Comprasnet (plataforma de compras eletrônicas do Governo Federal), até o momento da elaboração desses comentários, exigem a adjudicação também para o sistema de registro de preços para possibilitar a homologação e, por conseguinte, concluir a licitação. A nosso ver, trata-se de equívoco do sistema nesse formato de contratação.

Já a homologação é o ato da autoridade superior que ratifica todos os atos da licitação até a adjudicação do objeto ao licitante vencedor, chamando para si a responsabilidade por todo o procedimento.

Após homologada a licitação, a autoridade superior torna-se a responsável por aquele procedimento licitatório, sendo ela a autoridade coatora em eventual mandado de segurança a ser proposto contra o ato praticado durante o processo licitatório, mesmo que tenha sido praticado por outro agente público.

É oportuno relembrar que a homologação é uma das hipóteses de conclusão do certame, pois a autoridade superior também pode anular ou revogar a licitação. Dessa forma, quando o gestor opta por homologar o procedimento licitatório está assegurando que naquele processo não há nenhuma ilegalidade e que a contratação dali decorrente continua sendo conveniente para a Administração.

4.5 O encerramento da contratação direta e dos procedimentos auxiliares

O §4º da art. 71 determina que os atos que finalizam o procedimento licitatório, também serão adotados, quando couber, nos casos de contratação direta e dos procedimentos auxiliares da licitação.

Assim sendo, nas contratações diretas, cuja instrução do processo está disciplinada no art. 72 da Lei nº 14.133/2021, quando a autoridade competente determina a autorização da contratação, deve fazer a verificação da conveniência e da legalidade do procedimento, determinando o saneamento daquilo que estiver irregular e, a depender do caso, autorizar a contratação ou determinar o cancelamento do procedimento, seja pela revogação ou pela anulação.

Isso vale para os procedimentos auxiliares das licitações, credenciamento, pré-qualificação, procedimento de manifestação de interesse – PMI e sistema de registro de preços, previstos no art. 78 da Lei nº 14.133/2021.

No caso específico do registro cadastral, procedimento auxiliar previsto no inciso V do art. 78, não são aplicáveis os atos de encerramento que tratam o art. 71, como revogação anulação, adjudicação e homologação.

Informação bibliográfica deste texto, conforme a NBR 6023:2018 da Associação Brasileira de Normas Técnicas (ABNT):

BOSELLI, Felipe. A impugnação e os recursos administrativos na Nova Lei de Licitações. *In*: HARGER; Marcelo (Coord.). *Aspectos polêmicos sobre a nova lei de licitações e contratos administrativos*: Lei nº 14.133/2021. Belo Horizonte: Fórum, 2022. p. 187-197. ISBN 978-65-5518-461-7.

O SISTEMA DE REGISTRO E PREÇOS NA LEI Nº 14.133/21

CRISTIANA FORTINI

TATIANA CAMARÃO

1 Introdução

A Lei nº 8.666/93 aborda o registro de preço de forma mais sintética. Não o conceitua, nem indica quando utilizá-lo, não cuida de alteração e cancelamento e tampouco orienta sobre quais atores podem envolver-se no processo.

A referida Lei remete a disciplina de aspectos relevantes sobre a matéria aos diversos decretos dos vários entes federados que, certamente, devem observar os poucos contornos legais constantes do art. 15.[1] Trata-se de uma escolha curiosa, visto que essa Lei contém alto grau de detalhamento e tem caráter intervencionista na vida do administrador público.

Já com a Lei nº 14.133/21, percebe-se uma importante alteração quanto às suas opções de orientação. O legislador transporta para a nova Lei assuntos que, até então,

---

[1] O conceito do procedimento, no caso da esfera federal, consta do art. 2º do Decreto nº 7892/13, onde se define o Sistema de Registro de Preços como um conjunto de procedimentos para registro formal de preços relativos à prestação de serviços e aquisição de bens, para contratações futuras.

eram disciplinados por meio de Decreto, o que possibilitava uma pluralidade de abordagens distintas e ao sabor dos anseios e interesses de cada ente da federação.

A União transportou parte das regras federais constantes do seu Decreto nº 7.892/13 para a nova Lei, com o cristalino objetivo de padronizar, uniformizar e vê-las consideradas como normas gerais. Não fosse essa a intenção, por que teria inserido "suas regras" na nova Lei? É importante observar que o art. 82 da Lei nº 14.133/21, o primeiro a cuidar do tema, claramente menciona a natureza de normas gerais.

A opção do legislador poderá resultar na propositura de ações nas quais se traga à luz a constitucionalidade dos dispositivos, a partir da discussão do conceito de norma geral, situação a qual vivenciou-se ao longo dos anos de vigência da Lei nº 8.666/93[2] para as contratações e aquisições públicas.

2 Objetos e uso do Sistema de Registro de Preços

A nova Lei conceitua o Sistema de Registro de Preços – SRP como o conjunto de procedimentos para realização, mediante contratação direta ou licitação nas modalidades pregão ou concorrência, de registro formal de preços relativos à prestação de serviços, a obras e à aquisição e locação de bens para contratações futuras.[3] Com relação às compras, inclusive, a Lei prevê, no art. 40, que na fase de planejamento deve ser considerada a adoção do processamento da licitação para registrar preços, visto que esse procedimento oferece inúmeras vantagens.[4]

Sobre o tema, vale destacar que o registro de preços é importante instrumento de racionalização das contratações e sua implantação deve ser avaliada pelos órgãos na fase preparatória da licitação, considerando as demandas e levantamentos registrados no plano anual de contratações – PAC. A reunião das demandas em documento único decorrente do PAC permite que as contratações sejam realizadas de forma conjunta para atendimento de todas as unidades administrativas, com ganho pela economia de escala e padronização. Essa dinâmica vai ao encontro do preconizado no art.12, inciso VII da nova lei.[5]

Além disso, a nova Lei expressamente prevê o uso do SRP para obras e serviços de engenharia e a possibilidade de se utilizar o procedimento em casos de contratação direta. A possibilidade de usar SRP para obras e serviços de engenharia consta do art. 85 da NLLC, desde que atendidos dois requisitos:

---

[2] Citem-se, a propósito, os seguintes julgados: ADI nº 4.658, ADI nº 4.878, ADI nº 5.333, ADI nº 3.735, ADI nº 3.336, Ag no RE nº 1.247.930, ADI nº 3.059, ADI nº 2.444.

[3] Esse conceito consta do inciso XLV do art. 6º da Lei nº 14.133/21.

[4] São vantagens do registro de preços: a redução de volume de estoque, eliminação dos fracionamentos de despesa, diminuição de desperdício de material, agilidade da contratação, redução do número de licitações e custos transacionais, a possibilidade de servir como ferramenta de controle de qualidade, a não necessidade de indicar os recursos orçamentários, atualidade dos preços de aquisição, participação de pequenas e médias empresas no certame, entre outras.

[5] Art. 12, inciso VII: "a partir de documentos de formalização de demandas, os órgãos responsáveis pelo planejamento de cada ente federativo poderão, na forma de regulamento, elaborar plano de contratações anual, com o objetivo de racionalizar as contratações dos órgãos e entidades sob sua competência, garantir o alinhamento com o seu planejamento estratégico e subsidiar a elaboração das respectivas leis orçamentárias".

I – existência de projeto padronizado, sem complexidade técnica e operacional;

II – necessidade permanente ou frequente de obra ou serviço a ser contratado.

Pela dicção legal, e considerando que o uso do SRP em obras e serviços de engenharia é excepcional, os requisitos devem ser entendidos como cumulativos.

A nova Lei prevê, como percebe-se, a existência de projeto padronizado, sem complexidade técnica e operacional, para delimitar o uso do SRP para obras e serviços de engenharia. O dispositivo causa alguma estranheza quando comparado com o art. 6º, inc. XII, da Nova Lei de Licitações e Contratações, o qual não promove um recorte entre obras comuns e especiais.

Pudesse, hipoteticamente, fragmentar-se as obras em duas categorias, o legislador teria assim realizado, admitindo a existência de obras comuns que seriam, em tese (o que se admite apenas para fins de raciocínio), aquelas caracterizadas pela inexistência de complexidade técnica.

A nova Lei, embora indique os objetos, não diz em quais situações faculta-se ou incentiva-se o SRP. Trata-se de rota oposta ao Decreto Federal nº 7.892/13,[67] o qual, curiosamente, contém várias regras que foram transportadas para a nova Lei. O art. 82, que abre a Seção V da nova Lei, não aborda o assunto e, tampouco, os dispositivos subsequentes.[8]

3 Aspectos do procedimento licitatório e o SRP

Ainda na nova Lei, o legislador impõe que o edital revele os quantitativos máximos de cada item a serem ou não adquiridos/contratados.[9]

---

[6] Em consonância com esse modal próprio de contratação é que o Decreto Federal nº 7.892/13 previu as hipóteses que o SRP poderia ser adotado:
I – quando, pelas características do bem ou serviço, houver necessidade de contratações frequentes;
II – quando for conveniente a aquisição de bens com previsão de entregas parceladas ou contratação de serviços remunerados por unidade de medida ou em regime de tarefa;
III – quando for conveniente a aquisição de bens ou a contratação de serviços para atendimento a mais de um órgão ou entidade, ou a programas de governo; ou
IV – quando, pela natureza do objeto, não for possível definir previamente o quantitativo a ser demandado pela Administração.

[7] A esse respeito, vale lembrar julgado do TCU que tangencia a descrição, via decreto, dos casos a admitir SRP. 9.4. Determinar (…) que se abstenha de autorizar adesões à Ata de Registro de Preços decorrente do Pregão Eletrônico para Registro de Preços (…) preservada tão somente a execução do contrato que vier a ser celebrado, informando, no prazo de quinze dias as providências adotadas, tendo em vista a seguinte irregularidade: 9.4.1. Utilização indevida do sistema de registro de preços para a contratação, tendo em vista se tratar de uma típica contratação de serviços continuados, cujas características não se enquadram em nenhuma das hipóteses do art. 3º do Decreto Federal nº 7.892/2013. (BRASIL. TCU. *Acórdão nº 848/2021* – Plenário).

[8] Sobre o tema, cite-se Acórdão TCU nº 2197/2015 – Plenário: "10. Entendo que essa alegação não deve prosperar, uma vez que a utilização do Sistema de Registro de Preços é adequada em situações como a que se encontra sob comento, ou seja, quando a demanda é incerta, seja em relação à sua ocorrência, seja no que concerne à quantidade de bens a ser demandada. Afinal, não faria sentido realizar uma estimativa prévia e, com base nela, efetivar um processo licitatório, no qual tenham sido definidas quantidades exatas a serem adquiridas, sem saber nem se essas aquisições serão efetivamente necessárias. Num cenário bastante plausível, poderia haver a compra de bens que não seriam necessários".

[9] Nessa linha, posicionou-se o TCU no Acórdão TCU nº 248/2017 – Plenário.

A razão de ser dessa exigência é a de antecipar ao mercado o teto de obrigações que atingirão o licitante vencedor e os demais que aceitarem praticar o preço declarado vitorioso. Durante o prazo de vigência da ata, o licitante está, em princípio,[10] aprisionado ao pactuado, tendo que atender as solicitações que lhe forem encaminhadas.

Vale destacar que a nova Lei preserva a principal característica do SRP, o qual se destaca pelo tom franco com que a Administração Pública lida com particular, evitando que exista qualquer argumento em desfavor da Administração Pública no sentido de obrigatoriedade de contratação.

Em contrapartida, essa prerrogativa da Administração Pública de contratar os preços registrados durante o prazo de vigência da ata e de acordo com sua necessidade não pode ser visto como salvo conduto para que ela despreze a ata, fruto de licitação que envolveu terceiros e consumiu tempo, recursos e esforços público e privados. Por isso, a fixação de quantitativos sem critérios é inaceitável. É essencial que o volume do que se pretende contratar seja o mais próximo da realidade, inclusive para a obtenção de propostas com resultados maisvantajosos. É impossível desconsiderar que a preocupação com a economia de escala esteja atrelada à estipulação da quantidade máxima. Afinal, o valor unitário reflete a expectativa de vender/fornecer para a Administração, tendo o quantitativo máximo pré-definido. Se essa informação não for apresentada aos licitantes, o parâmetro de oferta será o mínimo que se pretende adquirir, o que elevará o valor proposto. Por essa mesma razão, também faz sentido a trava numérica.

A especificação de quantitativos distantes da realidade do órgão poderá ensejar frustrações futuras dos titulares da ata, decorrentes tanto da ausência de contratações quanto pela apresentação de pedidos muito inferiores aos quantitativos inicialmente definidos para consumo, gerando descrédito por parte do mercado em relação à participação em novas licitações para Registro de Preços naquele órgão.

Na mesma toada, é importante também lembrar que, para o levantamento do quantitativo, deve-se utilizar adequadas técnicas de estimação. Um dos métodos de referência para fixação dos quantitativos máximos é a análise do consumo e utilização dos mesmos bens no exercício financeiro ao que antecede à contratação. Essa metodologia leva em conta a avaliação da série histórica pretérita de contratação do órgão, a qual pode oferecer uma dimensão aproximada da realidade de demandas da unidade administrativa.

Outro ponto de relevante observação na nova Lei, e que se dá durante a contratação por meio do registro de preços, é o princípio do parcelamento das compras, previsto no art. 40, §2º, o qual exige que objeto divisível seja licitado por item.[11] Com efeito, a nova Lei apresenta as situações que fogem a essa regra, quais sejam: quando comprovada a economia de escala, a redução de custos de gestão de contratos ou a maior vantagem na compra do mesmo item do mesmo fornecedor; quando o objeto a

---

[10] O inciso IX do *caput* do art. 82 remete ao edital cuidar das hipóteses de cancelamento da ata e suas consequências.

[11] Em pregões para registro de preços, o TCU já admitiu a aplicabilidade da adjudicação por lote como medida excepcional, a qual necessita vir acompanhada de robusta motivação e demonstração de atendimento ao interesse público, diante da inviabilidade técnica e econômica da divisão do objeto. A regra, todavia, é que a adjudicação seja por itens, o que propicia aumento da competitividade e, consequentemente, a possibilidade de obtenção de propostas mais vantajosas. Nesse sentido, os Acórdãos nº 2901/2016-TCU – Plenário (Rev. Min. Benjamin Zymler), 2.438/2016-TCU – Plenário (Rel. Min. José Múcio Monteiro), e 757/2015-TCU – Plenário (Rel. Min. Bruno Dantas). (BRASIL. TCU. Acórdão nº 1.347/18 – Plenário).

ser contratado configurar sistema único e integrado e houver a possibilidade de risco ao conjunto do objeto pretendido; ou quando o processo de padronização ou de escolha de marca levar a fornecedor exclusivo.

A escolha do formato da contratação deve integrar o estudo técnico preliminar, conforme previsto no art. 18, 1º da nova Lei, que traz a roteirização do documento e exige, no inciso VIII, a justificativa para o parcelamento ou não da contratação. A esse propósito, o Tribunal de Contas da União, em decisão recente constante do Acórdão nº 856/2021 – Plenário, apontou como impropriedade a ausência de estudos técnicos, demonstrando a inviabilidade técnica ou econômica do parcelamento do objeto licitado.

Portanto, de acordo com a nova Lei, a escolha pela contratação no formato global, lote ou grupo deve ser objeto de estudo na fase preparatória, demonstrando a inviabilidade técnica ou econômica do parcelamento do objeto licitado decorrente do prejuízo ao conjunto ou perda de economia de escala.[12]

3.1 Intenção do Sistema de Registro de Preços e adesões à ata

Por fim, vale registrar que a quantidade máxima também é baliza para o cálculo das adesões de que cuidam os §2º a 6º do art. 86. Os órgãos não participantes poderão aderir à Ata de Registro de Preços, observadas as exigências previstas nos incisos do §2º do art. 86 e nos limites descritos nos §4º e 5º.[13]   A adesão não é ilimitada e, ao dizer que a quantidade máxima há de ser indicada, reforça-se a contenção aos caronas.

Há de se considerar, ainda, que os quantitativos máximos devem englobar as demandas dos órgãos participantes, segundo dita o art. 86,[14] o qual aborda a intenção de Registro de Preços, procedimento já conhecido na esfera federal, que agora se nacionaliza como etapa em regra obrigatória[15] por meio do qual se possibilita, ainda na fase interna, a participação de outros órgãos e entidades na licitação conduzida pelo órgão ou entidade gerenciadora. Na hipótese de outros órgãos/entes acudirem ao chamado em face do IRP, ao demandado pelo órgão/entidade gerenciadora, serão adicionados os montantes solicitados pelos participantes.

Dito de outra forma, para além dos órgãos gerenciadores e participantes, é possível haver adesão à ata. Afirmamos ser possível porque nos parece legítimo que os entes subnacionais decidam por vedar a carona em seus editais ou que venha a aceitá-la em casos pontuais, expressamente descritos no edital.

---

[12] Sobre o assunto, confira-se o Acórdão TCU nº 856/2021 – Plenário e Acórdão TCU nº 811/2021 – Plenário.

[13] Uma vez mais observa-se que o legislador adotou os tetos que o Decreto nº 7.892/13 prescreve, impondo-o a todos os entes subnacionais.

[14] A definição de órgão não participante encontra-se no art. 6º, inciso XLIX: órgão ou entidade não participante: órgão ou entidade da Administração Pública que não participa dos procedimentos iniciais da licitação para registro de preços e não integra a Ata de Registro de Preços;

[15] O IRP não é obrigatório apenas quando o órgão ou a entidade gerenciadora for o único contratante, nos moldes do §1º do art. 86.

Cumpre registrar que a opção do órgão gerenciador de permitir a adesão à ata deve ser documentada, e a justificativa dessa escolha deve constar nos autos para que fique demonstrada as vantagens de utilizar-se esse modal.[16]

Ainda nesse quesito, vale registrar passagem do voto proferido pelo Ministro Bruno Dantas, no Acórdão TCU nº 311/2018 – Plenário, com relação ao uso desregrado e sem justificativa da ata de registro de preços:

> Conforme venho reiterando em diversos julgados sob a minha relatoria (a exemplo do item 9.3.4 do Acórdão 757/2015-TCU-Plenário e do item 9.3.2 do Acórdão 1297/2015-TCU-Plenário), resta claro, à luz do art. 9º, inciso III, in fine, do Decreto 7.892/2013, que a inserção de cláusula em editais licitatórios, permitindo a adesão tardia, é uma faculdade do órgão gerenciador. Nessa esteira, é certo que tal ato, embora discricionário, não prescinde de motivação.
>
> Tenho constatado que uma cláusula deste tipo (permitindo a adesão tardia) é inserida de forma repetida e impensada em quase todos os editais de pregões para Sistema de Registro de Preços. No mais das vezes, costuma-se alegar que sua inserção seria justificável porque traria alguma espécie de economia de escala. Todavia, trata-se, invariavelmente, de mera alegação genérica, sem nenhum lastro em estudos técnicos relacionados especificamente ao objeto que se deseja licitar, e realizados preliminarmente à contratação que se almeja.

Sabe-se, por outro lado, que o carona também tem de justificar a vantagem da adesão.[17] Esse estudo prévio que demonstra o ganho de eficiência, a viabilidade, adequabilidade do objeto[18] e a economicidade da adesão,[19,20] em face da realização de

---

[16] Nesse sentido, vale citar o Acórdão TCU nº 311/2018 – Plenário: 9.3. com fundamento no art. 7º da Resolução-TCU nº 265/2014, dar ciência ao Ministério dos Transportes, Portos e Aviação Civil da ocorrência da seguinte falha, de modo a serem adotadas medidas de prevenção à ocorrência de outras semelhantes: 9.3.1. ausência de justificativa devidamente motivada para inserção de cláusula no edital prevendo a possibilidade de adesão tardia à ata de registro de preços por órgãos ou entidades não participantes do planejamento da contratação, à luz do princípio da motivação dos atos administrativos, do art. 37, inciso XXI, da Constituição Federal de 1988, do art. 3º da Lei 8.666/1993, do art. 9º, inciso III, in fine, do Decreto nº 7.892/2013, e da jurisprudência do TCU (Acórdãos 757/2015 e 1.297/2015, ambos do Plenário);

[17] Acórdão nº 1202/2014 – Plenário do TCU: (…) 9.2.2. se abstenha de aderir a atas de registro de preços gerenciadas por outros órgãos e entidades quando não restarem devidamente comprovadas a adequação do objeto registrado às suas reais necessidades e a vantagem do preço registrado em relação aos preços praticados no mercado local.

[18] 1. Resta impossibilitada a adesão tardia (carona) nas situações em que o objeto de uma licitação para registro de preços reflete uma necessidade de compatibilidade com uma solução específica, atendendo a características peculiares do órgão licitante (com o agravante de que, por vezes, tal situação pode acarretar uma competição bastante restrita, ainda que não necessariamente indevida), bem assim nos casos em que a adjudicação seja por grupo, o que obrigaria um eventual carona a aderir a toda a solução, e não apenas a itens isolados (Acórdãos nº 756/2017 e 2.600/2017, ambos do Plenário).
2. Por se encontrar no âmbito de discricionariedade do gestor, exige justificativa específica, lastreada em estudo técnico referente especificamente ao objeto licitado e devidamente registrada no documento de planejamento da contratação, a decisão de inserir cláusula em edital prevendo a possibilidade de adesão tardia (carona) à ata de registro de preços por órgãos ou entidades não participantes do planejamento da contratação, à luz do princípio da motivação dos atos administrativos, do art. 37, inciso XXI, da CF/1988, do art. 3º da Lei 8.666/1993 e do art. 9º, inciso III, in fine, do Decreto nº 7.892/2013 (Acórdãos TCU nº 757/2015 e 1.297/2015, ambos do Plenário).

[19] Acórdão TCU nº 2034/2017 – Plenário: 9.4. recomendar à Prefeitura de Santo Antônio do Leverger que, após a aprovação do novo plano de aplicação dos recursos (...), avalie a conveniência e oportunidade de solicitar adesão à Ata de Registro de Preços (...), nos termos do §9º do art. 22 do Decreto 7.892/2013, sem prejuízo da prévia averiguação da compatibilidade dos preços registrados com aqueles praticados nas demais licitações públicas constantes do Banco de Preços em Saúde (BPS);

[20] "Considerando que, diante da diferença de preço constatada entre o Pregão Eletrônico SRP nº 63/2015 e a referida licitação, mostra-se oportuno recomendar aos órgãos participantes do Pregão Eletrônico DGP nº 8/2015 que

uma licitação própria, é requisito essencial para participação como carona da ata. Com efeito, a realidade das unidades administrativas tem demonstrado que essa forma de contratação é usual no setor de compras, sem que haja motivação para sua escolha. Tanto é verdade que o comércio das atas tornou-se uma realidade nefasta para os órgãos públicos, os quais deixam de dar atenção ao planejamento e buscam qualquer documento disponível para resolver sua demanda.

Todo modo, é fato que o legislador positiva o carona, delimitando seu uso, como observa-se no art. 86 e seus §2º, 5º e 6º, exigindo-se a comprovação da vantagem da adesão, inclusive em situações de provável desabastecimento ou descontinuidade de serviço público e a demonstração de que os valores registrados estão compatíveis com os valores praticados pelo mercado na forma do art. 23 da nova Lei.

A isso se soma a necessária e prévia consulta junto à entidade gerenciadora, a qual inclusive realiza o controle dos limites da adesão, e junto ao fornecedor, o qual pode não desejar novos vínculos.

Os signatários da ata de SRP (empresas) não são obrigados a fornecer para o carona. Eles serão consultados a esse respeito pelo órgão gerenciador. Por outro lado, a quantidade máxima para eventual adesão, hoje, consta da Lei, tal qual como descrito no Decreto Federal nº 7.892/13.

Como a Nova Lei de Licitações e Contratações passa a definir a matéria, os entes subnacionais não podem criar limites mais flexíveis, ou seja, os entes subnacionais não podem aumentar os limites do carona porque, agora, a matéria é tratada em lei de efeito nacional. Os limites do carona são calculados utilizando-se como base de cálculo a soma das quantidades dos órgãos gerenciador e participantes.

Os órgãos não participantes (caronas) poderão aderir à ata de registro de preços, observadas as exigências previstas nos incisos do §2º do art. 86 e nos limites descritos nos §4º (50% por adesão, calculados sobre a soma das quantidades do órgão gerenciador e órgãos participantes) e §5º (soma das diversas adesões não pode ultrapassar o dobro da soma das quantidades do órgão gerenciador e órgãos participantes).

Órgãos e entidades da Administração Pública Federal não podem pedir carona em atas estaduais, distritais e municipais (§8º do art. 86). A proibição também já constava do Decreto Federal nº 7.892/13.

Podem existir vedações no mesmo sentido em outras normas. Assim, por exemplo, para saber se um Estado pode aderir a uma Ata de um Município, deve ser consultada a legislação do Estado em tela.

No caso de transferências voluntárias realizadas pela União para os demais entes da federação, destinada à execução descentralizada de programa ou projeto federal, poderá ser exigida a adesão à Ata fruto da licitação realizada pela esfera federal. Nesse caso, não se aplica o limite previsto no §5º do art. 86 (soma das diversas adesões não

---

avaliem a conveniência e a oportunidade de aderir à ata de registro de preços conduzida pelo Hospital de Porto Alegre, quando da contratação do correspondente objeto, notadamente em função de não terem participado da elaboração do edital e da definição das especificações técnicas do objeto da licitação sob análise, podendo ser o objeto do Pregão Eletrônico nº 63/2015 passível de atendimento de suas necessidades" (Acórdão TCU nº 6.549/2016 – 2ª Câmara).

pode ultrapassar o dobro da soma das quantidades do órgão gerenciador e órgãos participantes)[21].

3.2 Preços diversos e a possibilidade de se oferecer proposta para quantitativos inferiores

O legislador delega ao edital também admitir a prática de preços diferentes, em razão de circunstâncias que possam justificar a distinção. Se, por exemplo, licita-se o possível fornecimento de bens a serem entregues em locais diversos, é evidente que o preço ofertado será maior ou menor, a depender da distância. A licitação não será realizada em lote único, mas, ao contrário, se impõe sua divisão em lotes tantos quantos forem os locais, cumprindo à Administração realizar, com cuidado, a fase interna, porque ela deverá antever os reflexos das distintas localidades no custo estimado da licitação.

A isso somam-se outros fatores que o legislador, antecipadamente, destaca nas alíneas do inciso III. São eles: o local de entrega ou prestação do serviço; a forma e o local de acondicionamento; e a variação de preço, porque o quantitativo de um lote é maior do que outro, o que pode justificar preços unitários mais baixos.

O legislador ainda permite que outros motivos justificados no processo possam respaldar a aceitação de preços desiguais, já que é possível que existam custos variáveis por localidade e região.

A nova Lei também permite que o licitante ofereça proposta em quantitativo inferior ao máximo previsto no edital, o que circunscreverá sua obrigação a tal oferta. Essa prerrogativa do licitante de oferecer quantitativo menor do que o total previsto para contratação do objeto descrito no edital permite maior participação de licitantes e, por conseguinte, fomento da competitividade. Se fosse exigido dos licitantes que atendessem ao volume total de bens e serviços especificados para contratação, vários interessados ficariam excluídos por não conseguirem entregar o quantitativo fixado para a entrega.

Cumpre observar que, nos moldes do que já permitia o art. 10 do Decreto Federal nº 7892/13, a Ata de Registro de Preços poderá incluir o licitante vencedor e os demais participantes, desde que assumam o compromisso de fornecer o produto, prestar o serviço ou realizar as obras.

Para a construção do cadastro de reserva, a classificação segue a ordem final do julgamento de proposta, quando os licitantes serão chamados para se manifestarem sobre aprovar sua proposta no valor do licitante vencedor para efeito de registro no cadastro de reserva. Esse procedimento servirá como aproveitamento de certame, visto que evita a realização de nova licitação, caso ocorra alguma hipótese de cancelamento da ata firmada com o vencedor da licitação.

---

[21] Acórdão nº 1851/2022 – Plenário do TCU: Licitação. Registro de preços. Cabimento. Adesão à ata de registro de preços. Estado-membro. Município. Contrato administrativo. Aproveitamento. Vedação Consulta. Não é juridicamente possível o aproveitamento, por órgão federal, de contrato já firmado por órgão estadual ou municipal. O único instrumento legal que possibilita determinado órgão se beneficiar de licitação realizada por outro é a adesão a ata de registro de preços, no âmbito do Sistema de Registro de Preços (SRP); porém é vedada, pelo art. 22, §8º, do Decreto nº 7.892/2013 e pelo art. 86, §8º, da Lei nº 14.133/2021, aos órgãos e entidades da Administração Pública Federal a adesão a ata de registro de preços gerenciada por órgão ou entidades estadual, distrital ou municipal.

A parte final da redação do inciso VI parece autorizar, também, a inclusão de outros fornecedores na ata, autores de outras propostas diversas da apresentada pelo vencedor e que não tenham aceitado ajustá-las para os patamares da proposta do vencedor.

3.4 Modalidades e critério de julgamento

A Nova Lei de Licitações e Contratações conceitua o Sistema de Registro de Preços como o conjunto de procedimentos para realização, mediante contratação direta ou licitação nas modalidades pregão ou concorrência (imperativa para o caso de obras), de registro formal de preços. Como critério de seleção, a nova Lei indica o menor preço ou maior desconto (art. 82, inc. V).

O critério menor preço está disciplinado no art. 34 da Lei nº 14.133/21, o qual prevê que o menor preço deve considerar o menor dispêndio para a Administração, atendidos os parâmetros mínimos de qualidade definidos no edital de licitação.

Com relação ao critério de julgamento maior desconto, cumpre asseverar que a fixação de percentual de desconto máximo configura fixação de preço mínimo, o que é vedado pela Lei nº 14.133/21, a qual estabelece, em seu art. 24, parágrafo único, que o desconto deve incidir no preço estimado ou no máximo aceitável que consta do edital.[22]

De outro vértice, adotado o menor preço, impõe-se o modo de disputa aberto ou a combinação do modo fechado e aberto, em respeito ao que estabelece o §1º do art. 56. Assim, quer se adote o pregão, quer se adote a concorrência, o modo de disputa não poderá ser fechado. É importante considerar que obras demandam uso de concorrência, considerando a circunscrição do pregão para bens e serviços, incluídos os comuns de engenharia.[23]

3.5 Alteração de preços registrados e cancelamento da Ata

A Ata de Registro de Preços, conforme definição legal, é documento vinculativo e obrigacional, com vigência de um ano, podendo ser prorrogado, por igual período, desde que comprovado o preço vantajoso, nos moldes autorizados pelo *caput* do art. 84. Hoje, com a nova Lei, a validade da Ata pode chegar a 2 (dois) anos.

Por seu turno, a Lei nº 8666/93 não aborda a questão da alteração. Mas o Decreto nº 7.892/13 já previa a possibilidade de alteração de preços apenas quando implicasse sua redução. A majoração dos preços registrados não é contemplada no Decreto. A solução desse, em seu art. 19, para os casos nos quais o preço de mercado tornar-se superior aos preços registrados e o fornecedor não puder cumprir o compromisso, é:

---

[22] O TCU, por meio do Acórdão nº 818/2008 – 2ª Câmara, Rel. Min. Aroldo Cedraz, DOU de 03.04.2008, recomenda: 9.3.1.2. Estipular percentuais de desconto máximo, haja vista caracterizar fixação de preços mínimos, o que é vedado pelo art. 40, inciso X, da Lei nº 8.666/1993.

[23] Ver incisos XXXVIII, XLI, do art. 6º da Lei nº 14.133/21.

a) a liberação do fornecedor do compromisso assumido, caso a comunicação ocorra antes do pedido de fornecimento;

b) a não aplicação da penalidade, se confirmada a veracidade dos motivos e comprovantes apresentados; e

c) a convocação dos demais fornecedores para assegurar igual oportunidade de negociação.

Ao final, caso a negociação não chegue a um bom termo, contempla-se a revogação da Ata. Em um olhar míope, revogar a licitação para dar início a novo certame parece soar simples. Porém há um conjunto de esforços envolvidos em um processo licitatório que demostra sua complexidade, como de tempo e de recursos financeiros e humanos. Visto sob esse olhar mais amplo e real, realizar nova licitação pode significar mudanças de agenda, atrasos nos cronogramas e desperdício de custos envolvidos na realização do processo de trabalho, como os citados acima.

Além disso, um novo certame não é certeza de que as propostas futuras serão mais interessantes (preços menores e qualidade de serviços e produtos). Se os preços registrados estão abaixo dos preços de mercado em uma nova licitação, é mais provável que novos e mais elevados valores surjam em detrimento de outros quesitos não apresentados, mas necessários.

Portanto, remeter para o edital a solução, sem embargo de se ter que admitir que o ente federado preveja em ato normativo uma solução única, soa esperançoso para que se adote um olhar distinto do hoje constante do Decreto Federal.

Outro tópico que o legislador não reproduziu do Decreto tem relação com o cancelamento da Ata. O Decreto nº 7.892/13 prevê o cancelamento do registro do fornecedor (art. 20), resultado de um "mau comportamento" do privado, ora o cancelamento do registro de preço (art. 21) ser resultado de fato superveniente, decorrente de caso fortuito ou força maior, que prejudique o cumprimento da ata, devidamente comprovados e justificados por razão de interesse público ou a pedido do fornecedor.[24] Nas duas situações, o Decreto Federal nº 7.892/13 indicava as causas, uniformizando a matéria no âmbito de sua aplicação. A nova Lei não aborda o tema e não fala de forma estratificada: cancelamento do registro do fornecedor e cancelamento do registro de preço.

Também aqui o legislador remeteu ao edital tratar do tema. Novamente, há de se destacar que se o edital pode fazê-lo, a opção do ente federativo poderá ser a de unificar a disciplina, fixando em decreto as referidas hipóteses. Afinal, padronizar está em consonância com o que prescreve a Lei em diversos dispositivos, em especial o art. 19, inciso IV.

Referências

BRASIL. TCU. *Acórdão nº 818/2008* – 2ª Câmara, Rel. Min. Aroldo Cedraz, DOU de 03.04.2008.

BRASIL. TCU. *Acórdão nº 1202/2014* – Plenário.

BRASIL. TCU. *Acórdão nº 757/2015* – Plenário, Rel. Min. Bruno Dantas.

---

[24] A Lei nº 8.666/93 nada trazia sobre isso.

BRASIL. TCU. *Acórdão nº 2197/2015* – Plenário.

BRASIL. TCU. *Acórdão nº 2.438/2016* – Plenário, Rel. Min. José Múcio Monteiro.

BRASIL. TCU. *Acórdão nº 6.549/2016* – 2ª Câmara.

BRASIL. TCU. *Acórdão nº 2901/2016* – Plenário, Rev. Min. Benjamin Zymler.

BRASIL. TCU. *Acórdão nº 248/2017* – Plenário.

BRASIL. TCU. *Acórdão nº 756/2017* – Plenário.

BRASIL. TCU. *Acórdão nº 2034/2017* – Plenário.

BRASIL. TCU. *Acórdão nº 2.600/2017* – Plenário.

BRASIL. TCU. *Acórdão nº 311/2018* – Plenário.

BRASIL. TCU. *Acórdão nº 811/2021* – Plenário.

BRASIL. TCU. *Acórdão nº 848/2021* – Plenário.

BRASIL. TCU. *Acórdão nº 856/2021*– Plenário.

BRASIL. TCU. *Acórdão nº 1.347/2018* – Plenário.

Informação bibliográfica deste texto, conforme a NBR 6023:2018 da Associação Brasileira de Normas Técnicas (ABNT):

FORTINI, Cristiana; CAMARÃO, Tatiana. O Sistema de Registro e Preços na Lei nº 14.133/21. *In*: HARGER; Marcelo (Coord.). *Aspectos polêmicos sobre a nova lei de licitações e contratos administrativos*: Lei nº 14.133/2021. Belo Horizonte: Fórum, 2022. p. 199-209. ISBN 978-65-5518-461-7.

O PROCESSO DE CONTRATAÇÃO DIRETA E A INEXIGIBILIDADE DE LICITAÇÃO: COMO *FAZER A COISA CERTA* COM OS ATALHOS LEGAIS?

ANA CRISTINA MORAES WARPECHOWSKI

SABRINA NUNES IOCKEN

"Temos que pensar as compras governamentais como instrumento de implementação de políticas públicas e de desenvolvimento."
Karen Sabrina Bayestorff Duarte

1 Introdução

Após quase três décadas de existência da Lei nº 8.666/93,[1] entrou em vigor a Lei Federal nº 14.133/21 (NLLC). Ainda que essa tenha revogado parcialmente alguns

---

[1] Os bastidores que justificaram a criação dessa lei foram descritos por Saulo Ramos no livro: *Código da vida*: fantástico litígio judicial de uma família – drama, suspense, surpresas e mistério. São Paulo: Planeta, 2013.

dispositivos e inovado de forma significativa em outros aspectos, as duas leis irão conviver de modo simultâneo por um período, sobretudo no que se refere às regras relativas às licitações e contratações vigentes ou a serem realizadas até abril de 2023 , quando ainda é facultativo ao órgão ou à entidade licitante optar entre uma ou outra. Contudo, apesar de as modificações procedimentais e operacionais, o núcleo duro de propósitos permanece intacto, destinando-se a assegurar à Administração Pública a concretização dos seus objetivos (art. 11) para melhorar a utilização dos recursos públicos em prol da sociedade (+) e, ao mesmo tempo, obstaculizar a prática de sobrepreço, de fraudes e de superfaturamento nas fases de contratação e execução dos contratos (-).

Em síntese: o processo licitatório pode ser compreendido como uma ficção jurídica criada pela racionalidade humana com a finalidade de transmitir a seguinte mensagem aos gestores públicos e às empresas privadas: *façam a coisa certa.*[2]

Na faceta positiva (+), *fazer a coisa certa* conduz o gestor público à *governança das contratações,*[3] o que significa planejar a sua necessidade dentro do orçamento, detalhar o objeto contratual, anunciar para o mercado a sua demanda e estabelecer regras contratuais que garantam o bom cumprimento do pactuado. As regras de licitações e contratos funcionam, portanto, como uma espécie de trilho – *guideline* –, oferecendo um passo a passo que deve ser seguido a fim de mitigar riscos, assegurar a vantajosidade dos contratos e garantir a efetividade do gasto público.

Na faceta negativa (-), *fazer a coisa certa* conduz o gestor público à promoção de um *ambiente íntegro e confiável*, mediante a implementação de mecanismos que inibam a utilização dos contratos públicos como uma forma de se obter benefícios pessoais. Sempre que isso ocorre, há um prejuízo aos interesses públicos envolvidos e ao bem--estar geral da sociedade, pois as políticas são desenhadas e planejadas para espelhar as necessidades coletivas. Os comandos legais atuam, assim, como barreiras limitantes, coibindo práticas ilícitas corrosivas da ética e da moral no trato da coisa pública.[4]

Ao se realizar uma retrospectiva na Lei Federal nº 8.666/93, vê-se que, apesar de ser uma adulta jovem – completou 29 anos em junho de 2021 –, ainda não foi compreendida em toda a sua extensão. Não bastasse isso, é fato notório que a lei "velha" acabou ficando, em diversas passagens, incompatível com novos valores do século XXI, como inclusão, parceria, resolução amigável de conflitos, horizontalização das hierarquias, vidas mais sustentáveis e menos ostensivas, integridade e inovação, que estão, inclusive, materializados nos 17 (dezessete) objetivos de desenvolvimento sustentável (ODS) da Agenda 2030 da ONU e em diversas legislações brasileiras mais recentes (por exemplo, Lei Anticorrupção, Estatuto da Empresa Pública, Lei do Governo Digital e

---

[2] A utilização do termo é para fazer uma referência à obra de Robert M. Sapolsky, intitulada, no original, *Behave: the bioloy of humans our best and worst.* SAPOLSKY, Robert M. *Comporte-se:* a biologia humana em nosso melhor e pior. Trad. de Giovane Salimena e Vanessa Barbara. São Paulo: Companha das Letras, 2021.

[3] É o que determina o parágrafo único do art. 11: "A alta administração do órgão ou entidade é responsável pela *governança das contratações* e deve implementar processos e estruturas, inclusive de gestão de riscos e controles internos, para avaliar, direcionar e monitorar os processos licitatórios e os respectivos contratos, com o intuito de alcançar os objetivos estabelecidos no *caput* deste artigo, promover um *ambiente íntegro e confiável*, assegurar o alinhamento das contratações ao planejamento estratégico e às leis orçamentárias e promover eficiência, efetividade e eficácia em suas contratações". (grifou-se)

[4] Sobre o tema da corrupção, ver: KLAAS, Brian. *Corruptíveis:* o que é o poder, que tipos de pessoas o conquistam e o que acontece quando chegam ao topo. São Paulo, SP: Editora Cultrix, 2022; PAULA, Marco Aurélio Borges de; CASTRO, Rodrigo Pironti Aguirre de. *Compliance, gestão de riscos e combate à corrupção.* 2. ed. Belo Horizonte: Fórum, 2020.

a própria NLLC). Contudo, boa parte do setor público ainda está apegado ao *mindset* analógico,[5] em que prevalecem modelos *top-dowm* de organizações e de tomadas de decisão, faltando-lhe, portanto, a compreensão dos trilhos legais de uma nova era, marcadamente digital e dialógica (*top-down* e *bottom-up* ao mesmo tempo, visto que todos os agentes da cadeia decisória são responsáveis).

Para entender essas nuances comportamentais, é preciso adentrar um pouco na área da Psicologia, que tem muito a ensinar ao Direito, especialmente no que diz respeito à aprendizagem, um dos processos psicológicos básicos dos seres humanos.[6] Aprender está intimamente relacionado com as experiências vivenciadas ao longo da vida e, para viver bem em sociedade, são necessárias regras de indução de condutas, que podem ser feitas, conforme a teoria behaviorista, tanto pelo reforço positivo quanto pelo reforço negativo. Naquele (+), é acrescentado um estímulo agradável depois de uma atitude para aumentar a sensação de bem-estar e provocar a sua repetição, sendo, portanto, uma espécie de recompensa; enquanto que nesse (-), contrariamente, são aumentados os comportamentos para evitar um estímulo desagradável ou receber uma punição, como ocorre quando são imputados ressarcimentos ou sanções.

Posteriormente, já dentro de uma abordagem cognitivista, Albert Bandura[7] formulou a teoria da aprendizagem social, na qual os seres humanos se adaptam ao meio ambiente observando e mimetizando[8] o comportamento dos outros. Dessa maneira, a imitação de atitudes conduz à construção de modelos a serem seguidos, mas também ao aprendizado (consciente ou inconsciente) das consequências de uma ação quando as pessoas são recompensadas ou punidas por realizá-la.

A NLLC utiliza essas duas teorias a fim de estimular que todos os atores envolvidos em licitações e contratações *façam a coisa certa*: além de trazer reforços positivos e negativos, oferece diversos trilhos que podem indicar tanto boas modelagens a serem reproduzidas quanto os maus exemplos a serem evitados e coibidos.

Com a NLLC, novas rotas surgiram, umas mais curtas e outras mais longas, em um cenário de transformação tecnológica em que os novos artefatos remodelaram a própria estrutura operacional administrativa, criando tipos de trilhos digitais. Essas diretrizes já estão contempladas na Lei do Governo Digital (Lei Federal nº 14.129/21), logo, a NLCC assumirá o comando das compras públicas em um ecossistema de Transformação Digital (TD),[9] ou seja, como os trilhos legais foram modernizados para

---

[5] Expressão utilizada pelo Prof. Juarez Freitas, sobretudo ao fazer um contraponto com *mindset* digital impulsionado pelo uso das TICs e pelo impacto da Inteligência Artificial. Ver: FREITAS, Juarez; FREITAS, Thomas Bellini. *Direito e Inteligência Artificial*. 1. ed. Belo Horizonte: Fórum, 2020.

[6] GAZZANIGA, Michael; HEATHERTON, Todd; HALPERN, Diane. *Ciência psicológica*. Trad. Maiza Ritomy Ide, Sandra Maria Mallmann da Rosa, Soraya Imon de Oliveira. Revisão técnica: Antônio Jaeger. 5. ed. Porto Alegre: Artmed, 2018. cap. 6, p. 221-263.

[7] Para a referência à obra de Albert Bandura, ver: GAZZANIGA, Michael; HEATHERTON, Todd; HALPERN, Diane. *Op. Cit.*, p. 254-259.

[8] Sobre a memética, que trata do estudo da estrutura, do funcionamento e da transmissão dos memes, o cientista francês Rosney enfatiza que ela não se limita aos indivíduos biológicos, mas também se aplica aos elementos da cultura. "A memética permite analisar, sob o prisma global, a evolução da sociedade e as mutações fundamentais que criam as mudanças (…)" (ROSNEY, Joël de. *A sinfonia da vida*: como a genética pode levar cada um a reger seus destinos. São Paulo: Planeta do Brasil, 2019. p. 149-150).

[9] DIAS, Ricardo Cunha; GOMES, Marco Antônio Santana. Do governo eletrônico à governança digital: modelos e estratégias de governo transformacional. Public Sciences & Policies. *Ciências e Políticas Públicas*, Lisboa, v. VII, n. 1, p. 93-117, 2021. Disponível em: https://capp.iscsp.ulisboa.pt/images/CPP/V7N1/3_V7_N1_PT.pdf. Acesso em: 10 ago. 2021.

incorporar e inserir parte das chaves de leitura contemporâneas, é possível dizer que a nova lei irá promover o aprendizado por meio da observação do desempenho das contratações públicas.

No campo das licitações e contratações, o impacto da TD tem impulsionado diversas mudanças, sobretudo pelo uso de plataformas e de outras tecnologias, como *blockchain*.[10] Nesse sentido, a formulação de ferramentas inovadoras está em consonância com os valores e as demandas próprias de uma sociedade que se transforma em digital e que coloca o ser humano no centro da inovação e da transformação tecnológica, na chamada "sociedade 5.0".[11] Nesse novo paradigma de Administração Pública, o uso da tecnologia supera a facilidade no acesso aos serviços e impõe, de modo transversal, um novo arquétipo de confiança,[12] que se ergue em meio às necessidades de transparências ativa e passiva das informações, do aumento disruptivo da capacidade de processamento e da necessidade de maior agilidade nos processos decisórios. O setor público precisa, assim, aprender a percorrer esses trilhos para começar a atuar nessa nova linguagem.

Atualmente, considerando o grande volume de recursos que não segue o rito licitatório – de acordo com a Controladoria-Geral da União, no ano de 2020, do total de R$35,53 bilhões de recursos federais, 51,37% das contratações foram diretas, sendo 24,33% de dispensas, 16,59% de inexigibilidades e 10,45% sem processo licitatório[13] –, o tema das compras públicas diretas é da mais alta relevância, já que pode estar predominando na Administração Pública e gerando reflexos na realização das políticas públicas nacionais. A par disso, a recente Lei Complementar nº 182/21, que instituiu o marco legal das *startups* e do empreendedorismo digital, reconhece expressamente o impacto do uso do poder de compra do Estado (art. 12, II), o que revela a importância de se promover a transição para uma Administração Pública que utilize, de fato, os instrumentos negociais mais modernos como uma forma de melhor gastar o dinheiro público.

Com base nesses pressupostos, o presente capítulo dedicar-se-á ao exame das regras contidas nos arts. 72 a 74 da NLLC, englobando a teoria geral das contratações diretas, as hipóteses de inexigibilidade de licitação, inclusive das compras públicas de inovação, e as principais questões envolvendo a responsabilização dos gestores e contratados no caso de ocorrência de dano ao erário. E, como o próximo capítulo irá tratar mais detidamente sobre as regras do art. 75, as contratações diretas por dispensa não serão aqui abordadas.

---

[10] O governo do estado de Santa Catarina publicou, no DOE do dia 9 julho de 2021, o acordo de cooperação técnica entre a Secretaria de Estado da Administração, mais especificamente pela Diretoria de Gestão de Licitações e Contratos, e a Rutgers University, por intermédio da Rutgers Accounting Research Center and Continuous Auditing & Reporting Lab, com a finalidade de viabilizar projetos e ações voltadas ao aprimoramento nas contratações públicas no âmbito do estado de Santa Catarina, inclusive para a utilização *blockchain* em órgãos públicos, ajudando o setor público a garantir lisura e transparência em processos de contratação. Em apertada síntese, *blockchain* é uma base de dados como um livro-razão, compartilhado e imutável, usado para registrar transações, rastrear ativos e aumentar a confiança entre as partes. Disponível em: https://www.jusbrasil.com.br/diarios/1135714904/doesc-09-07-2021-pg-26. Acesso em: 23 dez. 2021.

[11] Mais informações: https://www.brasil50.org.br/. Acesso em: 02 dez. 2021.

[12] Ver: PEYREFITTE, Alain. *A sociedade de confiança*: ensaio sobre a origem e a natureza do desenvolvimento. Rio de Janeiro: Topbooks, 1999.

[13] Disponível em: http://www.portaltransparencia.gov.br/contratos. Acesso em: 17 jan. 2022.

2 Teoria geral das contratações diretas na NLLC

A contratação direta pode ser concebida como uma espécie de atalho que, mesmo sendo mais célere e mais curto, não dispensa a observância de regras mínimas para garantir a idoneidade da contratação.[14] Por isso, é imprescindível a autuação de um processo administrativo destinado à ordenação dos documentos de instrução, que devem estar numerados em ordem cronológica, para dar transparência aos atos administrativos e garantir o acesso ao controle social e aos órgãos de fiscalização internos e externos, incumbidos da averiguação da conformidade, legalidade e do bom uso do dinheiro público. Essa sistematização já era obrigatória nos processos físicos, de acordo com os critérios elencados no art. 38 da Lei Federal nº 8.666/93, e também o é nos processos eletrônicos, em que é eliminado o uso de papel e são utilizadas as tecnologias da informação para conferir sustentabilidade, economicidade e celeridade, formato, aliás, que deve ser preferencialmente adotado, nos termos do art. 12 da NLLC.

Vale lembrar que, na Lei Federal nº 8.666/93, constava a obrigação de se ter um processo específico para toda e qualquer contratação direta sem licitação, conforme a previsão do art. 26. Os requisitos eram poucos e diziam respeito, basicamente, à motivação, à publicidade e à comprovação, em regra, da razão da escolha do contratado e da justificativa do preço, objetivando lastrear a celebração do contrato. A depender da hipótese, poderia haver a necessidade de serem documentados outros elementos de prova, como a caracterização da situação de emergencialidade para a dispensa do inciso IV do art. 24, o documento de aprovação dos projetos de pesquisa aos quais os bens seriam alocados ou, em se tratando da inexigibilidade do inciso II do art. 25, as provas da singularidade dos serviços técnicos e da notória especialização do profissional ou da empresa contratada. E, não menos importante, toda compra pública deveria ser precedida da caracterização do objeto e da indicação dos recursos orçamentários (art. 14).

Acontece que, na prática, muitos órgãos e muitas entidades públicos deixavam – como ainda deixam – de criar os processos físicos ou eletrônicos ou de instruí-los com os requisitos legais mínimos, atraindo nulidades absolutas (art. 59), crimes (art. 89) e responsabilidades civis e administrativas (art. 82), gerando insegurança jurídica e prejuízos para o contratado, a Administração Pública e a coletividade. Em última instância, acabam lesando o contribuinte, que é onerado com o mau uso dos recursos públicos arrecadados com os tributos, principal fonte da receita estatal.

Nem mesmo em tempos mais recentes em que já é possível o manuseio das novas tecnologias e da existência, inclusive, de plataformas institucionais destinadas à fiscalização e ao controle, obteve-se o êxito pretendido, causando desperdícios de dinheiro público por ausência, pura e simples, de aplicação da lei. Desse modo, embora inúmeras críticas tenham recaído sobre uma possível desatualização da Lei Federal nº 8.666/93, há questões comportamentais negativas (-) que precisam ser consideradas nesse não querer aplicá-la e que vão desde a falta de conhecimento, tanto da lei quanto da gestão pública, até a prática de atos corruptivos, contribuindo para o emperramento da máquina

---

[14] O inciso XXI do art. 37 da Constituição Federal de 1988 impõe como regra a licitação, devendo as exceções estarem disciplinadas em lei.

estatal. Ao revés, o uso adequado das contratações diretas promove, sim, a geração de impactos positivos (+) a todos os atores da contratação e beneficiados diretos e indiretos.

Com o desgaste generalizado da "velha" lei, o Congresso Nacional aprovou a NLLC, trazendo diversos valores da modernidade para dentro das regras gerais de licitação. Porém, essa alteração legislativa não será suficiente para estancar a recorrência ou a reincidência dos problemas já identificados, pois são necessárias duas grandes mudanças comportamentais daqueles que a utilizarão: primeiro, dispor-se a aplicar a lei nos seus termos e, segundo, romper com a inércia para converter a cultura organizacional analógica em digital. Caso contrário, continuará a mesma situação de inefetividade regulatória, executória e, consequentemente, fiscalizatória, uma vez que muitos dos danos causados ao erário ainda não estão sendo mensurados por ausência de métricas viáveis de avaliação do desempenho, agravando, com isso, os desperdícios de dinheiro público e a impunidade.

No que tange mais especificamente às contratações diretas, a NLLC chegou com uma técnica legislativa melhor. O capítulo VIII, que trata da matéria, está dividido em três seções e possui uma processualística específica com uma sequência lógica das regras a serem utilizadas para a justificação dos atos administrativos e das hipóteses de inexigibilidades e dispensas.

Dentro da teoria geral das contratações diretas, o art. 72 estabelece o dever explícito de formalização processual, considerada por Jacoby Fernandes[15] uma das principais mudanças da nova legislação em relação à contratação direta. O dispositivo traz o elenco dos documentos mínimos de instrução necessários para que se tenha maior segurança e transparência na celebração de um contrato sem o respaldo de uma licitação. Mas essas regras não estão sozinhas, pois existe um entrelaçamento com outros diplomas legais, aplicáveis de forma subsidiária (art. 15), como a lei federal do processo administrativo (Lei nº 9.784/99) e o Código de Processo Civil (Lei nº 13.105/2015), o que propicia o melhoramento – *enhancement* – tanto na organização quanto na aplicação do conteúdo da NLLC.

Assim, ressalta-se a importância do estudo pormenorizado de cada um dos documentos de instrução do processo de contratação direta, como será feito na sequência.

2.1 A instrumentalização do processo de contratação direta

A depender do objeto da contratação direta, alguns documentos serão dispensáveis. A Administração Pública não pode estar restrita ao critério de quantidade, devendo primar, em especial, pela qualidade e suficiência documental, a fim de demonstrar, a qualquer interessado, que as fases interna e externa da contratação preenchem adequadamente todos os requisitos legais aplicáveis ao caso concreto. Prossegue-se o exame de cada um dos documentos contidos nos incisos do art. 72 da NLLC.

---

[15] FERNANDES, Ana Luiza Jacoby; FERNANDES, Murilo Jacoby; FERNANDES, Jorge Ulisses Jacoby. *Contratação Direta Sem Licitação*. 11. ed. Belo Horizonte: Fórum, 2021. p. 68.

a) Documento de formalização de demanda e, se for o caso, estudo técnico preliminar, análise de riscos, termo de referência, projeto básico ou projeto executivo.

A formalização da demanda inicia-se com o pedido da área demandante devidamente motivado. O que, por que e como contratar devem ser as primeiras informações do processo, pois a autoridade competente decide, dentro do seu poder discricionário – ou seja, escolhe por conveniência e oportunidade dentro das possibilidades legais –, e deve deixar registradas as seguintes informações: (a) qual é o objeto; (b) por que esse objeto é necessário para a Administração Pública; e (c) o que motiva a escolha da modalidade pela qual se dará a contratação direta.

Adicionalmente, a depender da complexidade do objeto a ser contratado, o processo deverá ser instrumentalizado com outros documentos, a saber:

a.1) Estudo Técnico Preliminar (ETP): é um instrumento que serve tanto para a identificação de uma necessidade quanto para a escolha da melhor solução dentre aquelas que estão disponíveis no mercado. Ainda que já estivesse presente na Lei Federal nº 8.666/93 (inciso IX do art. 6º, inciso I do art. 13 e art. 46), o ETP ganhou mais destaque com a NLLC, porquanto busca estimular a inovação e a atualização nas compras públicas, na medida em que parte da necessidade administrativa para identificar as soluções disponíveis no mercado e induzir a melhor escolha dentre as possíveis.[16]

O ETP é, assim, o documento constitutivo da primeira etapa do planejamento de uma determinada demanda e nele contém as análises realizadas em termos de requisitos, alternativas, escolhas, resultados pretendidos e demais características. Essas informações servirão de base ao anteprojeto, ao termo de referência ou ao projeto básico, caso se conclua pela viabilidade da contratação.

A elaboração do ETP foi regulamentada no âmbito federal por meio da Instrução Normativa nº 40 (SEGES/ME), de 22 de maio de 2020, a qual traz 13 incisos em seu art. 7º, que ajudam a orientar as definições quantitativas e qualitativas do problema/demanda da Administração. Com o foco no problema, o ETP objetiva permitir que novas soluções possam ser percebidas e adquiridas pelo órgão público.

O sistema ETP Digital solicita que seja preenchido o número do processo administrativo, de modo a especificar a necessidade (descrição da necessidade; área requisitante, descrição dos requisitos da contratação), a solução (levantamento de mercado; descrição da solução como um todo, estimativa das quantidades a serem contratadas; estimativa do valor da contratação; justificativa para o parcelamento ou não da solução; a existência de contratações correlatas e/ou interdependentes; o alinhamento entre a contratação e o planejamento), o planejamento (resultados pretendidos; providências a serem adotadas; possíveis impactos ambientais) e a viabilidade (declaração de viabilidade e a identificação de quem está redigindo o ETP, sendo no mínimo dois responsáveis a serem cadastrados).[17]

---

[16] Sobre a distinção entre os institutos do ETP e TR, *vide* Paulo José Ribeiro Alves no Portal de Compras Públicas. Disponível em: https://www.youtube.com/watch?v=kN2EGaKpjOQ&list=UUHLvZbqKOmsHPuj_-RkD3q Q&ab_channel=PortaldeComprasP%C3%BAblicas. Acesso em: 20 dez. 2021.

[17] O manual do ETP Digital está disponível em: https://www.gov.br/compras/pt-br/acesso-a-informacao/manuais/ manual-etp-digital. Acesso em: 21 jan. 2022.

Dessa maneira, o ETP serve para atualizar a Administração Pública sobre as novas soluções disponíveis no mercado, de modo a melhor identificar a demanda/necessidade do setor.[18] Exemplifica-se. "Ter" água potável para os servidores de um órgão público pode decorrer de diversas soluções disponíveis no mercado, como (a) compras de bombonas de água mineral, que podem envolver outras contratações, como o serviço de manutenção para carga, descarga e troca dos cascos, além de copeiragem para a higienização dos suportes; (b) compras de aparelhos de filtragem ou purificação da água, que também podem gerar outras contratações, como a reposição dos refis e manutenção; (c) aluguel dos aparelhos de filtragem ou purificação da água, incluindo-se a reposição de materiais e manutenção; e (d) aluguel de máquina de compartilhamento de água com sistema avançado de purificação e redução de custos devido à padronização,[19] dentre outras possibilidades. A partir desse exemplo de objeto aparentemente simples, é possível verificar a quantidade de tomadas de decisões envolvidas em busca da solução mais vantajosa para a Administração, não só a curto, mas a médio e a longo prazo. Com o ETP, haverá elementos para identificar se realmente é o caso de contratação direta e, não o sendo, poderão ser adotadas as medidas para o prosseguimento com a licitação do objeto pretendido.

a.2) Análise de Riscos (AR): é uma avaliação dos principais perigos que poderão ocorrer durante a contratação, isto é, uma ação refletida que tem por objetivo projetar quais intercorrências prejudicarão o planejamento realizado. Certamente, é recomendável que essa avaliação não seja estanque no tempo ou feita somente no início do processo administrativo, já que, por se tratar de uma previsão, pode estar sujeita às variações e incertezas do momento. Por isso, devem ser feitos os ajustes necessários, a fim de proteger não só a Administração Pública, mas também o contratado.

Além dessa análise de identificação dos riscos, ainda que provisória, que pode ser chamada de positiva (+), é fundamental que, inexistindo qualquer ameaça, o gestor público realize o exame negativo (-) dos riscos, expondo os motivos os quais o levaram a concluir pela ausência de ameaças à integridade da relação contratual. Conforme a ABNT NBR ISO 37001:2017 – que cria sistemas de gestão antissuborno[20] – e demais normas técnicas, o risco é traduzido por meio da análise dos efeitos – positivos ou negativos – e dos potenciais impactos que podem ocasionar sobre os objetivos de uma determinada organização. Como regra geral, o risco é classificado de acordo com a sua probabilidade de ocorrência e pode ter naturezas diversas: operacionais, tecnológicas, patrimoniais, estratégicas e de integridade (possibilidade de fraudes e corrupção).

De outro lado, em que pese seja recomendável a elaboração da matriz de riscos para que conste nos autos do processo administrativo, a sua ausência não significa que a possibilidade de haver contratempos deixou de ser analisada. A autoridade administrativa pode optar por não explicitar os riscos e as responsabilidades de maneira

---

[18] Sobre o tema, *vide* o webinário promovido pelo IPEA, disponível em: https://www.youtube.com/watch?v=-v4wInTsqz_E&ab_channel=InstitutodePesquisaEcon%C3%B4micaAplicada. Acesso em: 21 jan. 2022.

[19] Como exemplo: https://purificatta.com.br/empresas/. Acesso em: 14 jan. 2022. Ver também: GANSKY, Lisa. *Mesh*: por que o futuro dos negócios é compartilhar. Trad. de Carolina Maria Alampi e Alexandra Machado Toste. 1. reimp. Rio de Janeiro: Alta Books, 2011.

[20] Mais informações: https://www.normas.com.br/visualizar/abnt-nbr-nm/11910/abnt-nbriso37001-sistemas-de-gestao-antissuborno-requisitos-com-orientacoes-para-uso. Acesso em: 24 jan. 2022.

formal, mas, em qualquer hipótese, será necessária a exposição dos motivos da tomada de decisão.[21]

a.3) Termo de Referência (TR): é o instrumento que irá detalhar o objeto contratual. A descrição do objeto deve ser precisa, clara e suficiente e deve trazer somente o necessário, não podendo ser nem além (algo que poderia causar restrição à competitividade) nem aquém (algo que conduziria ao fracasso do procedimento por não ser possível identificar o objeto contratual pelos eventuais interessados na contratação).

O TR é imprescindível para a contratação de bens e serviços e deve conter os parâmetros e elementos descritivos elencados no inciso XXIII do art. 6º, nas alíneas "a" a "j", da NLLC. Por isso, pode ser considerado como o trilho contratual, no qual já estarão descritas todas as regras e cláusulas do pacto a ser celebrado entre a Administração Pública e o contratado.

a.4) Projeto Básico (PB): é o conjunto de elementos que definem e dimensionam uma obra ou serviço, ou o complexo de obras ou de serviços objeto da contratação, assegurando a viabilidade técnica, o adequado tratamento do impacto ambiental, a avaliação do custo da obra e a definição dos métodos e prazos de execução. Deve ser instruído com os elementos do inciso XXV do art. 6º, descritos nas alíneas "a" a "f", da NLLC.

a.5) Projeto Executivo (PE): é o conjunto de elementos necessários e suficientes à execução completa da obra, detalhando as soluções contidas no projeto básico, a identificação dos serviços, materiais e equipamentos a serem incorporados à obra, bem como as especificações técnicas, conforme normativas próprias. Esse conceito consta no inciso XXVII do art. 6º da NLLC.

Com efeito, quanto mais completos os documentos estiverem, maiores serão o planejamento e a transparência dos atos administrativos. E vice-versa: a maior transparência das informações conduzirá à retroalimentação do planejamento, criando estímulos para que as contratações públicas, entre elas as diretas, sejam eficientes, eficazes e efetivas, cumprindo com os objetivos insertos no art. 11 da NLLC.

Na esfera federal, por exemplo, foi desenvolvido o Sistema de Planejamento e Gerenciamento de Contratações (PGC)[22] que se destina à consolidação de todas as informações sobre as contratações que o órgão ou a entidade pretende realizar no exercício subsequente, acompanhadas dos respectivos estudos preliminares e do gerenciamento dos riscos. O PGC foi regulamentado pelo Decreto nº 10.947/22 que explicita (art. 5º) os seguintes objetivos do sistema: (i) racionalizar as contratações das unidades administrativas de sua competência, por meio da promoção de contratações centralizadas e compartilhadas, a fim de obter economia de escala, padronização de produtos e serviços e redução de custos processuais; (ii) garantir o alinhamento com o planejamento estratégico, o plano diretor de logística sustentável e outros instrumentos de governança existentes; (iii) subsidiar a elaboração das leis orçamentárias; (iv) evitar o fracionamento de despesas; e (v) sinalizar intenções ao mercado fornecedor, de forma a aumentar o diálogo potencial com o mercado e incrementar a competitividade.

---

[21] FERNANDES, *et al. Op. Cit.*, p. 73.

[22] A apresentação do PCG pode ser consultada no link: https://www.gov.br/compras/pt-br/sistemas/conheca-o-compras/sistema-de-planejamento-e-gerenciamento-de-contratacoes/serie-nova-lei-de-licitacoes-um-ano-para-a-construcao-do-futuro. Acesso em: 04 set. 2022.

Daí a importância de ser replicado esse sistema PGC nas demais esferas subnacionais, para que os seus Planos de Contratações Anuais representem as verdadeiras necessidades da Administração Pública, dando-se concretude àquilo que está exposto no inciso VII do *caput* e no §1 do art. 12 da NLLC. Nesse sentido, o próprio art. 4º do Decreto nº 10.947/22 prevê a possibilidade de cessão do uso do PGC, por meio de termo de acesso, a órgão ou entidade dos Poderes da União, dos Estados, do Distrito Federal e dos Municípios.

b) Estimativa *de despesa, que deverá ser calculada na forma estabelecida no art. 23.*

Em geral, a Administração realiza uma pesquisa no mercado com três orçamentos para estimar a despesa, fazendo uma média aritmética dos valores ofertados para, posteriormente, utilizar como parâmetro na hora de justificar a escolha da melhor proposta. Essa técnica, muitas vezes, não revela a verdadeira vantagem da compra pública se houver uma certa limitação da hora de consultar determinados fornecedores ou prestadores de serviços. Além disso, a depender do objeto a ser contratado (como no exemplo da água anteriormente descrito), nem sempre o menor preço revela a melhor escolha em termos de sustentabilidade econômica, ambiental e social.

Dessa forma, somente haverá um aprimoramento na estimativa dos custos se forem feitas a ampliação e a diversificação das fontes de pesquisa. De acordo com Chaves,[23] a Administração deve proceder a uma verdadeira "análise de mercado", ou seja, uma investigação das condições mercadológicas a respeito do objeto que se pretende contratar. E é com esse intuito que o §4º do art. 23 da NLLC elenca duas possibilidades para a aferição do preço de mercado nas hipóteses de contratações diretas por inexigibilidade ou dispensa, quais sejam: (a) estimar o valor na forma estabelecida nos §§1º, 2º e 3º do art. 23 com pesquisas em bancos de dados públicos, utilizando-se de informações disponíveis no Portal Nacional de Compras Públicas (PNCP); ou b) exigir do contratado a comprovação prévia de que os preços estão em conformidade com os praticados em contratações semelhantes de objetos de mesma natureza, por meio da apresentação de notas fiscais emitidas para outros contratantes no período de até 1 (um) ano anterior à data da contratação pela Administração ou por outro meio idôneo.

Cabe recordar que o levantamento do preço no mercado com diferentes meios de pesquisa é uma das etapas do ETP. Além de fornecer um valor para mensurar a necessidade identificada pela Administração, a pesquisa serve, também, como base de consulta às possíveis soluções já disponíveis no mercado e que tenham sido exitosas em outros órgãos públicos. Nesse caso, a aprendizagem por observação é estimulada, cujo resultado conduzirá à utilização adequada dos atalhos legais.

É fato notório que a Administração Pública federal está mais avançada na regulamentação infralegal destinada a se adaptar à NLLC. Portanto, cabe aos entes

---

[23] CHAVES, Luiz Cláudio de Azevedo. *A Atividade de planejamento e análise de mercado nas contratações governamentais.* 2. ed. Belo Horizonte: Fórum, 2021. p. 93. O autor traz, ainda, a provocação sobre a cultura equivocada das três cotações.

subnacionais e aos legislativos locais criarem as suas regras, conforme as suas realidades, para dar esse salto de qualidade na governança das contratações; mas, enquanto isso não acontecer, os critérios federais servirão de trilho normativo, a exemplo da Instrução Normativa SEGES/ME nº 65/21, em que está elencado o rol mínimo de documentos a serem utilizados para respaldar a pesquisa de preços (art. 3º): a descrição do objeto a ser contratado; a identificação do(s) agente(s) responsável(is) pela pesquisa ou, se for o caso, da equipe de planejamento; a caracterização das fontes consultadas; a série de preços coletados; o método estatístico aplicado para a definição do valor estimado; as justificativas para a metodologia utilizada, em especial para a desconsideração de valores inconsistentes, inexequíveis ou excessivamente elevados, se aplicável; a memória de cálculo do valor estimado e os documentos que lhe dão suporte; e a justificativa da escolha dos fornecedores.

Nessa mesma IN, o art. 7º traça as regras específicas para a pesquisa de uma contratação direta, podendo ser utilizados os parâmetros gerais (art. 5º), de forma combinada ou não, como: a composição de custos unitários coletados em bancos de dados governamentais; contratações similares realizadas pela Administração Pública, que estejam em execução ou tenham sido concluídas em até um ano antes; dados de pesquisa publicada em mídia especializada; pesquisa direta com fornecedores; e pesquisa na base nacional de notas fiscais eletrônicas. Com isso, haverá subsídios para avaliar se está sendo escolhido o melhor preço (ver alínea "g").

c) Parecer jurídico e pareceres técnicos, se for o caso, que demonstrem o atendimento dos requisitos exigidos.

A obrigação de constar pareceres jurídico e técnico nas contratações por dispensa ou inexigibilidade já se encontrava no inciso VI do art. 38 da Lei Federal nº 8.666/93. A NLLC apenas robusteceu esse dever ao deixar expresso, no inciso III do art. 72, que o assessoramento deve ser efetivo, indicando se estão, ou não, cumpridos os requisitos legais para a celebração do contrato.

Embora possam ser solicitados pareceres de profissionais de diferentes áreas do conhecimento humano, a linguagem deve ser simples e compreensível. As opiniões técnicas têm de ser redigidas de forma clara, objetiva e precisam apreciar se estão presentes todos os elementos necessários à contratação direta.

Nesse aspecto, como a NLLC não colocou prazo específico para a elaboração dos pareceres, a Administração Pública deverá dimensionar a capacidade (técnica e estrutural) dos seus órgãos de assessoramento, a fim de possibilitar que as avaliações sejam feitas com tempestividade e qualidade, evitando, com isso, a interrupção no fluxo das demandas administrativas.

d)Demonstração da compatibilidade da previsão de recursos orçamentários com o compromisso a ser assumido.

O dispositivo está em consonância com a Lei de Responsabilidade Fiscal, mais especificamente no que diz respeito à obrigação constante no inciso II do art. 16. O ordenador das novas despesas precisa certificar se elas estão em consonância com a Lei Orçamentária Anual (LOA) e se são compatíveis com o Plano Plurianual (PPA) e a Lei de Diretrizes Orçamentárias (LDO), sob pena de serem consideradas não autorizadas, irregulares e lesivas ao patrimônio público.

Assim, deve-se mensurar o impacto e provar que existe compatibilidade entre as previsões de recursos e as despesas a serem assumidas para que não sejam contraídas obrigações sem os lastros orçamentário e financeiro.

e) Comprovação de que o contratado preenche os requisitos de habilitação e qualificação mínima necessária.

A habilitação refere-se ao preenchimento dos requisitos legais ou normativos para o desempenho de uma profissão ou atividade específica. Para as contratações oriundas de licitações, o Capítulo VI da NLLC trata da fase de habilitação, na qual são coletadas as informações e os documentos necessários para comprovar que o licitante cumprirá o pacto por meio da averiguação da sua saúde jurídica, técnica, fiscal, social, trabalhista e econômico-financeira, conforme documentos que constam nos arts. 68 e 69. Já no caso das contratações diretas, embora o inciso V do art. 72 tenha deixado em aberto quais seriam os requisitos de habilitação, sempre é recomendável solicitar o maior número de dados possível para resguardar o interesse público.

De outro lado, a qualificação mínima necessária diz respeito à comprovação do desempenho do futuro contratado em objetos similares ou idênticos. O art. 67 da NLLC elenca quais são as provas da qualificação técnico-profissional ou técnico-operacional que podem estar relacionadas tanto ao sujeito (registro no conselho de profissional, atestado de responsabilidade técnica, certidões ou atestados) como à estrutura da empresa (indicação da equipe técnica, instalações, aparelhamento, prova do atendimento das regras de lei especial etc.). Aqui, novamente: a depender do objeto que será contratado diretamente, não é necessário esgotar os documentos de qualificação, cabendo ao órgão ou à entidade pública indicar nos autos do processo administrativo quais são os elementos garantidores da experiência ou da estrutura do futuro contratado.

Para diferenciar esses dois requisitos, cita-se o exemplo de uma contratação direta de um engenheiro: o profissional pode ter CPF e a regularidade perante os fiscos (habilitação), mas não estar ativo perante o conselho profissional ou não ter a experiência para desenvolver um projeto mais complexo (qualificação).

f) Razão da escolha do contratado.

Esse é o documento que lastreia a tomada de decisão, indicando, de forma precisa e sem subjetivismos, os motivos pelos quais será escolhido determinado profissional ou empresa. No caso, as opiniões jurídicas e/ou técnicas e as demais provas são uma decorrência lógica da escolha; porém, se houver algum outro motivo que impeça a contratação, os agentes públicos terão de deixar por escrito os motivos pelos quais se recusam a dar seguimento.

g) Justificativa do preço.

Com a ampliação das fontes de pesquisas dos preços praticados no mercado, haverá mais dados disponíveis para a justificação do preço. Contudo, se não for possível estimar o valor na forma supramencionada (item "b"), o §1º do art. 7º da Instrução Normativa SEGES/ME nº 65/2021 autoriza que a justificativa seja feita com base nos valores das contratações de objetos idênticos já comercializados pela futura contratada, mediante a apresentação das notas fiscais de outros ajustes, públicos ou privados, no período de até um ano antes da consulta, ou por outro meio idôneo.

Em casos excepcionais de empresas que não tenham firmado contratos que sirvam como parâmetro exato, a justificativa do preço, de acordo com o §2º do art. 7º da Instrução Normativa SEGES/ME nº 65/2021, poderá ser feita com objetos semelhantes de mesma natureza, desde que apresentadas as especificações técnicas que demonstrem a similaridade com aquele que se pretende adquirir.

E é claro: se a justificativa do preço demonstrar que há viabilidade de competição, está vedada a contratação direta por inexigibilidade. Nessa hipótese, poderá ser averiguada a possibilidade de enquadramento nos casos de dispensa ou, se também não for possível, será obrigatória a realização de licitação para que se alcance o objeto pretendido.

h) Autorização da autoridade competente.

Após a devida instrução do processo administrativo de contratação direta, o gestor responsável pela assinatura do contrato terá maior segurança na hora de decidir. Todos que participam do processo, inclusive o contratado, têm a sua parcela de responsabilidade pelos atos decisórios, sendo descabida a alegação de falta de conhecimento. Logo, o aprendizado social também se estende à alta Administração, pois é sua a obrigação de exigir o cumprimento de cada um dos requisitos acima elencados e de eliminar os ruídos[24] que possam existir na cadeia decisória.

---

[24] KAHNEMAN, Daniel; SIBONY, Oliver; SUNSTEIN, Cass R. *Ruído*: uma falha no julgamento humano. Trad. de Cássio de Arantes Leite. 1. ed. Rio de Janeiro: Objetiva, 2021.

i) Publicação do extrato.

Por fim, o parágrafo único do art. 72 materializa tanto a publicidade quanto a transparência das contratações diretas. E isso porque o extrato do contrato deve ter ampla divulgação no *site* oficial da Administração Pública e em outros portais da *Internet*, permitindo que seja realizado o controle (social, interno e externo) sobre os atos praticados em nome da coletividade.

2.2 Os novos sistemas como mecanismos de aprendizagem social

O Portal Nacional de Contratações Públicas (PNCP), consoante dispõe o art. 174 da NLLC, tem por finalidade não só a divulgação centralizada e obrigatória de atos, como também se destina, ainda que de modo facultativo, aos demais entes federados.[25] Com a ampla publicidade das contratações promovidas pelos órgãos e entidades das demais esferas governamentais, haverá a formação de um banco de dados que servirá para ampliar as pesquisas dos preços e as soluções já disponíveis no mercado. E isso conduz à efetividade de um *Estado em rede*,[26] que aprende por meio da observação daquilo que funciona (copiando boas práticas) ou não (reprimindo condutas ilícitas).

Em agosto de 2021, o Ministério da Economia promoveu o lançamento oficial do PNCP, disponibilizando, em sítio eletrônico específico, parte das funcionalidades descritas na NLLC, inclusive aquelas relacionadas à publicidade dos instrumentos contratuais. Conforme a regra prevista no inciso II do art. 94 da NLLC, o prazo para a publicação no PNCP e no Diário Oficial da União será de 10 (dez) dias úteis, contados da data da assinatura do contrato que resultou do processo de contratação direta, como condição de eficácia.

O Tribunal de Contas da União (TCU) reconheceu que o PNCP revela a inequívoca intenção da NLLC em identificá-lo como o instrumento que concretizará o princípio da publicidade, promovendo a transparência ativa e incentivando a transparência passiva na Administração Pública.[27]

Apesar disso, ainda existem problemas a serem enfrentados para a efetividade do PNCP.[28] No âmbito interno do próprio TCU, a discussão levou à instauração de um processo administrativo para avaliar a imediata aplicação da NLLC aos procedimentos de contratação direta, por dispensa de licitação, em razão do valor, de bens e serviços.

---

[25] Cita-se, por exemplo, o portal de compras do Estado de Santa Catarina, disponível em: http://www.portalde-compras.sc.gov.br/.

[26] "Neste sentido, abre-se o contexto das relações entre os diversos entes da federação (União, Estados, Distrito Federal e Municípios), assim como entre suas respectivas administrações e os entes privados, uma série de associações de esforços comuns, visando à realização de serviços públicos e demais atividades de interesse público" (MIRAGEM, Bruno. *Direito administrativo aplicado*. 3. ed. rev., atual. e ampl. São Paulo: Revista dos Tribunais, 2017. p. 38).

[27] BRASIL. TCU. TC nº 008.967/2021-0. Sessão 13 out. 2021. Acórdão-Plenário nº 2.458/21. Ministro Augusto Nardes.

[28] Mais informações: https://www.gov.br/compras/pt-br/acesso-a-informacao/eventos/webinar-de-lancamento-do-portal-nacional-de-contratacoes-publicas-pncp.

Em recente julgamento, ficou expressa a dificuldade de alimentação do sistema, como se extrai do Acórdão-Plenário nº 2.458/21 do TCU,[29] na seguinte passagem:

> A dificuldade reside, sobretudo, no fato de não haver possibilidade de alimentação manual de dados no PNCP. A inserção, modificação ou exclusão de dados no Portal é feita mediante integração de sistemas. No caso do TCU, que é órgão não vinculado ao Sistema de Serviços Gerais (Sisg), do grupo chamado órgãos 'não-Sisg', trata-se de integração de 'sistemas externos' - sob o ponto de vista do Ministério da Economia - com o Portal. Esclareço, nesse sentido, que, diversamente do que ocorre no âmbito dos órgãos Sisg, que por regra utilizam as ferramentas de provimento centralizado do Ministério da Economia, a área administrativa do TCU dispõe de sistema próprio de gerenciamento de contratos - o sistema Contrata. A integração, assim, a princípio, há de ser efetuada entre o Contrata e o PNCP.

Nessa mesma decisão, o TCU reconheceu que o dever de publicidade da NLLC estaria atendido com a disponibilização dos dados no portal eletrônico do TCU e que a eventual falta de regulamentação não comprometeria a viabilização da eficácia jurídica da contratação direta. Assim, como reforço à transparência e enquanto não estiver concretizada a integração dos sistemas internos do TCU com o PNCP, o DOU servirá como mecanismo adicional ao atendimento do dispositivo legal.

É certo que ainda haverá algumas dificuldades na parametrização dos dados já existentes em sistemas públicos com o PNCP. Todavia, elas deverão ser superadas, a fim de evitar o retrabalho no cadastramento das informações e conferir credibilidade a esse portal, que tem a pretensão de subsidiar toda a Administração Pública com um banco de dados de caráter nacional, que facilitará as buscas por soluções inovadoras.

Além do PNCP, o Sistema de Dispensa Eletrônica (SDE) é outra novidade contemplada pela Instrução Normativa SEGES/ME nº 67/21, também destinada aos órgãos e às entidades federais. De acordo com a normativa, o SDE é uma ferramenta informatizada integrante do Sistema de Compras do Governo Federal – Comprasnet 4.0 –, disponibilizada pela Secretaria de Gestão da Secretaria Especial de Desburocratização, Gestão e Governo Digital do Ministério da Economia, para a realização dos procedimentos de contratação direta de obras, bens e serviços, incluídos os serviços de engenharia. O SDE deve ser utilizado, sobretudo, quando o fundamento da dispensa for em decorrência dos valores da contratação (art. 75, incisos I e II), matéria que será abordada mais detidamente no próximo capítulo do livro.

Vê-se, portanto, que, após a publicação da NLLC, diversos sistemas estão sendo desenvolvidos e/ou aperfeiçoados com os propósitos de promover a centralização e a ampla transparência das informações. Contudo, é forçoso reconhecer a existência de problemas operacionais para a adequada alimentação dos portais e de lacunas na regulamentação dos novos dispositivos legais, especialmente pelos entes subnacionais. Nada impede que outras organizações, como os Tribunais de Contas, criem mecanismos para auxiliar essa integração nacional de dados, prestigiando a disseminação do conhecimento de exemplos positivos (+) de como *fazer a coisa certa*.

---

[29] Disponível em: https://pesquisa.apps.tcu.gov.br/#/documento/acordao-completo/14.133%2520e%2520 inexigibilidade/%2520/DTRELEVANCIA%2520desc%252C%2520NUMACORDAOINT%2520desc/1/%2520. Acesso em: 19 dez. 2021.

3 A inexigibilidade de licitação

Primeiramente, em que pese a teoria geral das contratações diretas seja aplicável tanto às dispensas quanto às inexigibilidades de licitações, é importante destacar as principais diferenças entre elas. O art. 75 da NLLC traz um rol fechado de hipóteses de dispensas; nesses casos, é possível a competição, mas não são realizados os certames porque a Administração Pública possui autorização legal para utilizar esses atalhos e simplificar o procedimento. Já a inexigibilidade, cujas hipóteses encontram-se no art. 74 da NLLC de forma exemplificativa, está atrelada à inviabilidade de concorrência, havendo a possibilidade de se contratar de forma direta sempre que, concretamente, a licitação se mostrar inaplicável ao alcance dos objetivos da Administração Pública.

Nessa segunda modalidade, uma das grandes dificuldades é a estimativa do valor contratual. Porém, como já referido anteriormente, tanto a NLLC quanto a Instrução Normativa SEGES/ME 65/2021 incentivam a diversificação das fontes de pesquisa para que a justificativa do preço tenha respaldo em outras contratações no mercado, embora seja possível, especialmente em compras diretas de inovação, que ainda não existam parâmetros a serem utilizados como referência. De qualquer sorte, deverá constar, nos autos do processo administrativo, a exposição dos motivos determinantes.

Para o melhor estudo dessa espécie de contratação direta, segue-se com a análise detalhada de cada uma das hipóteses do art. 74 da NLLC.

a) aquisição de materiais, de equipamentos ou de gêneros ou contratação de serviços que só possam ser fornecidos por produtor, empresa ou representante comercial exclusivos.

Além da possibilidade de compras de materiais, equipamentos ou gêneros exclusivos, a NLLC inovou ao inserir especificamente a possibilidade de contratação de serviços (inciso I do art. 74). Assim, a Administração precisa demonstrar a inviabilidade de competição mediante a apresentação do atestado de exclusividade, do contrato de exclusividade, da declaração do fabricante ou de outro documento idôneo capaz de comprovar que o objeto é fornecido ou prestado por produtor, empresa ou representante comercial exclusivos, estando vedada a preferência por marca específica (§1º do art. 74). Por exemplo: a contratação de um *software* sem similares no mercado e que seja distribuído por um único fornecedor, sem haver representações para a comercialização.

Essa hipótese ocorre quando o contratado detém técnica própria de um objeto com características peculiares para atender aos interesses da Administração Pública; caso contrário, a inexigibilidade será ilegítima e ilegal, e, portanto, inválida.[30] Ainda, deve-se ter cautela em relação à exclusividade, pois a Súmula nº 255[31] do TCU já orientava os agentes responsáveis por tais contratações diretas a adotarem todas as medidas

---

[30] NIEBUHR, Joel de Menezes. Dispensa e inexigibilidade de licitação. *In:* NIEBURH, Joel de Menezes (Coord.). *Nova lei de licitações e contratos administrativos* (e-book). 2. ed. Curitiba: Zênite, 2021, p. 37.

[31] Mais informações: https://portal.tcu.gov.br/lumis/portal/file/fileDownload.jsp?fileId=8A8182A25753C20F0157679AA5617071&inline=1. Acesso em: 17 jan. 2021.

necessárias[32] para comprovar a veracidade dos documentos probatórios, uma vez que se trata de uma questão fática.

b) contratação de profissional do setor artístico, diretamente ou por meio de empresário exclusivo, desde que consagrado pela crítica especializada ou pela opinião pública.

O profissional do setor artístico pode ser contratado diretamente, com ou sem a intermediação de empresário exclusivo, porque o que está sendo analisado é a sua criatividade. Empresário exclusivo[33] é definido pela lei como sendo a pessoa física ou jurídica que possua contrato, declaração, carta ou outro documento que ateste a exclusividade permanente e contínua de representação, no país ou em Estado específico, desde que não seja com representação restrita a evento ou local específico (§2º do art. 74).

Para realizar esse tipo de inexigibilidade, terão de ser observados três parâmetros: (a) é vedada a contratação de artistas amadores; (b) o contrato deve ser celebrado com o artista ou por meio do empresário exclusivo; e (c) o artista deve ser consagrado pela crítica especializada ou pela opinião pública.[34] Ainda, a publicação no PNCP deverá identificar os custos do cachê do artista, dos músicos ou da banda e, quando houver, do transporte, da hospedagem, da infraestrutura, da logística do evento e das demais despesas específicas (§2º do art. 94).

Jacoby Fernandes[35] chama a atenção para os casos de contratação de artista, de qualquer setor, conferencista ou profissional equivalente, visto que a estimativa do valor deve contemplar todos os contratos paralelos necessários. Com isso, haverá um melhor dimensionamento dos custos totais envolvidos com a hipótese de inexigibilidade.

c) contratação dos seguintes serviços técnicos especializados de natureza predominantemente intelectual:

1. estudos técnicos, planejamentos, projetos básicos ou projetos executivos;
2. pareceres, perícias e avaliações em geral;
3. assessorias ou consultorias técnicas e auditorias financeiras ou tributárias;
4. fiscalização, supervisão ou gerenciamento de obras ou serviços;
5. patrocínio ou defesa de causas judiciais ou administrativas;
6. treinamento e aperfeiçoamento de pessoal;
7. restauração de obras de arte e de bens de valor histórico; e

---

[32] Exemplos de meios de prova: pareceres jurídicos, técnicas e acadêmicos, extratos de outros contratos e pareceres, carta de patentes etc.

[33] O TCU, no Acórdão nº 5180/2020 da Segunda Câmara, Rel. Min. Marcos Bemquerer, j. 07.05.2020, considerou ilegal uma contratação por inexigibilidade por não estar comprovada a exclusividade do empresário.

[34] NIEBUHR, *Op. Cit.*, p. 41.

[35] FERNANDES, *et al. Op. Cit.*, p. 77.

8. controles de qualidade e tecnológico, análises, testes e ensaios de campo e laboratoriais, instrumentação e monitoramento de parâmetros específicos de obras e do meio ambiente e demais serviços de engenharia que se enquadrem no disposto neste inciso.

De início, cabe destacar que os serviços de publicidade e divulgação não podem ser contratados por meio de inexigibilidade (inciso III do art. 74). Além disso, por se tratar de uma obrigação contratual personalíssima, está vedada a subcontratação de empresas ou a atuação de profissionais distintos daqueles que tenham justificado a contratação direta por inexigibilidade licitatória (§4º do art. 74).

Já no que tange às hipóteses permitidas na NLLC, acima enumeradas, considera-se de notória especialização o profissional ou a empresa cujo conceito no campo de sua especialidade, decorrente de desempenho anterior, estudos, experiências, publicações, organização, aparelhamento, equipe técnica ou outros requisitos relacionados com suas atividades, permita inferir que o seu trabalho é essencial e reconhecidamente adequado à plena satisfação do objeto do contrato (§3º do art. 74).

Em recente decisão do Plenário do TCU – Acórdão e Relação nº 1.355/2021[36] –, sob a relatoria do Ministro Substituto André de Carvalho, reafirmou-se o teor da Súmula nº 252, na qual estava elencada a necessidade da presença simultânea das três premissas legais: (a) o serviço profissional especializado a ser contratado; (b) a notória especialização do prestador desse serviço; e (c) a natureza singular do correspondente objeto. Isso significa dizer que, embora não tenha constado expressamente a singularidade como requisito para esse tipo de inexigibilidade, ainda assim deverá ser exigida para a efetividade do atalho legal, já que não existe inviabilidade de competição para a contratação de serviços comuns ou ordinários, nos quais prevalece o princípio da isonomia e devem, necessariamente, ser objeto de licitação.

É o que ocorre, por exemplo, na contratação direta por inexigibilidade de licitação dos serviços de advocacia, que exige não só a demonstração da notória especialização do profissional ou escritório escolhido, mas também a comprovação da singularidade do objeto contratual, caracterizado pela natureza "excepcional, incomum à praxe jurídica" do respectivo serviço.[37]

d)objetos que devam ou possam ser contratados por meio de credenciamento.

O credenciamento foi trazido pela NLLC como uma hipótese de inexigibilidade. É um procedimento auxiliar para o chamamento público, no qual a Administração Pública convoca todos os possíveis interessados que atenderem os requisitos para a prestação dos serviços ou o fornecimento dos bens e os pré-qualifica, sem exclusão, porquanto inexiste competição entre os contratados (inciso XLIII do art. 6).

---

[36] Mais informações: https://pesquisa.apps.tcu.gov.br/#/documento/acordao-completo/inexigibilidade%2520%2520e%2520lei%252014.133/%2520/DTRELEVANCIA%2520desc%252C%2520NUMACORDAOINT%2520desc/4/%2520. Acesso em: 16 jan. 2021.

[37] Já era o entendimento do TCU antes da NLLC: Acórdão nº 3.924/2012, Segunda Câmara, TC 012.314/2005-6, Rel. Min. José Jorge, j. 05.06.2012. E foi reiterado recentemente pelo Plenário no Acórdão nº 2761/2020, Rel. Min. Raimundo Carreiro, j. 14.10.2020.

É um procedimento que deve seguir os parâmetros do art. 79 com rigorismo para que não haja a deturpação do instituto como forma de fugir ao dever de licitar. Um exemplo que consta na Instrução Normativa SLTI/MPOG nº 3/2015 é o credenciamento de empresas de aviação para aquisição de passagens aéreas,[38] que podem ter flutuações constantes no mercado.

e) aquisição ou locação de imóvel cujas características de instalações e de localização tornem necessária sua escolha.

A aquisição ou locação de imóvel exige que estejam cumpridos três requisitos (§4º do art. 74): (a) a avaliação prévia do bem, do seu estado de conservação, dos custos de adaptações, quando imprescindíveis às necessidades de utilização e do prazo de amortização dos investimentos; (b) a certificação da inexistência de imóveis públicos vagos e disponíveis que atendam ao objeto; e (c) as justificativas que demonstrem a singularidade do imóvel a ser comprado ou locado pela Administração Pública e que evidenciem vantagem para ela.

A depender do caso concreto, os atos administrativos devem ser presumidos como legítimos, desde que devidamente justificados e comprovados, pois existem muitas variáveis envolvendo a seleção do imóvel, algo que pode dificultar a realização de uma licitação pública.

Em síntese, estão, portanto, descritas as principais características das hipóteses legais de inexigibilidade de licitação e, a seguir, será analisado o caso de contratação direta de solução inovadora.

3.1 O contrato de fornecimento (art. 15 da LC nº 182/21) da solução resultante do Contrato Público de Solução Inovadora (CPSI)

Gabriela Pércio[39] elenca ao menos dois cenários que podem estar relacionados à contratação de soluções inovadoras:[40] (a) a existência de um problema para o qual se buscam uma solução e a sua consequente execução; e (b) a existência de uma ideia para a solução de um problema, buscando-se, todavia, o seu detalhamento, aperfeiçoamento, adaptação e execução.

Nesse cenário, a recente Lei Complementar nº 182/21 trouxe a disciplina da licitação e da contratação de soluções inovadoras pela Administração Pública, conferindo

---

[38] Nesse sentido, o Edital de Credenciamento nº 01/2020, lançado pelo Ministério da Economia, com o objetivo de estabelecer a compra direta de passagens aéreas para as viagens domésticas de servidores públicos a serviço. Disponível em: https://www.gov.br/economia/pt-br/assuntos/gestao/central-de-compras/noticias/credenciamento-no-01-2020-compra-direta-de-passagens-aereas. Acesso em: 26 jan. 2022.

[39] PÉRCIO, Gabriela Verona. Contratação de soluções inovadoras para o atendimento de demandas administrativas: um caminho à luz do ordenamento jurídico vigente. *In*: PÉRCIO, Gabriela Verona; FORTINI, Cristiana (Coord.). *Inteligência e inovação em contratação pública*. Belo Horizonte: Fórum, 2021. p. 31.

[40] Sobre o tema das compras públicas inovadoras, *vide*: https://portal.tcu.gov.br/inovamos-modelo-de-apoio-a-compras-publicas-de-inovacao.htm.

uma dimensão sistêmica às contratações, dado o volume de recursos e o seu impacto para o desenvolvimento econômico. É um reconhecimento normativo da necessidade de se mensurar o impacto decorrente do poder de compra governamental nas políticas públicas (art. 12, inciso II, da LC nº 182/21).

A modalidade especial de licitação, que não se restringe às *startups*, está disciplinada no art. 12 e seguintes da referida lei complementar. Conforme dispõe o art. 13, essa modalidade especial de licitação tem por objetivo contratar o teste de soluções inovadoras, reconhecendo a relevância da experimentação para o desenvolvimento de novas possibilidades de compras públicas inéditas. Observa-se que o próprio detalhamento do objeto contratual tem como foco o desafio/problema administrativo, e não, como costumava ser, a sua solução/resultado.

Em outras palavras, a legislação prevê, no primeiro momento, uma modalidade de competição para que a Administração Pública contrate o "teste" da solução inovadora e, na etapa seguinte, em sendo aprovado, seja realizada a contratação direta. O art. 15 contempla o que se denomina de contrato de fornecimento, em que, após licitada e contratada a testagem da solução, a Administração Pública poderá celebrar com a mesma contratada, sem nova licitação, o contrato para o fornecimento do produto, do processo ou da solução resultante do CPSI ou, se for o caso, para a integração da solução à infraestrutura tecnológica ou ao processo de trabalho do órgão ou da entidade. Assim, quanto maior for o cumprimento das metas estabelecidas no CPSI, maior a possibilidade de o contrato de fornecimento ser firmado, mediante justificativa, com aquele cujo produto, processo ou solução atenda melhor às demandas públicas em termos de relação de custo e benefício com as dimensões de qualidade e preço.

A questão que merece atenção é a seguinte: quais seriam, então, os requisitos formais a serem observados para a celebração desse tipo de contrato? Com relação ao prazo, o próprio art. 15, em seu §2º, estabelece que a vigência contratual será de 24 (vinte e quatro) meses, prorrogável por mais um período de até 24 (vinte e quatro) meses. Além disso, no que se refere ao valor, há o limite de que o ajuste não poderá ser superior a 5 (cinco) vezes o valor máximo de R\$1.600.000,00 (um milhão e seiscentos mil reais), incluídas as eventuais prorrogações, hipótese em que o limite poderá ser ultrapassado nos casos de reajuste de preços e dos acréscimos de que trata o §1º do art. 65 da Lei nº 8.666, de 21 de junho de 1993. Observa-se que, embora a LC nº 182/21 seja posterior à NLLC, não foi feita menção a ela, permanecendo a citação do dispositivo legal anterior; contudo, é possível compreender, por meio de uma interpretação sistemática e teleológica, que os mesmos requisitos contemplados na teoria geral da contratação pública (art. 72 da NLLC) devem ser observados para os CPSI.

Essa é mais uma hipótese promissora de contratação direta, sobretudo quando se pensa no ecossistema de inovação,[41] algo que merece ser aprofundado em estudo futuro.

---

[41] Em alguns entes federados, as iniciativas em inovação já começaram a ser implementadas, como a que consta no Decreto Estadual nº 1.098/21, o qual instituiu o Laboratório de Inovação do Governo do Estado de Santa Catarina (NIDUS), atribuindo competência à Gerência de Inovação em Governo (GERIG) para auxiliar na contratação de soluções inovadoras no âmbito da Administração Pública estadual direta e entidades controladas direta ou indiretamente pelo Governo do Estado.

4 Responsabilidade solidária pelo dano causado ao erário

Vale aqui revisitar a faceta negativa que induz o gestor público à promoção de um *ambiente íntegro e confiável* e, ao mesmo tempo, que promova a aprendizagem social.

O art. 73 prevê a responsabilidade para as hipóteses de contratação direta de forma indevida, mediante dolo, fraude ou erro grosseiro. Tanto o contratado quanto o agente público responsável responderão solidariamente pelo dano causado ao erário, sem prejuízo de outras sanções legais cabíveis, como aquelas aplicadas nas esferas administrativa e criminal.

De acordo com o art. 265 do Código Civil, a solidariedade não pode ser presumida, sempre decorre da lei ou de ajustes entre as partes. Serve, portanto, como uma garantia pessoal (ou fidejussória) de que haverá a corresponsabilização pelo inadimplemento de uma obrigação.[42]

Com a NLLC, em matéria de contratações diretas, seja por dispensa ou inexigibilidade,[43] não há mais dúvidas quanto à modalidade: os agentes públicos e os contratados podem ser chamados a atuarem de forma solidária no polo passivo dos processos administrativos, controladores ou judiciais, caso em que deverá ser possibilitado o pleno exercício do contraditório e da ampla defesa.

Dessarte, mediante a existência da prova do ato doloso, fraudulento ou praticado com erro grosseiro e a verificação do nexo de causalidade entre a conduta ilícita e o dano, será possível uma pluralidade de sujeitos com uma multiplicidade de vínculos. Apesar disso, há uma unidade da prestação, já que os devedores respondem pelos débitos, e os credores – o Estado, que representa a sociedade – podem exigir por inteiro de apenas um deles ou de todos ao mesmo tempo, ou seja, os infratores possuem responsabilidades subjetiva, principal e conjunta, pois, se um deles fizer o pagamento com o seu patrimônio, a obrigação será extinta, embora remanesça o direito de se buscar regressivamente a quota dos outros coobrigados.

É, portanto, um reforço legal que tem como objetivos: (a) fortalecer o vínculo entre as partes; (b) facilitar a cobrança na existência de prejuízo; (c) aumentar as chances de pagamento; (d) proteger o dinheiro público; e (e) impedir que os responsáveis fujam das suas obrigações. O ônus do ressarcimento ao erário não pode ser deixado para a vítima (de novo: o Estado e a sociedade) e não deve ser transferido a um único responsável se existir um grupo de agentes potencialmente lesivos. Em acréscimo, Anderson Schreiber esclarece:

> Parece bastante evidente que, ao difundir o ônus da reparação – e, em última análise, do próprio dano – sobre mais de uma pessoa, a responsabilidade solidária transcende as amarras individualistas da dogmática tradicional da responsabilidade civil e se soma a outros instrumentos mais recentes que, em paralelo às técnicas de responsabilização, vão ganhando espaço, na cultura jurídica contemporânea, como forma de administração

---

[42] NORONHA, Fernando. *Direito das Obrigações*. 4. ed. rev. e atual. São Paulo: Saraiva, 2013. p. 213-214.

[43] Não só para as hipóteses de contratações diretas, pois a NLLC elenca outras possibilidades de responsabilidade solidária, como nos seguintes dispositivos: §2º do art. 8º; inciso V do art. 15 e §2º do art. 121.

dos danos injustos. Neste sentido, merecem particular atenção as técnicas de prevenção e precaução dos danos.[44]

A NLLC trilha justamente nesse sentido. O art. 173 impõe às Escolas dos Tribunais de Contas o dever de disseminação do conhecimento por meio da capacitação dos gestores, servidores e empregados públicos encarregados de realizar as licitações e contratações públicas. Mas também o art. 169 refere que a Administração deve se submeter a práticas continuadas e permanentes de gestão de riscos e de controle preventivo, seja mediante o uso de tecnologias da informação, seja por meio do controle social nas suas três linhas de defesa: (a) primeira linha: servidores, empregados públicos, agentes de licitação e autoridades que atuam na estrutura de governança do órgão ou entidade; (b) segunda linha: unidades de assessoramento jurídico e de controle interno do próprio órgão ou entidade; e (c) terceira linha: órgão central de controle interno e Tribunais de Contas.

Jacoby Fernandes chama a atenção para a necessidade de se ter a figura do "agente de contratação direta", mais especializado e lotado em unidade própria, distinguindo-se do "agente de contratação", regulamentado no art. 8º da NLLC e cujas atividades estão relacionadas com o processo licitatório.[45] Ainda, no âmbito federal, a Instrução Normativa SEGES/ME nº 75/2021, que ratificou o conteúdo da IN SEGES/ME nº 05/2017, estabelece as regras para a designação e a atuação dos fiscais e gestores de contratos nos processos de contratação direta.

Todos esses agentes estão sujeitos à responsabilização solidária em caso de atuação dolosa, fraudulenta ou com erro grosseiro. E, para além disso, cabe salientar que, em termos de tipificação criminal, o art. 178 da NLLC acrescentou o art. 337-E ao Código Penal, havendo a criminalização, a partir de 01.04.2021, das condutas de "admitir, possibilitar ou dar causa à contratação direta fora das hipóteses previstas em lei", com pena de reclusão de 4 (quatro) a 8 (oito) anos, além de multa.

É prudente, assim, que sejam estabelecidos referenciais para a prevenção de fraudes ou desvios nas contratações públicas.[46] Para isso, são necessários o planejamento adequado e o cumprimento de todos os requisitos legais, a fim de que sejam reduzidos os riscos de prejuízos econômicos derivados da corrupção, a exemplo de quando ocorrem conluios e cartelizações.[47] Aliás, está no texto da NLLC a exigência de se ter o programa de integridade – *compliance* – da Lei Anticorrupção (Lei Federal nº 12.846/2013) em determinadas situações, como nas contratações de grande vulto (§4º do art. 25), critério de desempate entre duas propostas, conforme orientações dos órgãos de controle (inciso IV do art. 60), atenuante em caso de aplicação de sanções (inciso V

---

[44] SCHREIBER, Anderson. *Novos paradigmas da responsabilidade civil*: da erosão dos filtros da reparação à diluição dos danos. 6. ed. São Paulo: Atlas, 2015. p. 227.

[45] FERNANDES, *et al. Op. Cit.*, p. 69.

[46] Disponível em: https://sistemas4.sc.gov.br/sea/portaldecompras/docs/referencial_fraude.pdf. Acesso em: 18 jan. 2022.

[47] GUIMARÃES, Fernando Vernalha; REQUI, Érica Miranda dos Santos. Exigência de programa de integridade nas licitações. *In:* PAULA, Marco Aurélio Borges de; CASTRO, Rodrigo Pironti Aguirre de (Coord.). *Compliance, gestão de riscos e combate à corrupção*: integridade para o desenvolvimento. 2. ed. Belo Horizonte: Fórum, 2020. p. 310.

do §1º do art. 156) ou critério para a reabilitação do licitante ou contratado penalizado (parágrafo único do art. 163).

Marco Aurélio de Paula é enfático ao atrelar a riqueza das nações às pessoas humanas e à necessidade de se avançar nas medidas de combate à corrupção e da boa governança. Segundo o autor, "Quanto mais éticos e íntegros forem os cidadãos, os empresários e os profissionais de um país, mais desenvolvido ele será".[48] Logo, *fazer a coisa certa* por todas as partes envolvidas nas compras públicas conduzirá a NLLC a ser caracterizada com uma lei "boa", que pegou: que seja esse o aprendizado social!

5 Considerações finais

Os seres humanos são seres sociais e, por isso, precisam aprender símbolos e regras para estabelecer consensos e permitir que as relações sejam estabelecidas de forma harmônica. Um dos primeiros ensinamentos da infância são as operações matemáticas básicas que, depois de aprendidas, passam para o pensamento automático, não sendo mais preciso o esforço cognitivo de um pensamento mais complexo. Saber, por exemplo, que $2 + 2 = 4$ é um aprendizado social que a maioria das pessoas já incorporou e utiliza no seu cotidiano. O resultado até poderia ser diferente, mas esse foi o parâmetro pre-estabelecido pela convencionalidade, promovendo, assim, a confiança entre as pessoas.

Nessa mesma toada, o presente capítulo dedicou-se ao exame dos arts. 72 ao 74 da NLLC, de modo a contribuir para que a contratação direta possa ser adotada como um atalho seguro, destinado a promover a governança das contratações em um ambiente íntegro e confiável. Em linhas gerais, tanto as hipóteses de inexigibilidades (art. 74) como as de dispensa (art. 75) devem observar a teoria geral das contratações diretas (art. 72) e a responsabilização solidária dos agentes públicos e contratados em caso de dano ao erário, em havendo dolo, fraude ou erro grosseiro (art. 73), cabendo, ainda, a observância das normas, dos sistemas e das inovações que possibilitarão o sucesso das compras públicas.

Dessa maneira, torna-se imprescindível que se gaste muita energia para o desenvolvimento do pensamento complexo do que é *fazer a coisa certa*, pois será essa a trajetória de armazenamento das informações na memória que, ao fim e ao cabo, formará os gatilhos para a retomada instantânea do conhecimento. Por isso, a compreensão e a aplicação adequada da NLCC são de extrema relevância para desenvolver as *guidelines* do pensamento automático em todos aqueles que utilizarão os atalhos legais.

Enfim: *faça a coisa certa, uma vez que você descobriu qual é*.[49]

---

[48] PAULA, Marco Aurélio Borges de. Efeitos da corrupção para o desenvolvimento. In: PAULA, Marco Aurélio Borges de; CASTRO, Rodrigo Pironti Aguirrede (Coord.). *Compliance, gestão de riscos e combate à corrupção:* integridade para o desenvolvimento. 2. ed. Belo Horizonte: Fórum, 2020. p. 43.

[49] SAPOLSKY, *Op. Cit.*, p. 468.

Referências

BITTENCOURT, Sidney. Artigo 81. *In:* BITTENCOURT, Sidney. *Nova Lei de Licitações*: Passo A Passo (comentando, Artigo Por Artigo, A Nova Lei de Licitações e Contratos Administrativos, Lei nº 14.133, de 1º de Abril de 2021). Belo Horizonte: Fórum, 2021.

BRASIL. Instituto de Pesquisa Econômica Aplicada. *Agenda 2030*: ODS – Metas Nacionais dos Objetivos de Desenvolvimento Sustentável. Brasília: Ipea, 2018. Disponível em: http://www.ipea.gov.br/portal/images/stories/PDFs/livros/livros/180801_ods_metas_nac_dos_obj_de_desenv_susten_propos_de_adequa.pdf. Acesso em: 2 fev. 2021.

BRASIL. Tribunal de Contas da União. *Referencial básico de governança aplicável a órgãos e entidades da administração pública*. Versão 2, Brasília: TCU, Secretaria de Planejamento, Governança e Gestão, 2014.

BRASIL. TCU. TC nº 008.967/2021-0. Sessão 13 out. 2021. Acórdão-Plenário nº 2.458/21. Ministro Augusto Nardes.

CHAVES, Luiz Cláudio de Azevedo. *A atividade de planejamento e análise de mercado nas contratações governamentais*. 2. ed. Belo Horizonte: Fórum, 2021.

DIAS, Ricardo Cunha; GOMES, Marco Antônio Santana. Do Governo Eletrônico à Governança Digital: Modelos e Estratégias de Governo Transformacional. *Ciências e Políticas Públicas*, Lisboa, v. VII, n. 1, p. 93-117, 2021. Disponível em: https://capp.iscsp.ulisboa.pt/images/CPP/V7N1/3_V7_N1_PT.pdf. Acesso em: 10 ago. 2021.

FERNANDES, Ana Luiza Jacoby; FERNANDES, Murilo Jacoby; FERNANDES, Jorge Ulisses Jacoby. *Contratação Direta Sem Licitação*. 11. ed. Belo Horizonte: Fórum, 2021. Disponível em: https://www.forum-conhecimento.com.br/livro/1640. Acesso em: 25 ago. 2021.

FREITAS, Juarez; FREITAS, Thomas Bellini. *Direito e Inteligência Artificial*. Belo Horizonte: Fórum, 2020.

GANSKY, Lisa. *Mesh*: por que o futuro dos negócios é compartilhar. Trad. de Carolina Maria Alampi e Alexandra Machado Toste, 1. reimp. Rio de Janeiro: Alta Books, 2011.

GAZZANIGA, Michael; HEATHERTON, Todd; HALPERN, Diane. *Ciência psicológica*. Trad. Maiza Ritomy Ide, Sandra Maria Mallmann da Rosa, Soraya Imon de Oliveira. Revisão técnica: Antônio Jaeger. 5. ed. Porto Alegre: Artmed, 2018.

GUIMARÃES, Fernando Vernalha; REQUI, Érica Miranda dos Santos. Exigência de programa de integridade nas licitações. *In:* PAULA, Marco Aurélio Borges de; CASTRO, Rodrigo Pironti Aguirre de (Coord.). *Compliance, gestão de riscos e combate à corrupção*: integridade para o desenvolvimento. 2. ed. Belo Horizonte: Fórum, 2020.

INSTITUTO DE PESQUISA ECONÔMICA APLICADA. Compras Públicas de Soluções Inovadoras: Limites e Possibilidades da Lei Complementar n°181/21. *Youtube*. Transmitido ao vivo em 22 jul. 2021. Disponível em: https://www.youtube.com/watch?v=v4wInTsqz_E&ab_channel=InstitutodePesquisaEcon%C3%B4micaAplicada. Acesso em: 21 jan. 2022.

KLAAS, Brian. *Corruptíveis*: o que é o poder, que tipos de pessoas o conquistam e o que acontece quando chegam ao topo. São Paulo, SP: Editora Cultrix, 2022.

KAHNEMAN, Daniel; SIBONY, Oliver; SUNSTEIN, Cass R. *Ruído*: uma falha no julgamento humano. Trad. de Cássio de Arantes Leite. 1. ed. Rio de Janeiro: Objetiva, 2021.

MIRAGEM, Bruno. *Direito administrativo aplicado*. rev., atual. e ampl. 3. ed. São Paulo: Revista dos Tribunais, 2017.

NIEBUHR, Joel de Menezes. Dispensa e inexigibilidade de licitação. *In:* NIEBURH, Joel de Menezes (Coord.). *Nova lei de licitações e contratos administrativos* (e-book). 2. ed. Curitiba: Zênite, 2021.

NORONHA, Fernando. *Direito das Obrigações*. rev. e atual. 4. ed. São Paulo: Saraiva, 2013.

PAULA, Marco Aurélio Borges de. Efeitos da corrupção para o desenvolvimento. *In:* PAULA, Marco Aurélio Borges de; CASTRO, Rodrigo Pironti Aguirrede (Coord.). *Compliance, gestão de riscos e combate à corrupção*: integridade para o desenvolvimento. 2. ed. Belo Horizonte: Fórum, 2020. p. 21-43.

PÉRCIO, Gabriela Verona. Contratação de soluções inovadoras para o atendimento de demandas administrativas: um caminho à luz do ordenamento jurídico vigente. *In:* PÉRCIO, Gabriela Verona; FORTINI, Cristiana (Coord.). *Inteligência e inovação em contratação pública*. Belo Horizonte: Fórum, 2021. p. 17-38.

PEYREFITTE, Alain. *A sociedade de confiança*: ensaio sobre a origem e a natureza do desenvolvimento. Rio de Janeiro: Topbooks, 1999.

PORTAL DE COMPRAS PÚBLICAS. Conexão Portal: O Planejamento das Compras Municipais. *Youtube*. Transmitido ao vivo em 09 dez. 2021. Disponível em: https://www.youtube.com/watch?v=kN2EGaKpjOQ&list=UUHLvZbqKOmsHPuj_-RkD3qQ&ab_channel=PortaldeComprasP%C3%BAblicas. Acesso em: 20 dez. 2021.

RAMOS, Saulo. *Código da vida*: fantástico litígio judicial de uma família – drama, suspense, surpresas e mistério. São Paulo: Planeta, 2013.

ROSNEY, Joël de. *A sinfonia da vida*: como a genética pode levar cada um a reger seus destinos. São Paulo: Planeta do Brasil, 2019.

SAPOLSKY. Robert M. *Comporte-se*: a biologia humana em nosso melhor e pior. Trad. de Giovane Salimena e Vanessa Barbara. São Paulo: Companha das Letras, 2021.

SCHREIBER, Anderson. *Novos paradigmas da responsabilidade civil*: da erosão dos filtros da reparação à diluição dos danos. 6. ed. São Paulo: Atlas, 2015.

Informação bibliográfica deste texto, conforme a NBR 6023:2018 da Associação Brasileira de Normas Técnicas (ABNT):

WARPECHOWSKI, Ana Cristina Moraes; IOCKEN, Sabrina Nunes. O processo de contratação direta e a inexigibilidade de licitação: como fazer *a coisa certa* com os atalhos legais? *In*: HARGER; Marcelo (Coord.). *Aspectos polêmicos sobre a nova lei de licitações e contratos administrativos*: Lei nº 14.133/2021. Belo Horizonte: Fórum, 2022. p. 211-235. ISBN 978-65-5518-461-7.

SINGULARIDADE À PARTE: A CONTRATAÇÃO DE NOTÓRIOS ESPECIALIZADOS PELA ADMINISTRAÇÃO PÚBLICA NA LEI Nº 14.133/21

LUCIANO FERRAZ

1 Controvérsia sobre contratação direta pela Administração Pública

O tema da contratação direta pela Administração Pública, notadamente após a edição da Lei nº 14.133/21 é daqueles que aguça as paixões. As posições doutrinárias e jurisprudenciais se dividem e divergem. Para alguns, os serviços intelectuais executados pelos *experts* nascem qualificados pela pessoalidade e pelo aspecto da confiança, sendo sempre passíveis de contratação direta, para outros, esse tipo de contratação deve ser tratada como algo excepcionalíssimo, que somente tem cabimento diante de hipóteses restritas que exigem profissionais únicos para terem cabimento, sob pena de violação ao dever de licitar.

Deveras, no cotidiano jurídico, é comum nos depararmos com argumentações variadas, que traduzem ideias prontas e sem maiores preocupações com a substância teórica que o tema revela –, as quais hostilizam *tout court* as contratações administrativas diretas pela Administração Pública, tais como: (a) existência de outros potenciais contratados e interessados aptos à contratação; (b) a presença de corpo de servidores estatais concursados com atribuições para executar o serviço, inviabilizando qualquer sobre de terceirização; (c) inaptidão do inciso II do art. 25 da Lei nº 8.666/93 para ser interpretado isoladamente, apenas se legitimando a contratação quando buscar fundamento simultâneo também no inciso I do art. 25 da Lei 8.666/93; (d) descaracterização da singularidade todas as vezes que se trate de serviço contínuo; (e) restrição da hipótese de inexigibilidade aos serviços inéditos e originais; (f) inviabilidade de definição prévia do profissional a ser contratado, cuja necessidade de contratação somente virá à tona após a deflagração da fase interna do certame público, como alternativa única à realização da fase externa; (g) possibilidade *in re ipsa* de obtenção de menores preços com a realização da licitação.

No âmbito dos os órgãos controladores da Administração Pública, via de regra, não interessa muito a avaliação da execução do contrato (se exitoso ou não, por exemplo), tampouco de sua aptidão para gerar melhores resultados em prol da Administração Pública. Isso parece ser mero detalhe quando a matéria é inexigibilidade de licitação com notório especializado.

Nem mesmo previsões legais, como a do art. 20 da LINDB, incluído pela Lei nº 13.655/18, segundo a qual "nas esferas administrativa, controladora e judicial, não se decidirá com base em valores jurídicos abstratos *sem que sejam consideradas as consequências práticas da decisão.*" São suficientes para agregar à análise jurídica das possibilidades as finalidades ou consequências práticas das contratações diretas executadas.

2 Precedentes do Supremo Tribunal Federal sobre contratação direta pela Administração Pública

É verdade que de todos os serviços que se afiguram passíveis de contratação direta, aqueles de advocacia, contabilidade, auditoria, induvidosamente, foram os que maiores debates geraram, quiçá pela força corporativa das estruturas próprias dos Poderes Constituídos, nas respectivas áreas.

A compreensão da matéria reclama estabelecer retrospectiva da jurisprudência do STF acerca da contratação direta pela Administração Pública. Vejam-se os precedentes:

a) Em 24.10.1995, o STF apreciou o RHC nº 72.830, rel. min. Carlos Velloso, 2ª T, compreendendo que "a contratação de advogado para a defesa de interesses do Estado nos Tribunais Superiores dispensa licitação, tendo em vista a natureza do trabalho a ser prestado, cujo preço é impossível de ser mesurado em termos de menor preço".

b) Em 14.03.2006, o STF julgou o RE nº 466.705/SP, rel. min. Sepúlveda Pertence, 1ª T, e em 15.12.2006, apreciou a AP 348/SC, rel. min. Eros Grau (Plenário). Em ambos os casos, por intermédio das intervenções do Ministro Eros Grau, o Tribunal destacou que "a contratação de serviços de advogado, definidos pela lei como 'serviços técnicos especializados', isto é, serviços que a Administração deve contratar sem licitação, escolhendo o contratado de acordo, em última instância, com o grau de confiança que ela própria, Administração, deposite na especialização desse contratado. É isso, exatamente isso, o que diz o direito positivo (…) o requisito da confiança da Administração em quem deseje contratar é subjetivo; logo, a realização de procedimento licitatório para a contratação de tais serviços — procedimento regido, entre outros, pelo princípio do julgamento objetivo — é incompatível com a atribuição de exercício de subjetividade que o direito positivo confere à Administração para a escolha do 'trabalho essencial e indiscutivelmente mais adequado à plena satisfação do contrato' (cf. o §1º do art. 25 da Lei. 8.666/93). Ademais, a licitação desatenderia ao interesse público na medida em que sujeitaria a Administração a contratar com quem, embora vencedor da licitação, segundo a ponderação de critérios objetivos, dela não merecesse o mais elevado grau de confiança".

c) Em 17.04.2007, o STF julgou o HC nº 86.198, rel. min. Sepúlveda Pertence, 1ª T, decidindo que "a presença dos requisitos de notória especialização e confiança, ao lado do relevo do trabalho a ser contratado, que encontram respaldo da inequívoca prova documental trazida, permite concluir, no caso, pela inexigibilidade da licitação para a contratação dos serviços de advocacia. Extrema dificuldade, de outro lado, da licitação de serviços de advocacia, dada a incompatibilidade com as limitações éticas e legais da profissão (Lei nº 8.906/94, art. 34, IV; e Código de Ética e Disciplina da OAB/1995, art. 7º)".

d) Em 29.03.2012, no julgamento do Inq. 3077, rel. min. Dias Toffoli, o Tribunal Pleno do STF decidiu que para serviços de auditoria "o que a norma extraída do texto legal exige é a notória especialização, associada ao elemento subjetivo confiança. Há, no caso concreto, requisitos suficientes para o seu enquadramento em situação na qual não incide o dever de licitar, ou seja, de inexigibilidade de licitação: os profissionais contratados possuíam notória especialização, comprovada nos autos, além de desfrutarem da confiança da Administração".

e) Em 26.08.2014, sob a relatoria do min. Roberto Barroso, a 1ª Turma do STF retornou à matéria no julgamento do Inq. 3.074-SC, aduzindo pela primeira vez requisitos outros (extrínsecos à previsão legal de contratação – item 'd' abaixo) para que a contratação direta pudesse se legitimar, compreendendo que "a contratação direta de escritório de advocacia, sem licitação, deve observar os seguintes parâmetros: (a) existência de procedimento administrativo formal; (b) notória especialização profissional; (c) natureza singular do serviço; (d) demonstração da inadequação da prestação do serviço pelos integrantes do Poder Público; (e) cobrança de preço compatível com o praticado pelo mercado".[1]

f) Em 16.05.2018, o min. Roberto Barroso proferiu decisão monocrática para suspender determinações do TCU à Eletrobrás, nos autos do MS nº 31.718/DF,

---

[1] A intenção de utilizar essa última orientação da 1ª Turma do STF, que agrega elementos novos à jurisprudência da Corte, como parâmetro para dizer da legalidade de contratações públicas já formalizadas ao seu tempo, revela a necessidade de se considerar parâmetros de segurança jurídica. Por força do disposto no art. 24 da LINDB e do art. 2º, parágrafo único, XIII da Lei nº 9.784/99, os novos requisitos listados na decisão que o Plenário do STF vier a adotar sobre o tema somente poderiam ser exigidos para contratações posteriores à sua divulgação. Ver, a propósito, o texto de FERRAZ, Luciano. Nova Lindb reafirma o brocardo *tempus regit actum*. *Consultor Jurídico*, 18 out. 2018. Disponível em: https://www.conjur.com.br/2018-out-18/interesse-publico-lindb-reafirma-brocardo-tempus-regit-actum. Acesso em: 21 ago. 2022.

afirmando que "em se tratando de empresas estatais que explorem atividade econômica, principalmente as que estão inseridas em um regime concorrencial, a terceirização deve seguir lógica semelhante àquela prevista para a iniciativa privada", reconhecendo-se "certa margem de discricionariedade para a escolha da melhor forma de atuação em demandas jurídicas, sendo legítima a utilização de corpo jurídico próprio de forma exclusiva ou parcial, bem como de contratação de advogados ou escritórios de advocacia também de forma exclusiva ou parcial". Nesse caso, expõe a decisão, "a escolha administrativa, no entanto, deveria atender às seguintes condições: (i) observância, como regra geral, do procedimento licitatório, salvo os casos em cabalmente demonstrada sua inexigibilidade; (ii) elaboração de uma justificativa formal e razoável; (iii) demonstração, pautada por evidências concretas, da economicidade da medida, bem como da impossibilidade ou inconveniência da utilização do corpo jurídico próprio da entidade".

g) Em 16.10.2020, o Plenário Virtual do STF iniciou novamente o enfrentamento da matéria no julgamento da ADC nº 45, rel. min. Roberto Barroso, movida pelo Conselho Federal da Ordem dos Advogados do Brasil, a fim de declarar a constitucionalidade dos artigos 13, V e 25, II da Lei nº 8.666/93. O voto do relator, embora reconhecendo a constitucionalidade dos preceitos, foi além deles, repetindo o argumento lançado na decisão do Inq. 3074-SC, no sentido da necessidade da presença de elemento extrínseco às previsões legais mencionadas – notadamente a demonstração da inadequação da prestação do serviços pelos advogados do quadro funcional da Administração – a partir de argumentação fundada nos princípios da moralidade, da impessoalidade e da eficiência[2] –, a fim de assentar, com base em valores abstratos, intepretação conforme à Constituição. Houve pedido de destaque pelo Min. Gilmar Mendes e o processo foi retirado do Plenário Virtual, embora com a maioria dos votos dos excelentíssimos ministros já colhidos e acordes com o relator.[3]

---

[2] De acordo com a crítica de Carlos Ari Sundfeld (*Direito Administrativo para céticos*. 2. ed. São Paulo: Malheiros, 2014. p. 183-186), que é albergada por Marçal Justen Filho no texto a seguir: "a invocação dos princípios costuma ocultar um voluntarismo pessoal, senão a violação às normas. Essa crítica não pode ser ignorada. O princípio jurídico não fornece a solução para a controvérsia do caso concreto. Os princípios exteriorizam valores essenciais e devem necessariamente influenciar a decisão. Somente em hipóteses muito extremas é cabível produzir uma decisão fundada exclusivamente em princípios. É imperioso tomar consciência de que a indeterminação dos princípios constitucionais cria o risco de atividade defeituosa, em que o aplicador invoca um princípio para justificar uma decisão dotada de subjetivismo e arbitrariedade." (JUSTEN FILHO, Marçal. *Curso de Direito Administrativo*. 13. ed. São Paulo: Revista dos Tribunais, 2018. p. 97-98). No caso específico da ADC nº 45, utilizar os princípios constitucionais para deles extrair requisito novo, não previsto na lei, equivale, com o devido respeito, ao ato de legislar. Os princípios constitucionais não se prestam a tal finalidade (em abstrato), porque estão direcionados a dar soluções específicas, em juízo de ponderação, a casos concretos. Se a ausência de requisitos para a inexigibilidade na lei de licitações viola princípios constitucionais, o caminho do desate da ação melhor se acomodaria na declaração de inconstitucionalidade.

[3] Até a data da finalização deste artigo o julgamento da ADC nº 45 não havia terminado.

3 Lei nº 14.039/20 e presunção de singularidade na contratação de advocacia e contabilidade pela Administração Pública

Em meio a esse cenário jurisprudencial, veio à baila o art. 1º da Lei nº 14.039/20 que acrescentou o art. 3º-A na Lei nº 8.906/94 (Estatuto da OAB) e os §§1º e 2º no art. 25 do Decreto-Lei nº 9.295/46, *verbis*:

> Art. 1º. A Lei nº 8.906, de 04 de julho de 1994 (Estatuto da OAB), passa a vigorar acrescida do seguinte art. 3º-A:
>
> Art. 3º-A. Os serviços profissionais de advogado são, por sua natureza, técnicos e singulares, quando comprovada sua notória especialização, nos termos da lei.
>
> Parágrafo único. Considera-se notória especialização o profissional ou a sociedade de advogados cujo conceito no campo de sua especialidade, decorrente de desempenho anterior, estudos, experiências, publicações, organização, aparelhamento, equipe técnica ou de outros requisitos relacionados com suas atividades, permita inferir que o seu trabalho é essencial e indiscutivelmente o mais adequado à plena satisfação do objeto do contrato.
>
> Art. 2º. O art. 25 do Decreto-Lei nº 9.295, de 27 de maio de 1946, passa a vigorar acrescido dos seguintes §§1º e 2º:
>
> Art. 25 (...)
>
> §1º Os serviços profissionais de contabilidade são, por sua natureza, técnicos e singulares, quando comprovada sua notória especialização, nos termos da lei.
>
> §2º Considera-se notória especialização o profissional ou a sociedade de profissionais de contabilidade cujo conceito no campo de sua especialidade, decorrente de desempenho anterior, estudos, experiências, publicações, organização, aparelhamento, equipe técnica ou de outros requisitos relacionados com suas atividades, permita inferir que o seu trabalho é essencial e indiscutivelmente o mais adequado à plena satisfação do objeto do contrato. (NR)

Pela leitura dos dispositivos, é notório que *o legislador passou a considerar que os serviços de advogados e contadores são taxados como singulares, desde que – e sempre que – o profissional que o executar puder ser considerado, nos termos da lei, um "notório especializado".* Considera-se como tais aqueles profissionais ou empresas "cujo conceito no campo de sua especialidade permita inferir que o seu trabalho é essencial e indiscutivelmente o mais adequado à plena satisfação do objeto do contrato".

Assim como antecipou Fabrício Motta[4] em artigo publicado na Conjur, minha compreensão é de que a Lei nº 14.039/20 estabeleceu uma presunção de singularidade

---

[4] "O que o legislador estabeleceu, como analisou com primazia o professor Luciano Ferraz, foi uma presunção em favor da singularidade do objeto da contratação, que terá lugar todas as vezes que os serviços advocatícios forem executados por profissionais detentores de notória especialização." (MOTTA, Fabrício. A nova lei de contratação direta de serviços de advocacia por inexigibilidade de licitação. *Consultor Jurídico*, 03 set. 2020. Disponível em: https://www.conjur.com.br/2020-set-03/interesse-publico-lei-contratacao-direta-servicos-advoca-cia-inexigibilidade-licitacao. Acesso em: 15 set. 2022). É essa também a opinião de Gustavo Justino e Oliveira e Pedro Ferraz, *litteris*: "parece bastante claro que a maior finalidade da Lei federal nº 14.039/20 é a de organizar o cenário tormentoso e inseguro em que se transformou a contratação direta de advogados pela Administração Pública, conferindo-lhe pragmatismo e segurança jurídica por meio da previsão de uma clara e inequívoca presunção legal (...) Tal inovação legislativa mostrou-se, portanto, absolutamente necessária porque Tribunais de Contas, Ministério Público e Judiciário, ao se debruçarem sobre essas contratações, geralmente acabavam "criminalizando" a quase totalidade dos contratos firmados com advogados, gerando forte insegurança no gestor público e criando obstáculos a situações nas quais a contratação de serviços jurídicos altamente especializados

na contratação firmada entre a Administração Pública e advogados e contadores notório-especializados.[5]

Com efeito, o legislador democrático, seguindo a orientação até então prevalente na jurisprudência do STF, *demarcou limites da interpretação possível sobre a natureza singular do serviço quando resultante da intervenção do notório especializado, na forma do art. 25, II da Lei nº 8.666/93, terminando por afastar cogitações hermenêuticas sobre a indiferença na prestação de tais serviços em benefício da Administração Pública.*[6]

Em outras palavras, reconheceu o Poder Legislativo a inviabilidade de competição com base nas *características personalíssimas dos contratados, quando esse seja efetivamente destacado no campo de sua especialidade.* Ao legislador coube estabelecer uma *ponderação legislativa a priori* dos valores constitucionais potencialmente em conflito (isonomia X eficiência).[7]

Essa ponderação realizada pelo Poder Legislativo – e revelada nas disposições da Lei nº 14.039/20 (note-se que os reflexos da nova lei não foram avaliados pelo voto proferido na ADC 45) – busca fundamento constitucional na ressalva inicial constante do art. 37, XXI da Constituição, a ver: "'ressalvados os casos especificados na legislação', as obras, serviços, compras e alienações serão contratados mediante processo de licitação pública que assegure igualdade de condições a todos os concorrentes, com cláusulas que estabeleçam obrigações de pagamento, mantidas as condições efetivas da proposta, nos termos da lei, o qual somente permitirá as exigências de qualificação técnica e econômica indispensáveis à garantia do cumprimento das obrigações".

No caso específico da solução legislativa dada pela Lei nº 14.039/20, *não se há de falar em desrespeito aos limites constitucionais da atividade legislativa, porquanto a jurisprudência do órgão máximo Plenário do STF já admitia, mesmo antes da edição da lei, que a interpretação do art. 25, II e §1º se inclinasse nesse sentido.*

---

seria não somente legítima, mas principalmente necessária para o adequado desenvolvimento da atividade administrativa e atendimento do interesse público em casos concretos." (OLIVEIRA, Gustavo Justino de; FERRAZ, Pedro da Cunha. A Nova presunção legal sobre serviços de advogado na Lei 14.039/20: segurança e estabilidade jurídicas na contratação direta de advogados e escritórios de advocacia pela Administração Pública. *Blog do Justino*, 09 set. 2020. Disponível em: http://blogdojustino.com.br/a-nova-presuncao-legal-referente-aos-servicos-profissionais-de-advogado-na-lei-federal-no-14-039-20-seguranca-e-estabilidade-juridicas-na-contratacao-direta-de-advogados-e-escritorios-de-advocacia-pe/. Acesso em: 21 ago. 2022.

[5] FERRAZ, Luciano. Nova presunção de singularidade na contratação de advogados é absoluta. *Consultor Jurídico*, 22 out. 2020. Disponível em: https://www.conjur.com.br/2020-out-22/interesse-publiconova-presuncao-singularidade-contratacao-advogados. Acesso em: 21 ago. 2022.

[6] Essa solução dada pelo legislador da Lei nº 14.039/20, embora restrita aos serviços de advocacia e contabilidade, não discrepa no essencial daquela implementada pelo art. 30, II da Lei nº 13.303/16, ao estabelecer a inexigibilidade de licitação para a contratação de serviços técnico-profissionais especializados avençados com profissionais de notória especialização, sem qualquer alusão ao caráter singular do serviço. Também não destoa da previsão de dispensa com semelhante sentido que constava do revogado Decreto-Lei nº 2.300/86 (art. 22, VIII), bem como da hipótese do art. 25, III da Lei nº 8.666/93, que trata da contratação de artistas, presumindo que a execução do serviço pelo artista reconhecido pela crítica especializada ou pela opinião pública torna o objeto diferenciado.

[7] Sobre o tema das escolhas legislativas, observa Humberto Ávila: "Como a Constituição de 1988 é composta basicamente de regras, e como ela própria atribui, em inúmeras situações, ao Poder Legislativo a competência para editar regras legais, sempre que esse poder exercer regularmente a sua liberdade de configuração e de fixação de premissas dentro dos parâmetros constitucionais, não poderá o aplicador simplesmente desconsiderar as soluções legislativas" (ÁVILA, Humberto. Neoconstitucionalismo: entre a 'Ciência do Direito' e o 'Direito da Ciência', *Revista Eletrônica de Direito do Estado*, Salvador, Instituto Brasileiro de Direito Público, n. 17, jan./fev./mar. 2009. Disponível em: http://www.direitodoestado.com.br/codrevista.asp?cod=316. Acesso em: 21 ago. 2022).

Assim, o que o legislador democrático objetivou foi apenas proceder a uma *acomodação hermenêutica*, fixando balizas à compreensão intelectiva a propósito da singularidade na contratação de advogados de notório-especializados pela Administração Pública ao abrigo da Constituição (ver, por todos, a AP 348-SC, rel. min. Eros Grau).

Eis as razões que me levaram a concluir no passado que a presunção de singularidade veiculada pela Lei nº 14.039/20 é uma presunção absoluta, definida *a priori* pelo legislador e que implica o reconhecimento de que o *requisito objetivo da notória especialização do prestador do serviço converte o objeto do contrato em singular, heterogêneo, "espécie evoluída de um gênero já existente".*[8]

Note-se que não se está aqui a afirmar que um profissional mediano, bem posicionado na profissão, não seria capaz de fazer um bom trabalho em circunstâncias idênticas. Ele poderá fazê-lo. É provável que o faça. O que o legislador democrático quis afastar, afinal, foi o *teste, a experimentação, o risco*, optando pela qualificação certa e comprovada do profissional que é considerado como especialista pelo mercado.[9,10]

Nesse sentido, importante decisão foi adotada pelo TCU, captando essa *perspectiva preponderantemente qualitativa e de mitigação de riscos inerentes* à *contratação externa de atividades jurídicas com notórios especializados, verbis*:

> Para fim de contratação com base no art. 25, inciso II, da Lei 8.666/1993, serviços advocatícios podem ser considerados como singulares não apenas por suas características abstratas, mas também em razão da relevância do interesse público em jogo, a exigir grande nível de segurança, restrição e cuidado na execução dos serviços, a exemplo de demandas judiciais envolvendo valores de indenização muito elevados, que coloquem em risco a sobrevivência da entidade contratante. (Acórdão nº 10940/2018, Primeira Câmara, Recurso de Reconsideração, Relator Ministro Benjamin Zymler, Boletim de Jurisprudência 237/2018)[11]

---

[8] FERRAZ, Luciano. *Licitações*: estudos e práticas. 2. ed. Rio de Janeiro: Esplanada, 2002. p. 117.

[9] Nesse sentido, vale a advertência de Marcos Nobrega e Brason Camelo: "há muito a ciência econômica alertou que economia não é sobre dinheiro (ou preço) mas sobre incentivos. Se ficarmos olhando somente o preço, agiremos como o zagueiro que marca a bola e não o atacante. Levaremos um gol pelas costas" (NOBREGA, Marcos; CAMELO, Bradson. O que o prêmio Nobel de Economia de 2020 tem a ensinar a Hely Lopes Meirelles? O modelo de licitações que temos no Brasil é eficiente? *Portal Jota*, 15 out. 2020. Disponível em https://www.jota. info/paywall?redirect_to=//www.jota.info/opiniao-e-analise/colunas/coluna-da-abde/premio-nobel-economia-2020-ensinar-hely-lopes-meirelles-15102020. Acesso em: 21 ago. 2022).

[10] Fabrício Motta apresentou a seguinte advertência: "A nova lei tornou clara a nota diferencial, o chamado 'toque de especialista': todos os serviços que os notórios especialistas executam, em razão sua experiência, estudos, publicações anteriores, organização etc. (artigo 25, §1º, Lei 8.666/93), serão singulares. Essa mudança da lei exigirá exame mais atento dos requisitos para enquadramento dos advogados no conceito de notória especialização. Será preciso considerar se o profissional possui tal diferencial ao ponto de que todo o produto de seu atividade seja singular" (MOTTA, Fabrício. Advocacia e inexigibilidade de licitação: nem tudo mudou. *Consultor Jurídico*, 24 set. 2020. Disponível em https://www.conjur.com.br/2020-set-24/interesse-publicoadvocacia-inexigibilidade-licitacao-nem-tudo-mudou. Acesso em: 21 ago. 2022).

[11] Há de se notar que a Lei nº 13.303/16 não reproduziu a singularidade do objeto como requisito para a validade das contratações calcadas no conceito de notória especialização (art. 30, II), tal como destacado na nota nº 8 deste artigo. E isso porque o legislador passou a pressupor que a participação do notório especialista na execução dos serviços é suficiente à "singularização" do objeto. Mesmo assim, em manifestação típica de "interpretação 'vintage'" (aquela que intui, com base em disposições pretéritas, repaginar a lei ao desejo do intérprete), recente decisão do TCU registra que: "a contratação direta de escritório de advocacia por empresa estatal encontra amparo no art. 30, inciso II, alínea "e", da Lei nº 13.303/2016, desde que presentes os requisitos concernentes à especialidade e à singularidade do serviço, aliados à notória especialização do contratado" (BRASIL. Tribunal de Contas da União. *Acórdão nº 2761/2020*. Plenário, Representação, Relator Ministro Raimundo Carreiro, Boletim de Jurisprudência 332/2020).

4 Lei nº 14.133/21 e exclusão da singularidade do art. 74, III

Com a edição da Lei nº 14.133, de 1º de abril de 2021, *as coisas tendem a ficar ainda mais claras no sentido do que se está a sustentar neste artigo*. Assim como o Estatuto das Empresas Estatais (Lei nº 13.3031/16 – art. 30, II), o art. 74, III da Lei nº 14.133/21 passou a dispor que:

> Art. 74. É inexigível a licitação quando inviável a competição, em especial nos casos de:
> ....
> III – contratação dos seguintes *serviços técnicos especializados de natureza predominantemente intelectual com profissionais ou empresas de notória especialização*, vedada a inexigibilidade para serviços de publicidade e divulgação:
> a) estudos técnicos, planejamentos, projetos básicos ou projetos executivos;
> b) pareceres, perícias e avaliações em geral;
> c) assessorias ou consultorias técnicas e auditorias financeiras ou tributárias;
> d) fiscalização, supervisão ou gerenciamento de obras ou serviços;
> e) patrocínio ou defesa de causas judiciais ou administrativas;
> f) treinamento e aperfeiçoamento de pessoal;
> g) restauração de obras de arte e de bens de valor histórico;
> h) controles de qualidade e tecnológico, análises, testes e ensaios de campo e laboratoriais, instrumentação e monitoramento de parâmetros específicos de obras e do meio ambiente e demais serviços de engenharia que se enquadrem no disposto neste inciso;
> IV – objetos que devam ou possam ser contratados por meio de credenciamento;
> V – aquisição ou locação de imóvel cujas características de instalações e de localização tornem necessária sua escolha.
> ....
> §3º Para fins do disposto no inciso III do caput deste artigo, considera-se de notória especialização o profissional ou a empresa cujo conceito no campo de sua especialidade, decorrente de desempenho anterior, estudos, experiência, publicações, organização, aparelhamento, equipe técnica ou outros requisitos relacionados com suas atividades, *permita inferir que o seu trabalho* é *essencial e reconhecidamente adequado* à *plena satisfação do objeto do contrato.* (Grifos no original)

Ao se comparar a redação do novo dispositivo (artigo 74, III) com seu espelho na Lei nº 8.666/93 (artigo 25, II) *ver-se-á que o legislador excluiu da disposição autorizadora da contratação direta, a expressão "serviço de caráter singular"*, que tem sido o foco de interpretações diversas, criando um cipoal de instabilidade jurídica no uso desse tipo de contratação na Administração Pública brasileira.

Ver-se-á, ainda, que *o legislador da Lei nº 14.133/21 excluiu do conceito de notório especializado a expressão "o mais adequado" (constante da Lei nº 8.666/93, artigo 25, §3º), substituindo-a por "adequado"*, deixando ver que o que se busca, afinal, com as inexigibilidades fundadas no preceito é, antes, *um juízo de compatibilidade da contratação com a necessidade administrativa, do que um juízo de otimização* única *no momento da eleição do contratado (artigo 74, §3º e artigo 6º, XIX).*

A alteração legislativa obriga novamente os estudiosos à reflexão, contribuindo para que se desfaça a enorme confusão conceitual havida sob a égide da Lei nº 8.666/93, *entre necessidade administrativa (necessidade do serviço) e objeto contratual (conteúdo do serviço prestado).*

Com efeito, é a *necessidade administrativa* a ser satisfeita com a contratação e sua ambientação em termos de resposta eficiente da Administração, que justifica a busca de um profissional diferenciado no mercado para executar o contrato. *A necessidade é o motivo da contratação. O serviço é o objeto da contratação.* Motivo e objeto não se misturam na teoria dos atos administrativos.[12]

Logo, qualquer cogitação sobre se a Administração deveria ou não ter contratado um profissional notório especializado para a execução de dado objeto (serviço) — *juízo sobre a conveniência da contratação — não é uma discussão que reside no conteúdo em si do objeto do contrato, senão no* âmbito *da necessidade administrativa a ser satisfeita por seu intermédio.*

Com a previsão da hipótese de contratação por inexigibilidade baseada fundamentalmente em notória especialização do prestador, *o legislador democrático objetivou afastar o teste, a experimentação, o risco, optando pela qualificação certa e comprovada de profissionais experts que se podem colocar a serviço da Administração Pública.* O diferencial subjetivo é que prepondera nesse caso, mercê da vinculação da atividade administrativa ao princípio da eficiência (artigo 37, *caput*, da Constituição).

O que se quer significar, com os argumentos aqui lançados, é que discussões sobre a necessidade da contratação *vis-à-vis* aos meios que se colocam à disposição da Administração para cumprir a finalidade pública subjacente, *com o mesmo grau de certeza, segurança e qualidade (eficiência), não dizem respeito* à *singularidade do objeto (que no novo dispositivo legal encontra-se implicitamente pressuposta* à *hipótese de contratação direta do artigo 74, III), reclamando embates de outra ordem (sobre a necessidade administrativa e a proporcionalidade da solução dada).*

É que a identificação da necessidade pública e a definição quanto ao meio mais eficiente para o seu provimento são, no exame das situações de inexigibilidade, um processo avaliativo de matriz qualitativa e não quantitativa. A razão de ser é singela: *nesse tipo de contratação predomina o aspecto subjetivo, a ver a balança pesar em favor da garantia de qualidade e eficiência do serviço, que decorrem essencialmente do diferencial técnico do executor.*

Portanto, não se devem confundir: *(a) a decisão sobre o cabimento da contratação do notório especializado, que passa necessariamente por um juízo de proporcionalidade;*[13] *(b) a*

---

[12] Nesse sentido, o artigo 2º, parágrafo único, letra "c", da Lei nº 4.717/65 prescreve que "a ilegalidade do objeto ocorre quando o resultado do ato importa em violação de lei, regulamento ou outro ato normativo"; enquanto que a letra "d" do mesmo preceito prescreve que "a inexistência dos motivos se verifica quando a matéria de fato ou de direito, em que se fundamenta o ato, é materialmente inexistente ou juridicamente inadequada ao resultado obtido".

[13] A fim de verificar a proporcionalidade da escolha administrativa pela contratação do notório especializado, convém passá-la pelo teste das sub regras (ou sub princípios) – adequação, necessidade e proporcionalidade em sentido estrito – propostos pela doutrina de Robert Alexy (ALEXY, Robert. Colisão de direitos fundamentais e realização dos direitos fundamentais no Estado Democrático de Direito. *Revista de Direito Administrativo*, n. 217, FGV, Rio de Janeiro, p. 67-79, 1999). Cabe questionar: 1. A contratação é adequada à satisfação da finalidade pública (relação meio e fim)? 2. A contratação é necessária ao atingimento da finalidade pública, ou seja, ela apresenta potencial de satisfazer dita finalidade com maior grau de eficiência e segurança (relação meio e meio)? 3. A contratação condiz, em termos de custo/benefício, com as capacidades orçamentário-financeiras da Administração (proporcionalidade em sentido estrito)? Se as respostas forem positivas, a contratação é proporcional e descabe inquiná-la com contrária ao Direito. Sobre a questão do preço dos contratos, cite-se a Orientação Normativa nº 17 da AGU, de 1º de abril de 2009: "A razoabilidade do valor das contratações

escolha do profissional notório especializado (que se trata de escolha discricionária); (c) o objeto em si do contrato (que revelará o seu caráter singular com a execução efetivada pelo profissional notório especializado).

Sobre esse tema, tive a oportunidade de publicar, em 22 de abril de 2021, uma coluna sob o título *The Walking Dead na Administração Pública* – Temporada Final,[14] em que expus a distinção entre necessidade administrativa do serviço e objeto em si da contratação. Após a publicação do artigo, estudiosos de escol escreveram textos para refutar minha posição, sustentando que, como necessidade e demanda seriam coisas ligadas, nada haveria de mudar a respeito da disciplina das inexigibilidades em debate da Lei nº 8.666/93 para a da Lei nº 14.133/21. Isso porque os críticos compreenderam que o essencial é a inviabilidade de competição, concluindo que, mesmo diante da falta de referência pelo legislador à singularidade na Lei nº 14.133/21 (assim como na Lei nº 13.303/16), ela continua viva e deve ser respeitada para os casos regulados pelo artigo 74, III da Lei nº 14.133/21.[15]

É fato que as hipóteses de inexigibilidade derivam da inviabilidade de competição. Ninguém nunca afirmou o contrário. Mas a inviabilidade de competição pode ser configurada, não apenas diante da ausência de possíveis competidores (como no caso do fornecedor ou prestador único do serviço)*, mas também diante da ausência de critérios objetivos para a seleção de propostas (situação que contradita o julgamento objetivo típico da licitação).*

É exatamente nesse último ponto que subjaz o caso da contratação dos notórios especializados para a execução de serviços predominantemente intelectuais em prol da Administração Pública. Na espécie, prevalece o aspecto subjetivo da contratação, porquanto *interessa mais, à satisfação da necessidade administrativa, "quem" executará o contrato, do que "o que" se executará pelo contrato.* O resultado da execução do serviço pelo notório é uma espécie destacada de serviço, marcada pela característica de pessoalidade, notadamente porque o executor é uma pessoa havida como referência na sua área de atuação. O resultado do contrato é um serviço mais respeitado, fundamentalmente pela marca, pela assinatura do seu executor.

---

decorrentes de inexigibilidade de licitação poderá ser aferida por meio da comparação da proposta apresentada com os preços praticados pela futura contratada junto ao outros entes públicos e/ou privados, ou outros meios igualmente idôneos". Também é interessante registrar a posição do TCU em idêntico sentido: "A justificativa de preço em contratação decorrente de inexigibilidade de licitação (art. 26, parágrafo único, inciso III, da Lei 8.666/1993) pode ser feita mediante a comparação do valor ofertado com aqueles praticados pelo contratado junto a outros entes públicos ou privados, em avenças envolvendo o mesmo objeto ou objeto similar" (BRASIL. *Acórdão nº 2993/2018*. Plenário, Denúncia, Relator Ministro Bruno Dantas, Boletim de Jurisprudência 249/2019).

[14] FERRAZ, Luciano. *The Walking Dead* na Administração Pública – Temporada Final. *Consultor Jurídico*, 22 abr. 2021. Disponível em: https://www.conjur.com.br/2021-abr-22/interesse-publico-the-walking-dead-administracao-publica-temporada-final. Acesso em: 15 fev. 2022.

[15] Cf. por todos, NIEBHUR, Joel. Polêmica da singularidade como condição para a inexigibilidade de licitação que visa à contratação de serviço técnico especializado de natureza predominantemente intelectual. *Blog Zenite*, 10 maio 2021. Disponível em: https://zenite.blog.br/a-polemica-da-singularidade-como-condicao-para-a-inexigibilidade-de-licitacao-que-visa-a-contratacao-de-servico-tecnico-especializado-de-natureza-predominantemente-intelectual/. Acesso em: 15 fev. 2022.

5 Superior Tribunal de Justiça e o art. 74, III da Lei nº 14.133/21

O Superior Tribunal de Justiça, em recente julgado, corroborou a tese de que a Lei nº 14.133/21 terminou por suprimir o requisito do serviço de natureza singular do art. 74, III, *destacando sobremaneira a questão da necessidade administrativa a ser satisfeita como importante elemento motivador da contratação.* Cite-se o seguinte trecho da ementa:

> 4. Conforme disposto no art. 74, III, da Lei nº 14.133/2021 e no art. 3º-A do Estatuto da Advocacia, *o requisito da singularidade do serviço advocatício foi suprimido pelo legislador,* devendo ser demonstrada a notória especialização do agente contratado e a natureza intelectual do trabalho a ser prestado.
>
> 5. A mera existência de corpo jurídico próprio, por si só, não inviabiliza a contratação de advogado externo para a prestação de serviço específico para o ente público.
>
> 6. Ausentes o dolo específico e o efetivo prejuízo aos cofres públicos, impõe-se a absolvição do paciente da prática prevista no art. 89 da Lei n. 8.666/1993.
>
> 7. Agravo regimental desprovido.
>
> (BRASIL. Superior Tribunal de Justiça. *AgRg nº HC 669.347/SP.* Rel. Ministro Jesuíno Rissato, Desembargador Convocado do Tjdft, Rel. p/ Acórdão Ministro João Otávio de Noronha, Quinta Turma, julgado em 13.12.2021, DJe 14.02.2022) (Grifos no original)

Nos termos da fundamentação do voto vencedor do Acórdão, da lavra do Exmo. Min. João Otávio de Noronha, "com o advento da Lei nº 14.133/2021, nos termos do art. 74, III, o requisito da singularidade do serviço advocatício deixou de ser previsto em lei, passando a ser exigida a demonstração da notória especialização e a natureza intelectual do trabalho. Essa interpretação, aliás, é reforçada pela inclusão do art. 3º-A do Estatuto da Advocacia pela Lei nº 14.039/2020, segundo o qual "os serviços profissionais de advogado são, por sua natureza, técnicos e singulares, quando comprovada sua notória especialização, nos termos da lei". Desse modo, considerando que o serviço de advocacia é por natureza intelectual e singular, uma vez demonstrada a notória especialização e a necessidade do ente público, será possível a contratação direta".[16]

O que se percebe, afinal, é que os debates sobre a singularidade (que não foi reproduzida pelo legislador na Lei nº 14.133/21) são sempre singulares. O conteúdo jurídico das argumentações revela muitas vezes dogmas, ontologicamente pressupostos à disposição legal específica. Alguma coisa para tentar evitar a sua aplicação na prática. Uma tal postura que o STJ acaba de rechaçar, não deixa de ser um modo *vintage*, para não dizer *retrô*, de se interpretar a nova disposição da Lei nº 14.133/21, como se fosse a Lei nº 8/666/93 repaginada ou conservada.

---

[16] O voto vencedor continua tratando da possibilidade de contratação mesmo com corpo jurídico próprio no órgão ou entidade. "Conforme julgado do Superior Tribunal de Justiça, a mera existência de corpo jurídico no âmbito da municipalidade, por si só, não inviabiliza a contratação de advogado externo para a prestação de serviço específico para o ente público (BRASIL. Superior Tribunal de Justiça. *REsp nº 1.626.693/SP,* relator para o acórdão Ministro Sérgio Kukina, Primeira Turma, DJe de 3.5.2017). Em idêntico norte, o entendimento firmado pelo STF de que "o fato de a entidade pública contar com quadro próprio de procuradores não obsta legalmente a contratação de advogado particular para a prestação de serviço específico. É necessário, contudo, que fique configurada a impossibilidade ou relevante inconveniência de que a atribuição seja exercida pela advocacia pública, dada a especificidade e relevância da matéria ou a deficiência da estrutura estatal" (BRASIL. STF. *Inq nº 3.074/SC,* relator Ministro Roberto Barroso, Primeira Turma, DJe de 02.10.2014).

Referências

ALEXY, Robert. Colisão de direitos fundamentais e realização dos direitos fundamentais no Estado Democrático de Direito. *Revista de Direito Administrativo*, n. 217, FGV, Rio de Janeiro, 1999.

ÁVILA, Humberto. Neoconstitucionalismo: entre a 'Ciência do Direito' e o 'Direito da Ciência". *Revista Eletrônica de Direito do Estado*, Salvador, Instituto Brasileiro de Direito Público, n. 17, jan./fev./mar. 2009. Disponível em: http://www.direitodoestado.com.br/codrevista.asp?cod=316. Acesso em: 21 ago. 2022.

BANDEIRA DE MELLO, Celso Antônio. *Curso de Direito Administrativo*. 19. ed. São Paulo: Malheiros, 2005.

BEZNOS, Clóvis. A contratação de serviços técnicos especializados e o dano *in re ipsa*. *Consultor Jurídico*, 02 jul. 2020. Disponível em: https://www.conjur.com.br/2020-jul-02/beznos-contratacao-servicos-tecnicos-dano-in-re-ipsa. Acesso em: 21 ago. 2022.

BRASIL. *Acórdão nº 2993/2018*. Plenário, Denúncia, Relator Ministro Bruno Dantas, Boletim de Jurisprudência 249/2019.

BRASIL. STF. Inq nº 3.074/SC, relator Ministro Roberto Barroso, Primeira Turma, DJe de 02.10.2014.

BRASIL. Superior Tribunal de Justiça. *AgRg nº HC 669.347/SP*. Rel. Ministro Jesuíno Rissato, Desembargador Convocado do Tjdft, Rel. p/ Acórdão Ministro João Otávio de Noronha, Quinta Turma, julgado em 13.12.2021, DJe 14.02.2022.

BRASIL. Superior Tribunal de Justiça. *REsp nº 1.626.693/SP*, relator para o acórdão Ministro Sérgio Kukina, Primeira Turma, DJe de 3.5.2017.

BRASIL. Tribunal de Contas da União. *Acórdão nº 2761/2020*. Plenário, Representação, Relator Ministro Raimundo Carreiro, Boletim de Jurisprudência 332/2020.

CARVALHO FILHO, José dos Santos. *Manual de Direito Administrativo*. 30 ed. São Paulo: Atlas, 2016.

DI PIETRO, Maria Sylvia Zanella. *Direito Administrativo*. 29. ed. São Paulo: Forense (Gen.), 2018.

FERRAZ, Luciano. *Licitações*: estudos e práticas. 2. ed. Rio de Janeiro: Esplanada, 2002.

FERRAZ, Luciano. Nova Lindb reafirma o brocardo *tempus regit actum*. *Consultor Jurídico*, 18 out. 2018. Disponível em: https://www.conjur.com.br/2018-out-18/interesse-publico-lindb-reafirma-brocardo-tempus-regit-actum. Acesso em: 21 ago. 2022.

FERRAZ, Luciano. Nova presunção de singularidade na contratação de advogados é absoluta. *Consultor Jurídico*, 22 out. 2020. Disponível em: https://www.conjur.com.br/2020-out-22/interesse-publiconova-presun-cao-singularidade-contratacao-advogados. Acesso em: 21 ago. 2022.

FERRAZ, Luciano. *The Walking Dead* na Administração Pública – Temporada Final. *Consultor Jurídico*, 22 abr. 2021. Disponível em: https://www.conjur.com.br/2021-abr-22/interesse-publico-the-walking-dead-administracao-publica-temporada-final. Acesso em: 15 fev. 2022.

JUSTEN FILHO, Marçal. *Curso de Direito Administrativo*. 13. ed. São Paulo: Revista dos Tribunais, 2018.

MOTTA, Fabrício. A nova lei de contratação direta de serviços de advocacia por inexigibilidade de licitação. *Consultor Jurídico*, 03 set. 2020. Disponível em: https://www.conjur.com.br/2020-set-03/interesse-publico-lei-contratacao-direta-servicos-advocacia-inexigibilidade-licitacao. Acesso em: 21 ago. 2022.

MOTTA, Fabrício. Advocacia e inexigibilidade de licitação: nem tudo mudou. *Consultor Jurídico*, 24 set. 2020. Disponível em https://www.conjur.com.br/2020-set-24/interesse-publicoadvocacia-inexigibilidade-licitacao-nem-tudo-mudou. Acesso em: 21 ago. 2022.

NIEBHUR, Joel. Polêmica da singularidade como condição para a inexigibilidade de licitação que visa à contratação de serviço técnico especializado de natureza predominantemente intelectual. *Blog Zenite*, 10 maio 2021. Disponível em: https://zenite.blog.br/a-polemica-da-singularidade-como-condicao-para-a-inexigibili-dade-de-licitacao-que-visa-a-contratacao-de-servico-tecnico-especializado-de-natureza-predominantemente-intelectual/. Acesso em: 15 fev. 2022.

NOBREGA, Marcos; CAMELO, Bradson. O que o prêmio Nobel de Economia de 2020 tem a ensinar a Hely Lopes Meirelles? O modelo de licitações que temos no Brasil é eficiente? *Portal Jota*, 15 out. 2020. Disponível em https://www.jota.info/paywall?redirect_to=//www.jota.info/opiniao-e-analise/colunas/coluna-da-abde/premio-nobel-economia-2020-ensinar-hely-lopes-meirelles-15102020. Acesso em: 21 ago. 2022.

NOHARA, Irene. *Direito Administrativo*. 5. ed. São Paulo: Atlas, 2015.

OLIVEIRA, Gustavo Justino de; FERRAZ, Pedro da Cunha. A Nova presunção legal sobre serviços de advogado na Lei 14.039/20: segurança e estabilidade jurídicas na contratação direta de advogados e escritórios de advocacia pela Administração Pública. *Blog do Justino*, 09 set. 2020. Disponível em: http://blogdojustino.com.br/a-nova-presuncao-legal-referente-aos-servicos-profissionais-de-advogado-na-lei-federal-no-14-039-20-seguranca-e-estabilidade-juridicas-na-contratacao-direta-de-advogados-e-escritorios-de-advocacia-pe/. Acesso em: 21 ago. 2022.

SUNDEFELD, Carlos Ari. *Direito Administrativo para céticos*. 2. ed. São Paulo: Malheiros, 2014.

Informação bibliográfica deste texto, conforme a NBR 6023:2018 da Associação Brasileira de Normas Técnicas (ABNT):

FERRAZ, Luciano. Singularidade à parte: a contratação de notórios especializados pela Administração Pública na Lei nº 14.133/21. *In*: HARGER; Marcelo (Coord.). *Aspectos polêmicos sobre a nova lei de licitações e contratos administrativos*: Lei nº 14.133/2021. Belo Horizonte: Fórum, 2022. p. 237-249. ISBN 978-65-5518-461-7.

OS NOVOS CONTORNOS DO INSTITUTO DA DISPENSA DE LICITAÇÃO NO ÂMBITO DA LEI Nº 14.133/2021

ADRIANA DA COSTA RICARDO SCHIER

GIULIA DE ROSSI ANDRADE

1 Ainda uma introdução necessária: as parcerias do Poder Público com os particulares no ambiente das licitações públicas e a dispensa de licitação

As licitações e as contratações administrativas, temas clássicos da teoria do Direito Administrativo, são institutos amplamente utilizados pelo Estado para garantir condições dignas de vivência à coletividade, através da prestação de diversas atividades, do fornecimento de serviços públicos, do oferecimento de obras públicas. Por certo, a Administração Pública, sem embargo do dever constitucional de executar as funções e prestar os serviços necessários à garantia dos direitos fundamentais dos cidadãos, não é autossuficiente no desempenho das tarefas que deve realizar para atendimento das necessidades coletivas.[1] Por isso, é levada a buscar no mercado pessoas físicas ou jurídicas que possam suprir tais demandas, mediante Contratos Administrativos firmados com o Poder Público, cujo objeto será o desempenho de atividades que permitam ao Estado, em última análise, cumprir os desígnios que lhe são impostos pela Constituição Federal. Nessa toada, como afirma Romeu Felipe Bacellar Filho, "o Estado continua sendo o maior adquirente de bens, o maior prestador de serviços, bem como o maior construtor".[2]

Ao contratar os entes privados, portanto, a Administração Pública conta com a cooperação do particular na realização de atividades que lhe são pertinentes, firmando parcerias com a sociedade, como refere Maria Sylvia Zanella Di Pietro. Segundo a autora, tem-se, nesses casos, "a colaboração entre o poder público e a iniciativa privada nos âmbitos social e econômico, para satisfação de interesses públicos, ainda que, do lado do particular, se objetive o lucro".[3] Marçal Justen Filho assevera, ainda, que a utilização dos Contratos com os particulares no âmbito da Administração Pública se insere no processo de "consensualização do desempenho dos poderes públicos", ou seja, "embora mantenha a competência para a prática de atos unilaterais e vinculantes perante terceiros, o Estado passa a se valer de institutos jurídicos de natureza consensual. Ao invés de impor unilateralmente aos particulares deveres e obrigações, o Estado recorre ao consenso" e, por isso, pode-se dizer que tal técnica "amplia a legitimidade do poder estatal e reduz conflitos".[4]

Ao contrário dos particulares, entretanto, que gozam de total liberdade quando celebram negócios jurídicos, o poder público está submetido aos ditames constitucionais que o obrigam a realizar o devido processo licitatório como etapa precedente às contratações.[5]

Nesse sentido, a licitação surge como um "processo administrativo por meio do qual a Administração Pública, assegurada a igualdade de participação a todos os possíveis interessados, seleciona a proposta mais vantajosa ao interesse público, conforme regras previamente definidas e divulgadas".[6] Delega-se à iniciativa privada a realização de obras públicas, o fornecimento de bens ou serviços, assegurando o melhor atendimento dos interesses da coletividade.

Ainda que o tema das Licitações e Contratos Administrativos remonte, no Brasil, à legislação da década de 20, do século passado, quando se editou o Código de Contabilidade Pública da União, desde a Constituição Federal de 1988 a matéria recebe especial tratamento. Assim, o artigo 22, inciso XXVII, atribui à União a competência para a edição de normas gerais sobre licitação e contratação na Administração Pública.

---

[1] GUIMARÃES, Edgar; SAMPAIO, Ricardo. *Dispensa e inexigibilidade de licitação*: aspectos jurídicos à luz da Lei nº 14.133/2021. Rio de Janeiro: Forense, 2022. p. 21.

[2] BACELLAR FILHO, Romeu Felipe. *Direito administrativo*. São Paulo: Saraiva, 2005. p. 94.

[3] DI PIETRO, Maria Sylvia Zanella. *Parcerias na administração pública*. 5. ed. São Paulo: Saraiva, 2005. p. 40.

[4] JUSTEN FILHO, Marçal. *Comentários à lei de licitações e contratos administrativos*. 13. ed. São Paulo: Dialética, 2009. p. 13. Sobre o tema da consensualização nos contratos administrativos, ver a obra de VALLE, Vivian Cristina Lima Lopez. *Contratos Administrativos e um novo regime jurídico de prerrogativas contratuais na Administração Pública Contemporânea*. 1. ed. Belo Horizonte: Fórum, 2018.

[5] Ver, neste sentido, a obra clássica de SOUTO, Marcos Juruena Villela. *Licitações*. 3. ed. Rio de Janeiro: Esplanada, 1998. p. 31.

[6] GUIMARÃES, Edgar; SAMPAIO, Ricardo. *Dispensa e inexigibilidade de licitação*: aspectos jurídicos à luz da Lei nº 14.133/2021. Rio de Janeiro: Forense, 2022. p. 20.

Tal comando confere à União a competência privativa para legislar sobre as normas gerais de licitação e contratos, cabendo às demais pessoas políticas a faculdade de disciplinar a matéria, editando normas específicas sobre o tema. Destarte, as matérias que poderão ser tomadas como norma geral, passíveis de regulamentação pela União Federal, são aquelas que tratam dos princípios e diretrizes gerais na matéria. Assim também as regras que estabelecem um regime jurídico uniforme para as licitações e as contratações administrativas, tais como aquelas que criam as modalidades e os critérios de julgamento dos certames. Importa para a presente pesquisa citar que as hipóteses de dispensa e inexigibilidade, por traduzirem situações excepcionais que autorizam a contratação direta, integram o âmbito das normas gerais, de competência da União.[7]

Marçal Justen Filho, em reflexão sobre o tema, entende que a atribuição à União de competência privativa para editar normas gerais sobre licitações e contratos traduz mais uma providência do constituinte no combate à ineficiência e à corrupção. Segundo ele, "os controles políticos e sociais no âmbito da União são muito mais intensos e rigorosos, reduzindo risco de desvios propiciados por uma legislação local inexistente, insuficiente ou mal elaborada".[8]

A Constituição Federal trata do tema, ainda, em seu artigo 37, XXI.[9] O objetivo do precitado comando é estabelecer um rito especial para as contratações feitas pelo poder público, submetendo-as à prévia licitação. Pretende-se, com isso, concretizar os princípios reitores da atuação administrativa, mormente o da legalidade, da moralidade,

---

[7] No mesmo sentido, GUIMARÃES, Edgar; SAMPAIO, Ricardo. *Dispensa e inexigibilidade de licitação*: aspectos jurídicos à luz da Lei nº 14.133/2021. Rio de Janeiro: Forense, 2022. p. 25.
A jurisprudência também adota tal entendimento. Veja-se, exemplificativamente, a decisão proferida pelo e. Supremo Tribunal Federal, no julgamento da ADI 4.658/PARANÁ, em que foi Relator o Min. Edson Fachin, em decisão assim ementada: Ementa: AÇÃO DIRETA DE INCONSTITUCIONALIDADE. DIREITO CONSTITUCIONAL. ARTIGO 34, VII DA LEI ESTADUAL PARANAENSE Nº 15608/2007. LICITAÇÃO E CONTRATAÇÃO. NORMAS GERAIS. HIPÓTESE INOVADORA DE DISPENSA DE LICITAÇÃO. INVASÃO DA COMPETÊNCIA LEGISLATIVA DA UNIÃO. INCONSTITUCIONALIDADE FORMAL. PROCEDÊNCIA DA AÇÃO DIRETA DE INCONSTITUCIONALIDADE. MODULAÇÃO DOS EFEITOS. 1. Esta Corte já assentou o entendimento de que assiste aos Estados competência suplementar para legislar sobre licitação e contratação, desde que respeitadas as normas gerais estabelecidas pela União. 2. Lei estadual que ampliou hipótese de dispensa de licitação em dissonância do que estabelece a Lei nº 8.666/1993. 3. Usurpa a competência da União para legislar sobre normais gerais de licitação norma estadual que prevê ser dispensável o procedimento licitatório para aquisição por pessoa jurídica de direito interno, de bens produzidos ou serviços prestados por órgão ou entidade que integre a Administração Pública, e que tenha sido criado especificamente para este fim específico, sem a limitação temporal estabelecida pela Lei nº 8.666/1993 para essa hipótese de dispensa de licitação. 4. Ação direta de inconstitucionalidade julgada procedente, com modulação de efeitos, a fim de preservar a eficácia das licitações eventualmente já finalizadas com base no dispositivo cuja validade se nega, até a data desde julgamento (BRASIL. Supremo Tribunal Federal. *ADI nº 4658*, Relator (a): EDSON FACHIN, Tribunal Pleno, julgado em 25.10.2019, PROCESSO ELETRÔNICO DJe-245 DIVULG 08.11.2019 PUBLIC 11.11.2019).

[8] JUSTEN FILHO, Marçal. *Comentários à lei de licitações e contratações administrativas*: Lei 14.133/2021. São Paulo: Revista dos Tribunais, 2021. p. 18.

[9] BRASIL. *Constituição Federal, de 05 de outubro de 1988*. Disponível em: http://www.planalto.gov.br/ccivil_03/constituicao/constituicao.htm. Acesso em: 05 fev. 2022.
Art. 37. A administração pública direta e indireta de qualquer dos Poderes da União, dos Estados, do Distrito Federal e dos Municípios obedecerá aos princípios de legalidade, impessoalidade, moralidade, publicidade e eficiência e, também, ao seguinte: (…) XXI – ressalvados os casos especificados na legislação, as obras, serviços, compras e alienações serão contratados mediante processo de licitação pública que assegure igualdade de condições a todos os concorrentes, com cláusulas que estabeleçam obrigações de pagamento, mantidas as condições efetivas da proposta, nos termos da lei, o qual somente permitirá as exigências de qualificação técnica e econômica indispensáveis à garantia do cumprimento das obrigações.

da publicidade, da economicidade, da isonomia e da eficiência, conforme tratado na presente obra.

Como se observa, esse dispositivo traduz o regime jurídico que deve ser observado por todos os entes federativos no Brasil, nessa matéria. No entanto, o mesmo artigo 37, inciso XXI, já excepciona, em seu texto, algumas hipóteses em que a obrigatoriedade de licitar é relativizada, desde que prevista em legislação específica. A redação constitucional em destaque é um tanto peculiar, na medida em que inicia o seu texto excepcionando-o, ao prever que "ressalvados os casos especificados na legislação", e depois traz as regras de caráter obrigatório, segundo a qual "as obras, serviços, compras e alienações serão contratados mediante processo de licitação pública que assegure igualdade de condições a todos os concorrentes". Assim, a ressalva dos casos em que tal exigência poderá ser afastada é o recorte do presente artigo.

Para regulamentar tal preceito constitucional, foi editada a Lei nº 8.666, de 21 de junho de 1993. Desde sua edição, foi objeto de inúmeras críticas e, diante da necessidade de atualização da legislação sobre contratações públicas no Brasil, com o intuito de garantir a modernização do sistema de compras governamentais, após mais de 20 anos de tramitação de projetos no Congresso Nacional, foi editada a Nova Lei de Licitações, a Lei nº 14.333, de 1º de abril de 2021.

Diante desse panorama, a matéria proposta no presente livro é a análise do regime infraconstitucional, notadamente a partir da Lei nº 14.133, de 1º de abril de 2021 que, após década de tramitação, foi aprovada e batizada como "A Nova Lei de Licitações e Contratos".

Como referido, apropriando-se das lições trazidas nos demais artigos, esse tratará especificamente do instituto da dispensa de licitação. O tema apresenta especial importância, pois segundo dados do Painel de Compras do Governo Federal, de 2018 a janeiro de 2022 foram gastos mais de 74 bilhões de reais em contratos firmados com dispensa de licitação.[10]

A Nova Lei preservou a modelagem de contratações diretas por meio de tais institutos e especificamente em relação à dispensa manteve a autorização de que seja adotada nos casos taxativamente previstos.

Na esteira da legislação anterior e como antes citado, a Nova Lei nº 14.333/2021 tratou da Dispensa como uma das hipóteses de Contratação Direta, estabelecendo um regramento específico para seu processo, em seu artigo 72. Já as hipóteses em que o administrador poderá utilizar-se de tal instituto estão previstas na Sessão III, da Lei, artigos 75 e seguintes. Esses serão os tópicos tratados nos próximos itens.

Veja-se que a Nova Lei reproduziu muito da tratativa conferida à tal instituto pela Lei nº 8.666/1993, no que se refere à sua compreensão geral, inclusive tendo repetido 25 das hipóteses antes previstas no artigo 24, daquela legislação. Por tais razões, no presente artigo serão utilizadas também, como obras de referência, textos e decisões jurisprudenciais produzidas sob a égide da lei anterior, dada a similitude de tratamento dispensado ao instituto em estudo.

---

[10] PAINEL DE COMPRAS. Segundo os dados constantes no portal, o valor total das compras no período seria de R$733.596.530.917,19, concluindo-se que a dispensa de licitação representa aproximadamente 10% de todas as contratações feitas para compras pelo governo federal. *Ministério da Economia*. Disponível em: http://paineldecompras.economia.gov.br/processos-compra. Acesso em: 03 fev. 2022.

2 Do processo de contratação direta

É importante que se repita que a regra é a da obrigatoriedade de licitar, e a contratação direta aparece apenas como exceção. Nesse sentido, o constituinte não permitiu que o legislador, nas ressalvas especificadas em lei, as fizesse livremente, sob pena de subverter a regra constitucional. Do contrário, a relação que se criou entre regra e exceção, insculpida no artigo 37, inciso XXI, da Constituição Federal, apresenta-se como uma norma programática a ser observada.[11]

A contratação direta, que ganhou esse nome justamente por não haver a realização de licitação e permitir que a Administração Pública contrate diretamente, pode acontecer de duas maneiras, por meio do instituto da inexigibilidade e por meio da dispensa, essa última objeto deste artigo. Para qualquer uma dessas duas hipóteses, que possuem os seus requisitos específicos, existe um procedimento comum a ser observado, o processo de contratação direta, que veio previsto no artigo 72, da Lei nº 14.133/2021.[12]

Referido artigo, ao trazer a formalização do processo de contratação direta, pode ser considerado um verdadeiro avanço em relação à Lei nº 8.666/1993. Isso porque o artigo 26, que então tratava do tema, era exíguo, ao dispor que "as dispensas (...), as situações de inexigibilidade (...), necessariamente justificadas (...), deverão ser comunicados, dentro de 3 (três) dias, à autoridade superior, para a retificação e publicação na imprensa oficial, no prazo de 5 (cinco) dias, como condição para a eficácia dos atos".[13]

Ainda, o seu parágrafo único previa que o processo seria instruído, no que coubesse, dos seguintes elementos: (i) caracterização da situação emergencial, calamitosa ou de grave e iminente risco à segurança pública que justifique a dispensa, quando for o caso; (ii) razão da escolha do fornecedor ou executante; (iii) justificativa do preço; e (iv) documento de aprovação dos projetos de pesquisa aos quais os bens serão alocados.

Essa insuficiência trazia muitas dificuldades e responsabilidades aos agentes públicos vinculados a uma contratação direta, já que, por exemplo, a Lei nº 8.666/1993

---

[11] NIEBUHR, Joel de Menezes *et al. Nova Lei de Licitações e Contratos Administrativos*. 2. ed. Curitiba: Zênite, 2021. p. 33-34.

[12] BRASIL. *Lei nº 14.133, de 1º de abril de 2021.* Lei de Licitações e Contratos Administrativos. Secretaria-Geral, Brasília, DF, 10 jun. 2021. Disponível em: http://www.planalto.gov.br/ccivil_03/_ato2019-2022/2021/lei/L14133. htm. Acesso em: 05 fev. 2022.
Art. 72. O processo de contratação direta, que compreende os casos de inexigibilidade e de dispensa de licitação, deverá ser instruído com os seguintes documentos: I – documento de formalização de demanda e, se for o caso, estudo técnico preliminar, análise de riscos, termo de referência, projeto básico ou projeto executivo; II – estimativa de despesa, que deverá ser calculada na forma estabelecida no art. 23 desta Lei; III – parecer jurídico e pareceres técnicos, se for o caso, que demonstrem o atendimento dos requisitos exigidos; IV – demonstração da compatibilidade da previsão de recursos orçamentários com o compromisso a ser assumido; V – comprovação de que o contratado preenche os requisitos de habilitação e qualificação mínima necessária; VI – razão da escolha do contratado; VII – justificativa de preço; VIII – autorização da autoridade competente. Parágrafo único. O ato que autoriza a contratação direta ou o extrato decorrente do contrato deverá ser divulgado e mantido à disposição do público em sítio eletrônico oficial.

[13] BRASIL. *Lei nº 8.666, de 21 de junho de 1993.* Regulamenta o art. 37, inciso XXI, da Constituição Federal, institui normas para licitações e contratos da Administração Pública e dá outras providências. Casa Civil. Brasília, DF, 21 jun. 1993. Disponível em: http://www.planalto.gov.br/ccivil_03/leis/l8666cons.htm. Acesso em: 05 fev. 2022.
Art. 26. As dispensas previstas nos §§2º e 4º do art. 17 e no inciso III e seguintes do art. 24, as situações de inexigibilidade referidas no art. 25, necessariamente justificadas, e o retardamento previsto no final do parágrafo único do art. 8º desta Lei deverão ser comunicados, dentro de 3 (três) dias, à autoridade superior, para ratificação e publicação na imprensa oficial, no prazo de 5 (cinco) dias, como condição para a eficácia dos atos.

não tinha positivada em seu texto a necessidade de elaboração de documentos relativos à fase de planejamento, incluindo-se aí o projeto básico.[14]

Dessa forma, segundo Edgar Guimarães e Ricardo Sampaio, "as hipóteses de contratação direta tornam desnecessária a realização do processo licitatório, mas não subtraem da administração o dever de motivar e justificar exaustivamente as especificações definidas para a conformação da solução que será contratada, o que deve ocorrer com base no desenvolvimento de planejamento eficaz, bem como no conjunto de razões impessoais que determinaram a escolha do contratado".[15]

Assim, a superveniência da Lei nº 14.133/2021 foi bem-vinda para tratar do tema de forma mais minuciosa, trazendo nos incisos do artigo 72 os requisitos e elementos que devem estar necessariamente presentes no processo de contratação direta, antes de tratar das hipóteses específicas de inexigibilidade e dispensa.

2.1 Documento de formalização da demanda

> Art. 72. O processo de contratação direta, que compreende os casos de inexigibilidade e de dispensa de licitação, deverá ser instruído com os seguintes documentos:
> I – documento de formalização de demanda e, se for o caso, estudo técnico preliminar, análise de riscos, termo de referência, projeto básico ou projeto executivo;

O documento de formalização da demanda, previsto no inciso I, do artigo 72, é fundamental, na medida em que é o primeiro passo da contratação direta, definindo o seu objeto e justificando a sua contratação – inclusive, é esse documento que irá demonstrar se o objeto pretendido se enquadra nas hipóteses de contratação direta ou não. A sua elaboração originária deve ser feita pela área requisitante, ou seja, aquela que tem interesse na satisfação da necessidade do objeto determinado, de maneira detalhada, motivada e justificada.[16]

Os demais documentos referidos no texto do inciso I são ressalvados pela expressão "se for o caso", mas sem especificar quais seriam esses casos. No entanto, em uma leitura sistemática da Lei nº 14.133/2021, alguns princípios e regras devem ser observados para que a futura contratação se dê de forma regular, destacando-se dentre eles a necessidade de observância às leis orçamentárias, a promoção da eficiência, da efetividade e da eficácia – artigo 11, parágrafo único.[17]

---

[14] GUIMARÃES, Edgar; SAMPAIO, Ricardo. *Dispensa e Inexigibilidade de Licitação*. 1. ed. Rio de Janeiro: Forense/ Grupo GEN, 2022. p. 51.

[15] GUIMARÃES, Edgar; SAMPAIO, Ricardo. *Dispensa e Inexigibilidade de Licitação*. 1. ed. Rio de Janeiro: Forense/ Grupo GEN, 2022. p. 50.

[16] GUIMARÃES, Edgar; SAMPAIO, Ricardo. *Dispensa e Inexigibilidade de Licitação*. 1. ed. Rio de Janeiro: Forense/ Grupo GEN, 2022. p. 52.

[17] BRASIL. *Lei nº 14.133, de 1º de abril de 2021*. Lei de Licitações e Contratos Administrativos. Secretaria-Geral, Brasília, DF, 10 jun. 2021. Disponível em: http://www.planalto.gov.br/ccivil_03/_ato2019-2022/2021/lei/L14133. htm. Acesso em: 05 fev. 2022.
Parágrafo único. A alta administração do órgão ou entidade é responsável pela governança das contratações e deve implementar processos e estruturas, inclusive de gestão de riscos e controles internos, para avaliar, direcionar e monitorar os processos licitatórios e os respectivos contratos, com o intuito de alcançar os objetivos estabelecidos no caput deste artigo, promover um ambiente íntegro e confiável, assegurar o alinhamento das

Além disso, o artigo 18, da mesma Lei, ao tratar da instrução do processo licitatório, destaca a necessidade de haver o planejamento que englobe "as considerações técnicas, mercadológicas e de gestão que podem interferir na contratação".[18] Assim, conjugando as disposições citadas, conclui-se que a elaboração dos documentos elencados no inciso I, do artigo 72, é essencial para o planejamento das contratações.[19] Esse entendimento foi firmado, inclusive, muito antes da edição da nova Lei, através do Acórdão nº 2.687/2008 do Plenário do Tribunal de Contas da União, que destacou que "a realização da fase interna da licitação é condição prévia essencial à contratação, inclusive nos casos de dispensa ou inexigibilidade de licitação".[20]

2.2 Estimativa de despesa

> Art. 72. O processo de contratação direta, que compreende os casos de inexigibilidade e de dispensa de licitação, deverá ser instruído com os seguintes documentos:
> (...)
> II – estimativa de despesa, que deverá ser calculada na forma estabelecida no art. 23 desta Lei;

A segunda atribuição para a Administração Pública no processo de contratação direta diz respeito à "estimativa de despesa" – não prevista na Lei nº 8.666/1993 –, que irá demonstrar a disponibilidade de recursos orçamentários, observando-se as exigências estabelecidas no artigo 23, da Lei nº 14.133/2021, ou seja, "o valor previamente estimado da contratação deverá ser compatível com os valores praticados pelo mercado, considerados os preços constantes de bancos de dados públicos e as quantidades a serem contratadas, observadas a potencial economia de escala e as peculiaridades do local de execução do objeto".

[21]Ainda, o §1º, do artigo 23, vem especificar, de forma mais detalhada, sobre como deve ser calculado o valor estimado nas licitações para aquisição de bens e contratação de serviços em geral, estabelecendo a utilização de um ou mais dos seguintes parâmetros:

---

contratações ao planejamento estratégico e às leis orçamentárias e promover eficiência, efetividade e eficácia em suas contratações.

[18] BRASIL. *Lei nº 14.133, de 1º de abril de 2021*. Lei de Licitações e Contratos Administrativos. Secretaria-Geral, Brasília, DF, 10 jun. 2021. Disponível em: http://www.planalto.gov.br/ccivil_03/_ato2019-2022/2021/lei/L14133.htm. Acesso em: 05 fev. 2022.
Art. 18. A fase preparatória do processo licitatório é caracterizada pelo planejamento e deve compatibilizar-se com o plano de contratações anual de que trata o inciso VII do caput do art. 12 desta Lei, sempre que elaborado, e com as leis orçamentárias, bem como abordar todas as considerações técnicas, mercadológicas e de gestão que podem interferir na contratação (...).

[19] GUIMARÃES, Edgar; SAMPAIO, Ricardo. *Dispensa e Inexigibilidade de Licitação*. 1. ed. Rio de Janeiro: Forense/Grupo GEN, 2022. p. 52.

[20] BRASIL. TCU. *Acórdão nº 2.687/2008*. Relator Ministro Ubiratan Aguiar. Plenário. j. 26.11.2008.

[21] Sobre o tema, o Tribunal de Contas da União, no Acórdão nº 1875/2021, de relatoria do ministro Raimundo Carreiro, adotou interessante posicionamento no sentido de que as pesquisas de preços para aquisição de bens e contratação de serviços em geral deverão ser fundadas em uma "cesta de preços", dando-se preferência aos preços públicos, já praticados em outros processos licitatórios. Sobre o tema, ver, ainda, FORTINI, Cristiana; BRAGAGNOLI. O Acórdão 1785/21 do TCU e os parâmetros para pesquisas de preços na Lei 14.133/21.

I – composição de custos unitários menores ou iguais à mediana do item correspondente no painel para consulta de preços ou no banco de preços em saúde disponíveis no Portal Nacional de Contratações Públicas (PNCP);

II – contratações similares feitas pela Administração Pública, em execução ou concluídas no período de 1 (um) ano anterior à data da pesquisa de preços, inclusive mediante sistema de registro de preços, observado o índice de atualização de preços correspondente;

III – utilização de dados de pesquisa publicada em mídia especializada, de tabela de referência formalmente aprovada pelo Poder Executivo federal e de sítios eletrônicos especializados ou de domínio amplo, desde que contenham a data e hora de acesso;

IV – pesquisa direta com no mínimo 3 (três) fornecedores, mediante solicitação formal de cotação, desde que seja apresentada justificativa da escolha desses fornecedores e que não tenham sido obtidos os orçamentos com mais de 6 (seis) meses de antecedência da data de divulgação do edital;

V – pesquisa na base nacional de notas fiscais eletrônicas, na forma de regulamento.

De igual forma o §2º, do mesmo artigo, estabelece parâmetros a serem seguidos, na ordem, para a estimativa de valor no processo licitatório envolvendo a contratação de obras e serviços de engenharia:

I – composição de custos unitários menores ou iguais à mediana do item correspondente do Sistema de Custos Referenciais de Obras (Sicro), para serviços e obras de infraestrutura de transportes, ou do Sistema Nacional de Pesquisa de Custos e Índices de Construção Civil (Sinapi), para as demais obras e serviços de engenharia;

II – utilização de dados de pesquisa publicada em mídia especializada, de tabela de referência formalmente aprovada pelo Poder Executivo federal e de sítios eletrônicos especializados ou de domínio amplo, desde que contenham a data e a hora de acesso;

III – contratações similares feitas pela Administração Pública, em execução ou concluídas no período de 1 (um) ano anterior à data da pesquisa de preços, observado o índice de atualização de preços correspondente;

IV – pesquisa na base nacional de notas fiscais eletrônicas, na forma de regulamento.

A observância dessas exigências permite que a Administração Pública selecione a proposta mais vantajosa, na medida em que, com o procedimento estabelecido para a definição do valor estimado, dentro dos parâmetros fixados pela Lei, chega-se ao valor máximo definido para a determinada contratação que se pretende fazer.[22]

Conjur, 30 set. 2021. Disponível em https://www.conjur.com.br/2021-set-30/interesse-publico-acordao-187521-tcu-pesquisas-precos-lei-1413321#:~:text=O%20ac%C3%B3rd%C3%A3o%201875%2F21%20do%20TCU%20e%20os%20par%C3%A2metros%20para,pre%C3%A7os%20na%20Lei%2014.133%2F21&text=A%20pesquisa%20de%20pre%C3%A7os%20%C3%A9,de%20forma%20ampla%20e%20id%C3%B4nea. Acesso em: 02 fev. 2022.

22 Há de se observar que a Lei, nesses dispositivos, estabelece um diálogo interessante com as demais legislações que tratam da gestão pública atualmente, trazendo elementos que se permitem uma análise consequencialista do instituto, como demandam as prescrições da LINDB – Lei nº 13.655/2018, bem como exigindo uma espécie de análise de impacto das contratações, especificamente em relação aos recursos públicos. Cite-se, por exemplo, a tratativa que teve o instituto da análise de impacto regulatório no Marco Legal das Agências Reguladoras (Lei nº 13.848/2019) e na Lei da Liberdade Econômica (Lei nº 13.874/2019).

2.3 Parecer jurídico e pareceres técnicos

> Art. 72. O processo de contratação direta, que compreende os casos de inexigibilidade e de dispensa de licitação, deverá ser instruído com os seguintes documentos:
> (…)
> III – parecer jurídico e pareceres técnicos, se for o caso, que demonstrem o atendimento dos requisitos exigidos;

Em seguida, a terceira etapa a ser observada pela Administração Pública compreende a juntada de parecer jurídico e pareceres técnicos que venham a opinar tecnicamente pela possibilidade ou não de contratação direta.[23]

Nesse inciso, novamente, a grande discussão gira em torno da expressão "se for o caso". Para Edgar Guimarães e Ricardo Sampaio, a emissão de parecer jurídico mostra-se indispensável, diferente do parecer técnico, que nem sempre se mostra necessário. Assim, a interpretação que se tem é de que a expressão "se for o caso" aplica-se exclusivamente para a apresentação de parecer técnico.[24] Esse entendimento é baseado na leitura sistemática do texto legislativo que, no artigo 53, §4º, prevê que ao órgão de assessoramento jurídico cabe a realização do controle de legalidade mediante uma análise jurídica prévia:

> Art. 53. Ao final da fase preparatória, o processo licitatório seguirá para o órgão de assessoramento jurídico da Administração, que realizará controle prévio de legalidade mediante análise jurídica da contratação.
> §4º Na forma deste artigo, o órgão de assessoramento jurídico da Administração também realizará controle prévio de legalidade de contratações diretas, acordos, termos de cooperação, convênios, ajustes, adesões a atas de registro de preços, outros instrumentos congêneres e de seus termos aditivos.

A positivação do artigo acima colacionado segue o entendimento firmado pela Segunda Câmara do Tribunal de Contas da União, no Acórdão nº 11.907/2011, que entendeu ser "obrigatória a emissão de pareceres jurídicos em relação às minutas dos editais de licitação, dispensa ou inexigibilidade e de contratos, bem como que tais pareceres constem nos processos licitatórios".[25]

Junta-se, aqui, ao entendimento de Edgar Guimarães e Ricardo Sampaio de que a previsão contida nesse inciso III, quanto ao parecer jurídico, deveria ser a última fase do processo de contratação direta, pois "somente é viável realizar o escorreito controle prévio de legalidade do processo de contratação direta quando todos os atos inerentes a esse processo já foram realizados".[26]

---

[23] A exigência de Parecer Jurídico, a natureza jurídica de tal ato e a responsabilidade do parecerista são temas que despontam com absoluta relevância na Nova Lei de Licitações e, por isso, serão objeto de outro artigo da presente obra, ao qual se reporta. Cita-se, ainda, a obra de JUSTEN FILHO, Marçal. *Comentários à lei de licitações e contratações administrativas*: Lei 14.133/2021. São Paulo: Revista dos Tribunais, 2021. p. 640-642.

[24] GUIMARÃES, Edgar; SAMPAIO, Ricardo. *Dispensa e Inexigibilidade de Licitação*. 1. ed. Rio de Janeiro: Forense/ Grupo GEN, 2022. p. 61.

[25] BRASIL. TCU. *Acórdão nº 11.907/2011*. Relator Ministro Augusto Sherman. Segunda Câmara. j. 06.12.2011.

[26] GUIMARÃES, Edgar; SAMPAIO, Ricardo. *Dispensa e Inexigibilidade de Licitação*. 1. ed. Rio de Janeiro: Forense/ Grupo GEN, 2022. p. 61.

2.4 Demonstração da compatibilidade da previsão de recursos orçamentários com o compromisso a ser assumido

> Art. 72. O processo de contratação direta, que compreende os casos de inexigibilidade e de dispensa de licitação, deverá ser instruído com os seguintes documentos:
> (...)
> IV – demonstração da compatibilidade da previsão de recursos orçamentários com o compromisso a ser assumido;

A quarta etapa estabelecida em Lei deveria ter sido prevista logo em seguida ao inciso II, uma vez que ambos possuem uma correlação indissociável. Enquanto aquele trata da "estimativa de despesa", esse dispõe sobre a "previsão de recursos orçamentários". Em outras palavras, verificada a "estimativa de despesa", prevista do inciso II, do artigo 72, a Administração Pública deve verificar sobre a compatibilidade daquela previsão com os recursos que tem disponíveis, previsto neste inciso IV.

Ademais, ao se certificar dos recursos orçamentários disponíveis, à Administração incumbe também a observação dos preceitos contidos na Lei de Responsabilidade Fiscal, sob pena de responsabilização futura.

2.5 Habilitação e qualificação mínima

> V – comprovação de que o contratado preenche os requisitos de habilitação e qualificação mínima necessária;

Além de todas as previsões já tratadas envolvendo valores, é essencial que a Administração Pública avalie as qualificações que envolvem a contratação do eventual contratado, demonstrando-se a sua habilidade. Para isso, o artigo 62, da Lei nº 14.133/2021 traz os requisitos que devem ser preenchidos na fase de habilitação: jurídico (I); técnico (II); fiscal, social e trabalhista (III); e econômico-financeiro (IV).[27]

Porém, o artigo 70, inciso III, da mesma Lei, estabelece que a documentação de habilitação pode ser "dispensada, total ou parcialmente, nas contratações para entrega imediata, nas contratações em valores inferiores a 1/4 (um quarto) do limite para dispensa de licitação para compras em geral e nas contratações de produto para pesquisa e desenvolvimento até o valor de R$300.000,00 (trezentos mil reais)". A princípio, portanto, nas demais hipóteses não previstas no artigo citado, os documentos de habilitação são plenamente exigíveis nas contratações diretas.

---

[27] BRASIL. *Lei nº 14.133, de 1º de abril de 2021*. Lei de Licitações e Contratos Administrativos. Secretaria-Geral, Brasília, DF, 10 jun. 2021. Disponível em: http://www.planalto.gov.br/ccivil_03/_ato2019-2022/2021/lei/L14133. htm. Acesso em: 05 fev. 2022.
Art. 62. A habilitação é a fase da licitação em que se verifica o conjunto de informações e documentos necessários e suficientes para demonstrar a capacidade do licitante de realizar o objeto da licitação, dividindo-se em: I – jurídica; II – técnica; III – fiscal, social e trabalhista; IV – econômico-financeira.

2.6 Razão da escolha do contratado

> Art. 72. O processo de contratação direta, que compreende os casos de inexigibilidade e de dispensa de licitação, deverá ser instruído com os seguintes documentos:
> (...)
> VI – razão da escolha do contratado;

Assim como em qualquer ato administrativo, a Administração Pública deve fundamentar o motivo da sua escolha pelo futuro contratado, em homenagem ao princípio da impessoalidade, isto é, não cabe nas contratações diretas a escolha por critérios subjetivos e pessoais que pudesse ferir preceitos constitucionais.

Neste tópico, em especial, verifica-se que o processo de contratatação direta, previsto no artigo em comento, visa dar a concretude aos princípios e diretrizes gerais que regulamentam as licitações e, especificamente neste inciso, percebe-se a preocupação do legislador em assegurar a isonomia entre eventuais interessados. Com efeito, a contratação direta não autoriza atuação arbitrária da Administração e a Lei, ao exigir que o gestor demonstre as razões que o levaram a decidir por um particular para a contratação direta cria o dever de que a decisão seja razoável e passível de controle. Destarte, ainda que se admita que na contratação direta o gestor poder *escolher* o parceiro privado, especialmente nas hipóteses em que há vários prestadores do mesmo serviço ou fornecedores do mesmo objeto exige-se que a escolha seja pautada em critérios impessoais e demonstrados de maneira objetiva, viabilizando o controle posterior.[28]

2.7 Justificativa de preço

> Art. 72. O processo de contratação direta, que compreende os casos de inexigibilidade e de dispensa de licitação, deverá ser instruído com os seguintes documentos:
> (...)
> VII – justificativa de preço;

Voltando-se à discussão sobre valores na contratação direta, esses devem ser igualmente justificados, não sendo legítimo à Administração Pública contratar a qualquer preço. Do contrário, todas as pesquisas de mercado, feitas por conta das exigências do inciso II, serão fundamentais para a constatação de compatibilidade de valores praticados usualmente. Essa disposição se mostra imprescindível, na medida em que é a própria Administração Pública que vai atrás da seleção mais vantajosa. Assim, a "justificativa de preço" se mostra um elemento de transparência a favor do interesse público.

---

[28] Ver, nesse sentido, JUSTEN FILHO, Marçal. *Comentários à lei de licitações e contratações administrativas*: Lei 14.133/2021. São Paulo: Revista dos Tribunais, 2021. p. 640-642.

2.8 Autorização da autoridade competente

> Art. 72. O processo de contratação direta, que compreende os casos de inexigibilidade e de dispensa de licitação, deverá ser instruído com os seguintes documentos:
> (...)
> VIII – autorização da autoridade competente.

O último passo, antes da publicação do ato autorizatório do processo de contratação direta, é a autorização da autoridade competente que "exerce o controle de legalidade do processo de contratação direta".[29] A autoridade competente, portanto, tem o dever de apontar qualquer irregularidade que seja encontrada no processo de contratação direta, caso haja. Do contrário, se houver irregularidade e essa não for identificada, poderá a autoridade competente ser responsabilizada de maneira solidária pelos vícios encontrados no processo.

É importante citar, neste tópico, a previsão do art. 73, da Lei em comento, que estabelece: "na hipótese de contratação direta indevida ocorrida com dolo, fraude ou erro grosseiro, o contratado e o agente público responsável responderão solidariamente pelo dano causado ao erário, sem prejuízo de outras sanções legais cabíveis". Por certo, a responsabilização do agente, nesses casos, dependerá da comprovação da atuação intencional dirigida à contratação direta sem cabimento, sendo essencial a prova de elemento subjetivo reprovável.[30]

2.9 Publicação da autorização da contratação direta

> Art. 72. O processo de contratação direta, que compreende os casos de inexigibilidade e de dispensa de licitação, deverá ser instruído com os seguintes documentos:
> (...)
> Parágrafo único. O ato que autoriza a contratação direta ou o extrato decorrente do contrato deverá ser divulgado e mantido à disposição do público em sítio eletrônico oficial.

O processo de contratação direta finda com a publicação da autorização da contratação, o que já era previsto no artigo 26, da Lei nº 8.666/1993, que previa a "publicação na imprensa oficial".[31] Com a edição da Lei nº 14.133/2021, não mais se exige a "publicação na imprensa oficial", mas apenas a publicação "em sítio eletrônico oficial".

---

[29] GUIMARÃES, Edgar; SAMPAIO, Ricardo. *Dispensa e Inexigibilidade de Licitação*. 1. ed. Rio de Janeiro: Forense/ Grupo GEN, 2022. p. 71.

[30] Sobre o tema, remete-se aos comentários dos artigos 155 e seguintes, da Lei nº 14.133/2021. Na doutrina, cite-se uma vez mais a obra de JUSTEN FILHO, Marçal. *Comentários à lei de licitações e contratações administrativas*: Lei 14.133/2021. São Paulo: Revista dos Tribunais, 2021. p. 954 e ss.

[31] BRASIL. *Lei nº 8.666, de 21 de junho de 1993*. Regulamenta o art. 37, inciso XXI, da Constituição Federal, institui normas para licitações e contratos da Administração Pública e dá outras providências. Casa Civil. Brasília, DF, 21 jun. 1993. Disponível em: http://www.planalto.gov.br/ccivil_03/leis/l8666cons.htm. Acesso em: 05 fev. 2022. Art. 26. As dispensas previstas nos §§2º e 4º do art. 17 e no inciso III e seguintes do art. 24, as situações de inexigibilidade referidas no art. 25, necessariamente justificadas, e o retardamento previsto no final do parágrafo único do art. 8º desta Lei deverão ser comunicados, dentro de 3 (três) dias, à autoridade superior, para ratificação e publicação na imprensa oficial, no prazo de 5 (cinco) dias, como condição para a eficácia dos atos.

Porém, o entendimento doutrinário até o momento vem no sentido de que há a necessidade de publicação da autorização da contratação direta também no Portal Nacional de Contratações Públicas (PNCP), por força do artigo 174, inciso I, da Lei nº 14.133/2021:

> Art. 174. É criado o Portal Nacional de Contratações Públicas (PNCP), sítio eletrônico oficial destinado à:
> I – divulgação centralizada e obrigatória dos atos exigidos por esta Lei;

Logo após a edição da Lei nº 14.133/2021, houve o lançamento, em 09 de agosto de 2021, do PNCP, que tem como um de seus objetivos principais "centralizar as informações referentes a licitações e contratos administrativos em caráter nacional, com vistas à concretização do princípio da publicidade administrativa (...), e o consequente acesso dos usuários a registros administrativos e informações sobre atos de governo".[32] Quando da edição da Lei, em abril de 2021, muitas dúvidas pairavam sobre a sua efetiva regulação e instituição, o que, como se vê, aconteceu rapidamente, quatro meses depois da edição da Lei. Assim, a rigor a intenção da sua existência é de que os atos da Administração relativos à licitação ou à contratação pública sejam mais transparentes e a eles seja dada a máxima publicidade.

Assim, voltando-se ao dispositivo discutido, a publicação em sítio eletrônico deve ser complementar à publicação obrigatória no PNCP, uma vez que o próprio artigo 175, da Lei nº 14.133/2021 faculta aos entes federativos a instituição de sítio eletrônico oficial.

3 Do instituto da dispensa na nova Lei

O procedimento previsto no precitado artigo 72 aplica-se, portanto, a todas as hipóteses de contratação direta, conforme restou demonstrado. Assim, a partir de tais considerações, cabe aprofundar o estudo da dispensa, objeto do presente artigo.

Com efeito, dentre as formas de contratação direta recepcionadas pela Nova Lei de Licitações manteve-se, como antes referido, o instituto de dispensa de licitação, em seu artigo 75. Tal dispositivo traz, de maneira taxativa, os casos em que o gestor está autorizado a deixar de realizar o processo ordinário de licitação para adotar um processo mais ágil e célere, de maneira a preservar o interesse público.

Sobre as exceções à exigência de prévia licitação, Marçal Justen Filho desde muito ensina que as hipóteses de contratação direta visam atender os casos em que a adoção do procedimento licitatório acabaria por frustrar os fins buscados pelo Estado, situações em que não asseguraria a contratação mais vantajosa.[33] Por isso, o texto constitucional do artigo 37, XXI, autorizou o legislador infraconstitucional a adotar procedimento mais simples e célere, que em certa medida sacrifica o princípio da isonomia para preservar o interesse público.

---

[32] BENTO, Wesley. A polêmica sobre o Portal Nacional de Contratações Públicas. *Conjur*, 06 jul. 2021. Disponível em: https://www.conjur.com.br/2021-jul-06/bento-polemica-portal-nacional-contratacoes-publicas. Acesso em: 07 fev. 2022.

[33] JUSTEN FILHO, Marçal. *Comentários à lei de licitações e contratações administrativas*: Lei 14.133/2021. São Paulo: Revista dos Tribunais, 2021. p. 1005.

Em obra clássica sobre o tema, Sérgio Ferraz e Lúcia Valle Figueiredo sustentavam que, "se é verdade que a presidir o instituto da licitação, como vetor supremo, se encontra a isonomia, a contrabalançá-lo há outro valor fundamental: a supremacia do interesse público sobre o particular." Alegam, então, os autores, que "de modo algum guardaria conformidade com o interesse público o valer-se a Administração de procedimento dificultoso e, até mesmo, proporcionalmente oneroso, para adquirir bens, contratar obras ou serviços de pequeno valor, por exemplo".[34]

A matéria era tratada, na Lei nº 8.666/1993, em seu artigo 24. Já a nova Lei reproduziu, em boa medida, as hipóteses de dispensa em seu artigo 75. São situações em que se reconhece ou se recomenda a desnecessidade da competição, casos em que a adoção do processo licitatório demonstra-se como inconveniente ao interesse público. O dispositivo legal indica, taxativamente, as possibilidades de dispensa.

Dentre as hipóteses de dispensa positivadas na Nova Lei, as mais utilizadas pela Administração e que serão objeto do próximo item desse artigo são: obras e serviços de engenharia considerados de pequeno valor; outros serviços e compras de pequeno valor; situações de emergência e calamidade pública; licitações desertas ou fracassadas; contratação em razão da inclusão da obra em acordo internacional; contratação em razão de pesquisa e desenvolvimento; contratação para instituição brasileira voltada ao desenvolvimento institucional e dispensa para locação de imóvel.

São situações em que, mesmo sendo possível a realização do procedimento licitatório em face da existência de possíveis competidores interessados em contratar com a Administração, existem razões que justificam que se deixe de realizá-lo para melhor atender o interesse público. Sobre o tema, Marçal Justen Filho afirma que, nos casos em que a lei autoriza a dispensa de licitação, o procedimento licitatório normal conduziria ao sacrifício do interesse público, não assegurando a contratação mais vantajosa, ou seja: também nas hipóteses de dispensa o administrador deverá buscar a maior qualidade possível, com o menor preço disponível no mercado. Assim, sustenta o autor que

> A dispensa de licitação é consagrada por lei para situações em que é viável a competição. A lei determina a dispensa de licitação por reconhecer que a sua ocorrência não traria os benefícios pretendidos ou, mesmo, acarretaria outros malefícios indesejáveis. A licitação seria uma solução inadequada ou desnecessária para promover o atendimento às necessidades coletivas ou comprometeria a realização de outros valores igualmente protegidos pelo direito.[35]

Portanto, há situações em que ainda que seja possível realizar o certame, há razões que justificam que se deixe de realizá-lo para assegurar contratações mais vantajosas. Por certo, ao disciplinar em lei as hipóteses de dispensa o legislador deverá ponderar os interesses em concreto, com respeito a todos os princípios que integram o sistema normativo, sendo passível a norma de controle de constitucionalidade, como ressalva

---

[34] FERRAZ, Sérgio; FIGUEIREDO, Lúcia Valle. *Dispensa e inexigibilidade de licitação*. 3. ed. São Paulo: Malheiros, 1994. p. 42.

[35] JUSTEN FILHO, Marçal. *Comentários à lei de licitações e contratos administrativos*. 5. ed. São Paulo: Dialética, 1998. p. 210.

Joel Niebuhr.[36] Afinal, "a licitação pública é obrigatória em tributo aos princípios regentes da Administração Pública, que visam a proteger o interesse público de atos imorais, marcados pela pessoalidade e, com destaque, que imputem aos membros da coletividade tratamento discriminatório apartado da razoabilidade", razão pela qual "a regra é a obrigatoriedade de licitação pública e a exceção se refere aos casos especificados pela legislação".[37]

Com efeito, a autorização conferida pela lei para que o administrador contrate diretamente não pode se consumar em uma atuação arbitrária do poder público, devendo ser pautada pelos vetores constitucionais, inclusive no que se refere ao princípio da isonomia. Com efeito, a dispensa de licitação não pode afastar o mandamento constitucional de que os particulares devem ser tratados em plano de igualdade, sendo que a escolha feita pelo administrador deverá pautar-se em juízo de razoabilidade e proporcionalidade. Assim, mesmo que autorizada a escolher um sujeito para contratá-lo diretamente, "é indispensável demonstrar o interesse público em concreto e produzir a identificação dos interesses públicos e privados envolvidos na situação existente".[38] Daí porque a adoção do procedimento adotado pela nova Lei, no artigo 72, para as contratações diretas.

O artigo 75, portanto, ao replicar o entendimento que se consolidou no cenário nacional sobre o instituto da dispensa de licitação, elencou casos em que o administrador está autorizado a deixar de realizar o processo ordinário de licitação, para adotar as providências previstas no artigo 72, já referidas. Para Carvalho Filho, tal aspecto é que caracteriza o instituto da dispensa: a circunstância fática permitiria a realização da licitação, mas o legislador, por alguma razão, decidiu autorizar a dispensa de tal obrigação.[39]

Na prática, é o administrador que, diante das peculiaridades do caso concreto, deverá decidir se é mais vantajosa a realização ou não da licitação, considerando-se os custos do processo (custos financeiros, tempo, alocação de pessoal etc...) e os benefícios a serem atingidos. É o gestor que, mediante a devida ponderação de princípios, deverá adotar a solução que preserve a supremacia do interesse público, consubstanciado, nesta matéria, na contratação mais vantajosa. Esse é o entendimento que se depreende do *caput* do artigo 75, da Lei em comento, que estabelece: "É dispensável a licitação..." O legislador utiliza a palavra *dispensável* justamente para permitir ao gestor escolher se, no caso concreto, fará ou não a licitação.

A partir de tais considerações, Marçal Justen Filho assevera que a justificativa adotada para a dispensa de licitação não pode se limitar a invocar genericamente o "interesse público", especialmente em vista das conquistas consagradas pelo artigo 20, da LINDB, que veda que o Administrador adote decisões fundadas em valores abstratos. Segundo o autor, tal solução "é indispensável demonstrar o interesse público em concreto e produzir a identificação dos interesses públicos e privados envolvidos na

---

[36] Afirma o autor que o legislador infraconstitucional não poderá subverter a lógica adotada pelo constituinte, que consagrou a contratação direta como exceção à exigência de licitação. NIEBUHR, Joel de Menezes. *Licitação pública e contrato administrativo*. 4. ed. Belo Horizonte: Fórum, 2015.

[37] NIEBUHR, Joel de Menezes. *Dispensa e inexigibilidade de licitação pública*. São Paulo: Dialética, 2003. p. 135.

[38] JUSTEN FILHO, Marçal. *Comentários à lei de licitações e contratações administrativas*: Lei 14.133/2021. São Paulo: Revista dos Tribunais, 2021. p. 1006.

[39] CARVALHO FILHO, José dos Santos. *Manual de direito administrativo*. 32. ed. São Paulo: Atlas, 2018. p. 319.

situação existente" e, por isso, continua: O juízo de proporcionalidade exige a avaliação das circunstâncias da realidade e da relação entre a decisão adotada (mesmo pela lei) e os valores a serem realizados".[40]

Ainda assim, é importante a ressalva de Edgar Guimarães e Ricardo Sampaio de que a contratação direta, ainda que deva ser vista como absoluta exceção em face do princípio que obriga o poder público a licitar, não pode ser tomada como um "procedimento menos nobre". Da mesma maneira, segundo os autores, "tampouco o simples fato de celebrar a contratação diretamente deveria ser, por si só, razão para despertar o temor de ações dos órgãos de controle".[41] Destarte, tem-se que "as hipóteses de contratação direta existem justamente porque configuram, para aquelas situações, a forma mais eficiente e coerente para que determinada necessidade pública seja satisfeita".[42]

4 Das hipóteses de dispensa previstas no artigo 75

Com todas as considerações até aqui apresentadas, no presente tópico serão apreciadas as hipóteses mais usuais de dispensa, previstas na Lei nº 14.133/2021.

4.1 Dispensa em razão do baixo valor

Art. 75. É dispensável a licitação:

I – para contratação que envolva valores inferiores a R$100.000,00 (cem mil reais), no caso de obras e serviços de engenharia ou de serviços de manutenção de veículos automotores;

II – para contratação que envolva valores inferiores a R$50.000,00 (cinquenta mil reais), no caso de outros serviços e compras;

§1º Para fins de aferição dos valores que atendam aos limites referidos nos incisos I e II do caput deste artigo, deverão ser observados:

I – o somatório do que for despendido no exercício financeiro pela respectiva unidade gestora;

II – o somatório da despesa realizada com objetos de mesma natureza, entendidos como tais aqueles relativos a contratações no mesmo ramo de atividade.

§2º Os valores referidos nos incisos I e II do caput deste artigo serão duplicados para compras, obras e serviços contratados por consórcio público ou por autarquia ou fundação qualificadas como agências executivas na forma da lei.

§3º As contratações de que tratam os incisos I e II do caput deste artigo serão preferencialmente precedidas de divulgação de aviso em sítio eletrônico oficial, pelo prazo mínimo de 3 (três) dias úteis, com a especificação do objeto pretendido e com a manifestação de

---

[40] JUSTEN FILHO, Marçal. *Comentários à lei de licitações e contratações administrativas*: Lei 14.133/2021. São Paulo: Revista dos Tribunais, 2021. p. 1006.

[41] GUIMARÃES, Edgar; SAMPAIO, Ricardo. *Dispensa e inexigibilidade de licitação*: aspectos jurídicos à luz da Lei nº 14.133/2021. Rio de Janeiro: Forense, 2022. p. 22.

[42] SCHIEFLER, Gustavo; OLIVEIRA, Gustavo Justino de. *Contratação de serviços técnicos especializados por inexigibilidade de licitação pública*. Curitiba: Zênite, 2015. p. 70.

interesse da Administração em obter propostas adicionais de eventuais interessados, devendo ser selecionada a proposta mais vantajosa.

§4º As contratações de que tratam os incisos I e II do caput deste artigo serão preferencialmente pagas por meio de cartão de pagamento, cujo extrato deverá ser divulgado e mantido à disposição do público no Portal Nacional de Contratações Públicas (PNCP).

§7º Não se aplica o disposto no §1º deste artigo às contratações de até R$8.000,00 (oito mil reais) de serviços de manutenção de veículos automotores de propriedade do órgão ou entidade contratante, incluído o fornecimento de peças.

A hipótese da dispensa em razão do baixo valor foi positivada pelo legislador para aqueles casos em que os custos econômicos, que vão ser dispendidos pela Administração Pública com a licitação, não justificam a abertura e a existência dessa licitação, porque será mais vantajoso que se contrate diretamente, observando-se o preenchimento de todos os requisitos necessários e prezando-se pelo interesse público. Em outras palavras, prevalece o princípio da economicidade.

De acordo com a doutrina de Jorge Ulisses Jacoby Fernandes, "(…) a lei estabelece ser dispensável a licitação segundo o valor do objeto a ser contratado",[43] ou seja, "a licitação pública é obrigatória apenas para contratos acima de determinado patamar econômico (…). Abaixo desse patamar, o agente da Administração Pública está autorizado a contratar diretamente por dispensa de licitação".[44] Enquadram-se nessas noções as hipóteses elencadas nos incisos I e II, do artigo 75, da Lei nº 14.133/2021. Mas, elas não são novidade, já que as disposições estavam anteriormente previstas no artigo 24, incisos I e II, da Lei nº 8.666/1993.[45] A grande diferença entre elas está no acréscimo significativo dos valores previstos, conforme se observa da tabela de evolução dos valores em que está autorizada a dispensa:

Objeto da contratação	Lei nº 8.666/1993 Artigo 24 (desde 1998)	Lei nº 8.666/1993 Decreto nº 9.412/18	Lei nº 14.065/20 (pandemia)	Lei nº 14.133/2021 Artigo 75
Obras e serviços de engenharia	R$15 mil	R$33 mil	R$100 mil	R$100 mil
Outros serviços e compras	R$8 mil	R$17,6 mil	R$50 mil	R$50 mil

---

[43] FERNANDES, Jorge Ulisses Jacoby. *Contratação direta sem licitação*. 9. ed. Belo Horizonte: Fórum, 2011. p. 279.

[44] NIEBUHR, Joel de Menezes *et al*. *Nova Lei de Licitações e Contratos Administrativos*. 2. ed. Curitiba: Zênite, 2021. p. 54.

[45] BRASIL. *Lei nº 8.666, de 21 de junho de 1993*. Regulamenta o art. 37, inciso XXI, da Constituição Federal, institui normas para licitações e contratos da Administração Pública e dá outras providências. Casa Civil. Brasília, DF, 21 jun. 1993. Disponível em: http://www.planalto.gov.br/ccivil_03/leis/l8666cons.htm. Acesso em: 05 fev. 2022. Art. 24. É dispensável a licitação: I – para obras e serviços de engenharia de valor até 10% (dez por cento) do limite previsto na alínea "a", do inciso I do artigo anterior, desde que não se refiram a parcelas de uma mesma obra ou serviço ou ainda para obras e serviços da mesma natureza e no mesmo local que possam ser realizadas conjunta e concomitantemente; II – para outros serviços e compras de valor até 10% (dez por cento) do limite previsto na alínea "a", do inciso II do artigo anterior e para alienações, nos casos previstos nesta Lei, desde que não se refiram a parcelas de um mesmo serviço, compra ou alienação de maior vulto que possa ser realizada de uma só vez;

De 1998 até 2018, portanto, perdurou apenas um valor fixo para obras e serviços de engenharia e outro valor fixo para outros serviços e compras. A não atualização dos valores foi uma reclamação recorrente em relação à Lei nº 8.666/1993. Por isso, uma das novidades trazidas pela Lei nº 14.133/2021 foi a previsão do contido no artigo 182, que estabelece que "o Poder Executivo federal atualizará, a cada dia 1º de janeiro, pelo Índice Nacional de Preços ao Consumidor Amplo Especial (IPCA-E) ou por índice que venha a substituí-lo, os valores fixados por esta Lei, os quais serão divulgados no PNCP", o que evita a desatualização dos valores pela inflação.[46]

Portanto, quando da edição da Lei nº 14.133/2021, o artigo 75, inciso I, previa um valor fechado inferior a R$100.000,00 (cem mil reais), e o inciso II do mesmo artigo, um valor fechado inferior a R$50.000,00 (cinquenta mil reais). Para o ano de 2022, a atualização dos valores foi estabelecida pelo Decreto nº 10.922, de 30 de dezembro de 2021, aumentando o valor fixado no inciso I para R$108.040,82 (cento e oito mil quarenta reais e oitenta e dois centavos), e do inciso II para R$54.020,41 (cinquenta e quatro mil vinte reais e quarenta e um centavos).[47]

Outro destaque foi a "promoção" do objeto de serviços de manutenção de veículos automotores ao mesmo patamar de obras e serviços de engenharia. Essa novidade, prevista no inciso I, permite a dispensa para esse objeto até o valor de cem mil reais, antes somente permitida até o valor de dezessete mil e seiscentos reais, já que a sua previsão estava disposta no artigo 24, inciso II, juntamente com o objeto "outros serviços e compras".

No entanto, a contratação dos serviços de manutenção de veículos automotores pode ter um valor mais elevado do que os cem mil reais previsto no inciso I. Isso por conta da previsão combinada dos §§1º e 7º do artigo 75. O §1º veio positivar o entendimento sedimentado do Tribunal de Contas da União, no Acórdão nº 367/2010,[48] com o objetivo de evitar o fracionamento – firmar um só contrato ao invés de firmar vários – que conduz à indevida dispensa de licitação. A primeira situação que deve ser levada em conta é aquilo que foi gasto por determinada unidade gestora no mesmo exercício financeiro – artigo 75, §1º, inciso I; e a segunda é analisar se objetos são de mesma natureza, entendidos como aqueles objetos do mesmo ramo de atividade – artigo 75, §1º, inciso II.

Porém, o §7º do mesmo artigo abre uma exceção nos contratos envolvendo serviços de manutenção de veículos automotores, determinando que para esse serviço ou para o fornecimento de peças para veículos automotores, que sejam inferiores a oito mil reais, não se aplicará a regra do somatório anual para a aferição dos valores.

Mais um destaque é a previsão trazida com o §3º, do artigo 75, da Lei nº 4.133/2021, que indica que as contratações por dispensa em razão de baixo valor "serão preferencialmente precedidas de divulgação de aviso em sítio eletrônico oficial, pelo prazo mínimo

---

[46] BOSELLI, Felipe. Considerações sobre algumas das hipóteses de contratação direta na Nova Lei de Licitações. *In*: FORTINI, Cristiana; OLIVEIRA, Rafael Sérgio Lima de; CAMARÃO, Tatiana (Coord.). *Nova Lei de Licitações*: destaques importantes – Lei nº 14.133, de 1º de abril de 2021. Belo Horizonte: Fórum, 2021. p. 50.

[47] BRASIL. *Decreto nº 10.922, de 30 de dezembro de 2021*. Dispõe sobre a atualização dos valores estabelecidos na Lei nº 14.133, de 1º de abril de 2021 – de Licitações e Contratos Administrativos. Diário Oficial da União. Brasília, DF. Disponível em: https://in.gov.br/en/web/dou/-/decreto-n-10.922-de-30-de-dezembro-de-2021-371513785. Acesso em: 05 fev. 2022.

[48] BRASIL. TCU. *Acórdão nº 367/2010*. Relator Ministro Benjamin Zymler. Segunda Câmara. j. 03.03.2010.

de 3 (três) dias úteis, com a especificação do objeto pretendido e com a manifestação de interesse da Administração em obter propostas adicionais de eventuais interessados, devendo ser selecionada a proposta mais vantajosa". A intenção legislativa com esse dispositivo foi trazer mais economicidade às licitações, abrindo oportunidade para que outros interessados venham a participar do exame e da seleção feitos pela Administração Pública, adotando-se, para tanto, o sistema de dispensa eletrônica. Cria-se uma faculdade – não uma obrigação – para que a Administração Pública, ao optar pela dispensa, admita a abertura de espaço para o recebimento de propostas mais vantajosas.

A utilização do sistema de dispensa eletrônica já é regulamentada pelo artigo 5º, da Instrução Normativa SEGES/ME 67, que estabelece que os documentos exigidos para esse tipo de contratação serão os mesmos exigidos no artigo 72, da Lei nº 14.133/2021. O artigo 6º, da Instrução, por sua vez, aponta todas as informações que os órgãos ou entidades precisam inserir nos seus sistemas para a utilização do sistema de dispensa eletrônica. Assim, ao se optar pela realização eletrônica da dispensa, a Instrução Normativa SEGES/ME 67 deve ser considerada e aplicada.[49]

Por fim, o §4º, visando trazer a transparência necessária para o processo de contratação direta, instituiu-se a faculdade preferencial de que as contratações sejam pagas por meio de cartão de pagamento, com extrato a ser divulgado no PNCP. Novamente, assim como no §3º, trata-se apenas de uma faculdade, não de uma obrigação. A sua utilização certamente dependerá de uma regulamentação clara sobre a sua criação e utilização, mesmo que esse requisito não esteja previsto em Lei.

---

[49] BRASIL. *Instrução Normativa SEGES/ME nº 67*, de 08 de julho de 2021. Disponível em: https://www.in.gov.br/en/web/dou/-/instrucao-normativa-seges/me-n-67-de-8-de-julho-de-2021-330985107. Acesso em: 07 fev. 2022.
Art. 5º O procedimento de dispensa de licitação, na forma eletrônica, será instruído com os seguintes documentos, no mínimo: I – documento de formalização de demanda e, se for o caso, estudo técnico preliminar, análise de riscos, termo de referência, projeto básico ou projeto executivo; II – estimativa de despesa, nos termos da Instrução Normativa nº 65, de 7 de julho de 2021, da Secretaria de Gestão da Secretaria Especial Desburocratização, Gestão e Governo Digital do Ministério da Economia; III – parecer jurídico e pareceres técnicos, se for o caso, que demonstrem o atendimento dos requisitos exigidos; IV – demonstração da compatibilidade da previsão de recursos orçamentários com o compromisso a ser assumido; V – comprovação de que o contratado preenche os requisitos de habilitação e qualificação mínima necessária; VI – razão de escolha do contratado; VII – justificativa de preço, se for o caso; e VIII – autorização da autoridade competente. §1º Na hipótese de registro de preços, de que dispõe o inciso IV do art. 4º, somente será exigida a previsão de recursos orçamentários, nos termos do inciso IV do caput, quando da formalização do contrato ou de outro instrumento hábil. §2º O ato que autoriza a contratação direta deverá ser divulgado e mantido à disposição do público em sítio eletrônico oficial do órgão ou entidade promotora do procedimento. §3º A instrução do procedimento poderá ser realizada por meio de sistema eletrônico, de modo que os atos e os documentos de que trata este artigo, constantes dos arquivos e registros digitais, serão válidos para todos os efeitos legais.
Art. 6º O órgão ou entidade deverá inserir no sistema as seguintes informações para a realização do procedimento de contratação: I – a especificação do objeto a ser adquirido ou contratado; II – as quantidades e o preço estimado de cada item, nos termos do disposto no inciso II do art. 5º, observada a respectiva unidade de fornecimento; III – o local e o prazo de entrega do bem, prestação do serviço ou realização da obra; IV – o intervalo mínimo de diferença de valores ou de percentuais entre os lances, que incidirá tanto em relação aos lances intermediários quanto em relação ao lance que cobrir a melhor oferta; V – a observância das disposições previstas na Lei Complementar nº 123, de 14 de dezembro de 2006. VI – as condições da contratação e as sanções motivadas pela inexecução total ou parcial do ajuste; VII – a data e o horário de sua realização, respeitado o horário comercial, e o endereço eletrônico onde ocorrerá o procedimento. Parágrafo único. Em todas as hipóteses estabelecidas no art. 4º, o prazo fixado para abertura do procedimento e envio de lances, de que trata o Capítulo III, não será inferior a 3 (três) dias úteis, contados da data de divulgação do aviso de contratação direta.

4.2 Dispensa em razão de licitação deserta ou fracassada

> Art. 75. É dispensável a licitação:
> (...)
> III – para contratação que mantenha todas as condições definidas em edital de licitação realizada há menos de 1 (um) ano, quando se verificar que naquela licitação:
> a) não surgiram licitantes interessados ou não foram apresentadas propostas válidas;
> b) as propostas apresentadas consignaram preços manifestamente superiores aos praticados no mercado ou incompatíveis com os fixados pelos órgãos oficiais competentes;

Como se verifica na redação do precitado dispositivo, o artigo 75, III, da Nova Lei, autoriza a contratação direta, mediante dispensa, quando em licitação anterior, realizada em até um ano, não houve licitantes interessados ou quando as propostas não foram válidas.

No que se refere à hipótese prevista no inciso III, "a", primeira parte, tem-se o que a doutrina chama de licitação deserta, caracterizada quando não há interessados em contratar nos termos oferecidos pela Administração Pública.[50] O tema era tratado, na Lei anterior, no artigo 24, V, que autorizava a contratação direta "quando não acudirem interessados à licitação anterior e esta, justificadamente, não puder ser repetida sem prejuízo para a Administração, mantidas, neste caso, todas as condições preestabelecidas".

Veja-se que na nova Lei não se exige a comprovação de que a realização de outra licitação trouxesse prejuízo para a Administração, requisito imposto pelo diploma anterior. O novo dispositivo exige, apenas, que tenha sido feita a licitação em um período de até um ano e que se mantenham os requisitos fixados para o certame.[51] Pressupõe-se, portanto, que a Administração possa escolher um parceiro privado para contratar nas mesmas condições previstas no Edital do processo originário, ao qual não compareceram voluntariamente interessados. O mesmo procedimento pode ser adotado nos casos em que a licitação foi fracassada, ou seja, quando há apresentação de propostas no certame, mas tais propostas não são válidas.

Segundo Edgar Guimarães e Ricardo Sampaio, o legislador manteve o prestígio ao princípio da eficiência, nos moldes adotados pela Lei nº 8.666/1993, evitando o gasto

---

[50] Ver, sobre o tema, GUIMARÃES, Edgar; SAMPAIO, Ricardo. *Dispensa e inexigibilidade de licitação*: aspectos jurídicos à luz da Lei nº 14.133/2021. Rio de Janeiro: Forense, 2022. p. 142 e ss., e ainda que sob a égide da lei anterior, Joel de Menezes. *Licitação pública e contrato administrativo*. 4. ed. Belo Horizonte: Fórum, 2015. p. 289 Interessante questão foi pontuada em publicação lançada pela BRASINFRA – Associação Brasileira dos Sindicatos e Associações de Classe de Infraestrutura –, sobre a Nova Lei de Licitações, organizado por Cristiana Fortini e Juliana Picinin. Segundo consta no Tomo 8, que trata das contações diretas, tal hipótese de dispensa deveria ser interpretada em cotejo com o disposto no art. 61, *caput* e §1º, da Nova Lei, que autoriza que, antes de encerrar o processo licitatório em que apresentadas as propostas repudiadas, é possível uma nova rodada de negociações visando a obter o preço adequado. Como relembra tal documento, "a Administração pode negociar condições mais vantajosas com o primeiro colocado assim que definido o resultado do julgamento e pode realizar essa mesma negociação com os demais licitantes, segundo a ordem de classificação, quando o 1º colocado, mesmo após a negociação, for desclassificado em razão de sua proposta permanecer acima do preço máximo definido pela Administração." Portanto, o que se pode concluir em face de tais considerações é que só se estaria diante de uma licitação fracassada quando, após a tentativa de negociação, os preços apresentados fossem mantidos em valores acima daqueles pretendidos pela Administração Pública, daí sim autorizando-se a aplicação do disposto no art. 72, III, ora em comento.

[51] GUIMARÃES, Edgar; SAMPAIO, Ricardo. *Dispensa e inexigibilidade de licitação*: aspectos jurídicos à luz da Lei nº 14.133/2021. Rio de Janeiro: Forense, 2022. p. 144.

de recursos em face da repetição de um processo licitatório que já não havia chegado a bom termo, sem que fosse possível selecionar a proposta mais vantajosa.[52]

Interessante, ainda, pontuar uma segunda mudança especialmente referida na alínea "b", do dispositivo supracitado, em que o legislador autoriza a contratação quando as propostas apresentadas apresentarem valores superiores àqueles praticados no mercado ou incompatíveis com os fixados pelos órgãos oficiais competentes. Para Edgar Guimarães e Ricardo Sampaio, nesses casos a licitação estaria fracassada em face do "dever legal de desclassificar propostas por preços excessivos".[53]

Ainda é importante ressalva no sentido de que não caberá a contratação direta, com base em tal dispositivo, se houver nulidade no certame anterior. Relembre-se que a autorização constante no dispositivo em comento visa não repetir um certame que se mostrou inútil, não podendo ser corrigida ou modificada qualquer circunstância prevista na licitação originalmente lançada.

Finalmente, cite-se uma vez mais Marçal Justen Filho que relembra que essa hipótese de contratação direta somente seria aplicável em havendo apenas um interessado. Segundo ele, "se houver uma pluralidade de sujeitos disputando o contrato, é incabível a dispensa de licitação. Caberá uma nova licitação".[54] Ainda que, em tese, seja defensável tal posicionamento, fato é que será difícil a Administração Pública ter ciência de eventual interessado, especialmente nos casos em que se estiver tratando de licitação deserta. Até porque não há, no processo adotado pelo artigo 72, da Nova Lei, qualquer fase que leve à Administração Pública a buscar a comprovação de que não há outros particulares interessados na contratação. Ainda assim, parece apropriado o posicionamento defendido pelo autor, especialmente quando se admite que mesmo nos casos em que há autorização para a dispensa, deverão ser ponderados os demais princípios que incidem na matéria, especialmente o princípio da isonomia.

O tratamento da jurisprudência, sobre o tema em comento neste tópico, referente às licitações desertas, ainda é escasso. Com efeito, sob a égide da Lei nº 8.666/1993, a maioria expressiva dos julgados referia-se à comprovação de prejuízo com a realização de um novo certame, exigência que, como se viu, não foi repetida na Nova Lei.

4.3 Dispensa em razão da inclusão da contratação de obras em Acordo Internacional

> Art. 75. É dispensável a licitação:
> (…)
> IV – para contratação que tenha por objeto:

---

[52] GUIMARÃES, Edgar; SAMPAIO, Ricardo. *Dispensa e inexigibilidade de licitação*: aspectos jurídicos à luz da Lei nº 14.133/2021. Rio de Janeiro: Forense, 2022. p. 144.

[53] GUIMARÃES, Edgar; SAMPAIO, Ricardo. *Dispensa e inexigibilidade de licitação*: aspectos jurídicos à luz da Lei nº 14.133/2021. Rio de Janeiro: Forense, 2022. p. 144.

[54] JUSTEN FILHO, Marçal. *Comentários à lei de licitações e contratações administrativas*: Lei 14.133/2021. São Paulo: Revista dos Tribunais, 2021. p. 1014.

b) bens, serviços, alienações ou obras, nos termos de acordo internacional específico aprovado pelo Congresso Nacional, quando as condições ofertadas forem manifestamente vantajosas para a Administração;

Tal dispositivo prevê hipótese de dispensa para contratação de obras ou serviços previstos em termos de acordo internacional específico, desde que aprovado pelo Congresso Nacional e caso as condições ofertadas sejam vantajosas para a Administração.

Essa previsão já constava da Lei nº 8.666/1993, no artigo 24, XIV. Tem-se a inovação, contudo, em face da inclusão de obras como objeto passível de dispensa nessa hipótese. Assim como na legislação anterior, tal dispositivo obedece a sistemática constitucional que reconhece, no artigo 84, VIII, da CF/88, ao Presidente da República a competência para celebrar acordos internacionais, cabendo ao Congresso Nacional resolver, definitivamente, sobre tais atos quando acarretarem encargos ou compromissos gravosos ao patrimônio público (artigo 49, I, CF/88).

Em termos de requisitos fixados para a Administração manejar a dispensa nesses casos, tem-se que além da observância do objeto a ser contratado (bens, serviços, alienações ou obras) também deverá ser demonstrada a vantagem que o poder público gozará com a contratação. Edgar Guimarães e Ricardo Sampaio asseveram que, nesse caso, a vantagem deverá ser comprovada mediante a devida justificativa do preço, demonstrando-se que os valores são compatíveis com o preço do mercado – o que já é exigido pela sistemática do artigo 72, conforme antes demonstrado.

Marçal Justen Filho, ao comentar tal dispositivo, lança a seguinte questão: "seria possível um acordo internacional dispor, de modo genérico, acerca da dispensa de licitação para uma série indeterminada de contratações?" A resposta oferecida pelo autor foi a seguinte:

> A resposta, em princípio, é positiva. Como já visto, a hierarquia do tratado internacional é, no mínimo, idêntica à da lei ordinária. Logo, a introdução de regra geral no tratado internacional equivaleria a uma cláusula adotada na legislação ordinária. O problema residiria na compatibilidade da cláusula inscrita no tratado internacional com os princípios constitucionais. Haveria grande risco de infração aos princípios da República, da soberania nacional e da isonomia.[55]

A temática, sem dúvida, é interessante porque envolve a interpretação do direito internacional e, nessa seara, sabe-se que, ratificados pelo Congresso Nacional, os Tratados terão (i) força de norma constitucional (quando tratarem de direitos humanos, observados os procedimentos estabelecidos no §3º do artigo 5º, da CF/88), (ii) força de norma supralegal (quando tratarem de direitos humanos, mas forem aprovados por maioria simples, nos termos do artigo 47, da CF/88) ou, ainda, (iii) força de lei ordinária, nos termos do entendimento pacificado do Supremo Tribunal Federal.[56]

Portanto, a autorização para a dispensa de licitações poderia ser feita, em tese, por tratados internacionais, desde que ratificados pelo Congresso, comungando-se

---

[55] JUSTEN FILHO, Marçal. *Comentários à lei de licitações e contratações administrativas*: Lei 14.133/2021. São Paulo: Revista dos Tribunais, 2021. p. 1020.

[56] ARAUJO, Luiz Alberto David; ARAUJO, Vidal Serrano Nunes Junior. *Curso de Direito Constitucional*. 13. ed. São Paulo: Saraiva, 2009. p. 215.

do mesmo entendimento esposado por Marçal Justen Filho, conforme referido.[57] No entanto, entende-se que para preservar os princípios e diretrizes previstas na Lei Geral de Licitações, mantém-se a obrigatoriedade de que a Administração Pública observe, a cada dispensa a ser firmada, a sistemática adotada no artigo 72, incluindo-se a comprovação de que o contratado preenche os requisitos de habilitação, demonstrando-se as razões de escolha do contratado e a justificativa de preço.

4.4 Dispensa em razão de produtos para pesquisa e desenvolvimento

> Art. 75. É dispensável a licitação:
> (…)
> IV – para contratação que tenha por objeto:
> c) produtos para pesquisa e desenvolvimento, limitada a contratação, no caso de obras e serviços de engenharia, ao valor de R\$300.000,00 (trezentos mil reais);
> (…)
> §5º A dispensa prevista na alínea "c" do inciso IV do caput deste artigo, quando aplicada a obras e serviços de engenharia, seguirá procedimentos especiais instituídos em regulamentação específica.

É importante pontuar, em primeiro lugar, que a Lei nº 14.133/2021 considera, para os seus fins, que "produtos para pesquisa e desenvolvimento" são aqueles "bens, insumos, serviços e obras necessários para atividade de pesquisa científica e tecnológica, desenvolvimento de tecnologia ou inovação tecnológica, discriminados em projeto de pesquisa", conforme previsão do artigo 6º, inciso LV. Assim, a dispensa em razão do inciso IV, alínea "c", do artigo 75, engloba todos os objetos anteriormente citados.

Em relação à limitação de valor, o próprio dispositivo deixa claro que, com exceção do caso de obras e serviços de engenharia que estão limitados ao valor de trezentos mil reais, os demais objetos não possuem qualquer limite, desde que o seu fim esteja, efetivamente, vinculado a uma contratação destinada a fins de pesquisa e desenvolvimento.

Para Edgar Guimarães e Ricardo Sampaio, requer-se atenção a interpretação do que se considera atividade de pesquisa e desenvolvimento. Segundo ele, a leitura sistemática da normativa permite "dispensar a licitação apenas para a contratação de objetos necessários para atividade de pesquisa científica e tecnológica, desenvolvimento de tecnologia ou inovação tecnológica, discriminados em projeto de pesquisa".[58] Assim, as demais pesquisas que não possuem caráter científico e tecnológico não podem ser admitidas nessa hipótese de dispensa.

Quanto às hipóteses que envolvem obras e serviços de engenharia, previstos neste dispositivo, o legislador houve por bem editar o §5º, que faz remissão a uma regulamentação específica a ser elaborada para que sejam criados requisitos especiais a serem observados.

---

[57] No mesmo sentido: GUIMARÃES, Edgar; SAMPAIO, Ricardo. *Dispensa e inexigibilidade de licitação*: aspectos jurídicos à luz da Lei nº 14.133/2021. Rio de Janeiro: Forense, 2022. p. 154.

[58] GUIMARÃES, Edgar; SAMPAIO, Ricardo. *Dispensa e Inexigibilidade de Licitação*. 1. ed. Rio de Janeiro: Forense/ Grupo GEN, 2022. p. 156.

4.5 Dispensa em razão de fomento ao desenvolvimento na dimensão social

> Art. 75. É dispensável a licitação:
>
> (...)
>
> XIV – para contratação de associação de pessoas com deficiência, sem fins lucrativos e de comprovada idoneidade, por órgão ou entidade da Administração Pública, para a prestação de serviços, desde que o preço contratado seja compatível com o praticado no mercado e os serviços contratados sejam prestados exclusivamente por pessoas com deficiência;
>
> XV – para contratação de instituição brasileira que tenha por finalidade estatutária apoiar, captar e executar atividades de ensino, pesquisa, extensão, desenvolvimento institucional, científico e tecnológico e estímulo à inovação, inclusive para gerir administrativa e financeiramente essas atividades, ou para contratação de instituição dedicada à recuperação social da pessoa presa, desde que o contratado tenha inquestionável reputação ética e profissional e não tenha fins lucrativos;

Neste tópico, despontam dois dispositivos que merecem comentários por indicarem, de maneira inequívoca, a preocupação da Lei com o alcance do desenvolvimento nacional sustentável. São hipóteses em que o legislador autoriza a Administração Pública a utilizar a licitação como mecanismo de fomento social, "autorizando contratação direta como instrumento para execução de políticas sociais diversas".[59]

Sabe-se que mediante as ações de fomento, o Estado contribui, incentiva e induz o setor privado para que esse realize atividades de interesse social ou econômico, com a pretensão de promover um determinado âmbito de atuação relevante. A sociedade civil é incentivada a optar por uma conduta de interesse social, e, em contrapartida, o particular que adere a tais promoções recebe do Estado alguma vantagem. Define-se, assim, a atividade de fomento como a atuação administrativa em que o Estado, nos termos do artigo 174, da Constituição Federal, incentiva, promove ou induz os particulares a exercerem atividades de interesse público, voltadas à realização dos direitos fundamentais.[60] Nessa perspectiva, tais atividades deverão estar dirigidas à consecução do objetivo do desenvolvimento nacional sustentável, em suas múltiplas dimensões: dimensão ética, jurídica, econômica, ambiental e social, que guarda maior interesse para os comentários aqui realizados.[61]

Como já visto em outros artigos da presente obra, desde a edição da Lei nº 12.349/10, que alterou a redação do artigo 3º, da Lei nº 8.666/1993, impõe-se como objetivo da licitação a garantia do desenvolvimento. Sobre essa temática e precursor

---

[59] JUSTEN FILHO, Marçal. *Comentários à lei de licitações e contratações administrativas*: Lei 14.133/2021. São Paulo: Revista dos Tribunais, 2021. p. 150.

[60] SCHIER, Adriana da Costa Ricardo. *Fomento*. Administração pública, direitos fundamentais e desenvolvimento. Curitiba: Íthala, 2019. p. 141.

[61] A tratativa do tema do desenvolvimento multidimensional tem por referencial teórico a obra de Juarez Freitas: FREITAS, Juarez. *Sustentabilidade*: direito ao futuro. 4. ed. Belo Horizonte: Fórum, 2019. Adotando perspectiva semelhante, Marçal Justen Filho define o desenvolvimento como "um processo complexo, que envolve a quantidade de riqueza econômica, mas também reflete a qualidade das condições sociais e, mesmo, políticas da vida individual e coletiva. Portanto, o desenvolvimento nacional a que se refere o art. 3º [CF] não é apenas o incremento da quantidade de bens da Nação, mas também a elevação da qualidade de vida". JUSTEN FILHO, Marçal. *Comentários à lei de licitações e contratações administrativas*: Lei 14.133/2021. São Paulo: Revista dos Tribunais, 2021. p. 147.

nessa matéria, Daniel Ferreira assevera que *além de se prestar à captação da proposta mais econômica, mediante competição isonômica, as licitações deverão realçar as qualidades do objeto da contratação de forma a garantir também a vantajosidade relativa ao desenvolvimento sustentável.*[62] *Na Nova Lei, tem-se no artigo 5º, dentre os princípios da licitação, a referência ao princípio do desenvolvimento nacional sustentável e, ainda, no artigo 11 a previsão de que o processo licitatório tem por objetivo o desenvolvimento nacional sustentável.*

Assim, tem-se que "o contrato administrativo também propicia à Administração o atingimento de fins mediatos, de modo que o contrato administrativo pode ser um instrumento de realização de políticas mais amplas (...) É inquestionável que a contratação pública apresenta uma relevância socioeconômica".[63] *Ao comentar o disposto nos incisos ora apreciados, Marçal Justen Filho assevera que produz-se, com tais regras, "uma espécie de 'função social do contrato administrativo' no sentido de que a contratação é instrumento de realização de outros valores sociais que não a mera obtenção pela Administração dos bens e serviços de que necessita".*[64]

Nesse panorama, as normas previstas nos dispositivos ora em comento autorizam a Administração Pública a contratar diretamente entidades que (i) contem com serviços prestados exclusivamente por pessoas portadoras de deficiência; (ii) tenham por finalidade estatutária apoiar, captar e executar atividades de ensino, pesquisa e extensão, desenvolvimento institucional, científico e tecnológico e estímulo à inovação; (iii) sejam dedicadas à recuperação social da pessoa presa.

Em todas essas hipóteses exige-se que haja comprovação da idoneidade das entidades a serem contratadas. A idoneidade da entidade poderá ser atestada através da verificação dos documentos exigidos na habilitação, os quais poderão comprovar à Administração Pública que a entidade goza de confiabilidade.[65]

Ademais, tais entidades não poderão ter fins lucrativos, de maneira a impedir a contratação de entidades vocacionadas essencialmente pelo lucro, o que desnaturaria a finalidade da regra: de beneficiar entidades através do fomento social.

Na hipótese do inciso XIV, do artigo 72, que autoriza a contratação de associação de pessoas com deficiência, exige-se, ainda, expressamente que o preço a ser contratado seja compatível com o preço de mercado. Veja-se que compatível, aqui, não quer significar, necessariamente, o menor preço. Com efeito, se a Administração Pública fosse obrigada a contratar pelo menor preço, não faria sentido a hipótese de dispensa. Não se pode perder de vista que a licitação se presta, em tal hipótese, como instrumento de fomento voltado a alcançar fins dirigidos ao desenvolvimento social. Por isso mesmo a vantajosidade da contratação deverá ser medida e avaliada não somente tendo como referência o menor preço e a maior qualidade do bem contratado, mas também a inclusão dos deficientes no mercado. Destarte, "eventual excesso desembolsado pela Administração para obter

---

[62] FERREIRA, Daniel. *A Licitação Pública no Brasil e sua Nova Finalidade Legal*: a promoção do desenvolvimento nacional sustentável. Belo Horizonte: Fórum, 2012. p. 101.

[63] JUSTEN FILHO, Marçal. *Comentários à lei de licitações e contratações administrativas*: Lei 14.133/2021. São Paulo: Revista dos Tribunais, 2021. p. 149. Por certo, as normas que tratam a licitação como um instrumento indutor de comportamentos benéficos (fomento) não se resumem às hipóteses de dispensa. Cite-se, por exemplo, a previsão do artigo 25, §9º, que estabelece que "O edital poderá, na forma disposta em regulamento, exigir que percentual mínimo da mão de obra responsável pela execução do objeto da contratação seja constituído por: I – mulheres vítimas de violência doméstica; II – oriundos ou egressos do sistema prisional". O recorte do presente capítulo, contudo, limita-se às hipóteses de dispensa.

[64] JUSTEN FILHO, Marçal. *Comentários à lei de licitações e contratações administrativas*: Lei 14.133/2021. São Paulo: Revista dos Tribunais, 2021. p. 1069.

[65] JUSTEN FILHO, Marçal. *Comentários à lei de licitações e contratações administrativas*: Lei 14.133/2021. São Paulo: Revista dos Tribunais, 2021. p. 1071.

o objeto contratado deve ser qualificado como uma forma de fomento e incentivo, enquadrando-se no desempenho de funções sociais impostas ao Estado".[66]

Entretanto, ainda que as hipóteses de dispensa previstas no artigo em comento estejam voltadas à realização de fins sociais, não se poderá admitir contratações por valores que sejam absolutamente incompatíveis com aqueles praticados usualmente. Por tal razão, impõe-se à Administração o juízo de razoabilidade e proporcionalidade em face dos preços oferecidos pelas entidades, ponderados todos os objetivos buscados com tais contratações. Para Edgar Guimarães e Ricardo Sampaio, o poder público deverá realizar a estimativa de despesa nos moldes do artigo 23, da Lei nº 14.133/2021.[67]

Especificamente quanto às hipóteses previstas no inciso XV, do artigo 72, é importante ainda referir que o legislador exige, assim como fazia na Lei nº 8.666/1993 (artigo 24, XIII), que haja uma absoluta identidade entre os objetivos estatutários da instituição a ser contratada e o objeto licitado. Nesse sentido, vale a referência à Súmula 250, do TCU, que determina:

A contratação de instituição sem fins lucrativos, com dispensa de licitação, com fulcro no art. 24, inciso XIII, da Lei 8.666/93, somente é admitida nas hipóteses em que houver nexo efetivo entre o mencionado dispositivo, a natureza da instituição e o objeto contratado(...).[68]

4.6 Dispensa em razão de emergência ou de calamidade pública

Art. 75. É dispensável a licitação:

(...)

VIII – nos casos de emergência ou de calamidade pública, quando caracterizada urgência de atendimento de situação que possa ocasionar prejuízo ou comprometer a continuidade dos serviços públicos ou a segurança de pessoas, obras, serviços, equipamentos e outros bens, públicos ou particulares, e somente para aquisição dos bens necessários ao atendimento da situação emergencial ou calamitosa e para as parcelas de obras e serviços que possam ser concluídas no prazo máximo de 1 (um) ano, contado da data de ocorrência da emergência ou da calamidade, vedadas a prorrogação dos respectivos contratos e a recontratação de empresa já contratada com base no disposto neste inciso;

(...)

6º Para os fins do inciso VIII do caput deste artigo, considera-se emergencial a contratação por dispensa com objetivo de manter a continuidade do serviço público, e deverão ser observados os valores praticados pelo mercado na forma do art. 23 desta Lei e adotadas as providências necessárias para a conclusão do processo licitatório, sem prejuízo de apuração de responsabilidade dos agentes públicos que deram causa à situação emergencial.

---

[66] JUSTEN FILHO, Marçal. *Comentários à lei de licitações e contratações administrativas*: Lei 14.133/2021. São Paulo: Revista dos Tribunais, 2021. p. 1072.

[67] GUIMARÃES, Edgar; SAMPAIO, Ricardo. *Dispensa e inexigibilidade de licitação*: aspectos jurídicos à luz da Lei nº 14.133/2021. Rio de Janeiro: Forense, 2022. p. 219.

[68] Tal súmula prevê, ainda, que se exigisse, também neste caso, *a comprovação de compatibilidade com os preços do mercado. Sobre essa questão, reporta-se às considerações antes alinhavadas e ainda, ao posicionamento de Marçal Justen Filho que não havendo previsão legal – como há em inúmeros outros dispositivos -, não há como o TCU fazer tal exigência. Porém, é claro, como ressalta o autor, que "nenhuma contratação, especialmente aquelas realizadas com dispensa de licitação, pode fazer-se em condições desastrosas para a Administração".* JUSTEN FILHO, Marçal. *Comentários à lei de licitações e contratações administrativas*: Lei 14.133/2021. São Paulo: Revista dos Tribunais, 2021. p. 1072.

O primeiro destaque que deve se fazer sobre a hipótese de dispensa em razão de emergência ou de calamidade pública é que ela não se comunica com os limites de valores previstos nos incisos I e II desse mesmo artigo 75, eles são dispositivos independentes.[69]

As situações de emergência devem ser entendidas como aquelas que não podem aguardar pelos trâmites de uma licitação, do contrário, o interesse público estaria em risco, podendo, inclusive, perecer. Essa emergência pode ser dividida em duas categorias, a real e a potencial. A primeira diz respeito a um evento danoso que já ocorreu e que exige, de forma imediata, uma providência. A segunda diz respeito a uma eventual iminência de fato danoso, sendo necessária a ação de uma medida preventiva.[70]

A caracterização da emergência ou da calamidade pública vai depender de uma avaliação que calcule os riscos para o interesse público, mas como não há uma regra estabelecida a ser seguida, a referida avaliação será discricionária. Ainda, as situações que podem se encaixar nesse dispositivo não precisam ser absolutas, pelo contrário, elas dependem de um grau de relevância que vai variar de acordo com as peculiaridades do determinado caso concreto.[71]

Uma polêmica inaugurada ainda na Lei nº 8.666/1993 diz respeito à falta de planejamento da Administração Pública, a sua negligência. Alguns autores, baseados em entendimento firmado pelo Tribunal de Contas da União, entendem que, mesmo nesses casos, é cabível a contratação direta por dispensa,[72] na medida em que a licitação emergencial "não distingue a emergência real, resultante do imprevisível, daquela resultante da incúria ou inércia administrativa, sendo cabível, em ambas as hipóteses, a contratação direta, desde que devidamente caracterizada a urgência de atendimento".[73] No entanto, essa possibilidade não exime o agente público da apuração de responsabilidade que deram causa à situação emergencial, conforme dispõe o §6º, do artigo 75.

Ainda, deve-se atentar para o fato de que a contratação, dentro dessa hipótese, é provisória, na medida em que serve apenas para evitar o perecimento do interesse público, tanto isso é verdade que o §6º prevê que no caso de contratação emergencial, devem ser "adotadas as providências necessárias para a conclusão do processo licitatório". Em outras palavras, a contratação se restringe tão somente ao necessário para o atendimento da situação emergencial ou de calamidade. O inciso discutido é claro ao estabelecer que só é permitido adquirir "bens necessários ao atendimento da situação emergencial ou calamitosa e para as parcelas de obras e serviços".

Mais um destaque está na proibição de prorrogação do contrato, que tem validade máxima de um ano, "contado da data de ocorrência da emergência ou da calamidade, vedadas a prorrogação dos respectivos contratos e a recontratação de empresa já contratada com base no disposto neste inciso". Há, portanto, a possibilidade de se firmar um novo contrato emergencial depois de passado o prazo de validade de um ano, desde

---

[69] NIEBUHR, Joel de Menezes *et al. Nova Lei de Licitações e Contratos Administrativos.* 2. ed. Curitiba: Zênite, 2021. p. 56.

[70] GUIMARÃES, Edgar; SAMPAIO, Ricardo. *Dispensa e Inexigibilidade de Licitação.* 1. ed. Rio de Janeiro: Forense/Grupo GEN, 2022. p. 192.

[71] NIEBUHR, Joel de Menezes *et al. Nova Lei de Licitações e Contratos Administrativos.* 2. ed. Curitiba: Zênite, 2021. p. 67.

[72] GUIMARÃES, Edgar; SAMPAIO, Ricardo. *Dispensa e Inexigibilidade de Licitação.* 1. ed. Rio de Janeiro: Forense/Grupo GEN, 2022. p. 193.

[73] BRASIL. TCU. *Acórdão nº 1.138 /2011.* Relator Ministro Ubiratan Aguiar. Plenário. j. 04.05.2011.

que esse não seja com a mesma empresa contratada anteriormente, a fim de evitar a perpetuação de uma contratação emergencial com a mesma pessoa.

Por fim, existe entendimento, firmado pela Segunda Turma do Tribunal de Contas da União, no Acórdão nº 158/2010[74] de que o prazo máximo para a assinatura de contratos nas hipóteses de dispensa por razão de emergência ou calamidade pública é de 30 dias. Passado esse prazo, entende o Tribunal que a situação não se encaixava nas hipóteses de emergência ou calamidade. Esse entendimento, fixando um prazo no qual o legislador não o fez, não caberia ao Tribunal de Contas que, ao fazê-lo, inovou a ordem jurídica de maneira inconstitucional.[75]

Há de se reconhecer o fato de que existem abusos na utilização desse dispositivo, mas a previsão de dispensa por razão de emergência ou calamidade pública é uma disposição imprescindível para a concretização do interesse público, preservação dos serviços públicos e das demais atividades administrativas, devendo, portanto, ser preservada na legislação.

5 Considerações finais

Como se defendeu no presente trabalho, a superveniência da Lei nº 14.133/2021 foi muito bem-vinda no que tange ao tema das contratações diretas e, mais especificamente, quanto à dispensa de licitação. Isso porque a nova Lei conseguiu responder a diversas críticas existentes na Lei nº 8.666/1993, ao trazer em seu texto, de forma minuciosa, uma sistematização metodológica e didática do seu conteúdo. Observou-se que muitos dos procedimentos e das hipóteses aqui tratadas já eram previstas na antiga Lei, ainda em vigor. Porém, a facilidade de leitura e de interpretação inaugurada com a nova Lei é um destaque positivo que deve ser comemorado.

O detalhamento do processo de contratação direta, todo o seu procedimento, com inserção e acompanhamento da nova realidade digital foi um passo importante para conferir uma maior eficiência e economicidade dos processos envolvendo esse tipo de contratação.

Dentre as inovações das hipóteses específicas de dispensa, destaca-se aquela por razão de baixo valor, que teve os seus valores finalmente atualizados – e que serão atualizados a cada exercício financeiro. Ademais disso, a criação de faculdade para que a Administração Pública possa usar o sistema de dispensa eletrônica, possibilitando a inscrição de interessados no determinado processo de dispensa, e, ainda, para que as dispensas sejam pagas por meio de cartão-pagamento, trazem uma maior transparência para todo o processo, que sempre recebeu tantas críticas por conta de eventuais impessoalidades identificadas.

A Lei aperfeiçoa a busca pelo alcance do desenvolvimento nacional sustentável, autorizando o legislador a utilizar a dispensa de licitação como mecanismo de fomento social. Assim, o Estado, ao incentivar a sociedade civil, traz para si uma vantagem, na

---

[74] TCU. *Acórdão nº 158 /2010*. Relator Ministro Aroldo Cedraz. Segunda Câmara. j. 26.01.2010.

[75] NIEBUHR, Joel de Menezes et al. *Nova Lei de Licitações e Contratos Administrativos*. 2. ed. Curitiba: Zênite, 2021. p. 69.

medida em que promove a participação dos particulares contratados diretamente para o exercício de atividades de interesse público, voltadas à realização dos direitos fundamentais. É certo que a previsão do desenvolvimento já estava prevista em Lei desde 2010. No entanto, na nova Lei ela ganha novos contornos, especialmente por conta do tratamento conferido ao desenvolvimento nacional como princípio (artigo 5º) e como objetivo (artigo 11).

Por fim, ainda a título comparativo, e muito embora não tenha sido tratado de forma específica neste trabalho, é importante que se refira a outro avanço da atual legislação em face da Lei nº 8.666/1993: o tema da locação de imóveis. Com efeito, sob a égide da lei anterior, a compra ou locação de imóvel destinado ao atendimento de finalidades da Administração consubstanciava hipótese de dispensa, prevista no artigo 24, X. Agora, a regra geral, prevista no artigo 50, da Lei nº 14.133/2021, é a de que seja realizada a licitação para a locação de imóveis, ressalvado o disposto no inciso V, do artigo 74, da Lei que trata das hipóteses de inexigibilidade. Em outras palavras: se o imóvel possuir características de instalações e de localização que tornem necessária sua escolha será hipótese de compra ou locação mediante contratação direta, por inexigibilidade de licitação. Em todas as outras circunstâncias, deverá ser seguido o processo licitatório.

Assim, o propósito deste artigo foi identificar e analisar os principais destaques e novidades presentes na Lei nº 14.133/2021 em relação à dispensa de licitação, trazendo novas interpretações e concepções doutrinárias que ainda estão sendo moldadas pela jurisprudência administrativa e judicial.

Referências

ARAUJO, Luiz Alberto David; ARAUJO, Vidal Serrano Nunes Junior. *Curso de Direito Constitucional*. 13. ed. São Paulo: Saraiva, 2009.

BACELLAR FILHO, Romeu Felipe. *Direito administrativo*. São Paulo: Saraiva, 2005.

BENTO, Wesley. A polêmica sobre o Portal Nacional de Contratações Públicas. *Conjur*, 06 jul. 2021. Disponível em: https://www.conjur.com.br/2021-jul-06/bento-polemica-portal-nacional-contratacoes-publicas. Acesso em: 07 fev. 2022.

BOSELLI, Felipe. Considerações sobre algumas das hipóteses de contratação direta na Nova Lei de Licitações. *In*: FORTINI, Cristiana; OLIVEIRA, Rafael Sérgio Lima de; CAMARÃO, Tatiana (Coord.). *Nova Lei de Licitações*: destaques importantes – Lei no 14.133, de 1º de abril de 2021. Belo Horizonte: Fórum, 2021.

BRASIL. *Constituição Federal, de 05 de outubro de 1988*. Disponível em: http://www.planalto.gov.br/ccivil_03/constituicao/constituicao.htm. Acesso em: 05 fev. 2022.

BRASIL. *Decreto nº 10.922, de 30 de dezembro de 2021*. Dispõe sobre a atualização dos valores estabelecidos na Lei nº 14.133, de 1º de abril de 2021 – de Licitações e Contratos Administrativos. Diário Oficial da União. Brasília, DF. Disponível em: https://in.gov.br/en/web/dou/-/decreto-n-10.922-de-30-de-dezembro-de-2021-371513785. Acesso em: 05 fev. 2022.

BRASIL. *Instrução Normativa SEGES/ME nº 67, de 08 de julho de 2021*. Disponível em: https://www.in.gov.br/en/web/dou/-/instrucao-normativa-seges/me-n-67-de-8-de-julho-de-2021-330985107. Acesso em: 07 fev. 2022.

BRASIL. *Lei nº 14.133, de 1º de abril de 2021*. Lei de Licitações e Contratos Administrativos. Secretaria-Geral, Brasília, DF, 10 jun. 2021. Disponível em: http://www.planalto.gov.br/ccivil_03/_ato2019-2022/2021/lei/L14133.htm. Acesso em: 05 fev. 2022.

BRASIL. *Lei nº 8.666, de 21 de junho de 1993*. Regulamenta o art. 37, inciso XXI, da Constituição Federal, institui normas para licitações e contratos da Administração Pública e dá outras providências. Casa Civil. Brasília, DF, 21 jun. 1993. Disponível em: http://www.planalto.gov.br/ccivil_03/leis/l8666cons.htm. Acesso em: 05 fev. 2022.

BRASIL. Supremo Tribunal Federal. *ADI nº 4658*, Relator (a): EDSON FACHIN, Tribunal Pleno, julgado em 25.10.2019, PROCESSO ELETRÔNICO DJe-245 DIVULG 08.11.2019 PUBLIC 11.11.2019.

BRASIL. TCU. *Acórdão nº 1.138 /2011*. Relator Ministro Ubiratan Aguiar. Plenário. j. 04.05.2011.

BRASIL. TCU. *Acórdão nº 11.907/2011*. Relator Ministro Augusto Sherman. Segunda Câmara. j. 06.12.2011.

BRASIL. TCU. *Acórdão nº 158 /2010*. Relator Ministro Aroldo Cedraz. Segunda Câmara. j. 26.01.2010.

BRASIL. TCU. *Acórdão nº 2.687/2008*. Relator Ministro Ubiratan Aguiar. Plenário. j. 26.11.2008.

BRASIL. TCU. *Acórdão nº 367 /2010*. Relator Ministro Benjamin Zymler. Segunda Câmara. j. 03.03.2010.

CARVALHO FILHO, José dos Santos. *Manual de direito administrativo*. 32. ed. São Paulo: Atlas, 2018.

DI PIETRO, Maria Sylvia Zanella. *Parcerias na administração pública*. 5. ed. São Paulo: Saraiva, 2005.

FERNANDES, Jorge Ulisses Jacoby. *Contratação direta sem licitação*. 9. ed. Belo Horizonte: Fórum, 2011.

FERRAZ, Sérgio; FIGUEIREDO, Lúcia Valle. *Dispensa e inexigibilidade de licitação*. 3. ed. São Paulo: Malheiros, 1994.

FERREIRA, Daniel. *A Licitação Pública no Brasil e sua Nova Finalidade Legal*: a promoção do desenvolvimento nacional sustentável. Belo Horizonte: Fórum, 2012.

FREITAS, Juarez. *Sustentabilidade*: direito ao futuro. 4. ed. Belo Horizonte: Fórum, 2019.

FORTINI, Cristiana; PICININI, Juliana (org). *A Nova Lei de Licitações*. Lei Federal nº 14.133 de 1º de abril de 2021. Brasília: BRASINFRA, 2021, Tomo 8.

FORTINI, Cristiana; BRAGAGNOLI. O Acórdão nº 1785/21 do TCU e os parâmetros para pesquisas de preços na Lei 14.133/21. *Conjur*, 30 set. 2021. Disponível em https://www.conjur.com.br/2021-set-30/interesse-publico-acordao-187521-tcu-pesquisas-precos-lei-1413321#:~:text=O%20ac%C3%B3rd%C3%A3o%20 1875%2F21%20do%20TCU%20e%20os%20par%C3%A2metros%20para,pre%C3%A7os%20na%20Lei%20 14.133%2F21&text=A%20pesquisa%20de%20pre%C3%A7os%20%C3%A9,de%20forma%20ampla%20e%20 id%C3%B4nea. Acesso em: 02 fev. 2022.

GUIMARÃES, Edgar; SAMPAIO, Ricardo. *Dispensa e inexigibilidade de licitação*: aspectos jurídicos à luz da Lei nº 14.133/2021. Rio de Janeiro: Forense, 2022.

JUSTEN FILHO, Marçal. *Comentários à lei de licitações e contratações administrativas*: Lei 14.133/2021. São Paulo: Revista dos Tribunais, 2021.

JUSTEN FILHO, Marçal. *Comentários à lei de licitações e contratos administrativos*. 13. ed. São Paulo: Dialética, 2009.

JUSTEN FILHO, Marçal. *Comentários à lei de licitações e contratos administrativos*. 5. ed. São Paulo: Dialética, 1998.

NIEBUHR, Joel de Menezes *et al. Nova Lei de Licitações e Contratos Administrativos*. 2. ed. Curitiba: Zênite, 2021.

NIEBUHR, Joel de Menezes. *Dispensa e inexigibilidade de licitação pública*. São Paulo: Dialética, 2003.

NIEBUHR, Joel de Menezes. *Licitação pública e contrato administrativo*. 4. ed. Belo Horizonte: Fórum, 2015.

PAINEL DE COMPRAS. Segundo os dados constantes no portal, o valor total das compras no período seria de R$ 733.596.530.917,19, concluindo-se que a dispensa de licitação representa aproximadamente 10% de todas as contratações feitas para compras pelo governo federal. *Ministério da Economia*. Disponível em: http://paineldecompras.economia.gov.br/processos-compra. Acesso em: 03 fev. 2022.

SCHIEFLER, Gustavo; OLIVEIRA, Gustavo Justino de. *Contratação de serviços técnicos especializados por inexigibilidade de licitação pública*. Curitiba: Zênite, 2015.

SCHIER, Adriana da Costa Ricardo. *Fomento*. Administração pública, direitos fundamentais e desenvolvimento. Curitiba: Íthala, 2019.

SOUTO, Marcos Juruena Villela. *Licitações*. 3. ed. Rio de Janeiro: Esplanada, 1998.

VALLE, Vivian Cristina Lima Lopez. *Contratos Administrativos e um novo regime jurídico de prerrogativas contratuais na Administração Pública Contemporânea*. 1. ed. Belo Horizonte: Fórum, 2018.

Informação bibliográfica deste texto, conforme a NBR 6023:2018 da Associação Brasileira de Normas Técnicas (ABNT):

SCHIER, Adriana da Costa Ricardo; ANDRADE, Giulia De Rossi. Os novos contornos do Instituto da Dispensa de Licitação no âmbito da Lei nº 14.133/2021. *In*: HARGER; Marcelo (Coord.). *Aspectos polêmicos sobre a nova lei de licitações e contratos administrativos*: Lei nº 14.133/2021. Belo Horizonte: Fórum, 2022. p. 251-281. ISBN 978-65-5518-461-7.

QUALIDADE DO PRODUTO OU SERVIÇO: MEIOS DE AFERIÇÃO E OPÇÃO LEGISLATIVA QUE SE CONTRAPÕE À BUSCA APENAS PELO MENOR PREÇO (ART. 42)

LUIZ FERNANDO BIASI STASKOWIAN

1 A evolução legislativa na aferição da qualidade dos bens e serviços adquiridos via licitação

Antes tratados de maneira esparsa e não sistematizada na Lei Geral de Licitações, os critérios de aferição da qualidade do produto objeto de interesse da Administração Pública ganharam luz sob a vigência da Lei nº 14.133, de 1º de abril de 2021. De fato, o legislador ordinário mostrou-se sensível ao sentimento, que se tornou dominante sob a vigência da lei antecedente, no sentido de que os produtos e serviços adquiridos por intermédio do sistema de licitação pública ostentam qualidade inferior à média de mercado. O sentimento predominante ainda hoje não é descabido; ao contrário, tornou-se frequente a constatação de que os bens recebidos pelo Poder Público por meio de licitação detêm durabilidade e confiabilidade questionáveis, quando não insuficientes, muitas vezes exigindo frequentes substituições por novos produtos.

A baixa qualidade dos produtos e serviços obtidos via licitação pública, quando não atribuível a falhas do fornecedor de serviços (facilmente corrigíveis por meio da atividade fiscalizatória do órgão licitante), decorre muitas vezes da opção do melhor preço como bússola quase onipresente nos certames, incentivada em parte pelo imaginário popular que prestigia a sempre buscada economia de recursos públicos e, em maior grau, pela inexistência de escudo legal na Lei nº 8.666/93 para que o Administrador Público, ao presidir processo licitatório, pudesse optar por mais qualidade em detrimento do menor custo.

Agora, a Lei Geral de Licitações erigiu a opção pela qualidade a uma hipótese possível ao Poder Público ou quem lhe faça as vezes na presidência de processos licitatórios, fazendo-o por meio de disposições variadas, sobretudo por intermédio do artigo 42 da Lei nº 14.133, de 1º de abril de 2021. Ainda que não se tenha superado, nem se deva superar de todo a compreensão de que o melhor preço será sempre uma opção segura ao licitante, o giro legislativo trouxe sensível evolução ao acolher as ideias de que nem sempre o produto mais barato é o mais adequado e de que a Administração Pública, diante de seu caráter perene e eterno (ao menos se considerado o tempo de vida da disciplina constitucional atual), não pode adquirir produtos ou serviços pensando em obter soluções temporárias, pouco duradouras ou, então, de reduzida qualidade e eficiência.

É importante frisar: a busca pela eficiência na Administração Pública deve considerar a visão de longo prazo, sem perder de vista justamente o caráter perene da atividade administrativa, que não se exaure. A propósito da amplitude que se deve conferir ao princípio da eficiência, leciona Celso Antônio Bandeira de Melo:

"Quanto ao princípio da eficiência, não há nada a dizer sobre ele. Trata-se, evidentemente, de algo mais do que desejável. Contudo, é juridicamente tão fluido e de tão difícil controle ao lume do Direito, que mais parece um simples adorno agregado ao art. 37 ou o extravasamento de uma aspiração dos que burilam no texto. De toda sorte, o fato é que tal princípio não pode ser concebido (entre nós nunca é demais fazer ressalvas óbvias) senão na intimidade do princípio da legalidade, pois jamais uma suposta busca de eficiência justificaria postergação daquele que é o dever administrativo por excelência. Finalmente, anote-se que este princípio da eficiência é uma faceta de um princípio mais amplo já superiormente tratado, de há muito, no Direito italiano: o princípio da 'boa administração'".[1]

Rememorada a disciplina constitucional vigente, vê-se como primeira premissa que a interpretação a ser conferida ao artigo 42 da Lei nº 14.133/2021 deve circundar, tanto quanto possível, o ideário da eficiência administrativa, interpretada como vetor de atuação da Administração Pública no longo prazo.

1.1 Qualidade x preço: um impasse solucionável?

A equação de mercado que contrapõe preço e qualidade não passa ao largo da Administração Pública, que também convive com a diuturna necessidade de sopesar

---

[1] MELLO, Celso Antônio Bandeira de. *Curso de Direito Administrativo*. 12. ed. São Paulo: Ed. Malheiros, 1999. p. 92.

os custos daquilo que adquire com os benefícios que a aquisição é capaz de trazer. No campo da iniciativa privada ou das simples aquisições pessoais de qualquer indivíduo, a decisão pela compra de um produto de maior ou menor preço leva em conta, em via de regra, critérios que podem estar vinculados à efetiva necessidade do produto ou do serviço adquirido, mas também podem simplesmente derivar da emoção que a aquisição ocasiona no adquirente, ou, então, na visibilidade por ele trazida, dentre outros fatores nem sempre tangíveis.

Por outro lado, os supraconstitucionais princípios da supremacia e da indisponibilidade do interesse público, aliados à interpretação sistemática das normas constitucionais que regem a Administração Pública, impedem que o dispêndio de dinheiro público na aquisição de bens/produtos paute-se por critérios tão subjetivos quanto aqueles que orientam o mercado privado de consumo. Contudo, sempre haverá, como dito, um impasse para cuja solução inexistem regras preditas, que se resume na avaliação acerca do quanto a qualidade superior de determinado produto justifica eventual sobrepreço.

Esse impasse encontrou solução na novel Lei de Licitações e Contratos Administrativos, que conferiu expressamente ao Administrador Público a possibilidade de optar por produto de preço mais elevado quando verificar que isso melhor atende aos fins da Administração Pública. Tornou-se possível ao responsável pelo certame, além de optar por determinadas marcas ou modelos, valer-se de amostras e até mesmo de declarações de experiência já realizada (que a lei denomina, em seu artigo 41, inciso II, como "prova do conceito do bem"), para garantir que o processo de escolha prestigie o bem ou serviço que é mais adequado ao interesse público, ou seja, que se mostre melhor posicionado em uma análise de custo x benefício. Valendo-se das inovações legislativas trazidas pela Lei nº 14.133/2021, o Administrador Público pode, então, solucionar a equação em que preço e qualidade são inversamente proporcionais de maneira mais adequada ao interesse público.

1.2 A opção legislativa por produtos de maior qualidade

O legislador não escamoteou a predileção por um sistema de licitações públicas que prestigie a qualidade do que a Administração Pública adquire, o que se deu, como já registrado, embalado pela compreensão de que a melhor qualidade do bem pode importar até mesmo em economia de recursos. E são diversos os instrumentos a serem empregados para a obtenção da qualidade desejada, os quais constam expressamente descritos na Lei nº 14.133/2021.

A sempre polêmica possibilidade de indicação das marcas desejadas foi devidamente regulada no novel Diploma, restando autorizada em casos em que isso é de fato necessário para a consecução do interesse público. Sob a vigência da Lei nº 8.666/1993, previam-se situações específicas e pouco objetivas para a indicação de marcas no edital de licitação, conforme lia-se do artigo 7º, §5º, *in verbis*:

"É vedada a realização de licitação cujo objeto inclua bens e serviços sem similaridade ou de marcas, características e especificações exclusivas, salvo nos casos em que for tecnicamente justificável, ou ainda quando o fornecimento de tais materiais e serviços for feito sob o regime de administração contratada, previsto e discriminado no ato convocatório".

Já sob os efeitos da Lei nº 14.133/2021 previu-se a possibilidade de opção por determinada marca para fins de padronização do objeto licitado, para evitar que sejam necessários ajustes de compatibilidade entre aquilo de que já dispõe a Administração Pública e o que está sendo adquirido, ou quando verificado que a marca ou modelo em questão forem os únicos que atendem aos anseios do Poder Público (em situação que se assemelha à hipótese de inexigibilidade licitatória prevista no artigo 25, inciso I, da Lei nº 8.666/1993). Há, ainda, a hipótese excepcional de indicação de marca/modelo no edital tão somente para servir de referência, ou seja, de modo a garantir que, ao citar determinada marca como desejada, a Administração Pública consiga fazer compreender aos licitantes com mais facilidade o objeto pretendido. Trata-se, essa última, de situação pouco usual, embora possível em hipótese, admissível sempre que não se verificar qualquer possibilidade dessa providência resultar em direcionamento do certame.

As hipóteses de indicação da marca constam do artigo 41 da Lei nº 14.133/2021, que se reproduz em parte:

> Art. 41. No caso de licitação que envolva o fornecimento de bens, a Administração poderá excepcionalmente:
> I – indicar uma ou mais marcas ou modelos, desde que formalmente justificado, nas seguintes hipóteses:
> a) em decorrência da necessidade de padronização do objeto;
> b) em decorrência da necessidade de manter a compatibilidade com plataformas e padrões já adotados pela Administração;
> c) quando determinada marca ou modelo comercializados por mais de um fornecedor forem os únicos capazes de atender às necessidades do contratante;
> d) quando a descrição do objeto a ser licitado puder ser mais bem compreendida pela identificação de determinada marca ou determinado modelo aptos a servir apenas como referência.

A leitura da legislação em vigência deixa transparecer que houve sensível evolução no sentido de prestigiar-se a qualidade dos bens e produtos adquiridos, em um movimento que vem acelerado por dois catalisadores facilmente identificáveis e já descritos, consistentes na compreensão de que o produto mais barato pode não ser o mais vantajoso financeiramente no fim das contas e de que o administrado merece um serviço público adequado, relembrando-se que, no mais das vezes, o usuário[2] é quem é prejudicado pela eventual baixa qualidade dos instrumentos adquiridos pelo Poder Público via licitação.

Quanto ao primeiro ponto, convém afirmar, agora com ainda mais razão diante da previsão dos ativos em voga, que a análise de preços apresentados ao poder público comprador deve seguir por critérios de custo-benefício há muito já compreendidos pela iniciativa privada. É importante que se diga que, a despeito do necessário estabelecimento de regras de licitação diferenciado daquelas que regem a iniciativa privada no livre-mercado, nada impede que haja um compartilhamento de boas práticas e de

---

[2] Relembre-se que a Lei nº 13.460/2017 conceitua *"usuário – pessoa física ou jurídica que se beneficia ou utiliza, efetiva ou potencialmente, de serviço público"* (art. 2º, inc. I).

conceitos da economia de mercado que se revelem benéficos ao serviço público, quando isso consagrar o interesse público.

2 Os instrumentos disponíveis ao Poder Público para exigir e obter qualidade

A Administração Pública opera vinculada à legalidade (CRFB/88, art. 5º, inc. II), o que exige que, ao impor determinado objetivo ao Poder Público, o legislador também municie-lhe de instrumentos que permitam a consecução desse objetivo. Essa necessidade foi atendida por ocasião da edição da Lei nº 14.133/2021, na medida em que o diploma previu o desiderato de obtenção de qualidade daquilo que restar adquirido ou contratado, mas também criou meios para que o Administrador Público consiga obter a desejada qualidade.

O carro-chefe desse processo de escolha de bens, produtos ou serviços consiste na realização do procedimento a que a legislação denomina "prova de qualidade", previsto no artigo 42 da Lei nº 14.133/2021, assim vazado:

Art. 42. A prova de qualidade de produto apresentado pelos proponentes como similar ao das marcas eventualmente indicadas no edital será admitida por qualquer um dos seguintes meios:

I – comprovação de que o produto está de acordo com as normas técnicas determinadas pelos órgãos oficiais competentes, pela Associação Brasileira de Normas Técnicas (ABNT) ou por outra entidade credenciada pelo Inmetro;

II – declaração de atendimento satisfatório emitida por outro órgão ou entidade de nível federativo equivalente ou superior que tenha adquirido o produto;

III – certificação, certificado, laudo laboratorial ou documento similar que possibilite a aferição da qualidade e da conformidade do produto ou do processo de fabricação, inclusive sob o aspecto ambiental, emitido por instituição oficial competente ou por entidade credenciada.

§1º O edital poderá exigir, como condição de aceitabilidade da proposta, certificação de qualidade do produto por instituição credenciada pelo Conselho Nacional de Metrologia, Normalização e Qualidade Industrial (Conmetro).

§2º A Administração poderá, nos termos do edital de licitação, oferecer protótipo do objeto pretendido e exigir, na fase de julgamento das propostas, amostras do licitante provisoriamente vencedor, para atender a diligência ou, após o julgamento, como condição para firmar contrato.

§3º No interesse da Administração, as amostras a que se refere o §2º deste artigo poderão ser examinadas por instituição com reputação ético-profissional na especialidade do objeto, previamente indicada no edital.

O registro de que a prova de qualidade pode dar-se por *"qualquer um"* dos meios previstos na legislação não deixa dúvida quanto ao fato de que os requisitos legais não são cumulativos, bastando que uma das hipóteses previstas nos incisos do artigo 42 seja verificada para que se dê por cumprida a prova de qualidade.

2.1 Atestado da ABNT ou do INMETRO

Com a previsão constante do inciso I do artigo 42, a Lei de Licitações e Contratos Administrativos prestigiou a Associação Brasileira de Normas Técnicas – ABNT e o Instituto Nacional de Metrologia, Qualidade e Tecnologia – INMETRO como entidades certificadoras da qualidade dos produtos por eles afiançados, prevendo que a qualidade estará comprovada com a constatação de que o produto está em conformidade com as normas técnicas determinadas pelos órgãos oficiais competentes, pela Associação Brasileira de Normas Técnicas (ABNT) ou por outra entidade credenciada pelo Inmetro.

Há pontos que reclamam realce em relação ao papel desses órgãos em relação à prova da qualidade.

Em primeiro lugar, tem-se que a lei admite a certificação direta no caso da ABNT, ao passo que a participação do INMETRO nesse processo é indireta, pois a certificação tratada dar-se-á por outra entidade, embora exija-se credenciamento dessa no Instituto Nacional. Essa previsão harmoniza-se com o que preceitua a Lei nº 5.966/1973 que, ao instituir o Sistema Nacional de Metrologia, Normalização e Qualidade Industrial, previu que "o Inmetro é o órgão executivo central do Sistema definido no art. 1º desta Lei, podendo, mediante autorização do Conmetro, credenciar entidades públicas ou privadas para a execução de atividades de sua competência" (artigo 5º). Nada obstante à previsão de que o atestado deva vir de entidade "credenciada pelo INMETRO", por certo também estará suprida a prova de qualidade quando o próprio Instituto Nacional de Metrologia, Normalização e Qualidade Industrial atestar diretamente a qualidade, na medida em que quem pode delegar a prerrogativa de análise, via credenciamento, pode também atestar diretamente a qualidade do produto.

A menção legislativa expressa à Associação Brasileira de Normas Técnicas – ABNT e ao Instituto Nacional de Metrologia, Qualidade e Tecnologia – INMETRO harmoniza-se com o arcabouço legislativo vigente e a prática de há muito consolidada, na medida em que as leis que dão vida a esses órgãos garantem-lhes a prerrogativa de afiançar a qualidade dos produtos, situação que não poderia ser simplesmente ignorada pela Lei de Licitações. A Lei nº 9.933/1999 atribui ao INMETRO a competência para "executar, coordenar e supervisionar as atividades de metrologia legal e de avaliação da conformidade compulsória por ele regulamentadas ou exercidas por competência que lhe seja delegada" (art. 3º, inc. V), ao passo em que a Resolução nº 7 do CONMETRO, de 24 de agosto de 1992, designou "a Associação Brasileira de Normas Técnicas — ABNT como o Foro Nacional de Normalização" (item 2).

Constatando-se, assim, que a Lei nº 14.133/2021 buscou prestigiar as entidades que detêm atribuição legal para atestar a qualidade de produtos no mercado brasileiro, é inegável que o rol do inciso I do artigo 42 é meramente exemplificativo, pois qualquer outro órgão que se encontre em situação fático-jurídica semelhante à ABNT e ao INMETRO, ou seja, que seja legalmente acreditado para atestar a conformidade de produtos poderá emitir documentação que basta para a prova da qualidade de que fala o *caput* do referido dispositivo. Essa compreensão, aliás, corrobora o que se extrai do inciso III do mesmo artigo.

Além disso, há de se ter por certo que a omissão do inciso de lei em comento quanto aos "serviços" a serem contratados não impede que se lance mão do expediente de prova da qualidade também para esse fim, na medida em que as normas expedidas pela ABNT abrangem também a prestação de diversos serviços em solo brasileiro e a obtenção de prova de qualidade para serviços a serem contratados coaduna-se com o ideário da Lei de Licitações e Contratos Administrativos.

2.2 Declaração de atendimento satisfatório emitida por outro órgão ou ente federativo

O inciso II do artigo 42 da Lei nº 14.133/2021 prestigia critérios de economicidade e celeridade ao prever que o contratante possa valer-se de análises já realizadas por outro órgão ou outro ente federativo para obter a desejada prova de qualidade. Com essa providência, busca-se reduzir o custo e também o tempo de marcha do certame, na medida em que a prova de qualidade de que lança mão o contratante já foi produzida e submetida a eventuais questionamentos ou correções no âmbito de outro órgão, evitando-se, tanto quanto possível, que o certame alongue-se por questões técnicas relacionadas à prova de qualidade. A inovação veio em boa hora, garantindo, inclusive, que as provas de qualidade aprovadas por órgão com maior conhecimento técnico em determinada área sejam aproveitados por órgãos de menor envergadura, nos quais o mesmo servidor, com formação muitas vezes genérica, atua como responsável por certames de variadas áreas.

Nada obstante aos benefícios advindos com essa previsão legislativa, o inciso em comento trouxe critério limitador dessa interlocução entre os contratantes ao determinar que o aproveitamento de atestados de qualidade emitidos por outrem está limitado a instituições de "nível federativo equivalente ou superior", impedindo, por exemplo, que a União valha-se de declarações emitidas por Municípios ou Estados da Federação brasileira. A proibição não se revela adequada aos fins que norteiam a legislação, na medida em que, na atualidade, muitos Estados e Municípios dispõem de corpo técnico mais qualificado e mais larga experiência na realização de licitações diversas quando comparados a outros Estados ou à União Federal, de modo que, levando-se em conta apenas o critério da capacidade de análise técnica, seria dispensável a necessidade de que a convalidação da prova de qualidade pudesse ocorrer somente em relação aos integrantes de nível federativo superior. Entretanto, essa foi a opção legal e, guiando-se a Administração Pública pela estrita legalidade, essa regra deve ser seguida, descabendo ao aplicador da lei adotar qualquer outra interpretação, que seria *contra legem*.

2.3 Certificação por entidade oficial ou credenciada e aspecto ambiental

A possibilidade de emprego de certificados, laudos e similares produzidos por instituições oficiais ou credenciadas (inciso III) apenas corrobora a exegese dada ao inciso I do mesmo artigo de lei quanto ao caráter exemplificativo do rol de entidades fiadoras da qualidade dos produtos. Com efeito, toda e qualquer instituição oficial ou publicamente credenciada e que detenha vocação e competência para aferir a qualidade dos produtos poderá acreditar a qualidade dos bens licitados.

Chama a atenção, entretanto, a preocupação do legislador com a relevância dos aspectos ambientais e dos impactos que a produção, transporte e revenda do produto adquirido e do serviço contratado possam trazer ao meio ambiente. Isso ocorre, sem sombra de dúvida, visando a contribuir para o desenvolvimento nacional sustentável e está em linha com o que já se havia buscado com a inserção, no rol de objetivos da anterior Lei Geral de Licitações (Lei nº 8.666/93, art. 3º, *caput*). Ora, a legislação nacional (*v.g.* CF, art. 170, inc. VI; Lei nº 6.938/81, art. 4º, inc. I) e internacional (*v.g.*, Diretivas 2014/23/EU, 2014/24/EU e 2014/25/EU) há muito conceberam força normativa ao desiderato do desenvolvimento sustentável e, por consistir no instrumento de repasse do vultoso orçamento público a terceiros, a Lei nº 14.133/2021 não poderia afastar-se desse viés. Em bom tempo, portanto, a adequação ambiental do produto ou serviço objeto de licitação passa a figurar como requisito de qualidade.

2.4 Certificação do CONMETRO

Ao prever a possibilidade de utilização da certificação do CONMETRO como parâmetro de aferição da qualidade (§1º), o legislador, sem esconder a cautela em pecar pelo excesso, apenas acrescenta mais um à lista exemplificativa de órgãos que podem servir de fiadores da qualidade desejada.

2.5 Oferta de protótipos e exigências de amostras

É lícito à Administração Pública exibir aos licitantes protótipos do bem que pretenda adquirir, nos termos do disposto no artigo 42, §2º, da Lei de Licitações e Contratos Administrativos. Essa faculdade evita desencontros que possam advir da dificuldade de descrição de características técnicas no edital de licitação e contorna obstáculos que a própria linguagem imponha para a identificação precisa do que pretende adquirir o Poder Público.

A possibilidade de análise de amostras do produto ofertado pelo licitante provisoriamente vencedor do certame também está presente na legislação e advém da mesma fonte de inspiração, a qual norteia grande parte da Lei de Licitações e Contratos Administrativos, voltada a garantir que o adquirente conheça exatamente o que está comprando antes de adquiri-lo.

Importante previsão legislativa, nesse propósito, regulamenta o marco temporal em que é possível à contratante exigir amostras do licitante provisoriamente vencedor. Essa providência é viável apenas após a declaração do licitante que melhor apresente-se na disputa (a quem a lei nomina por licitante provisoriamente vencedor) e desde que realizada antes da subscrição do contrato. Após firmado o ajuste, o licitante fica blindado da análise de amostras pela Administração, com o intuito de desclassificá-lo no certame, de modo que eventual apuração da contratante a ser realizada no objeto da licitação servirá apenas para checar eventual descumprimento do contrato. Em resumo, a lei antecipa a fase de análise aprofundada da qualidade dos produtos, que deixou de ser reservada ao momento de fiscalização da execução do contrato, mas, ao mesmo tempo, deixa claro que depois de sacramentado o pacto contratual, qualquer falha de qualidade passa a ser problema de cumprimento do contrato e, como tal, somente pode ser aferida e declarada tendo por paradigma o que foi previsto no edital, sem exigências novas, mesmo as que possam resultar da interpretação de pontos porventura dúbios no edital-regente.

Registra-se que o legislador não lançou ao responsável pela presidência do certame o petardo de analisar as amostras caso não disponha de conhecimento suficiente para tanto. Em vez disso, previu-se expressamente que, no interesse da Administração, a amostra obtida pode ser submetida a exame de instituição que disponha de notório conhecimento a respeito do produto, desde que previamente indicada no edital.

3 Conclusão

Analisada a Lei nº 14.133/2021, percebe-se que o legislador empenhou-se em garantir que as contratações e compras da Administração Pública resultem na obtenção de bens e serviços de maior custo-benefício, não apenas de menor custo, prestigiando a qualidade como critério de definição do objeto da licitação. A preocupação do legislador, justificada pela corriqueira constatação de que a qualidade entregue à Administração Pública é inferior ao desejável, fez-se acompanhada da implantação de instrumentos para que o contratante possa aferir a qualidade antes da contratação, seja por meio de sua atuação direta, seja valendo-se de atestados de qualidade emitidos por outros órgãos, embora a lei exclua a possibilidade de que sejam utilizados documentos expedidos por entes federativos de nível inferior. Também previu-se a possibilidade de indicação de marcas e disponibilização de amostras aos licitantes, tudo com o intuito de garantir que o processo licitatório chegue ao seu objetivo real, que é o de viabilizar o acesso do Poder Público ao bem ou ao serviço desejado.

Em suma, o novo marco legal das licitações e contratos administrativos permite ao contratante buscar e obter maior qualidade com as licitações, trazendo benefícios ao serviço público.

Referências

BRASIL. CONMETRO. *Resolução nº 7, de 24 de agosto de 1992*. Disponível em: http://www.inmetro.gov.br/legislacao/consulta.asp?seq_classe=7. Acesso em: 09 ago. 2021.

BRASIL. *Lei nº 5.966, de 11 de dezembro de 1973*. Institui o Sistema Nacional de Metrologia, Normalização e Qualidade Industrial, e dá outras providências. Casa Civil. Brasília, DF, 11 dez.1973. Disponível em: http://www.planalto.gov.br/ccivil_03/leis/l5966.htm. Acesso em: 12 ago. 2021.

BRASIL. *Lei nº 8.666, de 21 de junho de 1993*. Regulamenta o art. 37, inciso XXI, da Constituição Federal, institui normas para licitações e contratos da Administração Pública e dá outras providências. Casa Civil. Brasília, DF, 21 jun. 1993. Disponível em: http://www.planalto.gov.br/ccivil_03/leis/l8666cons.htm. Acesso em: 13 ago. 2021.

BRASIL. *Lei nº 9.933, de 20 de dezembro de 1999*. Dispõe sobre as competências do Conmetro e do Inmetro, institui a Taxa de Serviços Metrológicos, e dá outras providências. Casa Civil. Brasília, DF, 20 dez. 1999. Disponível em: http://www.planalto.gov.br/ccivil_03/leis/l9933.htm. Acesso em: 13 ago. 2021.

BRASIL. *Lei nº 14.133, de 1º de abril de 2021*. Lei de Licitações e Contratos Administrativos. Secretaria-Geral. Brasília, DF, 10 jun. 2021. Disponível em: http://www.planalto.gov.br/ccivil_03/_ato2019-2022/2021/lei/L14133.htm. Acesso em: 13 ago. 2021.

MELLO, Celso Antônio Bandeira de. *Curso de Direito Administrativo*. 12. ed. São Paulo: Ed. Malheiros, 1999. p. 92.

Informação bibliográfica deste texto, conforme a NBR 6023:2018 da Associação Brasileira de Normas Técnicas (ABNT):

STASKOWIAN, Luiz Fernando Biasi. Qualidade do produto ou serviço: meios de aferição e opção legislativa que se contrapõe à busca apenas pelo menor preço (art. 42). *In*: HARGER; Marcelo (Coord.). *Aspectos polêmicos sobre a nova lei de licitações e contratos administrativos*: Lei nº 14.133/2021. Belo Horizonte: Fórum, 2022. p. 283-292. ISBN 978-65-5518-461-7.

ALTERAÇÃO DOS CONTRATOS ADMINISTRATIVOS E DE SEUS PREÇOS NA LEI FEDERAL Nº 14.133/2021

VLADIMIR DA ROCHA FRANÇA

1 Introdução

A Lei Federal nº 14.133/2021 é o atual modelo jurídico básico dos contratos administrativos.[1] Em princípio, tem a importante função de assegurar uma contratação pública mais congruente com a realidade socioeconômica e técnico-científica que o Estado-Administração deve enfrentar, levando-se em consideração a experiência jurídica brasileira.[2]

---

[1] *Vide* os arts. 1º a 4º, e os arts. 184 a 187, todos da Lei Federal nº 14.133/2021.
Vide a Lei Federal nº 8.987/1995.
Vide a Lei Federal nº 11.079/2004.
Vide a Lei Federal nº 12.232/2010.
Sobre a matéria, consultar: NOHARA, Irene Patrícia Diom. *Nova Lei de Licitações e Contratos Comparada*. São Paulo: Thomson Reuters, Editora Revista dos Tribunais, 2021; SARAI, Leandro (Organização). *Tratado da Nova Lei de Licitações e Contratos Administrativos*: Lei 14.133/21: comentada por advogados públicos. São Paulo: Editora JusPodivm, 2021.

[2] *Vide* o art. 5º da Lei Federal nº 14.133/2021.

O contrato administrativo é aquele negócio jurídico bilateral ou plurilateral no qual o Estado-Administração é necessariamente uma das partes, e que se destina à instituição de relação jurídica obrigacional de natureza patrimonial no sistema do Direito Positivo sob o regime jurídico administrativo.[3]

Essa submissão ao regime jurídico administrativo compreende a exigência de processo administrativo que assegure a isonomia, a moralidade e a eficiência na contratação pública.[4] Em regra, deve ser um processo administrativo concorrencial. No caso dos contratos administrativos cujos objetos estejam indicados no art. 37, XXI,[5] e no

---

[3] *Vide* o art. 89 da Lei Federal nº 14.133/2021, que tem o seguinte enunciado:
"Art. 89. Os contratos de que trata esta Lei regular-se-ão pelas suas cláusulas e pelos preceitos de direito público, e a eles serão aplicados, supletivamente, os princípios da teoria geral dos contratos e as disposições de direito privado.
§1º Todo contrato deverá mencionar os nomes das partes e os de seus representantes, a finalidade, o ato que autorizou sua lavratura, o número do processo da licitação ou da contratação direta e a sujeição dos contratantes às normas desta Lei e às cláusulas contratuais.
§2º Os contratos deverão estabelecer com clareza e precisão as condições para sua execução, expressas em cláusulas que definam os direitos, as obrigações e as responsabilidades das partes, em conformidade com os termos do edital de licitação e os da proposta vencedora ou com os termos do ato que autorizou a contratação direta e os da respectiva proposta".
A função administrativa é a atividade do Estado (ou de delegado seu), exercida numa posição de autoridade em face dos administrados, numa estrutura hierárquica, que compreende realização de atos jurídicos e de atos-fatos jurídicos com o escopo de se materializar as utilidades públicas criadas pela lei, sob o controle do Poder Judiciário.
O ato jurídico é a exteriorização consciente de vontade que se destina à produção de efeitos jurídicos lícitos no sistema do Direito Positivo. O ato jurídico pode ser: (i) ato normativo, se insere norma jurídica; (ii) negócio jurídico, quando o(s) emissor(es) do ato podem estruturar o objeto e definir sua extensão e intensidade; ou, (iii) ato jurídico em sentido estrito, quando o objeto do ato já estiver delineado por norma jurídica vigente.
O ato-fato jurídico é a conduta que produz efeitos jurídicos independentemente da vontade de quem a realizou.
O fato jurídico em sentido estrito é aquele evento da natureza que produz efeitos jurídicos.
Recorde-se que não há fato jurídico sem a incidência de norma jurídica vigente no suporte fático descrito em sua hipótese de incidência, nem efeito jurídico concomitante fato jurídico.
O regime jurídico administrativo consiste no conjunto de modelos jurídicos que rege a função administrativa e os sujeitos de direitos que a desempenham. Os atos jurídicos administrativos e os atos-fatos jurídicos administrativos são aqueles que decorrem da incidência das normas jurídicas que o integram.
Os negócios jurídicos administrativos bilaterais se destinam a harmonizar o interesse público com o interesse privado em torno de determinado bem jurídico; já os negócios jurídicos plurilaterais para a satisfação de interesses públicos compartilhados ou paralelos que se dirigem a bem jurídico específico.
Sobre a matéria, consultar: BANDEIRA DE MELLO, Celso Antônio. *Curso de Direito Administrativo*. 34. ed. São Paulo: Malheiros Editores, 2019; BANDEIRA DE MELLO, Oswaldo Aranha. *Princípios gerais de Direito Administrativo*. 2. ed. Rio de Janeiro: Forense, 1979. v. 1; DINIZ, Maria Helena. *Curso de Direito Civil brasileiro*: Teoria das Obrigações Contratuais e Extracontratuais. 37. ed. São Paulo: Saraiva Jur, 2021. v. 3; FRANÇA, Vladimir da Rocha. O fato jurídico no Direito Administrativo brasileiro. *Revista de Direito Administrativo e Infraestrutura*, São Paulo, v. 14/2020, p. 139-164, set. 2020; JUSTEN FILHO, Marçal. *Curso de Direito Administrativo*. 8. ed. Belo Horizonte: Editora Fórum, 2012; LÔBO, Paulo. *Direito Civil*: contratos. 7. Ed. São Paulo: Saraiva Jur, 2021. v. 3; e MELLO, Marcos Bernardes de. *Teoria do fato jurídico*: plano da existência. 22. ed. São Paulo: Editora Saraiva, 2019.

[4] *Vide* o art. 89 da Lei Federal nº 14.133/2021; PONTES DE MIRANDA, Francisco Cavalcanti. *Tratado de Direito Privado*: Parte geral. Introdução. Pessoas físicas e jurídicas. Atualização de Vilson Rodrigues Alves. Campinas: Bookseller, 1999. v. 1; PONTES DE MIRANDA, Francisco Cavalcanti. *Tratado de Direito Privado*: Parte Geral. Bens. Fatos jurídicos. Atualização de Vilson Rodrigues Alves. Campinas: Bookseller, 2000. v. 2; PONTES DE MIRANDA, Francisco Cavalcanti. *Tratado de Direito Privado*: Negócios jurídicos. Representação. Conteúdo. Forma. Prova. Atualização de Vilson Rodrigues Alves. Campinas: Bookseller, 2000. v. 3; SAAD, Amauri Feres. *Liberdade das formas nas contratações públicas*. Porto Alegre: Sérgio Antônio Fabris Editor, 2019.

[5] Esse enunciado constitucional tem a seguinte redação:
"Art. 37. A administração pública direta e indireta de qualquer dos Poderes da União, dos Estados, do Distrito Federal e dos Municípios obedecerá aos princípios de legalidade, impessoalidade, moralidade, publicidade e eficiência e, também, ao seguinte:
(...)

art. 175,[6] ambos da Constituição Federal, exige-se o processo de licitação quando a lei não autorizar o processo de contratação direta.

Outro reflexo do regime jurídico administrativo no contrato administrativo reside na outorga de poderes para o Estado-Administração que visam à tutela do interesse público durante a execução desse negócio jurídico.[7] Justamente em razão da falta de paridade entre as partes no contrato administrativo, assegura-se ao contratado o direito subjetivo ao equilíbrio econômico-financeiro, nos termos do art. 104, §§1º e 2º,[8] da Lei Federal nº 14.133/2021.

Quando se trata de negócio jurídico bilateral, o contrato administrativo forma-se com o encontro entre a proposta do contratado[9] e a aceitação do contratante,[10] no caso de exigência de processo de licitação; ou da aceitação da oferta do contratante pelo contratado, se admitir-se processo de contratação direta sem licitação. Isoladamente consideradas, a oferta e a aceitação são negócios jurídico unilaterais.

Enquanto negócio jurídico plurilateral, o contrato administrativo se aperfeiçoa pelo acordo entre os sujeitos de direito que desejam conjugar esforços para satisfazer interesse público específico. Usualmente, esse negócio jurídico é chamado de convênio.

Um ponto relevante na Lei Federal nº 14.133/2021 envolve a modificação do contrato administrativo, que será aqui tratada consoante a metodologia preconizada pela Dogmática Jurídica,[11] tendo por base o sistema do Direito Positivo brasileiro.

XXI – ressalvados os casos especificados na legislação, as obras, serviços, compras e alienações serão contratados mediante processo de licitação pública que assegure igualdade de condições a todos os concorrentes, com cláusulas que estabeleçam obrigações de pagamento, mantidas as condições efetivas da proposta, nos termos da lei, o qual somente permitirá as exigências de qualificação técnica e econômica indispensáveis à garantia do cumprimento das obrigações".

[6] Esse enunciado constitucional tem a seguinte redação:
"Art. 175. Incumbe ao Poder Público, na forma da lei, diretamente ou sob regime de concessão ou permissão, sempre através de licitação, a prestação de serviços públicos.
Parágrafo único. A lei disporá sobre:
I – o regime das empresas concessionárias e permissionárias de serviços públicos, o caráter especial de seu contrato e de sua prorrogação, bem como as condições de caducidade, fiscalização e rescisão da concessão ou permissão;
II – os direitos dos usuários;
III – política tarifária;
IV – a obrigação de manter serviço adequado".

[7] *Vide* o art. 104 da Lei Federal nº 14.133/2021.
Rejeita-se aqui a tese da supremacia do interesse público sobre o interesse privado. O que existe em verdade no regime jurídico administrativo é o princípio da tutela dos interesses públicos, que deve conviver com o princípio da indisponibilidade dos direitos fundamentais pelo Estado-administração.
Sobre a matéria, consultar: FRANÇA, Vladimir da Rocha. O fato jurídico no Direito Administrativo brasileiro. *Revista de Direito Administrativo e Infraestrutura*, São Paulo, v. 14/2020, p. 139-164, set. 2020.

[8] Esses enunciados legais têm a seguinte redação:
"Art. 104. (...)
§1º As cláusulas econômico-financeiras e monetárias dos contratos não poderão ser alteradas sem prévia concordância do contratado.
§2º Na hipótese prevista no inciso I do caput deste artigo, as cláusulas econômico-financeiras do contrato deverão ser revistas para que se mantenha o equilíbrio contratual".

[9] *Vide* o art. 6º, VII, da Lei Federal nº 14.133/2021.

[10] *Vide* o art. 6º, I a VI, da Lei Federal nº 14.133/2021.

[11] Sobre a matéria, consultar: PONTES DE MIRANDA, Francisco Cavalcanti. *Tratado de Direito Privado*: Parte geral. Introdução. Pessoas físicas e jurídicas. Atualização de Vilson Rodrigues Alves. Campinas: Bookseller, 1999. v. 1; REALE, Miguel. *Fontes e modelos do Direito*: para um novo paradigma hermenêutico. São Paulo: Saraiva, 1999; VILANOVA, Lourival. *As estruturas lógicas e o sistema do Direito Positivo*. São Paulo: Max Limonad, 1997; VILANOVA, Lourival. *Causalidade e relação no Direito*. 4. ed. São Paulo: Editora Revista dos Tribunais, 2000.

2 Alteração do contrato administrativo como negócio jurídico e como direito subjetivo

A possibilidade de revisão dos contratos tem a finalidade socioeconômica de assegurar a realidade e o equilíbrio das obrigações instituídas por meio desses negócios jurídicos.[12] No ordenamento jurídico, a revisão do contrato civil e empresarial deve ser excepcional e limitada, nos termos do art. 421, parágrafo único,[13] e do art. 421-A,[14] ambos do Código Civil.

Com o advento da Lei Federal nº 14.133/2021, passou-se a admitir a *matriz de riscos* como cláusula do contrato administrativo, nos termos do art. 6º, XXVII,[15] do art. 22,[16] do art. 92, IX,[17] e do art. 103,[18] todos da Lei Federal nº 14.133/2021.

---

[12] *Vide* o art. 421-A do Código Civil.
Sobre a matéria, consultar: DINIZ, Maria Helena. *Curso de Direito Civil brasileiro*: Teoria das Obrigações Contratuais e Extracontratuais. 37. ed. São Paulo: Saraiva Jur, 2021. v. 3; e, LÔBO, Paulo. *Direito Civil*: contratos. 7. Ed. São Paulo: Saraiva Jur, 2021. v. 3.

[13] Esse enunciado legal tem a seguinte redação:
"Art. 421. (...)
Parágrafo único. Nas relações contratuais privadas, prevalecerão o princípio da intervenção mínima e a excepcionalidade da revisão contratual".

[14] Esse enunciado legal tem a seguinte redação:
"Art. 421-A. Os contratos civis e empresariais presumem-se paritários e simétricos até a presença de elementos concretos que justifiquem o afastamento dessa presunção, ressalvados os regimes jurídicos previstos em leis especiais, garantido também que:
I – as partes negociantes poderão estabelecer parâmetros objetivos para a interpretação das cláusulas negociais e de seus pressupostos de revisão ou de resolução;
II – a alocação de riscos definida pelas partes deve ser respeitada e observada; e
III – a revisão contratual somente ocorrerá de maneira excepcional e limitada".

[15] Esse enunciado legal tem a seguinte redação:
"Art. 6º Para os fins desta Lei, consideram-se:
(...)
XXVII – matriz de riscos: cláusula contratual definidora de riscos e de responsabilidades entre as partes e caracterizadora do equilíbrio econômico-financeiro inicial do contrato, em termos de ônus financeiro decorrente de eventos supervenientes à contratação, contendo, no mínimo, as seguintes informações:
a) listagem de possíveis eventos supervenientes à assinatura do contrato que possam causar impacto em seu equilíbrio econômico-financeiro e previsão de eventual necessidade de prolação de termo aditivo por ocasião de sua ocorrência;
b) no caso de obrigações de resultado, estabelecimento das frações do objeto com relação às quais haverá liberdade para os contratados inovarem em soluções metodológicas ou tecnológicas, em termos de modificação das soluções previamente delineadas no anteprojeto ou no projeto básico;
c) no caso de obrigações de meio, estabelecimento preciso das frações do objeto com relação às quais não haverá liberdade para os contratados inovarem em soluções metodológicas ou tecnológicas, devendo haver obrigação de aderência entre a execução e a solução predefinida no anteprojeto ou no projeto básico, consideradas as características do regime de execução no caso de obras e serviços de engenharia".

[16] Esse enunciado legal tem a seguinte redação:
"Art. 22. O edital poderá contemplar matriz de alocação de riscos entre o contratante e o contratado, hipótese em que o cálculo do valor estimado da contratação poderá considerar taxa de risco compatível com o objeto da licitação e com os riscos atribuídos ao contratado, de acordo com metodologia predefinida pelo ente federativo.
§1º A matriz de que trata o caput deste artigo deverá promover a alocação eficiente dos riscos de cada contrato e estabelecer a responsabilidade que caiba a cada parte contratante, bem como os mecanismos que afastem a ocorrência do sinistro e mitiguem os seus efeitos, caso este ocorra durante a execução contratual.
§2º O contrato deverá refletir a alocação realizada pela matriz de riscos, especialmente quanto:
I – às hipóteses de alteração para o restabelecimento da equação econômico-financeira do contrato nos casos em que o sinistro seja considerado na matriz de riscos como causa de desequilíbrio não suportada pela parte que pretenda o restabelecimento;
II – à possibilidade de resolução quando o sinistro majorar excessivamente ou impedir a continuidade da execução contratual;

Essa cláusula mostra-se imperativa quando o objeto negociado for vulnerável a modificações socioeconômicas ou inovações técnico-científicas durante o adimplemento das obrigações contratuais. Serve como parâmetro para a definição do equilíbrio econômico-financeiro[19] que deve orientar a execução contratual, bem como para a repartição dos prejuízos e responsabilidade decorrentes do inadimplemento das obrigações negociadas por fato jurídico superveniente.

III – à contratação de seguros obrigatórios previamente definidos no contrato, integrado o custo de contratação ao preço ofertado.

§3º Quando a contratação se referir a obras e serviços de grande vulto ou forem adotados os regimes de contratação integrada e semi-integrada, o edital obrigatoriamente contemplará matriz de alocação de riscos entre o contratante e o contratado.

§4º Nas contratações integradas ou semi-integradas, os riscos decorrentes de fatos supervenientes à contratação associados à escolha da solução de projeto básico pelo contratado deverão ser alocados como de sua responsabilidade na matriz de riscos".

[17] Esse enunciado legal tem a seguinte redação:

"Art. 92. São necessárias em todo contrato cláusulas que estabeleçam:

(…)

IX – a matriz de risco, quando for o caso".

§2º O contrato deverá refletir a alocação realizada pela matriz de riscos, especialmente quanto:

I – às hipóteses de alteração para o restabelecimento da equação econômico-financeira do contrato nos casos em que o sinistro seja considerado na matriz de riscos como causa de desequilíbrio não suportada pela parte que pretenda o restabelecimento;

II – à possibilidade de resolução quando o sinistro majorar excessivamente ou impedir a continuidade da execução contratual;

III – à contratação de seguros obrigatórios previamente definidos no contrato, integrado o custo de contratação ao preço ofertado.

§3º Quando a contratação se referir a obras e serviços de grande vulto ou forem adotados os regimes de contratação integrada e semi-integrada, o edital obrigatoriamente contemplará matriz de alocação de riscos entre o contratante e o contratado.

§4º Nas contratações integradas ou semi-integradas, os riscos decorrentes de fatos supervenientes à contratação associados à escolha da solução de projeto básico pelo contratado deverão ser alocados como de sua responsabilidade na matriz de riscos".

[18] Esse enunciado legal tem a seguinte redação:

"Art. 103. O contrato poderá identificar os riscos contratuais previstos e presumíveis e prever matriz de alocação de riscos, alocando-os entre contratante e contratado, mediante indicação daqueles a serem assumidos pelo setor público ou pelo setor privado ou daqueles a serem compartilhados.

§1º A alocação de riscos de que trata o caput deste artigo considerará, em compatibilidade com as obrigações e os encargos atribuídos às partes no contrato, a natureza do risco, o beneficiário das prestações a que se vincula e a capacidade de cada setor para melhor gerenciá-lo.

§2º Os riscos que tenham cobertura oferecida por seguradoras serão preferencialmente transferidos ao contratado.

§3º A alocação dos riscos contratuais será quantificada para fins de projeção dos reflexos de seus custos no valor estimado da contratação.

§4º A matriz de alocação de riscos definirá o equilíbrio econômico-financeiro inicial do contrato em relação a eventos supervenientes e deverá ser observada na solução de eventuais pleitos das partes.

§5º Sempre que atendidas as condições do contrato e da matriz de alocação de riscos, será considerado mantido o equilíbrio econômico-financeiro, renunciando as partes aos pedidos de restabelecimento do equilíbrio relacionados aos riscos assumidos, exceto no que se refere:

I – às alterações unilaterais determinadas pela Administração, nas hipóteses do inciso I do caput do art. 124 desta Lei;

II – ao aumento ou à redução, por legislação superveniente, dos tributos diretamente pagos pelo contratado em decorrência do contrato.

§6º Na alocação de que trata o caput deste artigo, poderão ser adotados métodos e padrões usualmente utilizados por entidades públicas e privadas, e os ministérios e secretarias supervisores dos órgãos e das entidades da Administração Pública poderão definir os parâmetros e o detalhamento dos procedimentos necessários a sua identificação, alocação e quantificação financeira".

[19] Entende-se aqui por equilíbrio econômico-financeiro a relação de razoabilidade entre os direitos subjetivos e deveres jurídicos assumidos pelas partes por meio do contrato.

Afinal, a manutenção do equilíbrio econômico-financeiro do contrato administrativo pressupõe o atendimento das condições socioeconômicas e técnico-científicas do contrato e, quando presente, a observância da matriz de alocação de riscos.[20]

A lei outorga ao contratante o direito potestativo[21] de revisar as obrigações convencionadas para a tutela dos interesses públicos, quando presentes motivos previstos em lei: a *alteração unilateral* ou *administrativa* do contrato administrativo.[22] Esse poder envolve a expedição de *provimento administrativo* ou de *ato administrativo em sentido estrito*,[23] conforme o caso.

Nas situações admitidas em lei, o contratante[24] e o contratado[25] podem modificar as obrigações convencionadas no contrato administrativo por meio de outro negócio jurídico bilateral que passe a integrá-lo.[26] Tem-se aí a *alteração bilateral* ou *consensual* desse negócio jurídico administrativo.

Pode a lei conferir ao contratado o direito subjetivo, dotado de pretensão, à revisão do contrato administrativo. Violada essa pretensão pelo contratante, surge para o contratado a ação de revisão,[27] a ser manejada por meio do direito de ação.[28] Nesse caso, está-se diante da *alteração judicial*.

Mas não se pode descartar a admissibilidade da *alteração arbitral*, na qual o contratante e o contratado submetem o conflito de interesses a árbitro escolhido pelas partes na forma da lei.[29]

---

[20] *Vide* o art. 37, XXI, da Constituição Federal.
Vide o art. 103, §5º, da Lei Federal nº 14.133/2021.

[21] O direito potestativo é o direito subjetivo que assegura ao seu titular o poder de realizar um ato jurídico ou o poder de suspender ou extinguir um ato jurídico. Ele dispensa pretensão ou ação, embora possa ser protegido por meio do direito de ação.

[22] *Vide* o art. 104, I e o art. 124, I, ambos da Lei Federal nº 14.133/2021.

[23] Enquanto o provimento administrativo é negócio jurídico unilateral, o ato administrativo em sentido estrito é ato jurídico em sentido estrito. Em ambos os casos, o Estado-administração é o emissor do ato sob o regime jurídico administrativo.

[24] *Vide* o art. 6º, I a VII, da Lei Federal nº 14.133/2021.

[25] *Vide* o art. 6º, VIII, da Lei Federal nº 14.133/2021.

[26] *Vide* o art. 124, II, da Lei Federal nº 14.133/2021.

[27] A ação de revisão tem natureza constitutiva, pois compreende a modificação das obrigações geradas pelo contrato.

[28] *Vide* o art. 5º, XXXV, da Constituição Federal.
A pretensão consiste na exigibilidade do direito subjetivo do sujeito ativo, tendo como correlata a obrigação do sujeito passivo. Quando a pretensão é insatisfeita, surge para o sujeito ativo a ação adequada para impor seu cumprimento.
Quando a lei não outorga para o sujeito ativo a autotutela, a lei lhe confere pelo menos o direito à tutela jurídica jurisdicional, conhecido tradicionalmente como direito de ação.
Sobre a matéria, consultar: MELLO, Marcos Bernardes. *Teoria do fato jurídico*: plano da eficácia. 11. ed. São Paulo: Editora Saraiva, 2019; PONTES DE MIRANDA, Francisco Cavalcanti. *Tratado de Direito Privado: Eficácia jurídica, Determinações inexas e anexas. Direitos. Pretensões. Ações*. Atualização de Vilson Rodrigues Alves. Campinas: Bookseller, 2000. v. 5.

[29] *Vide* o art. 1º, §§1º e 2º, da Lei Federal nº 9.307/1996.
Vide os arts. 151 a 154 da Lei Federal nº 14.133/2021.

3 Alteração unilateral do contrato administrativo

O direito potestativo do Estado-Administração de revisar unilateralmente o contrato administrativo encontra-se previsto no art. 104, I,[30] da Lei Federal nº 14.133/2021.

Esse direito potestativo surge quando se configura uma dentre as seguintes situações: (i) quando houver a necessidade de modificação do projeto ou das especificações, para melhor adequação técnica a seus objetivos;[31] e, (ii) quando for necessária a modificação do valor contratual em decorrência de acréscimo ou diminuição quantitativa de seu objeto, nos limites permitidos por lei.[32]

Esse poder deve ser exercido mediante a expedição de provimento administrativo fundamentado sob a forma de termo aditivo.[33] A motivação deve ser clara, expressa e congruente, com a demonstração de que se fez um juízo de prognose em torno das consequências práticas da alteração unilateral do contrato administrativo no caso concreto, à luz do art. 2º, *caput*, parágrafo único, VII,[34] e do art. 50, I e II, §1º,[35] ambos da Lei Federal nº 9.784/1999, e do art. 20[36] da Lei de Introdução às Normas do Direito Brasileiro.

A fundamentação pode se limitar a referências a laudo técnico-científico[37] e a parecer jurídico,[38] sem prejuízo da observância do art. 28[39] da Lei de Introdução às Normas do Direito Brasileiro. Para tanto, esses atos administrativos em sentido estrito

---

[30] Esse enunciado legal tem a seguinte redação:
"Art. 104. O regime jurídico dos contratos instituído por esta Lei confere à Administração, em relação a eles, as prerrogativas de:
I – modificá-los, unilateralmente, para melhor adequação às finalidades de interesse público, respeitados os direitos do contratado".

[31] *Vide* o art. 126, I, da Lei Federal nº 14.133/2021.

[32] *Vide* o art. 126, II, da Lei Federal nº 14.133/2021.

[33] *Vide* o art. 132 da Lei Federal nº 14.133/2021.

[34] Esses enunciados legais têm a seguinte redação:
"Art. 2º A Administração Pública obedecerá, dentre outros, aos princípios da legalidade, finalidade, motivação, razoabilidade, proporcionalidade, moralidade, ampla defesa, contraditório, segurança jurídica, interesse público e eficiência.
Parágrafo único. Nos processos administrativos serão observados, entre outros, os critérios de:
(…)
VII – indicação dos pressupostos de fato e de direito que determinarem a decisão".

[35] Esses enunciados legais têm a seguinte redação:
"Art. 50. Os atos administrativos deverão ser motivados, com indicação dos fatos e dos fundamentos jurídicos, quando:
I – neguem, limitem ou afetem direitos ou interesses;
II – imponham ou agravem deveres, encargos ou sanções;
(…)
§1º A motivação deve ser explícita, clara e congruente, podendo consistir em declaração de concordância com fundamentos de anteriores pareceres, informações, decisões ou propostas, que, neste caso, serão parte integrante do ato".

[36] Esse enunciado legal tem a seguinte redação:
"Art. 20. Nas esferas administrativa, controladora e judicial, não se decidirá com base em valores jurídicos abstratos sem que sejam consideradas as consequências práticas da decisão.
Parágrafo único. A motivação demonstrará a necessidade e a adequação da medida imposta ou da invalidação de ato, contrato, ajuste, processo ou norma administrativa, inclusive em face das possíveis alternativas".

[37] *Vide* o art. 43 da Lei Federal nº 9.784/1999.

[38] *Vide* o art. 7º, §§2º e 3º, o art. 19, IV, o art. 53, §§3º e 4º, o art. 117, §3º, o art. 169, II, e §§1º a 3º, todos da Lei Federal nº 14.133/2021.

[39] Esse enunciado legal tem a seguinte redação:
"Art. 28. O agente público responderá pessoalmente por suas decisões ou opiniões técnicas em caso de dolo ou erro grosseiro".

devem estar devidamente motivados, apresentando uma opinião conclusiva pela necessidade socioeconômica ou técnico-científica – no caso do laudo técnico-científico –, ou da validade da alteração unilateral do contrato administrativo – se tratando do parecer jurídico.

Registre-se que as ponderações político-administrativas em torno da alteração unilateral do contrato administrativo somente podem ser realizadas pela autoridade competente para determiná-la, sendo inadmissível que elas possam revistas por órgão de controle.[40] Se persistir espaço para discricionariedade administrativa em torno da realização ou não dessa medida, em face das alternativas de não alteração ou de extinção, o juízo de prognose do contratante deve ser respeitado.

Caso seja demonstrada que a única opção lícita e válida no caso concreto é a modificação unilateral do contrato administrativo, não há o que se ponderar, devendo ser plena atuação dos órgãos de controle, mas sem prejuízo da fiel observância dos preceitos da Lei de Introdução às Normas do Direito Brasileiro que visam à preservação da segurança jurídica e da razoabilidade na atividade administrativa.[41]

Se o provimento administrativo que determina a modificação unilateral for válido, não há como o contratado se eximir de cumprir as obrigações que foram reformatadas pelo contratante.[42] Notadamente no que diz respeito aos acréscimos ou supressões no valor inicial do contrato que não excedam os limites fixados no art. 125[43] da Lei Federal nº 14.133/2021. Contudo, determina-se nesse enunciado legal que as *condições contratuais* devem ser as mesmas existentes no momento de celebração para que se possa exigir do contratado sua sujeição.

Entende-se aqui que os limites constantes do art. 125 da Lei Federal nº 14.133/2021 abrangem todas as hipóteses de alteração unilateral do contrato administrativo, uma vez que não se faz distinção entre elas em seu enunciado.[44]

---

[40] *Vide* o art. 5º, XXXIV, "a", e XXXV, o art. 31, e os arts. 70 a 75, todos da Constituição Federal.
Sobre a matéria, consultar: FRANÇA, Vladimir da Rocha. *Invalidação judicial da discricionariedade administrativa no regime jurídico-administrativo brasileiro.* Rio de Janeiro: Forense, 2000; FRANÇA, Vladimir da Rocha. *Estrutura e motivação do ato administrativo.* São Paulo: Malheiros Editores, 2007; FRANÇA, Vladimir da Rocha. Segurança jurídica no controle do ato administrativo. *Interesse Público,* Belo Horizonte, ano 22, n. 121, p. 41-75, maio/jun. 2020; SAAD, Amauri Feres. *O controle da administração pública.* São Paulo: Instituto dos Advogados de São Paulo, 2017.

[41] *Vide* o art. 5º, e os arts. 169 a 173, todos da Lei Federal nº 14.133/2021.
Vide os arts. 20 a 30 da Lei de Introdução às Normas do Direito Brasileiro.

[42] *Vide* os arts. 2º a 4º da Lei Federal nº 4.717/1965.
Vide os arts. 104 a 185 do Código Civil.
Sobre a validade dos atos jurídicos, consultar: DINIZ, Maria Helena. *Curso de Direito Civil brasileiro:* Teoria Geral do Direito Civil. 37. ed. São Paulo: Saraiva Jur, 2020. v. 1; FRANÇA, Vladimir da Rocha. *Invalidação judicial da discricionariedade administrativa no regime jurídico-administrativo brasileiro.* Rio de Janeiro: Forense, 2000; FRANÇA, Vladimir da Rocha. *Estrutura e motivação do ato administrativo.* São Paulo: Malheiros Editores, 2007; FRANÇA, Vladimir da Rocha. O fato jurídico no Direito Administrativo brasileiro. *Revista de Direito Administrativo e Infraestrutura,* São Paulo, v. 14/2020, p. 139-164, set. 2020; LÔBO, Paulo. *Direito Civil:* parte geral. 8. ed. São Paulo: Saraiva Jur, 2019; MELLO, Marcos Bernardes. *Teoria do fato jurídico:* plano da validade. 15. ed. São Paulo: Editora Saraiva, 2019; PONTES DE MIRANDA, Francisco Cavalcanti. *Tratado de Direito Privado:* Validade. Nulidade. Anulabilidade. Atualização de Vilson Rodrigues Alves. Campinas: Bookseller, 2000. v. 4.

[43] Esse enunciado legal tem a seguinte redação:
"Art. 125. Nas alterações unilaterais a que se refere o inciso I do caput do art. 124 desta Lei, o contratado será obrigado a aceitar, nas mesmas condições contratuais, acréscimos ou supressões de até 25% (vinte e cinco por cento) do valor inicial atualizado do contrato que se fizerem nas obras, nos serviços ou nas compras, e, no caso de reforma de edifício ou de equipamento, o limite para os acréscimos será de 50% (cinquenta por cento)".

[44] Em sentido contrário, consultar: NOHARA, Irene Patrícia Diom. *Nova Lei de Licitações e Contratos Comparada.* São Paulo: Thomson Reuters, Editora Revista dos Tribunais, 2021.

Não se olvide que o contratado terá direito subjetivo à extinção do contrato administrativo caso a supressão determinada pelo contratante exceda o limite constante do art. 125 da Lei Federal nº 14.133/2021.[45]

Assevere-se que não se admite a modificação da natureza das prestações devidas pelo contratado, conforme do art. 126[46] da Lei Federal nº 14.133/2021. Isso se justifica para manter a congruência entre o edital da licitação[47] (ou da autorização para contratação direta)[48] e o contrato administrativo.

Caso a alteração se faça necessária em contrato que envolva obras[49] e serviços de engenharia[50] em razão de falha no projeto, deve haver a responsabilização civil do engenheiro, arquiteto ou técnico especializado que o elaborou, nos termos do art. 124, §1º,[51] da Lei Federal nº 14.133/2021. Essa ação indenizatória do Estado-Administração está sujeita ao prazo prescricional de três anos, consoante o art. 204, §3º, V,[52] do Código Civil.

No caso de alteração unilateral do contrato que não contemple preços unitários[53] para obras[54] ou serviços,[55] esses serão fixados por meio da aplicação da relação geral entre os valores da proposta e o do orçamento-base da Administração sobre os preços referenciais ou de mercado vigentes na data do aditamento.[56]

Na alteração unilateral de contratos de obras e serviços de engenharias, a diferença percentual entre o valor global do contrato e o preço global de referência não poderá

---

[45] *Vide* o art. 137, §2º, I, da Lei Federal nº 14.133/2021.

[46] Esse enunciado legal tem a seguinte redação:
"Art. 126. As alterações unilaterais a que se refere o inciso I do caput do art. 124 desta Lei não poderão transfigurar o objeto da contratação".

[47] I o art. 5º e os arts. 18 a 27, todos da Lei Federal nº 14.133/2021.
Em rigor, o edital de licitação é um ato administrativo normativo que delimita o universo das propostas e dos proponentes que poderão ser aceitos pelo Estado-administração para a execução de determinado objeto por meio de contrato administrativo, bem como o procedimento a ser empregado na seleção do contratado. Deve ser resultante de planejamento que tenha compromisso com isonomia, a moralidade e a eficiência na seleção do contratado e na celebração de negócio jurídico que realmente atenda o interesse público que o justifica.

[48] *Vide* os arts. 72 e 73 da Lei Federal nº 14.133/2021.
Trata-se de ato administrativo em sentido estrito que permite ao Estado-Administração contratar o administrado sem licitação.

[49] *Vide* o art. 6º, XII, da Lei Federal nº 14.133/2021.

[50] *Vide* o art. 6º, XXI, da Lei Federal nº 14.133/2021.

[51] Esse enunciado legal tem a seguinte redação:
"Art. 124. (…)
§1º Se forem decorrentes de falhas de projeto, as alterações de contratos de obras e serviços de engenharia ensejarão apuração de responsabilidade do responsável técnico e adoção das providências necessárias para o ressarcimento dos danos causados à Administração".

[52] Esse enunciado legal tem a seguinte redação:
"Art. 206. Prescreve:
(…)
§3º Em três anos:
(…)
V – a pretensão de reparação civil".

[53] O preço unitário é aquele certo por unidade determinada, se for levado em consideração a definição prevista no art. 6º, XXVIII, da Lei Federal nº 14.133/2021.

[54] *Vide* o art. 6º, XII, da Lei Federal nº 14.133/2021.

[55] *Vide* o art. 6º, XI, e XIII a XVIII, da Lei Federal nº 14.133/2021.

[56] *Vide* o art. 127 da Lei Federal nº 14.133/2021.

ser reduzida em favor do contratado em decorrência de aditamentos que modifiquem a planilha orçamentária.[57]

Se a alteração unilateral resultar no aumento ou diminuição dos encargos do contratado, o contratante deve determinar o reestabelecimento do equilíbrio econômico-financeiro inicial do contrato no provimento administrativo que a determinou.[58]

E, no caso de supressão do objeto do contrato, o contratado tem o direito subjetivo de ser indenizado pelas perdas e danos decorrentes dessa medida, nos termos do art. 129[59] da Lei Federal nº 14.133/2021.

É interessante observar que os valores de contratos sob regime de contratação integrada[60] ou semi-integrada[61] não podem ser atingidos pela alteração unilateral, salvo nas seguintes hipóteses de: (i) restabelecimento do equilíbrio econômico-financeiro decorrente de caso fortuito ou força maior; (ii) necessidade de alteração do projeto ou das especificações para melhor adequação técnica aos objetivos da contratação, a pedido da Administração, desde que não decorrente de erros ou omissões por parte do contratado, observados os limites estabelecidos no art. 125 da Lei Federal nº 14.133/2021; (iii) necessidade de alteração do projeto nas contratações semi-integradas, nos termos do art. 46, §5º,[62] da Lei Federal nº 14.133/2021; e, (iv) ocorrência de evento superveniente alocado na matriz de riscos como de responsabilidade da Administração.[63]

---

[57] *Vide* o art. 128 da Lei Federal nº 14.133/2021.
Não se olvide as definições constantes do art. 2º, I a VIII, do Decreto Federal nº 7.983/2013, transcritas a seguir:
"Art. 2º Para os fins deste Decreto, considera-se:
I – custo unitário de referência – valor unitário para execução de uma unidade de medida do serviço previsto no orçamento de referência e obtido com base nos sistemas de referência de custos ou pesquisa de mercado;
II – composição de custo unitário – detalhamento do custo unitário do serviço que expresse a descrição, quantidades, produtividades e custos unitários dos materiais, mão de obra e equipamentos necessários à execução de uma unidade de medida;
III – custo total de referência do serviço – valor resultante da multiplicação do quantitativo do serviço previsto no orçamento de referência por seu custo unitário de referência;
IV – custo global de referência – valor resultante do somatório dos custos totais de referência de todos os serviços necessários à plena execução da obra ou serviço de engenharia;
V – benefícios e despesas indiretas – BDI – valor percentual que incide sobre o custo global de referência para realização da obra ou serviço de engenharia;
VI – preço global de referência – valor do custo global de referência acrescido do percentual correspondente ao BDI;
VII – valor global do contrato – valor total da remuneração a ser paga pela administração pública ao contratado e previsto no ato de celebração do contrato para realização de obra ou serviço de engenharia;
VIII – orçamento de referência – detalhamento do preço global de referência que expressa a descrição, quantidades e custos unitários de todos os serviços, incluídas as respectivas composições de custos unitários, necessários à execução da obra e compatíveis com o projeto que integra o edital de licitação".

[58] *Vide* o art. 130 da Lei Federal nº 14.133/2021.

[59] Esse enunciado legal tem a seguinte redação:
"Art. 129. Nas alterações contratuais para supressão de obras, bens ou serviços, se o contratado já houver adquirido os materiais e os colocado no local dos trabalhos, estes deverão ser pagos pela Administração pelos custos de aquisição regularmente comprovados e monetariamente reajustados, podendo caber indenização por outros danos eventualmente decorrentes da supressão, desde que regularmente comprovados".

[60] *Vide* o art. 6º, XXXII, da Lei Federal nº 14.133/2021.

[61] *Vide* o art. 6º, XXXIII, da Lei Federal nº 14.133/2021.

[62] Esse enunciado legal tem a seguinte redação:
"Art. 46. (...)
§5º Na contratação semi-integrada, mediante prévia autorização da Administração, o projeto básico poderá ser alterado, desde que demonstrada a superioridade das inovações propostas pelo contratado em termos de redução de custos, de aumento da qualidade, de redução do prazo de execução ou de facilidade de manutenção ou operação, assumindo o contratado a responsabilidade integral pelos riscos associados à alteração do projeto básico".

A eficácia do termo aditivo pressupõe a sua publicação, ressalvada a justificada necessidade da antecipação de seus efeitos jurídicos, nos termos do art. 132[64] da Lei Federal nº 14.133/2021.

4 Alteração consensual do contrato administrativo

Como já visto, a alteração consensual do contrato administrativo é um negócio jurídico bilateral celebrado pelo contratante e pelo contratado que visa revisá-lo em razão de necessidades socioeconômicas ou técnico-científicas supervenientes que não tenham sido previstas; ou, se previstas, tenham sofrido um desdobramento inesperado.

Essa revisão contratual deve ser precedida de processo administrativo e ser submetida à análise do órgão técnico[65] e de assessoramento jurídico[66] habilitados e competentes para que esse ato jurídico possa ser considerado válido. Deve ter a forma de termo aditivo e sua eficácia está condicionada à publicação dele, ressalvadas as hipóteses nas quais seja imperativa a antecipação dos efeitos do referido negócio jurídico.[67]

A lei admite a possibilidade de modificação consensual do contrato administrativo nas seguintes hipóteses: (i) quando conveniente a substituição da garantia de execução; (ii) quando necessária a modificação do regime de execução da obra ou do serviço, bem como do modo de fornecimento, em face de verificação técnica da inaplicabilidade dos termos contratuais originários; (iii) quando necessária a modificação da forma de pagamento por imposição de circunstâncias supervenientes, mantido o valor inicial atualizado e vedada a antecipação do pagamento em relação ao cronograma financeiro fixado sem a correspondente contraprestação de fornecimento de bens ou execução de obra ou serviço; e, (iv) para restabelecer o equilíbrio econômico-financeiro inicial do contrato em caso de força maior, caso fortuito ou fato do príncipe ou em decorrência de fatos imprevisíveis ou previsíveis de consequências incalculáveis, que inviabilizem a execução do contrato tal como pactuado, respeitada, em qualquer caso, a repartição objetiva de risco estabelecida no contrato.[68]

Na hipótese (i), é preciso que a garantia prestada seja substituída por outra igualmente admitida em lei, bem como que ela seja considerada eficiente para assegurar a operatividade do contrato administrativo, em razão de fato superveniente e

---

[63]   *Vide* o art. 133 da Lei Federal nº 14.133/2021.

[64]   Esse enunciado legal tem a seguinte redação:
"Art. 132. A formalização do termo aditivo é condição para a execução, pelo contratado, das prestações determinadas pela Administração no curso da execução do contrato, salvo nos casos de justificada necessidade de antecipação de seus efeitos, hipótese em que a formalização deverá ocorrer no prazo máximo de 1 (um) mês".
Com efeito, o enunciado legal usa *formalização*. Em rigor, formalização é um requisito de validade do contrato administrativo e diz respeito à forma que ele deve ter. E se formalização for compreendida como forma, como um negócio jurídico sem forma poderia existir, quanto mais produzir efeitos antecipados?
Por conseguinte, faz mais sentido entender que a lei exige aí a publicação do provimento administrativo em apreço.

[65]   *Vide* o art. 43 da Lei Federal nº 9.784/1999.

[66]   *Vide* o art. 7º, §§2º e 3º, o art. 19, IV, o art. 53, §§3º e 4º, o art. 117, §3º, o art. 169, II, e §§1º a 3º, todos da Lei Federal nº 14.133/2021.

[67]   *Vide* o art. 132 da Lei Federal nº 14.133/2021.

[68]   *Vide* o art. 124, II, da Lei Federal nº 14.133/2021.

imprevisível.[69] Se tiver ocorrido falha na escolha da garantia pelo contratado, esse deve assumir integralmente os eventuais prejuízos decorrentes de sua substituição em face do contratante.

A hipótese (ii) se restringe às obras e serviços de engenharia[70] e às compras, não sendo cabível para outros objetos. De todo modo, o regime de execução ou o modo de fornecimento somente deve ser modificado caso haja fato novo que demande a medida modificativa.

Já a hipótese (iii) diz respeito ao pagamento devido ao contratado, se a providência se fizer necessária para assegurar a continuidade da execução do contrato administrativo.

Por fim, a hipótese (iv) é a mais abrangente e merece análise mais detalhada.

Mas convém adiantar que em todas as situações por ela abarcadas, é indispensável que se respeite a repartição de riscos eventualmente ajustada no contrato administrativo. No mesmo sentido, é imperativo que não haja a desnaturação das prestações devidas que compõem o objeto das obrigações contratuais, haja vista o disposto no art. 89, §2º,[71] da Lei Federal nº 14.133/2021.

Levando-se em consideração o art. 393[72] do Código Civil, assevere-se que o contratado não pode ser responsabilizado pelo caso fortuito ou força maior que prejudique a execução do contrato administrativo. O mesmo pode ser dito sobre o contratante.

Nesse diapasão, faz-se necessário que ambas as partes possam reestruturar as obrigações ajustadas para superar os obstáculos gerados pelo caso fortuito ou força maior, sob pena de restar outra opção que a extinção do contrato administrativo.[73]

O fato do príncipe consiste no exercício de medida de administração ordenadora,[74] de segurança pública,[75] de defesa civil[76] ou de segurança e de defesa nacionais,[77] que comprometa a execução do contrato administrativo tal como nele é previsto. Não importa a origem do fato do príncipe, mas sim que se trate do exercício de competência administrativa que não esteja prevista no rol de poderes do contratante.

---

[69] *Vide* os arts. 96 a 102 da Lei Federal nº 14.133/2021.

[70] *Vide* o art. 6º, XII e XXI, da Lei Federal nº 14.133/2021.

[71] Esse enunciado legal tem a seguinte redação:
"Art. 89. (...)
§2º Os contratos deverão estabelecer com clareza e precisão as condições para sua execução, expressas em cláusulas que definam os direitos, as obrigações e as responsabilidades das partes, em conformidade com os termos do edital de licitação e os da proposta vencedora ou com os termos do ato que autorizou a contratação direta e os da respectiva proposta".

[72] Esse enunciado legal tem a seguinte redação:
"Art. 393. O devedor não responde pelos prejuízos resultantes de caso fortuito ou força maior, se expressamente não se houver por eles responsabilizado.
Parágrafo único. O caso fortuito ou de força maior verifica-se no fato necessário, cujos efeitos não era possível evitar ou impedir".

[73] *Vide* o art. 137, V, da Lei Federal nº 14.133/2021.

[74] A administração ordenadora consiste na intervenção do Estado-Administração nas atividades privadas econômicas e sociais que visa compatibilizá-las com os interesses públicos, sem prejuízo dos direitos fundamentais. Envolve os seguintes instrumentos: (i) a constituição de direito subjetivo ou pretensão para o administrado por meio de provimento administrativo ou ato administrativo em sentido estrito; (ii) o condicionamento administrativo de direito do administrado, que pode ser (ii.1) limite (dever de não fazer), (ii.2) encargo (dever de fazer), ou (ii.3) sujeição (dever de suportar); e, (iii) o sacrifício de direito do administrado, que pode ser total ou parcial, definitivo ou temporário.
Sobre a matéria, consultar: SUNDFELD, Carlos Ari. *Direito Administrativo Ordenador*. São Paulo: Malheiros Editores, 1993.

É interessante que no caso de medida administrativa de defesa civil ou de segurança ou defesa nacional, o contratado não tem o direito subjetivo à extinção do contrato administrativo, mas tem os direitos subjetivos à suspensão desse negócio jurídico e à recomposição de seu equilíbrio econômico-financeiro inicial.[78]

Outra situação listada na hipótese (iv) compreende o fenômeno da onerosidade excessiva, disciplinada pelos arts. 478 a 480[79] do Código Civil.

Embora a resolução do contrato administrativo por onerosidade excessiva não esteja expressamente prevista no art. 137[80] da Lei Federal nº 14.133/2021, ela não pode

---

[75] A administração da segurança pública compreende a atuação do Estado-administração na preservação da ordem pública e da incolumidade das pessoas e do patrimônio, assim como a gestão penitenciária.

[76] A administração da defesa civil consubstancia-se em atos administrativos e atos-fatos administrativos voltados à proteção dos administrados em face de desastres, notadamente no que diz respeito à prevenção, à mitigação, à preparação, à resposta e à recuperação.

[77] A administração de segurança e defesa nacionais está relacionada à soberania nacional e à preservação do Estado Democrático de Direito, contra agressões armadas estrangeiras ou ações de grupos terroristas.

[78] *Vide* o art. 137, §3º, da Lei Federal nº 14.133/2021.

[79] Esses enunciados legais têm a seguinte redação:
"Art. 478. Nos contratos de execução continuada ou diferida, se a prestação de uma das partes se tornar excessivamente onerosa, com extrema vantagem para a outra, em virtude de acontecimentos extraordinários e imprevisíveis, poderá o devedor pedir a resolução do contrato. Os efeitos da sentença que a decretar retroagirão à data da citação.
Art. 479. A resolução poderá ser evitada, oferecendo-se o réu a modificar equitativamente as condições do contrato.
Art. 480. Se no contrato as obrigações couberem a apenas uma das partes, poderá ela pleitear que a sua prestação seja reduzida, ou alterado o modo de executá-la, a fim de evitar a onerosidade excessiva".

[80] Esse enunciado legal tem a seguinte redação:
"Art. 137. Constituirão motivos para extinção do contrato, a qual deverá ser formalmente motivada nos autos do processo, assegurados o contraditório e a ampla defesa, as seguintes situações:
I – não cumprimento ou cumprimento irregular de normas editalícias ou de cláusulas contratuais, de especificações, de projetos ou de prazos;
II – desatendimento das determinações regulares emitidas pela autoridade designada para acompanhar e fiscalizar sua execução ou por autoridade superior;
III – alteração social ou modificação da finalidade ou da estrutura da empresa que restrinja sua capacidade de concluir o contrato;
IV – decretação de falência ou de insolvência civil, dissolução da sociedade ou falecimento do contratado;
V – caso fortuito ou força maior, regularmente comprovados, impeditivos da execução do contrato;
VI – atraso na obtenção da licença ambiental, ou impossibilidade de obtê-la, ou alteração substancial do anteprojeto que dela resultar, ainda que obtida no prazo previsto;
VII – atraso na liberação das áreas sujeitas a desapropriação, a desocupação ou a servidão administrativa, ou impossibilidade de liberação dessas áreas;
VIII – razões de interesse público, justificadas pela autoridade máxima do órgão ou da entidade contratante;
IX – não cumprimento das obrigações relativas à reserva de cargos prevista em lei, bem como em outras normas específicas, para pessoa com deficiência, para reabilitado da Previdência Social ou para aprendiz.
§1º Regulamento poderá especificar procedimentos e critérios para verificação da ocorrência dos motivos previstos no caput deste artigo.
§2º O contratado terá direito à extinção do contrato nas seguintes hipóteses:
I – supressão, por parte da Administração, de obras, serviços ou compras que acarrete modificação do valor inicial do contrato além do limite permitido no art. 125 desta Lei;
II – suspensão de execução do contrato, por ordem escrita da Administração, por prazo superior a 3 (três) meses;
III – repetidas suspensões que totalizem 90 (noventa) dias úteis, independentemente do pagamento obrigatório de indenização pelas sucessivas e contratualmente imprevistas desmobilizações e mobilizações e outras previstas;
IV – atraso superior a 2 (dois) meses, contado da emissão da nota fiscal, dos pagamentos ou de parcelas de pagamentos devidos pela Administração por despesas de obras, serviços ou fornecimentos;
V – não liberação pela Administração, nos prazos contratuais, de área, local ou objeto, para execução de obra, serviço ou fornecimento, e de fontes de materiais naturais especificadas no projeto, inclusive devido a atraso ou descumprimento das obrigações atribuídas pelo contrato à Administração relacionadas a desapropriação, a desocupação de áreas públicas ou a licenciamento ambiental.

ser recusada ao contratado, sob pena de se consagrar o enriquecimento sem causa do contratante.[81] Pelo menos, nesse caso, deve se reconhecer por analogia os direitos subjetivos previstos no art. 137, §3º, II,[82] da Lei Federal nº 14.133/2021.

Anote-se que o comprometimento da execução do contrato administrativo em razão de atraso na concretização de medida de administração ordenadora que deve precedê-la em casos de obras e serviços de engenharia,[83] também justifica a modificação desse negócio jurídicos, consoante o art. 126, §2º,[84] da Lei Federal nº 14.133/2021.

Por fim, registre-se que há a possibilidade de modificação consensual do contrato administrativo para a disponibilização de meios alternativos para a resolução de controvérsias entre o contratado e o contratante,[85] consoante o art. 153[86] da Lei Federal nº 14.133/2021.

5 Alteração judicial e alteração arbitral do contrato administrativo

A alteração judicial tem lugar quando o contratado tem ação de revisão em virtude da violação de sua pretensão ao reequilíbrio econômico-financeiro por conduta comissiva ou omissiva do contratante.

---

§3º As hipóteses de extinção a que se referem os incisos II, III e IV do §2º deste artigo observarão as seguintes disposições:
I – não serão admitidas em caso de calamidade pública, de grave perturbação da ordem interna ou de guerra, bem como quando decorrerem de ato ou fato que o contratado tenha praticado, do qual tenha participado ou para o qual tenha contribuído;
II – assegurarão ao contratado o direito de optar pela suspensão do cumprimento das obrigações assumidas até a normalização da situação, admitido o restabelecimento do equilíbrio econômico-financeiro do contrato, na forma da alínea "d" do inciso II do caput do art. 124 desta Lei.
§4º Os emitentes das garantias previstas no art. 96 desta Lei deverão ser notificados pelo contratante quanto ao início de processo administrativo para apuração de descumprimento de cláusulas contratuais".

[81] *Vide* os arts. 884 a 886 do Código Civil.
Sobre a matéria, consultar: DINIZ, Maria Helena. *Curso de Direito Civil brasileiro: Teoria Geral das Obrigações*. 36 ed. São Paulo: Saraiva Jur, 2021, v. 2; LÔBO, Paulo. *Direito Civil: obrigações*. 7 ed. São Paulo, Saraiva Jur, 2019, v. 2.

[82] Esse enunciado legal tem a seguinte redação:
"Art. 137. (…)
§3º As hipóteses de extinção a que se referem os incisos II, III e IV do §2º deste artigo observarão as seguintes disposições:
(…)
II – assegurarão ao contratado o direito de optar pela suspensão do cumprimento das obrigações assumidas até a normalização da situação, admitido o restabelecimento do equilíbrio econômico-financeiro do contrato, na forma da alínea "d" do inciso II do caput do art. 124 desta Lei".

[83] *Vide* o art. 6º, XII e XXI, da Lei Federal nº 14.133/2021.

[84] Esse enunciado legal tem a seguinte redação:
"Art. 126. (…)
§2º Será aplicado o disposto na alínea "d" do inciso II do caput deste artigo às contratações de obras e serviços de engenharia, quando a execução for obstada pelo atraso na conclusão de procedimentos de desapropriação, desocupação, servidão administrativa ou licenciamento ambiental, por circunstâncias alheias ao contratado".

[85] *Vide* o art. 1º e o art. 2º, §3º, ambos da Lei Federal nº 9.307/1996.
Vide o art. 32, §5º, da Lei Federal nº 13.140/2015.
Vide o art. 151 da Lei Federal nº 14.133/2021.

[86] Esse enunciado legal tem a seguinte redação:
"Art. 153. Os contratos poderão ser aditados para permitir a adoção dos meios alternativos de resolução de controvérsias".

Prescreve-se no art. 131, *caput*,[87] da Lei Federal nº 14.133/2021, que o fato jurídico do desequilíbrio econômico-financeiro não depende da extinção do contrato administrativo, e que se isso ocorrer por tal razão, isso deve ser reconhecido pelo contratante por meio de *termo indenizatório*. De todo modo, a ação indenizatória do contratado está sujeita ao prazo prescricional de cinco anos.[88]

No art. 131, parágrafo único,[89] da Lei Federal nº 14.133/2021, determina-se que o pedido de reequilíbrio econômico-financeiro nos contratos de serviços e fornecimentos contínuos[90] deve ser realizado no período em que as obrigações contratuais devem ser adimplidas e antes de eventual prorrogação do prazo de cumprimento do contrato administrativo.

Nesse diapasão, o silêncio do contratado deve ser interpretado como o reconhecimento de que não houve a quebra do equilíbrio econômico-financeiro, caso o prazo de cumprimento desse negócio jurídico administrativo tenha sido prorrogado sem oposição do contratado, levando-se em consideração o disposto no art. 111[91] do Código Civil e o art. 107[92] da Lei Federal nº 14.133/2021.

O reequilíbrio econômico-financeiro também pode ser obtido no contrato administrativo por meio de alteração arbitral. Não se vê aqui óbice para essa via de resolução de conflito, haja vista o disposto no art. 151[93] da Lei Federal nº 14.133/2021. Se o contrato administrativo pode ser validamente extinto por decisão arbitral,[94] o que impediria o recurso à arbitragem em se tratando de modificação do referido negócio jurídico?

A decisão do árbitro deve ter amparo no ordenamento jurídico em vigor e observar o princípio da publicidade, sendo-lhe vedado o emprego do juízo de equidade.[95]

---

[87] Esse enunciado legal tem a seguinte redação:
"Art. 131. A extinção do contrato não configurará óbice para o reconhecimento do desequilíbrio econômico-financeiro, hipótese em que será concedida indenização por meio de termo indenizatório".

[88] Vide o Decreto Federal nº 20.910/1932.
Vide o Tema Repetitivo nº553 do Superior Tribunal de Justiça.

[89] Esse enunciado legal tem a seguinte redação:
"Art. 131. (...)
Parágrafo único. O pedido de restabelecimento do equilíbrio econômico-financeiro deverá ser formulado durante a vigência do contrato e antes de eventual prorrogação nos termos do art. 107 desta Lei".

[90] Vide o art. 6º, XV, da Lei Federal nº 14.133/2021.

[91] Esse enunciado legal tem a seguinte redação:
"Art. 111. O silêncio importa anuência, quando as circunstâncias ou os usos o autorizarem, e não for necessária a declaração de vontade expressa".

[92] Esse enunciado legal tem a seguinte redação:
"Art. 107. Os contratos de serviços e fornecimentos contínuos poderão ser prorrogados sucessivamente, respeitada a vigência máxima decenal, desde que haja previsão em edital e que a autoridade competente ateste que as condições e os preços permanecem vantajosos para a Administração, permitida a negociação com o contratado ou a extinção contratual sem ônus para qualquer das partes".

[93] Esse enunciado legal tem a seguinte redação:
"Art. 151. Nas contratações regidas por esta Lei, poderão ser utilizados meios alternativos de prevenção e resolução de controvérsias, notadamente a conciliação, a mediação, o comitê de resolução de disputas e a arbitragem. Parágrafo único. Será aplicado o disposto no caput deste artigo às controvérsias relacionadas a direitos patrimoniais disponíveis, como as questões relacionadas ao restabelecimento do equilíbrio econômico-financeiro do contrato, ao inadimplemento de obrigações contratuais por quaisquer das partes e ao cálculo de indenizações".

[94] *Vide* o art. 138, III, da Lei Federal nº 14.133/2021.

[95] *Vide* o art. 2º, §3º, da Lei Federal nº 9.307/1996.
Vide o art. 152 da Lei Federal nº 14.133/2021.

6 Alteração dos preços no contrato administrativo

A alteração dos preços do contrato administrativo atinge especificamente o valor da prestação devida pelo contratado ao contratante, e deve ser realizada quando a lei a admita, e no modo regulado no edital e no contrato.[96] Ao contrário do que ocorre na modificação do contrato administrativo, a modificação do preço não enseja a reestruturação do modo como a obrigação ajustada deve ser adimplida.

Essa medida justifica-se em contratos cuja execução ocorra no decorrer do tempo, e visa manter a autenticidade e a realidade dos preços nas prestações convencionadas, prevenindo-se o desequilíbrio econômico-financeiro.

Um dos instrumentos de alteração dos preços é o reajustamento em sentido estrito, que compreende a aplicação do índice de correção monetária previsto no contrato, que deve retratar a variação efetiva do custo de produção, admitida a adoção de índices específicos ou setoriais.[97]

Os preços do contrato administrativo também devem ser reajustados, para mais ou para menos, conforme o caso, se houver, após a data da apresentação da proposta, criação, alteração ou extinção de quaisquer tributos ou encargos legais ou a superveniência de disposições legais, com comprovada repercussão sobre os preços contratados.[98] Não deixam de ser situações de fato do príncipe que não demandam a alteração do contrato administrativo para a preservação do equilíbrio econômico-financeiro.

No caso dos contratos de serviços contínuos com regime de dedicação exclusiva de mão de obra[99] ou de predominância de mão de obra, prevê-se a repactuação como forma de manutenção do equilíbrio econômico-financeiro por meio da análise da variação dos custos contratuais, devendo estar prevista no edital com data vinculada à apresentação das propostas, para os custos decorrentes do mercado, e com data vinculada ao acordo, à convenção coletiva ou ao dissídio coletivo ao qual o orçamento esteja vinculado, para os custos decorrentes da mão de obra.[100]

Entretanto, os preceitos veiculados por negócios jurídicos homologados pela Justiça do Trabalho ou atos normativos expedidos por essa,[101] que tratem de matéria não trabalhista, de pagamento de participação dos trabalhadores nos lucros ou resultados do contratado, ou que estabeleçam direitos não previstos em lei, como valores ou índices obrigatórios de encargos sociais ou previdenciários, bem como de preços para os insumos relacionados ao exercício da atividade, não vinculam o contratante.[102]

Convém advertir que se veda que esses negócios jurídicos e atos normativos judiciais trabalhistas possam dispor de obrigações que somente se aplicam a contratos administrativos.[103]

---

[96] *Vide* o art. 6º, LVIII e LIX, o art. 25, §§7º e 8º, e o art. 92, V, §§3º e 4º, todos da Lei Federal nº 14.133/2021.

[97] *Vide* o art. 6º, LVIII, da Lei Federal nº 14.133/2021.

[98] *Vide* o art. 134 da Lei Federal nº 14.133/2021.

[99] *Vide* o art. 6º, XVI, da Lei Federal nº 14.133/2021.

[100] *Vide* o art. 6º, LIX, e o art. 135, I e II, ambos da Lei Federal nº 14.133/2021.

[101] *Vide* o art. 111 e o art. 114, ambos da Constituição Federal.
  Vide o art. 8º da Consolidação das Leis do Trabalho.

[102] *Vide* o art. 135, §1º, da Lei Federal nº 14.133/2021.

[103] *Vide* o art. 135, §2º, da Lei Federal nº 14.133/2021.

A repactuação tem eficácia mínima de um ano, contado da data da apresentação da proposta ou da data da última repactuação.[104] A anualidade da repactuação não impede que haja a divisão do reajuste de preços em tantas parcelas quantas forem necessárias para a preservação do equilíbrio econômico-financeiro, de acordo com o art. 135, §4º,[105] da Lei Federal nº 14.133/2021.

Se a contratação envolver mais de uma categoria profissional, a repactuação poderá ser dividida em tantos quantos forem os negócios jurídicos e atos normativos trabalhistas em apreço.[106] Mas nesse caso, não se afasta a regra da anualidade dessa forma de reajustamento.

A repactuação deve ser pedida tempestivamente pelo contratado, devidamente fundamentada com a demonstração analítica da variação dos custos, por meio de apresentação da planilha de custos e formação de preços, ou do novo acordo, convenção ou sentença normativa que fundamenta a repactuação.[107]

A decisão do contratante sobre esse pedido do contratado deve ser feita por provimento administrativo fundamentado, com amparo em laudo técnico-científico e parecer jurídico reconheçam a necessidade socioeconômica da repactuação, assim como a licitude e validade do provimento administrativo que o deferir.

A formalização da alteração de preços deve ser realizada por meio de apostila, tendo-se em vista o disposto no art. 136, *caput*,[108] da Lei Federal nº 14.133/2021.

7 Sobre os registros no contrato administrativo

Os registros são os atos jurídicos administrativos que ocorrem durante a execução do contrato administrativo, e que devem constar dos autos desse negócio jurídico.

Ressalvada a alteração contratual – cuja formalização é o termo aditivo –, os atos jurídicos devem ser formalizados por apostilas.

Cita-se na lei como exemplos desses atos jurídicos aqueles: (i) modificam a variação do valor contratual para fazer face ao reajuste ou à repactuação de preços previstos no próprio contrato; (ii) declaram ou determinam atualizações, compensações ou penalizações financeiras decorrentes das condições de pagamento previstas no contrato; (iii) declaram alterações na razão ou na denominação social do contratado; (iv) declaram o empenho de dotações orçamentárias.[109]

---

[104] *Vide* o art. 135. §3º, da Lei Federal nº 14.133/2021.

[105] Esse enunciado legal tem a seguinte redação:
"Art. 135. (...)
§4º A repactuação poderá ser dividida em tantas parcelas quantas forem necessárias, observado o princípio da anualidade do reajuste de preços da contratação, podendo ser realizada em momentos distintos para discutir a variação de custos que tenham sua anualidade resultante em datas diferenciadas, como os decorrentes de mão de obra e os decorrentes dos insumos necessários à execução dos serviços".

[106] *Vide* o art. 135, §5º, da Lei Federal nº 14.133/2021.

[107] *Vide* o art. 135, §6º, da Lei Federal nº 14.133/2021.

[108] Esse enunciado legal tem a seguinte redação:
"Art. 136. Registros que não caracterizam alteração do contrato podem ser realizados por simples apostila, dispensada a celebração de termo aditivo, como nas seguintes situações: (...)".

[109] *Vide* o art. 136 da Lei Federal nº 14.133/2021.

8 Considerações finais

O novo modelo jurídico legislativo para os contratos administrativos veiculado pela Lei Federal nº 14.133/2021 procura na verdade consolidar a experiência jurídica brasileira em matéria de contratações públicas, desde a entrada em vigor da Constituição Federal.

Advirta-se que a Lei Federal nº 14.133/2021 não pode ser interpretada e aplicada sem se levar em consideração essa experiência jurídica, notadamente no que diz respeito ao que já se comprovou ineficiente na satisfação dos interesses públicos que devem ser tutelados pelo Estado-Administração.

A alteração contratual e a alteração dos preços nas contratações públicas não podem ser manejadas sem se levar em consideração que elas existem para se preservar o equilíbrio econômico-financeiro inicial do contrato administrativo, diante de modificações na órbita político-administrativa, socioeconômica e técnico-científica da relação jurídica entre contratado e contratante.

Referências

BANDEIRA DE MELLO, Celso Antônio. *Curso de Direito Administrativo*. 34. ed. São Paulo: Malheiros Editores, 2019.

BANDEIRA DE MELLO, Oswaldo Aranha. *Princípios gerais de Direito Administrativo*. 2. ed. Rio de Janeiro: Forense, 1979. v. 1.

DINIZ, Maria Helena. *Curso de Direito Civil brasileiro*: Teoria Geral do Direito Civil. 37. ed. São Paulo: Saraiva Jur, 2020. v. 1.

DINIZ, Maria Helena. *Curso de Direito Civil brasileiro*: Teoria Geral das Obrigações. 36. ed. São Paulo: Saraiva Jur, 2021. v. 2.

DINIZ, Maria Helena. *Curso de Direito Civil brasileiro*: Teoria das Obrigações Contratuais e Extracontratuais. 37. ed. São Paulo: Saraiva Jur, 2021. v. 3.

FRANÇA, Vladimir da Rocha. *Invalidação judicial da discricionariedade administrativa no regime jurídico-administrativo brasileiro*. Rio de Janeiro: Forense, 2000.

FRANÇA, Vladimir da Rocha. *Estrutura e motivação do ato administrativo*. São Paulo: Malheiros Editores, 2007.

FRANÇA, Vladimir da Rocha. Segurança jurídica no controle do ato administrativo. *Interesse Público*, Belo Horizonte, ano 22, n. 121, p. 41-75, maio/jun. 2020.

FRANÇA, Vladimir da Rocha. O fato jurídico no Direito Administrativo brasileiro. *Revista de Direito Administrativo e Infraestrutura*, São Paulo, v. 14/2020, p. 139-164, set. 2020.

JUSTEN FILHO, Marçal. *Curso de Direito Administrativo*. 8. ed. Belo Horizonte: Editora Fórum, 2012.

LÔBO, Paulo. *Direito Civil*: parte geral. 8. ed. São Paulo: Saraiva Jur, 2019.

LÔBO, Paulo. *Direito Civil*: obrigações. 7. ed. São Paulo, Saraiva Jur, 2019. v. 2.

LÔBO, Paulo. *Direito Civil*: contratos. 7. Ed. São Paulo: Saraiva Jur, 2021. v. 3.

REALE, Miguel. *Fontes e modelos do Direito*: para um novo paradigma hermenêutico. São Paulo: Saraiva, 1999.

MELLO, Marcos Bernardes de. *Teoria do fato jurídico*: plano da existência. 22. ed. São Paulo: Editora Saraiva, 2019.

MELLO, Marcos Bernardes. *Teoria do fato jurídico*: plano da validade. 15. ed. São Paulo: Editora Saraiva, 2019.

MELLO, Marcos Bernardes. *Teoria do fato jurídico*: plano da eficácia. 11. ed. São Paulo: Editora Saraiva, 2019.

NOHARA, Irene Patrícia Diom. *Nova Lei de Licitações e Contratos Comparada*. São Paulo: Thomson Reuters, Editora Revista dos Tribunais, 2021.

PONTES DE MIRANDA, Francisco Cavalcanti. *Tratado de Direito Privado*: Parte geral. Introdução. Pessoas físicas e jurídicas. Atualização de Vilson Rodrigues Alves. Campinas: Bookseller, 1999, v. 1.

PONTES DE MIRANDA, Francisco Cavalcanti. *Tratado de Direito Privado*: Parte Geral. Bens. Fatos jurídicos. Atualização de Vilson Rodrigues Alves. Campinas: Bookseller, 2000. v. 2.

PONTES DE MIRANDA, Francisco Cavalcanti. *Tratado de Direito Privado*: Negócios jurídicos. Representação. Conteúdo. Forma. Prova. Atualização de Vilson Rodrigues Alves. Campinas: Bookseller, 2000. v. 3.

PONTES DE MIRANDA, Francisco Cavalcanti. *Tratado de Direito Privado*: Validade. Nulidade. Anulabilidade. Atualização de Vilson Rodrigues Alves. Campinas: Bookseller, 2000. v. 4.

PONTES DE MIRANDA, Francisco Cavalcanti. *Tratado de Direito Privado*: Eficácia jurídica, Determinações inexas e anexas. Direitos. Pretensões. Ações. Atualização de Vilson Rodrigues Alves. Campinas: Bookseller, 2000, v. 5.

REPÚBLICA FEDERATIVA DO BRASIL. UNIÃO. *Constituição da República Federativa do Brasil. Promulgada em 05 de outubro de 1988*. Disponível em: http://planalto.gov.br/ccivil_03/constituicao/constituicao.htm. Acesso em: 27 jan. 2022.

REPÚBLICA FEDERATIVA DO BRASIL. UNIÃO. *Decreto nº 20.910, de 06 de janeiro de 1932*. Regula a prescrição quinquenal. Casa Civil, Brasília, DF. Disponível em: http://www.planalto.gov.br/ccivil_03/decreto/antigos/d20910.htm. Acesso em: 04 de fev. 2022.

REPÚBLICA FEDERATIVA DO BRASIL. UNIÃO. *Decreto-Lei nº 4.657, de 04 de setembro de 1942*. Lei de Introdução às normas do Direito Brasileiro. Casa Civil, Brasília, DF. Disponível em: http://www.planalto. gov.br/ccivil_03/decreto-lei/del4657.htm. Acesso em: 02 fev. 2022.

REPÚBLICA FEDERATIVA DO BRASIL. UNIÃO. *Decreto-Lei nº 5.452, de 1º de maio de 1943*. Aprova a Consolidação das Leis do Trabalho. Casa Civil, Brasília, DF. Disponível em: http://www.planalto.gov.br/ccivil_03/decreto-lei/del5452.htm. Acesso em: 04 fev. 2022.

REPÚBLICA FEDERATIVA DO BRASIL. UNIÃO. *Lei nº 4.717, de 29 de junho de 1965*. Regula a ação popular. Casa Civil, Brasília, DF. Disponível em: planalto.gov.br/ccivil_03/leis/l4717.htm. Acesso em: 27 jan. 2022.

REPÚBLICA FEDERATIVA DO BRASIL. UNIÃO. *Decreto nº 7.983, de 08 de abril de 2013*. Estabelece regras e critérios para elaboração do orçamento de referência de obras e serviços de engenharia, contratados e executados com recursos dos orçamentos da União, e dá outras providências. Casa Civil, Brasília, DF. Disponível em: http://www.planalto.gov.br/ccivil_03/_ato2011-2014/2013/decreto/d7983.htm. Acesso em: 03 fev. 2022.

REPÚBLICA FEDERATIVA DO BRASIL. UNIÃO. *Lei nº 8.987, de 13 de fevereiro de 1995*. Dispõe sobre o regime de concessão e permissão da prestação de serviços públicos previsto no art. 175 da Constituição Federal, e dá outras providências. Casa Civil, Brasília, DF. Disponível em: http://www.planalto.gov.br/ccivil_03/leis/l8987compilada.htm. Acesso em: 26 jan. 2022.

REPÚBLICA FEDERATIVA DO BRASIL. UNIÃO. *Lei nº 9.307, de 23 de setembro de 1996*. Dispõe sobre a arbitragem. Casa Civil, Brasília, DF. Disponível em: http://www.planalto.gov.br/ccivil_03/leis/l9307.htm. Acesso em: 31 jan. 2022.

REPÚBLICA FEDERATIVA DO BRASIL. UNIÃO. *Lei nº 9.784, de 29 de janeiro de 1999*. Regula o processo administrativo no âmbito da Administração Pública Federal. Casa Civil, Brasília, DF. Disponível em: http://www.planalto.gov.br/ccivil_03/leis/l9784.htm. Acesso em: 02 fev. 2022.

REPÚBLICA FEDERATIVA DO BRASIL. UNIÃO. *Lei nº 10.406, de 10 de janeiro de 2002*. Institui o Código Civil. Casa Civil, Brasília, DF. Disponível em: http://www.planalto.gov.br/ccivil_03/leis/2002/l10406compilada.htm. Acesso em: 26 jan. 2022.

REPÚBLICA FEDERATIVA DO BRASIL. UNIÃO. *Lei nº 11.079, de 30 de dezembro de 2004*. Institui normas gerais para licitação e contratação de parceria público-privada no âmbito da administração pública. Casa Civil, Brasília, DF. Disponível em: http://www.planalto.gov.br/ccivil_03/_ato2004-2006/2004/lei/l11079.htm. Acesso em: 26 jan. 2022.

REPÚBLICA FEDERATIVA DO BRASIL. UNIÃO. *Lei nº 12.232, de 29 de abril de 2010*. Dispõe sobre as normas gerais para licitação e contratação pela administração pública de serviços de publicidade prestados por intermédio de agências de propaganda e dá outras providências. Casa Civil, Brasília, DF. Disponível em: http://www.planalto.gov.br/ccivil_03/_ato2007-2010/2010/lei/l12232.htm. Acesso em: 04 fev. 2022.

REPÚBLICA FEDERATIVA DO BRASIL. UNIÃO. *Lei nº 13.140, de 06 de junho de 2015.* Dispõe sobre a mediação entre particulares como meio de solução de controvérsias e sobre a autocomposição de conflitos no âmbito da administração pública; altera a Lei nº 9.469, de 10 de julho de 1997, e o Decreto nº 70.235, de 6 de março de 1972; e revoga o §2º do art. 6º da Lei nº 9.469, de 10 de julho de 1997. Secretaria-Geral, Brasília, DF. Disponível em: http://www.planalto.gov.br/ccivil_03/_ato2015-2018/2015/lei/l13140.htm. Acesso em: 03 fev. 2022.

REPÚBLICA FEDERATIVA DO BRASIL. UNIÃO. *Lei nº 14.133, de 1º de abril de 2021.* Lei de Licitações e Contratos Administrativos. Secretaria-Geral, Brasília, DF. Disponível em: http://www.planalto.gov.br/ccivil_03/_ato2019-2022/2021/lei/L14133.htm. Acesso em: 26 jan. 2022.

REPÚBLICA FEDERATIVA DO BRASIL. UNIÃO. SUPERIOR TRIBUNAL DE JUSTIÇA. *Tema Repetitivo nº 553:* Aplica-se o prazo prescricional quinquenal – previsto do Decreto 20.910/32 – nas ações indenizatórias ajuizadas contra a Fazenda Pública, em detrimento do prazo trienal contido do Código Civil de 2002. Disponível em STJ – Precedentes Qualificados. Acesso em: 04 fev. 2022.

SAAD, Amauri Feres. *O controle da administração pública.* São Paulo: Instituto dos Advogados de São Paulo, 2017.

SAAD, Amauri Feres. *Liberdade das formas nas contratações públicas.* Porto Alegre: Sérgio Antônio Fabris Editor, 2019.

SARAI, Leandro (Organização). *Tratado da Nova Lei de Licitações e Contratos Administrativos:* Lei 14.133/21: comentada por advogados públicos. São Paulo: Editora JusPodivm, 2021.

SUNDFELD, Carlos Ari. *Direito Administrativo Ordenador.* São Paulo: Malheiros Editores, 1993.

VILANOVA, Lourival. *As estruturas lógicas e o sistema do Direito Positivo.* São Paulo: Max Limonad, 1997.

VILANOVA, Lourival. *Causalidade e relação no Direito.* 4. ed. São Paulo: Editora Revista dos Tribunais, 2000.

Informação bibliográfica deste texto, conforme a NBR 6023:2018 da Associação Brasileira de Normas Técnicas (ABNT):

FRANÇA, Vladimir da Rocha. Alteração dos contratos administrativos e de seus preços na Lei federal nº 14.133/2021. *In*: HARGER; Marcelo (Coord.). *Aspectos polêmicos sobre a nova lei de licitações e contratos administrativos*: Lei nº 14.133/2021. Belo Horizonte: Fórum, 2022. p. 293-312. ISBN 978-65-5518-461-7.

ASPECTOS GERAIS DA FISCALIZAÇÃO DE CONTRATOS NA NOVA LEI DE LICITAÇÕES

FLAVIANA V. PAIM

Introdução

O acompanhamento contratual é etapa extremamente importante nas contratações da Administração Pública. É durante essa fase que temos, historicamente, os maiores problemas de corrupção, desvios éticos e de práticas que podem levar a sobrepreço e a ineficiência na aplicação de recursos públicos. Usando a linha de raciocínio desenvolvida por Fabricio Motta[1] em seu artigo "Crise fiscal: o que deu errado com a fiscalização dos tribunais de Contas?", há um inegável déficit de fiscalização externa pelos Tribunais de Contas do país. Somado a essa realidade, sabe-se que há um foco no planejamento das contratações e na fase da seleção (da licitação), voltado muitas vezes a evitar vícios

---

[1] Artigo de Fabrício Motta. Crise fiscal: o que deu errado com a fiscalização dos tribunais de Contas? *Consultor Jurídico*, 11 maio 2017. Disponível em: https://www.conjur.com.br/2017-mai-11/interesse-publico-deu-errado-fiscalizacao-tribunais-contas. Acesso em: 23 ago. 2021.

e ilegalidades na elaboração do edital que possam comprometer a lisura da licitação,[2] mas muito pouco planeja-se a fiscalização e o acompanhamento contratual.

Nesse sentido, a nova lei de Licitações e Contratos – Lei nº 14.133/21 mandou muito bem, pois demostra maior preocupação em dispor orientações a serem observadas durante a fase de execução contratual pelos agentes públicos, em especial no que se refere ao planejamento e a organização do acompanhamento contratual, atribuição de responsabilidades e necessidade de capacitação específica aos agentes públicos que atuam nessa fase da contratação, inclusive trazendo orientações específicas para serviços continuados em regime de dedicação exclusiva de mão de obra, que são aqueles em que temos grande dificuldade de organização devido às questões de fiscalização administrativa e trabalhista dos empregados alocados aos contratos.

Nessa breve análise que segue, será abordado questões pertinentes e relevantes sobre a fiscalização dos contratos, trazidas dentro do contexto da nova lei de licitações e contratos, especialmente questões previstas entre os art. 116 e 123.

Da designação dos fiscais de contratos

Com relação à fiscalização e execução dos contratos, a Lei nº 14.133/21 partiu da mesma premissa do art. 67 da Lei nº 8.666/93[3] de que o regime administrativo confere à Administração o poder/dever de fiscalizar a execução do contrato, cabendo à Administração a indicação de agente para acompanhar a execução. A fiscalização trata-se de um dever a ser exercido para melhor realizar os interesses públicos.[4] Por certo, jamais a Administração pode assumir uma posição passiva e aguardar que o contratado cumpra todas as suas obrigações contratuais. A falta de acompanhamento da execução dos contratos administrativos pode caracterizar ato de improbidade administrativa, passível de responsabilização.

Nesse sentido, o art. 117 da Lei nº 14.133/21 assim dispõe:

> Art. 117. A execução do contrato deverá ser acompanhada e fiscalizada por 1 (um) ou mais fiscais do contrato, representantes da Administração especialmente designados conforme requisitos estabelecidos no art. 7º desta Lei, ou pelos respectivos substitutos, permitida a contratação de terceiros para assisti-los e subsidiá-los com informações pertinentes a essa atribuição.
>
> §1º O fiscal do contrato anotará em registro próprio todas as ocorrências relacionadas à execução do contrato, determinando o que for necessário para a regularização das faltas ou dos defeitos observados.

---

[2] Na linha trazida por Fabricio Motta no artigo Licitar não basta, é preciso fiscalizar a execução dos contratos. *Consultor Jurídico*, 28 abr. 2016. Disponível em: https://www.conjur.com.br/2016-abr-28/interesse-publico-licitar-nao-basta-preciso-fiscalizar-execucao-contratos. Acesso em: 23 ago. 2021.

[3] Art. 67. A execução do contrato deverá ser acompanhada e fiscalizada por um representante da Administração especialmente designado, permitida a contratação de terceiros para assisti-lo e subsidiá-lo de informações pertinentes a essa atribuição.

[4] JUSTEN FILHO, Marçal. *Comentários à Lei de Licitações e Contratos Administrativos*. 18. ed. São Paulo: Revista dos Tribunais, 2019.

§2º O fiscal do contrato informará a seus superiores, em tempo hábil para a adoção das medidas convenientes, a situação que demandar decisão ou providência que ultrapasse sua competência.

§3º O fiscal do contrato será auxiliado pelos órgãos de assessoramento jurídico e de controle interno da Administração, que deverão dirimir dúvidas e subsidiá-lo com informações relevantes para prevenir riscos na execução contratual.

§4º Na hipótese da contratação de terceiros prevista no caput deste artigo, deverão ser observadas as seguintes regras:

I – a empresa ou o profissional contratado assumirá responsabilidade civil objetiva pela veracidade e pela precisão das informações prestadas, firmará termo de compromisso de confidencialidade e não poderá exercer atribuição própria e exclusiva de fiscal de contrato;

II – a contratação de terceiros não eximirá de responsabilidade o fiscal do contrato, nos limites das informações recebidas do terceiro contratado.

Como se pode perceber, a primeira questão que chama atenção no *caput* do art. 117 é a previsão expressa de que poderá haver nomeação de mais de um agente para a fiscalização contratual. Muito embora essa prática seja objeto de orientação trazida desde a publicação da IN nº 2/2008 do MPOG, atualmente substituída pela IN nº 5/17, a previsão expressa em lei ressalta a importância de regulamentação que especifique os partícipes, atribuições e atividades a serem desenvolvidas.

Também chama atenção no *caput* do art. 117 o uso da expressão "especialmente designado" com a mesma ideia já amplamente difundida pelo próprio TCU quanto à análise do art. 67 da Lei nº 8.666/93 de que a designação exige ato formal, por escrito, praticado pela autoridade competente, de forma clara, específico e de fácil acesso aos envolvidos. A própria IN5/17 MPOG, em seu art. 41 §2, vai inclusive além, determinando que haja, inclusive, ciência prévia ao ato formal de designação. Tal orientação é relevante, tendo em vista que a ciência prévia permite que os futuros fiscais ou gestores possam preparar-se tecnicamente para o encargo e ainda colaborar com a própria equipe de planejamento designada para elaboração dos estudos técnicos preliminares da contratação, no sentido de contribuir com o planejamento, trazendo sua visão de executor, prática e operacional.

A necessidade de indicar o fiscal substituto trazida como obrigação pelo art. 117 é de extrema importância. É regra já contida na inspiradora IN 5/17 do MPOG.[5] A autoridade competente deverá designar fiscais e substitutos para toda a vigência contratual,[6] garantindo a continuidade das atividades de gestão e fiscalização diante de qualquer situação, ou seja, em situações de ausências ou impedimentos do titular.

A ausência de designação formal não obsta a responsabilização do agente que tenha praticado atos concernentes à função de fiscal de contrato, como o atesto de notas fiscais, por exemplo, na linha já preconizada pelo próprio TCU no Acórdão nº 12.489/2019-Segunda Câmara.

Por outro lado, ausência de gestores e fiscais ou substitutos indicados e designados formalmente transferirá a responsabilidade pelo exercício das respectivas atribuições e, portanto, os problemas decorrentes do exercício de funções sem a devida designação formal, a quem detinha competência para indicar ou designar, conforme o caso.

---

[5] Art. 42, §1º.

[6] Nesse sentido, a orientação contida no Acórdão nº 670/08 – TCU – Plenário.

Do modelo de gestão contratual e a divisão de tarefas e atribuições

É importante mencionar que, assim como ocorre na Lei nº 8.666/93, a Lei nº 14.133/21 não segmenta ou separa as atividades de gestão e fiscalização contratual. No entanto, o §3º do art. 8º, abaixo transcrito, determina que as regras relativas ao "agente da contratação e equipe de apoio", fiscais e gestores de contratos devem ser definidas em regulamento.

> Art. 8º A licitação será conduzida por agente de contratação, pessoa designada pela autoridade competente, entre servidores efetivos ou empregados públicos dos quadros permanentes da Administração Pública, para tomar decisões, acompanhar o trâmite da licitação, dar impulso ao procedimento licitatório e executar quaisquer outras atividades necessárias ao bom andamento do certame até a homologação.
>
> §3º As regras relativas à atuação do agente de contratação e da equipe de apoio, ao funcionamento da comissão de contratação e à atuação de fiscais e gestores de contratos de que trata esta Lei serão estabelecidas em regulamento, e deverá ser prevista a possibilidade de eles contarem com o apoio dos órgãos de assessoramento jurídico e de controle interno para o desempenho das funções essenciais à execução do disposto nesta Lei.

Como se pode perceber, o §3º do art. 8º faz menção à regulamentação a ser feita pela Instituição ou órgão para fiscais e gestores, dentro de um contexto no qual é possível concluir que ambos são responsáveis pelo acompanhamento da execução contratual, mas não traz definições sobre atribuições e competências, que devem estar bem definidas em regulamentação própria. Por certo, gestão e fiscalização não se confundem. Gestão refere-se ao gerenciamento geral dos contratos, enquanto a fiscalização é operacional e pontual.

A fiscalização, nesse sentido, pode ser realizada tanto por comissão, por área, por equipe especializada ou até mesmo por único servidor designado, mas é fundamental que ela seja bem planejada, alinhada à gestão de riscos e já com contornos definidos trazidos no próprio Edital, na forma prevista pelo art. 25 da Lei nº 14.133/21:

> **Art. 25.** O edital deverá conter o objeto da licitação e as regras relativas à convocação, ao julgamento, à habilitação, aos recursos e às penalidades da licitação, à *fiscalização e à gestão do contrato*, à entrega do objeto e às condições de pagamento. (Grifo nosso)

Existem várias formas de estruturar a gestão e fiscalização contratual, bem como há vários modelos que são utilizados. A começar pelas orientações contidas na própria IN 5/17 Seges/MP e sua famosa estrutura de acompanhamento colaborativa, na linha já amplamente difundida em âmbito federal,[7] com possibilidade de divisão de tarefas e atribuições entre gestor, fiscalização administrativa, fiscalização técnica e fiscalização setorial, podendo ainda o público usuário ser eleito "à categoria" de fiscal, ao possibilitar a avaliação da eficácia da contratação para os fins da governança e da gestão das aquisições, além de retirar parte do caráter subjetivo de avaliação de qualidade, que é peculiar na fiscalização. A fiscalização pelo público usuário ser considerado como um

---

[7] A divisão de atribuições consta nos artigos 39 e 40 da IN 5/17 MPOG.

quinto partícipe desse processo de acompanhamento, sendo de extrema importância e eficiência, pois trata-se de uma supervisão realizada por quem, de fato, faz uso ou é beneficiado pelos serviços, a exemplo dos próprios servidores.

Mas é de extrema relevância que a Administração adote um modelo de gestão e fiscalização compatível com sua estrutura, evitando-se, na medida do possível, que um único servidor seja responsável por todas as atribuições que o acompanhamento exige, o que pode fragilizar esse processo e gerar responsabilizações.

Nesse sentido, é importante ressaltar que a própria Lei nº 14.133/21 veda "a designação do mesmo agente público para atuação simultânea em funções mais suscetíveis a riscos, de modo a reduzir a possibilidade de ocultação de erros e de ocorrência de fraudes na respectiva contratação" (art. 7º, §1º).

O próprio TCU,[8] há muito tempo, tem entendimento de que é vedado, no mesmo exercício, uma mesma pessoa possuir atribuições de pregoeiro e de fiscal de contratos, por atentar contra princípio da segregação de funções.

Da contratação de Terceiros para o acompanhamento

Ainda sobre o *caput* do art. 117, na mesma linha do art. 67 da Lei nº 8.666/93, sem nenhuma novidade, é facultada a contratação de terceiros, pessoa física ou jurídica, para auxiliar ou assistir os fiscais no desempenho de suas tarefas. A novidade fica por conta do §4º que deixa clara a responsabilização tanto do terceiro, quanto dos fiscais designados.

Por óbvio, não se trata de uma obrigação a contratação de terceiros, mas de uma faculdade, cabendo à Administração avaliar se a complexidade do objeto contratado permite ou realmente exige a assistência.

Os trabalhos desenvolvidos pelos terceiros possuem caráter acessório e complementar, não afastando a responsabilidade pela fiscalização dos fiscais designados. No entanto, o terceiro contratado para subsidiar a fiscalização assumirá responsabilidade civil objetiva pela veracidade e pela precisão das informações prestadas. Pelo fato de se pressupor que o terceiro a ser contratado para a assistência ao fiscal ser especialista nas questões para as quais foi contratado, sem sombra de dúvidas cabe a esse elaborar um plano de acompanhamento ou ao adequar-se ao plano já existente pela Instituição, prestar serviços com toda a dedicação possível, buscando todas as informações e dados pertinentes para que os servidores nomeados possam tomar decisões baseadas nas informações trazidas, tendo em vista a impossibilidade expressa de que terceiros exerçam atribuições próprias e exclusivas de fiscais. Certamente imputa-se aos terceiros a responsabilização ao agir de forma desidiosa ou negligente. Afinal, um acompanhamento falho pode levar a Administração a ser responsabilizada perante terceiros, cabendo ao fiscal e a todos os envolvidos nesse processo pensar no contratado como parceiro, com foco na entrega e no resultado.

Essa é a linha de entendimento adotada pelo TCU há muitos anos e acredita-se ser a linha a ser adotada também aos terceiros na Lei nº nº 14.133/21.

---

8   Acórdão nº 1.375/2015 –TCU – Plenário.

mantenha representante, pertencente a seus quadros próprios de pessoal, especialmente designado para acompanhar e fiscalizar a execução dos contratos que celebrar, permitida a contratação de agentes terceirizados apenas para assisti-lo e subsidiá-lo de informações pertinentes a essa atribuição, a teor do art. 67 da Lei nº 8.666/93. (BRASIL. TCU. *Acórdão nº 690/2005* – Plenário)

O art. 67 da Lei 8.666/1993 exige a designação, pela Administração, de representante para acompanhar e fiscalizar a execução, facultando-se a contratação de empresa supervisora para assisti-lo. Assim, (...) o contrato de supervisão tem natureza eminentemente assistencial ou subsidiária, no sentido de que a responsabilidade última pela fiscalização da execução não se altera com sua presença, permanecendo com a Administração Pública. Apesar disso, em certos casos, esta Corte tem exigido a contratação de supervisora quando a fiscalização reconhecidamente não dispuser de condições para, com seus próprios meios, desincumbir-se adequadamente de suas tarefas, seja pelo porte ou complexidade do empreendimento, seja pelo quadro de carência de recursos humanos e materiais que, não raro, prevalece no setor público. (BRASIL. TCU. *Acórdão nº 1.930/2009* – Plenário)

Da capacitação dos fiscais e gestores de contratos e o auxílio pelos órgãos de assessoramento jurídico e de controle interno

Um ponto de grande avanço trazido pela nova lei de licitações e contratos é a necessidade dos agentes que atuarão no processo licitatório estarem sujeitos à capacitação continuada certificada pelas escolas de governo.

No que diz respeito aos fiscais de contratos, sempre foi importantíssima a capacitação, não só pelas escolas de governo como também por empresas privadas, que tão bem desempenham essa atividade, organizando eventos de grande qualidade e recrutando os melhores instrutores e doutrinadores sobre os diversos temas que o universo das contratações públicas nos impõe. As questões pertinentes à etapa da execução são muitas. A legislação e as orientações são dinâmicas. A jurisprudência evolui, as interpretações sobre os mesmos pontos são aperfeiçoadas. Os fiscais e gestores de contratos se deparam com problemáticas pontuais que muitas vezes perpassam o próprio universo do direito administrativo. São questões trabalhistas envolvendo os empregados terceirizados, cálculos de planilhas para subsidiar pedidos de repactuação e revisões contratuais, problemáticas envolvendo glosas e medições de resultado e tantas outras questões.

Nesse sentido, a determinação para capacitação tende a minimizar uma prática muito comum, infelizmente de nomeação de fiscais despreparados para o encargo apenas como meio de cumprir formalidade.

Por outro lado, a orientação contida no §3º do art. 117, de que o fiscal do contrato será auxiliado pelos órgãos de assessoramento jurídico e de controle interno da Administração, que deverão dirimir dúvidas e subsidiá-lo com informações relevantes para prevenir riscos na execução contratual traz maior segurança para esses agentes, demostrando uma clara intenção do legislador em estender a atuação do órgão jurídico das Instituições aos demais agentes do processo de contratação no auxílio à tomada de decisões.

De forma acertada, com a inclusão de tal recomendação na Lei nº 14.133, de fato essa atuação de apoio da assessoria jurídica ou dos membros da Advocacia Pública e do controle interno tende a crescer, o que certamente é algo que pode trazer muito benefício ao aprimoramento do processo de fiscalização e a qualidade do acompanhamento que é feito.

Da manutenção do preposto

A determinação contida no art. 118 da Lei nº 14.133/21 de que o contratado deverá manter preposto aceito pela Administração no local da obra ou do serviço para representá-lo na execução do contrato é exatamente igual à orientação contida no art. 68 da Lei nº 8.666/93.

Nesse sentido, vale referir que a jurisprudência do próprio TCU há muito tempo determina que as Instituições exijam formalmente das empresas contratadas para prestação de serviços com cessão de mão de obra, a designação de preposto a ser mantido no local da execução, para representa-las durante a execução do contrato.[9]

Por ato formal, tem-se entendido que haja um documento, tal como uma carta de preposto, em que a contratada indique os dados do preposto que a representará diante do contrato firmado. Esse documento indicará atribuições e responsabilidades do preposto indicado, ou seja, os poderes a ele conferidos e servirá como meio para a análise de aceitação por parte da Administração Contratante. Nada obsta que haja mais de um preposto indicado pela empresa com poderes específicos ou ainda que esse preposto não esteja integralmente dedicado ao contrato em regime de dedicação exclusiva de mão de obra durante toda a sua jornada, todos os dias do contrato, desde que assim seja aceito pela Administração.

Uma boa prática, especialmente para os serviços prestados em regime de cessão de mão de obra, cuja presença do preposto se faz indispensável para evitar ordens diretas aos empregados terceirizados é a previsão em edital e contrato de uso de aplicativos e dispositivos mobile de comunicação. Até mesmo o bom e velho *Whatsapp* pode ser utilizado, desde que pactuado. Temos muitos *cases* de sucesso nesse sentido.

Da responsabilidade subsidiária e solidária da Administração Pública

A Lei nº 8.666/93 determina, em seu artigo 70 e parágrafos 1º e 2º, que os encargos trabalhistas, previdenciários, fiscais e comerciais resultantes da execução do contrato são de responsabilidade do contratado.

Caso o contratado tivesse alguma inadimplência relacionada aos encargos trabalhistas, ficais e comerciais, a Administração Pública não responderia nem de forma solidária, nem mesmo subsidiária. Apenas em relação aos encargos previdenciários resultantes da execução do contrato é que a Administração Pública responde solidariamente. A questão sempre suscitou divergências no meio jurídico ao longo dos anos, gerando muita insegurança jurídica no que tange à terceirização na Administração

---

[9] Referência ao Acórdão nº 265/2010 – TCU – Plenário.

Pública, chegando até o julgamento da ADC nº 16 que reconheceu a constitucionalidade do *caput* e do §1º do art. 71 da Lei nº 8.666/93, culminando inclusive na alteração substancial da Súmula 331 do TST.

> SÚMULA 331 DO TST:
>
> I – A contratação de trabalhadores por empresa interposta é ilegal, formando-se o vínculo diretamente com o tomador dos serviços, salvo nos casos de trabalho temporário (Lei nº 6019, de 03.01.1974).
>
> II – A contratação irregular de trabalhador, através de empresa interposta não gera vínculo de emprego com os órgãos da Administração Pública Direta, Indireta ou Fundacional (art. 37, II, da Constituição da República).
>
> III – Não forma vínculo de emprego com o tomador a contratação de serviços de vigilância (Lei nº 7102 de 20.06.1983), de conservação e limpeza, bem como a de serviços especializados ligados a atividade meio do tomador, desde que inexistente a pessoalidade e a subordinação direta.
>
> IV – O inadimplemento das obrigações trabalhistas, por parte do empregador, implica na responsabilidade subsidiária do tomador do serviço quanto àquelas obrigações, desde que tenha participado da relação processual e conste também do título executivo judicial. (Res. nº 23, de 17.12.1993, DJU de 21.12.1993)
>
> V – Os entes integrantes da Administração Pública direta e indireta respondem subsidiariamente, nas mesmas condições do item IV, caso evidenciada a sua conduta culposa no cumprimento das obrigações da Lei n.º 8.666, de 21.06.1993, especialmente na fiscalização do cumprimento das obrigações contratuais e legais da prestadora de serviço como empregadora. A aludida responsabilidade não decorre de mero inadimplemento das obrigações trabalhistas assumidas pela empresa regularmente contratada.
>
> VI – A responsabilidade subsidiária do tomador de serviços abrange todas as verbas decorrentes da condenação referentes ao período da prestação laboral.

Com o advento da nova lei de licitação e contratos – Lei nº 14.133/21 – o art. 121, abaixo transcrito, reiterou a mesma orientação da Lei nº 8.666/93 de que cabe ao contratado a responsabilidade pelos encargos trabalhistas, previdenciários, fiscais e comercias. Porém o §2º reconhece que, exclusivamente, nos contratos de serviços em regime de dedicação exclusiva de mão de obra, a Administração Pública responderá de forma solidária em relação aos encargos previdenciários e de forma subsidiária em relação aos encargos trabalhistas, desde que comprovado que houve falha na fiscalização do cumprimento das obrigações contratuais pela Administração Pública contratante; entendimento que já era adotado pelo Poder Judiciário Trabalhista, conforme estabelecem os itens IV e V da Súmula 331 e pelo Supremo Tribunal Federal (STF) em tese firmada com repercussão geral (Tema 246), mas ainda não encontrava expressa disposição legal.

> Art. 121. Somente o contratado será responsável pelos encargos trabalhistas, previdenciários, fiscais e comerciais resultantes da execução do contrato.
>
> §1º A inadimplência do contratado em relação aos encargos trabalhistas, fiscais e comerciais não transferirá à Administração a responsabilidade pelo seu pagamento e não poderá onerar o objeto do contrato nem restringir a regularização e o uso das obras e das edificações, inclusive perante o registro de imóveis, ressalvada a hipótese prevista no §2º deste artigo.
>
> §2º Exclusivamente nas contratações de serviços contínuos com regime de dedicação exclusiva de mão de obra, a Administração responderá solidariamente pelos encargos

previdenciários e subsidiariamente pelos encargos trabalhistas se comprovada falha na fiscalização do cumprimento das obrigações do contratado.

§3º Nas contratações de serviços contínuos com regime de dedicação exclusiva de mão de obra, para assegurar o cumprimento de obrigações trabalhistas pelo contratado, a Administração, mediante disposição em edital ou em contrato, poderá, entre outras medidas:

I – exigir caução, fiança bancária ou contratação de seguro-garantia com cobertura para verbas rescisórias inadimplidas;

II – condicionar o pagamento à comprovação de quitação das obrigações trabalhistas vencidas relativas ao contrato;

III – efetuar o depósito de valores em conta vinculada;

IV – em caso de inadimplemento, efetuar diretamente o pagamento das verbas trabalhistas, que serão deduzidas do pagamento devido ao contratado;

V– estabelecer que os valores destinados a férias, a décimo terceiro salário, a ausências legais e a verbas rescisórias dos empregados do contratado que participarem da execução dos serviços contratados serão pagos pelo contratante ao contratado somente na ocorrência do fato gerador.

§4º §4º Os valores depositados na conta vinculada a que se refere o inciso III do §3º deste artigo são absolutamente impenhoráveis.

§5º O recolhimento das contribuições previdenciárias observará o disposto no art. 31 da Lei nº 8.212, de 24 de julho de 1991.

Portanto, podemos observar que a nova lei de licitações, reconhece, podemos assim dizer, a previsão contida na Súmula nº 331 do TST, pondo fim a uma discussão já resolvida anteriormente por meio da ADC nº 16 no STF, mas necessária frente a omissão na Lei nº 8.666/93: em serviços contínuos com regime de dedicação exclusiva de mão de obra, a Administração Pública responderá de forma subsidiária ou solidária, desde que comprovado que houve falha na fiscalização.

Dessa forma, a responsabilização da Administração Pública frente a descumprimentos não é objetiva. É subjetiva e demanda análise da conduta dos procedimentos de acompanhamento adotados pela Instituição. Havendo caracterização de conduta culposa, maculada por atos de negligência, imprudência ou imperícia poderá gerar responsabilização frente à Justiça do Trabalho.

Notem que enquanto a Súmula nº 331 utiliza a expressão "conduta culposa", o §2º do art. 121 utiliza a expressão "falhas no cumprimento das obrigações do contratado". Muito embora, tecnicamente falando, o uso da expressão "conduta culposa" pareça até mais adequada para tratar de responsabilização, a utilização do termo "falhas" pela nova lei tem sido interpretada pelos estudiosos e doutrinadores atuais no mesmo sentido do conceito já debatido e reconhecido pelo judiciário trabalhista na aplicação da Sumula nº 331 do TST.

Importante dentro deste contexto de responsabilização que a nova lei dispôs no §3º do art. 121 acerca de algumas medidas que podem ser utilizadas como forma de minimizar ou impedir que a Administração Pública sofra com problemas relacionados aos encargos trabalhistas. Trata-se, sem dúvida nenhuma de grande avanço. A redação do parágrafo em comento utiliza a expressão "poderá", sugerindo que possa haver discricionariedade sobre a aplicação de uma ou outra recomendação.

Todavia, a grande questão que remanesce é como será que o judiciário trabalhista se posicionará ao analisar as "falhas" para aplicação da responsabilidade subsidiária ou solidária em caso de inadimplemento da contratada, quando o órgão ou entidade não tiver utilizado todos ou alguns dos procedimentos indicados nos incisos do §3º do art. 121?

Em que pese tenhamos o salutar princípio do livre convencimento motivado que baliza as decisões pelo Judiciário, esse acaba por criar parâmetros do que considera ou não como conduta aceitável de fiscalização e acompanhamento de contratos administrativos. Tendo em vista que os contratos firmados entre o poder público e particulares estão adstritos aos princípio da legalidade, assim, deve ser esperado que se faça apenas o que expressamente está previsto em lei ou em normativos próprios, inclusive no que tange aos atos de fiscalização. E, nesse sentido, o art. 50 prevê expressamente rol mínimo de documentos trabalhistas a serem acompanhados pelos fiscais, a fim de evitar descumprimentos contratuais dessa natureza.

> Art. 50. Nas contratações de serviços com regime de dedicação exclusiva de mão de obra, o contratado deverá apresentar, quando solicitado pela Administração, sob pena de multa, comprovação do cumprimento das obrigações trabalhistas e com o Fundo de Garantia do Tempo de Serviço (FGTS) em relação aos empregados diretamente envolvidos na execução do contrato, em especial quanto ao:
> I – registro de ponto;
> II – recibo de pagamento de salários, adicionais, horas extras, repouso semanal remunerado e décimo terceiro salário;
> III – comprovante de depósito do FGTS;
> IV – recibo de concessão e pagamento de férias e do respectivo adicional;
> V – recibo de quitação de obrigações trabalhistas e previdenciárias dos empregados dispensados até a data da extinção do contrato;
> VI – recibo de pagamento de vale-transporte e vale-alimentação, na forma prevista em norma coletiva.

Isso, a meu ver, é mais um motivo que ressalta a importância da regulamentação das questões relativas à fiscalização e a necessidade de haver um plano de fiscalização institucional baseado em matriz de riscos.

Certamente, a lei geral de licitações não dispõe e nem deveria dispor dos meios que deverão ser utilizados para assegurar o cumprimento das obrigações trabalhistas. Trata-se de questão operacional a ser planejada dentro do contexto de cada instituição e de cada contrato. Assim, o rol trazido nos incisos do §3º do art. 121 não é exaustivo, nem taxativo, apenas exemplificativo, não cabendo ao judiciário trabalhista tal análise.

Por outro lado, não se pode negar o avanço que tivemos, pelo fato de o legislador reconhecer rotinas e exigências que já vinham sendo implementadas por grande parte da Administração Pública, por força de entendimento do Tribunal de Contas da União, ou de normas infralegais, como IN nº 05/17 da Secretaria de Gestão do Ministério do Planejamento, utilizada em âmbito do executivo federal.

As medidas que poderão ser implementadas pela nova legislação indicam que as contratações realizadas pela Administração Pública para a prestação de serviços contínuos serão mais seguras e permitirão o controle preventivo das contratações, impondo à iniciativa privada condições mais rígidas no cumprimento dos encargos trabalhistas para com seus empregados alocados aos contratos.

Sem sombra de dúvidas, Instituições não integrantes do sistema SIASG, que não estiverem obrigadas aos ditames da IN nº 5/17, mas que entenderem como importante utilizar as ferramentas previstas nos incisos do §3º do art. 121, em especial o procedimento de pagamento em conta-depósito vinculada – bloqueada para movimentação (III) ou pagamento pelo fato gerador (V) como medidas preventivas para evitar descumprimentos, deverão disciplinar em ato normativo próprio a operacionalidade de tais procedimentos, uma vez que os procedimentos atualmente possuem regulamentação em cadernos técnicos de logística federal atualizados e mantidos pela Secretaria de Gestão do Ministério do Planejamento, ou no caso da conta vinculada, também disciplinada pelo poder Judiciário em Resolução do Conselho Nacional de Justiça.

A Fiscalização do cumprimento de regras relativas à inclusão de políticas públicas de inclusão nos contratos administrativos

Não é nova a discussão em torno da inclusão de políticas públicas nas licitações e contratos, na busca pelo indispensável desenvolvimento nacional sustentável, alçado pela nova Lei nº 14.133/21 à condição de princípio. A nova lei traz várias orientações nesse sentido, e uma das mais proeminentes e de maior dificuldade operacional consta no §9º do art. 25, o qual prevê cotas em contratos com dedicação exclusiva de mão de obra ou com predominante mão de obra, para contratação de mulheres vítimas de violência doméstica (ou familiar) e oriundos ou egressos do sistema prisional, num verdadeiro convite a uma mudança de *mindset*, reafirmando o importante papel do Estado como um propulsor no desenvolvimento sustentável social.

> §9º O edital poderá, na forma disposta em regulamento, exigir que percentual mínimo da mão de obra responsável pela execução do objeto da contratação seja constituído por:
> I – mulheres vítimas de violência doméstica;
> II – oriundos ou egressos do sistema prisional.

O referido dispositivo utiliza a expressão "poderá", deixando claro que se trata de uma faculdade do gestor público que recomenda se deverá ser contemplada no Estudo Técnico Preliminar na fase de planejamento para verificação tanto da possibilidade, quanto das condições em que tal exigência seria feita. Obviamente não serão todos os objetos contratuais e todas as Instituições que terão condições de prever tais exigências. Por certo o Edital deverá dispor sobre qual percentual mínimo deverá ser reservado a vagas previstas em cada caso e se a empresa contratada deverá reservar esse percentual mínimo estabelecido no contrato firmado em regime de dedicação exclusiva de mão de obra ou se a obrigação da empresa será destinar o percentual mínimo considerando todos seus empregados e não necessariamente os que serão dedicados em regime de exclusividade no contrato firmado.

No caso de mulheres em situação de vulnerabilidade econômica decorrente de violência doméstica, o que também poderia incluir violência familiar, nos termos referidos pela Lei nº 11.340/2006 (Lei Maria da Penha), uma solução viável seria a Instituição contratante formar acordo de cooperação com alguma entidade pública responsável pela política de atenção às mulheres vítimas de violência em seu Estado ou Município, para que essa entidade possa intermediar a seleção e indicação de mulheres para ocupação desses cargos. Uma vez que a contratada então realize a contratação dessas mulheres, a própria entidade pública cooperada poderia emitir declaração de que a empresa vencedora no certame cumpre a obrigação contratual mínima pactuada. Se ao longo da execução a empresa deixar de cumprir a obrigação, pelo fato de haver demissões desses cargos reservados, a instituição cooperada poderia comunicar à Administração contratante dos serviços a situação, para que essa notifique a empresa contratada para a reposição dos cargos vacantes, com o objetivo de recompor a cota mínima estabelecida. Tem sido assim feito, por Instituições que já se valem dessa política pública em contratos administrativos firmados pela Lei nº 8.666/93, como o Senado Federal, por exemplo, formalizado em sede de governança desde 2016.

Outra possibilidade seria usar as informações do Cadastro Nacional de Violência Doméstica contra a Mulher, gerido pelo Conselho nacional do Ministério Público, para dar maior alcance e efetividade ao objetivo da norma, uma vez que um dos desafios enfrentados é a qualificação dessas mulheres, para que essas consigam efetivamente cumprir eventual jornada de trabalho, atendendo ao nível mínimo de qualificação técnica comumente exigido.

De outra banda, a nova lei também impacta positivamente a inclusão de pessoas com deficiência, trazendo dificuldade semelhante aos fiscais para o acompanhamento dessa exigência, previsto no art. 116, uma vez que as empresas licitantes deverão apresentar uma declaração que comprove o cumprimento das normas trabalhistas, incluindo reserva de cargos para pessoa com deficiência reabilitados da Previdência Social e também de programas de aprendizes (jovens profissionais), além da reserva de cargos em outras normas específicas, o que deve prevalecer durante todo o período de vigência do contrato. Aqui também vale a orientação de que caberá ao Edital dispor como será exigido o cumprimento de tal obrigação.

Frequentemente, a fiscalização acaba restringindo-se à exigência da manutenção da declaração ao longo da execução, procedimento falho e que não garante o integral cumprimento da exigência pelas empresas contratadas. Nesse sentido, pode-se dizer que a nova lei foi além, prevendo no parágrafo único do art. 116 que a Administração poderá solicitar ao contratado prova do cumprimento da reserva de cargos, com a indicação dos empregados que preencherem as referidas vagas e ainda prevendo no art. 137, IX, de que o não cumprimento das obrigações relativas à reserva de cargos prevista em lei, bem como em outras normas específicas, para pessoa com deficiência, para reabilitado da Previdência Social ou para aprendiz, constitui motivo para extinção do contrato, ou seja, chama atenção para o fato de que o acompanhamento do cumprimento dessa exigência precisa ser mais efetivo e não meramente uma regra pró-forma.

Conclusão

É inegável que a Lei nº 14.133/21 dedica-se a olhar para a fase de execução contratual com olhos mais atentos e avança em disciplinar orientações mais precisas ao passo que se refere à necessidade de que as instituições possuam regulamento que defina regras relativas à atuação de todos os partícipes da contratação, dando a discricionariedade necessária para que as Instituições possam estruturar a área de gestão e fiscalização contratual conforme estrutura e realidade de cada um.

Bastante positiva também é a orientação expressamente referida na nova lei de necessidade de capacitação e de auxílio pelos órgãos de assessoramento jurídico e de controle interno para fiscais e gestores de contratos, ressaltando a importância e a complexidade do trabalho realizado por esses agentes.

Por outro lado, a Lei nº 14.133/21 também avança muito em relação à Lei nº 8.666/93, ao disciplinar especificamente sobre contratos de prestação de serviços realizados em regime de dedicação de mão de obra, seja ela exclusiva ou preponderante, revelando a complexidade em torno do planejamento e fiscalização desses contratos. Valendo-se do vasto material de estudo, normativos e regulamentos federais que tratam de questões operacionais relativos às contratações de serviços contínuos, o legislador buscou a inspiração para traçar muitas das orientações que foram citadas ao longo deste artigo, ora atuando de forma imperativa frente aos Estados e Municípios, ora apenas apontando caminhos e possíveis práticas cuja adoção poderá ser disciplinada por cada unidade contratante, o que acaba por fomentar antigo debate sobre o conceito de normas gerais sobre licitação e contratos administrativos aos quais compete a União determinar.

Mas como diz o velho provérbio popular português, "o papel aceita tudo e nem cora", há muito que avançar lá no mundo real das contratações públicas por este Brasil afora. É salutar que haja um efetivo preparo para o acompanhamento contratual, no qual de fato toda a vantajosidade almejada com a contratação pode se perder. É urgente a necessidade de mudança cultural para que possamos melhorar a qualidade da gestão e da fiscalização contratual.

Por outro lado, gestores dos mais variados órgãos e entidades, das três esferas e dos três poderes, lutam para melhorar a Administração Pública diuturnamente, em especial os serviços públicos. A sociedade cobra, e com razão, padrões cada vez mais altos de serviços, elevando os desafios da atividade para os gestores.

Assim, ainda que a realidade ainda esteja tão distante do papel, a modernização da nova lei é apenas o primeiro passo em direção a uma nova Administração Pública, mais transparente e eficiente.

Referências

BRASIL. TCU. *Acórdão nº 265/2010* – Plenário.

BRASIL. TCU. *Acórdão nº 670/08* – Plenário.

BRASIL. TCU. *Acórdão nº 690/2005* – Plenário.

BRASIL. TCU. *Acórdão nº 1.375/2015* – Plenário.

BRASIL. TCU. *Acórdão nº 1.930/2009* – Plenário.

BRASIL. *Decreto nº 9.507, de 21 de setembro de 2018*. Dispõe sobre a execução indireta, mediante contratação, de serviços da administração pública federal direta, autárquica e fundacional e das empresas públicas e das sociedades de economia mista controladas pela União. D.O.U. de 24.09.2018, p. 3. Disponível em: http://www. planalto.gov.br/ccivil_03/_ato2015-2018/2018/decreto/D9507.htm. Acesso em: 10 dez. 2021.

BRASIL. *Lei nº 14.133 de 01º de abril de 2021*. Lei de Licitações e Contratos Administrativos. Secretaria-Geral. Brasília, DF. Disponível em: http://www.planalto.gov.br/ccivil_03/_ato2019-2022/2021/lei/L14133.htm. Acesso em: 15 out. 2021.

BRASIL. Ministério do Planejamento, Orçamento e Gestão. *Instrução Normativa nº 5, de 26 de maio de 2017*. Dispõe sobre as regras e diretrizes do procedimento de contratação de serviços sob o regime de execução indireta no âmbito da Administração Pública federal direta, autárquica e fundacional. Publicado em 26 de maio de 2017. Disponível em: https://www.gov.br/compras/pt-br/acesso-a-informacao/legislacao/instrucoes-normativas/instrucao-normativa-no-5-de-26-de-maio-de-2017-atualizada. Acesso em: 19 set. 2021.

FENILLI. Renato. A nova lei de Licitações e as mulheres vítimas de violência doméstica. *Portal Sollicita*, 08 mar. 2021. Disponível em: https://www.sollicita.com.br/Noticia/?p_idNoticia=17429&n=a-nova-lei-de-licita%C3%A7%C3%B5es-. Acesso em: 15 dez. 2021.

FORTINI, Cristiana; PAIM, Flaviana Vieira (Coord.). *Terceirização na Administração Pública*: boas práticas e atualização à luz da Nova lei de Licitações. Belo Horizonte: Fórum, 2022.

JUSTEN FILHO, Marçal. *Comentários à lei de licitações e contratos administrativos*. 18. ed. São Paulo: Revista dos Tribunais, 2019.

PAIM. Flaviana; PERCIO, Gabriela. *Instrução Normativa 05/17-MPDG* – Comentários a artigos e anexos. Modelos Estruturais para Estudos Preliminares. Porto Alegre: Ingep Editora, 2017.

Informação bibliográfica deste texto, conforme a NBR 6023:2018 da Associação Brasileira de Normas Técnicas (ABNT):

PAIM, Flaviana V. Aspectos gerais da fiscalização de contratos na nova lei de licitações. *In*: HARGER; Marcelo (Coord.). *Aspectos polêmicos sobre a nova lei de licitações e contratos administrativos*: Lei nº 14.133/2021. Belo Horizonte: Fórum, 2022. p. 313-326. ISBN 978-65-5518-461-7.

CONTROLE DAS LICITAÇÕES E CONTRATOS ADMINISTRATIVOS

ANTÔNIO FLÁVIO DE OLIVEIRA

FABRÍCIO MOTTA

1 Introdução

A expressão "controle" quase sempre é compreendida como subordinação, manifestação de limitação de algum poder – esse tipo de percepção não se trata, evidentemente de equívoco, mas limita algumas das aferições possíveis de serem feitas acerca da atividade controladora. Nesse sentido, tendo em mira que as atividades estatais estão sempre ligadas à realização do interesse público, materializado no bem-comum, seria relevante que a atividade de controle fosse visualizada com sentido mais abrangente: meio de se aferir e conferir segurança às ações estatais para que estejam em linha com o seu propósito de resultar na concretização do interesse público.

Ora, não existiria sentido em delegar poderes tão extensos como a vontade geral se, de outra parte, não se tomasse a precaução de se prever mecanismos aptos a controlar o cumprimento real dos poderes delegados. Haveria alguma racionalidade ou suficiência em somente se fazer o controle mediante o processo de sufrágio, em cada período eleitoral, simplesmente punindo com a não eleição aqueles que tivessem descumprido com a delegação recebida? Procedendo assim, recorrendo ao imaginário popular, estaríamos sempre a tratar da doença, quando é necessário, sobretudo, cuidar para que os danos por ela eventualmente causados sequer cheguem a ocorrer. Controlar, portanto, envolve também profilaxia, cautela sempre preferível à ação de tratamento – quando possível – posto que na segunda hipótese já terão ocorrido os danos que poderiam ser evitados, muitos dos quais de difícil reparação.

Feita a digressão inicial, convém reconhecer que normas relativas a licitações e contratações públicas, assim como abordando responsabilidade fiscal, não podem olvidar o aspecto de prevenção à ocorrência de danos dentro do respectivo sistema. Aliás, nessa direção sempre estiveram apontadas as normas concebidas para a disciplina de licitações e contratações no Brasil, sendo marcantes tais aspectos no Decreto-Lei nº 2.300/1986, na Lei nº 8.666/1993 e agora, na Lei nº 14.133/2021.

É notável o avanço na descrição das ações de controle havido desde o Decreto-Lei nº 2.300/1986, até a atual lei de licitações e contratos públicos, veiculada na Lei nº 14.133/2021. Se no Decreto-Lei nº 2.300/1986 havia apenas referência à atuação dos Tribunais de Contas, no art. 79[1] e na Lei nº 8.666/1993 tais disposições encontravam tratamento um pouco mais detalhado, na Lei nº 14.133/2021, além das referências semeadas em todo o diploma, ainda é possível encontrar capítulo dedicado exclusivamente ao tema controle. A maior densidade normativa – constituída por um grande número de referências espalhadas em dispositivos variados – desafia a atuação do intérprete para compreender o controle das contratações e licitações públicas de acordo com o quadro constitucional de distribuição de competências.

Nesse sentido, o controle das contratações e licitações poderá ser materializado em qualquer das manifestações atinentes ao *sistema de controle* no nosso ordenamento constitucional. Indicações presentes no texto da nova Lei de Licitações e Contratações Públicas apenas acrescentam novas formas de atuação dessas mesmas estruturas de controle ou detalham seus comportamentos, sem, contudo, excluir aquelas já existentes, apenas o fazendo nos casos em que atue como norma revogadora, em vista do que expressa o art. 2º da lei de introdução às normas de Direito brasileiro.[2]

Na sistemática constitucional, como ensinam Luciano Ferraz e Fabrício Motta, a expressão "controle interno" designa o exercício de controle da Administração Pública sobre suas próprias atividades, no interior de uma mesma estrutura subjetiva, ao passo que a referência a sistema de controle (arts. 70 e 74 da Constituição) envolve a integração de estruturas individuais de controle residentes nos poderes Executivo, Legislativo e

---

[1]   Art 79. O controle das despesas decorrentes dos contratos e demais instrumentos regidos por este decreto-lei será feito pelo Tribunal de Contas da União, na forma da legislação pertinente, ficando os órgãos interessados da Administração responsáveis pela demonstração da legalidade e regularidade da despesa e execução, nos termos da Constituição e sem prejuízo do sistema de controle interno nesta previsto.
   §1º Qualquer licitante, contratado ou pessoa física ou jurídica poderá representar ao Tribunal de Contas contra irregularidades na aplicação deste decreto-lei, para fins do disposto neste artigo.
   *§2º O Tribunal de Contas da União, no exercício de sua competência de controle da ad*ministração financeira e orçamentária (art. 70, §§1º e 3º da Constituição), poderá expedir instruções complementares, reguladoras dos procedimentos licitatórios e dos contratos administrativos.

[2]   Art. 2º Não se destinando à vigência temporária, a lei terá vigor até que outra a modifique ou revogue.
   §1º A lei posterior revoga a anterior quando expressamente o declare, quando seja com ela incompatível ou quando regule inteiramente a matéria de que tratava a lei anterior.
   §2º A lei nova, que estabeleça disposições gerais ou especiais a par das já existentes, não revoga nem modifica a lei anterior.
   §3º Salvo disposição em contrário, a lei revogada não se restaura por ter a lei revogadora perdido a vigência.

Judiciário. Os mesmos autores categorizam a função de controle externo, (arts. 70 e 71 da Constituição) como gênero que abrange duas espécies: a) controle parlamentar indireto ou colaborado e b) controle realizado pelo Tribunal de Contas. É ainda possível reconhecer a possibilidade de realização de um controle orgânico, conferindo a cada servidor público a obrigatoriedade de tomar as providências que estejam ao seu alcance para coibir irregularidades ou denunciá-las, quando não seja sua atribuição corrigi-las.

Controle, portanto, deve ser visto como sistema e não apenas mecanismo ou atividade, haja vista que diversos são os momentos, locais e condições em que esse ocorre. A visão da atividade de controle no Brasil, tendo em consideração suas diversas manifestações, pode ser comparada aos sistemas de segurança de veículos automotores, que possuem, ao mesmo tempo para-choques, barras de proteção lateral, sistemas de *airbag*, freios com sensores de distância e, ainda assim, estão sempre passando por constantes estudos que objetivam seu aperfeiçoamento. A existência de um mecanismo de controle, portanto, não faz com que o seguinte seja desnecessário, por ser redundante. A redundância, aliás, é parte da segurança que se pretende para o sistema.

2 O controle da execução orçamentária

Em que pese costumeiramente pensar-se em controle da execução orçamentária como elemento exclusivamente de direito financeiro, a observância da nova lei permite concluir que tal controle possui também repercussão no direito administrativo. Com efeito, a Lei nº 14.133/21 alude à previsão de recursos orçamentários para que se possa fazer contratação direta (art. 72, inciso IV); determina ser necessária previsão de recursos no plano plurianual, quando as contratações extrapolarem o período de vigência do exercício financeiro (art. 105); disciplina a necessidade de atestar a existência de créditos tanto para a contratação e para a manutenção do que foi ajustado, podendo acarretar no encerramento do contrato, por falta de crédito no orçamento (art. 106, incisos II e III). Esses exemplos demonstram que o controle da execução não se limita à verificação da existência de previsão orçamentária como condição para o ajuste, mas é caracterizado por uma séria de exigências que marcam todo o curso da contratação pública.

Nos termos da nova lei, cuidar da conformidade orçamentária do ajuste e do cumprimento de todas as cláusulas contratuais e demais regramentos pertinentes ao ajuste, durante todo o seu período de execução, é atribuição do servidor indicado para fazer a *gestão do contrato* (art. 7º) e também dever do *fiscal do contrato* (art. 117) Constatando-se, eventualmente, a ocorrência de inconformidade, tanto o gestor como o fiscal do contrato deverão atuar no limite de suas competências para iniciar procedimento de saneamento e, sendo o caso, de responsabilização de quem tenha dado causa à inconsistência.

3 O controle nas contratações públicas

O legislador inovou na disciplina do controle nas contratações administrativas inclusive ao estabelecer designação para o que chamou de 'linhas de defesa', imaginando fixar o momento em que cada uma das respectivas linhas deverá atuar. Relevante se ter em conta que, apesar de existir regramento detalhado de diversas atividades de controle na lei de licitações e contratos, há necessidade de que a função de controle, em sentido amplo, seja compreendida em conjugação com dispositivos de outros ordenamentos, como a lei de responsabilidade fiscal, Lei nº 4.320/1964, lei de improbidade administrativa e tantas outras que estabelecem regras que delimitam as ações dos gestores públicos.

3.1 As linhas de defesa

As linhas de defesa foram previstas no art. 169 da Lei nº 14.133/2021, estando sua atuação necessariamente ligada à submissão das contratações públicas a "a práticas contínuas e permanentes de gestão de riscos e de controle preventivo, inclusive mediante adoção de recursos de tecnologia da informação" (art.169).

A chamada <u>primeira</u> linha de defesa é integrada por servidores e empregados públicos, agentes de licitação e autoridades que atuam na estrutura de governança do órgão ou entidade; a <u>segunda</u> é composta pelas unidades de assessoramento jurídico e de controle interno do próprio órgão ou entidade e, finalmente a <u>terceira,</u> que se dará com a atuação do órgão central de controle interno da Administração e pelo tribunal de contas. No que diz respeito à terceira linha, cabe alertar para o que de modo percuciente e claro anotaram Ferraz e Motta sobre a posição do tribunal de contas:

> Convém anotar que no desenho original das três linhas, a terceira linha de defesa é composta pela auditoria interna11, o que de certa forma poderia conduzir à escalação a esta linha do órgão central de controle interno da Administração, como feito pelo art. 169, III, mas não do Tribunal de Contas competente, que, como dito, se encontram formalmente alocados no âmbito do Poder Legislativo, fora do raio de estruturação hierárquica da Administração.[3]

Fica patente que as estruturas administrativas que compõem as linhas de defesa atuam no âmbito interno, ainda que exista a referência à atuação de tribunal de contas, pois de acordo com o art. 74, §1º, da Constituição Federal de 1988, o controle interno, ao tomar conhecimento de qualquer irregularidade ou ilegalidade, deverá dela dar conhecimento ao tribunal de contas a que se vincule a unidade federada, inclusive com a cominação de responsabilidade solidária, caso não o faça.

O exercício das atividades de controle, pelas intituladas linhas de defesa, no entanto, vai além de apenas verificar a regularidade dos atos de contratação, porquanto a essa estrutura se incumbiu, conforme prevê o art. 169, §3º, inciso I, a tomada de medidas para o seu saneamento e para a mitigação de riscos, impedindo nova ocorrência da mesma ordem, e que tais medidas, preferencialmente se deem mediante aperfeiçoamento dos

---

[3] FERRAZ, Luciano; MOTTA, FABRÍCIO. Controle das contratações públicas. *In*: DI PIETRO, Maria Sylvia Zanella. (Org.). *Licitações e contratos administrativos*: inovações da Lei 14.133, de 01 de abril de 2021. 1. ed. Rio de Janeiro: Forense, 2021. v. 1, p. 259-274.
Após terem feito a constatação quanto ao equívoco no posicionamento dos tribunais de contas na terceira linha de defesa, os autores sugerem que o mais adequado seria que os tribunais tivessem sido colocados em uma quarta linha de defesa, aliás, não inserida na formulação apresentada no art. 169, da Lei nº 14.133/2021.

controles preventivos, inclusive com a capacitação dos agentes públicos responsáveis, atuantes nos locais e momentos processuais em que se identificou a irregularidade.

Há claramente um viés que não se limita ao aspecto repreensivo ou sancionatório da atuação do controle: ao mesmo tempo em que é determinada a abertura de procedimento administrativo para a apuração das infrações administrativas (art. 169, §3º, inciso II), é possível extrair do conjunto normativo direcionamento em favor da correção dos eventos identificados como danosos ou potencialmente danosos, se ainda possível impedir que o prejuízo continue acontecendo, em linha com o que consta no art. 20 da Lei de Introdução às Normas de Direito Brasileiro.[4]

A sistemática de linhas de defesa não constitui verdadeiramente inovação, mas apenas o reconhecimento de que existem variados momentos em que o sistema de controle interno pode e deve atuar, na identificação de irregularidades nas contratações sem que pela já ultrapassagem do momento de atuação de uma dessas linhas de defesa possa se eximir a seguinte de alguma atividade controladora que supostamente deveria ser realizada pela anterior.

Toda a inteireza do controle é de responsabilidade da linha de defesa que se encontra em seu momento de agir, independentemente do que quer que tenha sido realizado antes. A estrutura identificada no dispositivo legal apenas constata que a todo o momento tem-se uma sucessão de agentes trabalhando nos processos administrativos que envolvem contratações públicas e que a responsabilidade pela identificação e tomada de medidas de saneamento e de cada um deles nessa ocasião, não sendo lícito se eximir sob a alegação de que a irregularidade deveria ter sido apontada em momento anterior, ou seja, não há preclusão para a atuação do controle interno durante a contratação e a execução do objeto contratado.

3.2 Critérios na atuação dos órgãos de controle

Enquanto tem-se claramente que o art. 169 possui normas apontadas para as diversas estruturas internas da Administração e para o controle interno, o seguinte art. 170 expede comandos para toda a atuação controladora, estabelecendo que sua realização se dará com o uso de critérios de oportunidade, materialidade, relevância e risco e considerarão das razões apresentadas pelos órgãos e entidades responsáveis e os resultados obtidos com a contratação.

No que se refere ao intitulado critério de 'oportunidade', o dispositivo poderia ensejar a interpretação incompatível com o mister de aferição do respeito à legalidade, legitimidade, economicidade e outros princípios regentes das contratações públicas, porquanto refere-se indubitavelmente à análise meritória, fazendo crer que alguma atuação controladora poderia ser considerada inoportuna. Entretanto, não se trata o controle de função que se possa escolher realizar ou não. A referência à *oportunidade,*

---

[4] Art. 20. Nas esferas administrativa, controladora e judicial, não se decidirá com base em valores jurídicos abstratos sem que sejam consideradas as consequências práticas da decisão. (Incluído pela Lei nº 13.655, de 2018) Parágrafo único. A motivação demonstrará a necessidade e a adequação da medida imposta ou da invalidação de ato, contrato, ajuste, processo ou norma administrativa, inclusive em face das possíveis alternativas. (Incluído pela Lei nº 13.655, de 2018)

dessa forma, deve ser considerada relevante, sobretudo, na seleção de objetos para fiscalização e auditoria, com o intuito de verificar a adequação da propositura no tempo, e não propriamente para a atuação relacionada à existência de ilícitos administrativos:

> Ao se avaliar a oportunidade de uma ação de controle, é importante examinar se há disponibilidade de dados e de sistemas de informação que possam viabilizá-la, além da disponibilidade de recursos humanos e se os auditores possuem ou não as habilidades adequadas. Adicionalmente, é importante que o processo de seleção considere a capacidade que a fiscalização proposta tem de agregar valor à sociedade, na forma de novos conhecimentos e perspectivas sobre o objeto de controle que poderão se tornar disponíveis, especialmente quando há escassez de informações sobre um determinado tema[5].

Os demais critérios – materialidade, relevância e risco e consideração das razões que os órgãos responsáveis pelos atos controlados expediram – fazem sentido, especialmente, em razão de sua ligação com o expresso nos arts. 20 e 21[6] da LINDB, cujos textos foram introduzidos pela Lei nº 13.655/2018. Os critérios objetivam afastar tanto o risco de atuação ativista e invasiva do controle, apta a paralisar a gestão administrativa – popularizado na expressão "apagão das canetas" – quanto também de ineficácia do controle.

No que toca ao critério de consideração das razões que os órgãos responsáveis pelos atos produziram, a sua presença do teor do art. 170 dá azo a acreditar que se não houvesse determinação expressa nesse sentido as decisões proferidas por órgãos de controle seriam desprovidas de fundamentação que considerasse as razões apresentadas por quem faz a defesa do ato controlado. Obviamente que decisões de controle devem considerar aquilo que foi manifesto por quem defende a ação controlada. Todavia, isso não pode resultar da simples previsão legal que traz um critério (requisito) para tais decisões, uma vez que já encontra amparo no que expressa o art. 5º, inciso LV, da CF/1988, pois não haverá contraditório ou ampla defesa se não forem conhecidas as razões que motivam a decisão. Tal condição, aliás, é consequência justamente de o fato de ser o ato de julgamento plenamente vinculado (regrado), sem margem para considerações de mérito administrativo (conveniência e oportunidade). Não se pode chamar de presente novo aquilo que já possuíamos. Assim, não há inovação na exigência trazida nesse quarto critério veiculado no art. 170 da Lei de Licitações e Contratos.

4 A consulta administrativa

Prevista no PL nº 1292, em que figurava no art. 168, *caput* e no seu parágrafo único, a intitulada 'consulta administrativa', que haveria de ser endereçada ao tribunal de

---

[5] BRASIL. Tribunal de Contas da União. *Orientações para Seleção de Objetos e Ações de Controle/ Tribunal de Contas da União*. Brasília: TCU, Segecex, Secretaria de Métodos e Suporte ao Controle Externo (Semec), 2016.

[6] Art. 21. A decisão que, nas esferas administrativa, controladora ou judicial, decretar a invalidação de ato, contrato, ajuste, processo ou norma administrativa deverá indicar de modo expresso suas consequências jurídicas e administrativas. (Incluído pela Lei nº 13.655, de 2018)
Parágrafo único. A decisão a que se refere o caput deste artigo deverá, quando for o caso, indicar as condições para que a regularização ocorra de modo proporcional e equânime e sem prejuízo aos interesses gerais, não se podendo impor aos sujeitos atingidos ônus ou perdas que, em função das peculiaridades do caso, sejam anormais ou excessivos. (Incluído pela Lei nº 13.655, de 2018)

contas a que se vinculasse o ente público, deveria ser respondida em prazo não superior a um mês. Todavia, acabou não permanecendo no texto que foi aprovado.

O pleito consultivo teria como objeto a solicitação de posicionamento a respeito da aplicação da lei de licitação e contratos administrativos em processo de licitação ou contrato específico. Seria uma forma de antecipar o posicionamento das cortes de contas, tanto quanto a aplicação da norma em tese, quanto resultando em posicionamento preventivo ou concomitante, no caso dos contratos já licitados.

Tanto o posicionamento dos tribunais a respeito da incidência normativa, levando-se em considerações situações ainda hipotéticas quanto à apreciação de contratos antes do momento de sua execução, implicariam em alteração do que hoje se tem por atribuição dessas Cortes, haja vista que encontra-se sedimentado, hodiernamente, que os tribunais de contas não possuem atribuição de atuar previamente na realização de controle, sendo-lhes reservada a missão de agir concomitante e posteriormente, porquanto a função controladora preventiva teria sido reservada, pela Constituição de 1988, ao sistema de controle interno. A esse respeito, anotou Kioshi Harada, em artigo intitulado "Discutível atuação do TCU no exercício do controle preventivo":

> O controle preventivo, que estava previsto nos §§1º e 2º, do art. 77 da Constituição Federal de 1946, não mais subsiste desde o advento da Constituição de 1967. Permite-se, contudo, o exame preventivo sob o prisma da legalidade, sem adentrar no exame do mérito, o que afasta as considerações em torno da oportunidade e conveniência.[7]

No que concerne à consultoria acerca da incidência normativa em tese, é mister compreender que tal previsão por lei terminaria por conferir aos tribunais de contas uma atribuição semelhante ao controle concentrado de constitucionalidade e ainda haveria a possibilidade de díspares posicionamentos dos diferentes tribunais de contas que atuam no país, uma vez que a atividade consultiva não estava reservada ao Tribunal de Contas da União.

A exclusão do texto tornado lei da possibilidade de consulta administrativa não significa que essa não possa ser realizada, por exemplo, pelo Tribunal de Contas da União, haja vista que essa Corte possui regramentos já vigentes sobre o tema, presentes na Lei nº 8.443/1992 (art. 1º) e em seu Regimento Interno (art. 1º).[8]

---

[7] HARADA, Kiyoshi. Discutível atuação do TCU no exercício do controle preventivo. *Portal GenJurídico*, 04 mar. 2020. Disponível em: http://genjuridico.com.br/2020/03/04/tcu-exercicio-controle-preventivo/. Acesso em: 28 ago. 2021.

[8] Lei Orgânica do TCU – Lei nº 8.443/1992:
Art. 1º Ao Tribunal de Contas da União, órgão de controle externo, compete, nos termos da Constituição Federal e na forma estabelecida nesta Lei:
(...)
XVII – decidir sobre consulta que lhe seja formulada por autoridade competente, a respeito de dúvida suscitada na aplicação de dispositivos legais e regulamentares concernentes a matéria de sua competência, na forma estabelecida no Regimento Interno.
(...)
§2º A resposta à consulta a que se refere o inciso XVII deste artigo tem caráter normativo e constitui prejulgamento da tese, mas não do fato ou caso concreto.
Regimento Interno:
Art. 1º Ao Tribunal de Contas da União, *órgão de controle externo, compete, nos termos da Constituição Federal e na forma da legislação vigente, em especial da Lei nº 8.443, de 16 de julho de 1992:*
(...)

MARCELO HARGER (COORD.)
ASPECTOS POLÊMICOS SOBRE A NOVA LEI DE LICITAÇÕES E CONTRATOS ADMINISTRATIVOS

Permanece, desse modo, intocada a possibilidade de orientação consultiva pelo Tribunal de Contas da União, do mesmo modo por Tribunais de Contas de Estados e Municípios, quando tenham replicado em suas normas de estrutura regras semelhantes àquelas veiculadas no artigo primeiro da Lei nº 8.443/1992 e do RITCU, sem, todavia, qualquer caráter de vinculação em relação a eventos concretos.

5 Os atos de controle e o direito de defesa do gestor público

Tanto a atividade controladora quanto o direito de defesa de quem quer tenha suas ações controladas encontram regramento traçado no texto constitucional de 1988. Os assuntos, a propósito, estão intimamente ligados. Se de uma parte existe a necessidade de garantia endereçada à sociedade de que as ações praticadas por quem detenha mandado ou desempenhe função pública por vínculo laboral sejam controladas quanto aos aspectos de legalidade e legitimidade (abrangendo todo o espectro de incidência dos princípios constitucionais aplicáveis à Administração Pública), de outro lado está presente a garantia ao indivíduo que exerce um múnus público de que o julgamento de seus atos se dará com observância desses mesmos princípios e também daqueles que compõem o núcleo comum de processualidade na Constituição – em especial, devido processo legal, contraditório e ampla defesa.

O direito de defesa, cuja origem está na Constituição e que possui status de cláusula pétrea – uma vez que constitui garantia individual (art. 60, §4º, inciso IV) – não se restringe a uma ou algumas categorias de pessoas. Ao contrário, é endereçado a todo aquele que tenha proteção sob o guarda-chuva da constitucionalidade, cidadão ou não.

No art. 171, §1º, da Lei nº 14.133/2021, além do óbvio direito a se defender nos limites fixados na Constituição Federal, o gestor público que teve suspensos os efeitos do ato administrativo por si expedido terá direito a que o ato controlador que determinou a suspensão apresente as causas da ordem de suspensão e o modo como será garantido o atendimento do interesse público obstado pela suspensão, no caso de licitação, quando se tratar de objetos essenciais ou de contratação em virtude de emergência.

O mesmo §1º, em seu *caput*, prevê que "ao suspender cautelarmente o processo licitatório, o tribunal de contas deverá pronunciar-se definitivamente sobre o mérito da irregularidade que tenha dado causa à suspensão no prazo de 25 (vinte e cinco) dias úteis". Com a indicação de que o ato controlador que implique em suspensão deverá apresentar as causas da ordem de suspensão, fornece-se a dimensão do que poderá ser objeto de defesa argumentativa, ou mesmo de saneamento quanto à materialidade e efeitos do ato suspenso – trata-se de necessário ponto de partida para a defesa da legalidade do ato e da atuação do gestor.

Na imposição de que seja apresentado o modo como será garantido o atendimento do interesse público, que porventura tenha sido obstado pela suspensão, em se tratando de processo licitatório, nota-se evidente repercussão do que expressa o art. 20 da LINDB, com a redação incluída pela Lei nº 13.655, de 2018. Entretanto, deve-se

---

XXV – decidir sobre consulta que lhe seja formulada por autoridade competente, a respeito de d*úvida suscitada na aplicação de dispositivos legais e regulamentares concernentes a matéria de sua competência;*

interpretar tal regra sem que se transfira para o controle a decisão sobre a solução de problemas, que constitucionalmente é incumbência do Poder Executivo ou daquele que exerce atuação de natureza executiva.

6 Atos de controle

Todo e qualquer ato praticado por entidade ou órgão integrante da Administração Pública será ato administrativo e a esses exige-se, como essencial para sua existência, que possuam forma adequada com o que a lei estabelece para sua regularidade; que sua confecção se dê por ato de autoridade competente; que a finalidade que orienta a sua expedição esteja relacionada de modo perceptível e de modo imediato com o interesse público; que o motivo que norteou a sua realização esteja presente e seja ligado ao interesse público; e, finalmente, que seu objeto esteja bem delineado e seja lícito.

Evidentemente não haveria de ser diferente com os atos administrativos praticados em sede de controle, porquanto atos administrativos tanto quanto quaisquer outros, mas com a incumbência de promover a regularidade dos demais. Daí resulta que além do cumprimento de todas as características típicas e essenciais dos atos administrativos, aqueles de controle devem cuidar de cumprir também com as exigências veiculadas na nova lei de licitações e contratos administrativos, em especial no art. 171.

A observância de todos os requisitos de validade exigidos em lei é condição mesmo da subsistência dos atos administrativos de controle, haja vista que mesmo eles estarão submetidos ao crivo controlador, no caso aquele que ressai do que estabelece o art. 5º, inciso XXXV, da Constituição Federal de 1988, ao trazer o princípio da inafastabilidade da prestação jurisdicional. Desse modo, o não cumprimento de qualquer dos requisitos fixados para o ato administrativo, controlador ou não, constituirá violação à lei e, por isso, abrir-se-á a possibilidade de atuação jurisdicional para afastar a lesão ou ameaça ao Direito ali materializada. Nesse tema, anotou Juarez Freitas, que "(…) no atual sistema inexiste relação administrativa que possa refugir, ao menos mediatamente, da apreciação do Poder Judiciário (…)".[9]

Nesse rumo, tem-se que além do cuidado com os aspectos gerais relacionados com os atos administrativos em geral, há que se atentar, na prática de atos controladores, para o atendimento das exigências especificamente a esses dirigidas quando praticados no âmbito das licitações e contratações administrativas, veiculadas no art. 171, da Lei nº 14.133/2021.

Relacionam-se os requisitos preconizados pelo art. 171, em seus três incisos com a forma daqueles atos administrativos, porque se lhes exige que: i) viabilizem oportunidade de manifestação aos gestores sobre possíveis propostas de encaminhamento que terão impacto significativo nas rotinas de trabalho dos órgãos e entidades fiscalizados, a fim de que eles disponibilizem subsídios para avaliação prévia da relação entre custo e benefício dessas possíveis proposições; ii) sejam adotados procedimentos objetivos e imparciais, além da elaboração de relatórios tecnicamente fundamentados, esses baseados exclusivamente nas evidências obtidas e organizados de acordo com as normas

---

[9] FREITAS, Juarez. *O Controle dos Atos Administrativos e os Princípios Fundamentais*. São Paulo: Malheiros, 1999. p. 82.

de auditoria do respectivo órgão de controle, de modo a evitar que interesses pessoais e interpretações tendenciosas interfiram na apresentação e no tratamento dos fatos levantados; e iii) que apresente definição de objetivos, nos regimes de empreitada por preço global, empreitada integral, contratação semi-integrada e contratação integrada, atendidos os requisitos técnicos, legais, orçamentários e financeiros, de acordo com as finalidades da contratação, devendo, ainda, ser perquirida a conformidade do preço global com os parâmetros de mercado para o objeto contratado, considerada inclusive a dimensão geográfica.

Nos dois primeiros incisos do art. 171, cuidou-se mesmo de conteúdo do ato de controle e dos procedimentos envolvidos em sua confecção, sendo que tanto no inciso I, quanto no inciso II, a exigência sequer seria necessária, por se tratar de aplicação do princípio constitucional do contraditório e da ampla defesa, sem o qual não haveria de se falar em validade do ato.

A exigência de que tais atos sejam baseados em evidências baseadas e organizadas em normas de auditoria, tem claramente o intento de se coibir a elaboração de manifestações com grau de subjetividade e, portanto, não correspondam a resultado que irá se repetir em situação assemelhada com elevado nível de probabilidade – razoável previsibilidade ou segurança jurídica.

O terceiro dos incisos do art. 171, contudo, se oferece como uma orientação para delimitar o que se pretende quando da realização do controle em cada um dos casos e situações em que esse vá atuar, conferindo uma lógica ao sistema e, com isso, possibilitando estratégias para o defendente dos atos controlados. Sendo conhecidos os objetivos do controle, será possível de antemão ter-se uma diretriz de defesa do ato controlado, mesmo que ainda no início da ação controladora.

7 Ações incumbidas ao gestor público diante da suspensão de atos

Tendo sido o ato do gestor público suspenso, cabe-lhe, sob pena de responsabilidade e no prazo de 10 (dez) dias, i) informar as medidas adotadas para cumprimento da decisão; ii) prestar todas as informações cabíveis; iii) proceder à apuração de responsabilidade, se for o caso.

Não se trata de rol de alternativas, mas de rol quanto às medidas a serem adotadas de forma concomitante. Portanto, não se limitará o gestor em sua defesa a apresentação de argumentos e justificativas quanto ao ato praticado, pois deverá já no prazo de dez dias informar o que está sendo feito para cumprir a decisão cautelar, além de prestar todas as informações cabíveis para o caso e indicar que tomou medidas em direção à apuração da responsabilidade, quando ficar patente que o evento suspenso está vinculado à responsabilidade de algum agente público que atuou na sua produção.

A não adoção das medidas preconizadas no §2º colocará o gestor público diretamente no polo passivo da responsabilização pelo evento danoso ao interesse público.

8 A suspensão cautelar de processo licitatório pelos Tribunais de Contas

É apenas possível que seja compreendida como cautelar, no caso do art.171, §1º, a realização do processo administrativo de licitação, não o aspecto relacionado ao mérito da irregularidade que tenha dado causa à suspensão, uma vez que conforme o próprio texto expressa, quanto a esse o tribunal de contas deverá pronunciar-se definitivamente e pronunciamento definitivo não pode ser cautelar. Dessa forma, o que será cautelarmente suspenso é o processo licitatório enquanto se mantiverem presentes as irregularidades a respeito das quais já tenham se pronunciado o tribunal de contas com atuação no respectivo caso.

Uma vez sanadas as irregularidades que motivaram a suspensão cautelar, o processo licitatório poderá ser retomado, obviamente restabelecendo prazos para que os interessados possam tomar conhecimento do edital, já corrigido, e participar em condição de igualdade, oferecendo à Administração Pública ocasião para contratar com vantagem.

Tendo em vista o que expressam os §§1º e 3º, do art. 171, da Lei nº 14.133/2021, serão duas as decisões no processo de controle que trate da suspensão cautelar do processo licitatório. A primeira decisão é aquela que se refere à medida cautelar propriamente dita, cuidando meramente de tratar do perigo da demora e do *fumus boni iuris*, suspendendo a execução de determinados atos em razão do cumprimento desses requisitos. A segunda decisão dirá respeito ao mérito e terá cunho definitivo – deverá, conforme determina o §3º, definir as medidas necessárias e adequadas, caso existam alternativas possíveis, para o saneamento do processo licitatório, ou, não existindo nenhuma saída adequada para o saneamento, determinar a sua anulação (confirmando, no caso, a medida cautelar adotada).

9 As Súmulas do TCU e o Veto ao art. 172

Constava no Projeto de Lei nº 1292, em seu art. 171,[10] a previsão de que as súmulas expedidas pelo Tribunal de Contas da União teriam caráter de orientação na atuação dos tribunais de contas dos Estados e dos Municípios e, caso esses não decidissem na mesma direção, deveriam apresentar motivos relevantes devidamente justificados a respeito.

O dispositivo, apesar de mantido no projeto que foi à votação, terminou por se posicionar no art. 172, do que veio a se transformar na Lei nº 14.133/2021, mas acabou sendo vetado sob a argumentação de que estaria violando o princípio da separação dos poderes (art. 2º, CF), bem como viola o princípio do pacto federativo (art. 1º, CF) e

---

[10] Art. 171. Os órgãos de controle deverão se orientar pelos enunciados das súmulas do Tribunal de Contas da União relativos à aplicação desta Lei, de modo a garantir uniformidade de entendimentos e propiciar segurança jurídica aos interessados.
Parágrafo único. A decisão que não acompanhar a orientação a que se refere o caput deverá apresentar motivos relevantes devidamente justificados.

a autonomia dos Estados, Distrito Federal e Municípios (art. 18, CF), por inserir efeito vinculante às súmulas do TCU.[11]

Entretanto, não pareceu que fosse se estivesse naquele dispositivo fixando efeito vinculante, uma vez que seria possível decidir-se de outro modo, conquanto que fossem apresentados motivos relevantes e devidamente justificados a respeito. O que caracteriza as súmulas vinculantes, presentes em nosso ordenamento desde a EC 45, de 08 de dezembro de 2004, é que atos administrativos ou judiciais que as contrariarem (art. 103-A) poderão ser anulados, pouco importando se há ou não a apresentação de motivos relevantes que os justifiquem como adequados em função de alguma peculiaridade do caso tratado no processo em que foram lançados.

10 A capacitação de servidores

Há de se realçar o papel de construção do conhecimento preconizado na nova lei de licitações e contratos administrativos, que conferiu aos tribunais de contas papel educativo através de suas escolas de contas, no art. 173, afirmando que esses "deverão, por meio de suas escolas de contas, promover eventos de capacitação para os servidores efetivos e empregados públicos designados para o desempenho das funções essenciais à execução desta Lei, incluídos cursos presenciais e a distância, redes de aprendizagem, seminários e congressos sobre contratações públicas".

Disso resulta, inclusive, que caso algum tribunal de contas não possua escola de contas deverá tratar de criá-la, a fim de cumprir com a determinação legal, porquanto não se trata de faculdade, mas dever legalmente imposto.

É de se notar, porém, que a determinação apenas vem formalizar em texto legal o que já acontecia há algum tempo, pois são notórios os constantes cursos ministrados pelas Cortes de Contas Brasil afora, em sua maioria abertos ao público externo e com elevado grau de excelência quanto aos participantes docentes, além de tratar de temas cuja pertinência com a atividade administrativa, sob o aspecto de regularidade e controle são do mesmo modo em nível ótimo. Justamente por cuidar de disposição legal cuja prática já está materializada nos tribunais de contas, há de se entendê-la como de caráter garantidor, objetivando que não ocorra retrocesso nesse processo, mas quiçá avanços,

---

[11] MENSAGEM Nº 118, DE 1º DE ABRIL DE 2021
Art. 172
"Art. 172. Os órgãos de controle deverão orientar-se pelos enunciados das súmulas do Tribunal de Contas da União relativos à aplicação desta Lei, de modo a garantir uniformidade de entendimentos e a propiciar segurança jurídica aos interessados.
Parágrafo único. A decisão que não acompanhar a orientação a que se refere o caput deste artigo deverá apresentar motivos relevantes devidamente justificados".
Razões do veto
"A propositura estabelece que os órgãos de controle deverão orientar-se pelos enunciados das súmulas do Tribunal de Contas da União relativos à aplicação desta Lei, de modo a garantir uniformidade de entendimentos e a propiciar segurança jurídica aos interessados.
Entretanto, e em que pese o mérito da propositura, o dispositivo ao criar força vinculante às súmulas do Tribunal de Contas da União, viola o princípio da separação dos poderes (art. 2º, CF), bem como viola o princípio do pacto federativo (art. 1º, CF) e a autonomia dos Estados, Distrito Federal e Municípios (art. 18, CF)".

que ocorrendo promovem o interesse coletivo sempre presente no aperfeiçoamento da gestão pública e da transparência envolvendo seus atos.

Já há algum tempo insistimos que dispêndio com a qualificação de servidores e a remuneração desses, quando desempenham corretamente suas funções, não devem ser encarados como gasto, mas como investimento, especialmente porque os resultados econômicos positivos poderão ser mensurados tanto pela economia de recursos quanto pela otimização da arrecadação e no uso de recursos públicos de forma mais sustentável. Com alguma felicidade e alento, constatamos e destacamos na leitura da obra "Dez Lições para o Mundo Pós-Pandemia", de Fareed Zakaria, repórter de economia e política da CNN, o seguinte trecho: "Governos terão que aceitar um papel mais ativo na economia. Eles precisam ver serviços públicos como investimento e não como obrigações, e procurar maneiras de tornar os mercados de trabalho mais seguros".[12] Mais adiante o autor anota ensinamento que se aplica ao caso da capacitação, cujo endereçamento é em última análise à população destinatária dos serviços públicos: "O desafio é permitir aos cidadãos enfrentar esse ambiente de competição global e dinamismo tecnológico armados – com as ferramentas, os treinamentos e as redes de segurança que lhes permitirão florescer".[13]

Conclusão

Temos uma nova lei de licitações e contratos administrativos em vigor – apesar de nova e inovadora em alguns aspectos, de exageros em alguns pontos, tudo nela é passível e possível de ser melhorado e otimizado pela atuação dos seus intérpretes, pela compreensão daquilo que pode não ter sido a vontade do legislador (*mens legislatoris*), mas que resulta da compreensão racional da norma (*mens legis*).

A atuação dos órgãos de controle continuará a ter grande importância, especialmente em tempos nos quais se vê crescerem as necessidades públicas, mas não as receitas públicas; os ataques ao patrimônio público, mas não o tamanho do controle. É importante que se compreenda 'eficiência' também como otimização de meios, para que se possa realizar mais, apesar de se manterem invariáveis as possibilidades econômicas.

Uma nova lei invariavelmente traz para aqueles que terão o mister de aplicá-la, em lugar de outra até então existente, a preocupação com o novo, mas "o novo sempre vem" e com ele devemos aprender a lidar, pois o "passado é uma roupa que não nos serve mais".[14] No entanto, o constructo interpretativo da novel legislação não se dará a partir de um marco zero, mas edificado sobre monólitos principiológicos tão sólidos quanto são a própria percepção da dificuldade de suas conquistas.

A atuação do controle avançará se efetivamente contar com mecanismos que permitam a difusão do conhecimento a ponto de um dia, quiçá, venhamos a ter realizado

---

[12] ZAKARIA, Fareed. *Dez Lições para o Mundo Pós-Pandemia*. Tradução de Alexandre Raposo [*et al.*] .1. ed. Rio de Janeiro: Intrínseca, 2021. p. 64.

[13] *Idem*. p. 79.

[14] BELCHIOR, Antônio Carlos. *Como nossos pais. In*: BELCHIOR, Antônio Carlos. Alucinação. PolyGram/ Philips, 1976.

o sonho de tantas gerações por um país melhor, mais justo e igual, como propõe a Constituição da República.

Referências

FERRAZ, Luciano; MOTTA, FABRÍCIO. Controle das contratações públicas. *In*: DI PIETRO, Maria Sylvia Zanella. (Org.). *Licitações e contratos administrativos*: inovações da Lei 14.133, de 01 de abril de 2021. 1. ed. Rio de Janeiro: Forense, 2021. v. 1, p. 259-274.

FREITAS, Juarez. *O Controle dos Atos Administrativos e os Princípios Fundamentais*. São Paulo: Malheiros, 1999.

HARADA, Kiyoshi. Discutível atuação do TCU no exercício do controle preventivo. *Portal GenJurídico*, 04 mar. 2020. Disponível em: http://genjuridico.com.br/2020/03/04/tcu-exercicio-controle-preventivo/. Acesso em: 28 ago. 2021.

ZAKARIA, Fareed. Dez Lições para o Mundo Pós-Pandemia. Tradução de Alexandre Raposo [*et al.*]. 1. ed. Rio de Janeiro: Intrínseca, 2021.

Informação bibliográfica deste texto, conforme a NBR 6023:2018 da Associação Brasileira de Normas Técnicas (ABNT):

OLIVEIRA, Antônio Flávio de; MOTTA, Fabrício. Controle das licitações e contratos administrativos. *In*: HARGER; Marcelo (Coord.). *Aspectos polêmicos sobre a nova lei de licitações e contratos administrativos*: Lei nº 14.133/2021. Belo Horizonte: Fórum, 2022. p. 327-340. ISBN 978-65-5518-461-7.

RESPONSABILIZAÇÃO ADMINISTRATIVA POR INFRAÇÕES IMPUTÁVEIS A LICITANTES E CONTRATADOS À LUZ DA LEI Nº 14.133/2021 (NLLCA)

DANIEL FERREIRA

1 Explicação prévia

Este artigo merece acolhimento.

Antes de tudo, ele é fruto de uma trajetória acadêmica, ao que se somam dez anos como servidor público e outros 25 tanto como advogado, parecerista, instrutor, multiplicador, debatedor, painelista, simposiasta, palestrante ou conferencista em cursos e eventos variados destinados a servidores e agentes públicos, bem como a particulares vinculados à Administração Pública por força de lei, de contrato administrativo, de convênio e de outros expedientes similares, ou seja, como resultado de aprofundados estudos, discussões e experiências (boas e ruins).

Em retrospectiva, no ano de 2001 foi publicada dissertação de mestrado, com o título "Sanções Administrativas",[1] a qual restou veiculada como volume 4 da Coleção

---

[1] FERREIRA, Daniel. *Sanções administrativas*. São Paulo: Malheiros, 2001.

Temas de Direito Administrativo, organizada por Celso Antônio Bandeira de Mello, a quem coube sua supervisão na PUCSP.

Seguiu-se a ela, em 2007, o artigo "Poder de Polícia",[2] contemplado no "Curso de Direito Administrativo" organizado por Marcelo Harger.

A tese de doutorado foi levada ao mercado, em 2008, como "Teoria Geral da Infração Administrativa a partir da Constituição Federal de 1988".[3]

Nos idos de 2013 houve participação no "Tratado de Direito Administrativo", organizado por Adilson Abreu Dallari, Carlos Valder do Nascimento e Ives Gandra da Silva Martins, com o artigo "infrações e sanções administrativas".[4] No ano seguinte, outro: o "Breves apontamentos sobre a aplicação dos Princípios da Razoabilidade e da Proporcionalidade no Direito Administrativo Sancionador na ótica dos tribunais superiores",[5] integrado ao livro "O Direito Administrativo na Jurisprudência do STF e do STJ: homenagem ao Professor Celso Antônio Bandeira de Mello", organizado por Flávio Henrique Unes Pereira, Márcio Cammarosano, Marilda de Paula Silveira e Maurício Zockun.

Em 2017, foi a vez do verbete "Infrações e Sanções Administrativas: panorama geral",[6] contemplado no Tomo II da "Enciclopédia Jurídica da PUCSP", de responsabilidade de Vidal Serrano Nunes Júnior e outros. Dois anos depois, o artigo "Vinte anos de reflexões acerca das sanções e das infrações administrativas: revolvendo alguns temas polêmicos, complexos e atuais"[7] foi publicado no "Direito Administrativo Sancionador: estudos em homenagem ao Professor Emérito da PUCSP Celso Antônio Bandeira de Mello", coordenado por José Roberto Pimenta Oliveira.

Por fim, em 2020, outros dois estudos tornaram-se conhecidos: um em coautoria com Luis Manuel Fonseca Pires, mediante participação no livro "As implicações da COVID-19 no Direito Administrativo", organizada por Augusto Neves Dal Pozzo e Márcio Cammarosano, com o artigo "Infrações e sanções administrativo-sanitárias em tempos de COVID-19: possibilidades, limites e controle";[8] outro na obra "LGPD e Administração Pública: uma análise ampla dos impactos", igualmente organizada por

---

[2] FERREIRA, Daniel. Poder de polícia. *In:* HARGER, Marcelo (Coord.). *Curso de Direito Administrativo*. Rio de Janeiro: Forense, 2007.

[3] FERREIRA, Daniel. *Teoria geral da infração administrativa a partir da Constituição Federal de 1988*. Belo Horizonte: Fórum, 2009.

[4] FERREIRA, Daniel. Infrações e sanções administrativas. *In:* Adilson Abreu Dallari; Carlos Valder do Nascimento; Ives Gandra da Silva Martins (Org.). *Tratado de Direito Administrativo*. São Paulo: Saraiva, 2013. v. 1, p. 624-674.

[5] FERREIRA, Daniel. Breves apontamentos sobre a aplicação dos princípios da razoabilidade e da proporcionalidade no Direito Administrativo Sancionador na ótica dos tribunais superiores. *In:* PEREIRA, Flávio Henrique Unes; CAMMAROSANO, Márcio; SILVEIRA, Marilda de Paula; ZOCKUN, Maurício (Org.). *O Direito Administrativo na Jurisprudência do STF e do STJ*: homenagem ao Professor Celso Antônio Bandeira de Mello. Belo Horizonte: Fórum, 2014. v. 1, p. 141-154.

[6] FERREIRA, Daniel. Infrações e sanções administrativas: panorama geral. *In: Enciclopédia Jurídica da PUCSP*, tomo II. 1. ed. São Paulo: PUCSP, 2017. v. II, p. 1-34. Disponível em: https://enciclopediajuridica.pucsp.br/verbete/107/edicao-1/infracoes-e-sancoes-administrativas. Acesso em: 18 jan. 2022.

[7] FERREIRA, Daniel. Vinte anos de reflexões acerca das sanções e das infrações administrativas: revolvendo alguns temas polêmicos, complexos e atuais. *In:* OLIVEIRA, José Roberto Pimenta (Org.). *Direito Administrativo Sancionador*: estudos em homenagem ao Professor Emérito da PUCSP Celso Antônio Bandeira de Mello. São Paulo: Malheiros, 2019. v. 1, p. 87-100.

[8] FERREIRA, Daniel; PIRES, Luis Manuel Fonseca. Infrações e sanções administrativo-sanitárias em tempos de COVID-19: possibilidades, limites e controle. *In:* DAL POZZO, Augusto Neves; CAMMAROSANO, Márcio (Org.). *As implicações da COVID-19 no Direito Administrativo*. São Paulo: Thomson Reuters Brasil, 2020. v. 1, p. 465-479.

Augusto Neves Dal Pozzo, mas em parceria com Ricardo Marcondes Martins, oportunidade em que, com Luciano Elias Reis, investigou-se "O 'vazio regulamentar' do art. 53 e seus impactos na (in)efetividade da LGPD".[9]

E a eles somam-se outros publicados em revistas especializadas, versando sobre diferentes temáticas, em especial imbricadas com o Direito Administrativo Sancionador e/ou com licitações de processos licitatórios.

Com isso assentado, justifica-se a menor indicação de referências bibliográficas (e maior concentração delas em certos autores) neste artigo, porquanto muitas delas restaram feitas, com os pormenores devidos, nos estudos acima apontados, isto é, mediante apresentação de posições doutrinárias distintas ou opostas, conforme o caso, bem como das teses e argumentos que as sustentaram.

Logo, o que adiante se segue basicamente é fruto de décadas de amadurecimento e, pois, de convicção pessoal, o que não sugere como equivocadas e nem afasta fortes e eruditas manifestações dissonantes, quando não mesmo antagônicas. Portanto, fica escancarado o convite para futuras críticas, com as quais, como sói ocorrer, muito se reflete e aprende.

Além disso, por esta obra se dispor a apresentar comentários à novíssima Lei nº 14.133/2021 – determinada a praticamente encampar as normas legais atinentes a licitações e contratações públicas a partir de abril de 2023 (conforme a previsão constante do seu art. 193) – sua escorreita compreensão ainda reclama maiores e mais aprofundadas reflexões, o que poderá repercutir em mudança de orientação, aqui e acolá. Afinal de contas, no que concerne com a NLLCA, trata-se de comentários praticamente "recém-nascidos".

2 Infrações e sanções administrativas: panorama geral

Enquanto categoria jurídica que é, tem-se o ilícito (ou a infração) como sendo o "comportamento contrário àquele estabelecido pela norma jurídica, que é pressuposto da sanção",[10] ou seja, essa afigura-se como consequência lógico-jurídica daquele, porém derradeira, posto que a ordem jurídica pode indicar solução diversa e preferencial, como a firmação de um termo de ajustamento de conduta, de modo a se prestigiar e priorizar a consensualidade, sempre que possível.[11/12] Contudo, descumprido o acordo, volta-se

---

[9]   FERREIRA, Daniel; REIS, Luciano Elias. O "vazio regulamentar" do art. 53 e seus impactos na (in)efetividade da LGPD. In: POZZO, Augusto Neves; MARTINS, Ricardo Marcondes (Org.). *LGPD e administração pública*: uma análise ampla dos impactos. São Paulo: Thomson Reuters Brasil, 2020. v. 1, p. 675-694.

[10] OLIVEIRA, Régis Fernandes de. *Infrações e sanções administrativas*. 2. ed. São Paulo: Revista dos Tribunais, 2005. p. 17.

[11] Para aprofundamento, confira: PALMA, Juliana Bonacorsi de. *Sanção e acordo na Administração Pública*. São Paulo: Malheiros Editores, 2015; FERREIRA, Daniel. Vinte anos de reflexões acerca das sanções e das infrações administrativas: revolvendo alguns temas polêmicos, complexos e atuais. In: OLIVEIRA, José Roberto Pimenta (Org.) *Direito Administrativo Sancionador*: estudos em homenagem ao Professor Emérito da PUCSP Celso Antônio Bandeira de Mello. São Paulo: Malheiros, 2019. v. 1. p. 96-98.

[12] De modo alvissareiro, a NLLCA explicitamente prevê essa hipótese: Art. 151. Nas contratações regidas por esta Lei, poderão ser utilizados meios alternativos de prevenção e resolução de controvérsias, notadamente a conciliação, a mediação, o comitê de resolução de disputas e a arbitragem. Parágrafo único. Será aplicado o disposto no *caput* deste artigo às controvérsias relacionadas a direitos patrimoniais disponíveis, como as

à solução primeira: de imposição de sanção administrativa, penal, eleitoral etc. – por conta da incursão em ilícito de mesma natureza –, que consiste numa consequência jurídica, restritiva de direitos, de caráter repressivo.

Na seara do Direito Administrativo, os conceitos se especializam: "o ilícito administrativo (...) consiste no 'comportamento voluntário, violador da norma de conduta que o contempla, que enseja a aplicação, no exercício da função administrativa', de uma sanção da mesma natureza".[13]

Por sua vez, a sanção administrativa pode ser conceituada como "a direta e imediata consequência jurídica, restritiva de direitos, de caráter repressivo, a ser imposta no exercício da função administrativa, em virtude da incursão de uma pessoa física ou jurídica num ilícito regularmente sindicável nesse âmbito".[14]

Portanto, nesse exato contexto, ao lado de Celso Antônio Bandeira de Mello[15] e de Fábio Medina Osório,[16] não se admite sanção administrativa compensatória (ressarcitória ou afim), exatamente porque o restabelecimento do *status quo ante* patrimonial não revela restrição alguma de direito – menos ainda de caráter repressivo, aflitivo[17] – e sequer desestimula o cometimento do dano, como bem o faz a multa.

Sustenta-se, pois, que a finalidade precípua da sanção administrativa – enquanto gênero[18] – é a de desestimular comportamentos reprováveis, sem prejuízo dela poder assumir uma feição "punitiva" (quando recair direta e personalissimamente[19] no infrator e não no "responsável" pela infração), ou mesmo preventiva, evitando novos ilícitos.[20]

2.1 (Importância e utilidade) do conceito estratificado de infração administrativa e das causas de justificação

Os conceitos dantes apresentados são importantes, mas de rasa utilidade para fins de confirmação da incursão de alguém no caso concreto. Para tanto, mostra-se

---

questões relacionadas ao restabelecimento do equilíbrio econômico-financeiro do contrato, *ao inadimplemento de obrigações contratuais* por quaisquer das partes e ao cálculo de indenizações. (destacou-se.)

[13] FERREIRA, Daniel. Infrações e sanções administrativas: panorama geral. *In: Enciclopédia Jurídica da PUCSP*, tomo II. São Paulo: PUCSP, 2017. v. II, p. 5. Disponível em: https://enciclopediajuridica.pucsp.br/verbete/107/edicao-1/infracoes-e-sancoes-administrativas. Acesso em: 18 jan. 2022.

[14] FERREIRA, Daniel. Infrações e sanções administrativas: panorama geral. *In: Enciclopédia Jurídica da PUCSP*, tomo II. São Paulo: PUCSP, 2017. v. II, p. 23. Disponível em: https://enciclopediajuridica.pucsp.br/verbete/107/edicao-1/infracoes-e-sancoes-administrativas. Acesso em: 18 jan. 2022.

[15] BANDEIRA DE MELLO, Celso Antônio. *Grandes temas de Direito Administrativo*. São Paulo: Malheiros Editores, 2009. p. 370.

[16] OSÓRIO, Fábio Medina. *Direito Administrativo Sancionador*. 2. ed. São Paulo: Editora Revista dos Tribunais, 2005. p. 113-115.

[17] JUSTEN FILHO, Marçal. *Comentários à Lei de Licitações e Contratações Administrativas*: Lei 14.133/2021. São Paulo: Thomson Reuters Brasil, 2021. p. 1.593 (e NR 271).

[18] Da qual são espécies as sanções administrativas disciplinares (que albergam servidores públicos e licitantes e contratados) e as sanções administrativas gerais (ou de polícia), *e.g.*, tomando-se por base classificatória o regime de sujeição (especial ou geral).

[19] Assim permitindo a sua individualização.

[20] Ou seja, podendo assumir, além da função de desincentivo (e, pois, da finalidade desestimuladora, aqui sustentada), as funções punitiva e preventiva, consoante o magistério de Marçal Justen Filho. (JUSTEN FILHO, Marçal. *Comentários à Lei de Licitações e Contratações Administrativas*: Lei 14.133/2021. São Paulo: Thomson Reuters Brasil, 2021. p. 1.594.)

imprescindível – se não, pelo menos, importante e útil – compreendê-la "por partes", de modo a permitir uma conclusão (precária ou definitiva) quanto a isso.

Com efeito, adotando-se, na prática, a Teoria Geral da Infração Administrativa, tal qual fazem os criminalistas em relação à Teoria Geral do Delito, restam favorecidos tanto a Administração acusante, processante e controladora como a pessoa (física ou jurídica) por ela acusada ou processada.

A infração administrativa é, do ponto de vista analítico-formal, "o comportamento, típico, antijurídico e reprovável"[21] no exercício de função administrativa, de modo que, para a confirmação de sua ocorrência (no plano fenomênico) é preciso atestar, passo a passo e na ordem, a presença de cada um dos referidos estratos.

"Faltando o primeiro (a conduta), resta prejudicada a análise dos demais, o que facilita sobremaneira a instrução (e agiliza o eventual arquivamento) do processo administrativo sancionador, a busca da verdade material e propicia regular defesa do acusado/processado com o menor esforço possível".[22]

A *conduta* concretiza-se por meio de um agir (comissivo ou omissivo) de pessoa humana em estado de consciência, portanto, dirigido a um fim, de modo que se "exige vontade: não há vontade 'de nada' e 'para nada'".[23] No entanto, a vontade não precisa ser livre, isto é, desejada. Exemplifica-se: pode ser que uma empresa busque credenciamento perante uma repartição pública e ainda assim não participe de uma licitação sequer no curso de sua vigência. Porém, a conduta de requerer credenciamento sempre visa a um fim, qual seja, permitir (ou facilitar) a alguém participar de licitação, querendo. E isso, perceba-se, pode ter sido fruto de uma necessidade (crise econômica) e não de um agir livre, propriamente dito, voltado à proposital firmação de parceria contratual com o poder público, que, bem se sabe, pode criar grandes dificuldades quando em comparação com outro, de mercado.

No dizer de Celso Antônio Bandeira de Mello, versando acerca do princípio da exigência de voluntariedade para alguém se ver incurso em infração administrativa,

> O Direito propõe-se a oferecer às pessoas uma garantia de segurança, assentada na previsibilidade de que certas condutas podem ou devem ser praticadas e suscitam dados efeitos, ao passo que outras não podem sê-lo, acarretando consequências diversas, gravosas para quem nelas incorrer. Donde, é de meridiana clareza evidência que descaberia qualificar alguém como incurso em infração quando inexista a possibilidade de prévia ciência e prévia eleição, *in concreto*, do comportamento que o livraria da incidência na infração e, pois, na sujeição às sanções para tal caso previstas. Note-se que aqui não se está a falar de culpa ou dolo, mas de coisa diversa: meramente do *animus* de praticar dada conduta.[24]

---

[21] FERREIRA, Daniel. *Teoria geral da infração administrativa a partir da Constituição Federal de 1988*. Belo Horizonte: Fórum, 2009. p. 211; p. 231.

[22] FERREIRA, Daniel. *Teoria geral da infração administrativa a partir da Constituição Federal de 1988*. Belo Horizonte: Fórum, 2009. p. 211; p. 238.

[23] FERREIRA, Daniel. *Teoria geral da infração administrativa a partir da Constituição Federal de 1988*. Belo Horizonte: Fórum, 2009. p. 211; p. 234.

[24] BANDEIRA DE MELLO, Celso Antônio. *Curso de Direito Administrativo*. 35. ed. São Paulo: Malheiros, 2021. p. 814. No mesmo sentido: PRATES, Marcelo Madureira. *Sanção administrativa geral*: anatomia e autonomia. Coimbra; Almedina, 2005. p. 89-90; CARVALHO FILHO, José dos Santos. *Curso de Direito Administrativo*. 8. ed. Rio de Janeiro: Lumen Juris, 2007. p. 135.

Assim, quando se alude à capacidade de entender e de querer como requisito para caracterização da voluntariedade (do comportamento) está-se a afastar, por exemplo, a possibilidade de válido sancionamento de servidor público, que, por desmaiar, chega atrasado ao serviço. E isso se justifica, pois somente comportamentos podem ser reprováveis à luz da lei e do Direito e não simples fatos, como o comparecimento impontual à repartição. Dessa feita, não se pode confundir a conduta com o resultado dela mesma para fins de eventual sancionamento administrativo.

Para haver infração não basta a conduta. Será preciso que ela atenda aos reclamos de *tipicidade*, objetiva e subjetiva (quando exigida a culpa ou o dolo, não se satisfazendo a lei com a mera voluntariedade), assim contrariando a norma que a previu. O que pode parecer fácil, num primeiro lanço, complica-se quando a lei se mostrar ambígua, pois, mesmo em tais situações, "é preciso que a tipicidade (da conduta) se mostre *substancial*, isto é, que preencha sem folgas a moldura normativa (…), sob pena – em isso não ocorrendo – de estar-se defronte de uma conduta atípica",[25] e, pois, não reprovável. Tratando disso, Sérgio Ferraz e Adilson Dallari afirmam a existência de "ações de bagatela", cuja tipicidade dos fatos é inexpressiva, assim merecendo certa leniência do Estado-administrador e do Estado-juiz, pela descaracterização do tipo objetivo infracional.[26]

O problema é, em cada caso concreto, constatar (ou não) a subsunção do fato à norma de conduta (e ameaçada de sanção em caso de descumprimento), tarefa essa que, é bom frisar, não comporta liberdade alguma e, por isso mesmo, permite amplo controle judicial.

> Neste ambiente surge, ainda, a discussão acerca da (im)possibilidade de a lei adotar conceitos jurídicos indeterminados para estipulação da moldura normativa tipificante (*e.g.*, presteza e urbanidade – incisos V e XI do art. 116 da Lei nº 8.112/1990). Entende-se não haver problemas nisso, desde que o destinatário da norma possa – por qualquer meio prévio – segura e objetivamente compreender em que consiste a obrigação-proibição, e que *não se admita* haver discricionariedade administrativa (entendida como liberdade, ainda que nos limites da lei) na conclusão de alguém ter incidido, ou não, no comportamento reprovável. A exigência, no caso, é de "simples" interpretação jurídica, como aponta Luis Manuel Fonseca Pires.[27]

E esse meio prévio, ao qual se alude, pode e deve ser concretizado por regulamento (resolução, portaria, instrução normativa, edital, contrato ou similar), de forma a permitir – a todos os destinatários da norma – que se compreenda, de forma cristalina, o que é permitido, proibido ou facultado e as sanções para seu descumprimento, em sua extensão, qualidade e quantidade.

Nessa passagem é preciso mencionar, ainda, que certos tipos infracionais, para se verem realizados *in concreto*, exigem um resultado para seu aperfeiçoamento, seja de

---

[25] FERREIRA, Daniel. *Teoria geral da infração administrativa a partir da Constituição Federal de 1988*. Belo Horizonte: Fórum, 2009. p. 211; p. 234.

[26] FERRAZ, Sérgio; DALLARI, Adilson Abreu. *Processo administrativo*. 2. ed. rev. e atual. São Paulo: Malheiros, 2007. p. 197.

[27] FERREIRA, Daniel. Infrações e sanções administrativas: panorama geral. *In: Enciclopédia Jurídica da PUCSP*, tomo II. São Paulo: PUCSP, 2017. v. II. p. 14. Disponível em: https://enciclopediajuridica.pucsp.br/verbete/107/edicao-1/infracoes-e-sancoes-administrativas. Acesso em: 18 jan. 2022.

dano ou de perigo (concreto ou abstrato),[28] o que passa a exigir, implicitamente, mais um componente – o nexo de causalidade entre o resultado e o próprio comportamento comissivo ou omissivo.

A tipicidade, entretanto, não se esgota nisso. Quando a lei exigir a presença do elemento subjetivo, não se satisfazendo com a mera voluntariedade da conduta, somente haverá objetivamente típica reprovável quando a administração adicionalmente constatar (e provar) que o acusado ou processado agiu com culpa ou dolo. No primeiro caso, por falta de um dever de cuidado, admitida nas modalidades de negligência, imprudência ou imperícia; no segundo, pela deliberada intenção de se comportar de modo contrário ao comando objetivamente tipificado na norma.[29]

Surge, assim, outra dificuldade operacional, buscar compreender *se* e *como* é possível responsabilizar sancionadoramente pessoas jurídicas, já que a reprovação sempre alude a um comportamento humano (voluntário, culposo ou doloso, conforme o caso), ao qual se pode atrelar um resultado exigido. Como bem-posto por Gustavo Costa Ferreira,[30] a questão do "se" está superada, inclusive pela circunstância – também por ele observada – de a Constituição da República tê-la previsto, desde 1988, no §5º do art. 173[31] e no §3º do art. 225,[32] ao que se acrescenta inexistir suspensão de sua vigência por conta de cogitação de inconstitucionalidade.

---

[28]   **"7.1 Por conta dos efeitos provocados pela conduta**

[48]   As infrações administrativas, quanto *ao resultado*, ou melhor, quanto *aos efeitos provocados pela conduta do infrator* (mas sem com ela se confundir), podem ser *formais* ou *materiais*. São *formais* (também ditas de *mera conduta*) aquelas que se concretizam *independentemente de um efetivo resultado externo à tipificada conduta*. Materiais são as que exigem um *resultado* (externo e) *diferente da singela conduta do infrator*. Estas podem se dividir em (materiais) de resultado de dano ou de perigo. São (infrações *materiais* – de resultado, pois – e) *de dano* as que efetivamente causam modificação do estado das coisas (do bem, jurídico ou material, protegido pela lei – se assim se preferir). *De perigo*, ao revés, são as infrações materiais que (apenas) ameaçam de modificação lesiva o *status quo ante*. Admite-se, ainda, dupla possibilidade: perigo *concreto* e perigo *abstrato*. São da primeira ordem aquelas que exigem *concreta mensuração do perigo*, mas que não conduzem ao resultado antevisto como indesejável. Da segunda são aquelas cuja *periculosidade resta assente na própria lei (porque assim presumida)* e que, por isto mesmo, dispensam materiais comprovações do perigo" (FERREIRA, Daniel. *Teoria geral da infração administrativa a partir da Constituição Federal de 1988*. Belo Horizonte: Fórum, 2009. p. 196-197.) (grifos no original).

[29]   **"7.2 Quanto à legal exigibilidade do elemento subjetivo**

[49]   Em regra – e ainda que grasse vicejante divergência –, as infrações no âmbito administrativo independem do *elemento subjetivo*, ou seja, se apresentam como configuradas a partir da *mera voluntariedade*. Conquanto seja assim, pode a lei estipular em contrário. Por conta disto, as infrações podem ser classificadas de duas maneiras. São *objetivas* aquelas infrações administrativas de *mera voluntariedade*, para as quais normativamente não se exige o dolo ou a culpa. São *subjetivas* aquel'outras para as quais *o autor do ilícito tenha operado com dolo ou culpa (esta em qualquer dos seus graus)* e seja assim relevante por força de lei. *Dolosas* são as que se realizam mediante *livre e deliberada intenção do sujeito na realização do resultado administrativamente reprovável*. Finalmente, dizem-se *culposas* as infrações *formais* ou *materiais* que assim se concretizaram à margem da específica intenção do infrator, mas por *falta de dever de cuidado* (por negligência, imprudência ou imperícia). A importância (…) desta classificação é patente, porque única apta a explicar (a *constitucionalidade de*) as sanções objetivas, através das quais se impõem, indistintamente a todos, uma igualmente fixa consequência jurídica, sempre desfavorável, pela simples *violação da norma de conduta*" (FERREIRA, Daniel. *Teoria geral da infração administrativa a partir da Constituição Federal de 1988*. Belo Horizonte: Fórum, 2009. p. 198-199.) (grifos no original).

[30]   FERREIRA, Gustavo Costa. *Responsabilidade sancionadora das pessoa jurídica*: critérios para aferição de sua ação e culpabilidade no direito administrativo sancionador. Belo Horizonte: Dialética, 2019. p. 209.

[31]   Art. 173. (…) §5º A lei, sem prejuízo da responsabilidade individual dos dirigentes da pessoa jurídica, estabelecerá a responsabilidade desta, sujeitando-a às punições compatíveis com sua natureza, nos atos praticados contra a ordem econômica e financeira e contra a economia popular.

[32]   Art. 225. (…) §3º As condutas e atividades consideradas lesivas ao meio ambiente sujeitarão os infratores, pessoas físicas ou jurídicas, a sanções penais e administrativas, independentemente da obrigação de reparar os danos causados.

Já o "como" exige certo cuidado, pois essa compreensão servirá de lastro para sustentar (in)exigibilidade de conduta diversa quando do exame do quarto estrato da infração administrativa. Heraldo Garcia Vitta, após esmiuçar vários argumentos, conclui *"em prol da responsabilidade das pessoas jurídicas (...): podem ser-lhes imputadas penas administrativas, uma vez presentes o dolo, ou a culpa, como pressupostos subjetivos do ilícito, praticado por pessoa física, como preposta, representante, ou outra denominação qualquer que se deseje rotulá-la, desde que tenha agido em benefício do ente coletivo, exprimindo a 'vontade' da pessoa jurídica"*.[33]

Simplificando, aceita-se a responsabilização administrativa de índole sancionadora de pessoa jurídica desde que a conduta objetivamente típica (incluindo ou não resultado) seja a ela imputável por conta de um vínculo firmado com a pessoa humana que a praticou, por ação ou omissão (voluntária, culposa ou dolosa), e desde que essa tenha agido em conformidade com as diretrizes institucionais e no interesse da empresa.

Então, uma vez confirmada a ocorrência da conduta típica (substancialmente objetiva e subjetiva, quando assim reclamado) restará concretizada a antinormatividade, ou seja, o agir que contraria o comportamento almejado pela norma, mas que pode, ainda assim, ser suportado pelo direito a ponto de desautorizar a imposição de qualquer resposta sancionadora. Por isso mesmo, o terceiro estrato é o da *antijuridicidade*, por meio do qual se exige um *plus*, que o comportamento típico também seja repudiado pelo ordenamento jurídico, ou seja, quando inexistente causa de justificação. Por medida de economia, aqui apenas se faz menção à legítima defesa (própria ou de terceiros), ao estado de necessidade, ao estrito cumprimento do dever legal e ao exercício regular de direito como categorias jurídicas aptas a justificar o não sancionamento de comportamentos típicos apenas em princípio reprováveis.[34]

Conquanto assim se reconheça, a discussão acerca da existência de uma causa de justificação normalmente surge como argumento de defesa, da parte do acusado ou do processado, e com vistas a afastar a responsabilidade pela infração administrativa, como ameaçada ocorrer.

De fato, no caso de infrações de mera conduta e de mera voluntariedade, autoriza-se a imposição da sanção pela autoridade administrativa mediante simples ateste da ocorrência da conduta comissiva ou omissiva objetivamente típica (nisso podendo se incluir o resultado, se requerido) e indicação do (potencial) infrator,[35] pelo fato de que a *reprovabilidade* – que configura o último estrado analítico do ilícito administrativo – é normativa.

Simplificando, a reprovabilidade (da conduta, típica e antijurídica) é condição derradeira para que subsista, como válida, a eventual imposição da sanção administrativa, a qual pode ser afastada mesmo quando inexistente uma causa de justificação

---

[33] VITTA, Heraldo Garcia. *A sanção no Direito Administrativo*. São Paulo: Malheiros, 2003. p. 50.

[34] "Entenda-se por causa de justificação uma extraordinária autorização no sistema jurídico para um comportamento típico que, em certas circunstâncias, acaba por ser 'tolerado', na exata medida em que a lei não pode impor um sacrifício maior apenas para que os destinatários da norma a cumpram com fidelidade." (FERREIRA, Daniel. Infrações e sanções administrativas: panorama geral. *In: Enciclopédia Jurídica da PUCSP*, tomo II. São Paulo: PUCSP, 2017. v. II, p. 16. Disponível em: https://enciclopediajuridica.pucsp.br/verbete/107/edicao-1/infracoes-e-sancoes-administrativas. Acesso em: 18 jan. 2022.

[35] Ou do responsável pela infração, como ocorre em relação às infrações de trânsito cometidas ao volante, que são declaradas como tal em autos próprios – pelo agente de trânsito (o guarda) – e que se convertem, com ou sem defesa prévia, em autos de imposição de penalidade (pela autoridade de trânsito).

como acima proposta, posto que "inexigível conduta diversa". Dentre elas, elencamos as seguintes: obediência hierárquica,[36] coação moral irresistível, estado de erro (erro de proibição), erro (de compreensão) invencível, caso fortuito e força maior.[37] Comprovada a ocorrência de uma delas pela defesa, ou mesmo *ex officio*,[38] o caso não é de deixar de aplicação da sanção (como hipótese de exclusão de punibilidade), mas de reconhecer que sequer houve incursão em infração administrativa.

Portanto, a utilidade do manejo dessa ferramenta é indiscutível, em particular para apuração da verdade material, que é do interesse da Administração Pública, do acusado e do processado, da eventual vítima e da própria sociedade.

2.2 Infrator e responsável pela infração (pessoa física ou pessoa jurídica) perante a Administração Pública

Como adrede aludido, só há infração administrativa onde houver conduta humana (típica e antijurídica) e reprovável, na forma da lei. Todavia, em certas situações a lei prevê que a sanção recaia (ou possa recair) em pessoa diversa da infratora, dita "responsável" (subsidiária) pela infração.

E isso não é novidade. Em matéria de trânsito, é consabido que a infração cometida ao volante, uma vez assim reconhecida no auto de infração repercute diretamente junto ao proprietário, que será intimado de tanto. Por conta dessa situação, ele deverá apontar o condutor e assim elidir sua responsabilidade pela infração, mas desde que haja confissão de tanto, mediante aposição da assinatura do infrator no expediente a ser remetido ao órgão de trânsito. Na falta de indicação a qualquer título (inclusive de negativa do condutor de assumir o cometimento do ilícito administrativo de trânsito), o dever de suportar a sanção de trânsito recairá no proprietário. Esse fenômeno é apresentado por Marçal Justen Filho como "elemento subjetivo objetivado",[39] isto é, como uma presumida negligência reprovável do proprietário em viabilizar a ocorrência da infração por conta do empréstimo do veículo de sua propriedade.

2.3 Regime jurídico-administrativo sancionador

Celso Antônio Bandeira de Mello dispensa apresentações. Por isso mesmo, é de se fazer detido reparo ao fato de que na introdução de seu festejado "Curso de Direito Administrativo" surge, no terceiro parágrafo, a seguinte arguta observação:

---

[36] Hipótese em que a infração administrativa praticada será imputável a quem deu a ordem.

[37] Para melhor compreensão, *vide*: FERREIRA, Daniel. *Teoria geral da infração administrativa a partir da Constituição Federal de 1988*. Belo Horizonte: Fórum, 2009. p 295-327.

[38] FERREIRA, Daniel. Infrações e sanções administrativas: panorama geral. *In*: *Enciclopédia Jurídica da PUCSP*, tomo II. São Paulo: PUCSP, 2017. v. II, p. 18. Disponível em: https://enciclopediajuridica.pucsp.br/verbete/107/edicao-1/infracoes-e-sancoes-administrativas. Acesso em: 18 jan. 2022.

[39] JUSTEN FILHO, Marçal. *Concessões de serviços públicos*: comentários às leis nºs. 8.987 e 9.074, de 1995. São Paulo: Dialética, 1997. p. 349; JUSTEN FILHO, Marçal. *Comentários à Lei de Licitações e Contratações Administrativas*: Lei 14.133/2021. São Paulo: Thomson Reuters Brasil, 2021. p. 1.606.

Para quem se ocupa do estudo do Direito, assim como para quaisquer que o operem, nada mais interessa senão saber que princípios e regras se aplicam perante tais e quais situações. Por isto mesmo, um ramo é verdadeiramente "autônomo" quando nele se reconhecem princípios que formam em seu todo uma unidade e que articulam um conjunto de regras de maneira a comporem um sistema, um "regime jurídico" que o peculiariza em confronto com outros blocos de regras. Daí a necessidade de conhecer-se o "regime jurídico administrativo", por ser ele que infunde a identidade própria do Direito Administrativo.[40]

E o mestre tem inexorável razão. Inexiste como investigar a temática das infrações e sanções sem mínima alusão aos princípios que norteiam a atividade administrativa nesse particular segmento. Afinal, descumprir um princípio mostra-se muito mais gravoso que o simples desatendimento da norma em razão de a ofensa atingir todo o sistema.[41]

Portanto, passa-se a um exame – ainda que perfunctório – dos principais princípios que orientam a válida aferição dos ilícitos e imposição das sanções correlatas por parte da Administração Pública brasileira nos limites deste estudo.

Não se pode compreender um Estado Constitucional e Democrático de Direito – como o é a República Federativa do Brasil (art. 1º, CRFB) – sem minimamente adequada compreensão acerca dos princípios da segurança jurídica e da legalidade.

O *princípio da segurança jurídica*, conforme Paulo de Barros Carvalho, é "dirigido à implantação de um valor específico, qual seja o de coordenar o fluxo das interações inter-humanas, no sentido de propagar no seio da comunidade social o sentimento de previsibilidade quanto aos efeitos jurídicos da regulação da conduta. Tal sentimento tranquiliza os cidadãos, abrindo espaço para o planejamento de ações futuras, cuja disciplina jurídica conhecem, confiantes que estão no modo pelo qual a aplicação das normas do direito se realiza".[42] No âmbito do Direito Administrativo Sancionador, isso se mostra ainda mais evidente, pois confere tanto "segurança de orientação"[43] acerca do que a ordem jurídica proscreve com ameaça de sanção, de maneira que, a um só tempo, assim reclama e justifica a aplicação do *princípio da anterioridade* em relação a ilícitos e sanções, inclusive administrativas.

Quanto ao *princípio da legalidade*, é a própria Constituição da República que se encarrega de escancarar, nos incs. II e XXXIX do seu art. 5º, respectivamente, que "ninguém será obrigado a fazer ou deixar de fazer alguma coisa senão em virtude de lei" e que "XXXIX – não há crime sem lei anterior que o defina, nem pena sem prévia cominação legal".

A primeira garantia constitucional referida fala por si, no sentido de que somente lei formal (aquela derivada de um processo democrático, ou seja, legislativo) pode – com alcance geral e abstrato, assim espraiando efeitos para quaisquer sujeitos integrantes da categoria por ela visada – inovar a ordem jurídica em caráter inicial, para fins de restringir a liberdade ou a propriedade, impondo obrigações (de fazer, de não fazer ou de suportar).[44]

---

[40] BANDEIRA DE MELLO, Celso Antônio. *Curso de direito administrativo*. 35. ed. São Paulo: Malheiros, 2021. p. 25.

[41] BANDEIRA DE MELLO, Celso Antônio. *Curso de Direito Administrativo*. 35. ed. São Paulo: Malheiros, 2021. p. 46.

[42] CARVALHO, Paulo de Barros. *Curso de Direito Tributário*. 17. ed. São Paulo: Saraiva, 2005. p. 150.

[43] CANOTILHO, J. J. Gomes. *Direito constitucional e teoria da Constituição*. 2. ed. Coimbra: Almedina, 1998. p. 250.

[44] Por exemplo, o Código de Trânsito brasileiro e o código de posturas de um dado município.

A segunda, de sua parte, pode – e deve! – ser acolhida para fins de albergar, em sua dicção, tanto as infrações administrativas como as sanções da mesma natureza. Entretanto, nos regimes de sujeição especial, em que a pessoa (física ou jurídica) firma um especial vínculo de sujeição com a Administração Pública – seja por conta do ingresso no serviço público ou por conta da firmação de um contrato administrativo – o princípio da legalidade sofre temperanças,[45] bastando previsão legal genérica e/ou abstrata da infração (com ou sem adoção de conceitos jurídicos indeterminados) para que ela possa *e deva* ser minudenciada ou desdobrada em ato infralegal, inclusive de forma a concretizar a segurança jurídica acerca do que é proibido ou obrigatório, particularmente quando sob ameaça de sanções administrativas, as quais devem estar necessariamente previstas em lei, sem prejuízo de sua repetição nos instrumentos convocatórios ou nos contratos. Desse modo, "se são previstas nos referidos atos administrativos sanções que não foram previamente estabelecidas em nenhuma lei, violado resta o princípio da legalidade".[46]

Registre-se, ademais, que não há discricionariedade (entendida como liberdade de agir, mediante juízos de oportunidade e conveniência, dentro dos limites da lei) alguma para se concluir, *in concreto*, que alguém tenha (ou não) incorrido em infração administrativa, menos ainda para se escolher entre essa ou aquela.

O mesmo raciocínio se propõe para o sancionamento, inexistindo qualquer faculdade para se decidir acerca da sanção cabível, sua extensão e/ou intensidade. Trata-se de atividade vinculada,[47] cuja solução deve ser orientada pela interpretação jurídica (por isso mesmo totalmente sindicável pelo Poder Judiciário) e, na falta de disposição legal específica, pelas leis de Processo Administrativo Federal[48] e de Introdução às normas do Direito Brasileiro (LINDB).[49] Em suma, consoante lição de Luis Manuel Fonseca Pires,[50] que acolhemos em sua integralidade, por meio da interpretação jurídica busca-se uma solução; o manejo da discricionariedade administrativa, por sua vez, leva a uma escolha

---

[45] Dentre outros: FERREIRA, Daniel. *Sanções administrativas*. São Paulo: Malheiros, 2001. p. 90-98; OSÓRIO, Fábio Medina. *Direito Administrativo Sancionador*. 2. ed. São Paulo: Editora Revista dos Tribunais, 2005. p. 262. BANDEIRA DE MELLO, Celso Antônio. *Curso de Direito Administrativo*. 35. ed. São Paulo: Malheiro, 2021. p. 811; e OLIVEIRA, José Roberto Pimenta. *Os princípios da razoabilidade e da proporcionalidade no Direito Administrativo brasileiro*. São Paulo: Malheiros Editores, 2006. p. 472.

[46] DIAS, Eduardo Rocha. *Sanções administrativas aplicáveis a licitantes e contratados*. São Paulo: Dialética, 1997. p. 83.

[47] Ou, dito de outra forma, "uma vez identificada a ocorrência de infração administrativa, a autoridade não pode deixar de aplicar a sanção. Com efeito, há um dever de sancionar, e não uma possibilidade discricionária de praticar ou não o ato" (BANDEIRA DE MELLO, Celso Antônio. *Curso de direito administrativo*. 35. ed. São Paulo: Malheiros, 2021. p. 821), o que não entra em testilhas com a tentativa prévia de composição ou mesmo durante o processo, o que pode ocorrer por meio de um termo de ajustamento de conduta ou expediente similar.

[48] Lei nº 9.784/99 – Art. 2º A Administração Pública obedecerá, dentre outros, aos princípios da legalidade, finalidade, motivação, *razoabilidade, proporcionalidade*, moralidade, ampla defesa, contraditório, segurança jurídica, interesse público e eficiência. Parágrafo único. Nos processos administrativos serão observados, entre outros, os critérios de: (…) VI – *adequação entre meios e fins, vedada a imposição de* obrigações, restrições e *sanções em medida superior àquelas estritamente necessárias ao atendimento do interesse público*. (destacou-se.)

[49] Decreto-Lei nº 4.657/1942 (com a redação dada pela Lei nº 13.655/2018) – Art. 22. Na interpretação de normas sobre gestão pública, *serão considerados os obstáculos e as dificuldades reais do gestor e as exigências das políticas públicas a seu cargo, sem prejuízo dos direitos dos administrados*. §1º *Em decisão sobre regularidade de conduta ou validade de ato, contrato, ajuste, processo ou norma administrativa, serão consideradas as circunstâncias práticas que houverem imposto, limitado ou condicionado a ação do agente*. §2º *Na aplicação de sanções, serão consideradas a natureza e a gravidade da infração cometida, os danos que dela provierem para a administração pública, as circunstâncias agravantes ou atenuantes e os antecedentes do agente*. §3º *As sanções aplicadas* ao agente *serão levadas em conta na dosimetria das demais sanções de mesma natureza e relativas ao mesmo fato*. (destacou-se.)

[50] PIRES, Luis Manuel Fonseca. *Controle judicial da discricionariedade administrativa*: dos conceitos jurídicos indeterminados às políticas públicas. 3. ed. Belo Horizonte: Fórum, 2017. p. 157.

da autoridade acerca da melhor opção a adotar, dentre outras igualmente legítimas em face do interesse público.

E faz toda a diferença ser sancionado com demissão, de modo que atestar a incursão de servidor público em insubordinação grave é muitíssimo diferente de se reconhecer simples descumprimento de ordem superior, hipótese em que a sanção cabível seria, de partida, advertência.

O terceiro e inarredável princípio a se tratar é o da *tipicidade*. Todavia, tudo quanto adrede aludido – quando do trato do estrato da tipicidade como integrante do conceito analítico de infração administrativa – se presta, com suficiência mínima, a esse fim, bastando reforçar que ele se imbrica, visceralmente, aos princípios da segurança jurídica e da legalidade (estrita ou mitigada, neste caso, nas relações de sujeição especial voluntária).

Em similar sentido, ratifica-se que a adoção de *normas em branco* (por meio das quais a lei delega, por exemplo, a competência tipificante da conduta indesejada a órgão do Poder Executivo) ou mesmo de *conceitos jurídicos indeterminados* ou *de valor*[51] porventura empregados na lei podem atender a esse primado. Para tanto, é preciso que eles sejam esmiuçados em ato infralegal prévio e de fácil compreensão, no qual se prescreva o que, a partir deles, efetivamente é permitido e proibido, bem como a correspondente sanção para o caso de eventual descumprimento.

Juntos, os princípios da razoabilidade e da proporcionalidade cumprem importantíssimo papel, pois – como bem adverte José Roberto Pimenta Oliveira – funcionam como "vetores axiológicos supremos de qualquer manifestação sancionatória estatal como garantia dos administrados".[52] E isso, dentre outras razões, para evitar que os tipos sancionadores descritos em norma infralegal se mostrem arbitrários (desarrazoados)[53] e que a ilícitos se atrelem sanções inidôneas (que não sirvam a seu propósito de prevenção), a meras irregularidades sanções (ainda que leves) e que a ilícitos leves sanções graves ou gravíssimas (abstrata ou concretamente), assim fugindo a padrões mínimos de idoneidade e necessidade,[54] conforme lúcio escólio de José Roberto Pimenta Oliveira.

Outra vez, portanto, é de se invocar o contido nos arts. 2º da Lei de Processo Administrativo Federal e 22 da LINDB, que certamente foram inspirados nesses dois princípios.[55]

O princípio do *non bis in idem* mostra-se de supina importância por objetar a possibilidade de reiterado sancionamento pela Administração mediante consideração de uma única conduta, típica, antijurídica e reprovável,[56] o que igualmente revelaria atividade sancionadora desproporcional.[57] Conquanto seja assim, a cumulação de duas

---

[51] Que por sua plurivocidade comportam certo grau de incerteza ou zona de penumbra, como "moralidade administrativa".

[52] OLIVEIRA, José Roberto Pimenta. *Os princípios da razoabilidade e da proporcionalidade no Direito Administrativo brasileiro*. São Paulo: Malheiros Editores, 2006. p. 471.

[53] OSÓRIO, Fábio Medina. *Direito Administrativo Sancionador*. 2. ed. São Paulo: Editora Revista dos Tribunais, 2005. p. 278.

[54] OLIVEIRA, José Roberto Pimenta. *Os princípios da razoabilidade e da proporcionalidade no Direito Administrativo brasileiro*. São Paulo: Malheiros Editores, 2006. p. 477-481.

[55] *Vide* notas de rodapé 48 e 49.

[56] FERREIRA, Daniel. *Sanções administrativas*. São Paulo: Malheiros, 2001. p. 134.

[57] OLIVEIRA, José Roberto Pimenta. *Os princípios da razoabilidade e da proporcionalidade no Direito Administrativo brasileiro*. São Paulo: Malheiros Editores, 2006. p. 498.

sanções num mesmo ato administrativo, quando assim previsto em lei, não se mostra ofensiva ao *non bis in idem* e nem inválida no caso concreto, salvo quando afrontar o princípio da razoabilidade, por inadequação, desnecessidade ou desproporcionalidade. E isso é usual ocorrer no caso de contratos administrativos, pelo fato de a lei autorizar a cumulação de multa com impedimento de licitar e contratar, em caso de inexecução "parcial do contrato que cause grave dano à Administração, ao funcionamento dos serviços públicos ou ao interesse coletivo" (conforme inc. II do art. 55 c/c inc. III do *caput* do art. 156 e seus §§4ª e 7º, todos da NLLCA).

Para se concluir que alguém incorreu em infração administrativa, sujeitando-se à sanção correspondente, não basta indicar o dispositivo legal – e do regulamento e/ou a cláusula contratual – tipificador da hipótese e, similarmente, o artigo da lei – e do regulamento e/ou a cláusula contratual – que comina a sanção. Com lastro no *princípio da motivação*, e na própria Lei de Processo Administrativo Federal que lhe dedica o art. 50, exige-se a indicação do(s) pressuposto(s) de fato (a conduta efetivamente praticada e o resultado, quando assim exigido), dos pressupostos de direito (os dispositivos normativos de capitulação do ilícito e de cominação da sanção) e da correlação lógico-jurídica (congruência) entre eles, para fins de imposição da sanção tendo em vista sua(s) finalidade(s).

Como bem se sabe, nenhum ato administrativo pode deixar de ter algo em mira, impondo-se fiel observância do *princípio da finalidade*. Isso se reforça na instância sancionadora tanto na fase de apuração do ilícito (em face do auto de infração e do ato de instauração da sindicância ou do processo sancionador) como na etapa de imposição de sanção. A finalidade dos primeiros é informar a alguém que sobre ele paira a acusação de cometimento de um comportamento reprovável e passível de sanção, para que se defenda, querendo. A do segundo é de responder à ocorrência, *desestimulando* o infrator – ou o responsável (subsidiário) pela infração – mediante imposição de uma restrição de direitos, de caráter repressivo, o que não elide, ilustrando que o servidor público assuma sua demissão como retribuição, como verdadeiro castigo em resposta ao ato de corrupção praticado.

Daí porque a remoção *ex officio* de servidor público (causador de problemas na repartição) atenta contra o *princípio da finalidade* (da sanção) e, pois, se mostra inadequada (ou inidônea, como expressão de desarrazoabilidade) ao não se prestar tipicamente a responder a uma infração disciplinar, pois sua causa fática é a necessidade do serviço em localidade diversa de sua lotação.

Quanto ao princípio do *devido processo legal* (e seus corolários, o contraditório e a ampla defesa), deixa-se seu exame para posterior momento, quando da análise do processo administrativo de responsabilização, exigido pela NLLCA para constatação das infrações e imposição de sanções a licitantes e contratados.

Por fim – dentro dos limites deste estudo – frisa-se a importância de se considerar e aplicar, ao mesmo tempo, os princípios da proporcionalidade, da *boa-fé*, da *finalidade* e do *princípio da vedação ao enriquecimento sem causa*. Com lastro nesse bloco de princípios, não se admite que a Administração Pública, ao invés de dirigir-se lealmente à prevenção de infrações, com ardil almeje a imposição (e eventual cobrança) de multas com a intenção de "encher as burras do erário", ou, ainda, que o faça de forma desproporcional, porém com o mesmo desiderato. Infelizmente, isso não é nenhuma novidade em terras brasileiras.

3 Infrações e sanções no âmbito da NLLCA

3.1 Condutas infracionais de licitantes e contratados

Consoante o *caput* dos arts. 155 e 162 da Lei nº 14.133/2021 (Nova Lei de Licitações e Contratos Administrativos – NLLCA), são "tipificados" como comportamentos infracionais imputáveis a licitantes e/ou contratados, conforme o caso, os seguintes:

> Art.155. O licitante ou o contratado será responsabilizado administrativamente pelas seguintes infrações:
> I – dar causa à inexecução parcial do contrato;
> II – dar causa à inexecução parcial do contrato que cause grave dano à Administração, ao funcionamento dos serviços públicos ou ao interesse coletivo;
> III – dar causa à inexecução total do contrato;
> IV – deixar de entregar a documentação exigida para o certame;
> V – não manter a proposta, salvo em decorrência de fato superveniente devidamente justificado;
> VI – não celebrar o contrato ou não entregar a documentação exigida para a contratação, quando convocado dentro do prazo de validade de sua proposta;
> VII – ensejar o retardamento da execução ou da entrega do objeto da licitação sem motivo justificado;
> VIII – apresentar declaração ou documentação falsa exigida para o certame ou prestar declaração falsa durante a licitação ou a execução do contrato;
> IX – fraudar a licitação ou praticar ato fraudulento na execução do contrato;
> X – comportar-se de modo inidôneo ou cometer fraude de qualquer natureza;
> XI – praticar atos ilícitos com vistas a frustrar os objetivos da licitação;
> XII – praticar ato lesivo previsto no art. 5º da Lei nº 12.846, de 1º de agosto de 2013. (...)
> Art. 162. O atraso injustificado na execução do contrato sujeitará o contratado a multa de mora, na forma prevista em edital ou em contrato.
> Parágrafo único. A aplicação de multa de mora não impedirá que a Administração a converta em compensatória e promova a extinção unilateral do contrato com a aplicação cumulada de outras sanções previstas nesta Lei.

A eles somam-se outros, dentre aqueles presentes nos incisos do art. 137, que se apresentam (ou que podem se apresentar, no caso dos incs. VI e VII) como potenciais causas de extinção unilateral (rescisão-sanção) do contrato administrativo:

> Art. 137. Constituirão motivos para extinção do contrato, a qual deverá ser formalmente motivada nos autos do processo, assegurados o contraditório e a ampla defesa, as seguintes situações:
> I – não cumprimento ou cumprimento irregular de normas editalícias ou de cláusulas contratuais, de especificações, de projetos ou de prazos;
> II – desatendimento das determinações regulares emitidas pela autoridade designada para acompanhar e fiscalizar sua execução ou por autoridade superior; (...)
> VI – atraso na obtenção da licença ambiental, ou impossibilidade de obtê-la, ou alteração substancial do anteprojeto que dela resultar, ainda que obtida no prazo previsto;
> VII – atraso na liberação das áreas sujeitas a desapropriação, a desocupação ou a servidão administrativa, ou impossibilidade de liberação dessas áreas; (...)

IX – não cumprimento das obrigações relativas à reserva de cargos prevista em lei, bem como em outras normas específicas, para pessoa com deficiência, para reabilitado da Previdência Social ou para aprendiz.

§1º Regulamento poderá especificar procedimentos e critérios para verificação da ocorrência dos motivos previstos no *caput* deste artigo.

De plano, registre-se que sempre será possível apresentar distintas classificações em relação a um objeto mentado, as quais somente serão justificáveis quanto úteis, além de oportunas.

Para fins deste estudo destacam-se apenas as seguintes,[58] as quais servirão de pano de fundo para se comentar as principais infrações que dão enchança à responsabilização de licitantes e contratados, ainda que potenciais.[59]

Em relação a quem se pode imputar a infração (que pode ser pessoa física ou jurídica), apenas os licitantes podem se ver incursos nos incs. IV e V do art. 155; nos incs. I, II, VI, VII e IX do art. 137, nos incs. I a III e VII do mesmo artigo e no *caput* do art. 162, tão só contratados. As duas categorias, no entanto, podem incorrer nos tipos infracionais descritos nos incs.VI e VIII a XI do art. 155.

Destarte, quem porventura subcontratado não responde por nenhum comportamento seu perante a Administração Pública contratante, nem mesmo que contribua, a qualquer título, para eventual inexecução do contrato. No mesmo sentido, não se submete ao regime sancionador da NLLCA quem emite declaração falsa, restando a possibilidade de sancionamento apenas àqueles que dela pretenderam se aproveitar ou se aproveitaram na condição de licitantes ou contratados (inc. VIII do art. 155).[60] A razão para tanto é simples: as infrações por eles cometidas são classificáveis como especiais, no sentido de que assim são capituladas por conta de um específico, personalíssimo e *voluntário vínculo de sujeição*, em oposição às gerais, que decorrem do poder de polícia e, pois, que alcançam – indiferentemente – todos os destinatários dos comandos constantes de lei, ditando o que é lhes é proibido ou obrigatório e ameaçando seu descumprimento com as sanções nela mesma cominadas.

No que diz com os efeitos da conduta, configuram-se como infrações de resultado (também ditas materiais), isto é, que exigem alteração do mundo fenomênico (resultado externo), as previstas nos incs. I a III do *caput* do art. 155, dado que para sua tipificação objetiva impõe-se o reconhecimento de inexecução parcial ou total do contrato, ficando todas as demais categorizadas no *caput* do art. 155 como infrações de mera conduta (ou formais),[61] como a de "deixar de entregar a documentação exigida para o certame" (inc.

---

[58] Confira outras classificações em: FERREIRA, Daniel. *Teoria geral da infração administrativa a partir da Constituição Federal de 1988*. Belo Horizonte: Fórum, 2009. p. 196-206; FERREIRA, Daniel. Infrações e sanções administrativas: panorama geral. *In: Enciclopédia Jurídica da PUCSP*, tomo II. São Paulo: PUCSP, 2017. v. II, p. 18-23. Disponível em: https://enciclopediajuridica.pucsp.br/verbete/107/edicao-1/infracoes-e-sancoes-administrativas. Acesso em: 18 jan. 2022.

[59] É dizer, também se sujeitam ao regime sancionador da NLLCA aqueles que, uma vez solicitados, atendem solicitação da Administração Pública e apresentam proposta (para contratação direta, por exemplo – *ex vi* do inc. IX do art. 6º) ou requerem seu credenciamento (art. 79).

[60] ZARDO, Francisco. *Infrações e sanções em licitações e contratos administrativos*: com as alterações da Lei Anticorrupção (Lei nº 12.846/2013). Revista dos Tribunais: São Paulo, 2014. p. 136.

[61] Sem prejuízo, por evidente, de o resultado concreto do comportamento configurar causa de agravamento da sanção, conforme disposto no inc. V do art. 156 da NLLCA [Art. 156. Serão aplicadas ao responsável pelas

IV), ou seja, não basta mera conjectura ou ilação, até mesmo porque não se pode baralhar execução irregular[62] com tardia[63] e essas mesmas com inexecução, parcial ou total.

De todo modo, ocorrerá inexecução total do contrato quando o cumprimento das obrigações sequer tenha sido iniciado ou quando substancialmente prestado de forma irregular – em relação ao tempo, ao modo, à sua qualidade ou quantidade – tornar-se inútil[64] à satisfação da necessidade ou utilidade com ele pretendida obter.[65]

Diversamente, a inexecução parcial tem lugar nas hipóteses em que o contrato é prestado de modo incompleto ou vicioso, mas ainda assim satisfaz, em (grande) parte, os anseios da Administração Pública contratante, ou, ainda, quando de trato sucessivo e a inexecução parcial disser respeito à injustificada solução de continuidade, por breve tempo, que não causa prejuízo e não afeta a prestação posterior regular.

Ademais, a inexecução parcial ou total e o atraso injustificado (art. 162, *caput*) não se confundem, sem prejuízo desse poder vir a repercutir na extinção unilateral e sancionatória do contrato quando o decurso do tempo tornar inútil a prestação, de modo que a NLLCA prevê a possibilidade de conversão da multa de mora em compensação por danos (indevidamente referida como multa compensatória no parágrafo único do art. 162).

Nada obstante, o exame do inc. II do *caput* do art. 155 ainda enseja tríplice desdobramento. Para que se cogite da infração nele tipificada será preciso demonstrar, ademais e *ab ovo*, indícios de ter havido inexecução parcial e de um de três efeitos dela decorrentes: *grave* dano (patrimonial ou moral) à Administração, *grave* dano ao funcionamento de serviço(s) público(s) ou grave *dano* ao interesse coletivo. E a repetição

---

infrações administrativas previstas nesta Lei as seguintes sanções: (…) §1º Na aplicação das sanções serão considerados: (…) IV – os danos que dela provierem para a Administração Pública].

[62] Neste caso, a solução imediata é exigir-se do faltante cumprimento do disposto no art. 119 ("O contratado será obrigado a reparar, corrigir, remover, reconstruir ou substituir, a suas expensas, no total ou em parte, o objeto do contrato em que se verificarem vícios, defeitos ou incorreções resultantes de sua execução ou de materiais nela empregados"). Na sequência, se e quando for o caso, haverá espaço para apuração de ilícito (por cumprimento irregular ou tardio) e imposição de sanção, que poderá ser, até mesmo, a de "simples" advertência.

[63] Entendendo da mesma forma, ainda que tratando da Lei nº 8.666/93: ZARDO, Francisco. *Infrações e sanções em licitações e contratos administrativos*: com as alterações da Lei Anticorrupção (Lei 12.846/2013). Revista dos Tribunais: São Paulo, 2014. p. 131.

[64] *Vide* JUSTEN FILHO, Marçal. *Comentários à Lei de Licitações e Contratações Administrativas*: Lei 14.133/2021. São Paulo: Thomson Reuters Brasil, 2021. p. 1.607-1.609.

[65] **"Finalidade 'material' da licitação e finalidade da contratação administrativa** Contudo, ainda parece ser possível distinguir as três apontadas finalidades *legais* da licitação da sua finalidade *material* ordinária, qual seja a de viabilizar a satisfação da necessidade ou mesmo da utilidade administrativa ou coletiva. Assim sendo, a finalidade *material* da licitação se aproxima, em muito, da finalidade (material) da contratação administrativa e no mesmo panorama antevisto para o objeto licitado e o objeto contratado: enquanto o fim ordinário da licitação é, abstratamente, tornar viável a satisfação da necessidade ou da utilidade, administrativa ou coletiva, a finalidade material da contratação administrativa é concretamente satisfazê-la, na forma e nas condições propostas. No contexto é preciso compreender, ademais e a partir do exemplo oferecido, que a Administração Pública, por meio de uma licitação, jamais pretende, em si e por si, adquirir um veículo. Sua intenção, na hipótese, recai na (viabilização da) satisfação de uma necessidade administrativa, de transportar pessoas e coisas, da forma mais adequada possível. (…) De qualquer sorte, "os benefícios" da licitação – e mesmo da contratação – (em princípio) não se espraiam em outras direções coletivamente desejáveis e desejadas, como o fomento estatal ao microempreendedorismo ou à preservação do meio ambiente para as futuras gerações, dentre outras. Quando assim se der, então estar-se-á diante de uma finalidade (material) adicional, *extraordinária*, no sentido de satisfação indireta e mediata de outros interesses também reconhecidos como relevantes pelo Direito, mas que em nada se confundem com aqueles direta e imediatamente imbricados com o objeto licitado e/ou contratado". (FERREIRA, Daniel. *A licitação pública no Brasil e a sua nova finalidade legal*: a promoção do desenvolvimento nacional sustentável. Belo Horizonte: Fórum, 2012. p. 34.)

do adjetivo "grave", acima feita, não é aleatória; serve para reforçar, didaticamente, a necessidade de o prejuízo transcender o mero aborrecimento ou o simples atraso e ser tamanho que – embora limitado a quinhão inexecutado do contrato que não torna inúteis os demais – gere prejuízos de monta ou que sejam irreparáveis (ou de difícil reparação).

Daí, portanto, a necessidade de prévia tipificação acerca do resultado de dano, ainda que exemplificativa. Destarte, para se apurar – na forma da lei e do Direito – uma ocorrência imputável a contratado com lastro no inc. II do *caput* do art. 155 e, enfim, vê-la sancionada, faz-se mister sua prévia estipulação, de modo que os *graves* danos decorrentes dos comportamentos objetivamente típicos, em suas três feições, devem (ainda que "na medida do possível") constar do edital, da minuta do contrato ou de regulamento[66] (expedido pelo órgão ou entidade, licitante ou contratante), tanto quanto mínima explicitação do que se entende por dano "à Administração", "ao funcionamento de serviços públicos" e ao "interesse coletivo",[67] não se admitindo (i) valoração *a posteriori*, menos ainda caso a caso, e, reforce-se, (ii) cogitação da hipótese de remanescer discricionariedade administrativa para constatação do ilícito e/ou imposição da sanção mediante juízos de oportunidade e conveniência.[68]

Levando em consideração a *(in)exigência do elemento subjetivo do tipo*, as infrações cogitáveis em relação a licitantes e contratados classificam-se como sendo de mera voluntariedade, culposas ou dolosas.

Assume-se como de mera voluntariedade aqueles comportamentos típicos – reveladores do descumprimento da norma tipificante e reprováveis por si só, pelo simples agir consciente e, pois, voluntário, restando dispensados quaisquer resultados e mesmo a prova da culpa (negligência, imprudência ou imperícia) *como ônus* da Administração

---

[66] Logo, geral e abstrato, aplicável a quaisquer licitações, contratações públicas e relações deles derivadas. Nesse contexto, o §1º do art. 137 mostra certo avanço democrático, no sentido de prever a possibilidade (*sic*) de regulamento vir a especificar procedimentos e critérios para verificação da ocorrência dos motivos previstos para extinção do contrato, dentre os quais as de infrações de licitantes e contratados, como as capituladas nos incs. I e II do referido dispositivo de lei. Isso também se constata em relação à melhor definição dos comportamentos subsumíveis às categorias de inexecução parcial ou total do contrato mediante detalhamento generalizado (num regulamento afeito ao direito sancionador processual e material de licitantes e contratados), sem prejuízo de particularmente minudenciados no edital ou no contrato.

[67] Como exemplos, respectivamente, o não fornecimento das três refeições contratadas para os encarcerados, ainda que por um único dia, o que pode causar prejuízos de monta à Administração Prisional por conta de rebelião dela decorrente – em que se depredam bens públicos e se coloca em risco a integridade física e a vida das pessoas; a solução de continuidade, por tempo inferior ao previsto para extinção unilateral do contrato, na prestação de serviços terceirizados que repercute na indisponibilidade de plataforma utilizada para prestação de serviços educacionais online por professores da rede municipal de ensino; e o fornecimento e instalação de aparelhos de ar condicionado que não cumpram com a limitação imposta em edital, mas abaixo do teto previsto em lei, para poluição atmosférica, assim causando danos ao interesse coletivo em matéria ambiental.

[68] Como alhures precisado, na seara da apuração de ilícitos e de imposição de sanções administrativas (de qualquer ordem) no âmbito das licitações e contratações públicas também não cabe liberdade alguma, nem mesmo dentro dos limites da lei, de modo a não haver espaço para suposto exercício de discricionariedade administrativa. Para reconhecimento do ilícito é preciso interpretação jurídica e, com isso, promover-se um juízo de subsunção: ou se dá o conceito ou não se dá. Por exemplo, se a conclusão, ainda que precária, inaugural, for no sentido de ter havido "inexecução parcial" e "dano" *grave*, então a conduta infracional pode eventualmente ser subsumida a um dos três tipos infracionais constantes do inc. II do art. 155: inexecução parcial que enseja grave dano à Administração, ao funcionamento dos serviços públicos ou ao interesse coletivo.

licitante ou contratante,[69] como se dá em relação aos incs. I a VII do *caput* do mesmo artigo de lei (art. 155).[70]

Requerem a comprovação do dolo – "como vontade de produzir um resultado ou aceitar sua concretização"[71] – para fins de regular sancionamento administrativo as condutas explicitadas nos incs. VIII a XI, o que se revela de clareza solar, haja vista que por meio de sua estipulação a lei, às escâncaras, pretende desestimular condutas fraudulentas (= criminosas), ardilosas, de má-fé.

Nada obstante as classificações aqui apresentadas e propostas, ainda cabem alguns comentários envolvendo as infrações administrativas de licitantes e contratados.

Em outro giro, a tipicidade objetiva dos comportamentos ameaçados de sancionamento nos incs. IV a X do *caput* do art. 155 da NLLCA merecem reflexão. De partida, seu texto remete ao fatídico art. 7º da Lei do Pregão (Lei nº 10.520/2002), que há 20 anos mistura alhos com bugalhos, sem o menor pudor de tipificar (*sic*), a um só tempo e num único dispositivo, infrações de mera voluntariedade, culposas e dolosas, para as quais as sanções imponíveis só podem ser distintas, *in abstracto* e *in concreto*.

O que a NLLCA fez foi diminuir, um pouco, o incômodo, mas sem alterar o panorama. Os tipos infracionais continuam os mesmos, prevendo comportamentos que – por sua generalidade e abstração – nada garantem em termos de segurança jurídica, de previsibilidade e, assim sendo, de lealdade, boa-fé, isonomia e impessoalidade no seu exame por parte da Administração Pública. A solução para tanto é, visando mitigar futuros problemas, estipular em regulamento específico,[72] no edital ou na minuta do contrato, por exemplo, quais documentos exigidos "para o certame" (inc.

---

[69] Entretanto, que não se confunda responsabilidade objetiva (por conta de não apresentação de documento exigido para o certame) com o comportamento injustificado (a qualquer título) de quem deixa de apresentá-lo. A tipicidade objetiva exigida pelo inc. IV do *caput* do art. 155 esgota-se no comportamento em si, dispensando dano, mas pode ser elidida mediante prova da existência de uma causa de justificação ou de inexigibilidade de conduta diversa, por meio do que se afasta qualquer possibilidade de (válida!) imposição de sanção pela Administração licitante pela falta de reprovabilidade do comportamento.

[70] Em tais hipóteses, à Administração incumbe apenas atestar qual conduta era esperada do licitante ou do contratante e que, aparentemente, não se cumpriu (que houve retardamento no cumprimento da obrigação, *e.g.*) para fins de potencial responsabilização no caso concreto. Para fins de sua elisão, ao acusado impõe-se comprovar que a conduta suposta ocorrida como típica não confere com a realidade dos fatos, que houve motivo justificável ou que, mesmo na falta desse, lhe fora jurídica ou materialmente impossível agir de modo diverso, ou seja, que lhe era inexigível conduta diversa.

[71] JUSTEN FILHO, Marçal. *Comentários à Lei de Licitações e Contratações Administrativas*: Lei 14.133/2021. São Paulo: Thomson Reuters Brasil, 2021. p. 1.603.

[72] Quiçá "apenas" versando sobre infrações e sanções de licitantes e contratados, no âmbito do órgão ou da entidade, como o Decreto nº 26.851/2006, do Governo do Distrito Federal, mas sem os "problemas" nele escancaradamente existentes. (BRASIL. Sistema Integrado de Normas Jurídicas do DF. *Decreto nº 26.851, de 30 de maio de 2006*. Regula a aplicação de sanções administrativas previstas nas Leis Federais nos 8.666, de 21 de junho de 1993 (Lei de Licitações e Contratos Administrativos), e 10.520, de 17 de julho de 2002 (Lei do Pregão), e dá outras providências. Brasília, 30 de maio de 2006. Disponível em: http://www.sinj.df.gov.br/sinj/Norma/52985/Decreto_26851_30_05_2006.html. Acesso: 17 jan. 2022). Nada obstante, o Decreto nº 10.086/2022, do Governo do Estado do Paraná, que regulamenta a NLLCA, cumpre com sua finalidade e – no âmbito das infrações, das sanções e do processo sancionador – confere maior previsibilidade e segurança quanto à aplicação das sanções, prevendo causas atenuantes e agravantes ao cometimento de infração, melhorando a compreensão acerca de quando cabível a imposição da sanção de advertência, impondo condições para reabilitação, demonstrando evidente apreço para com o devido processo legal, formal e substancial etc. (BRASIL. Governo do Estado do Paraná. *Decreto nº 10.086, de 17 de janeiro de 2022*. Regulamenta, no âmbito da Administração Pública estadual, direta, autárquica e fundacional do Estado do Paraná, a Lei nº 14.133, de 01 de abril de 2021, que "Estabelece normas gerais de licitação e contratação para as Administrações Públicas diretas, autárquicas e fundacionais da União, dos Estados, do Distrito Federal e dos Municípios", a aquisição e incorporação de bens ao patrimônio público estadual, os procedimentos para intervenção estatal na propriedade privada e dá outras providências.

IV) e porventura faltantes serão considerados para eventual constatação de um atuar omissivo e reprovável do particular.

Em lembrança – com base na inversão de fases e na dinamicidade da obtenção da proposta mais vantajosa, por meio do oferecimento de lances, tanto previstas na Lei do Pregão como na NLLCA (quando adotada a modalidade de pregão ou de concorrência em que se adota o modo de disputa aberto) – a não "apresentação" de um documento relativo à fase de habilitação,[73] como o registro da pessoa jurídica junto ao CREA, em se tratando de serviços ordinários de engenharia, pode levar a consequências extremas, como, até mesmo, o eventual fracasso do processo administrativo licitatório. Daí que se mostra legítimo sancionar o licitante que não comprova qualificação técnica, por falta de juntada de documento essencial, em tais casos, se por ele não restar concretamente elidida a suposta reprovabilidade da conduta omissiva.

Entretanto, quando a fase de habilitação preceder à de julgamento, conforme também autorizado na NLLCA (§1º do art. 17), e se exigir a apresentação de documentos físicos (em envelope), o simples comportamento de não se juntar prova documental, como a referida, não dará ensejo a sancionamento válido algum, pois a situação se resolverá mediante simples inabilitação. Qualquer acréscimo desestimulador a isso será marginal à lei e ao direito, pela inexistência de finalidade pública a perseguir, haja vista que a eliminação do licitante não seria apta a causar qualquer prejuízo ao certame, nem mesmo potencial (de dano ou de perigo).

Quanto à falta de documentação relevante e porventura exigida para apresentação junto à proposta, e mesmo desconsiderando a ordem das fases, a conclusão não se altera. A resposta para essa conduta omissiva será a desclassificação, pura e simples, pois também não há interesse público[74] a satisfazer por meio da reprovação administrativa de alguém que concorreu, de boa-fé, para a seleção da proposta mais vantajosa, isto é, com vistas a auxiliar na satisfação concreta de uma utilidade ou necessidade, administrativa ou coletiva.

O inc. V trata da injustificada não manutenção da proposta à luz do ordenamento jurídico vigente. Em lembrança, o licitante se obriga a manter sua proposta técnico-comercial apenas no curso de sua validade. Imagine-se, então, tratar-se o objeto contratual de manutenção preventiva e corretiva de frota municipal composta por dez veículos de passageiro, todos da mesma marca, modelo e ano. E que uma oficina de porte médio (em tamanho e complexidade) tenha concorrido no certame e apresentado a proposta mais vantajosa. No entanto, antes da adjudicação do objeto e homologação do certame, o prédio em que foi instalada é destruído num incêndio, de modo a inviabilizar material e economicamente a manutenção da proposta. Nesse caso, tem-se a negativa – informada à Administração – como justificada (por caso fortuito ou força maior, a depender de como o incêndio iniciou).

Disponível em: https://www.aen.pr.gov.br/sites/default/arquivos_restritos/files/documento/2022-01/171_3.pdf. Acesso em: 26 ago. 2022).

[73] JUSTEN FILHO, Marçal. *Pregão*: comentários à legislação do pregão comum e eletrônico. 4. ed. São Paulo: Dialética, 2005. p. 182.

[74] Em reforço: Lei nº 9.784/99 – Art. 2º A Administração Pública obedecerá, dentre outros, aos princípios da legalidade, finalidade, motivação, razoabilidade, proporcionalidade, moralidade, ampla defesa, contraditório, segurança jurídica, interesse público e eficiência. Parágrafo único. Nos processos administrativos serão observados, entre outros, os critérios de: (…) VI – adequação entre meios e fins, vedada a imposição de obrigações, restrições e sanções em medida superior àquelas estritamente necessárias ao atendimento do interesse público.

De todo modo, os tipos previstos nos incs. IV e V do *caput* do art. 155 mostram-se imbricados entre si. Naquele, há expressa menção ao prazo de validade da proposta; nesse, não. Sustenta-se, ainda assim, que isso não causa maior atrapalho, desde que o edital ou a minuta do contrato diferenciem tais hipóteses.

Mas para que não se passe à margem de potenciais diferenciações tem-se o seguinte panorama: aumenta a reprovabilidade do comportamento do licitante na exata e paulatina medida em que cresce a expectativa administrativa e eventualmente coletiva em relação à execução do objeto do contrato. Quem deixa de apresentar documento essencial e necessário à contratação frustra a expectativa da Administração de imediato, ao passo que a negativa de assinar o contrato (ou de retirar o instrumento equivalente) posterga ainda mais a execução integral e regular do seu objeto.[75]

A pior conjuntura, por certo, é o contrato estar assinado e restar inexecutado em sua integralidade, pois o §7º do mesmo art. 90 prevê a aplicação dos mesmos critérios e etapas constantes dos seus §§2º e 4º, ao que se deve acrescer (no tempo e, eventualmente, no preço) o exercício do contraditório e da ampla defesa.

Em suma, as condutas "tipificadas" nos incs. IV, V e VI do *caput* do art. 155 guardam pertinência temática, mas sua diferenciação se dá pelo grau de reprovabilidade extraível do acima exposto, tanto em relação ao delongamento na execução do objeto da licitação como no incremento de preço a ser pago.

Aparentemente, o inc. VII ("ensejar o retardamento da execução ou da entrega do objeto da licitação sem motivo justificado") revela um comportamento menos reprovável quando comparado com os subsumíveis aos incs. V e VI, pelas razões apontadas. Trata-se de execução tardia – e não de inexecução parcial ou total –, portanto dimensionável dentro de parâmetros objetivos, na maioria das vezes, que devem estar assim previamente estabelecidos no edital ou na minuta do contrato. Afinal, depois de certo tempo de atraso a prestação (parcial ou total) poderá se mostrar inútil, como a construção de hospital de campanha para atender calamidade pública, que apenas se justifica necessária enquanto perdura a situação de calamidade e/ou de seus efeitos em relação à população atingida.[76] Faz todo sentido, portanto, o previsto no parágrafo único do art. 162, do qual se infere que, depois de certo tempo, o atraso injustificado repercutirá em inexecução parcial ou total, de modo a autorizar a "extinção unilateral do contrato com a aplicação cumulada de outras sanções previstas nessa Lei." O problema que fica é a conversão da multa de mora em compensatória, como nele também aludido, que será tratada oportunamente.

---

[75] No caso, o processo de contratação terá de ser retomado mediante convocação dos licitantes remanescentes, consoante o disposto no §2º do art. 90 da NLLCA, os quais também deverão entregar, por primeiro, a documentação exigida. E na eventualidade de não aceitação (do preço e condições do primeiro classificado) será aberta negociação, conforme o §4º do mesmo dispositivo de lei, o que significa despender mais tempo e recursos públicos.

[76] Pela importância, ainda que para discordar, cita-se o posicionamento de Marçal Justen Filho, que reclama a presença do dolo (genérico – a vontade de retardar) para caracterização da conduta reprovável de "ensejar o retardamento da execução ou da entrega do objeto da licitação sem motivo justificado". ["25.7) Elemento Subjetivo. O elemento subjetivo é o dolo, consistente na vontade livre e consciente de produzir o retardamento da execução ou da entrega do objeto. Não há infração quando o resultado decorre da culpa do sujeito". JUSTEN FILHO, Marçal. *Comentários à Lei de Licitações e Contratações Administrativas*: Lei 14.133/2021. São Paulo: Thomson Reuters Brasil, 2021. p. 1.614.]

Os incs. VIII a XI do *caput* do art. 155 tratam de comportamentos ardilosos – quando não mesmo (também) criminosos –, de má-fé, objetivamente típicos e ameaçados de sanção administrativa, por conta e na medida da reprovabilidade da conduta. No caso, pois, dolosa, oriunda do agir consciente e deliberado, intencional, de incorrer em condutas proibidas (incs. VIII a X) e, adicionalmente, de pretender um resultado específico (inc. XI).

São de difícil compreensão, pelo menos para os leigos, os incs. IX, X e XI, de modo que seu desdobramento em regulamento, no edital ou na minuta do contrato, ainda que em rol não taxativo, é muitíssimo recomendável para facilitar a constatação (ou não) da infração no caso concreto, tanto por parte da Administração como da defesa dos processados, e dar concreção aos primados da segurança jurídica, da tipicidade, da lealdade e da boa-fé, bem como dos princípios da isonomia, da impessoalidade e da finalidade, além da razoabilidade (nos aspectos de sua adequação e necessidade). Na sua falta, sempre será possível arguir e (tentar) provar a ocorrência de erro (de proibição) por conta de ignorância.[77]

O inc. VIII, de sua banda, engloba quatro diferentes situações em que se falseia a verdade mediante declaração ou documento – exigidos para o certame ou a contratação (ou, ainda, no curso dessa) – sabidamente descompassados com a realidade dos fatos. São elas: apresentar declaração falsa (própria ou de terceiros) exigida para o certame; apresentar documentação falsa (própria ou de terceiros) exigida para o certame; prestar declaração falsa durante a licitação; e prestar declaração falsa durante a execução do contrato. Para incursão no tipo, basta que uma delas tenha ocorrido e reste assim provado nos autos do processo administrativo de responsabilização. À guisa de ilustração, apresentar declaração (própria) de atendimento dos requisitos de habilitação, no bojo do certame, quando o licitante sabe não que os preenche.

E nisso reside um problema, pois tal comportamento também pode, em tese, ser subsumido ao tipo descrito no inc. IX, no sentido de que se frauda a licitação, visando obter vantagem indevida, quando se faz declaração falsa. Contudo, em atenção ao princípio da especialidade, a subsunção desse comportamento deve ser feita à norma especializada, qual seja, a constante do inc. VIII, o mesmo devendo ocorrer em situações similares e tomando por base os demais incisos do *caput* do art. 155.

O inc. X ("comportar-se de modo inidôneo ou cometer fraude de qualquer natureza") almeja desestimular comportamentos estranhos ao certame e ao contrato administrativo propriamente ditos, mas assim praticados por licitante ou contratado e pertinentes à firmação de parceria(s) com a Administração. Nesse sentido, admite-se a incursão, nesse tipo infracional, de empresa contratada para prestação de serviços de manutenção e fornecimento de peças de reposição para computadores da Administração Pública que sofre condenação criminal, com trânsito em julgado, pelo cometimento de estelionato em desfavor de outrem, consistente na utilização de peças usadas – como se novas fossem – para fins de reposição.[78]

---

[77] PRATES, Marcelo Madureira. *Sanção administrativa geral*: anatomia e autonomia. Coimbra; Almedina, 2005. p. 101-103.

[78] Justifica-se o cabimento do exemplo pelo fato de a NLLCA não exigir – como fora feito no *caput* do art. 88 da Lei nº 8.666/93 – que a demonstração de falta de idoneidade para contratar com a Administração tenha se dado em virtude de atos ilícitos praticados regidos por ela própria. A pertinência se revela por meio do *modus operandi*, por meio do qual se pretendeu obter vantagem indevida e que se assemelha aos reprovados nos incisos do

O tipo previsto no inc. XI é peculiar, pois exige um atuar consciente e com propósito específico, o que pode exigir incursão em ilícitos-meio tipificados em outros incisos do *caput* do art. 155, os quais restarão absorvidos ou serão assumidos como causa agravante,[79] isto é, ele cumpre papel especial – de responder à prática de atos ilícitos especialmente dirigidos a frustrar os objetivos da licitação – e residual, propiciando que outros comportamentos ilegais possam e devam ser por meio dele reprovados quando constatado o dolo específico apontado.

Admite-se que isso ocorra mediante conduta de licitante que "não celebra o contrato ou não entrega a documentação exigida para a contratação, quando convocado dentro do prazo de validade de sua proposta" (inc. VI), mediante recebimento de propina do segundo (e último) classificado, por meio da qual – em conluio – pretende-se frustrar o objetivo licitatório de "gerar o resultado de contratação mais vantajoso para a Administração Pública" (inc. I do art. 11).

Ou seja, mediante comportamento malicioso e combinado, por meio do qual um desiste da contratação, o que aproveitará ao outro, nos termos do inc. II do §4º do art. 90, assim repercutindo numa contratação menos vantajosa que a originalmente possível. E, claro, em situação como essa, o sancionamento dos dois únicos licitantes deverá ser maximizado, quando em comparação com outro qualquer que não tenha exigido concurso para sua materialização. Não por acaso, o inc. II, do art. 211, do Decreto nº 10.086/2022 – que regulamenta a NLLCA no âmbito do Estado do Paraná – prevê o conluio entre licitantes ou contratados como circunstância agravante a considerar para fins de dosimetria da sanção.

O inc. XII configura norma legal tipificante por remissão, isto é, que torna infração a suas disposições – no caso ameaçadas de declaração de inidoneidade para licitar e contratar – qualquer comportamento típico, antijurídico e igualmente reprovável na Lei Anticorrupção (Lei nº 12.846/2013), que assim prevê:

> Art. 5º Constituem atos lesivos à administração pública, nacional ou estrangeira, para os fins desta Lei, todos aqueles praticados pelas pessoas jurídicas mencionadas no parágrafo único do art. 1º, que atentem contra o patrimônio público nacional ou estrangeiro, contra princípios da administração pública ou contra os compromissos internacionais assumidos pelo Brasil, assim definidos:
>
> I – prometer, oferecer ou dar, direta ou indiretamente, vantagem indevida a agente público, ou a terceira pessoa a ele relacionada;
>
> II – comprovadamente, financiar, custear, patrocinar ou de qualquer modo subvencionar a prática dos atos ilícitos previstos nesta Lei;

---

art. 357-L do Código Penal (Decreto-Lei nº 2.848/1940), e nele inseridos pela Lei nº 14.133/2021. Confira abordagem similar, embora tratando de das infrações "morais" como tipos que sancionam comportamentos privados sob justificativa de proteção do poder público. (OSÓRIO, Fábio Medina. *Direito Administrativo Sancionador*. 2. ed. São Paulo: Editora Revista dos Tribunais, 2005. p. 288-321.)

[79] Essa é a disciplina do Decreto nº 10.086/2022, o qual, pelo pioneirismo e qualidade, merece exame, consideração e eventual aproveitamento: "Art. 198. O cometimento de mais de uma infração em uma mesma licitação ou relação contratual sujeitará o infrator à sanção cabível para a mais grave entre elas, ou se iguais, somente uma delas, sopesando-se, em qualquer caso, as demais infrações como circunstância agravante. §1º Não se aplica a regra prevista no caput se já houver ocorrido o julgamento ou, pelo estágio processual, revelar-se inconveniente a avaliação conjunta dos fatos. §2º O disposto nesse artigo não afasta a possibilidade de aplicação da pena de multa cumulativamente à sanção mais grave".

III – comprovadamente, utilizar-se de interposta pessoa física ou jurídica para ocultar ou dissimular seus reais interesses ou a identidade dos beneficiários dos atos praticados;

IV – no tocante a licitações e contratos:

a) frustrar ou fraudar, mediante ajuste, combinação ou qualquer outro expediente, o caráter competitivo de procedimento licitatório público;

b) impedir, perturbar ou fraudar a realização de qualquer ato de procedimento licitatório público;

c) afastar ou procurar afastar licitante, por meio de fraude ou oferecimento de vantagem de qualquer tipo;

d) fraudar licitação pública ou contrato dela decorrente;

e) criar, de modo fraudulento ou irregular, pessoa jurídica para participar de licitação pública ou celebrar contrato administrativo;

f) obter vantagem ou benefício indevido, de modo fraudulento, de modificações ou prorrogações de contratos celebrados com a administração pública, sem autorização em lei, no ato convocatório da licitação pública ou nos respectivos instrumentos contratuais; ou

g) manipular ou fraudar o equilíbrio econômico-financeiro dos contratos celebrados com a administração pública;

V – dificultar atividade de investigação ou fiscalização de órgãos, entidades ou agentes públicos, ou intervir em sua atuação, inclusive no âmbito das agências reguladoras e dos órgãos de fiscalização do sistema financeiro nacional.

Constata-se, assim, que o inc. XII se sobrepõe, ainda que em parte, ao inc. X do art. 156 que alude a comportamento inidôneo "qualquer" não tipificado na Lei nº 14.133/2021 ou na Lei Anticorrupção.

3.2 Sanções imponíveis a licitantes e contratados

Em resposta a tais comportamentos, a lei prevê a possibilidade de imposição das seguintes sanções administrativas, bem como as hipóteses de seu cabimento, assim atendendo, num primeiro lanço, aos princípios da legalidade e tipicidade:

Art. 137. Constituirão motivos para extinção do contrato, a qual deverá ser formalmente motivada nos autos do processo, assegurados o contraditório e a ampla defesa, as seguintes situações: (…)

Art. 138. A extinção do contrato poderá ser:

I – determinada por ato unilateral e escrito da Administração, exceto no caso de descumprimento decorrente de sua própria conduta; (…).

Art. 139. A extinção determinada por ato unilateral da Administração poderá acarretar, sem prejuízo das sanções previstas nesta Lei, as seguintes consequências: (…)

Art. 156. Serão aplicadas ao responsável pelas infrações administrativas previstas nesta Lei as seguintes sanções:

I – advertência;

II – multa;

III – impedimento de licitar e contratar;

IV – declaração de inidoneidade para licitar ou contratar. (…)

§2º A sanção prevista no inciso I do *caput* deste artigo será aplicada exclusivamente pela infração administrativa prevista no inciso I do *caput* do art. 155 desta Lei, quando não se justificar a imposição de penalidade mais grave.

§3º A sanção prevista no inciso II do *caput* deste artigo, calculada na forma do edital ou do contrato, não poderá ser inferior a 0,5% (cinco décimos por cento) nem superior a 30% (trinta por cento) do valor do contrato licitado ou celebrado com contratação direta e será aplicada ao responsável por qualquer das infrações administrativas previstas no art. 155 desta Lei.

§4º A sanção prevista no inciso III do *caput* deste artigo será aplicada ao responsável pelas infrações administrativas previstas nos incisos II, III, IV, V, VI e VII do *caput* do art. 155 desta Lei, quando não se justificar a imposição de penalidade mais grave, e impedirá o responsável de licitar ou contratar no âmbito da Administração Pública direta e indireta do ente federativo que tiver aplicado a sanção, pelo prazo máximo de 3 (três) anos.

§5º A sanção prevista no inciso IV do *caput* deste artigo será aplicada ao responsável pelas infrações administrativas previstas nos incisos VIII, IX, X, XI e XII do *caput* do art. 155 desta Lei, bem como pelas infrações administrativas previstas nos incisos II, III, IV, V, VI e VII do *caput* do referido artigo que justifiquem a imposição de penalidade mais grave que a sanção referida no §4º deste artigo, e impedirá o responsável de licitar ou contratar no âmbito da Administração Pública direta e indireta de todos os entes federativos, pelo prazo mínimo de 3 (três) anos e máximo de 6 (seis) anos.

(...)

§7º As sanções previstas nos incisos I, III e IV do *caput* deste artigo poderão ser aplicadas cumulativamente com a prevista no inciso II do *caput* deste artigo.

§8º Se a multa aplicada e as indenizações cabíveis forem superiores ao valor de pagamento eventualmente devido pela Administração ao contratado, além da perda desse valor, a diferença será descontada da garantia prestada ou será cobrada judicialmente.

§9º A aplicação das sanções previstas no *caput* deste artigo não exclui, em hipótese alguma, a obrigação de reparação integral do dano causado à Administração Pública.

(...)

Art. 162. O atraso injustificado na execução do contrato sujeitará o contratado a multa de mora, na forma prevista em edital ou em contrato.

Parágrafo único. A aplicação de multa de mora não impedirá que a Administração a converta em compensatória e promova a extinção unilateral do contrato com a aplicação cumulada de outras sanções previstas nesta Lei.

A primeira a se referir é a *extinção unilateral do contrato por infração administrativa* (art. 139, *caput*), portanto, como verdadeira *rescisão-sanção*, tendo por suporte fático a incursão do contratado nos incs. I, II, VI e VII (esses dois conforme o caso) e IX do *caput* do art. 137 – já esmiuçados – e consoante a disposição do inc. I do *caput* do art. 138.

Arrolada no inc. I, do *caput* do art. 156, a *advertência* não se confunde com singela descompostura ou alerta. De fato, ela configura uma restrição de direitos de caráter repressivo a ser imposta pela incursão de um contratado em comportamento, típico, antijurídico e reprovável administrativamente e será tomada em consideração – para fins de futuro exame da sanção cabível e de sua dosimetria – em caso de reincidência infracional, genérica ou específica. Ademais, ela se classifica como *restritiva do patrimônio moral* tanto quanto a de declaração de inidoneidade para licitar e contratar, pelo menos em uma de suas facetas, por conta da natureza da restrição imposta.

Ela tem cabimento apenas nos comportamentos que tão só dão causa à inexecução parcial do contrato (e que não causam graves danos), conforme assim tipificado no inc. I do *caput* do art. 155, e oxalá nos seus desdobramentos em edital, na minuta do contrato ou mediante regulamento – ainda que *a contrario sensu* e em caráter residual, mediante silêncio normativo – , o que afasta a possibilidade de se advertir, com natureza sancionadora, quem executa o contrato por completo, ainda que o fazendo com pequenas irregularidades ou imperfeições.

E isso não soa estranho, pois tais situações atraem a aplicação do art. 119, que estipula estar o contratado "obrigado a reparar, corrigir, remover, reconstruir ou substituir, a suas expensas, no total ou em parte, o objeto do contrato em que se verificarem vícios, defeitos ou incorreções resultantes de sua execução ou de materiais nela empregados". Reforça essa conclusão, outra vez, a norma esculpida no inc. VI, do parágrafo único, do art. 2º da Lei nº 9.784/1999, que exige da Administração Pública a prática de atos com "adequação entre meios e fins, vedada a imposição de obrigações, restrições e sanções em medida superior àquelas estritamente necessárias ao atendimento do interesse público", portanto com respeito e consideração para com os princípios da razoabilidade, da proporcionalidade e da finalidade.

Ao que tudo indica, o *impedimento de licitar e contratar*, como previsto no inc. III do *caput* do art. 156 da NLLCA, pretendeu por uma pá de cal na discussão travada nos tribunais acerca da extensão dos efeitos da suspensão temporária de participação em licitação e impedimento de contratar com a Administração,[80] cominada no inc. III do *caput* do art. 87 da Lei nº 8.666/1993,[81] sem prejuízo de seu evidente agravamento.

Com lastro na Lei nº 8.666/1993 – mediante exercício hermenêutico adequado e, pois, lastreado na interpretação literal, por se tratar de norma sancionadora[82] –, a única conclusão juridicamente admissível seria vê-la limitada ao órgão, entidade ou unidade administrativa, licitante ou contratante, e com eficácia por até dois anos. Por exemplo, restringindo seus efeitos à Secretaria de Educação de um Município, de modo que a empresa sancionada ainda assim poderia contratar com a Secretaria de Saúde, como bem apontado por Anderson Sant'ana Pedra.[83]

Agora, sua imposição – pelo menos em princípio – espraia efeitos "no âmbito da Administração Pública direta e indireta do ente federativo que tiver aplicado a sanção, pelo prazo máximo de 3 (três) anos" (consoante reza o §4º do art. 146), tendo por suporte fático a incursão nos incs. II a VII do *caput* do art. 155. Todavia, é preciso que se faça uma interpretação constitucionalizante do alcance da norma, em atenção aos princípios da razoabilidade (adequação, necessidade e proporcionalidade) e da finalidade, no sentido de se circunscrever os efeitos de impedimento de licitar e contratar ao órgão

---

[80] JUSTEN FILHO, Marçal. *Comentários à Lei de Licitações e Contratações Administrativas*: Lei 14.133/2021. São Paulo: Thomson Reuters Brasil, 2021. p. 1.621.

[81] Art. 6º – Para os fins desta Lei, considera-se: (…) XI – Administração Pública - a administração direta e indireta da União, dos Estados, do Distrito Federal e dos Municípios, abrangendo inclusive as entidades com personalidade jurídica de direito privado sob controle do poder público e das fundações por ele instituídas ou mantidas; XII – Administração – órgão, entidade ou unidade administrativa pela qual a Administração Pública opera e atua concretamente; (…). Art. 87. Pela inexecução total ou parcial do contrato a Administração poderá, garantida a prévia defesa, aplicar ao contratado as seguintes sanções: (…) III – suspensão temporária de participação em licitação e impedimento de contratar com a Administração, por prazo não superior a 2 (dois) anos.

[82] Isso se extrai do princípio do *nullum crimen nulla poena sine lege*, de similar aplicação na senda do Direito Administrativo Sancionador.

[83] PEDRA, Anderson Sant'ana. Sanções administrativas nas contratações públicas. *In*: TORRES, Ronny Charles L. de. (Org.). *Licitações públicas*: homenagem ao jurista Jorge Ulisses Jacoby Fernandes. Curitiba: Negócios Públicos, 2016. p. 399.

(secretaria de estado) ou entidade (autarquia), licitante ou contratante, em que a pessoa (física ou jurídica) primária incorreu na conduta, típica, antijurídica e reprovável na medida da "simples" culpa.

No caso de reincidência em conduta praticada no âmbito do mesmo ente político e outra vez sancionável – por negligência, imprudência ou imperícia – com o impedimento ainda em curso no órgão ou entidade que aplicou a sanção, a causa-medida da reprovabilidade aumenta indefectivelmente, de forma a justificar que a penalidade administrativa se estenda à Administração Pública direta e indireta do próprio ente federativo. Portanto, aí inseridos os demais poderes (legislativo e judiciário), o ministério público, a defensoria e a corte de contas – conforme a esfera envolvida (municipal, estadual, distrital ou federal), e excluídas as empresas públicas, sociedades de economia mista e suas subsidiárias (conforme a previsão do §1º do art. 1º da NLLCA).

Sustenta-se, ainda, que os efeitos da sanção de impedimento em sua extensão máxima (observando-se a literalidade do §4º do art. 156) quando a infração administrativa – mesmo a original – seja praticada pelo licitante ou contratante com culpa grave (negligência, imprudência ou imperícia inescusável).

A mais severa sanção imponível a licitantes e contratados é a *declaração de inidoneidade para licitar ou contratar*, que "desonra" a pessoa sancionada e passa a impedi-la tanto de participar de licitações como de firmar contratos administrativos, de três a seis anos (§5º do art. 156).

Em vista disso, numa interpretação sistemático-teleológica e inteligente,[84] não faz sentido algum que as sanções de impedimento (inc. III do *caput* e §4º) e declaração de inidoneidade (inc. IV do *caput* e §5º) para licitar e contratar, previstas no art. 156 da NLLCA, possam importar em restrições de direitos substancialmente iguais,[85] a despeito dessa exigir dolo específico[86] para reprovação administrativa, limitando-se o aparte à sua dimensão temporal – até três (3) anos no primeiro caso e de três (3) a seis (6) anos, no segundo. Reforça essa compreensão o fato de que se garante, com indiferença, a possibilidade de reabilitação (conforme inc. III, do *caput* do art. 163).

De conseguinte, deve ser aceita a possibilidade de se impor a declaração de inidoneidade até mesmo àqueles sujeitos a quem a NLLCA, *primo ictu oculi*, reservou original impedimento, mas apenas na hipótese de concretamente "se justificar a imposição de

---

[84] **"DEVE O DIREITO SER INTERPRETADO INTELIGENTEMENTE**: não de modo que a ordem legal envolva um *absurdo*, prescreva inconveniências, vá ter a conclusões inconsistentes ou impossíveis. Também se prefere a exegese de que resulte eficiente a providência legal ou válido o ato, à que torne aquela, sem efeito, inócua, ou êste, juridicamente nulo. Revela acrescentar o seguinte: "é tão defectivo o sentido que deixa ficar sem efeito (a lei), como o que não a faz produzir efeito senão em hipóteses tão gratuitas que o legislador evidentemente não teria feito uma lei para preveni-las". Portanto, a exegese ha de ser de tal modo conduzida que explique o texto como não contendo superfluidades, e não resulte um sentido contraditório com o fim colimado ou o caráter do autor, nem conducente a *conclusão física ou moralmente* impossível." (MAXIMILIANO. Carlos. *Hermenêutica e aplicação do direito*. 2. ed. Porto Alegre: Edição da Livraria do Globo, 1933. p. 183.)

[85] Nada obstante isso, entende-se que a declaração de inidoneidade para licitar ou contratar gera, ao mesmo tempo, em dupla restrição – de direitos/atividades e do patrimônio moral – pois inviabiliza a firmação de parcerias com a Administração Pública e alardeia que a pessoa sancionada (física ou jurídica) não age com lhaneza, lealdade e/ou boa-fé.

[86] Advirta-se: esse o único elemento – e subjetivo – que legitima a restrição ao patrimônio moral de licitantes e contratados. Mesmo em caso de culpa grave e/ou de danos irreparáveis ou de difícil reparação, em atenção ao princípio da finalidade, da razoabilidade e da proporcionalidade, não tem cabimento a aplicação da declaração e inidoneidade. O que com ela se almeja desestimular (e retribuir – para quem admite essa função na seara do direito administrativo sancionador) é a má-fé, o ardil. E nada mais.

penalidade mais grave" (§4º), o que se mostra razoável em caso de *nova incursão* (= reincidência) em condutas objetivamente típicas e estatuídas nos incs. II a VII do *caput* do art. 155 que uma vez mais se concretizaram mediante culpa grave.

Por fim, multas, *rectius*, podem ser exigidas de licitantes e contratados na forma da lei, de regulamento geral (quando houver), do edital (e seus anexos) e da minuta do contrato e são cumuláveis com as sanções de advertência, de impedimento e de inidoneidade para licitar e contratar (§7º do art. 156), além da rescisão unilateral por falta imputável ao contratado. É dizer, aqui se está a referir a três distintas respostas pecuniárias, sendo que apenas duas delas podem ser classificadas como sanções administrativas propriamente ditas. São elas a *multa moratória*, cujo cabimento encontra amparo no atraso injustificado de quem executa o contrato (art. 162), e a *multa desestimuladora* (ou *"punitiva"*),[87] em princípio apenas devida por incumprimento – parcial ou total – do contrato não relacionado a prazos descumpridos.

A multa moratória é de fácil compreensão, dispensando adicionais comentários. Diversa é a perspectiva em relação à multa desestimuladora (do comportamento descompassado do desejado pela norma e/ou da geração de seus efeitos), que está a merecer certo aprofundamento.

Embora seja possível imaginar o não cabimento da multa desestimuladora no contexto da possibilidade descrita no parágrafo único do art. 162, no sentido de que "a aplicação de multa de mora não impedirá que a Administração a converta em compensatória", nada obsta que regulamento geral, o edital ou mesmo a minuta de contrato prevejam – e com razão suficiente! – multa propriamente dita para essa particularíssima situação.

Afinal, como adrede sustentado, a obrigação de reparar danos não configura um *plus*, um acréscimo de desestímulo a quem os causa, pois sua exigibilidade encontra-se especialmente plasmada no Código Civil (Lei nº 10.406/2020: art. 927 c/c arts. 186 e 187)[88] e nos §§8º e 9º do art. 156 da própria Lei nº 14.133/2021.

Então, para que se possa cumprir com a finalidade pública de desestimular comportamentos, a previsão de multa "punitiva" constitui verdadeiro dever a cumprir, por parte da Administração, e deve ser explicitada de forma que se possa saber, de antemão, que a conduta, típica e antijurídica consistente no agir intempestivo que repercute na imprestabilidade do objeto do contrato será reprovada administrativamente, sem prejuízo da exigibilidade da reparação de danos patrimoniais, morais e emergentes.

Portanto, a aparente faculdade prevista no parágrafo único do art. 162 muito aproveita ao sancionado, que pode ser extremamente beneficiado com a dita conversão, pois independentemente do valor da multa aplicada (consoante as previsões da NLLCA, de regulamento geral porventura existente, no edital ou na minuta do contrato), a reparação devida jamais poderá superar o dano apurado no caso concreto. Em tal conjuntura, será possível ao contratado exigir da Administração que reduza o valor da multa aplicada, e transitada em julgado administrativo, por exemplo, limitando-a à diferença de preço

---

[87] PEDRA, Anderson Sant'ana. Sanções administrativas nas contratações públicas. *In:* TORRES, Ronny Charles L. de. (Org.). *Licitações públicas*: homenagem ao jurista Jorge Ulisses Jacoby Fernandes. Curitiba: Negócios Públicos, 2016. p. 396.

[88] Lei nº 14.133/2021: Art. 89. Os contratos de que trata esta Lei regular-se-ão pelas suas cláusulas e pelos preceitos de direito público, e a eles serão aplicados, supletivamente, os princípios da teoria geral dos contratos e as disposições de direito privado.

praticado por ele mesmo e o pago (ou a ser pago) pela Administração para satisfação da mesma necessidade ou utilidade, administrativa ou coletiva, por outrem.

Esse, pois, é outro motivo pelo qual se entende que a conversão é insatisfatória, prejudicial ao interesse público e não garantidora da reparação integral como aquela exigível por danos morais ou para reparação da integralidade dos danos patrimoniais. A uma porque seu montante "concretamente apurado como devido" pode servir de limite para a compensação,[89] em patente prejuízo ao erário. A duas pelo fato de que o dano moral não poder ser reconhecido ou arbitrado pela própria Administração contratante, de modo que, quando isso ocorrer, não haverá alternativa outra que não buscar sua reparação mediante conciliação, mediação, atuação do comitê de resolução de disputas e arbitragem (nos termos do art. 151 e seu parágrafo único) ou da vetusta intervenção judicial.

3.3 Dosimetria do sancionamento (art. 156)

A rescisão-sanção e a advertência, reprise-se, configuram sanções administrativas imponíveis a contratados, mas não são passíveis de dosimetria propriamente dita, no sentido de sua gradação dentro de parâmetros legais, regulamentares, editalícios ou contratuais. Desse modo, ou elas são impostas ou não o são, a qualquer um, indistintamente, e como resultado de atividade vinculada. Logo, os parâmetros de sua validade limitam-se à necessidade e adequação em face do comportamento, típico, antijurídico e reprovável, inexistindo espaço para gradação a qualquer título.

Todas as demais comportam averiguação de circunstâncias específicas e de ajustes em cada caso concreto, revelando a necessidade, a adequação e a proporção devida (medida em relação ao montante, prazo ou extensão de efeitos – como aqui se defende) caso a caso, um a um, o que se extrai da combinação do §1º com os §§2º, 3º, 4º e 5º do art. 156 da NLLCA:[90]

> Art. 156. Serão aplicadas ao responsável pelas infrações administrativas previstas nesta Lei as seguintes sanções: (...)
> §1º Na aplicação das sanções serão considerados:
> I – a natureza e a gravidade da infração cometida;
> II – as peculiaridades do caso concreto;
> III – as circunstâncias agravantes ou atenuantes;
> IV – os danos que dela provierem para a Administração Pública;
> V – a implantação ou o aperfeiçoamento de programa de integridade, conforme normas e orientações dos órgãos de controle.

---

[89] Art. 416. Para exigir a pena convencional, não é necessário que o credor alegue prejuízo. Parágrafo único. Ainda que o prejuízo exceda ao previsto na cláusula penal, *não pode o credor exigir indenização suplementar se assim não foi convencionado*. Se o tiver sido, a pena vale como mínimo da indenização, competindo ao credor provar o prejuízo excedente. (destacou-se.)

[90] Sem prejuízo das exigências constantes da Lei nº 9.784/99 (do *caput* do art. 2º e inc. VI do seu parágrafo único) e do §2º do art. 22 do Decreto-Lei nº 4.657/1942, que assim estipula: "Na aplicação de sanções, serão consideradas a natureza e a gravidade da infração cometida, os danos que dela provierem para a administração pública, as circunstâncias agravantes ou atenuantes e os antecedentes do agente".

§2º A sanção prevista no inciso I do *caput* deste artigo será aplicada exclusivamente pela infração administrativa prevista no inciso I do *caput* do art. 155 desta Lei, quando não se justificar a imposição de penalidade mais grave.

§3º A sanção prevista no inciso II do *caput* deste artigo, calculada na forma do edital ou do contrato, não poderá ser inferior a 0,5% (cinco décimos por cento) nem superior a 30% (trinta por cento) do valor do contrato licitado ou celebrado com contratação direta e será aplicada ao responsável por qualquer das infrações administrativas previstas no art. 155 desta Lei.

§4º A sanção prevista no inciso III do *caput* deste artigo será aplicada ao responsável pelas infrações administrativas previstas nos incisos II, III, IV, V, VI e VII do *caput* do art. 155 desta Lei, quando não se justificar a imposição de penalidade mais grave, e impedirá o responsável de licitar ou contratar no âmbito da Administração Pública direta e indireta do ente federativo que tiver aplicado a sanção, pelo prazo máximo de 3 (três) anos.

§5º A sanção prevista no inciso IV do *caput* deste artigo será aplicada ao responsável pelas infrações administrativas previstas nos incisos VIII, IX, X, XI e XII do *caput* do art. 155 desta Lei, bem como pelas infrações administrativas previstas nos incisos II, III, IV, V, VI e VII do *caput* do referido artigo que justifiquem a imposição de penalidade mais grave que a sanção referida no §4º deste artigo, e impedirá o responsável de licitar ou contratar no âmbito da Administração Pública direta e indireta de todos os entes federativos, pelo prazo mínimo de 3 (três) anos e máximo de 6 (seis) anos.

"A natureza e a gravidade da infração cometida" (inc. I do §1º do art. 156) se prestam a definir a sanção imponível *in concreto* (nos casos "em que se justificar a imposição de penalidade mais grave"), aplicando-se o impedimento e não a advertência e a declaração de inidoneidade ao revés do impedimento, conforme previsão constante dos §§2º, 4º e 5º do mesmo dispositivo legal. A isso se acrescenta a possibilidade de sua consideração para fins de fixação das multas (quanto aos montantes), do prazo do impedimento e da declaração de inidoneidade para licitar e contratar, e para contenção dos efeitos do impedimento ao órgão ou entidade pelas razões expostas e mediante uma interpretação conforme à Constituição.

O inc. II do §1º as peculiaridades do caso concreto, ou seja, daquelas que o tornam distinto de tantas outras situações envolvendo infrações da mesma natureza e gravidade. A título de ilustração, imagine-se a inexecução total de um contrato. Por evidente que a não entrega de veículos oficiais de serviço comum (para transporte de servidores) é reprovável, mas se o veículo for uma ambulância (veículo oficial de serviço especial, relacionado à saúde pública) a reprovabilidade se maximiza, ensejando uma resposta pecuniária mais elevada e maior tempo de impedimento de licitar e contratar.[91]

Teria muita utilidade, portanto, um regulamento geral que categorizasse as hipóteses infracionais de licitantes e contratados levando em consideração os incs. I e II do §1º, de modo a classificá-las, de antemão e, por exemplo, a partir da natureza do objeto do contrato (fornecimento de bem, prestação de serviço ou execução de obra) e

---

[91] No mesmo sentido: *Ementa*: ADMINISTRATIVO. AGRAVO DE INSTRUMENTO. CONTRATO DE PRESTAÇÃO DE SERVIÇO. INEXECUÇÃO PARCIAL. MULTA. DESPROPORCIONALIDADE. Deve ser mantida a liminar que suspende os efeitos de multa aplicada por inexecução de contrato administrativo de prestação de serviços, ainda que reste evidenciada a atuação irregular da contratada, quando verificada, em juízo de cognição sumária, a desproporcionalidade do montante fixado, em especial considerando-se a proximidade do término do contrato e o fato de que a inexecução foi parcial (TRF4, AG 5007719-32.2019.4.04.0000, TERCEIRA TURMA, Relatora CARLA EVELISE JUSTINO HENDGES, juntado aos autos em 24.06.2019).

de sua (im)prescindibilidade para a Administração, para o funcionamento de serviços públicos ou para satisfação de necessidade ou utilidade coletiva (assim considerados no inc. II do art. 155). Tudo isso, à toda evidência, para fins de prévia fixação de novos e mais esmiuçados parâmetros, portanto aptos a conferir maior segurança jurídica e estabelecer padrões de adequação, necessidade e proporcionalidade.

Não se olvida da importância das "circunstâncias agravantes e atenuantes" (inc. III) para dosimetria da sanção, mas de nada adianta sua consideração *a posteriori*, a critério (*sic*) da Administração e num passe de mágica, negando ao destinatário da norma a possibilidade de se afastar ou de incorrer voluntariamente em condutas aptas a repercutir em incremento ou mitigação da reprovabilidade,[92] respectivamente.

O inc. IV, como de praxe, determina que na aplicação da sanção sejam considerados os "danos causados à Administração Pública". Por se tratar de norma que envolve o direito administrativo sancionador, reconhece-se que não cabe extensão. Contudo, isso não interfere na consideração dos danos ao regular funcionamento dos serviços públicos e ao interesse coletivo, causadores de inexecução parcial do contrato, como circunstâncias agravantes gerais, de modo que danos mais ou menos extensos, com duração maior ou menor (quando assim aferível) estarão a exigir sancionamento mais ou menos severo, conforme cada situação concretamente examinada.

O inc. V revela novidade, a partir da qual a prevenção interna, voluntária, sistematizada e institucionalizada de ilícitos, por parte de licitantes e contratados, é recomendada a ponto de servir de causa de mitigação de sua reprovabilidade, como sanção premial imprópria, por si mesma incentivadora de comportamentos almejados de quem pretende atuar ou atua no mercado de contratações públicas. E para evitar favoritismos ou perseguições, ou simples quebra do princípio da isonomia, faz-se imperativo prever em que medida isso impactará na dosimetria das sanções, podendo-se e devendo-se distinguir, *e.g.*, o menor ou maior efeito favorável mediante consideração de três categorias de empresas, a partir de sua função social, isto é, a capacidade de geração de emprego e renda de microempresas, empresas de pequeno e de grande porte, conferindo-se a elas – na mesma ordem – vantagem, no sentido da mitigação da penalidade aplicada. Em suma, "a implantação ou o aperfeiçoamento de programa de integridade, conforme normas e orientações dos órgãos de controle" (inc. V) se mostra providência oportuna, conveniente e induvidosamente útil, inclusive para mitigar eventuais respostas sancionadoras a licitantes e contratados.[93]

---

[92] Decreto nº 10.086/2022 – "Art. 211. São circunstâncias agravantes: I – a prática da infração com violação de dever inerente a cargo, ofício ou profissão; II – o conluio entre licitantes ou contratados para a prática da infração; III – a apresentação de documento falso no curso do processo administrativo de apuração de responsabilidade; IV– a reincidência; V – a prática de qualquer de infrações absorvidas, na forma do disposto no art. 198 deste Regulamento. §1º Verifica-se a reincidência quando o acusado comete nova infração, depois de condenado definitivamente por idêntica infração anterior. §2º Para efeito de reincidência: I – considera-se a decisão proferida no âmbito da Administração Pública Direta e Indireta dos todos os entes federativos, se imposta a pena de declaração de inidoneidade de licitar e contratar; II – não prevalece a condenação anterior, se entre a data da publicação da decisão definitiva dessa e a do cometimento da nova infração tiver decorrido período de tempo superior a 5 (cinco) anos; III – não se verifica, se tiver ocorrido a reabilitação em relação a infração anterior. Art. 212. São circunstâncias atenuantes: I – a primariedade; II – procurar evitar ou minorar as consequências da infração antes do julgamento; III – reparar o dano antes do julgamento; IV – confessar a autoria da infração. Parágrafo único. Considera-se primário aquele que não tenha sido condenado definitivamente por infração administrativa prevista em lei ou já tenha sido reabilitado".

[93] Preocupada com as métricas a adotar em relação aos programas de integridade, a CGU editou duas cartilhas que merecem exame: "Programa de Integridade: diretrizes para empresas privadas" (2015, disponível em: https://

O §3º do art. 156 da NLLCA impõe limites para fixação das multas pela incursão em condutas, típicas, antijurídicas e reprováveis, mas ainda assim o faz com problemas. Embora determine que o cálculo se dará na forma do edital ou do contrato, a lei prevê que se tome por base de cálculo o valor "do contrato" e no patamar mínimo de 0,5% e máximo de 30%. E o equívoco disso é patente em várias frentes.

A primeira revela em parte sua desarrazoabilidade abstrata, pois é mansa e pacífica, tanto na doutrina como na jurisprudência, a compreensão de que a reprovabilidade da conduta deve se mostrar atrelada à parcela inadimplida, quando a utilidade proveniente do objeto contratual puder ser mensurada por partes, etapas, itens e subitens etc. Então, por a NLLCA prever a aplicação supletiva da teoria geral dos contratos (art. 89), invoca-se, por economia, a seguinte porção do Código Civil em vigor: "Art. 413. A penalidade deve ser reduzida eqüitativamente pelo juiz se a obrigação principal tiver sido cumprida em parte, ou se o montante da penalidade for manifestamente excessivo, tendo-se em vista a natureza e a finalidade do negócio". [94]

---

www.gov.br/cgu/pt-br/centrais-de-conteudo/publicacoes/integridade/arquivos/programa-de-integridade-diretrizes-para-empresas-privadas.pdf. Acesso: 25. jan. 2021) e o "Manual Prático de avaliação de Programa de Integridade em PAR" (2018, disponível em: https://www.gov.br/cgu/pt-br/centrais-de-conteudo/publicacoes/integridade/arquivos/manual-pratico-integridade-par.pdf. Acesso: 25 jan. 2021.)

[94] Dentre tantos outros, confiram-se dois:
Ementa: RECURSO ORDINÁRIO EM MANDADO DE SEGURANÇA. CONTRATO ADMINISTRATIVO. SERVIÇOS DE VIGILÂNCIA ARMADA E NÃO ARMADA EM UNIDADES DO PODER JUDICIÁRIO DO ESTADO DO PARANÁ. DESCUMPRIMENTO CONTRATUAL. PAGAMENTO PARCIAL DO DÉCIMO TERCEIRO SALÁRIO DOS COLABORADORES. DECISÃO ADMINISTRATIVA QUE APLICOU MULTA DE 20% SOBRE O VALOR GLOBAL DOS CONTRATOS. MONTANTE REDUZIDO PARA 4% SOBRE O VALOR GLOBAL. PLEITO RECURSAL PARA DIMINUIÇÃO COM INTUITO DE QUE A MULTA INCIDA APENAS SOBRE A PARCELA DA OBRIGAÇÃO CONTRATUAL INADIMPLIDA OU DE QUE CORRESPONDA À DIFERENÇA ENTRE O VALOR DEVIDO E O VALOR PAGO A TÍTULO DE DÉCIMO TERCEIRO SALÁRIO. AUSÊNCIA DE PREVISÃO LEGAL. INEXISTÊNCIA DE DESPROPORCIONALIDADE FLAGRANTE. HISTÓRICO DA DEMANDA 1. Trata-se, na origem, de Mandado de Segurança (…). 3. O acórdão recorrido concedeu parcialmente a ordem para reduzir o valor da multa imposta de 20% para 4% sobre o valor global dos contratos de segurança. (…) 6. No caso em exame, em cada um dos contratos celebrados e questionados neste feito, a Cláusula 16 estabeleceu o quantum da penalidade. *Não estipulou, todavia, parâmetros para aferição da proporcionalidade e adequação da sanção administrativa, in verbis*: "CLÁUSULA 16 - DAS PENALIDADES: A CONTRATADA fica sujeita às seguintes sanções previstas no artigo 150 e seguintes da Lei Estadual nº 15.608/2007 e artigo 87 da Lei 8.666/93: (…) c. Multa de mora diária de 0,5% (cinco décimos percentuais), calculada sobre o valor mensal do contrato até o 30º (trigésimo) dia, por evento e/ou por dia, em razão do inadimplemento contratual, parcial ou total (tempo, forma e lugar); a partir do 31º (trigésimo primeiro) dia será cabível multa de 20% (vinte por cento) sobre o valor global do contrato". INADIMPLEMENTO CONTRATUAL QUE AUTORIZA A COMINAÇÃO DA SANÇÃO ADMINISTRATIVA NO PERCENTUAL DE 20% SOBRE O VALOR GLOBAL MENSAL DE CADA CONTRATO: CLÁUSULA 16-C 7. No caso em exame, como o inadimplemento ocorreu em dezembro de 2016, e só foi regularizado a partir de março de 2017 (com a correção monetária devida apenas em maio do mesmo ano), após mais de 31 dias de inadimplemento, a multa foi imposta no percentual de 20% sobre o valor global mensal de cada contrato nos termos da citada Cláusula 16-c. *REDUÇÃO DA MULTA PELO ARESTO VERGASTADO: DIMINUIÇÃO DA MULTA ANTERIORMENTE FIXADA EM 20% DO VALOR GLOBAL PARA 4% SOBRE O VALOR GLOBAL DOS CONTRATOS* 8. O aresto vergastado, ao decidir a controvérsia, reduziu o valor da multa, por entender que ela seria excessiva, pelas razões a seguir expendidas: "O Órgão Especial, ao julgar o Mandado de Segurança de nº 1.746.993-1 adotou os novos parâmetros sancionatórios decorrentes dos estudos deste Tribunal de Justiça - por meio dos quais reconfigurou-se a metodologia de apenamento administrativo ante a maior flexibilidade e melhor discriminação/tipificação das hipóteses de, reconhecendo a invalidade jurídica da multa estabelecida no percentual de 20% (vinte por descumprimento contratual cento), adotando, o percentual máxima previsto no relatório realizado pelo Grupo de Estudos de rescisões Contratuais, Infrações e Aplicações de Penalidades - SEI nº 0017850-35.2016.8.16.6000, ou seja de 4% sobre o valor global dos contratos. [1] Deste modo, para evitar qualquer divergência no âmbito desta Corte de Justiça, deve ser aplicada a mesma solução ao caso concreto. Assim, deve ser reconhecida a invalidade da penalidade de 20% sobre o valor global dos contratos de nº 28/2014, 157/2016 e 158/2016 ... devendo incidir o percentual de 4% (quatro por cento), sobre o valor global dos instrumentos. Nessas condições, os valores das multas incidentes em cada contrato,

Outra a merecer destaque é o renovado desrespeito ao princípio da razoabilidade em relação à fixação do teto máximo na lei sem qualquer consideração adicional. Mesmo que se trate de inexecução total e que ela cause danos – para os quais a resposta adequada é a indenização (e não apenas a conversão da multa de mora em compensatória – pelos motivos dantes apontados) – o percentual de 30% se mostra descabido quando a infração tenha sido reprovada à guisa de culpa. É que não haveria outro meio para agravar o sancionamento em se tratando de comportamento reincidente e doloso, por exemplo.

De conseguinte, fixar – em regulamento, edital ou no contrato – o teto em 20% (da parcela inadimplida!) e a partir dele também estatuir, prévia e objetivamente, os incs. I a V do §1º do art. 156 como causas de aumento ou diminuição do montante da multa atende, a um só tempo, os princípios da razoabilidade (adequação, necessidade e proporcionalidade em senso estrito) e da finalidade, pois a reprovabilidade da conduta, típica e antijurídica, deve ser dimensionada com atenção a isso tudo, inclusive com a circunstância de a sanção recair sobre microempreendedor.

Quanto ao patamar mínimo de aplicação de multa, no percentual de 0,5%, sustenta-se que ele é também aplicável à multa moratória – ainda que sujeito a futuras discussões acerca de sua razoabilidade (adequação, necessidade e proporcionalidade) –, tomando-se por base a expressão econômica da parcela, etapa, item ou subitem em atraso (no fornecimento, prestação ou execução).

Para além disso, é possível inferir, do §3º do art. 156 da NLLCA, que o prazo máximo de tolerância ao atraso injustificado será, em qualquer hipótese, de 60 sessenta dias, impondo-se, depois disso, a conversão da multa de mora em multa por inexecução, parcial ou total.

Quanto aos prazos de impedimento e de declaração de inidoneidade para licitar e contratar, a lógica é a mesma, fazendo-se mister um prévio escalonamento de prazos que levem em consideração todas as variáveis do §1º do art. 156, sem prejuízo

---

passarão a corresponder o seguinte: Contrato Valor atual do Contrato Multa 4% sobre o valor do contrato 28/2014 R$ 361.256,00 R$ 14.450,24 157/2016 R$ 566.372,41 R$ 22.654,89 158/2016 R$ 445.702,25 R$17.828,09". CONTROLE DE LEGALIDADE QUANDO EXISTENTE DESPROPORCIONALIDADE MANIFESTA DA MULTA ADMINISTRATIVA – INOCORRÊNCIA DE INVASÃO DE COMPETÊNCIA ADMINISTRATIVA PELO JUDICIÁRIO (...) CONCLUSÃO 15. Recurso Ordinário não provido. (RMS 64.206/PR, Rel. Ministro HERMAN BENJAMIN, SEGUNDA TURMA, julgado em 01.12.2020, DJe 18.12.2020 – destacou-se.)
Ementa: ADMINISTRATIVO E PROCESSUAL CIVIL. CONTRATO ADMINISTRATIVO. MULTA CONTRATUAL EM VIRTUDE DE MORA NA EXECUÇÃO DE OBRAS. INSIGNIFICÂNCIA DO EXCESSO DE PRAZO. REDUÇÃO DO QUANTUM ESTABELECIDO NO INSTRUMENTO DE CONTRATO. POSSIBILIDADE. PRINCÍPIOS DA RAZOABILIDADE E DA PROPORCIONALIDADE. APLICAÇÃO SUPLETIVA DAS NORMAS DE DIREITO CIVIL. (...). I – A orientação jurisprudencial do colendo Superior Tribunal de Justiça é no sentido de que a despeito da expressa previsão legal para a imposição de multa administrativa pela mora no adimplemento do serviço contratado por meio de certame licitatório, tal fato não autoriza sua fixação em percentual exorbitante que importe em locupletamento ilícito dos órgãos públicos, aplicando-se, em casos assim, as normas de direito privado, por expressa autorização legal, prevista no art. 54 da Lei nº 8.666/1993, na determinação de que "os contratos administrativos de que trata esta Lei regulam-se pelas suas cláusulas e pelos preceitos de direito público, aplicando-se-lhes, supletivamente, os princípios da teoria geral dos contratos e as disposições de direito privado". II – *Na hipótese em comento, o irrisório excesso de prazo na conclusão das obras contratadas – 14 dias, num universo de 580 dias concedidos à empresa contratada - autoriza a redução do valor da multa que lhe foi imposta, devendo o percentual contratualmente estipulado incidir sobre a parcela da obra pendente de conclusão, no término do prazo concedido* – 0,3% (três décimos por cento) por dia de atraso, sobre a quantia de R$2.853.382,83 (dois milhões, oitocentos e cinqüenta e três mil, trezentos e oitenta e dois reais e oitenta e três centavos). (...) IV – Provimento da apelação da autora. Sentença reformada, em parte. Apelação da União Federal desprovida. Remessa oficial prejudicada. (BRASIL. TRF1, 5ª Turma, Apelação/Reexame Necessário nº 0023172-93.2011.4.01.3500, Rel. Des. Souza Prudente, j. 08.10.2014 – destacou-se.)

de outras, mais detalhadas e discriminadas em regulamento, no edital ou no contrato que busquem servir de arrimo para constitucional e legal reprovabilidade, inclusive em termos de individualização.

Dito de outro modo, que se defina que o impedimento será gradual e na medida da reprovabilidade, ainda que em juízo de abstração, separando-se os incs. II a VII do art. 155 por categorias. Por exemplo, pela incursão nos incs. tal e qual até seis meses etc. No mais, que se tipifiquem causas para ampliação ou diminuição dos prazos, em percentuais variados, por conta da constatação das causas: de uma e até três causas..., o que deve ser elaborado não apenas por pessoas com formação jurídica, mas profissionais que atuem em cada nicho e conheçam a gestão pública na teoria e na prática. Em outras palavras, por um seleto grupo de pessoas, sem prejuízo da eventual aglutinação de sujeitos não vinculados à Administração Pública, com a condição de ostentarem induvidosa expertise na área.

Quanto à cumulação de sanções (§7º do art.156) no bojo da NLLCA é preciso certa temperança. Nada obstante o §3º do art. 156 (que prevê a multa como sanção administrativa) discipline, em sua porção final, que ela "será aplicada ao responsável por qualquer das infrações administrativas previstas no art. 155 desta Lei", entende-se que essa prática não deva necessariamente ocorrer.

Por exemplo, não faz sentido algum sancionamento administrativo pecuniário por inexecução "culposa" de pequena parcela de contrato administrativo que não repercute em dano algum, ainda mais em caso de primariedade. O efeito de tanto será o não pagamento da porção inadimplida, o que por si só pode ter impacto de relevo na sustentabilidade econômico-financeira de microempresa. Em que pese isso, impõe-se desestimular a ocorrência por meio de advertência (§2º do art. 156), mas nem sempre se demonstrará necessário, adequado e proporcional promover-se sua cumulação com multa, pois inexistiria finalidade pública a justificar duplo e simultâneo sancionamento. À vista disso, o regulamento pode e deve prever que a multa será cumulada com advertência apenas quando se tratar de infrator reincidente no âmbito do órgão ou da entidade.

Na mesma esteira, entende-se plenamente válido um regulamento específico prever, *e.g.*, tolerância de até três dias para atraso injustificado no fornecimento de bens de consumo não essenciais (como um grampeador) e, ao contrário, não causaria estranheza a fixação, em minuta de contrato, que a multa de mora por atraso injustificado na entrega de 100 (cem) respiradores (em tempos de COVID 19) seria de 1% ao dia, até dez dias, e de 1,5%, do décimo primeiro e até o vigésimo dia, sobre a parcela inadimplida, após o que restaria caracterizada a inexecução total, sancionável no percentual de 30%, sem prejuízo da indenização devida, a ser descontada dos pagamentos porventura devidos, da garantia prestada ou cobrada judicialmente (§8º do art. 156).

Em suma, quanto mais detalhadas forem as previsões acerca dos ilícitos, das sanções a eles atreladas, das condições de seu aumento ou diminuição, de fixação de sua extensão, dos prazos e das bases de cálculo (ou de valor eventualmente fixo), mais fácil será a apuração dos comportamentos, típicos e antijurídicos na NLLCA, cuja reprovabilidade deverá ser examinada para fins de efetiva imposição de sanção (ou de sanções, quando adequado e necessário) e/ou de sua adequada dosimetria.

4 Processo Administrativo de Responsabilização (de apuração de infrações e aplicação de sanções – PAR) e prescrição

Para que se mostre válida a apuração de eventual infração administrativa por parte de licitantes e contratados, bem como se promova à responsabilização correspondente, é preciso apreço pelo devido processo legal, formal e substancial, bem como pelos seus corolários, do contraditório e da ampla defesa.

E isso que poderia parecer uma fórmula mágica, muitas vezes incompreensível para agentes públicos, licitantes e contratados, viu-se em muito facilitado pela NLLCA, a despeito de alguns problemas remanescerem. No art. 157 mal se apresenta o processo para aplicação da sanção de multa, o que sequer é ventilado para fins de imposição da advertência, dando a falsa impressão de que ela poderia ser, pura e simplesmente, aplicada, sem grandes cuidados, por sua baixa danosidade. Ledo engano.

O devido processo legal está estampado no art. 5º, que assim prevê: "ninguém será privado da liberdade ou de seus bens sem o devido processo legal" (inc. LIV) e "aos litigantes, em processo judicial ou administrativo, e aos acusados em geral são assegurados o contraditório e ampla defesa, com os meios e recursos a ela inerentes" (inc. LV). Logo, desatender essas garantias, inclusive no bojo da Administração licitante ou contratante, importa em agir inconstitucional.

Em reforço a isso, a Lei nº 9.784/1999 o apresenta, no *caput* de seu art. 2º, como princípio a ser observado pela Administração Pública (em qualquer tipo de processo), e destrincha-o em várias passagens, merecendo destaque a fase de instrução (arts. 30, 36 a 41, 44, 46 e 47), o dever de motivação (art. 50) e a previsão de recurso (art. 56 e seguintes), dentre outros aspectos.

Logo, reconhece-se que tanto a aplicação de advertência quanto a de multa exigem oportunidade de justificação (defesa) antes da tomada de decisão de índole sancionadora e de interposição de recurso depois dela, sem prejuízo do direito de produzir as provas necessárias para apuração da verdade material, particularmente no sentido de afastar a tipicidade da conduta imputada, apresentar justificação ou comprovar a inexigibilidade de conduta diversa.

Ou seja, o espírito a iluminar a atividade sancionadora da Administração licitante e contratante sempre deve ser o mesmo, o encarnado no art. 158,[95] inclusive por conta da presunção constitucional de inocência, sendo de se admitir que apenas "o processo" varie conforme a gravidade das imputações e dos sancionamentos em face delas aplicáveis.

Para a apuração de infrações capituladas nos incs. II a VII e VIII a XII do *caput* do art. 155, e ordinariamente sancionáveis com o *impedimento* e com a *declaração de inidoneidade* para licitar e contratar – na esteira dos §§4º e 5º do art. 156 da mesma NLLCA – previu-se a instauração[96] de um processo (administrativo) de responsabilização (PAR) que não mais poderá ser conduzido por apenas um indivíduo.

---

[95] JUSTEN FILHO, Marçal. *Comentários à Lei de Licitações e Contratações Administrativas*: Lei 14.133/2021. São Paulo: Thomson Reuters Brasil, 2021. p. 1.637.

[96] A instauração do Processo Administrativo de Responsabilização (PAR) encontra-se assim prevista no retromencionado decreto estadual paranaense: "Art. 201. A aplicação das sanções previstas nos incisos III e IV do *caput* do art. 156 da Lei Federal nº 14.133, de 2021 requererá a instauração de processo de responsabilização de que trata o art. 158 da Lei Federal nº 14.133, de 2021, a ser conduzido por Comissão Processante, permanente ou *ad hoc*

Sua instauração exige manifestação de autoridade competente, o que pode ser disciplinado por ato infralegal público, como um regimento interno, pois a NLLCA apenas tratou disso em relação à autoridade sancionadora (que se defende seja a mesma a instaurá-lo), o que o fez no §6º do art. 156 e em relação à declaração de inidoneidade.

Para sua instrução exige-se um mínimo de dois servidores – que deve ser obrigatoriamente ampliado para três (ou número ímpar superior), evitando-se empate – estáveis no serviço público, de modo a blindarem ditos de possíveis pressões da autoridade instauradora (ou mesmo superior), para que se conduza a instrução ou se elabora o relatório num ou noutro sentido, de modo a favorecer ou perseguir a pessoa processada, por exemplo.

O rito processual – sumariamente exposto – encontra-se no *caput* do art. 158, bem como nos seus §2º e 3º, e não causa maiores dificuldades na sua compreensão e concretização, desde que operada de boa-fé e que se considere licitantes como contratados como indispensáveis para a gestão pública e para a satisfação de necessidades ou utilidades, administrativas ou coletivas. Afinal de contas, para se erguer um prédio ainda se pode usar tijolos e não se tem notícia de olarias mantidas ou controladas pelo poder público.

De todo modo, a lei prevê defesa prévia à imposição de eventual penalidade, a ser apresentada em até 15 dias úteis contados da formal e regular intimação, na qual poderão ser apresentadas causas de justificação ou requerida a produção de provas visar demonstrar, por exemplo, que a conduta ou o dano não lhe são imputáveis a qualquer título; que a conduta não era típica; que não fora praticada com dolo (conforme o caso); que não houve dano ou que o dano não guarda correlação lógico-jurídica com a conduta imputada; ou, ainda, que operada a prescrição.

Idêntico prazo de defesa está previsto em relação à ameaça de aplicação de multas (art. 157), que deve ser estendido para a advertência, com vistas ao regular exercício do contraditório, sem prejuízo de a ampla defesa (produção de provas) estar assim prevista em ato regulamentar, no edital ou ser admitida no próprio contrato. Por isso mesmo, o elogiável art. 200 do decreto paranaense adrede mencionado merece transcrição:

> Art. 200. A apuração de responsabilidade por infrações passíveis das sanções de advertência e multa se dará em processo administrativo simplificado, facultando-se a defesa do licitante ou contratado no prazo de 15 (quinze) dias úteis, contado da data de sua intimação.
> §1º A notificação conterá, no mínimo, a descrição dos fatos imputados, o dispositivo pertinente à infração, a identificação do licitante ou contratado ou os elementos pelos quais se possa identificá-los.

---

designada pela autoridade máxima do órgão ou entidade da Administração Pública do Estado do Paraná. §1º A instauração do processo se dará por ato de quem possui competência para aplicar a sanção e mencionará: I – os fatos que ensejam a apuração; II – o enquadramento dos fatos às normas pertinentes à infração; III – a identificação do licitante ou contratado, denominado acusado, ou os elementos pelos quais se possa identificá-lo; IV – na hipótese do §2º deste artigo, a identificação dos administradores e ou sócios, pessoa jurídica sucessora ou empresa do mesmo ramo com relação de coligação ou controle, de fato ou de direito. §2º A infração poderá ser imputada, solidariamente, aos administradores e sócios que possuam poderes de administração, se houver indícios de envolvimento no ilícito, como também à pessoa jurídica sucessora ou a empresa do mesmo ramo com relação de coligação ou controle, de fato ou de direito, seguindo o disposto para a desconsideração direita da personalidade jurídica. §3º O processo poderá ser instaurado exclusivamente contra administradores e sócios que possuem poderes de administração, das pessoas jurídicas licitantes ou contratadas, se identificada prática de subterfúgios, visando burlar os objetivos legais da própria sanção administrativa".

§2º A apuração dos fatos e apreciação da defesa será feita por servidor efetivo ou empregado público designado ou comissão compostas por esses agentes públicos, a quem caberá a elaboração de Relatório Final conclusivo quanto à existência de responsabilidade do licitante ou contratado, em que resumirá as peças principais dos autos, opinará sobre a licitude da conduta, indicará os dispositivos legais violados e remeterá o processo à autoridade instauradora, para julgamento.

§3º No processo administrativo simplificado de que trata esse artigo, é dispensada manifestação jurídica da Procuradoria-Geral do Estado.

§4º O licitante poderá apresentar, junto à defesa, eventuais provas que pretenda produzir.

Na hipótese de deferimento de pedido de produção de novas provas ou de juntada de provas julgadas indispensáveis pela comissão, o licitante ou o contratado poderá apresentar alegações finais no prazo de 15 (quinze) dias úteis, contados da intimação (§2º do art. 158 da NLLCA).

Após isso – e ainda que a lei não aponte nada nesse sentido – competirá à comissão elaborar relatório, em que indique as provas produzidas e a conclusão, ainda que tomada pela maioria (daí a necessidade de número ímpar) no sentido de que a pessoa processada incidiu – ou não – em conduta, típica, antijurídica e reprovável, bem como a medida dessa, de modo a sugerir a aplicação dessa ou daquela sanção, e eventual cumulação, salvo disposição prévia em contrário.

Na sequência, a lei exige manifestação jurídica (*caput* do §6º do art. 156) e tomada de decisão por quem nela é apontado como competente (incs. I e II do §6º).

Da aplicação das sanções previstas nos incisos I, II e III do *caput* do art. 156 "caberá recurso no prazo de 15 (quinze) dias úteis, contado da data da intimação" (*caput* do art. 166) e "será dirigido à autoridade que tiver proferido a decisão recorrida, que, se não a reconsiderar no prazo de 5 (cinco) dias úteis, encaminhará o recurso com sua motivação à autoridade superior, a qual deverá proferir sua decisão no prazo máximo de 20 (vinte) dias úteis, contado do recebimento dos autos" (parágrafo único do art.166), reservando-se para a declaração de inidoneidade a postulação de pedido de reconsideração (já que inexistirá autoridade "superior"), a ser apresentada no mesmo prazo (15 dias úteis) e decidida em outros 20 dias, também úteis.

O que merece aplausos é o fato de a NLLCA ter estatuído, em seu art. 168, que tanto o recurso quanto o pedido de reconsideração terão efeito suspensivo, o que se afeiçoa – à toda evidência – com o princípio da presunção de inocência, por conta do qual só se considerará "culpado" o licitante ou contratado após o trânsito em julgado administrativo da decisão que aplicou a sanção.

Com efeito, a apuração de infrações praticadas por licitantes e contratados também subsumíveis às hipóteses típicas previstas nas alíneas "a" a "g", do inc. IV, do art. 5º da Lei nº 12.846/2013, como atos lesivos à Administração Pública, deve ser processada conforme o rito nela contido, no que se inclui observar qual será a autoridade competente para sua instauração e eventual sancionamento administrativo. Esse é o comando do art. 159 da NLLCA.

Anote-se, ademais, que não terá cabimento a instauração do processo de responsabilização ou mesmo a imposição da penalidade nas hipóteses em que operada a prescrição quinquenal a que alude o §4º do art. 158 em seus três incisos. Em regra, a prescrição começa a correr da ciência da infração por parte da Administração (ou de quando ela tinha condições de identificá-la), de modo que ultrapassado esse prazo não mais será validamente possível desestimular a conduta, típica, antijurídica e até então reprovável. Todavia, a prescrição será interrompida com a movimentação administrativa destinada à apuração da infração, como efeito da celebração de acordo de leniência ou por decisão judicial.

5 Desconsideração da personalidade jurídica de licitantes e contratados

Mediante desconsideração da personalidade jurídica de licitantes e contratados visa-se preservar a finalidade da sanção, de modo que a restrição de direitos de caráter repressivo porventura imposta realmente desestimule comportamentos reprováveis no seio da NLLCA, no que se inclui a efetividade da cobrança das multas (e mesmo a reparação por danos – em caso de multas "compensatórias").

Ela tem cabimento sempre que a personalidade jurídica "for utilizada com abuso do direito para facilitar, encobrir ou dissimular a prática dos atos ilícitos previstos nesta Lei ou para provocar confusão patrimonial", na esteira do disposto no art. 160. Esse mesmo dispositivo também prescreve que "todos os efeitos das sanções aplicadas à pessoa jurídica serão estendidos aos seus administradores e sócios com poderes de administração, a pessoa jurídica sucessora ou a empresa do mesmo ramo com relação de coligação ou controle, de fato ou de direito, com o sancionado", no sentido de atingir quem, de fato, comportou-se de modo ardiloso, de má-fé, quando não mesmo criminoso, com vistas a se evadir da reprovação administrativa que lhe é devida.

Essa novidade legal em matéria de licitações e contratações públicas já se encontrava encampada no art. 28 do Código de Defesa do Consumidor (Lei nº 9.078/1990 – com vistas a coibir abuso de direito, excesso de poder, infração da lei, fato ou ato ilícito ou violação dos estatutos ou contrato social, bem como para evitar prejuízos decorrentes de falência, estado de insolvência, encerramento ou inatividade da pessoa jurídica provocados por má administração), no art. 50 do Código Civil (mirando casos de desvio de finalidade ou de confusão patrimonial) e na Lei de Defesa da Concorrência (Lei nº 12.529/2011 – por conta de infração da ordem econômica, em caso de abuso de direito, excesso de poder, infração da lei, fato ou ato ilícito ou violação dos estatutos ou contrato social) e no art. 14 da própria Lei Anticorrupção (de forma a garantir o sancionamento dos responsáveis por abuso do direito para facilitar, encobrir ou dissimular a prática dos atos ilícitos previstos nessa Lei ou para provocar confusão patrimonial).

Portanto, a Lei nº 14.133/2021 simplesmente passou a integrar um sistema jurídico mais amplo, voltado a garantir que a finalidade legal das sanções seja concretizada, mediante fornecimento dos meios para que isso aconteça, com estribo na legalidade, com foco na segurança jurídica, mediante parâmetros de razoabilidade e proporcionalidade e com particular atenção aos *procedural* e *substantive due process of law*. Para além disso, em certa medida ela veio a solucionar o impasse gerado pela desconsideração da personalidade jurídica de licitantes e contratados operado por meio de atuação decisória reiterada no âmbito do TCU e de alguns precedentes judiciais.

Ainda assim, a solução contida na NLLCA é apenas boa, haja vista que pouco facilita para fins de operacionalização de seu comando com mínima segurança jurídica. Nessa toada, regulamento poderá auxiliar, tanto quanto exemplarmente feito pelo

MARCELO HARGER (COORD.)
ASPECTOS POLÊMICOS SOBRE A NOVA LEI DE LICITAÇÕES E CONTRATOS ADMINISTRATIVOS

pioneiro Decreto nº 10.082/2022, em seus arts. 215 a 220,[97] inclusive para definição do rito processual pertinente.[98]

6 O Cadastro Nacional de Empresas Inidôneas e Suspensas (CEIS) e o Cadastro Nacional de Empresas Punidas (CNPE)

Reforçando e minudenciando um pouco mais o que já contido no art. 23 da Lei Anticorrupção, o art. 161 da NLLCA determina que "os órgãos e entidades dos Poderes Executivo, Legislativo e Judiciário de todos os entes federativos deverão, no prazo máximo 15 (quinze) dias úteis, contado da data de aplicação da sanção, informar e manter atualizados os dados relativos às sanções por eles aplicadas, para fins de publicidade no Cadastro Nacional de Empresas Inidôneas e Suspensas (Ceis) e no Cadastro Nacional de Empresas Punidas (Cnep), instituídos no âmbito do Poder Executivo federal.

Quanto a isso, não há problema algum. No que concerne ao regulamento exigido pelo parágrafo único do art. 161, supõe-se que ele virá a tratar do assunto de modo similar como feito pelo Governador do Estado do Paraná, regulamentando a NLLCA:

Seção IX
Do Cômputo das Sanções

---

[97] "Da Desconsideração da Personalidade Jurídica
Art. 215. A personalidade jurídica poderá ser desconsiderada sempre que utilizada com abuso do direito para facilitar, encobrir ou dissimular a prática dos atos ilícitos previstos nesta Lei ou para provocar confusão patrimonial, e, nesse caso, todos os efeitos das sanções aplicadas à pessoa jurídica serão estendidos aos seus administradores e sócios com poderes de administração, a pessoa jurídica sucessora ou a empresa do mesmo ramo com relação de coligação ou controle, de fato ou de direito, com o sancionado, observados, em todos os casos, o contraditório, a ampla defesa e a obrigatoriedade. §1º A desconsideração da personalidade jurídica, para os fins deste Regulamento, poderá ser direta ou indireta. §2º A desconsideração direta da personalidade jurídica implicará na aplicação de sanção diretamente em relação aos sócios ou administradores de pessoas jurídicas licitantes ou contratadas. §3º A desconsideração indireta da personalidade jurídica se dará, no processo da licitação ou de contratação direta, no caso de verificação de ocorrência impeditiva indireta.
Art. 216. Considera-se ocorrência impeditiva indireta a extensão dos efeitos de sanção que impeça de licitar e contratar a Administração Pública para: I – as pessoas físicas que constituíram a pessoa jurídica, as quais permanecem impedidas de licitar com a Administração Pública enquanto perdurarem as causas da penalidade, independentemente de nova pessoa jurídica que vierem a constituir ou de outra em que figurarem como sócios; II – as pessoas jurídicas que tenham sócios comuns com as pessoas físicas referidas no inciso anterior. Art. 217. A competência para decidir sobre a desconsideração indireta da personalidade jurídica será a autoridade máxima do órgão ou entidade. §1º Diante de suspeita de ocorrência impeditiva indireta, será suspenso o processo licitatório, para investigar se a participação da pessoa jurídica no processo da contratação teve como objetivo burlar os efeitos da sanção aplicada a outra empresa com quadro societário comum. (...) §4º Formado o convencimento acerca da existência de ocorrência impeditiva indireta, o licitante será inabilitado (...)
Art. 218. A desconsideração direta da personalidade jurídica será realizada no caso de cometimento, por sócio ou administrador de pessoa jurídica licitante ou contratada, das condutas previstas no art. 155, da Lei Federal nº 14.133, de 2021. Art. 219. No caso de desconsideração direta da personalidade jurídica as sanções previstas no art. 155 da Lei Federal nº 14.133, de 2021 serão também aplicadas em relação aos sócios ou administradores que cometerem infração prevista no artigo anterior".

[98] Confiram-se, pela importância, a cartilha "Processo Administrativo de Responsabilização: manual de responsabilização de entes privados" (BRASIL. CGU. *Processo Administrativo de Responsabilização*: Manual de Responsabilização de Entes Privados. Brasília: Controladoria-Geral da União, 2020. Disponível em: https://www.gov.br/infraestrutura/pt-br/centrais-de-conteudo/manual-responsabilizacao-entes-privados-pdf. Acesso em: 10 fev. 2022) e o "Manual prático de PAR" (BRASIL. CGU. *Manual Prático de PAR*. Disponível em: https://corregedorias.gov.br/assuntos/PAR/manual-pratico. Acesso em: 10 fev. 2022).

Art. 224. Sobrevindo nova condenação, no curso do período de vigência de infração prevista nos incisos III ou IV do art. 156 da Lei Federal n.º 14.133, de 2021, será somado ao período remanescente o tempo fixado na nova decisão condenatória, reiniciando-se os efeitos das sanções.

§1º Na soma envolvendo sanções previstas nos incisos III e IV do art. 156 da Lei Federal n.º 14.133, de 2021, observar-se-á o prazo máximo de 6 (seis) anos em que o condenado ficará proibição de licitar ou contratar com a Administração Pública Estadual.

§2º Em qualquer caso, a unificação das sanções não poderá resultar em cumprimento inferior a metade do total fixado na condenação, ainda que ultrapasse o prazo de 6 (seis) anos previsto no §1.º deste artigo.

§3º Na soma, contam-se as condenações em meses, desprezando-se os dias, respeitando-se o limite máximo previsto no §1º deste artigo, orientado pelo termo inicial da primeira condenação.

Art. 225. São independentes e operam efeitos independentes as infrações autônomas praticadas por licitantes ou contratados.

Parágrafo único. As sanções previstas nos incisos III ou IV do art. 156 da Lei Federal nº 14.133, de 2021, serão aplicadas de modo independente em relação a cada infração diversa cometida.

7 Reabilitação do licitante ou contratado

A NLLCA prevê, em seu art. 163, a reabilitação do licitante ou contratado, perante a própria autoridade que a sancionou, mediante o preenchimento de certas condições, a partir das quais se permite à pessoa sancionada desonerar-se antecipadamente do cumprimento da sanção de impedimento ou de declaração de inidoneidade de licitar e contratar. São elas: a reparação integral do dano causado à Administração Pública; o pagamento da multa; o transcurso do prazo mínimo de 1 (um) ano da aplicação da penalidade, no caso de impedimento de licitar e contratar, ou de 3 (três) anos da aplicação da penalidade, no caso de declaração de inidoneidade; e parecer favorável e conclusivo quanto ao cumprimento desses requisitos, bem como do cumprimento das condições de reabilitação definidas no ato punitivo.

A "reparação integral do dano" traz uma complicação já referida, a necessidade de apuração e quantificação de eventual dano moral em ambiente externo à Administração licitante ou contratante. E quando isso não se faz necessário, porque não cogitada a hipótese, ainda pode vir a lume a questão acerca da prova acerca dos danos efetivamente sofridos, não se admitindo a "apuração unilateral" por parte da Administração Pública como suficiente.

O pagamento da multa por inexecução integral pode revelar similar imbróglio, seja pela ausência de previsão no edital ou na minuta do contrato de que seria cabível tomando por base apenas a parcela inadimplida, seja pelo fato de existir garantia suficiente para tanto e que pode e deve ser executada. Nesse caso, a exigência será legal se provará, em concreto, descabida, por falta de finalidade pública a perseguir.

Por sua vez, o parágrafo único explicita como *conditio sine qua non* e legal de reabilitação a implantação ou aperfeiçoamento de programa de integridade de quem "apresentar declaração ou documentação falsa exigida para o certame ou prestar declaração falsa durante a licitação ou a execução do contrato" e "praticar ato lesivo previsto no art. 5º da Lei nº 12.846, de 1º de agosto de 2013" (nos respectivos termos dos incs. VIII e XII do *caput* do art. 155). Nada obstante essa aparente limitação, sustenta-se que a providência deva ser exigida – dentre outras – no ato punitivo sempre que se tratar de infração para a qual se exigiu o dolo (incs. VIII a XII do *caput* do art. 155) ou, ainda pior, o dolo específico (apenas presente no inc. XI, que repudia a prática de atos ilícitos "com vistas a frustrar os objetivos da licitação").

Referências

BANDEIRA DE MELLO, Celso Antônio. *Curso de Direito Administrativo*. 35. ed. São Paulo: Malheiros, 2021.

BANDEIRA DE MELLO, Celso Antônio. *Grandes temas de Direito Administrativo*. São Paulo: Malheiros Editores, 2009.

BRASIL. CGU. *Manual Prático de PAR*. Disponível em: https://corregedorias.gov.br/assuntos/PAR/manual-pratico. Acesso em: 10 fev. 2022.

BRASIL. CGU. *Processo Administrativo de Responsabilização*: Manual de Responsabilização de Entes Privados. Brasília: Controladoria-Geral da União, 2020. Disponível em: https://www.gov.br/infraestrutura/pt-br/centrais-de-conteudo/manual-responsabilizacao-entes-privados-pdf. Acesso em: 10 fev. 2022.

BRASIL. Governo do Estado do Paraná. *Decreto nº 10.086, de 17 de janeiro de 2022*. Regulamenta, no âmbito da Administração Pública estadual, direta, autárquica e fundacional do Estado do Paraná, a Lei nº 14.133, de 01 de abril de 2021, que "Estabelece normas gerais de licitação e contratação para as Administrações Públicas diretas, autárquicas e fundacionais da União, dos Estados, do Distrito Federal e dos Municípios", a aquisição e incorporação de bens ao patrimônio público estadual, os procedimentos para intervenção estatal na propriedade privada e dá outras providências. Disponível em: https://www.aen.pr.gov.br/sites/default/arquivos_restritos/files/documento/2022-01/171_3.pdf. Acesso em: 26 ago. 2022.

BRASIL. *RMS 64.206/PR*, Rel. Ministro HERMAN BENJAMIN, SEGUNDA TURMA, julgado em 01.12.2020, DJe 18.12.2020.

BRASIL. Sistema Integrado de Normas Jurídicas do DF. *Decreto nº 26.851, de 30 de maio de 2006*. Regula a aplicação de sanções administrativas previstas nas Leis Federais nos 8.666, de 21 de junho de 1993 (Lei de Licitações e Contratos Administrativos), e 10.520, de 17 de julho de 2002 (Lei do Pregão), e dá outras providências. Brasília, 30 de maio de 2006. Disponível em: http://www.sinj.df.gov.br/sinj/Norma/52985/Decreto_26851_30_05_2006.html. Acesso: 17 jan. 2022.

BRASIL. TRF1, 5ª Turma, *Apelação/Reexame Necessário nº 0023172-93.2011.4.01.3500*, Rel. Des. Souza Prudente, j. 08.10.2014.

CANOTILHO, J. J. Gomes. *Direito constitucional e teoria da Constituição*. 2. ed. Coimbra: Almedina, 1998.

CARVALHO, Paulo de Barros. *Curso de Direito Tributário*. 17. Ed. São Paulo: Saraiva, 2005.

CARVALHO FILHO, José dos Santos. *Curso de Direito Administrativo*. 8. ed. Rio de Janeiro: Lumen Juris, 2007.

DIAS, Eduardo Rocha. *Sanções administrativas aplicáveis a licitantes e contratados*. São Paulo: Dialética, 1997.

FERREIRA, Daniel. *A licitação pública no Brasil e a sua nova finalidade legal*: a promoção do desenvolvimento nacional sustentável. Belo Horizonte: Fórum, 2012.

FERREIRA, Daniel. Breves apontamentos sobre a aplicação dos princípios da razoabilidade e da propor-cionalidade no Direito Administrativo Sancionador na ótica dos tribunais superiores. *In*: PEREIRA, Flávio Henrique Unes; CAMMAROSANO, Márcio; SILVEIRA, Marilda de Paula; ZOCKUN, Maurício (Org.). *O Direito Administrativo na Jurisprudência do STF e do STJ*: homenagem ao Professor Celso Antônio Bandeira de Mello. Belo Horizonte: Fórum, 2014. v. 1, p. 141-154.

FERREIRA, Daniel. Infrações e sanções administrativas. *In*: Adilson Abreu Dallari; Carlos Valder do Nascimento; Ives Gandra da Silva Martins (Org.). *Tratado de Direito Administrativo*. São Paulo: Saraiva, 2013. v. 1, p. 624-674.

FERREIRA, Daniel. Infrações e sanções administrativas: panorama geral. *In*: *Enciclopédia Jurídica da PUCSP*, tomo II. São Paulo: PUCSP, 2017. v. II, p. 1-34. Disponível em: https://enciclopediajuridica.pucsp.br/verbete/107/edicao-1/infracoes-e-sancoes-administrativas. Acesso em: 18. jan. 2022.

FERREIRA, Daniel. Poder de polícia. *In*: HARGER, Marcelo (Coord.). *Curso de Direito Administrativo*. Rio de Janeiro: Forense, 2007.

FERREIRA, Daniel. *Sanções administrativas*. São Paulo: Malheiros, 2001.

FERREIRA, Daniel. *Teoria geral da infração administrativa a partir da Constituição Federal de 1988*. Belo Horizonte: Fórum, 2009.

FERREIRA, Daniel. Vinte anos de reflexões acerca das sanções e das infrações administrativas: revolvendo alguns temas polêmicos, complexos e atuais. *In*: OLIVEIRA, José Roberto Pimenta (Org.) *Direito Administrativo Sancionador*: estudos em homenagem ao Professor Emérito da PUCSP Celso Antônio Bandeira de Mello. São Paulo: Malheiros, 2019. v. 1, p. 87-100.

FERREIRA, Daniel; PIRES, Luis Manuel Fonseca. Infrações e sanções administrativo-sanitárias em tempos de COVID-19: possibilidades, limites e controle. *In*: DAL POZZO, Augusto Neves; CAMMAROSANO, Márcio (Org.). *As implicações da COVID-19 no Direito Administrativo*. São Paulo: Thomson Reuters Brasil, 2020. v. 1, p. 465-479.

FERRAZ, Sérgio; DALLARI, Adilson Abreu. *Processo administrativo*. 2. ed. rev. e atual. São Paulo: Malheiros, 2007.

FERREIRA, Daniel; REIS, Luciano Elias. O "vazio regulamentar" do art. 53 e seus impactos na (in)efetividade da LGPD. *In*: POZZO, Augusto Neves; MARTINS, Ricardo Marcondes (Org.). *LGPD e administração pública*: uma análise ampla dos impactos. São Paulo: Thomson Reuters Brasil, 2020. v. 1, p. 675-694.

JUSTEN FILHO, Marçal. *Concessões de serviços públicos*: comentários às leis nºs. 8.987 e 9.074, de 1995. São Paulo: Dialética, 1997.

JUSTEN FILHO, Marçal. *Comentários à Lei de Licitações e Contratações Administrativas*: Lei 14.133/2021. São Paulo: Thomson Reuters Brasil, 2021.

JUSTEN FILHO, Marçal. *Pregão*: comentários à legislação do pregão comum e eletrônico. 4. ed. São Paulo: Dialética, 2005.

MAXIMILIANO. Carlos. *Hermenêutica e aplicação do direito*. 2. ed. Porto Alegre: Edição da Livraria do Globo, 1933.

OLIVEIRA, José Roberto Pimenta. *Os princípios da razoabilidade e da proporcionalidade no Direito Administrativo brasileiro*. São Paulo: Malheiros Editores, 2006.

OLIVEIRA, Régis Fernandes de. *Infrações e sanções administrativas*. 2. ed. São Paulo: Revista dos Tribunais, 2005.

OSÓRIO, Fábio Medina. *Direito Administrativo Sancionador*. 2. ed. São Paulo: Editora Revista dos Tribunais, 2005.

PALMA, Juliana Bonacorsi de. *Sanção e acordo na Administração Pública*. São Paulo: Malheiros Editores, 2015.

PEDRA, Anderson Sant'ana. Sanções administrativas nas contratações públicas. *In*: TORRES, Ronny Charles L. de (Org.). *Licitações públicas*: homenagem ao jurista Jorge Ulisses Jacoby Fernandes. Curitiba: Negócios Públicos, 2016.

PIRES, Luis Manuel Fonseca. *Controle judicial da discricionariedade administrativa*: dos conceitos jurídicos indeterminados às políticas públicas. 3. ed. Belo Horizonte: Fórum, 2017.

PRATES, Marcelo Madureira. *Sanção administrativa geral*: anatomia e autonomia. Coimbra; Almedina, 2005.

VITTA, Heraldo Garcia. *A sanção no Direito Administrativo*. São Paulo: Malheiros, 2003.

ZARDO, Francisco. *Infrações e sanções em licitações e contratos administrativos*: com as alterações da Lei Anticorrupção (Lei 12.846/2013). Revista dos Tribunais: São Paulo, 2014.

Informação bibliográfica deste texto, conforme a NBR 6023:2018 da Associação Brasileira de Normas Técnicas (ABNT):

FERREIRA, Daniel. Responsabilização administrativa por infrações imputáveis a licitantes e contratados à luz da Lei nº 14.133/2021 (NLLCA). *In*: HARGER; Marcelo (Coord.). *Aspectos polêmicos sobre a nova lei de licitações e contratos administrativos*: Lei nº 14.133/2021. Belo Horizonte: Fórum, 2022. p. 341-382. ISBN 978-65-5518-461-7.

DOS CRIMES EM LICITAÇÕES
E CONTRATOS ADMINISTRATIVOS

LUIS IRAPUAN CAMPELO BESSA NETO

1 Bem jurídico-penal tutelado

A definição do bem jurídico-penal tutelado por determinada norma incriminado-ra tem por escopo a delimitação do *jus puniendi* estatal, sobretudo a partir do *princípio da ofensividade*. É dizer: somente condutas perigosas ou lesivas a bens jurídico-penais relevantes podem ser criminalizadas. E por bens jurídico-penais relevantes, segundo Jorge de Figueiredo Dias, devem ser consideradas as "concretizações dos valores cons-titucionais expressa ou implicitamente ligados aos direitos e deveres fundamentais à ordenação social, política e econômica".[1] O bem jurídico-penal, portanto, é o que legitima o Direito Penal, consubstanciando-se função deste a proteção daquele.[2]

---

[1]   DIAS, Jorge de Figueiredo. O "direito penal do bem jurídico" como princípio jurídico-constitucional implícito (à luz da jurisprudência constitucional portuguesa). *In*: LEITE, Alaor; TEIXEIRA, Adriano. *Crime e política*. Rio de Janeiro: FGV Editora, 2017. p. 288.

[2]   Não se desconhece a divergência doutrinária acerca da função do Direito Penal, se de fato necessária a figura do bem jurídico-penal, encampada, em grande medida, por Günther Jakobs, sobretudo pela falta de preci-são do instituto. Contudo, a divergência não é escopo da presente análise, sendo certo que a teoria do bem

Assim, também nos "crimes em licitações e contratos administrativos" torna-se imprescindível a delimitação do bem jurídico-penal tutelado, a legitimar a utilização do Direito Penal nesse campo, em que teoricamente insuficientes as demais searas punitivas como resposta, a cumprir inclusive o conteúdo do *princípio da subsidiariedade*.

Pois bem, ainda na sistemática da Lei nº 8.666/1993, afirmava Cezar Roberto Bitencourt[3] que os crimes licitatórios tinham como objetividade jurídica *genérica* a proteção dos princípios básicos da legalidade, da impessoalidade, da moralidade, da igualdade, da publicidade, e da probidade administrativa, em verdadeira preservação da Administração Pública,[4] noção reforçada pela realocação espacial de tais delitos para o Código Penal, a partir da Lei nº 14.133/2021, justamente no *Título XI – Dos Crimes Contra a Administração Pública*.[5]

Tal concepção, entretanto, dotada de extrema generalidade, pouco contribui com a limitação do poder punitivo e a justificação da necessidade da norma incriminadora. A noção de Administração Pública enquanto bem jurídico-penal tutelado, aliás, remonta às lições doutrinárias formuladas a partir do Código Rocco, de 1930, com matriz essencialmente totalitária, reproduzida no Código Penal brasileiro de 1940. Era justamente a posição de Nelson Hungria, que afirmava ser o "interesse da normalidade funcional, probidade, prestígio, incolumidade e decôro da Administração Pública"[6] a objetividade jurídica dos crimes previstos no Título XI do Código Penal.

Em um contexto democrático, todavia, não se pode admitir a noção de subserviência do particular ao Estado, em verdadeira relação de submissão. A própria estrutura do *princípio da supremacia do interesse público* encontra contornos diversos, não se traduzindo mais em uma subordinação dos interesses dos indivíduos aos do Estado.[7]

Assim, com a conclusão de que não se pode legitimar determinada norma incriminadora com fundamento na ofensa à Administração Pública ou aos seus princípios basilares, destaca Luciano Anderson de Souza que a objetividade jurídica *genérica* dos crimes contra a Administração Pública, no que se inclui os "crimes em licitações e contratos administrativos",[8] diz respeito ao "regular funcionamento das atividades

---

jurídico-penal possui larga aplicabilidade e aceitação no meio jurídico brasileiro, inclusive dos Tribunais, em atenção a autores como Claus Roxin e Hans-Heinrich Jescheck.

3   BITENCOURT, Cezar Roberto. *Tratado de Direito Penal Econômico*. São Paulo: Saraiva, 2016. v. 2, p. 96.

4   "Depreende-se enfim que a tutela penal das licitações se destina à proteção da Administração Pública, essencialmente no âmbito da regularidade, moralidade, imparcialidade e igualdade de acesso às contratações públicas que demandam a realização do procedimento licitatório" (PRADO, Luiz Regis; CASTRO, Bruna Azevedo de. Delito licitatório e bem jurídico-penal: algumas observações. *In*: BADARÓ, Gustavo Henrique (Org.). *Direito penal e processo penal*: leis penais especiais. São Paulo: Editora Revista dos Tribunais, 2015. p. 421).

5   GRECO FILHO, Vicente; GRECO, Ana Marcia; RASSI, João Daniel. *Dos crimes em licitações e contratos administrativos*. São Paulo: Thomson Reuters Brasil, 2021. p. 24.

6   HUNGRIA, Nelson. *Comentários ao Código Penal*. Rio de Janeiro: Forense, 1958. v. IX, p. 311.

7   "O bem comum 'não é a mera soma dos interesses particulares', nem o interesse público se reconduz ao somatório de uma maioria de interesses individuais coincidentes, não se mostrando também inequívoco que tudo aquilo que é o melhor para o indivíduo também o seja sempre para a comunidade. (...) A prossecução do interesse público, expressão do bem comum da comunidade, integra a dimensão social da dignidade humana, enquanto fonte de direitos e deveres fundamentais, nunca se encontrando habilitada essa prossecução a derrogar o núcleo essencial da dignidade de cada pessoa: esse núcleo essencial é um bem individual que, assumindo sempre relevância coletiva, nunca pode deixar de prevalecer sobre um bem comum sem conexão ou em violação da dignidade humana." (OTERO, Paulo. *Manual de Direito Administrativo*. 2. ed. Coimbra: Editora Almedina, 2016. volume I, p. 66-67).

8   SOUZA, Luciano Anderson de. *Direito penal*: parte especial – Arts. 312 a 359-H do CP. 2. ed. São Paulo: Thomson Reuters Brasil, 2021. p. 376.

públicas", conceito que deve ser traduzido, para fins de sua concreção, na "ideia de funções públicas enquanto tarefas conferidas ao Estado – direta ou indiretamente – voltadas à satisfação das necessidades essenciais da sociedade, conforme parâmetros constitucionais".[9]

Nesse sentido, modifica-se o fundamento de incriminação dos delitos contra a Administração Pública, não mais como proteção ao próprio ente estatal, mas sim aos cidadãos, eis que a Administração Pública existe para atender àqueles, não o contrário. Por isso se falar em proteção ao regular funcionamento das funções públicas, que visam, em última análise, atender ao cidadão.

Veja-se que o regular procedimento de compra pública é essencial para um desenvolvimento eficiente das atividades do Estado – inclusive em virtude de sua relevância, representando de 10% a 15% do PIB Nacional[10] –, o que acaba por repercutir, direta ou indiretamente, em cada um dos indivíduos componentes da sociedade. Daí porque não se falar mais em proteção pura e simplesmente da própria Administração e dos princípios que a norteiam, mas sim do cidadão.

Assim, "A noção de função pública (...) *é* o ponto de partida exegético sobre o qual, em cada caso, isto é, em cada fato típico analisado, há de se concretizar a vulneração, mediante, inclusive, a delimitação de que pessoas podem fazê-lo".[11]

Tem-se, portanto, muito embora se reconheça a possibilidade de objetividade jurídica *específica* em cada uma das normas incriminadoras, em decorrência de suas particularidades concretas, a delimitação de um bem jurídico-penal comum, reconhecido a todos eles, inclusive aos "crimes em licitações e contratos administrativos": o *regular funcionamento das funções públicas*.

No que se refere especificamente aos "crimes em licitações e contratos administrativos", é necessário ressaltar, de início, que o processo licitatório – espécie de procedimento de contratação pública – tem como um de seus objetivos precípuos a vantajosidade à Administração Pública, que se dá, invariavelmente, ao proporcionar igualdade de condições a todos os concorrentes que queiram e possam contratar. Esse é, inclusive, o mandamento constitucional previsto no artigo 37, inciso XXI: "ressalvados os casos especificados na legislação, as obras, serviços, compras e alienações serão contratados mediante processo de licitação pública que assegure igualdade de condições a todos os concorrentes, com cláusulas que estabeleçam obrigações de pagamento, mantidas as condições efetivas da proposta, nos termos da lei, o qual somente permitirá as exigências de qualificação técnica e econômica indispensáveis *à* garantia do cumprimento das obrigações".

Nesse contexto, e a fim de relacionar os objetivos do processo licitatório – que não guardam relação de hierarquia, mas de cumulatividade –, justamente em atenção à disposição constitucional, traz o artigo 11 da Lei nº 14.133/2021: "I – assegurar a seleção da proposta apta a gerar o resultado de contratação mais vantajoso para a Administração Pública, inclusive no que se refere ao ciclo de vida do objeto; II – assegurar tratamento

---

[9] SOUZA, Luciano Anderson de. *Crimes contra a administração pública*. 2. ed. São Paulo: Thomson Reuters Brasil, 2019. p. 90-91.

[10] SEBRAE – Serviço Brasileiro de Apoio às Micro e Pequenas Empresas. *Compras Públicas*: um bom negócio para a sua empresa. Brasília: Sebrae, 2017.

[11] SOUZA. Luciano Anderson de. *Crimes contra a administração pública*. 2. ed. São Paulo: Thomson Reuters Brasil, 2019. p. 93.

isonômico entre os licitantes, bem como a justa competição; III – evitar contratações com sobrepreço ou com preços manifestamente inexequíveis e superfaturamento na execução dos contratos; IV – incentivar a inovação e o desenvolvimento nacional sustentável".

É certo, portanto, que condutas graves, com alta reprovabilidade social, que atentam contra os objetivos do processo licitatório, impõem a intervenção do Direito Penal, o que, em se tratando de "crimes em licitações e contratos administrativos", encontra pleno respaldo constitucional. Do mesmo modo, condutas graves e bastante reprováveis que atentam contra o regular processo de contratação direta ou contra os contratos administrativos decorrentes das contratações públicas – gênero –, também possuem relevância penal, a legitimar a utilização do Direito Penal, eis que ambas as espécies estão relacionadas, por consequência lógica, ao *regular funcionamento das funções públicas*.

Em atenção aos *princípios da subsidiariedade e da ofensividade*, contudo, não é toda e qualquer transgressão ao bem jurídico que revela dignidade penal, mas apenas aquelas situações graves, altamente reprováveis, conforme se verá em cada uma das normas incriminadoras trazidas pela Lei nº 14.133/2021.

2 Frustração do caráter competitivo de licitação

Lei nº 8.666/1993	Lei nº 14.133/2021
Art. 90. Frustrar ou fraudar, mediante ajuste, combinação ou qualquer outro expediente, o caráter competitivo do procedimento licitatório, com o intuito de obter, para si ou para outrem, vantagem decorrente da adjudicação do objeto da licitação: Pena – detenção, de 2 (dois) a 4 (quatro) anos, e multa.	Art. 337-F do Código Penal. Frustrar ou fraudar, com o intuito de obter para si ou para outrem vantagem decorrente da adjudicação do objeto da licitação, o caráter competitivo do processo licitatório: Pena – reclusão, de 4 (quatro) anos a 8 (oito) anos, e multa.

a) breve introdução

Assim como ocorreu em outros tipos penais previstos na então Lei nº 8.666/1993, o delito de frustração do caráter competitivo de licitação sofreu alterações tanto no preceito primário quanto no secundário. Com a Lei nº 14.133/2021, o legislador buscou atender a um suposto clamor social de maior reprovabilidade quanto aos crimes contra a Administração Pública, especificamente aqueles em licitações e contratos administrativos, impulsionados pelas recentes megaoperações criminais. Houve uma ampliação do conteúdo incriminador em muitos dos tipos penais, com a majoração da resposta sancionatória: a pena prevista.

Aliás, como decorrência desse aumento desproporcional no preceito secundário, o legislador acabou por impossibilitar o oferecimento de acordo de não persecução penal (artigo 28-A, *caput*, do Código de Processo Penal) em grande parte dos delitos em licitações e contratos administrativos, em verdadeiro óbice lógico-sistemático da novidade implementada pela Lei nº 13.964/2019, porquanto cabível, por exemplo, em delitos como peculato e corrupção passiva e ativa, certamente de maior reprovabilidade social.

De todo modo, é certo que em relação ao novo delito do art. 337-F do Código Penal houve um aprimoramento em sua redação, sem ampliar o conteúdo incriminador. Extirpou-se, assim, a previsão exemplificativa dos meios de execução daquele delito, representados pela expressão "mediante ajuste, combinação ou qualquer outro expediente". Há muito já se ressaltava a desnecessidade de tal previsão, a exigir um aperfeiçoamento do tipo penal pelo legislador, que assim procedeu.

b) objetividade jurídica

O crime do artigo 337-F do Código Penal tem por objetividade jurídica específica a proteção ao caráter competitivo do processo licitatório. É dizer: busca assegurar tratamento isonômico entre os licitantes, bem como a justa competição – como resultado da livre concorrência constitucionalmente assegurada (artigo 170, inciso IV, da Constituição Federal). Isso, invariavelmente, acarreta vantagem à Administração Pública, na medida em que terá a sua disposição uma proposta apta a gerar um melhor resultado de contratação, embora prescindível se avaliar, em se tratando do crime do art. 337-F do Código Penal, a vantagem ou não à Administração Pública no caso concreto.

c) sujeitos do delito

O crime do artigo 337-F do Código Penal é de natureza comum, tendo por sujeito ativo da infração qualquer pessoa que fraude ou frustre o caráter competitivo de processo licitatório com o intuito de obter para si ou para outrem vantagem decorrente da adjudicação do objeto da licitação. Por essa razão, não se exige a figura do agente público, embora possa ele concorrer para o ilícito, hipótese em que responderá em concurso de pessoas.

Já o sujeito passivo imediato da infração é o próprio Estado, personificado na pessoa jurídica que realiza o processo licitatório.

d) tipo objetivo

Do tipo, é possível extrair que se trata de crime de ação múltipla, contando com dois verbos nucleares: frustrar e fraudar. Assim sendo, pouco importa, no caso concreto, se a conduta se amolda à fraude ou à frustração, porquanto será subsumida à norma incriminadora em qualquer das hipóteses. Por consequência lógica, não obstante existirem dois verbos nucleares, eventual conduta que se amolde às duas previsões será considerada como crime único, não havendo que se falar em concurso de delitos.

Do mesmo modo, no contexto de um mesmo processo licitatório, a realização de mais de uma conduta que frustre ou fraude o caráter competitivo não pode ser entendido como pluralidade de delitos, mas sim crime único, passando a última delas a absorver as demais, consideradas antefatos impuníveis: "meio ou momento de preparação do processo unitário, embora complexo, do fato principal, ação de passagem, apenas, para a realização final".[12]

Assim, por exemplo, se num mesmo processo licitatório dois licitantes ajustam as propostas de preço, a fim de um deles se sagrar vencedor – o que configuraria, em tese, o verbo frustrar –, e, após, um deles apresenta documento de habilitação falso que enquadra sua empresa como de pequeno porte, o que lhe permite a utilização da prerrogativa da Lei Complementar nº 123/2006 (art. 44, §1º c/c art. 4º da Lei nº 14.133/2021) – o que conduziria, em tese, ao verbo fraudar –, o crime, ainda que duas as ações, será considerado *único*.

No que se refere aos verbos nucleares do tipo, *frustrar* traz a ideia de impedimento, inviabilidade, de tornar ineficaz o processo licitatório em seu objetivo de estimular a competitividade para a obtenção da proposta mais vantajosa à Administração Pública;[13] a noção de um ajuste oculto entre particulares, por exemplo, mas sem realizar uma falsa representação da realidade.

Já o verbo *fraudar*, segundo João Paulo Martinelli,[14] significa "(...) enganar, induzir ao erro, como meio de obtenção de vantagem. Nessa modalidade, o ajuste ocorre para que haja aparência de lisura na licitação e de respeito *à* competitividade". *Fraudar* traz a ideia de falsa representação da realidade, mediante emprego de ardil, meio enganoso ou iludente, disfarçando ou dissimulando determinada circunstância de fato ou de direito.[15]

Ademais, como se extrai do tipo, a frustração ou fraude se dá em relação ao caráter competitivo do *processo licitatório*, o qual é espécie do gênero *contratação pública*, porquanto também existente o *processo de contratação direta*, disposto no artigo 72 e seguintes da Lei nº 14.133/2021. Assim, o tipo não visa dispor sobre condutas eventualmente realizadas em processos de contratação direta ou mesmo na fase de execução dos contratos, seja decorrente de processo licitatório ou contratação direta.

Quis o legislador, assim, criminalizar eventuais condutas que frustrem ou fraudem o caráter competitivo do *processo licitatório*, e apenas ele. Isso, portanto, em atenção ao *princípio da legalidade estrita*, é o que se deve depreender do texto legal.

Além disso, tem-se que o tipo penal do artigo 337-F do Código Penal, assim como já previsto no artigo 90 da Lei nº 8.666/1993, não exige resultado material, consubstanciado no efetivo dano à Administração Pública e/ou obtenção de vantagem pelo licitante. Como há muito já consolidado no âmbito do Superior Tribunal de Justiça,[16] o crime em questão é de natureza formal, configurando-se com a mera frustração ou fraude ao caráter competitivo de processo licitatório, ainda que o licitante não se sagre vencedor no certame e/ou que não haja dano à Administração. Aliás, mesmo na hipótese em que haja efetiva vantagem à Administração Pública no caso concreto, pode o delito restar configurado.

---

[12] BRUNO, Aníbal. *Direito Penal*. 2. ed. Rio de Janeiro: Forense, 1966. p. 260.

[13] BREDA, Juliano (Coord.). *Crimes de licitação e contratações públicas*: elementos de direito administrativo e direito penal. São Paulo: Thomson Reuters Brasil, 2021. p. 111.

[14] SOUZA, Luciano Anderson de; ARAÚJO, Marina Pinhão Coelho. *Direito penal econômico*: leis penais especiais. São Paulo: Thomson Reuters Brasil, 2020. v. 2, p. 164.

[15] BREDA, Juliano. *Crimes de licitação e contratações públicas*: elementos de direito administrativo e direito penal. São Paulo: Thomson Reuters Brasil, 2021. p. 111.

[16] Súmula 645 do STJ: *"O crime de fraude à licitação é formal, e sua consumação prescinde da comprovação do prejuízo ou da obtenção de vantagem"*.

Isso não conduz, entretanto, a que toda e qualquer conduta que possa ser relacionada aos verbos *frustrar* ou *fraudar* configure, efetivamente, o crime do artigo 337-F do Código Penal. Há que se demonstrar e avaliar, no caso concreto, se a conduta lesionou ou teve potencial de lesionar o bem jurídico tutelado: a competição no processo. Ora, se a conduta teve ofensividade mínima, incapaz de gerar qualquer comprometimento à competitividade do certame, há que se extirpá-la do domínio do Direito Penal, podendo, eventualmente, ser analisada em outras searas punitivas.

e) tipo subjetivo

Como não há disposição expressa no sentido de se responsabilizar o sujeito a título de *culpa* (artigo 18, parágrafo único, do Código Penal), o elemento subjetivo do crime de frustração do caráter competitivo de licitação é o *dolo*. Exige-se, entretanto, uma finalidade especial: intenção de obter para si ou para outrem vantagem decorrente da adjudicação do objeto da licitação.

E, por exigir finalidade específica, é impossível a responsabilização pelo crime previsto no artigo 337-F do Código Penal com base na modalidade *dolo eventual*.

f) consumação e tentativa

Por se tratar de crime formal e instantâneo, a consumação do delito do artigo 337-F do Código Penal se dá mediante a adoção de qualquer expediente pelo sujeito que venha a frustrar ou fraudar o caráter competitivo de processo licitatório com o intuito de obter para si ou para outrem vantagem decorrente da adjudicação do objeto da licitação, independentemente da efetiva obtenção de vantagem (adjudicação e contratação do objeto) ou mesmo de dano à Administração Pública. Portanto, com a formalização do expediente no processo licitatório e a realização do ato competitivo – abertura das propostas de preço; início da fase de lances; utilização de prerrogativa a que não faz jus – configura-se o delito, sendo considerada aquela data o dia em que consumado o crime – acaso, por óbvio, reunidos os demais elementos do tipo –, com todas as consequências que daí advêm.

Assim, é equivocado se considerar a data de assinatura do contrato como a da consumação do delito do artigo 337-F do Código Penal, tendo em vista se tratar de mero exaurimento do crime. Da mesma forma, eventuais prorrogações contratuais ou outros termos aditivos ao contrato também não têm o condão de renovar a conduta, justamente porque não há nova lesão ou potencial lesão ao bem jurídico tutelado; trata-se de mero exaurimento do crime.

Já com relação à *tentativa*, tem-se que ela é plenamente cabível em se tratando do crime do artigo 337-F do Código Penal, porquanto fracionável o *iter criminis*. Veja-se, como exemplo, dois particulares que ajustam os termos de suas propostas de preço, com a formalização delas no processo, mas a licitação não chega a sua fase de competição, por situação alheia à vontade dos agentes. Outro caso: um agente público que, em ajuste com um particular, restringe a competição a partir do descritivo do objeto a ser licitado, mas que não logra êxito na situação em virtude de seu superior, de ofício ou em sede de recurso administrativo, modificar a descrição irregular anteriormente à fase de abertura de propostas. Em ambos os casos, por situação alheia à vontade dos sujeitos, não se consumou o delito, mas restou caracterizada sua tentativa, porquanto iniciada a fase executiva do *iter criminis*.

g) pena

A pena é de reclusão, de 4 a 8 anos, e multa. Daí se depreende que é inviável o oferecimento de acordo de não persecução penal, por não atendimento a requisito objetivo – pena mínima em abstrato do delito inferior a 4 anos (artigo 28-A do Código de Processo Penal). É possível, todavia, a substituição da pena privativa de liberdade pela restritiva de direitos, acaso a condenação estabeleça a pena em patamar mínimo (artigo 44, inciso I, do Código Penal).

3 Modificação ou pagamento irregular em contrato administrativo

Lei nº 8.666/1993	Lei nº 14.133/2021
Art. 92. Admitir, possibilitar ou dar causa a qualquer modificação ou vantagem, inclusive prorrogação contratual, em favor do adjudicatário, durante a execução dos contratos celebrados com o Poder Público, sem autorização em lei, no ato convocatório da licitação ou nos respectivos instrumentos contratuais, ou, ainda, pagar fatura com preterição da ordem cronológica de sua exigibilidade, observado o disposto no art. 121 desta Lei:	Art. 337-H do Código Penal. Admitir, possibilitar ou dar causa a qualquer modificação ou vantagem, inclusive prorrogação contratual, em favor do contratado, durante a execução dos contratos celebrados com a Administração Pública, sem autorização em lei, no edital da licitação ou nos respectivos instrumentos contratuais, ou, ainda, pagar fatura com preterição da ordem cronológica de sua exigibilidade:
Pena – detenção, de 2 (dois) a 4 (quatro) anos, e multa.	Pena – reclusão, de 4 (quatro) anos a 8 (oito) anos, e multa.
Parágrafo único. Incide na mesma pena o contratado que, tendo comprovadamente concorrido para a consumação da ilegalidade, obtém vantagem indevida ou se beneficia, injustamente, das modificações ou prorrogações contratuais.	

a) breve introdução

O artigo 337-H do Código Penal, assim como já o fazia o artigo 92 da Lei nº 8.666/1993, prevê duas figuras típicas completamente diversas, demonstrando certa atecnia do legislador neste caso: i) *Admitir, possibilitar ou dar causa a qualquer modificação ou vantagem, inclusive prorrogação contratual, em favor do contratado, durante a execução dos contratos celebrados com a Administração Pública, sem autorização em lei, no edital da licitação ou nos respectivos instrumentos contratuais;* e ii) *pagar fatura com preterição da ordem cronológica de sua exigibilidade.*

Quanto à redação do tipo, não houve alteração material com a Lei nº 14.133/2021, apenas o seu aprimoramento, com a substituição dos termos "adjudicatário", "Poder Público" e "ato convocatório da licitação", por conta de certa imprecisão técnica. Manteve-se, portanto, o conteúdo de proibição. O mesmo não ocorreu, todavia, com o preceito secundário do crime de modificação ou pagamento irregular em contrato administrativo, substancialmente majorado.

b) objetividade jurídica

Na primeira parte do delito, tem-se como objetividade jurídica específica a proteção do patrimônio da Administração Pública, porquanto sua lesão acaba por criar disfunção no regular funcionamento das funções públicas, afetando toda a sociedade.

Já na segunda parte – *pagar fatura com preterição da ordem cronológica de sua exigibilidade –*, busca-se proteger a isonomia daqueles que contratam com a Administração Pública.

c) sujeitos do delito

O crime do artigo 337-H do Código Penal é de natureza própria, ou especial, tendo por sujeito ativo da infração o agente público competente para realizar a modificação ou pagamento irregular. De todo modo, o particular pode responder em concurso de pessoas.

Já o sujeito passivo imediato da primeira parte da norma incriminadora é o próprio Estado, personificado na pessoa jurídica que sofre – potencial ou efetivamente – a lesão ao seu patrimônio em virtude de modificação irregular do contrato. Na segunda parte – *pagar fatura com preterição da ordem cronológica de sua exigibilidade –*, o sujeito passivo imediato é o particular preterido, sendo o Estado o sujeito passivo mediato.

d) tipo objetivo

A primeira parte da norma incriminadora do artigo 337-H do Código Penal traz a figura da modificação irregular de contrato administrativo, tendo por condutas admitir, possibilitar ou dar causa a qualquer modificação ou vantagem, inclusive prorrogação contratual, em favor do contratado, durante a execução dos contratos celebrados com a Administração Pública, sem autorização em lei, no edital da licitação ou nos respectivos instrumentos contratuais.

Admitir significa aceitar, reconhecer; *possibilitar*, dar a conotação de viabilizar, proporcionar; e *dar causa* traz a ideia de ocasionar, ensejar. O delito de modificação irregular de contrato administrativo é de ação múltipla, motivo pelo qual a realização de mais de uma conduta em um mesmo contexto será considerada crime único.

É importante ressaltar que a modificação ou vantagem ao contratado deve ser indevida, sem embasamento legal, no edital da licitação ou no próprio contrato e eventuais aditivos. Como se sabe, algumas situações autorizam a modificação do contrato, inclusive em favor do contratado, como a necessidade de se manter o equilíbrio econômico-financeiro do contrato (artigo 37, inciso XXI, da CF) e aquelas do artigo 124 da Lei nº 14.133/2021. A modificação, portanto, deve ser ilegítima, irregular.

Além disso, o termo *durante a execução do contrato* deve ser interpretado no sentido de modificações irregulares durante a vigência do contrato. E mais: o delito pode se configurar tanto em contratos decorrentes de processo licitatório quanto naqueles efetivados a partir de contratações diretas. Não há qualquer restrição da norma incriminadora nesse sentido.

Ademais, o crime do artigo 337-H exige a demonstração do efetivo dano ao patrimônio da Administração Pública, não restando caracterizado se não houver prejuízo, porquanto não reveladora de dignidade penal a conduta de modificar irregularmente contrato administrativo que não traga repercussão negativa ao patrimônio do ente.

Quanto à segunda parte da norma incriminadora – pagamento irregular –, sabe-se que a Administração Pública possui regras orçamentárias bastante rígidas acerca da alocação de recursos, dividindo-se por origem deles, unidade administrativa, finalidade entre tantos outros indicadores. Nesse sentido, o artigo 141 da Lei nº 14.133/2021 esclarece que a Administração, no dever de pagamento, deverá observar a ordem cronológica de exigibilidade para cada fonte diferenciada de recursos, subdividindo-se em quatro categorias de contratos: i) fornecimento de bens; ii) locações; iii) prestação de serviços; e iv) realização de obras. A ordem a que se refere a Lei, portanto, diz respeito à rubrica orçamentária com a qual se realizará o pagamento, bem como ao subgrupo do contrato.

Pagar significa adimplir, quitar, saldar uma dívida. Como se extrai do tipo, a conduta incriminada é a de *pagar*, não se podendo confundir com a *autorização de pagamento*, que precede o efetivo desembolso pela Administração Pública.

Destaca-se, por fim, que, em determinadas situações, a própria legislação flexibiliza a vedação à quebra da ordem cronológica, como nas hipóteses do artigo 141, §1º, da Lei nº 14.133/2021.

e) tipo subjetivo

Como não há disposição expressa no sentido de se responsabilizar o sujeito a título de *culpa* (artigo 18, parágrafo único, do Código Penal), o elemento subjetivo do crime de modificação ou pagamento irregular em contrato administrativo é o *dolo*. A primeira parte da norma incriminadora, entretanto, exige uma finalidade especial: propósito de causar prejuízo patrimonial à Administração Pública.

E, por exigir finalidade específica, é impossível a responsabilização pelo crime previsto no artigo 337-L do Código Penal com base na modalidade *dolo eventual*.

Já na segunda parte – *pagar fatura com preterição da ordem cronológica de sua exigibilidade* –, inexiste finalidade especial.

f) consumação e tentativa

Ambas as figuras do artigo 337-H possuem natureza de crime material, exigindo o resultado naturalístico para sua consumação.

Na primeira parte da norma incriminadora, o resultado se consubstancia no efetivo dano patrimonial à Administração Pública decorrente da vantagem ou modificação do contrato. Já na segunda, o crime se consuma com o efetivo pagamento irregular, com preterição da ordem cronológica de exigibilidade.

Em ambos os casos, admite-se a tentativa, porquanto fracionável o *iter criminis*.

g) pena

A pena é de reclusão, de 4 a 8 anos, e multa. Assim, inviável o oferecimento de acordo de não persecução penal, por não atendimento a requisito objetivo – pena mínima em abstrato do delito inferior a 4 anos (artigo 28-A do Código de Processo Penal). É possível, entretanto, a substituição da pena privativa de liberdade pela restritiva de direitos, acaso a condenação estabeleça a pena em patamar mínimo (artigo 44, inciso I, do Código Penal).

4 Violação de sigilo em licitação

Lei nº 8.666/1993	Lei nº 14.133/2021
Art. 94. Devassar o sigilo de proposta apresentada em procedimento licitatório, ou proporcionar a terceiro o ensejo de devassá-lo:	Art. 337-J do Código Penal. Devassar o sigilo de proposta apresentada em processo licitatório ou proporcionar a terceiro o ensejo de devassá-lo:
Pena – detenção, de 2 (dois) a 3 (três) anos, e multa.	Pena – detenção, de 2 (dois) anos a 3 (três) anos, e multa.

a) breve introdução

Diferentemente dos demais crimes em licitações e contratos administrativos, o tipo penal do artigo 337-J manteve quase inalterada a previsão do revogado artigo 94 da Lei nº 8.666/1993, inclusive em seu preceito secundário. A única diferença diz respeito à substituição da palavra *procedimento* por *processo* licitatório, tecnicamente mais adequada, segundo o legislador.

A bem da verdade, já na sistemática anterior, o delito de violação de sigilo em licitação não possuía grande relevância prática, sendo bastante incomum sua imputação, porquanto na maior parte das vezes a conduta realizada pelo sujeito se amoldava a tipos penais mais graves, como *frustração do caráter competitivo de licitação, fraude em licitação ou contrato* ou mesmo *corrupção ativa/passiva*, os quais acabavam por absorver a imputação do artigo 94 da Lei nº 8.666/1993.

De todo modo, a previsão permanece, sendo considerado crime a conduta de devassar o sigilo de proposta apresentada em processo licitatório ou proporcionar a terceiro o ensejo de devassá-lo.

b) objetividade jurídica

O crime de violação de sigilo em licitação, de forma muito próxima a do delito do artigo 337-F do Código Penal, tem por objetividade jurídica específica a proteção à isonomia entre os licitantes. A inviolabilidade das propostas é requisito para uma justa competição, assegurando a livre concorrência entre os participantes.

c) sujeitos do delito

Há discussão acerca do sujeito ativo do delito do artigo 337-J. Parte da doutrina entende se tratar de crime de natureza própria, ou especial, tendo por sujeito ativo o agente público responsável pelo processo licitatório. Já para outros, o crime é de natureza comum, permitindo que qualquer sujeito pratique o delito.

É necessário, contudo, realizar um corte da norma incriminadora. De fato, a primeira parte do tipo penal tem natureza comum, já que qualquer sujeito pode *devassar* o sigilo de proposta apresentada em processo licitatório, não indicando o verbo a necessidade da figura do *intraneus*, sobretudo a partir da sistemática dos processos eletrônicos. Por outro lado, a segunda parte indica ser delito especial, de natureza própria, quando o agente proporcionar, permitir a terceiro o ensejo de devassar o sigilo.

Em todo caso, admite-se o concurso de pessoas.

Já o sujeito passivo imediato da infração é o próprio Estado, personificado na pessoa jurídica que realiza o processo licitatório.

d) tipo objetivo

O delito de violação de sigilo em licitação é de ação múltipla, seja no sentido da efetiva devassa do sigilo da proposta ou de proporcionar a terceiro o ensejo de devassar. De todo modo, assim como no caso do crime do artigo 337-F do Código Penal, se praticados ambos os verbos em um mesmo contexto, o crime será considerado único.

O objeto material do delito é o sigilo da proposta. Daí a necessidade, inclusive, de se avaliar no caso concreto se a proposta deveria ou não, ao tempo da conduta, estar sob sigilo, bem como se ela efetivamente o estava. Nesse sentido, dispõe o artigo 13, parágrafo único, inciso I, da Lei nº 14.133/2021 que a publicidade de determinados atos no processo licitatório será diferida, como no caso do conteúdo das propostas, até a respectiva abertura.

Destaca-se que o sigilo a que se refere o tipo penal é o da *proposta apresentada em processo licitatório*, não se confundindo, por exemplo, com a figura do orçamento estimado sigiloso (artigo 24 da Lei nº 14.133/2021) ou de procedimentos auxiliares, em atenção ao *princípio da legalidade estrita*.

Ainda, o verbo *devassar* exprime a ideia de espiar, tomar conhecimento, violar, tudo de forma indevida.

e) tipo subjetivo

Como não há disposição expressa no sentido de se responsabilizar o sujeito a título de *culpa* (artigo 18, parágrafo único, do Código Penal), o elemento subjetivo do crime de violação de sigilo em licitação é o *dolo*, não se exigindo finalidade específica.

f) consumação e tentativa

Com relação à conduta de *devassar o sigilo de proposta apresentada em processo licitatório* o crime se consuma com o simples acesso pelo sujeito ao conteúdo da proposta. Já na segunda parte do artigo 337-J, a consumação se dá com a conduta de proporcionar o ensejo, a oportunidade de devassa do sigilo da proposta, afigurando-se a efetiva devassa mero exaurimento do crime.

Admite-se a tentativa na primeira parte do tipo penal, tendo como exemplo mais ilustrativo aquele do agente que, ao começar a violar o envelope de proposta, é surpreendido por terceiro. Já na segunda – *proporcionar a terceiro o ensejo de devassá-lo* –, não se admite a tentativa, porquanto crime unissubsistente, em que é impossível o fracionamento dos atos de execução.

Por fim, destaca-se que o delito de violação de sigilo em licitação é de natureza formal, não se exigindo resultado naturalístico.

g) pena

A pena continua sendo a de detenção, de 2 a 3 anos, e multa. Portanto, admite o oferecimento de acordo de não persecução penal (artigo 28-A do Código de Processo Penal), bem como a substituição da pena privativa de liberdade pela restritiva de direitos (artigo 44, inciso I, do Código Penal).

5 Fraude em licitação ou contrato

Lei nº 8.666/1993	Lei nº 14.133/2021
Art. 96. Fraudar, em prejuízo da Fazenda Pública, licitação instaurada para aquisição ou venda de bens ou mercadorias, ou contrato dela decorrente:	Art. 337-L do Código Penal. Fraudar, em prejuízo da Administração Pública, licitação ou contrato dela decorrente, mediante:
I – elevando arbitrariamente os preços; II – vendendo, como verdadeira ou perfeita, mercadoria falsificada ou deteriorada; III – entregando uma mercadoria por outra; IV – alterando substância, qualidade ou quantidade da mercadoria fornecida; V – tornando, por qualquer modo, injustamente, mais onerosa a proposta ou a execução do contrato:	I – entrega de mercadoria ou prestação de serviços com qualidade ou em quantidade diversas das previstas no edital ou nos instrumentos contratuais; II – fornecimento, como verdadeira ou perfeita, de mercadoria falsificada, deteriorada, inservível para consumo ou com prazo de validade vencido; III – entrega de uma mercadoria por outra; IV – alteração da substância, qualidade ou quantidade da mercadoria ou do serviço fornecido; V – qualquer meio fraudulento que torne injustamente mais onerosa para a Administração Pública a proposta ou a execução do contrato:
Pena – detenção, de 3 (três) a 6 (seis) anos, e multa.	Pena – reclusão, de 4 (quatro) anos a 8 (oito) anos, e multa.

a) breve introdução

Com a Lei nº 14.133/2021, o crime de fraude em licitação ou contrato sofreu grandes transformações, sobretudo em seu alcance. Situações antes não abarcadas pela norma incriminadora foram agora incluídas, a partir de ajustes na redação do tipo penal.

Dispunha o *caput* do revogado artigo 96 da Lei nº 8.666/1993: "Fraudar, em prejuízo da Fazenda Pública, licitação instaurada para aquisição ou venda de bens ou mercadorias, ou contrato dela decorrente".

Muito se discutia acerca da incoerência do tipo, eis que se limitava à conduta de fraudar o certame, ou contrato dele decorrente, que visasse à aquisição ou venda de bens ou mercadorias. Não se incluía no tipo, por exemplo, eventual fraude em licitações ou contratos que tivessem por objeto a contratação de serviços.

Além disso, alterou-se a expressão 'Fazenda Pública' para 'Administração Pública', de abrangência mais ampla, eis que aquela remonta à Lei nº 6.830/1980, dizendo respeito ao patrimônio da União, Estados, Municípios e respectivas autarquias, não englobando empresas públicas, sociedades de economia mista, fundações públicas de direito privado e consórcios públicos de direito privado. Agora todas elas passam a ser sujeitos passivos em potencial do crime do artigo 337-L do Código Penal, tanto em virtude do uso da expressão Administração Pública, quanto pela disposição do artigo 1º, §1º, da Lei nº 14.133/2021.

O que se vê, portanto, é uma ampliação do tipo, a alcançar condutas antes não punidas com base no revogado artigo 96 da Lei nº 8.666/1993, que possuía a pena mais elevada dentre os crimes em licitações e contratos administrativos.

Chama a atenção, por outro lado, a revogação do inciso I da então redação do artigo 96 da Lei nº 8.666/1993. Dispunha o tipo penal: "Fraudar, em prejuízo da Fazenda Pública, licitação instaurada para aquisição ou venda de bens ou mercadorias, ou contrato dela decorrente: I – elevando arbitrariamente os preços".

Em atenção à norma, advertia a doutrina ser inconstitucional a previsão, por ofender os artigos 5º, inciso XXII (garantia ao direito de propriedade), e 170, inciso IV (livre concorrência), ambos da Constituição Federal. Aliás, bastante esclarecedora era a lição de Marçal Justen Filho, compartilhada por Cezar Roberto Bitencourt:[17]

> Todo particular tem assegurada a mais ampla liberdade de formular propostas de contratação à Administração Pública. Para tanto, examinará seus custos, estimará seus lucros e fixará os riscos que pretende se sujeitar. Não pode ser constrangido a formular proposta para a Administração Pública idêntica à que formularia para terceiros. Portanto, se o particular decidir elevar seus preços, ainda que de modo arbitrário, não praticará ato reprovável pela lei penal. Se a Administração reputar que os preços são excessivos, deverá rejeitar a proposta e valer-se dos instrumentos jurídicos de que dispõe (inclusive e se for o caso, promovendo a desapropriação mediante prévia e justa indenização).[18]

Não era incomum na sistemática anterior, em que prevista a *elevação arbitrária de preços*, haver condenações de sujeitos que se sagravam vencedores em processos licitatórios com propostas de preço superiores ao praticado no mercado privado, mas sem qualquer conluio com agentes públicos ou particulares, pela simples atribuição *arbitrária* do valor. Ou seja, a simples majoração pelo licitante dos preços praticados ao mercado privado, se fosse considerado *arbitrário* – expressão deveras vaga e subjetiva –, poderia conduzir a uma responsabilização penal.

Isso se dava, sobretudo, naqueles processos em que havia licitante único, muito embora devidamente publicizado o edital e demais atos e documentos do certame. Entendia-se configurada a fraude justamente na medida em que, podendo oferecer preço menor, não o fazia o licitante, "ludibriando" a Administração ao aceitar proposta que, em teoria, não seria efetivamente vantajosa, se comparada ao mercado privado.

Por certo, tal interpretação era absolutamente inconstitucional. Ora, se não havia conluio com o agente público, que por dever coletaria orçamentos de variadas empresas para a definição do valor de mercado e o preço máximo a que estaria disposta a pagar a Administração Pública – também não havendo conluio entre as empresas fornecedoras dos orçamentos –, por qual motivo não poderia o particular apresentar proposta em valor máximo e acabar se sagrando vencedor? Compete à Administração analisar o interesse na adjudicação e homologação de tal proposta.

Em razão disso, e de maneira pedagógica, optou o legislador por retirar a previsão de *elevação arbitrária de preços* da nova redação atribuída ao crime de fraude em licitação ou contrato, agora previsto no artigo 337-L do Código Penal.

Destaca-se, ademais, que não há que se falar em continuidade normativo-típica da *elevação arbitrária de preços* no inciso V do artigo 337-L do Código Penal. A uma, porque tal redação já constava da Lei nº 8.666/1993, em conjunto com o revogado inciso I,

---

[17] BITENCOURT, Cezar Roberto. *Tratado de direito penal econômico*. São Paulo: Saraiva, 2016. v. 2, p. 241.

[18] JUSTEN FILHO, Marçal. *Comentários à lei de licitações e contratos administrativos*. 17. ed. São Paulo: Editora Revista dos Tribunais, 2016. p. 1415.

não sendo lógico imaginar que criminalizariam a mesma conduta; e a duas, porque claramente inconstitucional naquilo que se propunha o inciso I do artigo 96. Inclusive, poder-se-ia também questionar a constitucionalidade do inciso V, porquanto demasiado aberto seu conteúdo.

Fato é que se existente conluio no procedimento licitatório, seja com o agente público ou com os particulares, oferecendo-se proposta com sobrepreço, tal conduta já se insere, em teoria, no delito do artigo 337-F, que agora conta, aliás, com preceito secundário idêntico ao crime de fraude em licitação ou contrato, o que não ocorria na sistemática da Lei nº 8.666/1993.

A bem da verdade, o que se buscou com a reformulação do artigo 96, agora artigo 337-L do Código Penal, foi dar um enfoque maior na execução do contrato, o que fica bastante claro a partir de uma simples análise de seus incisos.

b) objetividade jurídica

A infração penal de fraudar licitação ou contrato tem por objetividade jurídica específica a proteção do patrimônio da Administração Pública, porquanto sua lesão acaba por criar disfunção no regular funcionamento das funções públicas, afetando toda a sociedade.

c) sujeitos do delito

O crime do artigo 337-L do Código Penal é de natureza comum, tendo por sujeito ativo da infração qualquer pessoa que fraude a licitação ou o contrato dela decorrente com o intuito de causar lesão patrimonial à Administração Pública. Por essa razão, não se exige a figura do agente público, embora possa ele concorrer para o ilícito, hipótese em que responderá em concurso de pessoas.

Já o sujeito passivo imediato da infração é o próprio Estado, personificado na pessoa jurídica que sofre – potencial ou efetivamente – a lesão ao seu patrimônio.

d) tipo objetivo

O crime de fraude em licitação ou contrato, como já mencionado, passou a ter um maior alcance, motivo pelo qual as condutas praticadas ainda sob a égide do revogado artigo 96 da Lei nº 8.666/1993 devem observar a regra da norma mais benéfica. E duas são as principais alterações no *caput*: substituição da expressão 'Fazenda Pública' por 'Administração Pública'[19] e inexistência de restrição às licitações e contratos que tenham por objeto a aquisição ou venda de bens ou mercadorias.

---

[19] "a) em sentido subjetivo, formal ou orgânico, ela designa os entes que exercem a atividade administrativa; compreende pessoas jurídicas, órgãos e agentes públicos incumbidos de exercer uma das funções em que se

Veja-se que, na sistemática antiga, uma sociedade de economia mista, ainda que possuidora de regime diferenciado e simplificado de contratação (STF, RE 441.280/RS), poderia ser sujeito passivo do crime do revogado artigo 90 (STJ, EDcl no AgRg no REsp 1.758.459/PR) – também por previsão do artigo 85 da Lei nº 8.666/1993 –, mas não daquele do artigo 96, que possuía inclusive pena em abstrato maior, justamente em decorrência da terminologia Fazenda Pública.

Da mesma forma, licitações que tinham por objeto a contratação de *serviços* não se enquadravam na moldura típica – e, por consequência lógica, os contratos delas decorrentes –, a afastar a aplicação do revogado artigo 96 da Lei nº 8.666/1993.

Quanto ao verbo empregado tanto no artigo 96 da Lei nº 8.666/1993 quanto no artigo 337-L do Código Penal, *fraudar* exprime a ideia de falsa representação da realidade, de ludibriação. O sujeito ativo utiliza-se de meio que acaba por levar em erro a Administração Pública. Segundo João Paulo Martinelli, "(...) é uma espécie de estelionato voltado aos procedimentos licitatórios".[20]

Por objeto material do tipo penal em questão, tem-se a licitação ou contrato dela decorrente, que acabam por ser afetados pela fraude. É importante destacar que o delito se limita aos contratos decorrentes de licitações. Assim, não engloba fraudes em contratações diretas.

Quanto aos incisos, verifica-se um rol taxativo de meios executórios da conduta fraudulenta, da seguinte forma: "I – entrega de mercadoria ou prestação de serviços com qualidade ou em quantidade diversas das previstas no edital ou nos instrumentos contratuais; II – fornecimento, como verdadeira ou perfeita, de mercadoria falsificada, deteriorada, inservível para consumo ou com prazo de validade vencido; III – entrega de uma mercadoria por outra; IV – alteração da substância, qualidade ou quantidade da mercadoria ou do serviço fornecido; V – qualquer meio fraudulento que torne injustamente mais onerosa para a Administração Pública a proposta ou a execução do contrato".

Por fim, ressalta-se apenas que não se pode confundir inadimplemento contratual, a exigir medidas administrativas e judiciais próprias, com a fraude à licitação ou ao contrato. Há que se avaliar o caso concreto para que não haja responsabilização penal pela mera inadimplência.

e) tipo subjetivo

Como não há disposição expressa no sentido de se responsabilizar o sujeito a título de *culpa* (artigo 18, parágrafo único, do Código Penal), o elemento subjetivo do crime de fraude em licitação ou contrato é o *dolo*. Exige-se, entretanto, uma finalidade especial: propósito de causar prejuízo patrimonial à Administração Pública.

---

triparte a atividade estatal: a função administrativa; (...) abrangência: as pessoas jurídicas de direito público ou privado que compõem a administração indireta (autarquias, fundações públicas, empresas públicas, sociedades de economia mista e consórcios públicos), órgãos que integram a administração direta; e agentes públicos;" (DI PIETRO, Maria Sylvia Zanella. *Direito administrativo*. 33. ed. Rio de Janeiro: Forense, 2020. p. 185 e 202).

[20] SOUZA, Luciano Anderson de; ARAÚJO, Marina Pinhão Coelho (Coord.). *Direito penal econômico*: leis penais especiais. São Paulo: Thomson Reuters Brasil, 2020. v. 2, p. 179.

E, por exigir finalidade específica, é impossível a responsabilização pelo crime previsto no artigo 337-L do Código Penal com base na modalidade *dolo eventual*.

f) consumação e tentativa

Por ser crime material, que exige o resultado naturalístico, consubstanciado no efetivo dano patrimonial à Administração Pública, o delito se consuma apenas com o dispêndio do recurso. Destaca-se que o prejuízo está relacionado à própria fraude e aos bens e/ou serviços licitados/contratados, não dizendo respeito a quaisquer outros, como os custos da realização do processo licitatório. De todo modo, admite-se a tentativa, porquanto fracionável o *iter criminis*.

g) pena

A pena é de reclusão, de 4 a 8 anos, e multa. Assim, é inviável o oferecimento de acordo de não persecução penal, por não atendimento a requisito objetivo – pena mínima em abstrato do delito inferior a 4 anos (artigo 28-A do Código de Processo Penal). É possível, entretanto, a substituição da pena privativa de liberdade pela restritiva de direitos, acaso a condenação estabeleça a pena em patamar mínimo (artigo 44, inciso I, do Código Penal).

6 Impedimento indevido

Lei nº 8.666/1993	Lei nº 14.133/2021
Art. 98. Obstar, impedir ou dificultar, injustamente, a inscrição de qualquer interessado nos registros cadastrais ou promover indevidamente a alteração, suspensão ou cancelamento de registro do inscrito:	Art. 337-N do Código Penal. Obstar, impedir ou dificultar injustamente a inscrição de qualquer interessado nos registros cadastrais ou promover indevidamente a alteração, a suspensão ou o cancelamento de registro do inscrito:
Pena – detenção, de 6 (seis) meses a 2 (dois) anos, e multa.	Pena – reclusão, de 6 (seis) meses a 2 (dois) anos, e multa.

a) breve introdução

O delito de *impedimento indevido*, antes previsto no artigo 98 da Lei nº 8.666/1993, sofreu um aprimoramento em sua redação a partir da Lei nº 14.133/2021, que o realocou para o Código Penal, em seu artigo 337-N, embora não se tenha modificado o alcance da norma incriminadora.

Assim como outros crimes em licitações e contratos administrativos, o delito de *impedimento indevido* nunca possuiu grande aplicação prática, sobretudo porque na maior parte das vezes era acompanhado de outros delitos mais graves, que acabavam por absorvê-lo. De todo modo, entendeu o legislador por manter o tipo penal.

A maior alteração dada pela Lei nº 14.133/2021 nesse delito, a bem da verdade, foi em seu preceito secundário, passando a prever a pena de reclusão, e não mais detenção.

Assim, considera-se crime a conduta de obstar, impedir ou dificultar injustamente a inscrição de qualquer interessado nos registros cadastrais ou promover indevidamente a alteração, a suspensão ou o cancelamento de registro do inscrito.

b) objetividade jurídica

De forma mais direta, o crime de impedimento indevido busca assegurar o regular funcionamento das funções públicas, no sentido de proporcionar a todos aqueles interessados, e que efetivamente possam concorrer, a sua efetiva participação no processo, com a formalização e/ou manutenção de seu cadastro junto à Administração Pública. Colhe-se também da norma incriminadora a intenção de se proteger a livre e isonômica concorrência e a ampla competitividade, evitando-se que o particular com condições de competir seja extirpado do processo indevidamente.

c) sujeitos do delito

O crime do artigo 337-N é de natureza comum, tendo por sujeito ativo da infração qualquer pessoa que impeça indevidamente o interessado de participar do processo de contratação. Assim, não se exige a figura do agente público, embora possa ele concorrer para o ilícito, hipótese em que responderá em concurso de pessoas.

Já o sujeito passivo imediato da infração é o particular impedido em seu direito de concorrer livremente quando preenchia os requisitos de fato e de direito para participar. O sujeito passivo mediato é o Estado.

d) tipo objetivo

O delito de impedimento indevido é de ação múltipla. Portanto, se praticados quaisquer dos verbos em um mesmo contexto, o crime será considerado único.

O objeto material do delito é o *registro cadastral* do interessado em participar de contratações públicas.

Conforme disposição da Lei nº 14.133/2021, o registro cadastral é um procedimento auxiliar das licitações e contratações públicas (artigo 78, inciso V), que visa unificar em um mesmo banco de dados nacional (Portal Nacional de Contratações Públicas – PNCP) as informações e documentos dos interessados em participar desses processos (artigos 87 e 88 da Lei nº 14.133/2021). O registro cadastral, portanto, é um banco de dados nacional e público, instrumentalizado por meio do PNCP, não se confundindo com eventuais cadastros realizados em plataformas de operacionalização de contratações, por exemplo. Daí porque o delito do artigo 337-N se restringe às hipóteses de se obstar, impedir ou dificultar injustamente a inscrição ou promover indevidamente a alteração, a suspensão ou o cancelamento desse registro, não de qualquer outro.

Assim, condutas que eventualmente obstaculizem a inscrição ou promovam modificações em dados cadastrais outros, não aqueles dispostos no registro cadastral nacional unificado e público, não configura o delito em questão, por ser elemento do crime justamente o *registro cadastral*, disposto na Lei nº 14.133/2021.

Outro elemento a ser destacado da norma incriminadora é o advérbio *injustamente*. Por óbvio existem situações em que a Administração Pública está autorizada a impedir e dificultar a inscrição de interessado no registro cadastral ou mesmo promover alteração, suspensão ou cancelamento de cadastro já existente. O próprio §5º, do artigo 88, da Lei nº 14.133/2021 prevê que: "*A qualquer tempo poderá ser alterado, suspenso ou cancelado o registro de inscrito que deixar de satisfazer exigências determinadas por esta Lei ou por regulamento*".

Portanto, se disposto em Lei ou regulamento, poderá a Administração impedir a inscrição do interessado ou mesmo promover o cancelamento de seu cadastro, quando não observados pelo interessado os requisitos necessários para tal. Ao contrário, o elemento *injustamente* traz a ideia de algo indevido; ou seja, há a criação de um obstáculo à inscrição do interessado ou a promoção de alterações em seu cadastro fora das hipóteses previstas nas regras de regência.

Quanto aos verbos, *obstar* dá a ideia de criar empecilho, obstáculo. *Impedir*, por sua vez, tem conotação de impossibilitar, inviabilizar. Já o verbo *dificultar* exprime a noção de complicar, embaraçar. O último deles, o verbo *promover*, traz a concepção de proporcionar, realizar.

e) tipo subjetivo

Assim como nos demais, não há disposição expressa no sentido de se responsabilizar o sujeito a título de *culpa* (artigo 18, parágrafo único, do Código Penal), o elemento subjetivo do crime de violação de sigilo em licitação é o *dolo*, não se exigindo finalidade específica.

f) consumação e tentativa

O crime de impedimento indevido possui dois núcleos: (i) *obstar, impedir ou dificultar injustamente a inscrição de qualquer interessado nos registros cadastrais*; e (ii) *promover indevidamente a alteração, a suspensão ou o cancelamento de registro do inscrito*.

Quanto à primeira hipótese, trata-se de crime formal, e que, portanto, não exige resultado naturalístico, bem como se caracteriza como unissubsistente, não se admitindo a tentativa. Criado qualquer injusto embaraço à inscrição do interessado nos registros cadastrais, configura-se o delito, ainda que ele consiga efetivamente participar do processo.

Por outro lado, a segunda parte do crime possui natureza material, exigindo-se a indevida alteração, suspensão ou cancelamento do registro com o consequente impedimento do interessado em participar. Nesse caso, admite-se a tentativa.

g) pena

A pena passou a ser a de reclusão, de 6 meses a 2 anos, e multa. Portanto, admite a transação penal (artigo 76 da Lei nº 9.099/1995), bem como a substituição da pena privativa de liberdade pela restritiva de direitos (artigo 44, inciso I, do Código Penal).

7 Pena de multa

Lei nº 8.666/1993	Lei nº 14.133/2021
Art. 99. A pena de multa cominada nos arts. 89 a 98 desta Lei consiste no pagamento de quantia fixada na sentença e calculada em índices percentuais, cuja base corresponderá ao valor da vantagem efetivamente obtida ou potencialmente auferível pelo agente.	Art. 337-P do Código Penal. A pena de multa cominada aos crimes previstos neste Capítulo seguirá a metodologia de cálculo prevista neste Código e não poderá ser inferior a 2% (dois por cento) do valor do contrato licitado ou celebrado com contratação direta.
§1º Os índices a que se refere este artigo não poderão ser inferiores a 2% (dois por cento), nem superiores a 5% (cinco por cento) do valor do contrato licitado ou celebrado com dispensa ou inexigibilidade de licitação.	
§2º O produto da arrecadação da multa reverterá, conforme o caso, à Fazenda Federal, Distrital, Estadual ou Municipal.	

a) aspectos destacados

Com a realocação dos crimes em licitações e contratos administrativos para o Código Penal compreendeu o legislador por adotar a sua metodologia de cálculo para a pena de multa, com uma especificidade: patamar mínimo de 2% do valor do contrato licitado ou celebrado com contratação direta.

Na redação da Lei nº 8.666/1993, o cálculo da pena de multa se dava com base em índices percentuais, que poderiam variar de 2% a 5% do valor do contrato licitado ou celebrado com dispensa ou inexigibilidade de licitação. Havia, portanto, um patamar mínimo e uma limitação máxima. Além disso, era realizada uma correspondência com o valor da vantagem efetivamente obtida ou potencialmente auferível pelo sujeito.

Já na nova redação, a pena de multa seguirá a metodologia dos artigos 49, 59 e 60 do Código Penal – calculada em *dias-multa* –, sendo apenas previsto um patamar mínimo, o qual deverá ser observado quando finalizada a dosimetria: acaso não se alcance o montante de 2% do valor do contrato licitado ou celebrado com contratação direta deverá o magistrado majorar o *quantum* até o patamar mínimo. Inexiste mais, portanto, patamar máximo da pena de multa nos crimes de licitações e contratos administrativos.

De todo modo, os fatos praticados ainda na vigência da redação da Lei nº 8.666/1993 deverão observar o limite máximo de 5% do valor do contrato licitado ou celebrado com dispensa ou inexigibilidade de licitação, em atenção ao disposto no artigo 5º, inciso XL, da Constituição Federal.

Referências

BITENCOURT, Cezar Roberto. *Tratado de Direito Penal Econômico*. São Paulo: Saraiva, 2016. v. 2.

BREDA, Juliano. *Crimes de licitação e contratações públicas*: elementos de direito administrativo e direito penal. São Paulo: Thomson Reuters Brasil, 2021.

BRUNO, Aníbal. *Direito Penal*. 2. ed. Rio de Janeiro: Forense, 1966.

DIAS, Jorge de Figueiredo. O "direito penal do bem jurídico" como princípio jurídico-constitucional implícito (à luz da jurisprudência constitucional portuguesa). *In*: LEITE, Alaor; TEIXEIRA, Adriano. *Crime e política*. Rio de Janeiro: FGV Editora, 2017.

DI PIETRO, Maria Sylvia Zanella. *Direito administrativo*. 33. ed. Rio de Janeiro: Forense, 2020.

GRECO FILHO, Vicente; GRECO, Ana Marcia; RASSI, João Daniel. *Dos crimes em licitações e contratos administrativos*. São Paulo: Thomson Reuters Brasil, 2021.

HUNGRIA, Nelson. *Comentários ao Código Penal*. Rio de Janeiro: Forense, 1958. v. IX.

JUSTEN FILHO, Marçal. *Comentários à lei de licitações e contratos administrativos*. 17. ed. São Paulo: Editora Revista dos Tribunais, 2016.

SOUZA, Luciano Anderson de. *Crimes contra a administração pública*. 2. ed. São Paulo: Thomson Reuters Brasil, 2019.

SOUZA, Luciano Anderson de. *Direito penal*: parte especial – Arts. 312 a 359-H do CP. 2. ed. São Paulo: Thomson Reuters Brasil, 2021. v. 5.

SOUZA, Luciano Anderson de; ARAÚJO, Marina Pinhão Coelho. *Direito penal econômico*: leis penais especiais. São Paulo: Thomson Reuters Brasil, 2020. v. 2.

OTERO, Paulo. *Manual de Direito Administrativo*. 2. ed. Coimbra: Editora Almedina, 2016. v. I.

PRADO, Luiz Regis; CASTRO, Bruna Azevedo de. Delito licitatório e bem jurídico-penal: algumas observações. *In*: BADARÓ, Gustavo Henrique. (Org.). *Direito penal e processo penal*: leis penais especiais. São Paulo: Editora Revista dos Tribunais, 2015.

SEBRAE. Serviço Brasileiro de Apoio às Micro e Pequenas Empresas (Sebrae). *Compras Públicas*: um bom negócio para a sua empresa. Brasília, 2017.

Informação bibliográfica deste texto, conforme a NBR 6023:2018 da Associação Brasileira de Normas Técnicas (ABNT):

BESSA NETO, Luis Irapuan Campelo. Dos crimes em licitações e contratos administrativos. *In*: HARGER; Marcelo (Coord.). *Aspectos polêmicos sobre a nova lei de licitações e contratos administrativos*: Lei nº 14.133/2021. Belo Horizonte: Fórum, 2022. p. 383-404. ISBN 978-65-5518-461-7.

SOBRE OS AUTORES

Adriana da Costa Ricardo Schier
Advogada no escritório Bacellar & Andrade – Advogados Associados. Doutora em Direito pela Universidade Federal do Paraná. Professora de Direito Administrativo do Centro Universitário Autônomo do Brasil – UniBrasil – graduação, mestrado e doutorado em Direito. Pesquisadora do Núcleo de Pesquisas em Direito Constitucional – NUPECONST, líder da linha de pesquisa Direito Administrativo e Estado Sustentável – DAES.

Álvaro do Canto Capagio
Regulador Federal. Mestre em Direito pela Universidade Federal de Santa Catarina.

Ana Cristina Moraes Warpechowski
Conselheira Substituta do TCE/RS. Mestre em Direito.

Anderson Sant'Ana Pedra
Advogado e consultor (Anderson Pedra Advogados). Procurador do Estado do Espírito Santo. Pós-doutor em Direito (Universidade de Coimbra). Doutor em Direito do Estado (PUC-SP). Professor de Direito Constitucional e Administrativo da FDV/ES.

Antônio Flávio de Oliveira
Procurador do Estado de Goiás. Mestre em Direito e Políticas Públicas (PPGDP-UFG). Professor da UNIVERSO. Membro da Diretoria do Instituto de Direito Administrativo de Goiás (IDAG).

Bernardo Wildi Lins
Advogado. Mestre em Direito do Estado pela Universidade Federal de Santa Catarina. Presidente da Comissão de Licitações e Contratos (2019-2021) e conselheiro seccional suplente (2022-2024) da OAB/SC.

Cesar Pereira
Sócio de Justen, Pereira, Oliveira & Talamini. Doutor e mestre em Direito do Estado (PUC/SP). FCIArb e presidente do CIArb Brazil Branch.

Cristiana Fortini
Professora da UFMG e da Faculdade Milton Campos. Doutora em Direito Administrativo pela Universidade Federal de Minas Gerais (UFMG). Professora visitante da Universidade de Pisa. Visiting Scholar na George Washington. Vice-presidente do Instituto Brasileiro de Direito Administrativo (IBDA).

Daniel Ferreira
Pós-doutorado pelo Ius Gentium Conimbrigae/FDUC (Coimbra). Doutor e mestre em Direito do Estado (Direito Administrativo) pela PUCSP. Membro do Corpo Docente Permanente do PPGD da UNINTER.

Edgar Guimarães
Advogado. Pós-doutor em Direito pela Università del Salento (Itália). Doutor e mestre em Direito Administrativo pela PUC/SP. Presidente do Instituto Paranaense de Direito Administrativo.

Fabrício Motta
Conselheiro do TCM-GO. Professor adjunto da Faculdade de Direito da UFG. Doutor em Direito do Estado (USP) e Mestre em Direito Administrativo (UFMG).

Felipe Boselli
Advogado. Doutor em direito do Estado pela Universidade Federal de Santa Catarina. Sócio da Boselli & Loss Advogados Associados. Professor na área de licitações e contratos administrativos. Conselheiro de Administração do Porto de São Francisco do Sul e da Companhia Muller de Bebidas.

Flaviana V. Paim
A autora é contadora formada pela UNISINOS – Universidade do vale do Rio dos Sinos e advogada, formada pela Ulbra – Universidade Luterana do Brasil, pós-graduada em Auditoria e Perícia Contábil pela Fapa – Faculdade Porto-Alegrense. Sócia da Paim & Furquim Contabilidade, em Gravataí/RS. Assessora técnica e articulista para as áreas de finanças e Licitações do INGEP – Instituto Nacional de Gestão Pública em Porto Alegre. Professora de pós-graduação convidada do Centro Educacional Renato Saraiva (CERS), e do Instituto Imadec – Ensino Jurídico de São Luiz/Ma. Palestrante e Congressista na área de Licitações e Contratos, sendo reconhecida nacionalmente como especialista em Terceirização na Administração Pública.

Giulia De Rossi Andrade
Advogada no escritório Bacellar & Andrade – Advogados Associados. Professora de Direito Digital no Instituto Bacellar. Doutoranda e mestre em Direito Econômico e Desenvolvimento pela Pontifícia Universidade Católica do Paraná. Membro do Núcleo de Pesquisas em Políticas Públicas e Desenvolvimento Humano da Pontifícia Universidade Católica do Paraná – NUPED.

Hewerstton Humenhuk
Mestre em Direito pela Universidade do Oeste de Santa Catarina – Unoesc. Advogado, professor de Direito Administrativo e coordenador do curso de pós-graduação em Gestão e Direito Público da Unoesc.

Leonardo F. Souza
Advogado de Justen, Pereira, Oliveira & Talamini. Mestre em Resolução Internacional de Disputas (Queen Mary University of London) ACIArb.

Luciano Elias Reis

Sócio do Reis & Lippmann Advogados, doutor e mestre em Direito Econômico pela Pontifícia Universidade Católica do Paraná; doutor em Direito Administrativo pela Universitat Rovira i Virgili; presidente do Instituto Nacional da Contratação Pública; professor de Direito Administrativo do Centro Universitário Curitiba (UNICURITIBA); coordenador da Especialização em Licitações e Contratos da Faculdade Polis Civitas; diretor-adjunto acadêmico do Instituto Paranaense de Direito Administrativo; autor das obras "Compras Públicas Inovadoras" (Editora Fórum, 2022), "Convênio administrativo: instrumento jurídico eficiente para o fomento e desenvolvimento do Estado" (Editora Juruá, 2013), "Licitações e Contratos: um guia da jurisprudência" (2. ed. Editora Negócios Públicos, 2015), "Licitações e Contratos: cases e orientações objetivas" (Negócios Públicos, 2017) e "CON Coletânea de Legislação de Licitações" (CON Treinamentos, 2021). E-mail: luciano@rllaw.com.br.

Luciano Ferraz

Professor associado de Direito Administrativo na UFMG. Professor adjunto de Direito Financeiro e Administrativo na PUC Minas. Doutor e mestre em Direito Administrativo pela UFMG. Pós-doutor em Direito pela Universidade Nova de Lisboa (Portugal). Advogado e consultor de entidades públicas e privadas.

Luis Irapuan Campelo Bessa Neto

Advogado. Mestre e bacharel em Direito pela Universidade Federal de Santa Catarina. Especialista em Direito Administrativo pelo Complexo de Ensino Renato Saraiva. Especialista em Direito Penal Econômico pelo Instituto de Direito Econômico e Europeu da Faculdade de Direito da Universidade de Coimbra, Portugal. Especialista em Direito Processual Penal pela Faculdade de Direito Damásio de Jesus.

Luiz Fernando Biasi Staskowian

Servidor público do Tribunal de Justiça de Santa Catarina e professor universitário na Universidade da Região de Joinville/SC – UNIVILLE.

Marlo Froelich Friedrich

Advogado, mestre em Fundamentos do Direito Positivo pela Universidade do Vale do Itajaí – Univali.

Noel Antonio Baratieri

Advogado. Mestre e Doutor em Direito pela Universidade Federal de Santa Catarina.

Pedro Niebuhr

Doutor em Direito pela PUC/RS, professor nos Programas de Graduação e Pós-Graduação em Direito na Universidade Federal de Santa Catarina.

Rafael Wallbach Schwind

Doutor e mestre em Direito do Estado pela Universidade de São Paulo. Visiting scholar na Universidade de Nottingham. Advogado e consultor em direito público e regulatório.

Ricardo Sampaio
Advogado. Consultor, conferencista e palestrante na área de Licitações e Contratos.

Sabrina Nunes Iocken
Conselheira Substituta do TCE/SC. Doutora em Direito.

Tatiana Martins da Costa Camarão
Mestre em Direito pela Universidade Federal de Minas Gerais (UFMG). Vice-Presidente do Instituto Mineiro de Direito Administrativo (IMDA). Professora da Pós-Graduação da PUC Minas.

Vladimir da Rocha França
Advogado. Mestre em Direito Público pela Universidade Federal de Pernambuco. Doutor em Direito Administrativo pela Pontifícia Universidade Católica de São Paulo. Professor Associado do Departamento de Direito Público da Universidade Federal do Rio Grande do Norte.

Esta obra foi composta em fonte Palatino Linotype, corpo
10 e impressa em papel Offset 75g (miolo) e Supremo
250g (capa) pela Gráfica Formato.